R과 함께하는 통계학의 이해와 활용

강종경 · 방성완 · 신정민 · 이용균 지음

KYOWOO

머리말

통계학은 인문·사회·자연과학, 공학, 의학 등 여러 다양한 분야에서 폭넓게 활용되고 있으며, 그 중요성은 날로 증가하고 있다. 그러나 많은 사람들은 통계학의 필요성과 중요성을 인식하면서도 공부하기에 어려운 학문으로 생각하고 있다. 그 이유는 통계 이론을 이해하기가 쉽지 않고, 통계적 의사결정 과정에서 수반되는 복잡한 계산으로 인해 통계학을 활용하게 되기까지 많은 시간과 노력이 필요하기 때문이다. 이러한 점을 고려할 때, 통계학에 대한 기본 개념과 이론을 쉽게 이해하고, 컴퓨터를 이용하여 복잡한 계산을 수행함으로써 통계학을 올바르게 활용할 수 있는 능력을 배운다는 것은 매우 중요한 일이라 하겠다.

이 책은 통계학을 처음 배우고자 하는 학생들이 통계학의 기본 개념을 보다 쉽게 이해하고 간편하게 활용할 수 있도록 하는데 역점을 두고 집필되었다. 따라서 주요 개념들을 쉽게 설명하고자 노력하면서 이에 대한 이해를 돕기 위해 각종 예제를 많이 포함하였으며, 공개 소프트웨어인 R을 이용하여 자료를 통계적으로 처리하고 분석하여 그 결과를 해석할 수 있도록 하는데 중점을 두었다. 특히, R은 SAS, SPSS, Minitab 등 기존의 통계 패키지와는 달리 인터넷에서 무료로 다운로드 받을 수 있기 때문에 구입 및 유지비용이 전혀 들지 않으며 세계 각국의 연구자들이 개발한 각종 알고리즘을 실시간 제공받을 수 있다는 장점을 가지고 있다. 이에 따라 최근 들어 R을 사용하는 사람들이 급증하고 있으며, 대학에서도 R을 이용한 강의가 점차 늘어나고 있는 추세이다.

이 책은 한 학기 강의분량에 맞도록 총 11개의 장으로 구성되어 있다. 제1장은 통계학의 역사와 정의, 그리고 통계학을 배우기 위한 기본 용어에 대한 소개를, 제2장은 자료를 효율적으로 정리하고 요약하는 방법을, 제3장부터 제6장까지는 통계적 추론을 위한 기초 지식인 확률, 확률분포, 표본분포에 대한 설명을 다루고 있다. 그리고 제7장과 제8장은 이를 기초로 한 모수에 대한 추정과 검정방법을, 제9장에서는 두 모집단의 비교와 관련된 내용을 설명하고 있다. 또한, 제10장에서는 분산분석을, 제11장에서는 상관분석과 회귀분석을 다루고 있다.

이 책에서는 R을 이용하여 자료를 통계적으로 직접 처리하고 분석할 수 있도록 본문 예제를 중심으로 실습을 배치하였다. 따라서 본문의 예제를 완전하게 이해하였다면, R 실습을 통해 보다 쉽고 간편하게 문제를 해결하는 방법을 배울 수 있을 것이다. R을 이용한 많은 실습을 통하여 통계학에 대한 이해와 더불어 실생활에서 보다 유용하게 통계학을 활용하게 되기를 기대한다.

끝으로 이 책이 나오기까지 많은 격려를 보내주신 분들에게 고마운 마음을 표하며, 출판을 위해 애써 주신 (주) 교우 여러분의 수고에 감사드린다.

화랑대에서 저자 일동

차 례

제4장 확률분포 / 75

제5장 특수한 형태의 확률분포 / 109

제6장 표본분포 / 145

제7장 추정 / 181

제8장 가설검정 / 213

제9장 두 모집단의 비교/ 245

제10장 분산분석 / 293

제11장 상관분석과 회귀분석 / 329

부 록 / 409

찾아보기 / 487

01

통계학이란?

1.1 통계학의 역사
1.2 통계학의 정의
1.3 기본 용어

1.1 통계학의 역사

통계학(statistics)이란 용어는 국가 또는 주(state)를 의미하는 라틴어 "status"에서 유래되었다. 여기서 통계학을 국가와 관련지은 이유는 경제, 인구, 재산 등에 관한 자료가 국가 차원에서 수집되고, 수집된 자료를 국가가 활용하였기 때문이라고 할 수 있다.

근세에 있어서의 통계학은 주로 정치적인 필요에 따라 인구와 종교, 산업에 대한 많은 정보를 수집하는 형태로 시작되었으며, 그 기원은 17세기 중엽 독일과 영국으로부터 찾을 수 있다. 1660년 독일에서 H. Corning이 Hermstadt 대학에서 강의를 하면서 "장차 정치가가 되고자 하는 사람들은 국가의 중요사항인 국토, 군사, 인구 및 행정 등에 관하여 올바르게 아는 것이 가장 중요하다"고 주장하였으며, G. Achenwall은 오늘날의 통계학(statistics)의 어원이 된 "statistik"이란 용어를 처음으로 사용하면서 "statistik"을 "국가의 중요사항을 기술하는 학문"이라고 정의하였다.

같은 시기에 영국에서는 흑사병으로 사망한 기록과 전쟁에 의한 사망 기록 등을 근거로 출생과 사망에 관한 통계가 발표되었으며, 1662년 J. Grant는 출생과 사망에 관한 통계를 근거로 원인별 사망자수, 연령대별 인구수 등을 분석하여 출생과 사망 등의 인구 변화에는 일종의 법칙이 존재하고 있다고 주장하였다. 1690년 W. Petty는 영국의 국력을 토지, 인구, 재정, 경제 등으로 각각 구분하여 인접 국가인 프랑스, 네덜란드, 이탈리아 등의 여러 나라와 비교, 분석하였다. 그 후 통계학은 오랫동안 국가의 행정, 재정, 인구, 군사 등과 관련된 자료를 요약, 정리하거나, 정리된 자료를 그림이나 도표로 표현하기 위하여 이용되는 학문으로 인식되어 왔다.

19세기에 들어와서 통계학은 단순히 자료를 나열하고 도표를 그려 필요한 사항을 비교, 분석하는 것에 한정되지 않고 과학적인 의사결정을 하는데 있어서 필요한 학문으로서 그 중요성이 인식되기 시작하였으며, 사회 및 자연현상에 대한 철저한 수학적 분석을 통해 추론의 학문으로 발전하기 시작하였다. 벨기에의 천문학자이며 수학자인 F. Galton은 아버지와 아들의 키에 대한 실증적 자료분석을 통하여 표준편차, 상관, 회귀 등의 개념을 소개하였다. 영국의 K. Pearson은 통계적 방법을 생물학에 적용시켜 상관계수, 적률법, χ^2-검정법 등을 개발하였으며 현대 수리통계학의 기틀을 세웠다. F. Galton과 K. Pearson은 1901년 세계 최초의 통계학 논문집인 Biometrika를 창간하였으며, 이후 1911년 University College London에 세계 최초로 통계학과를 설립했다.

나아가 통계학은 부분적으로 얻어진 정보를 이용하여 전체에 대한 어떤 특성을 도출해 내는 추론의 학문으로서 발전하였으며, 그 시초는 아일랜드의 맥주회사 Guinness의 자료 분석가였던 W. S. Gosset에 의해서라고 할 수 있다. W. S. Gosset은 재료의 품질과 온도의 변화에 따라 맥주의 품질이 어떻게 변하는가를 실험을 통하여 과학적으로 분석하고자 하였다. 그러나 맥주의 양조과정에서 얻을 수 있는 자료의 수는 소규모로 한정되었기 때문에 그 당시 사용되었던 Z-검정법이라는 통계 이론으로는 모집단의 평균을 추정할 수가 없었다. 이러한 문제로 K. Pearson과 교류하면서 그는 1908년 Biometrika에 "Student"라는 이름으로 "평균치의 확률오차(The probable error of a mean)"를 기고하였고, 이를 통해 표본의 크기가 작을 경우에 사용할 수 있는 t-분포를 소개하였다. 그 후 추측 통계학을 더욱 발전시킨 사람은 영국의 R. A. Fisher라고 할 수 있다. Fisher는 평생에 걸쳐 294편의 논문과 7권의 저서를 남겼으며 분산분석법, 최우추정법, 실험계획법등을 창안하여 추측통계학에 있어서 중추적인 역할을 하는 통계적 방법을 개발하였다. 특히 1925년에 발간한 "연구자를 위한 통계적 방법(Statistical Methods for Research Workers)"과 1935년에 발간한 "실험계획법(The Design of Experiments)"은 통계학을 비약적으로 발전시킨 명서로 꼽힌다. 또한 Neyman과 Pearson은 1933년에 기고한 "통계적 가설의 최유효검정문제(On the problem of the Most Efficient Tests of Statistical Hypothesis)"를 통하여 최강력검정의 기준과 방법을 제시하였으며, 그 밖에 제1종 오류, 제2종 오류, 검정력 등을 이용한 검정이론과 신뢰구간의 개념을 도입하였다. 그 후 수많은 통계학자들의 노력에 의하여 추정과 검정 이론은 수학적으로 완전히 체계화 되었다.

오늘날의 통계학은 컴퓨터의 급속한 발달과 더불어 여러 현상들의 연구에 유용하게 사용되고 있을 뿐만 아니라, 경제학, 경영학, 사회학, 교육학, 심리학, 공학, 농학, 생물학, 의학 등 거의 모든 학문분야에서 약방의 감초처럼 널리 이용되고 있다.

1.2 통계학의 정의

통계학(statistics)이란 관심의 대상에 대한 방대한 자료를 효율적으로 수집, 정리, 요약하고, 관찰 및 조사로부터 얻은 일부 자료에 포함된 정보를 바탕으로 조사 대상 전체의 특성을 추론할 수 있는 방법을 제공하는 학문이라고 할 수 있다. 예를 들어, 우리나라 직종별 월 임금 수준을 모든 직장인에 대하여 조사한 자료가 있다고 하자. 이때 자료는 워낙 방대하기 때문에 자료 그 자체만으로 직종별 인원이나 임금 수준 등을 상호 비교, 분석하기가 어렵다. 이러한 경우 전체 자료를 직종별 또는 임금 수준별로 정리, 요약하는 것이 필요하며, 이렇게 하기 위한 효율적인 방법을 제공해주는 것이 통계학이다. 또 다른 예로서, 우리나라에서 한 해 생산되는 쌀의 수확량을 조사한다고 하자. 이때 전국 논에서 생산되는 쌀 한톨 한톨을 세어 전체 쌀의 수확량을 계산한다는 것은 불가능할 뿐만 아니라 좋은 방법이 아니다. 통계학은 이와 같은 조사가 과학적이고 효율적으로 실행되도록 그 방법을 제공하는 학문이라고 할 수 있다.

통계학은 일반적으로 크게 기술통계학(descriptive statistics)과 추론통계학(inferential statistics)으로 나눌 수 있다. 기술통계학이란 방대한 자료를 평균, 표준편차 등과 같은 몇 개의 숫자나 도수분포표, 막대그림, 줄기-잎 그림 등과 같은 표 또는 그림으로 요약, 정리하여 전체 자료의 특징을 쉽게 파악하고 비교하는 방법을 다루는 분야를 말한다. 예를 들어, 올해 대학수학능력 시험을 치른 학생들의 성적 자료가 있다고 하자. 이때 이 자료를 보유하고 있는 것만으로 올해의 대학수학능력 시험이 작년도의 시험보다 쉬웠는지 또는 어려웠는지 알 수 없다. 이러한 경우에는 올해 대학수학능력 시험을 치른 전체 학생들의 평균과 분산을 작년도의 결과와 비교하여 올해의 시험이 쉬웠는지 어려웠는지를 비교할 수 있을 것이다.

추론통계학이란 관심의 대상이 되는 전체 집단(모집단) 중에서 그 일부(표본)를 뽑아 여기에 포함된 정보를 분석하여 전체 집단의 여러 특성에 대하여 과학적으로 추론하는 방법을 다루는 분야를 말한다. 예를 들어, 대통령 선거 시 언론기관들은 각 후보자들에 대한 지지율을 조사하게 된다. 이때의 조사는 우리나라 전체 유권자(모집단)를 대상으로 하는 것이 아니라 그 중 일부의 유권자(표본)를 대상으로 조사를 실시한 후, 그 결과로부터 각 후보자들에 대한 지지율을 추정하게 되는 것이다.

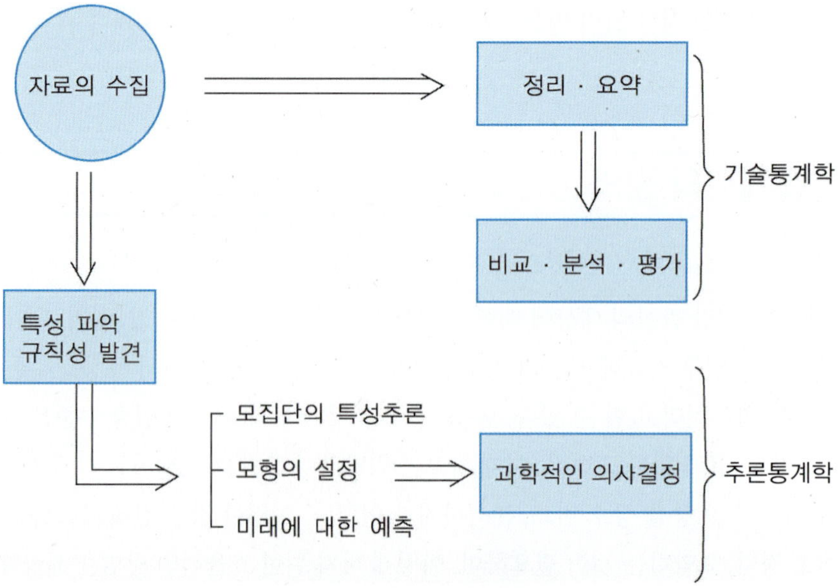

[그림 1.1] 통계학의 구분

1.3 기본 용어

통계학을 이해하는데 있어서 필요한 기본 용어와 개념으로는 여러 가지가 있으나, 이 절에서는 그 중에서 가장 기초적인 용어들 즉, 모집단, 표본, 모수, 통계량, 랜덤 추출 등에 대해서 간략하게 설명하고자 한다.

1.3.1 모집단과 표본

통계학은 자료를 분석하는 학문이다. 따라서 통계적 분석을 위해서는 먼저 자료를 수집하게 되며, 수집된 자료를 이용하여 표나 그래프 또는 숫자 등을 사용하여 자료의 특성을 분석하게 된다.

자료를 수집할 때에는 관심의 대상이 되는 집단 전체를 모두 조사하거나 또는 시간과 비용의 문제를 고려하여 전체 중 일부를 뽑아 조사하게 된다. 이때 관찰 또는 조사대상이 되는 집단 전체를 모집단(population)이라 하고, 이 모집단을 하나도 빠짐없이 조사하는 것을 전수조사(complete survey)라 한다. 그리고 모집단에서 실제로 채택된 일부분을 표본(sample)이라고 하며, 이 표본만을 조사하는 것을 표본조사(sample survey)라고 한다. 전수조사는 국가 통계의 중요한 기초가 되는 인구 및 주택 총 조사와 같은 특별한 경우에 실시하며, 대부분의 경우 표본조사를 통하여 필요한 자료를 수집하게 된다.

모집단의 특성은 전수조사를 하게 되면 정확히 알 수 있다. 하지만 모집단 전체를 조사하는 것은 불가능하거나 또는 가능하다 하더라도 엄청난 비용과 시간을 필요로 하는 경우가 대부분이다. 따라서 우리는 모집단의 일부인 표본을 추출한 후 그것을 이용하여 관심있는 모집단의 특성을 추측하게 되는 것이다. 표본조사가 이루어지는 대표적인 예로는 다음과 같은 경우를 들 수 있다.

(1) 전구의 수명조사와 같이 조사 대상이 파괴될 경우

(2) 농사와 관련된 실험과 같이 시간, 경비, 노력 등을 절약하고자 할 경우

(3) 새로이 개발된 암치료법의 효과를 판단하고자 할 때 조사 대상이 현재 암에 걸린 환자뿐만 아니라 미래에 암에 걸릴 환자까지 포함 되어야 하는 것처럼 그 조사 대상이 무한대일 경우

인구 및 주택 총 조사와 같이 모집단이 유한개의 원소를 가질 때 유한모집단(finite poplulation)이라 하며, 새로이 개발된 암치료법의 효과 연구와 같이 모집단이 무한개의 원소를 가질 때 무한모집단(infinite population)이라 한다. 암치료법의 효과 연구의 경우 미래에 암에 걸릴 환자까지 모집단에 포함해야하나 그 대상이 누구인지 명확하게 알 수 없다. 또한 전구의 수명조사에서도 앞으로 생산될 전구도 모집단에 포함해야 하나, 실제로 존재하지 않는 추상성을 띠고 있다. 이처럼 모집단의

정의에서 통계적 모집단이 반드시 실존하는 개체들의 집합이어야 하는 것만은 아니라는 것에 주의해야 한다.

1.3.2 모수와 통계량

실험이나 조사의 목적은 모집단에 대한 정보를 알아보려고 하는 것이다. 여기서 정보란 대개 중심위치를 나타내는 평균, 평균을 중심으로 값들이 흩어져 있는 정도를 나타내는 분산, 그리고 특정한 개체의 상대도수를 의미하는 비율 등의 값을 말하며, 이러한 모집단의 특성을 나타내는 값을 모수(parameter)라고 한다. 모집단의 특성을 정확히 알기 위해서는 모집단 전체를 대상으로 조사하여야 한다. 그러나 일반적으로 모집단은 매우 크기 때문에 전체 모집단을 모두 조사하는 것은 현실적으로 불가능하거나, 비록 가능하다 하더라도 엄청난 비용과 시간을 필요로 하는 경우가 대부분이다. 따라서 모수는 일반적으로 표본을 추출하여 추정하게 되는데, 표본으로부터 계산되는 평균, 분산, 비율 등과 같은 값을 통계량(statistic)이라 한다. 예를 들어, 대통령 선거에서 특정 후보 A에 대한 국민의 지지도를 알고자 1,000명을 대상으로 여론조사를 하였을 때, 전체 유권자의 후보 A에 대한 지지율은 모수가 되고, 1,000명 중 후보 A를 지지하는 사람의 비율은 통계량이 된다.

통계학에서 모집단 전체를 대상으로 한 것과 표본을 대상으로 계산된 특성값을 구분하는 것은 중요하다. 모집단의 평균, 분산, 비율은 각각 μ, σ^2, p로, 표본으로부터 계산된 평균, 분산, 비율은 각각 $\overline{X}$, S^2, $\hat{p}$으로 표기한다.

1.3.3 랜덤 추출

표본은 모집단의 일부이다. 따라서 표본으로부터 조사된 결과는 모집단 전체를 조사한 결과와 차이가 있기 마련이며, 이러한 차이를 줄이기 위하여 모집단을 잘 대표하는 표본을 뽑는 것은 매우 중요하다. 표본추출(sampling)이란 관심의 대상인 모집단으로부터 표본을 뽑아내는 것을 말한다. 모집단에서 표본을 추출하는 방법은 여러 가지가 있으나 여기서는 추출방법에 있어 가장 기본이 되는 랜덤추출(random sampling)에 대해서만 설명하도록 한다. 랜덤추출이란 모집단을 구성하고 있는 원소가 표본으로 뽑힐 확률이 같도록 표본을 추출하는 방법을 말한다.

랜덤추출에 의한 표본추출은 두 가지 과정으로 이루어질 수 있다. 먼저 모집단에서 한 개의 원소를 뽑은 다음, 두 번째 원소를 뽑기 전에 첫 번째 뽑힌 원소를 모집단에 다시 포함시켜 추출하는 과정을 생각할 수 있는데 이러한 방법을 복원추출(sampling with replacement)이라 한다. 복원추출의 경우 첫 번째 원소가 뽑힐 확률과 두 번째 원소가 뽑힐 확률은 같으며, 두 번째 뽑히는 원소는 앞에서 뽑힌 결과에 영향을 받지 않게 된다. 다음으로는 첫 번째 뽑힌 원소를 다시 모집단에 넣지 않고 두 번째 원소를 뽑는 방법을 생각할 수 있는데 이러한 방법을 비복원추출(sampling without replacement)이라 한다. 비복원추출의 경우 첫 번째 원소가 뽑힐 확률은 두 번째 원소가 뽑힐 확률과 다르고 두 번째 뽑히는 원소는 첫 번째 뽑힌 결과에 영향을 받게 된다.

모집단으로부터 표본을 랜덤으로 추출하기 위해서 난수표(random number table)를 이용하거나 또는 컴퓨터를 이용하여 난수를 만들어 사용한다. 난수(random numbers)란 0, 1, 2, ⋯, 9 등 10개의 수가 뽑힐 가능성이 동일하고, 반복하여 뽑을 경우 나중에 뽑히는 수가 앞에서 뽑힌 수와는 아무런 관련성이 없도록 만들어진 과정을 통해서 생성된 수를 말한다. 그리고 이러한 과정을 통해서 생성된 수를 표로 정리하여 놓은 것을 난수표(random number table)라 하며 부록의 [표 B.1]에 그 예가 주어져 있다.

난수표 사용 예

300명의 직원이 근무하고 있는 어느 전자회사에서 10명의 직원을 난수표를 이용하여 뽑는다고 하자. 이때의 표본추출은 다음과 같은 요령으로 하면 된다.

(단계 1) 전체 직원에게 1에서 300까지 번호를 부여한다.

(단계 2) 부록의 난수표 [표 B.1]에서 임의의 한 열을 선택한다. 예를 들어 두 번째 열을 선택하였을 경우, 전체 직원의 수가 300명이므로 앞에서 세 자리수를 읽어 내려가면 다음과 같이 될 것이다.

168	003	478	509	064	183	142	386	466	226
527	278	669	947	157	655	146	716	127	

(단계 3) 난수가 301 이상 되거나 반복적으로 나타난 숫자는 버리고 나머지 중에서 차례로 10개를 선택한다.

168	003	064	183	142	278	157	146	127	226

(단계 4) 선택된 10개의 번호에 해당하는 직원이 표본에 해당된다.

연습문제

1. 아시안 게임에서 흥미있는 종목에 대한 국민인식을 알아보기 위해 조사를 실시한다고 하자. 이를 위해 전국 만 20세 이상의 성인 남녀 중 500명을 뽑아 전화조사를 실시한다고 하면, 이때 모집단과 표본은 무엇인가?

2. 전구회사에서 납품하고 있는 전구의 수명을 측정하기 위하여 36개의 표본을 랜덤으로 추출한다고 할 때 모집단이 무엇이며, 표본추출은 어떻게 하는 것이 좋은지를 설명하여라.

3. 다음 통계조사 중에서 표본조사가 아닌 것은?

1) 군에서 실시하는 신체검사
2) 여론조사기관에서 실시하는 여론조사
3) 방송국 TV 시청률 조사
4) 공장에서 생산되는 제품의 품질조사

4. 다음 문장에서 밑줄 친 숫자들이 모수인지 통계량의 관측값인지 구별하여라.

1) K고등학교에서 실시한 기말 고사에서 3학년 전교생의 수학 성적 평균은 74.5점이었다.
2) 전구 공장에서 평균수명이 1,000시간인 제품을 생산하고 있다. 어느 날 생산 라인에서 전구 1,000개를 뽑아 수명을 조사하였더니 평균 수명이 989시간이 나왔다.
3) 여론조사 기관에서 어떤 후보의 지지율을 알기위해, 유권자 1만 명을 대상으로 조사한 결과 지지율이 40.3%가 나타났다.

5. 동전을 10번 던진 결과를 부록 B.1에 주어진 난수표를 이용하여 시뮬레이션 하여라.

6. 주사위를 13번 던졌을 때 나타나는 결과를 부록 B.1에 주어진 난수표를 이용하여 시뮬레이션 하여라.

02

자료의 정리와 표현

2.1 변수와 자료

자연현상에 대한 관찰이나 사회적 현상에 대한 조사, 그리고 다양한 분야의 연구와 실험을 통해 우리는 자료를 얻게 된다. 통계학은 이러한 자료를 다루는 학문분야로서 모든 통계분석은 자료를 명확하게 파악하는 것으로부터 시작한다고 해도 과언이 아니다. 자료(data)란 조사하고자 하는 대상에 대해서 관측된 값들을 의미하며, 이때의 관측은 하나의 변수 또는 둘 이상의 변수에 대해서 이루어진다. 여기서 변수(variable)란 조사하고자 하는 대상에 따라 서로 다른 값을 가지게 되는 하나의 속성으로 정의된다. 예를 들어, 어느 대학교 학생들의 IQ와 대학수학능력시험 성적에 대한 자료가 있다고 하자. 이 때 IQ와 대학수학능력시험 성적은 학생 개개인에 따라 서로 다를 것이며, 여기서 서로 다른 값을 가지는 속성들 즉, IQ와 대학수학능력시험 성적은 각각 하나의 변수가 되는 것이다.

변수는 그 속성의 수치화 여부에 따라 질적변수와 양적변수로 나눌 수 있으며, 그 값의 측정에 사용된 척도(scale)에 따라 질적변수는 명목변수와 서열변수로, 양적변수는 간격변수와 비율변수로 구분된다. 여기서 척도란 관찰 대상의 특성을 수량화하기 위하여 체계적인 단위를 가지고 그 특성에 숫자를 부여하는 일정한 규칙을 말한다. 또한 양적변수는 그 값이 연속적인지의 여부에 따라서 연속형 변수와 이산형 변수로 구분된다.

2.1.1 척도에 따른 변수의 분류

[표 2.1]에는 어느 고등학교 학생들의 신체검사 자료의 일부가 6개의 변수 즉, 이름, 성별, 학년, 체온, 키, 몸무게에 대하여 기록되어 있다. 표나 그림을 이용하여 자료를 정리하거나 통계적 분석을 할 때, 자료가 지닌 변수의 형태에 따라 그 방법이 달라지므로 변수를 그 특성에 따라 분류할 수 있어야 한다. [표 2.1]의 각 변수를 통하여 그 값의 측정에 어떠한 척도가 사용되었는지 알아보도록 하자.

[표 2.1] 고등학교 학생들의 신체검사자료

이름	성별	학년	체온(℃)	키(cm)	몸무게(kg)
신우성	남	2	36.5	181	80
유미소	여	3	37.3	167	58
한다혜	여	2	38.2	163	50
민재우	남	1	35.9	175	69

먼저 성별변수를 보면 '남', '여'와 같이 관찰대상의 속성이 상호 배타적으로 구분되어 있음을 알 수 있다. 분석의 편의를 위하여 남자는 0, 여자는 1로 수량화하여 표기하기도 하지만, 이때의 숫자는 성별을 구분하기 위하여 사용하는 단순한 기호에 불과할 뿐 숫자로서의 의미를 갖지 않는다. 이와 같이 관찰대상이 갖는 속성에 따라 상호 배타적으로 구분하는 척도를 명목척도(nominal scale)라고 하며, 명목척도를 이용하여 관측되는 변수를 명목변수(nominal variable)라고 한다.

학년변수의 경우에도 성별변수와 마찬가지로 관찰대상의 속성을 상호 배타적으로 구분하나, 각 범주들 사이에 서열의 개념이 있음을 알 수 있다. 이와 같이 관찰대상이 가지고 있는 속성의 크기에 따라 순위를 나타내는 명목척도를 서열척도(ordinal scale)라고 하며, 서열척도를 이용하여 관측되는 변수를 서열변수(ordinal variable)라고 한다. 명목변수와 서열변수는 수치적으로 측정이 되지 않으므로 산술적 연산이 불가능한 질적변수(qualitative variable)에 해당하며, 또한 범주로 구분 되어 정리가 되므로 범주형 변수(categorical variable)라고도 부른다.

다음으로 체온변수를 살펴보자. [표 2.1]에서 유미소의 체온은 신우성의 체온보다 0.8℃ 높게 측정되었는데, 이처럼 관찰대상의 속성을 상대적 차이를 고려하여 측정하는 척도를 간격척도(interval scale)라고 하며, 간격척도를 이용하여 관측되는 변수를 간격변수(interval variable)라고 한다. 간격변수는 수치적으로 측정되므로 더하거나 빼는 산술 계산이 가능하다. 하지만 관찰대상이 가지고 있는 속성의 크기 차이에 대한 절대적 기준이 없어 곱하거나 나누는 산술 계산은 불가능하다. 예를 들어 온도가 20℃인 물과 30℃인 물의 온도 차이와 40℃인 물과 50℃인 물의 온도 차이는 10℃로 동일하지만 40℃의 물이 20℃의 물보다 두 배 더 뜨겁다고 말할 수 없으며, 온도가 0℃인 경우 온도가 전혀 없다는 것을 의미하지 않는 것이 이에 해당한다.

마지막으로 키, 몸무게 등과 같이 절대적 기준을 갖고 있는 척도를 비율척도(ratio sale)라고 하며, 비율척도를 이용하여 관측되는 변수를 비율변수(ratio variable)라고 한다. 비율척도로 관측된 변수는 절대적 기준이 정의되어 있어 사칙 연산이 모두 가능한 특징이 있다. 예를 들어, 신우성의 몸무게는 한다혜의 몸무게의 1.6배이다. 간격변수와 비율변수는 수치적으로 측정이 가능하므로 양적변수(quantitative variable)에 해당한다.

2.1.2 연속성 여부에 따른 양적변수의 분류

양적 변수는 변수의 연속성 여부에 따라 연속형 변수(continuous variable)와 이산형 변수(discrete variable)로 나누어진다.

연속형 변수는 관측값을 하나 하나 셀 수 없는 형태 즉, 소수점을 무한히 포함하게 되는 형태의 값을 가지는 변수를 말한다. 연속형 변수의 예로서는 키를 들 수 있다. 왜냐하면, 키가 170.5cm라는 것은 측정도구의 한계 때문에 근사치로서 170.5cm이지 정밀하게 측정할 수 있는 도구만 있다면 실제로는 소수점 아래로 계속 이어지는 값이 되기 때문이다. 연속형 변수의 다른 예로서는 몸무게, 시간, 온도, 나이 등이 있다.

이산형 변수는 관측값을 하나 하나 셀 수 있는 특징을 가진 변수를 말한다. 이산형 변수는 일반적으로 정수값을 가지게 되는 경우가 대부분이며, 그 예로서는 일일 교통사고 수, 휴가 일수, 대학교 합격자수 등을 들 수 있다.

대부분의 양적변수는 필요에 따라 질적변수로 바꿀 수 있다. 예를 들어, 체온이 36℃ 미만이면 저체온이므로 0으로 표시하고, 36~37℃이면 정상체온이므로 1로 표시하고, 38℃미만 이면 미열이므로 2로 표시하고, 38℃이상이면 고열이므로 3으로 표시하였다면 양적변수를 필요에 의해 질적변수로 변환시킨 것으로 볼 수 있다. 그러나 질적변수를 양적변수로 바꾸는 것은 매우 제한적일 때가 많다. 처음부터 질적변수는 양적변수에 비해 적은 양의 정보를 포함하고 있기 때문에 적은 것을 많은 것으로 변환시키는 것은 불가능하거나 필연적으로 많은 오차를 가져올 수밖에 없다.

2.1.3 자료의 분류

자료는 관측에 사용된 척도에 따라 명목자료, 서열자료, 간격자료, 비율자료로 분류된다. 즉, 명목변수들의 자료를 명목자료, 서열변수들의 자료를 서열자료, 간격변수들의 자료를 간격자료, 그리고 비율변수들의 자료를 비율자료라고 한다. 예를 들어, [표 2.1]에서 성별변수의 자료는 명목자료, 학년변수의 자료는 서열자료, 체온변수의 자료는 간격자료, 그리고 키, 몸무게 변수의 자료는 비율자료가 된다. 명목자료와 서열자료는 질적자료에 해당하고 간격자료와 비율자료는 양적자료에 해당한다. 또한 연속성의 유무에 따라 양적자료는 연속형 자료와 이산형 자료로 구분할 수 있다.

일반적으로 비율자료, 간격자료, 서열자료, 명목자료의 순으로 많은 정보를 포함하고 있다. 통계적 분석의 정확성 측면을 고려할 때, 가능한 한 많은 정보를 포함하도록 자료를 수집하는 것이 타당할 것이다. 그러나, 많은 정보를 포함하는 자료의 조사에서는 관측 대상에 대한 정확한 정보를 얻기 힘든 경우가 있다. 예를 들어, [표 2.1]을 설문형태로 조사한다고 하면, 명목자료에 해당하는 성별변수의 값은 조사자가 눈으로도 확인 할 수 있겠으나, 비율자료에 해당하는 몸무게 변수의 경우에는 일부 학생들이 조사에 부담을 느껴 정확한 정보를 제공하지 않을 우려가 있다. 따라서 연구하고자 하는 목적 및 방법에 따라 적합한 정보를 얻을 수 있는 자료를 수집해야 한다.[1)]

1) 설문 조사에서 키, 몸무게 등과 같은 자료를 적절한 구간으로 범주화하여 조사한다면 응답자의 부담을 덜 수도 있다. 그러나 이러한 경우에는 정보의 손실이 발생하게 된다.

예제 2.1 다음은 어느 통계학 과목의 수강생들에 대한 자료의 일부이다. 자료 속의 변수들을 명목변수, 서열변수, 간격변수, 비율변수로 구분하여 설명하여라.

[표 2.2] **통계학 과목 수강생의 자료**

학과	이름	학년	나이	시험점수	학점
통계학과	김기열	3	24	92	A+
수학과	박민수	2	22	84	A-
경제학과	이재윤	1	20	75	B+
산업공학과	민재열	4	26	68	B

풀이 [표 2.2]에는 6개의 변수 즉, 학과, 이름, 학년, 나이, 시험점수, 학점 등이 있으며, 이들 중 학과, 이름은 명목변수에 해당하고, 학년, 학점은 서열변수에, 시험점수는 간격변수에, 그리고 나이는 비율변수에 해당한다. ■

2.2 표를 이용한 자료의 정리

자료를 표나 그림으로 나타내면 보다 많은 정보를 시각적인 효과에 의해 빠르게 전달 할 수 있다. 어느 통계학 교수가 25명의 학생들에게 동전을 4번씩 던지도록 한 후 앞면이 나온 횟수를 조사한 결과, 표 2.3과 같은 자료를 얻었다고 하자.

[표 2.3] **동전을 4번씩 던졌을 때 앞면이 나온 횟수**

2	2	0	1	1	1	2	3	1	2	2	3	3
4	1	3	2	3	3	1	2	2	1	2	2	

여기서 주어진 자료는 특별하게 새로운 형태로 전환하거나 가공하지 않은 원자료(raw data)이다. 하지만 이 상태로는 앞면이 나온 횟수에 대한 전체적인 자료의 특성이 어떠한지를 파악하기가 쉽지 않다. 그러나 관측된 값 모두는 0, 1, 2, 3, 4 등 5개의 값으로 구성되어 있으므로, 이 5개의 값을 이용한 표를 통하여 자료의 전체적인 특성을 간단하게 요약하여 나타낼 수 있다. 동전의 앞면이 나온 횟수와 같이 자료의 형태가 이산형인 경우에는 각 자룟값이 나타내는 빈도를 셀 수 있다. 이때 자룟값들의 빈도를 도수(frequency)라고 하며, 도수를 전체 자료의 수로 나눈 것을 상대도수(relative frequency)라 한다. 동전을 4번 던지는 실험에서 관측된 결과는 [표 2.4]와 같이 요약할 수

있으며, 이렇게 각 범주에 따른 도수와 상대도수를 도표화 한 것을 도수분포표(frequency table)[2]라 한다.

예제 2.2 [표 2.3]의 실험 결과를 도수분포표로 작성하여라.

풀이 5개의 값 0, 1, 2, 3, 4를 범주로 한 후, 각 범주에 속하는 도수, 상대도수(=해당 범주의 도수/전체 도수), 누적상대도수를 포함하여 작성된 도수분포표는 [표 2.4]와 같다.

[표 2.4] 동전을 4번 던졌을 때 앞면이 나타난 횟수에 대한 도수분포표

횟수	도수	상대도수	누적상대도수
0	1	0.04	0.04
1	7	0.28	0.32
2	10	0.40	0.72
3	6	0.24	0.96
4	1	0.04	1.00
전체	25	1.00	

앞면이 두 번 나온 경우가 전체의 40%로 가장 많았고, 반면에 앞면이 한 번도 나오지 않았거나 네 번 모두 앞면이 나온 경우는 각 4%씩 전체의 8%를 차지하고 있는 것으로 나타났다. ■

R 실습 2.1 [예제 2.2]의 도수분포표를 작성하여라.

[R코드 2.1] 도수분포표

```
coin = c(2,2,0,1,1,1,2,3,1,2,2,3,3,4,1,3,2,3,3,1,2,2,1,2,2)
freq = table(coin)
rel.freq = freq / length(coin)
cum.freq = cumsum(rel.freq)
cbind(freq, rel.freq, cum.freq)
```

실행 결과

```
> coin = c(2,2,0,1,1,1,2,3,1,2,2,3,3,4,1,3,2,3,3,1,2,2,1,2,2)
> freq = table(coin)
> rel.freq = freq / length(coin)
> cum.freq = cumsum(rel.freq)
```

2) 필요에 따라 누적상대도수(cumulative relative frequency)를 함께 나타내기도 한다.

```
> cbind(freq, rel.freq, cum.freq)
  freq rel.freq cum.freq
0    1     0.04     0.04
1    7     0.28     0.32
2   10     0.40     0.72
3    6     0.24     0.96
4    1     0.04     1.00
```

- [R코드 2.1]에서는 [표 2.3]의 자룟값을 c( ) 함수를 이용하여 coin이라는 이름의 벡터 형태로 입력하였으며, 이산형 자료의 도수 계산을 위해 table( ) 함수를 이용하였다. 여기서는 coin 자료의 도수를 계산하여 freq에 저장하였다.
- coin의 원소 개수를 length( ) 함수를 이용하여 계산하였으며, 이 값을 이용하여 상대도수를 구한 후 rel.freq에 저장하였다.
- cumsum( ) 함수는 누적값을 출력해주는 함수이다.[3] 따라서 누적된 상대도수의 값들은 벡터 cum.freq에 저장된다.
- cbind( )함수를 이용하여 coin 자료의 도수(freq)와 상대도수(rel.freq) 그리고 누적도수(cum.freq)를 각각의 열로 하는 행렬로 나타내었으며, [R코드 2.1]의 실행 결과는 [예제 2.2]와 동일함을 알 수 있다.

[표 2.4]는 이산형 자료에 대한 도수분포표이다. 그렇다면 연속형 자료에 대한 도수분포표는 어떻게 작성하여야 할까? 예를 들어 통계학 과목을 수강한 2학년 학생 30명의 기말시험 점수가 [표 2.5]와 같다고 하자.

[표 2.5] 통계학 과목을 수강한 30명의 기말시험 점수

71	84	68	75	91	87	63	77	81	98	57	73	74	85	50
62	66	78	65	59	75	89	94	93	86	61	87	74	70	67

이때 도수분포표를 작성하기 위하여 [예제 2.2]에서처럼 기말시험 점수를 점수별로 모두 나열한 후 각각의 도수를 세어 작성해야만 할까? 그렇지는 않다. 통계학 기말시험 성적은 모두 30개의 값으로 이루어져 있으며, 이 30개의 값을 모두 사용하여 도수분포표를 작성하게 되면 자료가 효율적으

3) 예를 들어 R console 창에서 아래와 같이 입력하면 "x = c(1,1,1,1,1); cumsum(x)" "[1] 1 2 3 4 5"와 같은 결과가 출력된다.

로 정리되지 못하여 한 눈에 전체 자료의 특성을 파악하기가 쉽지 않게 된다. 이러한 경우 도수분포표는 전체 자료를 동일한 간격을 가지면서 서로 중복되지 않도록 몇 개의 계급(구간)으로 나눈 후, 각 계급에 속하는 자료의 개수를 세어 작성하게 된다. 연속형 자료를 위한 도수분포표의 작성 요령은 다음과 같다.

[연속형 자료를 이용한 도수분포표의 작성 요령]

(단계 1) 범위(=최댓값-최솟값)를 계산한다.
(단계 2) 적당한 계급의 개수를 결정한다.
(단계 3) 계급구간의 폭(=범위/계급의 개수)을 계산한다.
(단계 4) 계산된 계급구간의 폭에 따라 계급을 설정한다.
(단계 5) 각 계급에 속하는 자료의 개수를 세어 표를 작성한다.

연속형 자료를 이용하여 도수분포표를 작성할 때, 전체 자료를 몇 개의 계급으로 나누는 것이 적절한지를 판단하는 것은 쉽지 않은 문제이다. 왜냐하면 계급의 수가 너무 적으면 관측값들의 분포 경향을 파악하기가 쉽지 않고, 반대로 계급의 수가 너무 많으면 분포 모양이 제대로 나타나지 않기 때문이다. 적절한 계급의 수를 정하는 데에 도움이 되는 몇 가지 간단한 규칙들을 소개하면 아래와 같다. 여기서 n은 자료의 크기이다.

[계급의 수 k를 정하기 위한 규칙]

- 제곱근의 법칙(square-root rule) : $k = \sqrt{n}$
- Sturges의 공식(Sturges' formula) : $k = \lceil \log_2 n + 1 \rceil$
- Rice 법칙(Rice rule) : $k = \lceil 2n^{1/3} \rceil$

여기서 $\lceil c \rceil$ 는 c보다 작지 않은 최소 정수를 뜻한다.

예제 2.3 [표 2.5]의 통계학 기말시험 점수를 도수분포표로 작성하여라. 단, 계급의 수는 Rice 법칙을 이용하여 정하여라.

풀이 자료의 크기가 30이므로 Rice 법칙에 의한 계급의 수는

$k = \lceil 2 \cdot 30^{1/3} \rceil = \lceil 6.21 \rceil = 7$이다. 계급의 수를 7로 할 때 각 계급구간의 폭은

$$\frac{\text{최대값} - \text{최소값}}{\text{구간의 개수}} = \frac{98-50}{7} \simeq 7$$

이 된다. 따라서 계급구간의 폭이 8이 되도록 각 계급을 설정하면, 첫 번째 계급은 50이상 ~ 58미만, 두 번째 계급은 58이상 ~ 66미만, … 등이 될 것이다(이때 각 계급의 경곗값은 중복되지 않도록 하여야 함). 각 계급에 속하는 자료의 개수를 세어 작성된 도수분포표는 다음과 같다.

[표 2.6] **양적 자료에 대한 도수분포표**

계급구간	도수	상대도수	누적상대도수
50이상 ~ 57미만	1	0.03	0.03
57이상 ~ 64미만	5	0.17	0.20
64이상 ~ 71미만	5	0.17	0.37
71이상 ~ 78미만	7	0.23	0.60
78이상 ~ 85미만	3	0.1	0.7
85이상 ~ 92미만	6	0.2	0.9
92이상	3	0.1	1
계	30	1.00	

통계학 기말 시험에서 74점부터 81점 사이의 점수를 받은 학생은 전체 30명 중 7명으로 가장 많았고, 66점부터 73점 사이, 그리고 82점부터 89점 사이의 점수를 받은 학생도 각각 6명으로 나타났다. 66점부터 89점 사이의 점수를 받은 학생은 전체의 63%로 절반 이상의 학생들이 이 점수대에 속하는 것으로 나타났다. 전체 점수의 분포는 78점을 중심으로 봉우리가 하나이면서 거의 좌우 대칭인 형태를 띠고 있다고 볼 수 있다. ■

R 실습 2.2 [예제 2.3]의 도수분포표를 작성하여라.

[R코드 2.2] 도수분포표

```
score = c(71,84,68,75,91,87,63,77,81,98,57,73,74,85,50,
          62,66,78,65,59,75,89,94,93,86,61,87,74,70,67)
freq = table(cut(score, br=6, right=FALSE))
rel.freq = round(freq/length(score), digits=2)
cum.freq = round(cumsum(rel.freq), digits=2)
cbind(freq,rel.freq,cum.freq)
```

실행 결과

```
> score = c(71,84,68,75,91,87,63,77,81,98,57,73,74,85,50,
          62,66,78,65,59,75,89,94,93,86,61,87,74,70,67)
> freq = table(cut(score, br=6, right=FALSE))
```

```
> rel.freq = round(freq/length(score), digits=2)
> cum.freq = round(cumsum(rel.freq), digits=2)
> cbind(freq,rel.freq,cum.freq)
        freq rel.freq cum.freq
[50,58)  2    0.07     0.07
[58,66)  5    0.17     0.24
[66,74)  6    0.20     0.44
[74,82)  7    0.23     0.67
[82,90)  6    0.20     0.87
[90,98)  4    0.13     1.00
```

- 먼저 c( ) 함수를 이용하여 자룟값을 score라는 이름으로 입력하였다.
- 연속형 자료의 도수 계산을 위해 cut( ) 함수를 사용하여 자료를 몇 개의 계급으로 나누었다. cut( ) 함수의 매개변수 br은 breaks의 약자로 계급의 개수 또는 계급구간의 크기를 지정한다. br=6 대신 br=seq(50, 98, 8)을 입력하여도 같은 결과를 제공한다. 매개변수 right는 각 계급의 오른쪽 경곗값의 포함 여부를 지정하는 명령어이다. 기본값은 right =TRUE이며 오른쪽 경곗값을 포함하고 왼쪽 경곗값을 포함하지 않는 "(,]"와 같은 구간을 지정한다. 여기에서는 오른쪽 경곗값을 포함하지 않고 왼쪽 경곗값을 포함하기 위해 "right=FALSE"로 지정하였다.
- round( ) 함수는 매개변수 digits의 값까지 나타내도록 소수점 아래의 수를 반올림하는 함수이다. 여기서는 소수점 둘째 자리까지 나타내기 위해 digits=2를 사용하였다. [R코드 2.2]의 실행 결과는 [예제 2.3]과 동일함을 알 수 있다.

2.3 그림을 이용한 자료의 정리

수집된 자료를 그림으로 표현하는 것은 표로 작성하여 자료의 특성을 파악하는 것 못지않게 매우 중요하다. 왜냐하면 그림은 표보다 자료의 전체적인 형태를 시각적으로 보다 쉽게 파악할 수 있도록 해주는 장점을 가지고 있기 때문이다.

2.3.1 막대그림

막대그림(bar chart)은 질적 자료 및 이산형 자료일 경우 각 범주가 가지는 도수 또는 상대도수를 같은 폭의 직사각형 막대모양의 그림으로 나타낸 것을 말하며, 이때 막대 간에는 서로 떨어져 있게 그려져야 한다. 막대그림은 각 범주의 도수 또는 상대도수를 막대의 길이로서 쉽게 비교할 수 있다는 장점을 가지고 있다.

예제 2.4 [예제 2.2]에서 앞면이 나온 횟수에 대한 막대그림을 그려라.

풀이

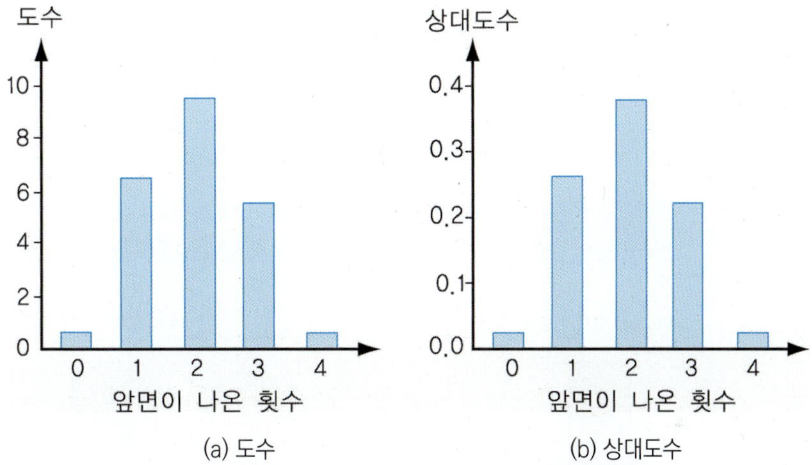

[그림 2.1] **앞면이 나온 횟수에 대한 막대그림표**

■

막대그림을 이용하여 두 집단 간의 비교도 가능하다. 즉, 동일한 좌표축 위에 막대그림을 나란히 그려 두 집단 간의 차이를 쉽게 비교할 수 있다. 단, 표본의 크기가 서로 다를 경우에는 상대도수를 이용하여 막대그림을 그려야만 두 집단 간의 차이에 대한 정확한 비교가 가능하다.

R 실습 2.3 [예제 2.4]의 막대그림을 그려라.

[R코드 2.3] 막대그림

```
# 자료 입력
coin = c(2,2,0,1,1,1,2,3,1,2,2,3,3,4,1,3,2,3,3,1,2,2,1,2,2)
freq = table(coin)
rel.freq = freq / length(coin)

# 막대그림 그리기
par(mfrow=c(1,2))
barplot(freq, xlab="앞면이 나온 횟수", ylab="빈도수", main="4회 동전 던지기 결과")
barplot(rel.freq, xlab="앞면이 나온 횟수", ylab="비율", main="4회 동전 던지기 결과")
```

실행 결과 **막대그림**

```
> # 자료 입력
> coin = c(2,2,0,1,1,1,2,3,1,2,2,3,3,4,1,3,2,3,3,1,2,2,1,2,2)
> freq = table(coin)
> rel.freq = freq / length(coin)
>
> # 막대그림 그리기
> par(mfrow=c(1,2))
> barplot(freq, xlab="앞면이 나온 횟수", ylab="빈도수", main="4회 동전 던지기 결과")
> barplot(rel.freq, xlab="앞면이 나온 횟수", ylab="비율", main="4회 동전 던지기 결과")
```

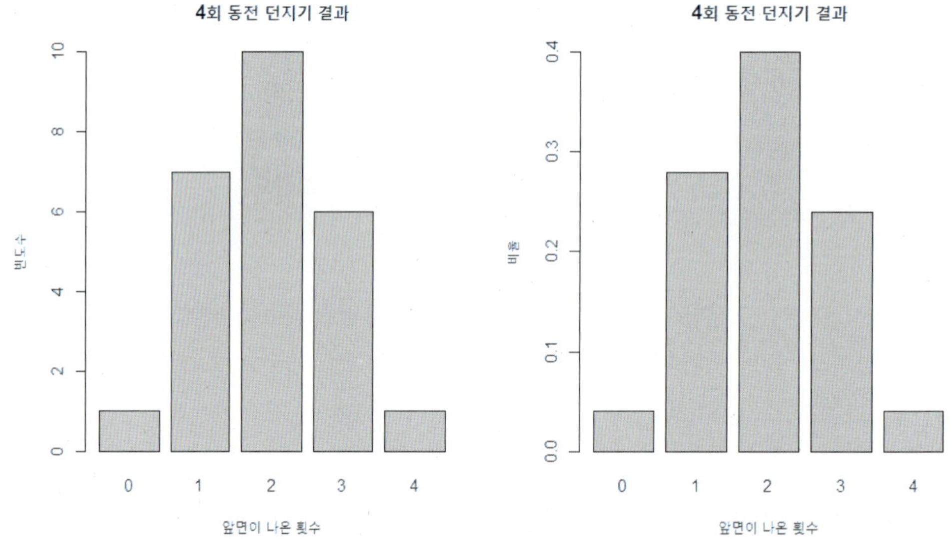

- 막대그림을 작성하기 위해서는 각 범주별 도수 또는 상대도수를 먼저 구하여야 하며, 이를 위해 앞서 사용한 table( ) 함수를 이용하였다.
- 두 개의 막대그림을 동시에 그리기 위하여 par( ) 함수를 이용하여 화면을 분할하였으며, 매개변수 mfrow=c(1,2)로 지정하여 1개의 행과 2개의 열을 갖도록 분할하였다.
- 막대그림을 그리기 위해서는 barplot( ) 함수가 사용되며, 해당 자료와 여러 가지 매개변수의 값을 지정할 수 있다. 여기서는 도수 freq와 상대도수 rel.freq를 막대그림을 그리기 위한 자료로 각각 입력하였으며, x축과 y축의 제목을 지정하는 매개변수 xlab과 ylab, 그리고 막대그림의 제목을 지정하는 매개변수 main을 활용하였다. R에서 그림을 작성하는데 있어 공통적으로 사용되는 기본 명령어는 [표 2.7]에 주어져 있다.

[표 2.7] 그림 그리기에서 사용되는 명령어

구분	내용	사용 예제
main	제목 출력	main = “그리기 예제”
xlab	x축의 이름 출력	xlab = “학년”
ylab	y축의 이름 출력	ylab = “키”
xlim	x축 값의 출력 범위 지정	xlim = c(1, 10)
ylim	y축의 값의 출력 범위 지정	ylim = c(100, 200)
cex	출력되는 점들의 크기 결정, 기본적으로 cex=1로 되어 있음	cex = 0.5
col	출력되는 점 또는 선의 색깔을 지정해주며 기본색은 검정색임 col = “색상” 또는 col = 숫자	색상으로는 “red”, “blue”, “green”, “yellow” 등이 사용할 수 있으며, 숫자를 입력해도 됨. 예) col = “red” 또는 col = 3
type=“l”	출력되는 점들을 선으로 연결해줌	p=점, l=선, b=점과 선, o=선과 점을 중첩
lty	출력되는 선의 형태를 결정, 기본적으로 연속된 선으로 출력	0=그리지 않음, 1=실선(기본값), 2=대시, 3=점, 4=점과 대시, 5=긴 대시, 6=두 개의 대시

예제 2.5 구직을 희망하는 65세 이상의 남성 1,907명과 여성 2,750명을 대상으로 일자리선택기준에 대한 최우선순위를 설문조사한 결과, [표 2.8]과 같은 자료를 얻었다고 하자. 막대그림을 이용하여 남성과 여성 두 집단을 비교하여라.

[표 2.8] 구직을 희망하는 65세 이상의 남성과 여성의 설문조사 결과

구분 \ 범주	남성		여성	
	도수	상대도수	도수	상대도수
임금수준	565	0.296	601	0.219
일의 양과 시간대	463	0.243	1134	0.412
일의 내용	311	0.163	352	0.128
계속근로 가능성	476	0.250	450	0.164
출퇴근 거리 (편리성)	92	0.048	213	0.077
전체	1907	1.000	2750	1.000

풀이 x 축을 우선순위, y 축을 도수와 상대도수로 놓고 범주별로 막대그림을 작성한 결과는 [그림 2.2]와 같다.

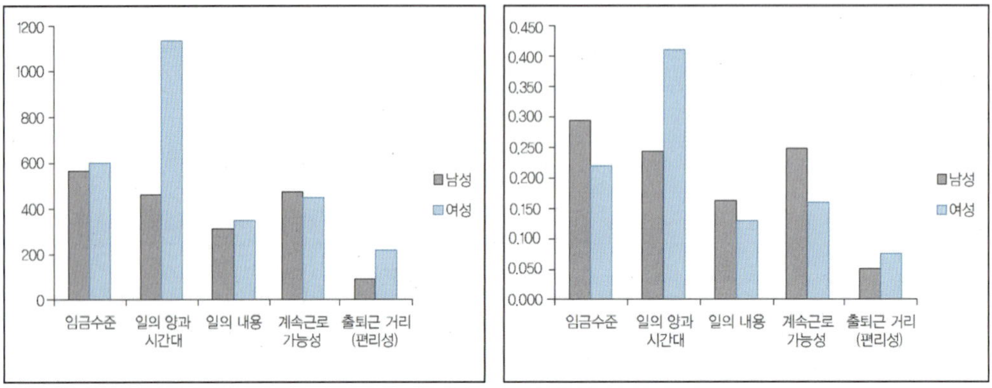

(a) 도수 (b) 상대도수

[그림 2.2] 구직을 희망하는 65세 이상 남녀의 직업선택 우선순위에 대한 막대그림

[그림 2.2]의 (a)를 보면, '계속근로 가능성'을 제외한 모든 항목에서 여성이 남성보다 많은 도수를 기록하고 있다. 하지만 (b)를 보면 '일의 양과 시간대', '출퇴근 거리(편리성)'의 항목을 제외한 모든 항목에서 남성의 막대가 여성의 막대보다 더 긴 것을 확인할 수 있다. (a)와 (b)에서 서로 다른 결과가 나타나는 이유는 남성과 여성의 전체 도수가 같지 않다는 데 있다. 집단들을 비교함에 있어서는 도수보다는 상대도수를 이용하여야만 집단들 간의 차이에 대한 정확한 비교가 가능하다. 따라서 (b)의 막대그림에서 나타난 결과를 바탕으로 남성은 직업의 선택에 있어서 '임금수준'을 가장 우선시 하며 '계속근로 가능성'과 '일의 양과 시간대' 또한 많이 고려하는 것을 알 수 있다. 반면에 여성은 직업선택의 최우선 순위로 '일의 양과 시간대'에 가장 많이 응답했으며, 다른 항목들에 대한 최우선순위는 남성에 비해서 상대적으로 낮은 비율을 보 있다고 결론을 내릴 수 있다. ■

R 실습 2.4 [예제 2.5]의 도수분포표와 막대그림을 작성하여라.

[R코드 2.4(1)] 도수분포표

```
# 도수분포표
man = c(565,463,311,476,92); woman = c(601,1134,352,450,213)
job = matrix(c(man,woman), nrow=5,byrow=F)
rownames(job) = c("임금수준","일의 양과 시간대","일의 내용",
                  "계속근로 가능성","출퇴근 거리 (편리성)")
colnames(job) = c("남성","여성")
job
```

실행 결과 **도수분포표**

```
> # 도수분포표
> man = c(565,463,311,476,92); woman = c(601,1134,352,450,213)
> job = matrix(c(man,woman), nrow=5,byrow=F)
> rownames(job) = c("임금수준", "일의 양과 시간대", "일의 내용",
                   "계속근로 가능성", "출퇴근 거리 (편리성)")
> colnames(job) = c("남성","여성")
> job
                    남성   여성
임금수준             565    601
일의 양과 시간대     463   1134
일의 내용            311    352
계속근로 가능성      476    450
출퇴근 거리 (편리성)  92    213
```

- 남성과 여성의 직업선택 선호도에 관한 자료 man과 woman을 matrix( ) 함수를 이용하여 job이라는 행렬에 저장하였다. 이때 행의 이름과 열의 이름은 각각 rownames( )와 colnames( ) 함수를 이용하여 입력하였다.

[R코드 2.4(2)] 막대그림

```
> # 막대그림
par(mfrow=c(1,2))
job.freq = cbind(job[,1]/sum(job[,1]), job[,2]/sum(job[,2]))
barplot(t(job), beside = TRUE, col=c("lightblue","steelblue"),
        legend = colnames(job), main="도수 막대그래프")
barplot(t(job.freq), beside = TRUE, col=c("lightblue","steelblue"),
        legend = colnames(job), main="상대도수 막대그래프")
```

실행 결과 **막대그림**

```
> # 막대그림
> par(mfrow=c(1,2))
> job.freq = cbind(job[,1]/sum(job[,1]), job[,2]/sum(job[,2]))
> barplot(t(job), beside = TRUE, col=c("lightblue","steelblue"),
+        legend = colnames(job), main="도수 막대그래프")
```

```
> barplot(t(job.freq), beside = TRUE, col=c("lightblue","steelblue"),
+         legend = colnames(job), main="상대도수 막대그래프")
```

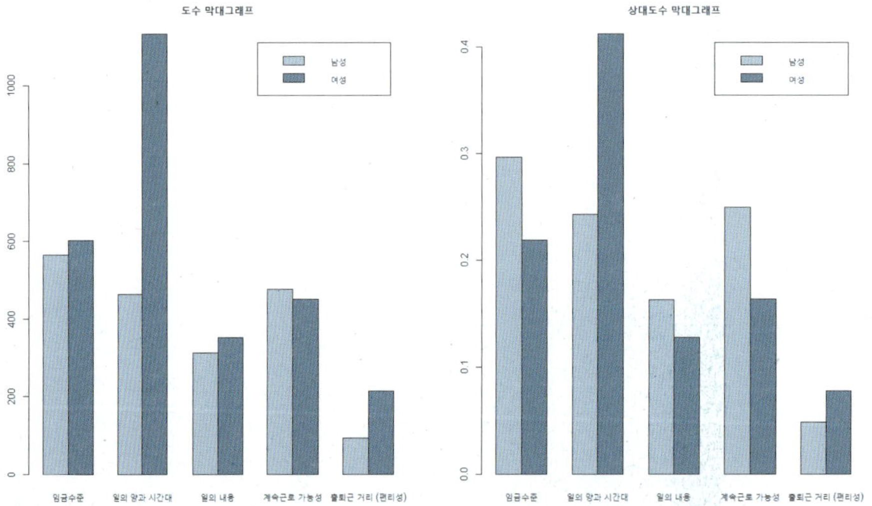

- 남성과 여성의 직업 선호도에 대한 각각의 상대도수를 구하여 cbind( ) 함수를 이용하여 행렬 형태로 job.freq에 저장하였다.
- barplot( ) 함수의 매개변수 beside=TRUE를 입력하면 둘 이상의 변수에 관한 막대그림을 함께 그려준다. 여기에서는 각 범주에 따른 남성과 여성의 선호도를 비교하기 위해 t( )함수를 이용하여 원래 행렬을 전치시켜 입력하였다.
- 매개변수 col을 이용하여 남성은 "파랑", 여성은 "빨강" 막대로 표현하였으며, 범례를 표기하기 위해 매개변수 legend를 사용하였다. 여기에서 범례는 job 행렬의 열의 이름을 참고하기 위해 colnames( ) 함수를 이용하였다.

2.3.2 히스토그램

양적 자료일 때의 막대그림을 히스토그램(histogram)이라 한다. 즉, 히스토그램은 주어진 자료가 연속형일 때 변수값을 몇 개의 계급으로 나눈 후 이를 밑변으로 하고, 각 계급에 속하는 자료수의 도수 또는 상대도수를 높이로 하여 막대그림으로 나타낸 것을 말한다. 히스토그램은 막대그림과는 달리 막대와 막대 사이가 계급의 경계에서 서로 이어지도록 그려야 한다.

예제 2.6 Y대학교 졸업생들의 소득 수준을 알아보기 위하여 올해 취업한 졸업생 중 90명을 랜덤으로 추출하여 월 평균 소득(만원)을 조사한 결과, [표 2.9]와 같은 자료를 얻었다. 히스토그램을 작성한 후, 졸업생들의 소득 상태를 설명하여라.

[표 2.9] 졸업생들의 월 평균 소득

207	300	101	212	185	423	278	283	258	225	171	549
193	205	252	186	254	256	279	276	128	352	415	242
199	195	367	400	361	251	357	221	236	235	274	176
452	157	345	450	201	247	353	179	250	366	190	175
342	171	124	223	269	249	182	390	173	100	502	170
191	360	254	205	145	344	418	146	300	272	210	227
227	368	100	257	153	374	418	280	229	229	274	203
141	316	255	241	422	204						

풀이 히스토그램을 작성하기 위해서는 먼저 전체 자료를 몇 개의 계급으로 나눈 후, 각 계급에 속하는 자료의 개수를 세어야 한다. [표 2.9]에서 졸업생들의 소득은 100만원에서 549만원 사이에 있으며, 여기서 계급의 개수를 제곱근의 법칙에 따라 $\sqrt{90} = 9.49$로부터, 9개로 한다면 계급구간의 폭은 (최댓값 − 최솟값)$/9 = (4490000)/9 = 49.89$만원이 된다. 계산의 편의를 위하여 계급구간의 폭을 50만원으로 하면, 첫 번째 계급은 100만원에서 150만원, 두 번째 계급은 150만원에서 200만원, ⋯ 동일한 요령으로 나머지 계급들을 만든 후 각 계급에 속하는 도수 또는 상대도수를 계산하여 히스토그램을 작성하면 [그림 2.3]과 같게 된다.

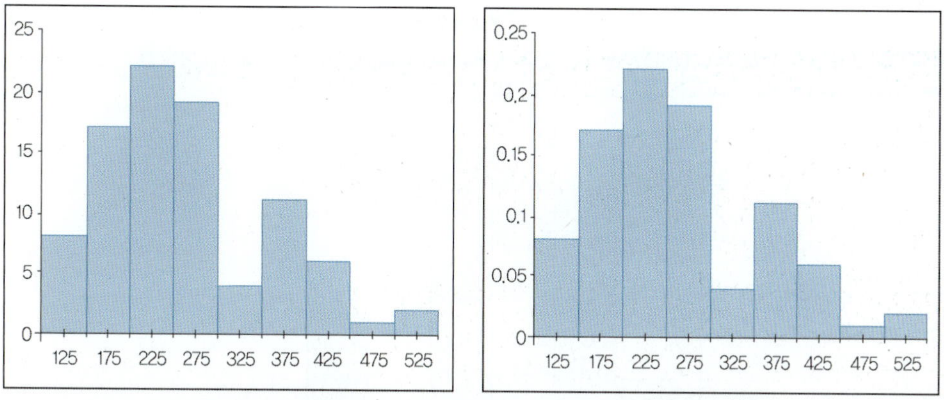

(a) 도수 (b) 상대도수

[그림 2.3] Y대학교 졸업생들의 월 평균 소득에 대한 히스토그램

[그림 2.3]으로부터 월 평균 소득이 200만원에서 250만원인 인원이 가장 많았으며, 전체 인원의 약 60%는 150만원에서 300만원의 소득을 얻고 있음을 알 수 있다. 그리고 월 평균 소득이 450만원 이상인 인원은 극히 적은 것을 알 수 있다. ■

R 실습 2.5 [예제 2.6]의 히스토그램을 작성하여라.

[R코드 2.5] 히스토그램

```
salary = c(207,300,101,212,185,423,278,283,258,225,171,549,193,205,
           252,186,254,256,279,276,128,352,415,242,199,195,367,400,
           361,251,357,221,236,235,274,176,452,157,345,450,201,247,
           353,179,250,366,190,175,342,171,124,223,269,249,182,390,
           173,100,502,170,191,360,254,205,145,344,418,146,300,272,
           210,227,227,368,100,257,153,374,418,280,229,229,274,203,
           141,316,255,241,422,204)
#도수를 이용한 히스토그램
hist(salary, br=8, freq=NULL, main="Y대 졸업생의 월 평균소득",
   xlab="월 평균소득", ylab="도수", col="lightblue")
```

실행 결과 **도수분포표**

```
> #도수를 이용한 히스토그램
> hist(salary, br=8, freq=NULL, main="Y대 졸업생의 월 평균소득",
    xlab="월 평균소득", ylab="도수", col="lightblue")
```

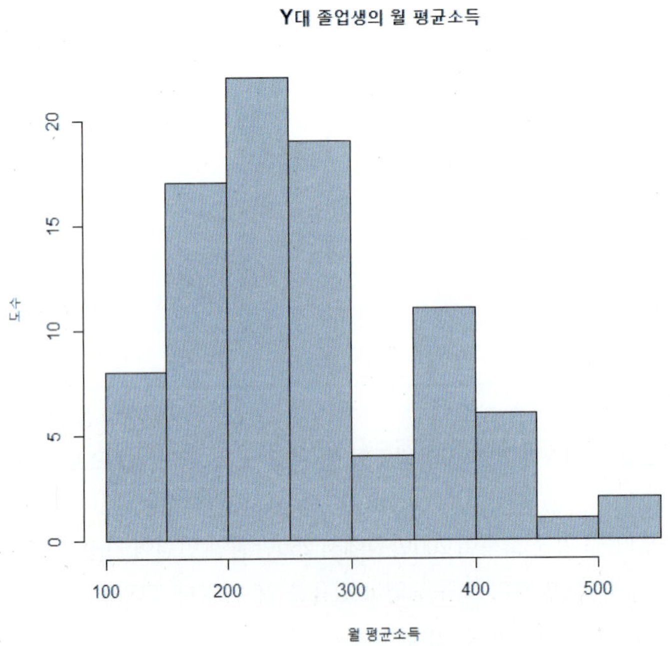

- 월 임금을 c( ) 함수를 이용하여 벡터 형태로 salary에 저장하였다.
- 히스토그램을 그리기 위해서 사용되는 함수는 hist( )이며, 함수에서 자료 이름과 기타 필요한 매개변수를 지정할 수 있다. 여기서 main = "Y대 졸업생의 월 평균소득"은 히스토그램의 제목을, xlab = "월 평균소득"은 x축의 이름을, ylab = "도수"는 y축의 이름을, col = "lightblue"은 히스토그램의 색상을 나타내기 위하여 사용되었다. 매개변수 col 에서 사용 가능한 색상으로는 red, blue, green, ⋯ 등이 있으며, 자세한 사항은 help를 참조하기 바란다.
- 히스토그램의 계급의 개수를 조절하고자 할 경우에는 매개변수 br을 사용하면 된다. 예를 들어 계급의 개수를 9개로 하고자 할 경우에는 br = 8로 하면 된다(여기서 br의 의미는 분할점의 개수를 나타내고 분할점의 개수는 계급의 개수보다 1개 적기 때문에 8로 하였다. 하지만 br에서 항상 지정하는 개수대로 출력이 되지 않고, 때에 따라서는 지정 개수와 무관하게 자료의 분포모양에 따라 자동적으로 조정되기도 한다).
- freq의 기본값은 NULL이며, 값을 지정하지 않으면 히스토그램 막대가 각 구간별 데이터의 개수(즉, 빈도)로 그려진다. 만약 이 값이 FALSE면 각 구간의 확률밀도가 그려진다. 확률밀도이므로 막대 넓이의 합은 1이 된다.

2.3.3 원형그림

각 범주의 상대도수에 비례하도록 원을 몇 개의 부채꼴 모양의 조각으로 나눈 후, 각 조각에 해당 범주의 이름과 비율을 기입하여 그린 그림을 원형 그림(pie chart)이라 한다. 이러한 원형그림은 신문이나 잡지 등에서 많이 볼 수 있는데, 양적 자료인 경우에는 도수분포표를 만드는 경우와 동일한 요령으로 구간을 적절히 나눈 후 원형그림을 그리면 된다.

예제 2.7 S대 식품공학과 4학년 학생 40명에게 졸업 후의 진로에 대하여 설문조사한 결과, [표 2.10]과 같은 자료를 얻었다고 한다. 원형그림을 작성하여라.

[표 2.10] **졸업 후 진로에 대한 설문 결과**

진로	응답수	상대도수
취업	12	0.30
개인사업	14	0.35
대학원	8	0.20
기 타	6	0.15
계	40	1.00

풀이 각 범주에 해당하는 조각의 크기는 다음과 같이 계산된다.

취업 : $0.30 \times 360° = 108°$

개인사업 : $0.35 \times 360° = 126°$

대학원 : $0.20 \times 360° = 72°$

기 타 : $0.15 \times 360° = 54°$

이 값들을 이용하여 그린 원형그림은 다음과 같다.

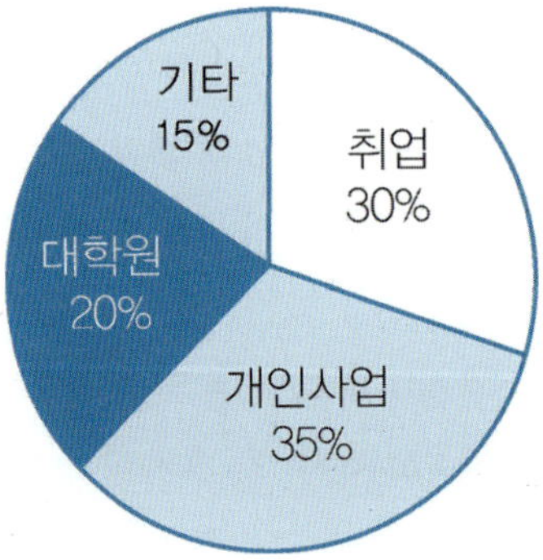

[그림 2.4] 졸업 후 진로에 대한 원형그림

R 실습 2.6 [예제 2.7]의 원형그림(Pie chart)을 작성하여라.

[R코드 2.6] 원형그림

```
course = c(12,14,8,6)
names(course) = c("취업", "개인사업", "대학원", "기타")
pie(course, col=c("blue", "lightblue", "steelblue", "grey"))
text(-0.5,0, "35%"); text(0.3,0.3, "30%")
text(0,-0.5, "20%"); text(0.5,-0.2, "15%")
```

실행 결과

```
> course = c(12,14,8,6)
> names(course) = c("취업", "개인사업", "대학원", "기타")
> pie(course, col=c("blue", "lightblue", "steelblue", "grey"))
> text(-0.5,0, "35%"); text(0.3,0.3, "30%")
> text(0,-0.5, "20%"); text(0.5,-0.2, "15%")
```

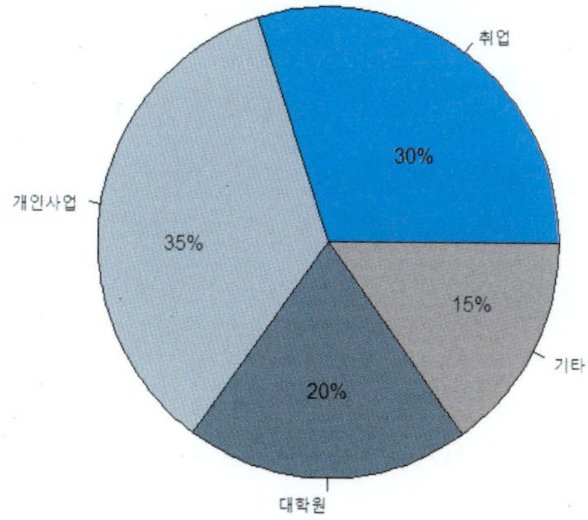

• c( ) 함수를 이용하여 course에 입력된 각 값에 대한 이름을 부여하기 위하여 names( ) 함수가 사용 되었다.
• 원형그림을 그리기 위한 함수는 pie( )이며, 여기서는 입력된 자료 course에 대한 원형그림을 작성해 준다.
• 그림 속에 문자가 나타나도록 하기 위하여 사용되는 함수는 text( ) 이다. 만약 좌표점 (x, y)에 문자가 출력되도록 하기를 원한다면 text(x, y, "문자") 형식으로 입력하여야 하고, 원형그림의 경우 중심점의 위치는 (0, 0)으로 설정되어 있다.

2.3.4 줄기-잎 그림

줄기-잎 그림(stem-and-leaf plot)이란 말 그대로 식물의 줄기와 잎의 형태를 이용한 그림으로써, 각 관측값을 줄기와 잎이라는 두 부분으로 나누어 표현한 그림을 말한다. 이때 관측값의 앞부분은 줄기로, 뒷부분은 잎으로 표시된다. 예를 들어, 관측값이 213일 경우 2를 줄기, 13을 잎으로 한다든지 또는 21을 줄기, 3을 잎으로 하여 그릴 수 있다.

줄기-잎 그림은 자료의 분포 모양을 나타내어 주기 때문에 양적자료를 정리하고, 분석함에 있어 매우 효과적이다. 연속형 자료를 도수분포표나 히스토그램으로 나타내면 계급화에 따른 정보의 손실이 따르게 되는 단점이 있으나, 줄기-잎 그림을 이용하면 계급화에 따른 정보의 손실을 줄일 수 있을 뿐만 아니라, 자료의 분포 모양과 흩어진 정도, 봉우리의 위치와 대칭 여부, 그리고 극단값(outlier)[4]의 존재 여부 등을 쉽게 파악할 수 있다. 반면에 줄기-잎 그림은 자료의 개수가 많을 때 제한된 공간에 많은 관측값들을 기입해야 하는 단점이 있으며, 이러한 경우에는 히스토그램을 사용하는 것이 바람직할 것이다.

4) 조사의 대상이 되는 집단에 속하지 않는다고 의심이 될 정도로 다른 값들에 비하여 아주 멀리 떨어진 값을 말한다.

[줄기-잎 그림의 작성 요령]

(단계 1) 처음 몇 개의 자리수를 줄기, 나머지 자리수를 잎으로 결정한다.

(단계 2) 줄기값을 크기순으로 세로로 나열한 후, 오른쪽에 수직선을 긋는다.

(단계 3) 관측값의 잎에 해당하는 숫자를 해당 줄기 오른쪽에 기입한다.

(단계 4) 각 줄기에서 잎의 값들을 오름차 순으로 다시 배열한다.

예제 2.8 [표 2.5]의 자료를 줄기의 크기를 10단위로 한 줄기-잎 그림으로 작성하여라.

풀이 줄기-잎 그림을 작성하기 위하여 먼저 시험점수의 첫째 자리수(10단위)를 줄기, 둘째 자리수(1단위)를 잎으로 결정한다. 그런 다음 그림 2.5의 (a)와 같이 줄기를 크기순으로 세로로 적은 후, 줄기의 오른쪽에 세로로 줄을 긋는다. 그리고 그림 2.5의 (b)와 같이 관측값을 하나하나 차례대로 읽어 가면서 해당 줄기의 오른쪽에 잎의 숫자를 기입하면 줄기-잎 그림이 완성된다. 마지막으로 [그림 2.5]의 (c)는 잎을 오름차순으로 정리한 결과이다. 줄기-잎 그림에서 성적의 개략적인 분포를 살펴보면, 학생들의 점수는 70점대에 가장 많이 몰려 있고, 70점대를 중심으로 거의 좌우대칭인 형태로 점수가 흩어져 있다는 사실을 알 수 있다.

(a)	(b)		(c)	
5	5	7 0 9	5	0 7 9
6	6	8 3 2 6 5 1 7	6	1 2 3 5 6 7 8
7	7	1 5 7 3 4 8 5 4 0	7	0 1 3 4 4 5 5 7 8
8	8	4 7 1 5 9 6 7	8	1 4 5 6 7 7 9
9	9	1 8 4 3	9	1 3 4 8

[그림 2.5] **기말시험 성적의 줄기-잎 그림**

줄기-잎 그림에서 줄기와 잎을 결정하는 문제는 도수분포표에서 계급구간의 폭을 결정하는 문제와 유사하다. 한 줄기에 잎이 너무 많거나 적은 경우에는 자료가 갖고 있는 특성을 파악하기가 어려우므로, 한 줄기를 두 줄기로 나누어 나타낸다거나, 두 줄기를 하나의 줄기로 합쳐서 나타내는 방법을 생각해 볼 수 있다.

R 실습 2.7 [예제 2.8]의 줄기-잎 그림을 작성하여라.

[R코드 2.7] 줄기-잎 그림

```
score = c(71,84,68,75,91,87,63,77,81,98,57,73,74,85,50,
          62,66,78,65,59,75,89,94,93,86,61,87,74,70,67)
```

```
# 줄기-잎 그림
stem(score, scale=1.0)
stem(score, scale=0.5)
```

실행 결과

```
> # 줄기-잎 그림
> stem(score, scale=1.0)

  The decimal point is 1 digit(s) to the right of the |

  5 | 0
  5 | 79
  6 | 123
  6 | 5678
  7 | 01344
  7 | 5578
  8 | 14
  8 | 56779
  9 | 134
  9 | 8

> stem(score, scale=0.5)

  The decimal point is 1 digit(s) to the right of the |

  5 | 079
  6 | 1235678
  7 | 013445578
  8 | 1456779
  9 | 1348
```

• 줄기-잎 그림을 작성하는 경우에 사용되는 함수는 stem( )이며, 줄기의 크기는 매개변수 scale을 이용하여 조정하면 된다.

예제 2.9 P대학 통계학 과목 수강생 20명의 중간시험과 기말시험의 합산 점수가 [표 2.11]에 나타나 있다. 줄기의 크기에 주의하여, 줄기-잎 그림을 작성하여라.

[표 2.11] 중간시험과 기말시험의 합산 점수

177	113	122	177	154	124	152	145	134	168
199	89	140	119	188	139	135	156	95	114

풀이 [표 2.11]의 합산 점수 자료에서의 최솟값은 89이고 최댓값은 199이다. 줄기의 크기를 10단위로 하는 경우 열 두 개의 줄기가 사용되어, 각 줄기 당 포함하는 평균 잎의 개수가 두 개 미만으로 전체 자료의 특성을 파악하기가 어렵게 된다. 따라서 두 개의 줄기를 하나의 줄기로 합쳐서 나타내는 방법을 생각해 볼 수 있다. [그림 2.6]에는 열 두 개의 줄기를 사용한 줄기-잎 그림(a)과 여섯 개의 줄기를 사용한 줄기-잎 그림(b)이 나타나있다. 그림(b)에서는 두 개의 줄기를 하나로 묶어서 표현하되 큰 줄기의 첫 번째 관측값에 *을 붙여 두 개의 줄기를 구분하도록 하였다. 예를 들어 12줄기의 잎 *4 5 9는 각각 134, 135, 139의 자룟값을 나타낸다. 두 줄기-잎 그림 중 어떤 방법이 자료의 특성을 더 잘 나타내고 있는지는 여러분이 판단해보길 바란다.

(a)

줄기	잎
8	9
9	5
10	
11	3 4 9
12	2 4
13	4 5 9
14	0 5
15	2 4 6
16	8
17	7 7
18	8
19	9

(b)

줄기	잎
8	9 *5
10	*3 4 9
12	2 4 *4 5 9
14	0 5 *2 4 6
16	8 *7 7
18	8 *9

[그림 2.6] **합산 점수 자료의 줄기-잎 그림**

[표 또는 그림으로 자료를 정리할 때의 유의사항]

표나 그림으로 자료를 정리하고 요약하는 목적은 전체 자료의 특성을 이해하고자 함에 있다. 따라서 주어진 자료를 표나 그림으로 작성한 후, 그 특성을 파악하기 위해서는 다음과 같은 사항을 살펴보아야 한다.

(1) 자료의 전체적인 경향 즉, 분포는 어떤 모양을 하고 있는가?

(2) 중심 위치와 흩어진 정도는 어떠한가?

(3) 다른 값들로부터 아주 떨어져 있는 극단값은 없는가?

2.4 통계량을 이용한 자료의 표현

자료의 전체적인 특성에 관해서는 표나 그림을 이용하여 개략적으로 파악할 수 있다. 하지만 보다 구체적이고 정확하게 자료의 특성을 탐색하기 위해서는 통계량을 이용하여 전체 자료의 특성을 표현하는 방법에 대해서 알아야 한다. 이 절에서는 자료의 중심위치와 변화량을 통계량을 이용한 하나의 실수값으로 표현하는 방법에 대해서 배우도록 할 것이다.

2.4.1 중심위치의 표현

(1) 평균

평균(mean)은 중심위치를 나타내는 측도로서 가장 널리 사용되며, 관측값들을 모두 더한 후, 그 더한 개수로 나눈 값으로 정의된다.

[정의 2.1] 평균(mean)

평균은 관측된 자룟값들을 모두 더한 후 그 개수로 나눈 값으로 정의된다.

- 모평균(μ) : N개의 관측자료 $x_1,\ \cdots,\ x_N$ 이 모집단 전체일 때,

$$\text{모평균 } \mu = \frac{1}{N}\sum_{i=1}^{N} x_i \text{이다.}$$

- 표본평균($\bar{x}$) : n개의 관측자료 $x_1,\ \cdots,\ x_n$ 이 표본으로 주어졌을 때

$$\text{표본평균 } \bar{x} = \frac{1}{n}\sum_{i=1}^{n} x_i \text{이다.}$$

(2) 중앙값

중앙값(median)이란 자료를 크기순으로 나열하였을 때 가장 중앙에 놓이는 자료의 값 또는 이에 해당하는 값을 말한다.

[정의 2.2] 중앙값(median)

관측된 자룟값들을 크기순으로 나열하였을 때 가장 중앙에 놓이는 값을 중앙값이라 한다. n개의 관측자료 $x_1,\ x_2,\ \cdots,\ x_n$을 오름차순으로 정렬한 자료를 $x_{(1)},\ x_{(2)},\ \cdots,\ x_{(n)}$이라고 할 때, n이 홀수이면 중앙값 $\tilde{x} = x_{((n+1)/2)}$이고, n이 짝수이면 중앙값 $\tilde{x} = \{x_{(n/2)} + x_{(n/2+1)}\}/2$이다.

중심위치를 나타내는 측도로서 평균이 가지는 단점은 자료 속에 포함된 극단값[5] 즉, 매우 큰 값 또는 매우 작은 값에 영향을 받아 그 위치가 쉽게 변한다는 것이다. 이에 비하여 중앙값은 평균과는 달리 크기순으로 정렬한 자료의 순서가 변하지 않으며 다른 값들이 변하여도 영향을 받지 않는다는 장점을 가지고 있다.

예제 2.10 심장이식 수술을 받은 환자 27명에 대하여 수술 후 생존기간(일)을 조사한 결과가 [표 2.12]에 나타나 있다. 평균과 중앙값을 구하고 이들을 비교하여라.

[표 2.12] **심장이식 수술을 받은 환자의 수술 후 생존기간**

109	92	68	143	151	35	118	121	99
143	78	145	50	811	71	1	129	104
112	30	100	12	87	3	104	122	67

풀이 평균 생존일은 $\overline{x} = (109 + 92 + \cdots + 67)/27 = 115$(일)이다. 그러나 전체 환자 27명 중 18명의 생존일이 평균 생존일보다 작다. 평균이 이렇게 커지게 된 원인은 바로 극단값 811에 있으며, 이때의 평균은 중심위치를 나타내는 값으로서 적합하지 않다. 이러한 경우에는 중앙값이 중심위치를 나타내는 측도로서 평균보다 바람직하다고 할 수 있다. 중앙값을 구하기 위하여 자료를 크기순으로 나열한 결과가 [표 2.13]에 정리되어 있다. $n = 27$은 홀수이므로, 중앙값은 $(27 + 1)/2 = 14$번째 값인 100(일)이 된다.

[표 2.13] **오름차순으로 정렬한 생존기간 자료**

1	3	12	30	35	50	67	68	71
78	87	92	99	100	104	104	109	112
118	121	122	129	143	143	145	151	811

■

5) 극단값(outlier)은 다른 값들에 비하여 아주 크거나 아주 작은 값으로서 통계 분석 시 잘못된 결론을 이끌 수 있다. 극단값이 측정방법상의 문제로 인하여 발생하였을 경우 자료에서 그 값을 제거한 후 분석하면 되고, 기록 과정에서의 오류로 인하여 발생하였을 경우에는 원자료를 확인하여 수정하여야 한다. 그러나 자룟값이 정확하게 측정, 기록되었음에도 불구하고 극단값이 발생하였을 경우, 그 값을 제거할 것인지 아니면 자료에 포함하여 분석할 것인지의 여부를 판단하기는 매우 어렵다. 왜냐하면, 이때의 값은 예외적이지만 실제로 아주 드물게 발생하여 자료에 대한 어떤 특징을 나타내어 줄 수 있을지 모르기 때문이다. 이러한 경우에는 연구자의 직관적인 판단에 맡길 수 밖에 없다.

자룟값들의 중심위치를 나타내는 통계량으로서 일반적으로 가장 많이 사용되는 것은 평균과 중앙값이다. 자룟값들이 완전히 대칭인 경우에는 평균과 중앙값은 일치하지만 자룟값들이 왼쪽으로 집중되어 있으면서 오른쪽으로 꼬리가 긴 분포를 나타낼 경우 평균은 중앙값보다 오른쪽(꼬리가 긴쪽)에 있게 되며, 반대로 자룟값들이 오른쪽으로 집중되어 있으면서 왼쪽으로 꼬리가 긴 모양을 나타낼 경우 평균은 중앙값보다 왼쪽(꼬리가 긴쪽)에 위치하게 된다. 대표값으로서 평균과 중앙값은 모두 자료의 중심 위치를 나타내는 값들로서 특성을 가지고 있지만 모두 동일한 성질을 가지고 있는 것은 아니다. 따라서 주어진 상황을 고려하여 적절히 선택하여 사용하여야만 한다. 일반적으로 소득과 관련된 자료에서는 중심위치를 나타내는 값으로서 평균보다는 중앙값을 사용하는 것이 바람직하다.

(3) 절사평균

[예제 2.10]과 같이 너무 큰 값이나 너무 작은 값이 자료에 포함되어 있어서 부정확한 값에 의해 자료가 오염되었다고 판단될 때에는, 자료의 가장 큰 쪽이나 가장 작은 쪽의 일정 부분을 잘라내고 평균을 구하는 절사평균(trimmed mean)을 사용하기도 한다. 일반적으로 잘라내는 양쪽 범위는 같게 하며, 잘라낸 정도를 전체 자료 수에 대한 백분율로 표시한다. 절사평균은 극단값에 대한 평균의 민감성을 감소시키기는 효과가 있다. 그러나 자료를 제외하고 절사평균을 구할 때에는 정보의 손실이 발생하므로 신중을 기해야 한다.

[정의 2.3] 절사평균(trimmed mean)

$0 < \alpha < 0.5$에 대하여 관측값의 양 극단에서 α의 비율만큼 자료를 제외한 나머지 자룟값들의 평균을 $100\alpha\%$ 절사평균이라 한다. n개의 관측 자료 $x_1, x_2, \cdots, x_n$을 오름차순으로 정렬한 자료를 $x_{(1)}, x_{(2)}, \cdots, x_{(n)}$이라고 할 때, $100\alpha\%$ 절사평균 $\overline{x}_\alpha$는

$$\overline{x}_\alpha = \frac{x_{(\lfloor n\alpha \rfloor + 1)} + x_{(\lfloor n\alpha \rfloor + 2)} + \cdots + x_{(n - \lfloor n\alpha \rfloor)}}{n - 2\lfloor n\alpha \rfloor}$$

와 같다.

예제 2.11 [표 2.12]의 자료로부터 5% 절사평균을 구하여라.

풀이 $n = 27$이므로 $\lfloor n\alpha \rfloor = \lfloor 27 \cdot 0.05 \rfloor = 1$이다. 따라서, 가장 작은 값인 1과 가장 큰 값인 811을 제외한 나머지 자룟값들의 평균을 구하면 된다. 즉, 5% 절사평균 $\overline{x}_{0.05}$는

$$\overline{x}_{0.05} = (109 + 92 + \cdots + 67)/25 = 91.72$$

이다. ■

(4) 가중평균

다수의 변수에 대한 평균값을 구할 때 그 중요도나 영향 정도에 해당하는 가중치를 곱하여 평균을 계산하는 방법을 가중평균(weighted average)라고 한다. 예를 들어, 어느 통계학 과목의 최종 성적 산출에서 출석 10%, 과제 20%, 중간시험 30%, 기말시험 40%가 반영된다고 할 때, 어떤 학생이 출석 점수 90점, 과제 점수 70점, 중간시험 점수 75점, 기말시험 점수 85점을 받았다면, 이 학생의 최종 점수는 $0.1 \cdot 90 + 0.2 \cdot 70 + 0.3 \cdot 75 + 0.4 \cdot 85 = 79.5$점으로 계산된다.

[정의 2.4] 가중평균(weighted mean)

다수의 변수에 대한 평균값을 구할 때 그 중요도나 영향 정도에 해당하는 가중치를 곱하여 계산된 평균을 가중평균이라 한다. k개의 관측 값에 대하여 $w_1, \dots, w_k$를 각각의 가중치라고 했을 때 가중평균 $\overline{x}_w$는

$$\overline{x}_w = \frac{w_1x_1 + w_2x_2 + \cdots + w_kx_k}{w_1 + w_2 + \cdots + w_k} = \frac{\sum_{i=1}^{k} w_ix_i}{\sum_{i=1}^{k} w_i}$$

와 같다.

예제 2.12 [표 2.14]는 2013년 어느 대학의 단과대별 졸업자 수와 취업률을 정리한 결과이다. 이 대학의 평균 취업률을 구하여라.

[표 2.14] 단과대별 졸업자 수와 취업률

단과대학	자연대	공대	인문대	사회대	경상대	사범대	의대	예대
졸업자수	280	870	480	360	420	330	120	140
취업률(%)	55	75	43	45	59	42	94	34

풀이 단과대별 졸업자수를 고려하지 않고 취업률의 평균값을 구하면

$$(55 + 75 + 43 + 45 + 59 + 42 + 94 + 34)/8 = 55.875(\%)$$

이다. 그러나 이 수치는 이 대학의 평균취업률을 나타내는 값으로 적절하지 않다. 극단적인 예를 들어, 자연대를 제외한 모든 단과대의 졸업자 수가 1명이라면 취업률은 55%에 가까운 값이 나올 것이고, 공대를 제외한 모든 단과대의 졸업자수가 1명이라면 취업률은 68%에 가까운 값이 나올 것이기 때문이다. 즉, 각 단과대의 졸업자 수를 가중치로 주어 평균을 구하는 것이 적절하다. 이제 각 단과대의 졸업자 수를 가중치로 하여 평균을 구하면

$$\bar{x}_w = \frac{280 \cdot 55 + 870 \cdot 75 + \cdots + 140 \cdot 34}{280 + 870 + \cdots + 140} = 57.39(\%)$$

이다. ■

(5) 최빈값

최빈값(mode)은 자료 가운데 가장 많이 관측된 최다 도수를 갖는 자룟값을 뜻한다. 일반적으로 최빈값은 분포의 중심위치를 나타내는 측도로서는 자주 쓰이지는 않지만, 자료를 쉽게 파악하기 위해서나 어떤 특수한 목적을 위하여 사용된다. 예를 들면, 테니스화를 생산하는 회사에서 가장 많이 생산해야 될 테니스화의 크기를 결정할 때, 구매자들 발 크기의 평균을 계산하여 결정하는 것이 아니라 가장 많은 사람들의 발 크기에 맞추어 테니스화를 대량 생산 공급한다.

[정의 2.5] 최빈값(mode)

자료에서 가장 많이 관측된 최다 도수를 갖는 자룟값을 최빈값이라 한다.

2.4.2 변화량의 표현

우리는 앞 소절에서 평균, 중앙값, 최빈값 등을 이용하여 자료의 중심위치를 나타내는 통계량을 살펴보았다. 그러나 자료의 중심 위치를 안다는 것은 주어진 자료에 대한 부분적인 정보만을 알고 있는 것 밖에 되지 않는다. 전체 자료에 대한 특성을 보다 정확하게 알기 위해서는 중심으로부터 관측값들이 변화하고 있는 정도에 대한 추가적인 정보가 필요하다.

예를 들어, 알래스카 앵커리지의 연평균 기온은 13℃이고, 하와이 호놀룰루의 연평균기온은 17℃라고 알려져 있다. 만약 연평균 기온이 이들 두 도시를 비교할 수 있는 유일한 정보라고 한다면, 누구라도 두 도시의 기온이 거의 비슷할 것이라고 생각하게 될 것이다. 하지만 실제로 호놀룰루에서 기온이 28℃ 이상 올라가거나 또는 10℃ 이하인 경우는 극히 드물다. 반면에 앵커리지는 여름에는 37℃ 이상 올라가기도 하고 겨울에는 -40℃까지 내려가기도 하며, 더욱이 앵커리지에서 연평균 기온과 일치하는 기온인 13℃가 되는 경우는 1년에 몇 번밖에 되지 않는다. 따라서 두 지역의 연중 온도 변화를 알게 된다면, 평균만을 가지고 생각한 것이 얼마나 잘못된 것인지를 깨달을 수 있다. 이러한 사실은 주어진 자료를 올바르게 이해하기 위해서는 자료의 중심 위치뿐만 아니라 그 변화 정도와 관련된 정보도 함께 알아야 한다는 것을 이야기하는 것이다.

(1) 범위

관측값들의 변화량을 나타내는 측도로서 가장 간단한 것은 범위이다. 범위(range)는 최댓값과 최솟값의 차이로서 전체 자료가 포함되어 있는 구간의 폭을 나타낸다. 범위는 계산과 해석이 매우 간편하지만 최댓값과 최솟값을 제외한 나머지 값들에 대한 정보를 무시하기 때문에 관측값들의 변화량을 나타내는 측도로서는 정밀성이 떨어진다.

[정의 2.6] 범위(range)

자료의 최댓값에서 최솟값을 뺀 값을 범위라 한다.

(2) 사분위수 범위

관측값들의 변화량은 백분위수(percentile)를 이용하여 나타낼 수 있다. 제p 백분위수(pth percentile)는 자료를 크기순으로 놓았을 때 전체 자료들 중 p%가 그 값보다 작거나 같게 되는 값으로 정의된다. 따라서 중앙값은 제50 백분위수에 해당되며, 이것은 전체 자료들 중 50%가 중앙값보다 작거나 같다는 것을 의미한다. 중앙값으로 중심위치를 나타낼 경우에는 변화량을 나타내는 측도로서 백분위수를 사용하는 것이 바람직하다. 이러한 경우 많이 사용되는 백분위수는 사분위수(quartile)이며, 그 중 제1 사분위수(Q_1)는 제25 백분위수, 제3 사분위수(Q_3)는 제75 백분위수가 된다.

[정의 2.7] 제 p 백분위수(pth percentile)와 사분위수(quartile)

자료를 크기순으로 놓았을 때 전체 자료들 중 p%의 자룟값이 그 값보다 작거나 같고, 적어도 (100-p)%의 자룟값이 그 값보다 크거나 같게 되는 값을 제 p백분위수라 한다. 많이 사용되는 백분위수에는 전체 자료를 4등분하는 지점을 나타내는 사분위수가 있다. 제1 사분위수는 제25 백분위수를 말하며 Q_1으로 나타낸다. 제2 사분위수는 제50 백분위수, 즉 자료의 중앙값을 말하며 Q_2로 나타낸다. 그리고 제3 사분위수는 제75 백분위수를 말하며 Q_3로 나타낸다.

[제 p 백분위수의 계산]

[정의 2.7]을 만족하는 제p 백분위수의 수학적 표현은 다양하며 일반적으로 서로 결과가 일치하지는 않는다. 다만, 제p 백분위수의 모든 수학적 표현은 관측값의 수가 매우 클 때 거의 유사한 결과를 가져다준다. 이 책에서는 제p 백분위수를 계산하는 방법으로 R 등에서 사용하는 방법을 소개한다.[6)]

n개의 관측 자료 $x_1, x_2, \cdots, x_n$을 오름차순으로 정렬한 자료를 $x_{(1)}, x_{(2)}, \cdots, x_{(n)}$이라고 했을 때, 제$p$ 백분위 순위를 l이라고 하고, $l = \frac{p}{100}(n-1)+1$로 정의 하자. 자연수 k와 $0 \le d < 1$을 만족하는 실수 d에 대하여 $l = k + d$ 로 나타내면, 제 p백분위 수를 다음과 같이

계산한다.

$$\tilde{x}_{0.p} = \begin{cases} x_{(1)} & , k=1 \\ x_{(n)} & , k=n \\ dx_{(k+1)} + (1-d)x_{(k)} & , 1<k<n \end{cases}$$

예를 들어, 1, 2, 3, 4, 5, 6, 7, 8, 9 의 자룟값이 있을 때, 제65 백분위수를 계산해보자. 그러면 $l = 0.65(9-1)+1 = 6.2$이므로, $k=6$, $d=0.2$ 이다.

따라서, $\tilde{x}_{0.65} = 0.2x_{(7)} + 0.8x_{(6)} = 6.2$이다.

사분위수 범위(interquartile range: IQR)란 제3 사분위수에서 제1 사분위수를 뺀 값으로서, 중앙값을 기준으로 전체 자료의 50%가 포함되어 있는 구간을 나타낸다. 만약 계산된 사분위수 범위가 크면 관측값들이 중앙값을 중심으로 보다 넓게 흩어져 있음을, 반대로 사분위수 범위가 작으면 중앙값을 중심으로 보다 밀집되어 있음을 나타낸다. 사분위수 범위는 범위에 비하여 관측값들의 변화 상태를 설명하는데 있어 더 많은 정보를 제공하고 있다. 그러나 제1 사분위수와 제3 사분위수만 사용하므로 자료 전체의 변화에 대해서 충분한 정보를 제공하지는 못한다.

[정의 2.8] 사분위수 범위(IQR : interquartile range)

제3 사분위수(Q_3)에서 제1 사분위수(Q_1)를 뺀 값, 즉 $IQR = Q_3 - Q_1$을 사분위수 범위라고 한다.

예제 2.13 [표 2.12]의 자료로부터 범위와 사분위수 범위를 구하여라.

풀이 범위 및 사분위수 범위를 구하기 위해 [표 2.13]의 자료가 오름차순으로 정렬되어 있는 [표 2.13]을 이용하는 것이 편리하다. 오름차순으로 정렬된 자료에서 첫 번째 자룟값이 최솟값이고, 마지막 자룟값이 최댓값이므로, 자료의 범위는 최댓값-최솟값$= 811 - 1 = 810$이다. $n = 27$이므로 제1 사분위수의 순위 l_1과, 제3 사분위수의 순위 l_3은 각각

$$l_1 = 0.25(27-1)+1 = 7.5,\ l_3 = 0.75(27-1)+1 = 20.5$$

이다. 따라서 제1 사분위수 Q_1과 제3 사분위수 Q_3은

$$Q_1 = (x_{(7)} + x_{(8)})/2 = (67+68)/2 = 67.5,$$
$$Q_3 = (x_{(20)} + x_{(21)})/2 = (121+122)/2 = 121.5$$

6) R 프로그램에서는 제p 백분위수를 구하는 다양한 방법을 제공하고 있으며, 이 책에서 설명한 계산방법은 R 프로그램에서도 기본값(default)으로 설정되어 있다. 이에 대한 자세한 설명은 R 프로그램의 Console창에서 help(quantile)을 입력하면 확인할 수 있다.

이다. 사분위수 범위는 제3 사분위수와 제1 사분위수의 차이이므로

$$IQR = Q_3 - Q_1 = 121.5 - 67.5 = 54$$

이다. ■

(3) 평균절대편차

자료의 변화량을 나타내는 측도로서 앞서 살펴본 범위는 극단값(outlier)의 존재에 따라 매우 큰 영향을 받고, 이러한 경우에는 자료의 변화에 대해 파악하기가 어려워진다. 따라서 가능한 전체 자료를 충분히 이용하면서 전체 자료의 변화를 파악하는 것이 바람직하다.

변화량을 나타내는 측도는 관측값들이 중심으로부터 멀리 떨어져 있으면 값이 커지고, 가까이 있으면 값이 작아지는 것이 바람직하다. 이러한 관점에서 평균으로부터의 거리를 표시하는 편차(deviation), 즉 표본자료일 경우 $x_i - \overline{x}$ 가 좋은 측도가 될 수 있다. 하지만 자료의 변화량은 전체 자료가 흩어져 있는 정도를 나타내어야 하므로, 변화량을 나타내는 도구로서 편차의 합 $\sum (x_i - \overline{x})$ 을 고려할 수 있을 것이다. 그러나 편차는 관측값이 그 평균보다 클 경우에는 +의 값을, 평균보다 작을 경우에는 -의 값을 가지게 되므로 전체 편차의 합 $\sum (x_i - \overline{x})$ 은 항상 0이 되는 성질을 가지고 있다. 따라서 편차의 합이 0이 되지 않도록 하기 위하여, 각 편차의 절댓값을 활용한 $\sum |x_i - \overline{x}|$ 을 변화량을 나타내는 도구로 사용할 수 있을 것이다. 이때 절대편차들의 평균을 낸 값을 평균절대편차(mean absolute deviation)라 한다.

[정의 2.9] 평균절대편차(mean absolute deviation)

편차들의 절댓값의 평균을 평균절대편차라고 하며, 자룟값 $x_1, x_2, \cdots, x_n$에 대하여 평균절대편차 MAD는

$$MAD = \frac{1}{n}\sum_{i=1}^{n}|x_i - \overline{x}|$$

와 같다.

평균절대편차는 이해하기가 쉽고 변수의 변화정도를 잘 나타내고 있으나, 절댓값을 사용하고 있기 때문에 수리적 조작에 한계가 있다. 그러나 평균절대편차는 최근 컴퓨터의 발달로 계산 및 통계적 추론에 있어서도 유용하게 사용되고 있다.

(4) 분산

앞에서 살펴본 평균절대편차는 편차의 합이 항상 0이 되는 문제를 해결하기 위해 절댓값을 취하여 평균을 내는 방법을 사용하였다. 하지만 절댓값을 취하는 대신 각 편차들을 제곱하여 합한 $\sum (x_i - \overline{x})^2$ 을 변화량을 나타내는 도구로 사용할 수 도 있을 것이다. 이때 제곱편차들의 평균을 낸 값을 분산(variance)이라고 하며, 일반적으로 표본자료를 이용할 경우에는 $\sum (x_i - \overline{x})^2$ 을 전체 자료의 개수 n 대신 $n-1$로 나누어 분산을 구한다. 그 이유는 6장 3절과 7장 1절을 참고하기 바란다.

분산은 편차를 제곱하여 계산하였기 때문에 실제 변수의 측정단위와 맞지 않는 문제가 있다. 따라서 그 단위를 실제 단위와 같도록 하기 위하여 분산에 제곱근을 씌워 사용하기도 하는데 이를 표준편차(standard deviation)라고 한다.

분산과 표준편차는 동일한 개념이다. 단지 그 차이는 제곱근이냐 아니냐 하는 차이일 뿐이다. 따라서 분산과 마찬가지로 표준편차도 그 값이 크면 클수록 자료의 값들은 평균으로부터 많이 흩어져 있으며, 그 값이 작으면 작을수록 평균주위에 집중되어 있다는 것을 나타내게 된다. 일반적으로 분산보다는 표준편차가 그 값이 작기 때문에 표준편차를 사용하여 변화량을 나타내는 것이 보통이다.

[정의 2.10] 분산(variance)과 표준편차(standard deviation)

분산은 편차의 제곱을 이용하여 자료의 분포상태를 나타낸 값으로 다음과 같이 정의된다.

- 모분산 (σ^2) : N개의 관측자료 $x_1, \cdots, x_N$ 이 모집단 전체일 때,

$$\text{모분산 } \sigma^2 = \frac{1}{N}\sum_{i=1}^{N}(x_i - \mu)^2$$

- 표본분산 (s^2) : n개의 관측자료 $x_1, \cdots, x_n$ 이 표본으로 주어졌을 때,

$$\text{표본분산 } s^2 = \frac{1}{n-1}\sum_{i=1}^{n}(x_i - \overline{x})^2$$

표준편차는 분산의 양의 제곱근을 말하며 다음과 같이 정의된다.

- 모표준편차 $\sigma = \sqrt{\sigma^2} = \sqrt{\frac{1}{N}\sum_{i=1}^{N}(x_i - \mu)^2}$

- 표본표준편차 $s = \sqrt{s^2} = \sqrt{\frac{1}{n-1}\sum_{i=1}^{n}(x_i - \overline{x})^2}$

예제 2.14 [표 2.12의] 자료로부터 평균절대편차 및 표준편차를 구하여라.

풀이 [예제 2.10]의 결과로부터 자료의 평균은 115이다. 따라서 평균절대편차는

$$MAD = \frac{1}{27}\sum_{i=1}^{27}|x_i - 115| = 62.81$$

로 계산된다. 표준편차를 구하기 위하여 먼저 분산을 계산하면

$$s^2 = \frac{1}{27-1}\sum_{i=1}^{27}(x_i - 115)^2 = 21244.92$$

와 같다. 따라서 표준편차는 $s = \sqrt{s^2} = 145.76$이다. ■

평균절대편차와 표준편차는 계산하는 방식이 다르기 때문에 각 방법으로 계산된 수치를 직접적으로 비교하는 것은 적절하지 못하다. 또한 이론적으로 자료의 분포에 상관없이 평균절대편차는 표준편차보다 항상 작거나 같다는 관계가 성립하나 그 증명은 이 책의 과정을 뛰어넘으므로 생략한다. [표 2.15]에는 R에서 자주 사용하는 기술통계량에 대한 함수가 정리되어 있다.

R 실습 2.8 [표 2.12]의 자료로부터 다음의 기술통계량을 계산하여라.

(1) 중심위치를 나타내는 평균, 중앙값, 절사평균을 구하여라.

(2) 변화량을 나타내는 분산, 표준편차, 범위를 구하여라.

(3) summary() 함수를 이용하여 자료의 주요 기술통계량을 확인하여라.

[R코드 2.8] 기술통계량

```
x = c(109,143,112,92,78,30,68,145,100,143,50,12,151,811,
      87,35,71,3,118,1,104,121,129,122,99,104,67)

# 중심위치
mean(x); median(x); mean(x, trim=0.05)

# 변화량
var(x); sd(x); range(x)

# summary() 이용
summary(x)
```

• 여러 다양한 기술통계량은 [표 2.15]의 함수를 이용하여 구할 수 있다. 특히 자료의 주요 기술통계량을 한 번에 분석하기 위해서는 **summary( )** 함수를 이용할 수 있으며, 최댓값, 최솟값, Q_1, Q_2, Q_3, 평균값 등을 제공한다.

실행 결과

```
> x = c(109,143,112,92,78,30,68,145,100,143,50,12,151,811,
        87,35,71,3,118,1,104,121,129,122,99,104,67)
> # 중심위치
> mean(x); median(x); mean(x, trim=0.05)
[1] 115
[1] 100
[1] 91.72
>
> # 변화량
> var(x); sd(x); range(x)
[1] 21244.92
[1] 145.7564
[1]   1 811
>
> # summary() 이용
> summary(x)
  Min. 1st Qu.  Median    Mean 3rd Qu.    Max.
   1.0    67.5   100.0   115.0   121.5   811.0
```

[표 2.15] 기술통계량의 함수

함수명	기능	함수명	기능
mean( )	평균 계산	var( )	분산 계산
mean(,trim=)	절사평균 계산	sd( )	표준편차 계산
median( )	중앙값	quantile( )	제100p 백분위수
max( )	최댓값	IQR( )	사분위수 범위
min( )	최솟값	summary( )	요약 통계량 출력
range( )	최솟값, 최댓값 출력	length( )	자료의 크기

2.5 상자그림을 이용한 자료의 표현

최댓값과 최솟값을 이용한 범위는 전체 자료가 포함된 구간의 폭을 이야기해 주지만 두 값을 제외한 나머지 값들을 무시하기 때문에 관측값들의 분포에 대해서는 별다른 정보를 제공하지 못한다. 이에 비하여 사분위수 범위는 중앙값을 중심으로 가운데 50%에 해당하는 구간의 범위가 어떤지를 설명해준다. 이런 의미에서 사분위수 범위가 범위보다 관측값들의 변화 상태에 대한 정보를 조금 더 제공한다고 할 수 있다. 하지만 사분위수 범위 역시 자료 전체의 변화에 대해서 충분한 정보를 제공하지 못하고 있다. 그렇다면 이 두 가지의 측도로부터 얻을 수 있는 5가지의 값 즉, 최솟값, 제 1사분위수, 중앙값, 제 3사분위수 그리고 최댓값[7]을 모두 결합하여 하나의 그림으로 표현한다면 어떻게 될까? 이러한 개념으로 만들어진 그래프가 바로 상자그림(box plot)이다. 상자그림을 이용하면 분포의 대칭성, 중심의 위치, 흩어진 정도, 극단값 등을 파악하기가 용이하다는 이점이 있다.

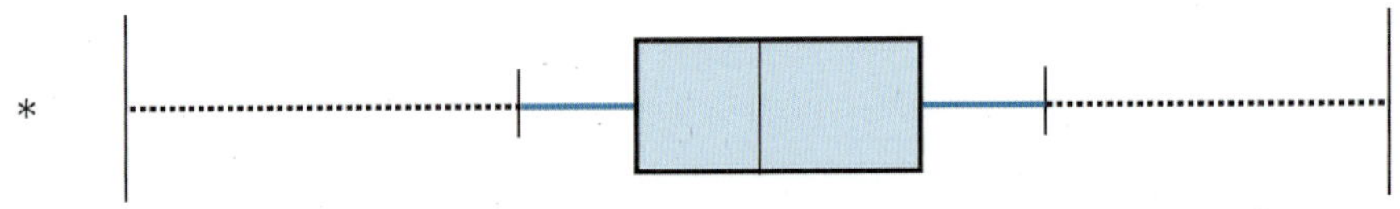

[그림 2.7] **상자그림**

[상자그림 작성요령]

(단계 1) 일사분위수(Q_1)와 삼사분위수(Q_3)를 네모상자로 연결한다.

(단계 2) 상자안에 수직선으로 중앙값을 표시한다.

(단계 3) $Q_1 - 1.5\times IQR$과 $Q_3 + 1.5\times IQR$를 계산하여 표기하고, 네모상자의 양 끝으로부터 점선으로 연결한다.

(단계 4) 단계 3)에서 계산한 값을 경계로 이 경계 안에서의 최솟값과 최댓값을 찾아 네모상자의 양끝으로부터 실선으로 연결한다.

(단계 5) 단계 3)의 경계를 벗어난 자료가 있으면 *로 표기하고 극단값으로 간주한다.

7) 최솟값과 제1 사분위수(Q_1), 중앙값, 제3 사분위수(Q_3), 최댓값을 이용하여 자룟값들을 정리한 기술통계량을 다섯숫자요약(five-number summary)이라 한다.

8) 이 자료의 실제 최솟값은 *로 표기한 극단값에 해당하며 여기서 나타낸 최솟값은 $Q_1-1.5IQR$보다 큰 값 중 최솟값을 의미한다.

상자그림에서 중앙값은 분포의 중심위치를, 사분위수는 전체 자료 중에서 가운데 50%에 해당하는 자료가 흩어져 있는 구간을 각각 나타낸다. 따라서 상자그림에서 상자의 크기가 작으면 작을수록 중앙 50%의 자룟값들이 중심부분에 밀집되어 있음을 나타내고, 중앙값이 상자의 한가운데 있으면 자료의 중심부분은 대칭에 가깝다는 것을 의미한다.

예제 2.15 H대학교 체육학과 학생들 중 17명을 랜덤으로 추출하여 5월 한 달 동안의 운동거리(km)를 조사한 결과 다음과 같은 자료를 얻었다고 한다. 상자그림을 작성하여라.

[표 2.16] **체육학과 학생들의 운동거리 자료**

46	51	44	50	33	46	60	41	46
53	53	42	44	50	54	55	41	

풀이 상자그림을 작성하기 위해서는 일사분위수, 중앙값, 삼사분위수, 최솟값, 그리고 최댓값을 구하여야 한다. 관측값들을 크기 순서대로 나열하면 [표 2.17]과 같으며,

[표 2.17] **오름차순으로 정렬한 운동거리 자료**

33	41	41	42	44	44	46	46	46	50	50	51	53	53	54	55	60

이로부터 각 사분위수 Q_1, Q_2, Q_3의 순위 l_1, l_2, l_3을 다음과 같이 구할 수 있다.

$$l_1 = 0.25(17-1)+1 = 5.0, \quad l_2 = 0.5(17-1)+1 = 9.0,$$

$$l_3 = 0.75(17-1)+1 = 13.0.$$

따라서, $Q_1 = 44$, 중앙값=46, $Q_3 = 53$이고, 사분위수범위는 $IQR = Q_3 - Q_1 = 53 - 44 = 9$로 계산된다. 또한 위와 아래의 경계값은 각각

위쪽 경계점 : $Q_3 + 1.5 \times IQR = 53 + 1.5 \times 9 = 66.5$

아래쪽 경계점 : $Q_1 - 1.5 \times IQR = 44 - 1.5 \times 9 = 30.5$

으로 계산되며, 이 경계안에서의 최솟값은 33이고 최댓값은 60이 된다. 이때 관측값이 66.5보다 크거나 30.5보다 작은 값은 극단값으로 간주된다. 위에서 구한 값들을 이용하여 작성된 상자그림은 [그림 2.8]와 같다.

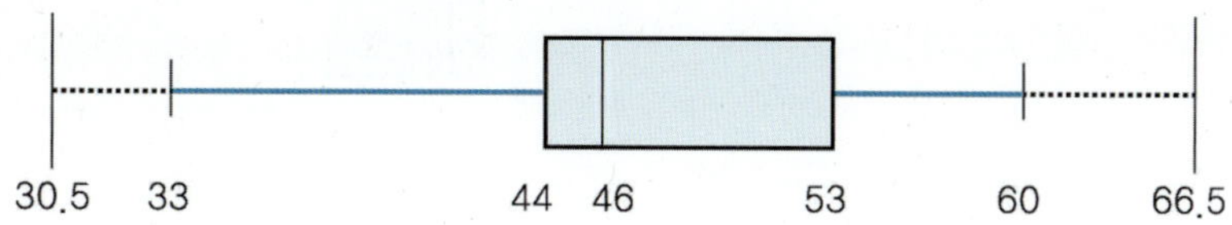

[그림 2.8] **5월 중 개인 운동 거리에 대한 상자그림**

상자그림에서 중앙값은 상자의 중심부분에서 왼쪽에 있으며, 이는 전체 자료 중에서 중간의 50%

에 해당하는 관측값들이 중앙에서 약간 왼쪽 부분에 밀집되어 있는 비대칭인 형태를 띠고 있다는 것을 의미한다. 여기서 위쪽 경계점 66.5보다 크거나 아래쪽 경계점 30.5보다 작은 값은 없으므로, 극단값은 존재하지 않는다고 할 수 있다. ■

R 실습 2.9 [예제 2.15]의 상자그림을 작성하여라. 이때 이상치를 표현하기 위해 [표 2.16]의 마지막 자룟값을 20으로 대체하여라.

[R코드 2.9] 상자그림

```
# 상자그림
exercise = c(46,51,44,50,33,46,60,41,46,53,53,42,44,50,54,55,20)
boxplot(exercise, horizontal= TRUE, xlab = "운동거리")

# 상자그림의 통계량 표시
x1=boxplot.stats(exercise)$stats; text(x=x1, y=1.25, labels=x1)
x2=boxplot.stats(exercise)$out; text(x=x2, y=1.25, labels=x2)
```

실행 결과

```
> # 상자그림
> exercise = c(46,51,44,50,33,46,60,41,46,53,53,42,44,50,54,55,20)
> boxplot(exercise, horizontal= TRUE, xlab = "운동거리")
>
> # 상자그림의 통계량 표시
> x1=boxplot.stats(exercise)$stats; text(x=x1, y=1.25, labels=x1)
> x2=boxplot.stats(exercise)$out; text(x=x2, y=1.25, labels=x2)
```

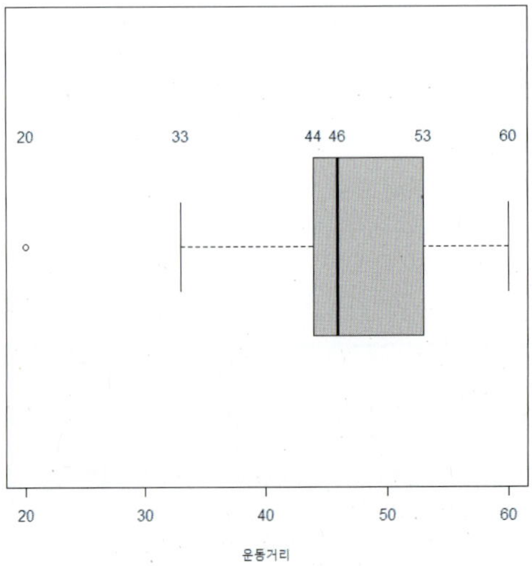

- 먼저 상자그림에서 이상치를 표현하기 위해 [표 2.16]의 마지막 자룟값을 20으로 대체하여 입력하였다.
- 상자그림을 그리기 위한 함수는 boxplot( )이다. boxplot( ) 함수에서 자료를 입력하고 x축의 제목은 매개변수 xlab을 사용하여 지정하면 된다. 주어진 자료가 벡터 형태이면 하나의 상자그림이, 자료가 행렬 형태 또는 데이터 프레임 형태이면 열의 개수만큼의 상자그림이 그려진다.
- 매개변수 horizontal=TRUE는 상자그림을 가로로 그리게 한다.
- boxplot.stats( ) 함수는 상자그림에 필요한 통계량, 이상치 값 등을 제공한다. 여기서는 통계량($stats)과 이상치($outs)를 각각 구하여 text( ) 함수를 이용하여 그 값을 표기하였다.

2.6 변수가 두 개일 경우의 자료의 정리

지금까지는 변수가 하나일 때 여러 가지 도표와 그림, 통계량 등을 이용하여 자료를 정리하는 방법에 대해서 알아보았다. 그러나 많은 실험과 조사에서는 둘 이상의 변수를 동시에 고려한 자료를 얻을 수 있다. 예를 들어, 산모의 체중과 신생아의 체중에 관한 자료는 변수가 둘인 경우이고, 국어점수, 영어점수, 수학점수에 관한 자료와 신장, 체중, 가슴둘레에 관한 자료는 변수가 셋인 경우에 해당한다. 여기서는 변수가 둘인 경우 즉, 두 가지 속성을 조사하여 그 속성에 따라 자료를 정리하는 방법에 대하여 알아보고자 한다.

2.6.1 분할표

분할표(contingency table)는 두 개의 변수와 관련된 특성을 연구하는데 매우 효과적인 도표로서, 작성 요령은 두 변수의 범주를 행과 열로 나누어 적은 다음에 해당 부분에 도수를 조사하여 기록한다.[9] 일반적으로, 분석을 용이하게 하기 위하여 각 칸의 도수 밑에 해당 백분율을 표시하기도 한다. 연속형 변수에 대한 분할표를 만들기 위해서는 도수분포표를 만들 때와 같이 먼저 서로 중복되지 않으면서 동일한 간격을 갖는 구간을 설정한 다음에 분할표를 만들면 된다.

예제 2.16 K 고등학교 학생들 중에서 24명을 랜덤으로 추출하여 체력 검정을 실시한 결과, [표 2.18]과 같은 자료를 얻었다. 학년과 체력등급에 대한 분할표를 작성하고, 두 변수간의 관련성을 설명하여라.

9) 필요에 따라 여러 가지 범주형 변수간의 관계를 분석하기 위하여 다차원 분할표를 작성할 수 있다. 이 책에서는 두 변수만으로 구성된 이차원 분할표에 대해서만 다루기로 한다.

[표 2.18] 학년과 체력등급 조사 결과

학년	체력등급	학년	체력등급	학년	체력등급
3학년	특급	2학년	1급	1학년	2급
2학년	1급	2학년	1급	2학년	1급
1학년	2급	2학년	특급	1학년	2급
2학년	2급	3학년	특급	3학년	1급
1학년	1급	2학년	특급	1학년	2급
2학년	1급	3학년	1급	3학년	특급
3학년	특급	2학년	특급	2학년	1급
1학년	2급	1학년	2급	3학년	특급

풀이 학년을 행, 체력등급을 열로 하여 작성한 분할표는 표 2.17과 같다(괄호 안은 %). 체력측정 결과 2급인 학생은 24명 중 7명으로 전체의 29.2%를 차지하고 있으며, 이들 대부분은 1학년인 것으로 나타났다. 1급을 받은 학생은 24명 중 9명으로서 전체의 37.5%를 차지하고 있으며, 여기에는 2학년이 가장 많은 것으로 나타났다. 특급을 받은 학생은 전체의 33.3%로서 3학년이 가장 많았으며, 1학년은 한명도 없는 것으로 나타났다. 전체적으로 볼 때 학년이 오를수록 체력등급도 높아간다고 할 수 있다.

[표 2.19] 학년과 체력등급에 대한 분할표

학년 \ 등급	2급	1급	특급	계
1학년	6 (25.0)	1 (4.2)	0 (0.0)	7 (29.2)
2학년	1 (4.2)	6 (25.0)	3 (12.5)	10 (41.6)
3학년	0 (0.0)	2 (4.2)	5 (25.0)	7 (29.2)
계	7 (29.2)	9 (37.5)	8 (33.3)	24 (100)

■

R 실습 2.10 [예제 2.16]의 분할표를 작성하여라.

[R코드 2.10] 분할표

```
# 자료 입력
grade = factor(c("J","S","F","S","F","S","J","F","S","S","S","J","S","J","S","F",
                 "F","S","F","J","F","J","S","J"), levels=c("F","S","J"))
physical = factor(c("S","1","2","2","1","1","S","2","1","1","S","S","S","1","S","2",
```

```
                    "2","1","2","1","2","S","1","S"), levels=c("2","1","S"))
mydata = data.frame(grade, physical)

# 분할표
ctable=table(mydata);ctable
addmargins(ctable)
```

실행 결과

```
> # 자료 입력
> grade = factor(c("J","S","F","S","F","S","J","F","S","S","S","J","S","J","S","F",
+                  "F","S","F","J","F","J","S","J"), levels=c("F","S","J"))
> physical = factor(c("S","1","2","2","1","1","S","2","1","1","S","S","S","1","S","2",
+                    "2","1","2","1","2","S","1","S"), levels=c("2","1","S"))
> mydata = data.frame(grade, physical)
>
> # 분할표
> ctable=table(mydata);ctable
     physical
grade 2 1 S
    F 6 1 0
    S 1 6 3
    J 0 2 5
> addmargins(ctable)
     physical
grade   2  1  S  Sum
    F   6  1  0   7
    S   1  6  3  10
    J   0  2  5   7
  Sum   7  9  8  24
```

- 학년과 체력등급의 자료를 **factor( )** 함수를 이용하여 인자(factor)형태로 입력하였으며, 매개변수 **levels**를 지정하여 인자의 수준을 지정하였다.
- 분할표는 **table( )**함수를 활용하여 간단히 나타낼 수 있다. 이때 입력되는 변수 순서대로 행, 열 순으로 데이터가 입력된다.
- 분할표에서 **addmargins( )** 함수를 이용하면 분할표의 주변 합을 구할 수 있다.

2.6.2 산점도

산점도(scatter diagram)는 변수가 두 개일 때 한 변수를 x 축, 다른 변수를 y 축으로 하여 관측값들을 xy-평면상의 점으로 나타낸 그림을 말한다.[10] 산점도를 보면 두 변수 사이의 관계를 시각적으로 파악할 수 있다. 즉, 산점도는 두 변수가 직선적인 관계 또는 곡선적인 관계를 가지고 있는지, 그리고 그 관련성의 정도가 어떠한지를 개략적으로 판단할 수 있게 해준다.

산점도에서 두 변수가 직선 또는 곡선적인 관계를 가지고 있을 경우 관측값들 모두가 정확히 하나의 선위에 놓이게 되는 경우는 거의 없으며, 대부분 그 선을 중심으로 흩어져 나타나게 된다. 이때 두 변수의 관련성에 대한 정도는 관측값들이 그 선을 중심으로 흩어져 있는 상태에 따라 결정된다. 즉 관측값들이 하나의 선을 중심으로 밀집되어 나타난다면 '두 변수간의 관계는 강하다'는 것을, 반면에 선으로부터 넓게 흩어져 나타난다면 '두 변수간의 관계는 약하다'는 것을 의미하게 된다.

예제 2.17 운전학원을 통하여 면허를 취득한 사람 15명을 대상으로 운전 실습시간과 주행코스에서 획득한 점수를 조사하여 [표 2.20]과 같은 자료를 얻었다. 산점도를 그린 후, 이를 이용하여 운전 실습시간과 획득점수 사이의 관계를 개략적으로 설명하여라.

[표 2.20] 운전실습시간과 주행코스 획득 점수 결과

실습시간	3	4	6	8	10	11	13	15	16	17	18	20	21	22	23
획득점수	20	15	30	35	30	30	35	30	40	50	45	30	50	60	55

풀이 실습시간과 획득점수간의 관계는 [그림 2.9]의 산점도에서 보는 바와 같이 실습시간이 증가할수록 획득점수 또한 증가하는 경향을 나타내는 직선적인 관계를 가지고 있다고 할 수 있다.

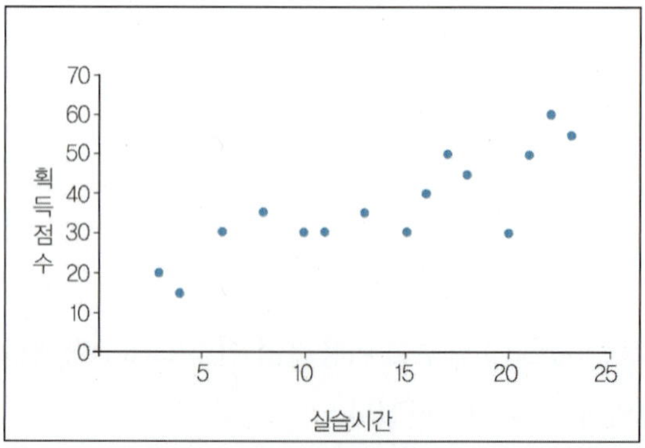

[그림 2.9] 실습시간과 획득점수 사이의 산점도 ■

10) 필요에 따라 세 변수의 동시분포를 고려한 3차원 산점도를 작성할 수 있다. 이 책에서는 두 변수만으로 구성된 이차원 산점도에 대해서만 다루었다.

R 실습 2.11 [예제 2.17]의 산점도를 작성하여라.

[R코드 2.11] 산점도

```
par(mfrow=c(1, 2))
x = c(3, 4, 6, 8, 10, 11, 13, 15, 16, 17, 18, 20, 21, 22, 23)
y = c(20, 15, 30, 35, 30, 30, 35, 30, 40, 50, 45, 30, 50, 65, 55)
plot(x, y, xlab="실습시간", ylab="획득점수",
        main="실습시간과 획득점수의 산점도", pch=16, col='black')
plot(x, y, xlab="실습시간", ylab="획득점수",
        main="실습시간과 획득점수의 산점도", pch=8, col='blue')
```

실행 결과

```
> par(mfrow=c(1, 2))
> x = c(3, 4, 6, 8, 10, 11, 13, 15, 16, 17, 18, 20, 21, 22, 23)
> y = c(20, 15, 30, 35, 30, 30, 35, 30, 40, 50, 45, 30, 50, 65, 55)
> plot(x, y, xlab="실습시간", ylab="획득점수",
+ main="실습시간과 획득점수의 산점도", pch=16, col='black')
> plot(x, y, xlab="실습시간", ylab="획득점수",
+ main="실습시간과 획득점수의 산점도", pch=8, col='blue')
```

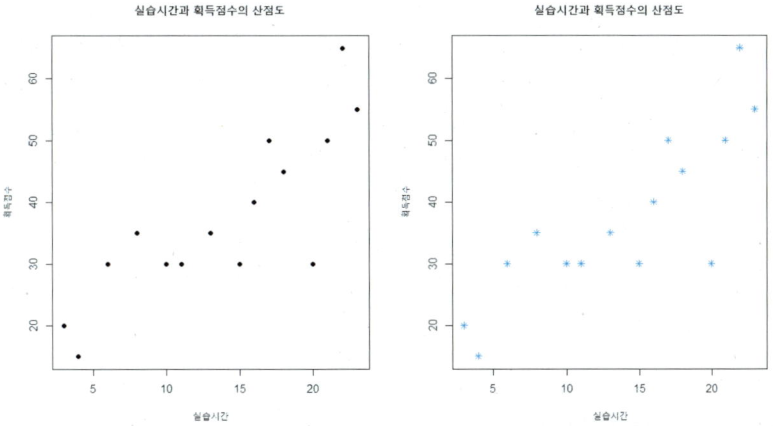

- 산점도는 plot( )함수를 이용하여 순서쌍 (x, y)를 좌표평면에 나타낼 수 있다. 매개변수 pch를 이용하여 좌표평면에 나타낼 점의 형태를 변경할 수 있으며, 0부터 25까지의 값에 대한 형태는 [그림 2.10]에 나타나 있다.

0	1	2	3	4	5	6	7	8	9	10	11	12	13	14	15	16	17	18	19	20	21	22	23	24	25
□	○	△	+	×	◇	▽	⊠	✳	✧	⊕	✡	⊞	⊠	☑	■	●	▲	◆	●	•	●	■	◆	▲	▼

[그림 2.10] pch값에 따른 점의 형태

연습문제

1. A부대의 군병원에서 진료를 받은 환자들에 대한 기록에 다음과 같은 항목들이 포함되어 있다고 한다. 척도에 따라 각 항목을 명목변수, 서열변수, 간격변수, 비율변수로 구분하여라.

1) 계급　　2) 이름　　3) 나이　　4) 체온

5) 혈액형　　6) 키　　7) 몸무게

2. 다음 양적 변수들을 이산형 변수와 연속형 변수로 구분하여라.

1) 서울시 일일 교통사고 건수　　2) 제주도 연 강우량

3) 휴대전화 하루 개통량　　4) 매일 정오의 온도

3. 전산실에서 30일 동안 컴퓨터의 고장횟수를 조사한 결과 다음과 같은 자료를 얻었다. 도수분포표를 작성하여라.

1	3	1	1	0	1	0	1	1	0	2	2	0	0	0
1	2	1	2	0	0	1	6	4	3	3	1	2	4	0

4. 미국의 홈런왕 베이브 루스(Babe Ruth)가 1920년부터 1934년까지 양키스팀에 있으면서 매년 기록한 홈런수가 아래와 같다. 줄기-잎 그림을 작성하고, 이 기간 동안의 베이브 루스의 홈런기록의 분포에 대해 설명하여라.

54	59	35	41	46	25	47	60	54	46	49	46	41	34	22

5. K고등학교 학생 중에서 30명을 랜덤으로 뽑아 혈액 중의 콜레스테롤 수치를 조사한 결과 다음과 같은 자료를 얻었다.

239	212	249	227	218	210	281	327	233	223
284	245	174	154	256	196	299	210	254	199
227	244	285	234	195	179	317	282	265	286

1) 도수분포표를 작성하여라(단, 구간의 개수는 6개로 할 것).

2) 1)의 도수분포표를 이용하여 히스토그램을 그리고, 자료의 분포에 대하여 설명하여라.

6. 다음은 세계 주요 도시의 연 평균 기온을 측정한 자료이다.

도시	기온	도시	기온
서 울	11.1	런 던	10.5
동 경	15.0	베를린	9.5
북 경	12.0	워싱턴	13.9
상 해	16.1	뉴 욕	12.6
홍 콩	28.4	시카고	10.5
마닐라	27.3	모스크바	4.4
사이공	27.0	스톡홀름	6.6
방 콕	28.0	호놀룰루	24.4
싱가폴	27.1	멕시코시티	15.1
뉴델리	25.3	시드니	21.9

1) 줄기-잎 그림을 작성하여라.

2) 상자그림을 그려라.

7. 어느 회사부서 10명의 월 교통비 지출액(단위: 만원)을 조사한 결과 다음과 같은 자료를 얻었다.

22	18	25	21	12	16	18	12	22	68

1) 평균, 중앙값, 10% 절사평균을 구하여라.

2) 평균과 중앙값 그리고 10% 절사평균 중 어느 통계량이 이 회사 부서원의 월 교통비 지출액의 중심위치를 가장 잘 나타내는가?

8. 다음은 어느 대학교의 통계학 과목을 수강한 학생 20명의 결석률(x)과 시험성적(y)의 자료이다. 다음 물음에 답하여라.

x	5	12	50	21	13	5	18	3	0	44
y	18	60	81	84	77	76	55	86	94	66

x	80	22	13	5	13	30	41	8	0	32
y	77	82	30	55	69	92	76	95	88	42

$$\text{단, } \sum_{i=1}^{20} x_i = 415,\ \sum_{i=1}^{20} y_i = 1403,\ \sum_{i=1}^{20} x_i^2 = 16489,\ \sum_{i=1}^{20} y_i^2 = 106971$$

1) 산점도를 그리고 분포에 대해 설명하라.

2) 결석률(x)과 시험성적(y)에 대하여 평균, 분산, 표준편차, 중앙값, 범위, 사분위수범위(IQR)을 구하라.

03

확률

추측통계학은 표본에서 얻어지는 정보를 이용하여 모집단에 대한 과학적인 추론을 하는 방법을 다루는 분야이다. 이때 중요한 것은 표본을 이용한 모집단에 대한 추론이 얼마나 믿을 수 있는가 하는 문제이다. 이 장에서 배우게 되는 확률은 이와 같은 모집단에 대한 추론이 얼마나 믿을 수 있는지를 이야기해줄 수 있는 논리적인 근거를 제공해 준다.

3.1 확률과 관련된 기본 용어

확률에 대한 정의 및 계산 방법을 배우기 전에 먼저 알아야 할 중요한 용어들이 있다. 여기서는 그러한 용어들 중에서 가장 기본이 되는 실험, 표본공간, 사건 등에 대해서 설명하고자 한다.

3.1.1 실험

어떤 실험이 시행될 때 얻게 되는 여러 가지 가능한 결과에 대한 발생 가능성을 추측하고자 할 때 확률이론이 적용된다. 예를 들어, 한 개의 동전을 던지는 실험에서 앞면 또는 뒷면 중의 어느 하나가 나온다는 것은 알고 있지만 그 실험을 실행하기 전에는 그 결과를 정확하게 예측할 수 없다. 이와 같이 일반적으로 어떤 실험을 통해 얻을 수 있는 모든 결과들은 알고 있지만, 어느 것을 얻게 되는 지를 사전에 알지 못하는 실험을 통계학에서는 통계적 실험(statistical experiment) 또는 단순히 실험이라고 정의한다.

3.1.2 표본공간

통계적 실험에서 얻을 수 있는 결과들을 전부 모아 놓은 집합을 표본공간(sample space)이라 하며, 일반적으로 S로 표기한다. 이때 표본공간 S에 있는 각각의 결과를 표본공간의 원소(element)이라 부른다.

[정의 3.1] 표본공간(sample space)

통계적 실험에서 얻을 수 있는 결과들을 전부 모아놓은 집합을 표본공간이라 한다.

3.1.3 사건

동전을 던지는 목적은 여러 가지가 있겠지만 한 번 던질 때 나오는 면이 앞인지 뒤인지 또는, 여러 번 던질 때 앞면이나 뒷면이 나오는 횟수 등에 흥미를 가질 수 있다. 이와 같이, 실험에서 얻을 수 있는 결과들 중에 우리가 관심을 가지는 부분을 사건(event)이라 부르며, 영문대문자 A, B, C 등으로 표기한다. 사건은 수학적으로 표본공간 내의 특정한 일부 원소들의 집합을 의미하며, 표본공간의 부분집합이 된다.

[정의 3.2] 사건(event)

표본공간 내의 결과들 가운데 관심을 가지는 결과들의 집합을 사건이라 한다.

예제 3.1 한 개의 동전을 두 번 던지는 실험에서 두 번째 동전이 앞면이 나오는 사건을 A 라 하자. 이때 표본공간 S 와 사건 A 를 정의하여라.

풀이 한 개의 동전을 두 번 던지는 실험에서 나타날 수 있는 가능한 모든 결과는 (앞, 앞), (앞, 뒤), (뒤, 앞), (뒤, 뒤)이므로 표본공간은 다음과 같이 구성된다.

$$S = \{(\text{앞}, \text{앞}), (\text{앞}, \text{뒤}), (\text{뒤}, \text{앞}), (\text{뒤}, \text{뒤})\}$$

그리고 두 번째 동전이 앞면이 나오는 사건은

$$A = \{(\text{앞}, \text{앞}), (\text{뒤}, \text{앞})\}$$

이 된다. ■

예제 3.2 식품공학과와 화학과가 토요일과 일요일에 각각 1번씩 농구 시합을 한다고 한다. 식품공학과가 한 번 이기는 사건을 E_1, 두 번 모두 이기는 사건을 E_2라 할 때 표본공간 S와 사건 E_1과 E_2를 각각 정의하여라.

풀이 시합에서 식품공학과가 이기는 경우를 W, 비기는 경우를 T, 지는 경우를 L로 표시하면 두 번의 시합에서 일어날 수 있는 모든 가능한 결과의 집합 즉, 표본공간은 다음과 같게 된다.

$$S = \{\text{WW, WT, WL, TW, TT, TL, LW, LT, LL}\}$$

그리고 식품공학과가 한번 이기는 사건 E_1은

$$E_1 = \{\text{WT, WL, TW, LW}\},$$

이 되고, 두 번 모두 이기는 사건 E_2는

$$E_2 = \{\text{WW}\}$$

가 된다. ■

사건에는 여러 종류가 있다. 먼저 표본공간 S의 결과들 중에서 어떤 사건 A에 속하지 않는 모든 결과들로 이루어진 사건으로서 이러한 사건을 A의 여사건(complement event)이라 하며, A^c로 표기한다. 다음으로 표본공간 S내에 있는 결과들을 하나도 포함하고 있지 않은 사건으로서 이러한 사건을 공사건(empty event)이라 하며, $\varnothing$ 로 표기한다.

표본공간 내에 사건이 여러 개 있다고 할 경우, 이들 사건의 결합 형태로 나타나는 새로운 사건이 부여될 수 있다. 먼저 표본공간 내에 두 개의 사건 A와 B가 존재한다고 할 때 사건 A와 B중 적어도 어느 하나에 속하는 모든 결과들을 포함하는 사건을 A와 B의 합사건(union event)이라 하고, $A \cup B$로 표기한다. 다음으로 두 사건 A와 B에 동시에 속하는 모든 결과들을 포함하는 사건을 A와 B의 적사건(intersection event)이라 하고, $A \cap B$ 또는 AB로 표기 한다. 그리고 두 사건 A와 B가 서로 공통된 결과를 가지고 있지 않을 경우 즉, $A \cap B = \varnothing$ 일 때 A와 B를 서로 배반인 사건(disjoint event)이라 부른다. 이러한 사건들의 의미는 [그림 3.1]에 잘 설명되어 있다.

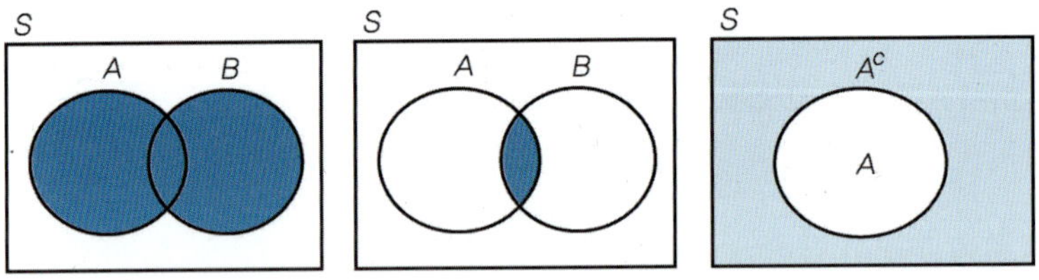

(a) $A \cup B$　　(b) $A \cap B$　　(c) A^c

[그림 3.1] 사건의 종류

예제 3.3 체육 농구수업 중 한 학생에게 세 번의 자유투를 던지라고 하였을 때, A를 적어도 한번은 자유투를 성공시키는 사건, B를 두 번째 자유투를 성공시키는 사건, C를 세 번째 자유투를 실패하는 사건, 그리고 D를 세 번의 자유투를 모두 실패하는 사건이라 하자. 이때 다음 사건을 각각 구하여라.

(1) A^c　　(2) BD　　(3) $A \cup C$　　(4) $(B \cup C)^c$

풀이 자유투 성공을 G, 실패를 N라고 할 때, 세 번의 자유투를 던질 때의 표본공간 및 각 사건은 다음과 같다.

$$S = \{GGG, GGN, GNG, NGG, GNN, NGN, NNG, NNN\}$$
$$A = \{GGG, GGN, GNG, NGG, GNN, NGN, NNG\}$$
$$B = \{GGG, GGN, NGN, NGG\}$$
$$C = \{GGN, GNN, NGN, NNN\}$$
$$D = \{NNN\}$$

따라서,

(1) $A^c = \{NNN\} = D$,

(2) $BD = \varnothing$,

(3) $A \cup C = S$,

(4) $(B \cup C)^c = \{GNG, NNG\}$

가 된다. ■

3.2 확률의 정의

우리는 반복된 실험이나 관측을 통하여 어떤 사건이 발생할 가능성을 사전에 예측할 수 있으며, 이러한 예측을 수학적으로 표현하기 위하여 확률의 개념을 사용한다. 확률의 개념은 우리들에게 전혀 생소한 것이 아니라 일상생활의 대화에서 자주 접하게 된다. 예를 들면, '의사가 환자를 수술하여 성공할 확률이 50%이다' 라든지 '이번 주말에 비가 올 확률이 95%이다' 라든지 하는 것이다.

확률(probability)은 어떤 사건이 일어날 가능성을 0과 1 사이의 숫자로 표현하는 것이며, 이때 사건이 일어날 가능성이 클수록 확률은 1에 가까워지고 일어나기 힘들수록 0에 가까워진다. 확률은 고전적 관점, 상대도수적 관점, 그리고 주관적인 관점에서 정의가 되기도 하지만, 공리적인 접근방법에 의해서 일반적인 확률의 개념이 정의된다.

3.2.1 고전적 정의

고전적 관점에 따르면 어떤 사건에 대한 확률은 표본공간 내에 있는 모든 결과들이 발생할 가능성이 동일하다고 보는 것에서부터 시작된다. 즉, 발생 가능한 결과가 모두 N 개 있고 각 결과들이 일어날 가능성이 동일하다고 할 때, 각각의 결과가 일어날 확률은 $1/N$이 된다. 그리고 어느 한 사건이 n 개의 결과들을 포함하고 있다면 이 사건이 발생할 확률은 n/N 이 되는 것이다. 이러한 관점을 고려하여 P. Laplace는 한 실험의 표본공간 S에서 각 결과가 발생할 가능성이 동일하다고 할 때, 발생 가능성에 대한 측도로서 확률(probability)을 다음과 같이 정의 하였다.

[정의 3.3] 확률의 고전적 정의

N 개의 결과를 포함하는 표본공간 $S = \{s_1, s_2, \cdots, s_N\}$ 에서 각 결과가 일어날 가능성이 동일할 때, n 개의 결과를 포함하는 사건A의 확률은 다음과 같이 정의된다.

$$P(A) = \frac{n}{N}$$

예를 들어, 주사위를 한 번 던지는 실험에서 1에서 6까지의 숫자가 나올 가능성은 동일하기 때문에 각 면이 나타날 확률은 1/6이 된다. 이때 사건 A 를 짝수가 나타날 사건이라고 하면 사건 A 는 2,

4, 6이라는 3개의 결과를 포함하기 때문에 사건 A가 일어날 확률은 $3/6 = 1/2$이 되는 것이다.

예제 3.4 한 회사원이 어떤 도시로 출장을 갔을 때 숙소 근처에 A, B 두 식당이 있다고 하자. A, B 두 식당 중 어느 식당으로 갈 것인가는 주사위를 던져서 결정하기로 하고, 3이상의 숫자가 나오면 A 식당으로, 그렇지 않으면 B 식당으로 간다고 하자. A 식당으로 갈 확률을 구하여라.

풀이 표본공간은 $S = \{1, 2, 3, 4, 5, 6\}$이며, 각 결과가 나올 확률은 동일하다. 3이상의 숫자가 나오는 사건을 E라고 하면 $E = \{3, 4, 5, 6\}$이므로 A 식당으로 갈 확률은

$$P(E) = \frac{4}{6} = \frac{2}{3}$$

가 된다. ■

3.2.2 상대도수적 정의

확률에 대한 고전적 정의는 표본공간속의 결과가 유한개이면서, 각 결과가 일어날 가능성이 동일한 경우에만 적용될 수 있다. 그러나 실제 문제에서는 이와 같은 고전적 정의에 의한 확률만으로는 설명되지 않는 현상이 많다. 예를 들어, 어떤 공장에서 다양한 공정으로부터 생산된 제품이 불량품일 확률을 구하는 문제를 고려할 때, 불량품이 생산될 확률이 모든 제품에 동일하다고 할 수 없을 뿐만 아니라 표본공간의 결과가 유한개라고도 할 수 없다. 이러한 경우 고전적 정의에 의한 확률부여는 적합하지가 않으며, 좀 더 일반적인 확률의 정의가 필요하다.

통계적 실험을 여러 차례 반복하게 되면 특정한 사건이 발생하는 상대도수는 어느 일정한 수에 수렴하는 것을 경험을 통하여 알 수 있다. 이를 바탕으로, 동일한 조건하에서 실험을 n번 반복하여 어떤 사건이 f_n번 일어났다면, 실험의 횟수 n을 충분히 크게 할 때 상대도수 f_n/n이 어떤 하나의 값으로 수렴하게 되는 값을 바로 그 사건이 일어날 확률로 부여할 수 있을 것이다. 이러한 관점에서 학자들은 고전적 정의가 가지고 있는 문제점을 피하기 위하여 한 사건의 확률을 상대도수의 의미로 설명하고자 하였다.

[정의 3.4] 확률의 상대도수적 정의

동일한 조건하에서 실험을 n번 반복 시행하였을 때 사건 A가 f_n번 일어난다면, 사건 A의 확률은 n을 충분히 크게 할 때 상대도수 f_n/n가 수렴하는 값

$$P(A) = \lim_{n \to \infty} \frac{f_n}{n}$$

으로 정의된다.

예제 3.5 한 개의 동전을 던질 때 나타날 수 있는 결과에는 2가지 즉, 앞면과 뒷면이 있다. [그림 3.2]는 한 개의 동전을 5,000번씩 2회 반복하여 던졌을 때 앞면이 나타난 상대도수를 각각 굵은선과 점선으로 나타내고 있다. 그림에서 굵은 선은 5,000번을 던졌을 때 뒷면, 앞면, 뒷면, 뒷면 ⋯ 순으로 나타난 결과이고(첫 번째 실험의 결과는 뒷면이므로 상대도수는 0, 두 번째는 앞면이므로 상대도수는 1/2=0.5, 세 번째는 뒷면이므로 상대도수는 1/3=0.33, ⋯), 반면에 점선은 처음부터 5번째까지는 계속하여 앞면이, 6번째에 처음으로 뒷면이 나타난 결과를 표현한 것이다. 이러한 실험결과를 바탕으로 한 개의 동전을 던질 때 동전의 앞면이 나타날 확률을 상대도수적 의미로 설명하여라.

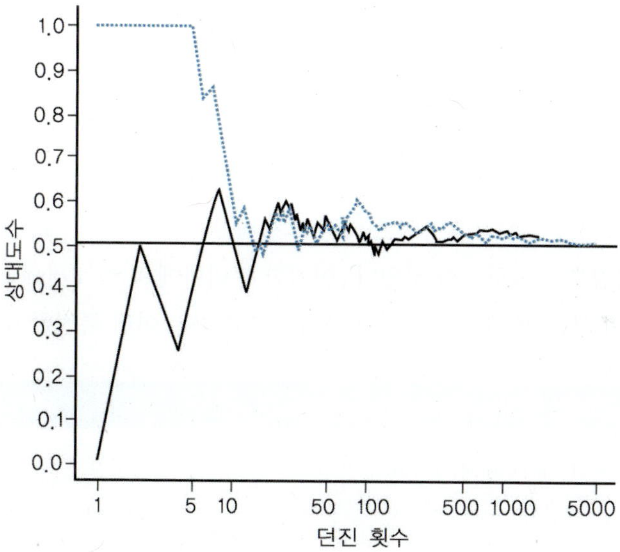

[그림 3.2] **한 개의 동전을 5,000번 던졌을 때 앞면이 나타나는 상대도수의 변화**

풀이 [그림 3.2]에서 앞면이 나타나는 상대도수는 처음에는 그 변화가 매우 심하지만 던지는 횟수가 많아질수록 그 상대도수는 점점 0.5로 접근하고 있음을 알 수 있다. 이때의 0.5가 바로 동전을 무수히 많이 던졌을 때 앞면이 나타날 확률이 되는 것이다. ■

[참고]

한 개의 동전을 여러번 던졌을 때 나타나는 결과가 어떠한지를 알아보기 위하여 프랑스 자연주의자 C.Buffon은 4040번의 동전을 던져 2048번의 앞면을 얻어 상대도수는 2048/4040=0.5069가 됨을 알았으며, 1900년 경 영국의 통계학자 K.Pearson은 24,000번의 동전을 던져 12,102번의 앞면 즉, 0.5005라는 상대도수를 얻었다. 2차 대전중 독일군에 의해서 포로가 된 남아프리카 통계학자 J.Kerrich는 수용소에서 생활을 하면서 10,000번의 동전을 던져 5067번의 앞면 즉, 0.5067이라는 상대도수를 얻었다.

3.2.3 주관적 정의

어떤 과정에서 한 결과를 얻을 확률은 사전 지식, 정보, 경험 등을 바탕으로 개인의 주관적인 판단에 의해 결정될 수 있다. 이와 같이, 개인의 확신과 정보에 기초를 두고 결정되는 확률을 주관적 확률이라 한다. 기상 상태와 조건 등을 관찰하고 있는 여러 기상학자들이 어떤 정해진 날에 비가 내릴 확률에 대해서 서로 다르게 예측한다던지 또는 1960년대에 여러 학자들이 그 당시 10년 이내 인간이 달 표면에 착륙할 확률에 대하여 서로 다른 값을 제시한 사실 등은 주관적 확률에 대한 예라고 할 수 있다.

3.2.4 공리적 정의

일반적으로 고전적 의미 또는 상대도수적 의미로서 정의된 확률이 모든 상황에 다 적용될 수는 없다. 따라서 확률을 하나의 수학적이며 논리적인 체계를 바탕으로 그 개념을 정의하고, 이러한 정의로부터 확률의 성질을 기술하고자 하였다. 이러한 논리하에 A. N. Kolmogorov는 표본공간 S에서 임의의 사건 A 의 확률 $P(A)$를 다음의 공리를 만족하는 어떤 특정한 수로서 정의하였다.

[정의 3.5] 확률의 공리적 정의(probability axioms)

(공리 1) 임의의 사건 A_i에 대하여, $P(A_i) \geq 0$

(공리 2) $P(S) = 1$

(공리 3) 서로 배반인 사건 $A_1, A_2, \cdots$ 에 대하여

$$P(A_1 \cup A_2 \cup \cdots) = P(A_1) + P(A_2) + \cdots$$

을 만족할 때, $P(A_i)$를 사건 A_i의 확률이라 한다.

3.3 확률의 계산 규칙

복잡한 사건에 대한 확률을 간편하게 계산할 수 있는 규칙들이 있으며, 이러한 규칙들은 확률의 공리로부터 유도되어진다. 예를 들어,

$$\begin{aligned} 1 &= P(S) \text{ (공리 2)} \\ &= P(A \cup A^c) = P(A) + P(A^c) \text{ (공리 3)} \end{aligned}$$

이므로 [정리 3.1](a) 가 성립함을 알 수 있으며, 같은 방법으로 [정리 3.1]의 계산규칙들이 성립함을 보일 수 있다.

정리 3.1 확률의 계산규칙

두 사건 A와 B에 대하여 다음의 계산규칙이 성립한다.

(a) $P(A \cup B) = P(A) + P(B) - P(AB)$

(b) $P(A^c) = 1 - P(A)$

(c) $P(\varnothing) = 0$

(d) $A \subset B$이면 $P(A) \leq P(B)$

예제 3.6 52장의 카드 중에 한 장을 뽑을 때, 에이스 또는 스페이드가 뽑힐 확률과 에이스 또는 킹이 뽑힐 확률을 각각 구하여라.

풀이 에이스가 뽑히는 사건을 A, 킹이 뽑히는 사건을 B, 스페이드가 뽑히는 사건을 C 라고 하면, 에이스 또는 스페이드가 뽑힐 확률은

$$P(A \cup C) = P(A) + P(C) - P(AC)$$
$$= \frac{4}{52} + \frac{13}{52} - \frac{1}{52} = \frac{4}{13}$$

가 된다. 또한 두 사건 A와 B는 서로 배반 즉, $A \cap B = \varnothing$ 이므로 $P(A \cap B) = 0$이고, 따라서 에이스 또는 킹이 뽑힐 확률은

$$P(A \cup B) = P(A) + P(B) = \frac{4}{52} + \frac{4}{52} = \frac{2}{13}$$

가 된다. ■

3.4 조건부 확률

주사위를 한 번 던질 때 홀수가 나올 확률은 1/2이다. 하지만 주사위를 던졌을 때 나온 수가 3보다 크다는 사실을 알고 있다고 할 때 홀수가 나올 확률은 더 이상 1/2이 되지 않는다. 그 이유는 나타난 눈의 수가 3보다 크다는 상황 하에서 나타날 수 있는 가능한 결과 즉, 표본공간은 {1, 2, 3, 4, 5, 6}에서 {4, 5, 6}으로 바뀌기 때문이다. 이와 같은 문제를 해결하기 위해서 필요한 것이 바로 조건부 확률(conditional probability)이다.

[정의 3.6] 조건부 확률(conditional probability)

한 사건 A가 일어난 후 어떤 사건 B가 일어날 확률을 사건 A에 대한 사건 B의 조건부 확률(conditional probability)이라 하며, 다음과 같이 정의한다.[1)]

$$P(B \mid A) = \frac{P(A \cap B)}{P(A)} \text{ 단, } P(A > 0)$$

[그림 3.3]에서는 조건부 확률 $P(B \mid A)$가 사건 A중에서 사건 B가 차지하는 비율을 의미한다는 것을 설명하고 있다. 따라서 조건부 확률에서는 표본공간이 최초의 상태에서 주어진 조건에 맞는 공간으로 축소되어 나타나게 되는 것이다.

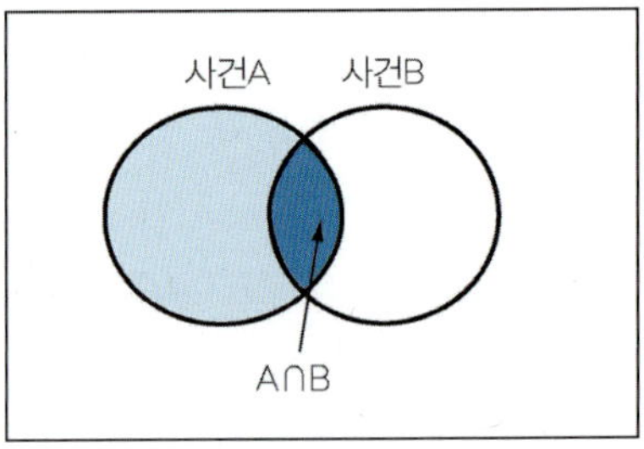

[그림 3.3] 조건부 확률 $P(B \mid A)$의 의미

예제 3.7 잘 섞은 52장의 카드 중에서 한 장을 뽑았을 때 뽑힌 카드가 그림이었다고 하자. 이때 뽑힌 카드가 퀸일 확률을 구하여라.

풀이 52장의 카드 중에서 한 장을 뽑을 때 퀸이 뽑히는 사건을 A, 그림카드가 뽑히는 사건을 B라고 하면,

$$P(A) = \frac{4}{52} = \frac{1}{13}, P(B) = \frac{12}{52} = \frac{3}{13}, P(A \cap B) = \frac{4}{52} = \frac{1}{13}$$

이 된다. 따라서 뽑힌 카드가 그림이라는 조건이 주어지고 난 후 그것이 퀸일 확률 $P(A \mid B)$는 조건부 확률의 정의에 의하여

$$P(A \mid B) = \frac{P(A \cap B)}{P(B)} = \frac{1/13}{3/13} = \frac{1}{3}$$

이 된다. 여기서 $P(A)$와 $P(A \mid B)$의 차이점은, $P(A)$는 카드 52장 전체에서 퀸이 뽑힐 확률을

1) 조건부 확률은 $P(B \mid A)$로 표기하며, $P(B \mid A)$에서 '|'의 오른쪽에 나타나는 사건은 이미 발생한 사건이기 때문에 사전에 주어진 하나의 정보로 간주할 수 있다.

나타내며, 조건부 확률 $P(A|B)$는 그림이 그려진 카드로 그 범위가 제한된 가운데서 퀸이 뽑힐 확률이라는 것이다. ■

조건부 확률의 정의로부터 다음과 같은 곱셈 법칙이 성립하게 된다.

정리 3.2 확률의 곱셈법칙 : 두 사건에 대하여

두 사건 A와 B의 확률이 $P(A) > 0, P(B) > 0$이면

$$P(AB) = P(A) \cdot P(B \mid A) \text{ 또는 } P(AB) = P(B) \cdot P(A \mid B)$$

이 성립한다.

예제 3.8 10개의 빨간 공과 6개의 파란 공이 함께 들어있는 상자로부터 2개의 공을 비복원으로 랜덤추출한다고 할 때, 첫 번째 공이 빨간 공이고 두 번째 공이 파란 공일 확률을 구하여라.

풀이 A를 첫 번째 공이 빨간 공인 사건, B를 두 번째 공이 파란 공인 사건이라 할 때

$$P(A) = \frac{10}{10+6} = \frac{5}{8},\ P(B \mid A) = \frac{6}{10+6-1} = \frac{2}{5}$$

가 된다. 따라서 첫 번째 공이 빨간 공이고 두 번째 공이 파란 공일 확률은 다음과 같다.

$$P(AB) = P(A) \cdot P(B \mid A) = \frac{5}{8} \cdot \frac{2}{5} = \frac{2}{8} = \frac{1}{4}$$

가 된다. ■

[정리 3.2]의 확률의 곱셈법칙은 세 개 이상의 사건으로 확장할 수 있다. 세 사건 A, B, C에 대하여 $P(A) > 0, P(AB) > 0$이면

$$P(ABC) = P(A)\frac{P(AB)}{P(A)}\frac{P(ABC)}{P(AB)} = P(A)P(B|A)P(C|AB)$$

이 되고, 보다 일반적으로 n개의 사건 $A_1, A_2, \cdots, A_n$에 대하여 $P(A_1) > 0, P(A_1A_2) > 0, \cdots,$ $P(A_1A_2 \cdots A_{n-1}) > 0$ 이면,

$$P(A_1A_2 \cdots A_n) = P(A_1)P(A_2|A_1)P(A_3|A_1A_2) \cdots P(A_n|A_1A_2 \cdots A_{n-1})$$

이 성립한다.

정리 3.3 **확률의 곱셈법칙 : n개의 사건에 대하여**

n개의 사건 $A_1, A_2, \cdots, A_n$에 대하여 $P(A_1) > 0$, $P(A_1A_2) > 0, \cdots$, $P(A_1A_2 \cdots A_{n-1}) > 0$이면,

$$P(A_1A_2 \cdots A_n) = P(A_1)P(A_2|A_1)P(A_3|A_1A_2) \cdots P(A_n|A_1A_2 \cdots A_{n-1})$$

이 성립한다.

예제 3.9 A, B, C 세 사람이 순서대로 10개 중 3개의 당첨제비가 들어있는 주머니에서 제비를 뽑는다고 할 때, C만 당첨제비를 뽑을 확률을 구하여라. 단, 뽑은 제비는 다시 주머니에 넣지 않는다.

풀이 A, B, C를 각각 A, B, C가 당첨제비를 뽑는 사건이라고 하자. 그러면, 구하고자 하는 확률은 $P(A^cB^cC)$로 나타낼 수 있다.

$$P(A^c) = \frac{7}{10},\ P(B^c|A^c) = \frac{7-1}{10-1} = \frac{2}{3},$$

$$P(C|A^cB^c) = \frac{3}{10-1-1} = \frac{3}{8}$$

이므로,

$$P(A^cB^cC) = P(A^c)P(B^c|A^c)P(C|A^cB^c) = \frac{7}{10} \cdot \frac{2}{3} \cdot \frac{3}{8} = \frac{7}{40}$$

이 된다. ■

3.5 사건의 독립성

동전을 두 번 던지는 실험에서, 첫 번째 나온 결과는 두 번째 나오는 결과에 아무런 영향을 미치지 못한다. 왜냐하면, 첫 번째 던지는 동전에서 앞면 또는 뒷면 중 어떤 것이 나오는가에 관계없이 두 번째 던지는 동전에서 앞면이 나올 확률은 언제나 1/2이 되기 때문이다.[2)] 이와 같이 조건부 확률에서 어떤 사건이 일어난 것이 다음 사건이 일어나는 것에 아무런 영향을 미치지 않을 때 두 사건 A와 B는 서로 독립(mutually independent)이라 하며, 그렇지 않을 경우 A와 B는 서로 종속(mutually dependent)이라 한다.

2) 표본공간 $S = \{HH, HT, TH, TT\}$이고, 첫 번째 동전에서 앞면이 나오는 사건을 $A = \{HH, HT\}$, 두 번째 동전에서 앞면이 나오는 사건을 $B = \{HH, TH\}$라 할 때 $P(B \mid A) = 1/2 = P(B)$이다.

[정의 3.7] 두 사건의 서로 독립(mutually independent)

두 사건 A와 B에 대하여 $P(AB) = P(A)P(B)$이 성립하면 사건 A와 B는 서로 독립이라고 한다.

예제 3.10 A의학연구소에서는 흡연이 폐암과 관련성이 있는지를 연구하기 위하여 아래와 같은 자료를 얻었다고 한다. 아래의 자료를 이용하여 흡연과 폐암 유무, 두 사건이 서로 독립인지를 판단하여라.

구분	폐암에 걸림	폐암에 안걸림	계
흡연	0.37	0.13	0.5
비흡연	0.15	0.35	0.5
계	0.52	0.48	1.0

풀이 폐암에 걸리는 사건을 A, 흡연을 하는 사건을 B라고 할 때

$$P(A) = 0.52, \quad P(B) = 0.5, \quad P(AB) = 0.37$$

이므로

$$P(AB) = 0.37 \neq P(A) \cdot P(B) = 0.26$$

이다. 따라서 두 사건 A와 B는 서로 종속이다. 즉, 주어진 자료로부터 흡연은 폐암에 영향을 미친다고 할 수 있다. ■

두 사건의 독립성에 대한 개념은 여러 사건들에 대해서도 확장할 수 있으며, 이는 [정의 3.8]에 주어져 있다. 여러 사건들의 독립성에 대한 문제는 두 개 이상의 부품으로 구성된 시스템의 신뢰도[3]와 관련된 문제에서 중요하게 사용된다.

[정의 3.8] 여러 사건의 서로 독립(mutually independent)

n개의 사건 $A_1, A_2, \cdots, A_n$을 고려하자. 1부터 n까지의 자연수 중에서 선택 가능한 임의의 $k(\leq n)$개의 집합 $r_1, r_2, \cdots, r_k$에 대하여

$$P\left(A_{r_1} \cap A_{r_2} \cap \cdots \cap A_{r_k}\right) = P\left(A_{r_1}\right)P\left(A_{r_2}\right) \cdots P\left(A_{r_k}\right)$$

가 성립하면, 사건 $A_1, A_2, \cdots, A_n$은 서로 독립이라고 한다.

3) 공학분야에서 신뢰도(reliability)는 기계가 고장나지 않을 확률을 의미한다.

예제 3.11 동전을 두 번 던지는 시행에서 사건 A, B, C를

A : 첫 번째 동전이 앞면이 나오는 사건

B : 두 번째 동전이 앞면이 나오는 사건

C : 첫 번째 동전과 두 번째 동전이 같은 면이 나오는 사건

이라고 할 때, 사건 A, B, C의 독립성을 확인하여라.

풀이 동전이 앞면이 나오는 경우를 H, 뒷면이 나오는 경우를 T로 나타내면, 표본공간 S와 사건 A, B, C를 다음과 같이 나타낼 수 있다.

$$S=\{HH, HT, TH, TT\}, A=\{HH, HT\}, B=\{HH, TH\}, C=\{HH, TT\}$$

따라서 $P(A)=P(B)=P(C)=0.5$이고, $P(AB)=P(BC)=P(CA)=P(\{HH\})$

$=0.25$이므로, $P(AB)=P(A)P(B)$, $P(BC)=P(B)P(C)$,

$$P(CA)=P(C)P(A)$$

를 만족한다. 즉, 사건 A와 B, 사건 B와 C, 사건 C와 A는 서로 독립이다. 그러나 $P(ABC)=P(\{HH\})=0.25$이지만, $P(A)P(B)P(C)=0.125$이므로 $P(ABC)\neq P(A)P(B)P(C)$이다. 따라서 사건 A, B, C는 서로 독립이 아니다. ■

예제 3.12 프로야구 한국시리즈에 진출한 A팀과 B팀 이 7전 4선승제의 경기를 한다. 각 경기에서 A팀이 B팀을 이길 확률이 0.6이라 하고, 이전 경기의 승패여부가 다음 경기에 영향을 미치지 않는다고 할 때, A팀이 5차전의 승리를 통해 한국시리즈에서 우승을 결정할 확률을 구하여라.

풀이 A팀이 5차전의 승리를 통해 한국시리즈 우승을 결정짓기 위해서는 4차전까지 3승을 거두고 5차전에서 승리해야만 한다. A팀이 B팀에게 이기는 경우를 W, 지는 경우를 L로 나타내고, C를 A팀이 4차전까지 경기를 했을 때 3승을 거두는 사건이라고 한다면

$$C=\{WWWL, WWLW, WLWW, LWWW\}$$

이다. 따라서 D를 A팀이 5차전의 승리를 통해 한국시리즈에서 우승을 결정하는 사건이라고 한다면,

$$D=\{WWWLW, WWLWW, WLWWW, LWWWW\}$$

이고, $P(W)=0.6$, $P(L)=0.4$이므로,

$$\begin{aligned}&P(D)\\&=P(WWWLW)+P(WWLWW)+P(WLWWW)+P(LWWWW)\\&=4P(W)P(W)P(W)P(W)P(L)=4(0.6)^4(0.4)\\&=4(0.6)^4(0.4)=0.2074\end{aligned}$$

이다. ■

3.6 조건부 확률의 응용

우리가 관심을 갖는 사건에 대한 확률을 구하고자 할 때, 경우에 따라서는 사건을 분할하여 생각하는 것이 문제에 보다 쉽게 접근할 수 있을 때가 많다. 조건부확률에 대한 중요한 정리를 유도하기 위해, 먼저 표본공간 S 의 분할(partition)에 대하여 공부해보자.

[정의 3.9] 표본공간의 분할(partition)

n개의 사건 $A_1,\ A_2,\ \cdots\ ,\ A_n$ 과 표본공간 S 에 대하여

$$A_iA_j = \varnothing\ (i \neq j)\text{와 } A_1 \cup A_2 \cup \cdots \cup A_n = S$$

을 만족하는 사건 $A_1,\ A_2,\ \cdots\ ,\ A_n$ 을 표본공간 S의 분할(partition)이라 한다.

사건 $A_1,\ A_2,\ \cdots\ ,\ A_n$ 에 의해 표본공간 S의 분할이 이뤄지면, 표본공간 S내의 임의의 사건 B는 사건 $A_1B,\ A_2B,\ \cdots\ ,\ A_nB$에 의해 분할됨을 쉽게 보일 수 있다. 즉, [그림 3.4]로 부터

$$A_iB \cap A_jB = \varnothing\ (i \neq j)\text{와 } A_1B \cup A_2B \cup \cdots \cup A_nB = B$$

이 만족함을 알 수 있으며, 이로부터 정리 3.4의 전확률 공식(the formula of total probability)

$$P(B) = P(A_1B \cup A_2B \cdots \cup A_nB) = \sum_{i=1}^{n} P(A_i)\,P(B|A_i)$$

이 성립함을 보일 수 있다.

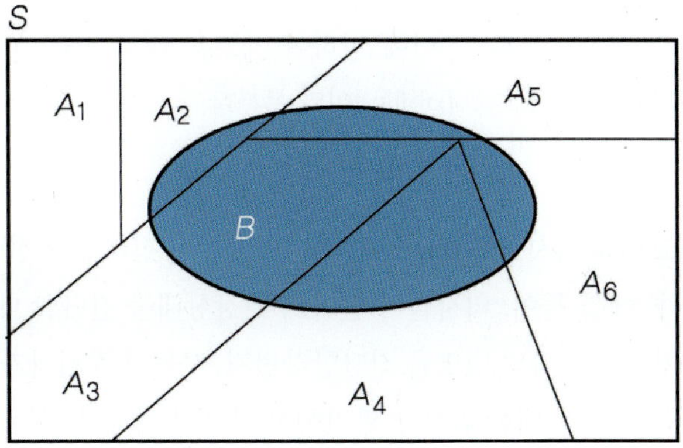

[그림 3.4] 표본공간 S의 분할

정리 3.4 전확률 공식(the formula of total proability)

사건 A_1, A_2, ⋯ , A_n 이 표본공간 S의 분할이면 표본공간 S내의 임의의 사건 B에 대하여

$$P(B) = \sum_{i=1}^{n} P(A_i) P(B|A_i)$$

이 성립한다.

이제 [정리 3.4]의 전 확률 공식을 이용하여 조건부 확률 $P(A_i|B)(i=1,\cdots,n)$을 계산해 보도록 하자. 사건 B가 일어났을 때 사건 A_i가 일어날 확률은 조건부 확률의 정의에 따라

$$P(A_i \mid B) = \frac{P(A_i B)}{P(B)}$$
$$= \frac{P(A_i) \cdot P(B \mid A_i)}{P(A_1) \cdot P(B \mid A_1) + \cdots + P(A_n) \cdot P(B \mid A_n)}$$

으로 계산되며, 이를 베이즈 정리(Bayes' theorem)라고 한다.

정리 3.5 베이즈 정리(Bayes' theorem)

사건 A_1, $\cdots, A_n$이 표본공간 S의 분할이면, 임의의 사건 B가 일어난 조건하에서 사건 A_i $(i=1, \ldots, n)$가 일어날 확률은 다음과 같다.

$$P(A_i \mid B) = \frac{P(A_i B)}{P(B)} = \frac{P(A_i) \cdot P(B \mid A_i)}{\sum_{j=1}^{n} P(A_j) \cdot P(B \mid A_j)}$$

※ 사건 A_i의 확률 $P(A_i)$는 새로운 정보 B가 고려되기 전에 결정되기 때문에 이러한 확률을 사전 확률(prior probability)이라 부르고, 이에 반하여 새로운 정보 B를 이용하여 계산된 확률 $P(A_i \mid B)$를 사후확률(posterior probability)이라 부른다.

베이즈 정리는 영국 교회의 목사인 T.Bayes에 의하여 발견된 정리로서 진단과 관련된 실제 문제에서 중요하게 사용된다. 예를 들어, 의사들이 환자의 건강상태를 진단할 때 각종 검사 결과 등을 종합하여 그 정보에 근거하여 환자의 병명을 진단한다던지, 자동차 정비사가 오실로스코프를 이용하여 엔진과 연결된 여러 부분에 대한 파장을 확인하여 차량에 이상이 있는 곳을 진단한다든지 또는 기상학자가 온도, 기압, 풍향과 풍속 등을 이용하여 기후를 예측한다든지 할 경우에 유용하게 사용된다.

예제 3.13 어느 공장에서 두 대의 기계를 사용하여 제품을 생산한다고 하자. 기계 1에서는 전체 생산량의 40%, 기계 2에서는 전체 생산량의 60%가 생산되고 있으며, 이때 각각의 기계에서 불량품이 발생할 확률은 2%와 3%라고 한다. 이 공장에서 생산된 제품 중 한 개를 랜덤으로 뽑아 조사한 결과, 그것이 불량품이었다고 할 때 이 제품이 기계 2에서 생산된 제품일 확률을 계산하여라.

풀이 기계 1에서 제품이 생산되는 사건을 A_1, 기계 2에서 제품이 생산되는 사건을 A_2라고 할 때 $A_1 \cap A_2 = \varnothing$이고, $P(A_1) = 0.4$, $P(A_2) = 0.6$이다. 그리고 기계 1에서 불량품이 발생할 확률은 $P(B|A_1) = 0.02$, 기계 2에서 불량품이 발생할 확률은 $P(B|A_2) = 0.03$이다. 따라서 뽑힌 제품이 불량품이라고 할 때 그것이 기계 2로부터 생산되었을 확률 $P(A_2|B)$는 다음과 같이 계산된다.

$$P(A_2|B) = \frac{P(A_2) \cdot P(B|A_2)}{P(A_1) \cdot P(B|A_1) + P(A_2) \cdot P(B|A_2)}$$

$$= \frac{0.6 \times 0.03}{0.4 \times 0.02 + 0.6 \times 0.03} = 0.692$$

■

예제 3.14 K고등학교 3학년 학생들의 수학과목에 대한 선호도를 조사한 결과 이공계열 학생의 75%, 인문계열 학생의 42%, 그리고 예체능계열 학생의 21%가 수학 과목을 선호하는 것으로 나타났다. K고등학교 3학년 학생들의 계열 선택 비율이 이공계열 50%, 인문계열 40%, 예체능계열 10%라고 할 때 다음 물음에 답하여라.

(1) 임의로 한 학생을 뽑았을 때, 이 학생이 수학 과목을 선호할 확률을 구하여라.

(2) 임의로 뽑힌 학생이 수학 과목을 선호하였을 때, 이 학생이 이공계열 학생일 확률을 구하여라.

풀이 A_1, A_2, A_3를 각각 이공계열, 인문계열, 예체능계열 학생이 뽑힐 사건이라 하고, B를 수학 과목을 선호하는 사건이라고 하자. 그러면,

$$P(A_1) = 0.5,\ P(A_2) = 0.4,\ P(A_3) = 0.1$$

$$P(B|A_1) = 0.75,\ P(B|A_2) = 0.42,\ P(B|A_3) = 0.21$$

이다. 따라서

(1) 구하고자 하는 확률 $P(B)$는

$$P(B) = P(A_1)P(B|A_1) + P(A_2)P(B|A_2) + P(A_3)P(B|A_3)$$

$$= 0.5 \cdot 0.75 + 0.4 \cdot 0.42 + 0.1 \cdot 0.21 = 0.564$$

이다.

(2) 구하고자 하는 확률 $P(A_1|B)$는 베이즈 정리로부터 다음과 같이 계산된다.

$$P(A_1|B) = \frac{P(A_1)P(B|A_1)}{\sum_{j=1}^{3} P(A_j)P(B|A_j)} = \frac{0.5 \cdot 0.75}{0.564} = 0.665$$

■

연습문제

1. 다음 확률의 계산규칙을 증명하여라.

(a) 서로 배반인 사건 $A_1,\ A_2,\ \cdots,\ A_n$에 대하여

$$P(A_1 \cup A_2 \cup \cdots \cup A_n) = P(A_1) + P(A_2) + \cdots + P(A_n)$$

(b) $P(\varnothing) = 0$

(c) $A \subset B$이면 $P(A) \le P(B)$

(d) $P(A \cup B) = P(A) + P(B) - P(AB)$

2. 1개의 동전을 3번 던질 때, 앞면의 수가 뒷면의 수보다 적게 나타날 확률을 구하여라.

3. 주사위를 두 번 던지는 실험에서

1) 두 눈의 합이 7 또는 11이 될 확률을 구하여라.

2) 두 눈의 합이 3 이상일 확률을 구하여라.

4. 두 개의 주사위를 던져 나오는 눈의 수의 합 T를 홀수라고 할 때, T가 8보다 작을 확률을 구하여라.

5. 세 개의 사건 A, B, C에 대하여

$$P(A \cup B \cup C) = P(A) + P(B) + P(C) - P(A \cap B) - P(B \cap C) - P(A \cap C) + P(A \cap B \cap C)$$

가 성립함을 보여라.

6. 축구부 학생들 중 20%는 1학년이고, 25%는 2학년이고, 30%는 3학년이고, 25%는 4학년 학생이라고 하자. 축구부 학생들 중 1학년의 25%, 2학년의 50%, 3학년의 80%, 4학년의 100%가 리프팅을 50개 이상한다고 하자. 축구부 학생들 중 한 학생을 랜덤추출 하였을 때 그 학생이 리프팅을 50개 이상할 확률을 구하여라.

7. K대학교에 입학한 1학년 학생 가운데 40%는 재수 경험이 없고 나머지 60%는 재수 경험이 있다고 한다. 재수 경험이 없는 학생들의 20%, 재수 경험이 있는 학생들의 30%가 통계학에서 A를 받았다고 하자. 랜덤으로 뽑은 한 학생의 성적이 A이었다고 할 때, 이 학생이 재수 경험이 있는 생도일 확률을 구하여라.

8. 어떤 아파트에서 가구별 신문 구독과 라디오 청취율을 조사한 결과, 전체 가구의 50%가 신문을 구독하고 있다고 하였고, 20%는 라디오를 청취하고 있다고 응답하였다. 그리고 신문도 보고, 라디오도 듣는 가구는 10%가 된다고 하였다. 신문을 구독하거나 라디오를 청취하는 가구의 비율은 얼마인가?

9. 직장인 A씨가 사무실에 출근 시 70%는 대중교통을, 30%는 자가용을 이용한다고 한다. 과거의 경험에 의하면 대중교통으로 출근할 경우 지각할 확률은 0.1이고, 자가용으로 출근할 경우 지각할 확률은 0.3이라고 한다. 어느 날 A씨가 지각을 했다고 하였을 때 그가 자가용을 타고 출근하였을 확률은 구하여라.

10. 주머니 속에 500원짜리 동전 2개, 100원짜리 동전 3개, 50원짜리 동전 5개, 10원짜리 동전 5개가 들어 있다.

1) 주머니 속에서 1개의 동전을 랜덤으로 꺼낸다고 할 때, 적어도 100원짜리 이상이 나올 확률을 구하여라.
2) 주머니 속에서 3개의 동전을 하나씩 비복원으로 랜덤추출한다고 할 때, 첫 번째 동전이 10원짜리, 두 번째 동전이 100원짜리, 세 번째 동전이 500원짜리일 확률을 구하여라.
3) 주머니 속에서 2개의 동전을 복원으로 랜덤추출한다고 할 때, 10원짜리와 100원짜리가 나올 확률을 구하여라.

11. A항공기에는 200시간 비행에 고장률이 1%인 추진 엔진이 4개가 부착되어 있으며, 이 4개의 엔진은 서로 독립적으로 작동된다고 한다. 4개 중 어느 한 개만 작동하여도 비행은 가능하다고 할 때 200시간 비행에 고장 없이 비행할 확률을 구하여라.

12. 사건 A와 B가 서로 독립이면, A와 B^c도 서로 독립임을 보여라.

13. 한 개의 주사위를 던지는 실험에서 A를 짝수가 나오는 사건, B를 3, 4, 5 중에서 하나가 나오는 사건이라 하자. 이때 두 사건 A와 B는 서로 독립인지를 조사하여라.

14. 극비문서를 보관하고 있는 금고에는 외관상 모양이 똑같은 열쇠구멍이 5개 있는데 잘못된 열쇠를 꽂으면 자동적으로 폭발하도록 설계되어 있다고 한다. 도둑이 금고 열쇠 5개를 훔쳐 잠입하였다고 할 때 금고를 이상 없이 열수 있을 확률을 구하여라.

15. 탐험대는 보물을 찾기 위해 아래 그림과 같은 동굴을 탐사하고 있다. 탐험대가 입구에서부터 동굴 통로를 랜덤으로 택하여 보물을 향해 간다고 할 때 한 번에 도달할 수 있을 확률을 구하여라.

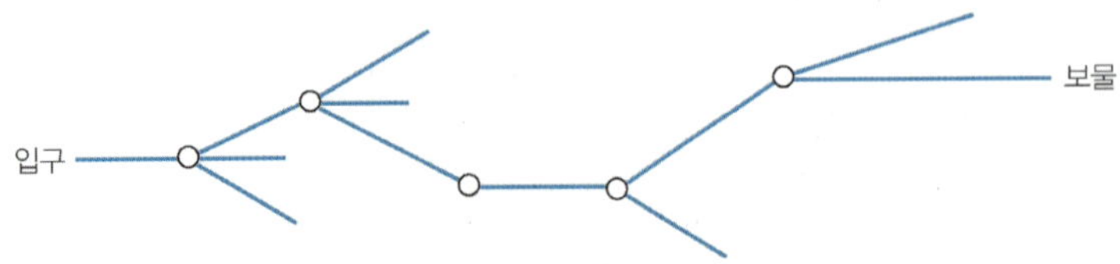

16. 통계학을 수강하는 학생들 중에서 랜덤으로 추출된 30명에 대하여 성별과 출신 지역별 현황을 조사한 결과 다음과 같은 자료를 얻었다. 여학생이 뽑히는 사건을 A, 서울 출신이 뽑히는 사건을 B라 할 때 두 사건 A와 B사이의 독립성 여부를 조사하여라.

구분	서울 출신	지방 출신	계
여학생	5	5	10
남학생	10	10	20
계	15	15	30

17. 공학분야에서 신뢰도(reliability)는 기계가 고장나지 않을 확률을 의미한다. 어떤 기계가 서로 독립적으로 작동하는 두 가지 부품으로 구성되어 있으며, 부품 1의 신뢰도는 0.98, 부품 2의 신뢰도는 0.95임이 알려져 있다고 하자.

1) 두 가지 부품이 모두 작동할 때만 기계가 작동한다고 할 때, 이 기계의 신뢰도는 얼마인가?
2) 두 개의 부품 중 1개만 작동하여도 기계가 작동한다고 할 때, 이 기계의 신뢰도는 얼마인가?

18. 첫 번째 가방에는 3개의 흰 공과 4개의 빨간 공이 들어 있고, 두 번째 가방에는 4개의 흰 공과 5개의 빨간 공이 들어 있다. 첫 번째 가방에서 공 한 개를 꺼내어 색깔을 확인하지 않고 그것을 두 번째 가방에 넣은 다음, 두 번째 가방에서 하나의 공을 꺼낼 때 그 공이 빨간 공일 확률을 구하여라.

19. 앞면만 있는 동전 3개와 뒷면만 있는 동전 2개, 그리고 앞면과 뒷면이 모두 있는 동전 1개가 들어 있는 주머니가 있다고 하자. 다음 물음에 답하여라.

1) 이 주머니에서 1개의 동전을 무작위로 뽑아 한 번 던졌을 때, 앞면이 나올 확률을 구하여라.
2) 무작위로 동전을 뽑아 던졌을 때 앞면이 나왔다면, 이 동전이 앞면과 뒷면이 모두 있는 동전일 확률을 구하여라.

20. 유행성 출혈열은 야생 들쥐를 통해 전염되는 바이러스성 질병으로 특히 가을철 휴전선 일대에 근무하는 장병들에게 많이 발병하고 있다. 이 질병은 일반적으로 혈액속에 있는 특별한 항체를 찾아내는 검사법에 의해서 병을 진단한다. 전방 어느 대대에서 유행성 출혈열에 걸려있는 장병의 비율은 0.00207, 유행성 출혈열에 걸려있는 장병들 중에서 양성반응을 나타낸 장병의 비율은 0.937, 유행성 출혈열에 걸려있지 않은 장병들 중에서 양성반응을 나타낸 장병의 비율은 0.03이었다고 하자. 이때 대대 장병 중에서 한명을 랜덤으로 뽑아 혈액검사를 실시한 결과 양성반응을 보였다고 할 때 이 장병이 유행성 출혈열에 걸려있을 확률을 구하여라.

04

확률분포

4.1 확률변수

어떤 실험 또는 조사결과들을 수학적인 도구를 사용하여 확률로 모형화 할 수 있다면 그 결과들과 관련된 문제들을 이해하고, 해결하는데 있어 매우 편리할 것이다. 여기서 확률로 모형화한다는 것의 의미는 각 실험 결과들로부터 표본공간을 구성하고, 표본공간에 있는 각 결과에 확률을 부여한다는 의미이다.[1)]

주어진 실험결과를 확률로 모형화하기 위해서는 먼저 결과들을 숫자화 할 필요가 있다. 예를 들어, 동전을 두 번 던지는 실험에서 앞면이 나오는 개수에 관심을 가질 경우 실험의 결과 {(앞, 앞), (앞, 뒤), (뒤, 앞), (뒤, 뒤)}는 숫자 {0, 1, 2} 중에 하나가 될 것이며, 여론에 대한 설문조사에서 {찬성, 반대}로서 나타난 결과는 반대를 0, 찬성을 1로 하면 {0, 1} 중에 하나가 될 것이다. 이와 같이 실험의 각 결과에 하나의 실수값을 대응시켜 주기 위해서는 수학적인 도구로서 함수의 도입이 필요하며, 통계학에서는 이러한 함수를 확률변수(random variable)라고 한다.[2)]

[정의 4.1] 확률변수(random variable)

표본공간 S에서 정의된 실함수(real-valued function)를 확률변수라고 한다.

한 개의 동전을 독립적으로 반복하여 세 번 던지는 실험을 이용하여 확률변수의 개념을 설명해 보도록 하자. 동전의 앞면을 H, 뒷면을 T로 표기하면, 앞면이 나오는 수에 관심을 가지고 동전을 세 번 던지는 실험의 표본공간은

$$S = \{HHH,\ HHT,\ HTH,\ THH,\ HTT,\ TTH,\ THT,\ TTT\}$$

가 된다. 이때 관심의 대상이 되는 앞면이 나오는 수를 확률변수 X라고 하면, 표본공간 내의 각 결과는 [그림 4.1]과 같이 확률변수 X에 의해 하나의 실수값에 대응될 수 있다. 이와 같이, 문자로 구성된 표본공간의 각 결과는 X라는 확률변수를 통하여 실수 0, 1, 2, 3 중 하나가 되고, 이때 표본공간은 $S = \{0,\ 1,\ 2,\ 3\}$으로 바뀌게 된다.

---

1) 실험의 각 결과는 실험의 성질에 따라 문자 또는 숫자 등 여러 형태로 나타날 수가 있다. 예를 들면, 한 개의 동전을 2번 던지는 실험에서의 결과는 {(앞, 앞), (앞, 뒤), (뒤, 앞), (뒤, 뒤)}와 같이 문자의 쌍으로 나타나게 되고, 새로운 법령에 대한 국민의 여론을 알아보기 위한 설문조사에서의 결과는 {찬성, 반대}로 나타나게 된다. 이에 비하여, 서울시내에서 발생하는 일일 교통사고 수, 어떤 학생이 집에서 학교까지 등교하는데 걸리는 시간, 그리고 대학 수학능력시험 성적 등의 결과는 숫자로 나타나게 된다.

2) 실험에서 나타나는 결과가 실수일 경우 예를 들면, 시험점수, 키, 몸무게 등의 조사에서는 실제 측정된 값 그 자체가 바로 확률변수의 값이 될 수 있다.

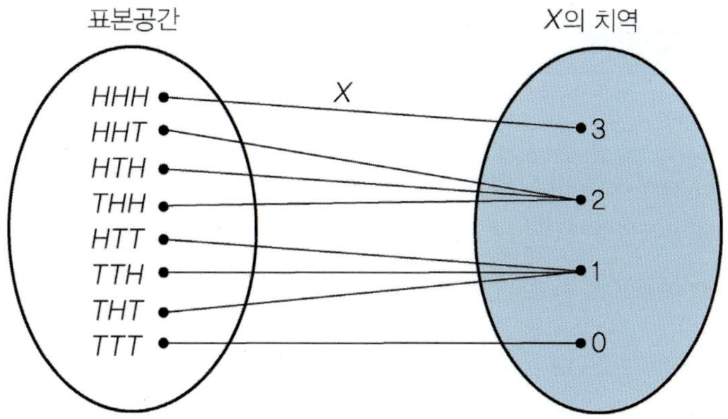

[그림 4.1] **표본공간과 확률변수** X

확률변수는 그 값이 가지는 형태에 따라 크게 이산형 확률변수(discrete random variable)와 연속형 확률변수(continuous random variable)로 나누어진다. 이산형 확률변수는 확률변수가 가질 수 있는 값이 유한개 또는 무한개의 셀 수 있는 값들로 구성되어 있는 경우로, 그 예로는 어떤 자동차 회사의 영업사원이 한 달 동안에 판매하는 자동차의 수 또는 서울시에서 발생하는 일일 교통사고 사망자 수 등을 들 수 있다. 반면에 연속형 확률변수는 확률변수가 가질 수 있는 값들이 무한으로 이어져 있어 하나의 값으로 분리해 낼 수 없는 경우를 말한다. 예를 들어 X를 0과 1사이에 있는 임의의 값이라 하고, 이 구간에서 하나의 값 x를 뽑는다고 하자. 이때 우리는 정확하게 하나의 x 값을 뽑을 수가 없게 된다. 그 이유는 0과 1 사이는 무한히 많은 실수값이 존재하므로 이 사이에서 어느 특정한 하나의 값을 뽑는다는 것은 불가능하기 때문이다. 따라서 이러한 경우에는 하나의 값보다는 구간으로 이야기할 수밖에 없게 된다. 이와 같이 확률변수가 가질 수 있는 값을 구간으로 밖에 나타날 수 없는 경우의 확률변수를 연속형 확률변수라 한다. 연속형 확률변수의 예로는 고장난 자동차의 수리시간 또는 고등학교 3학년 학생들의 IQ 등을 들 수 있다.[3] 일반적으로 확률변수는 영문 대문자(예: X 또는 Y)로, 확률변수가 실제로 가지는 어떤 특정한 값들은 영문 소문자(예: $x_1, x_2, \cdots, x_n$ 또는 $y_1, y_2, \cdots, y_n$)로 표기한다.

[정의 4.2] 이산형(discrete) 확률변수와 연속형(continuous) 확률변수

확률변수 X가 가질 수 있는 값이 유한하거나, 무한하지만 셀 수 있을 때 X를 이산형 확률변수라 하며, 확률변수 X가 가질 수 있는 값들이 연속적으로 이어져 셀 수 없을 때 X를 연속형 확률변수라 한다.

3) 일상생활에서 사용되고 있는 키, 몸무게, 시간 등 연속형 확률변수에 대한 측정값들은 마치 이산형 확률변수의 측정값처럼 보인다. 그 이유는 측정도구의 한계 때문이며, 우리가 실제 사용하고 있는 값들은 정확한 값이 아니라 근삿값이다.

4.2 확률분포

동전을 세 번 던지는 앞의 실험에서 동전의 앞면이 나올 확률을 1/2이라고 한다면, 표본공간의 각 결과가 나타날 확률은 모두 1/8로 동일하다. 따라서 동전의 앞면이 나오는 횟수를 나타내는 확률변수 X가 각각의 값을 가질 확률은 다음과 같다.

$$P(X=0)=P(\{s\in S\,|\,X(s)=0\})=P(\{TTT\})=\frac{1}{8}$$

$$P(X=1)=P(\{s\in S\,|\,X(s)=1\})=P(\{HTT,\ THT,\ TTH\})=\frac{3}{8}$$

$$P(X=2)=P(\{s\in S\,|\,X(s)=2\})=P(\{HHT,\ HTH,\ HHT\})=\frac{3}{8}$$

$$P(X=3)=P(\{s\in S\,|\,X(s)=3\})=P(\{HHH\})=\frac{1}{8}$$

확률변수 X가 가질 수 있는 모든 값들과 이에 대응하는 확률을 함수식이나 표 또는 그림으로 나타낸 것을 확률변수 X의 확률분포(probability distribution)라고 한다. 확률변수를 이용하게 되면 확률과 그 분포를 보다 간단하게 나타낼 수가 있으며, 앞의 실험에서 확률변수 X 에 대한 확률분포는 다음 표와 같이 나타낼 수 있다.

x	0	1	2	3
$P(X=x)$	$\frac{1}{8}$	$\frac{3}{8}$	$\frac{3}{8}$	$\frac{1}{8}$

[정의 4.3] 확률분포(probability distribution)

확률변수 X가 가질 수 있는 값들의 부분집합 A와 이에 대응하는 확률 $P(X\in A)$를 함수식이나 표 또는 그림으로 나타낸 것을 확률변수 X의 확률분포라고 한다.

※ 확률분포는 확률변수의 형태에 따라 구분된다. 즉, 확률변수가 이산형일 때의 확률분포를 이산형 확률분포, 확률변수가 연속형일 때의 확률분포를 연속형 확률분포라고 한다.

4.2.1 이산형 확률분포

(1) 확률질량함수

이산형 확률분포를 수학적으로 표기하는 방법은 비교적 간단하다. 즉, 이산형 확률변수 X가 가질 수 있는 가능한 값 x_1, x_2, $\cdots$과 이에 대응하는 확률을 함수 $f(x_i)$를 사용하여 나타내면 되는 것이다. 이때 함수 $f(x_i)$를 확률질량함수(probability mass function)라고 부르며, 여기서 $f(x_i)$는 확률변수 X가 가질 수 있는 값들 중에서 임의의 값 $X=x_i$일 때의 확률 $P(X=x_i)$를 의미하게 되는 것이다.

[정의 4.4] 확률질량함수(probability mass function)

확률변수 X가 이산형일 때 임의의 실수 x에 대하여 $f(x)=P(X=x)$를 만족하는 $f(x)$를 X의 확률질량함수라 한다. 확률질량함수 $f(x)$는 다음의 두 조건을 만족해야만 한다.
① 모든 실수 x에 대하여, $0 \le f(x) \le 1$
② 확률변수 X가 취할 수 있는 모든 값들의 집합을 A라고 할 때, $\sum_{x \in A} f(x)=1$

이산형 확률변수 X가 취할 수 있는 모든 값들의 집합을 A라고 한다면 A는 셀 수 있는 집합이고, $x \notin A$ 이면 $f(x)=0$ 이 성립한다. 따라서 확률변수 X의 확률질량함수를

$$f(x)=\begin{cases} P(X=x), & x \in A \\ 0 & , \text{기타} \end{cases}$$

와 같이 나타낼 수 있다. 이산형 확률변수 X의 확률질량함수가 $f(x)$일 때, X가 어떤 실구간 $[a,b]$에 속할 확률은 $X=a$에서 $X=b$까지의 확률을 모두 더하여 구할 수 있다. 즉,

$$P(a \le X \le b)=\sum_{x=a}^{b} f(x)$$

이다.

예제 4.1 한 개의 동전을 세 번 던지는 실험에서 앞면이 나오는 횟수를 확률변수 X라고 할 때, 다음 물음에 답하여라.

(1) 확률변수 X의 확률질량함수 $f(x)$를 구하고, 그 그래프를 그려라.

(2) 앞면이 두 번 이상 나올 확률 $P(X \ge 2)$를 구하여라.

풀이 (1) 확률변수 X의 확률질량함수는

$$f(x)=\begin{cases}1/8\,, & x=0,3\\ 3/8\,, & x=1,2\\ 0\quad, & \text{기타}\end{cases}$$

으로 구해지며, 확률질량함수 $f(x)$의 그래프는 다음과 같다.

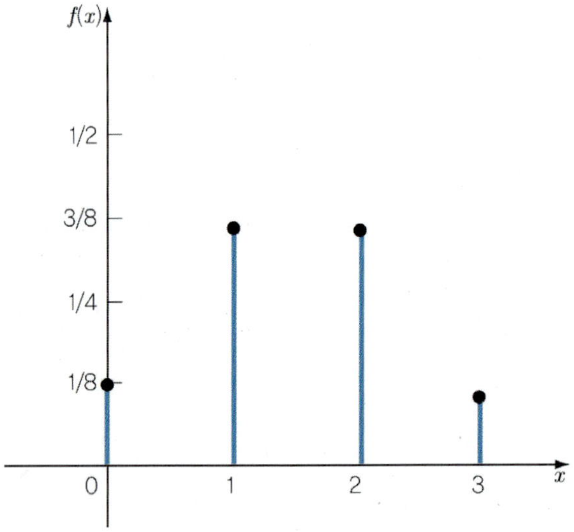

[그림 4.2] 이산형 확률변수 X의 확률질량함수

(2) $P(X\geq 2)=f(2)+f(3)=\dfrac{3}{8}+\dfrac{1}{8}=\dfrac{4}{8}=\dfrac{1}{2}$이다. ■

(2) 누적분포함수

확률을 계속적으로 더하면 누적된 확률을 구할 수 있으며, 이렇게 계산된 확률함수를 누적분포함수(cumulative distribution function)라고 부른다. 일반적으로 $X=x$ 까지의 누적분포함수를 $F(x)$ 라고 표기하며 다음과 같이 정의한다.

[정의 4.5] 누적분포함수(cumulative distribution function)

확률변수 X에 대하여 $F(x)=P(X\leq x)$를 만족할 때, $F(x)$를 X의 누적분포함수라고 한다.

누적분포함수 $F(x)$가 반드시 만족해야 하는 성질에는 다음과 같은 것들이 있다.

정리 4.1 누적분포함수의 성질[4)]

함수 $F(x)$가 확률변수 X의 누적분포함수가 되기 위한 필요충분조건은 다음과 같다.

- $\lim_{x \to -\infty} F(x) = 0$
- $\lim_{x \to \infty} F(x) = 1$
- $\lim_{h \to 0+} F(x+h) = F(x)$
- $a < b$이면, $F(a) \le F(b)$

누적분포함수는 어떠한 확률도 누적하지 않은 상태에서는 0의 값을 갖고, 모든 확률을 누적한 상태에서는 1의 값을 갖는다. 또한 누적분포함수는 우연속함수(right-continous function)이며 비감소함수(non-decreasing function)의 성질을 갖는다.

확률변수 X가 이산형인 경우 X의 누적분포함수 $F(x)$는 [정의 4.5]에 따라 확률질량함수 $f(x)$를 사용하여

$$F(x) = \sum_{x_i \le x} f(x_i)$$

로 나타낼 수 있으며, 확률질량함수 $f(x)$와 누적분포함수 $F(x)$ 사이에는 다음의 관계가 성립한다.

정리 4.2 확률질량함수와 누적분포함수의 관계

이산형 확률변수 X의 확률질량함수 $f(x)$와 누적분포함수 $F(x)$ 사이에는 다음의 관계가 성립한다.

$$f(x) = \lim_{h \to 0+} \{F(x+h) - F(x-h)\}$$

예제 4.2 [예제 4.1]에 주어진 확률변수 X의 누적분포함수를 구하고, 그 그래프를 그려라.

풀이 확률변수 X의 누적분포함수는

$$F(x) = \begin{cases} 0 & , \ x < 0 \\ 1/8, & 0 \le x < 1 \\ 4/8, & 1 \le x < 2 \\ 7/8, & 2 \le x < 3 \\ 1 & , \ x \ge 3 \end{cases}$$

4) [정의 4.5]와 [정리 4.1]에 주어진 누적분포함수의 정의 및 성질은 확률변수가 이산형인 경우 뿐만 아니라 연속형인 경우에도 해당되며, 연속형 확률변수에 대한 누적분포함수는 다음 절에서 살펴보기로 한다.

으로 구해지며, 누적분포함수 $F(x)$의 그래프는 다음과 같다.

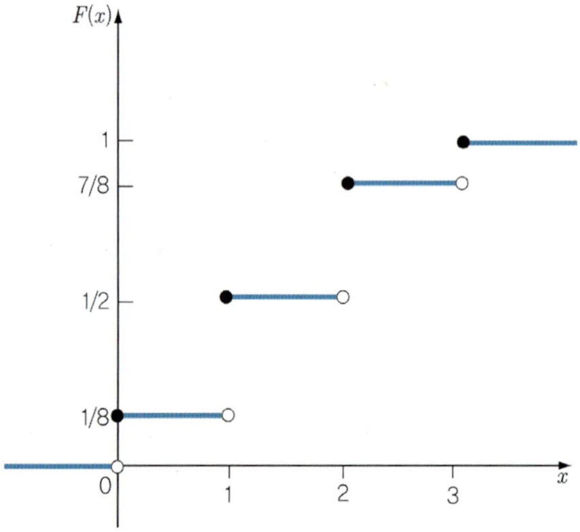

[그림 4.3] 이산형 확률변수 X의 누적분포함수

4.2.2 연속형 확률분포

(1) 확률밀도함수

어느 한 사람이 집에서 회사까지 출근하는데 걸리는 시간, 대학교 2학년 학생들의 몸무게 등을 측정하는 실험에서 측정값들은 계속적으로 이어지는 무한의 셀 수 없는 연속형 확률변수의 값들로 간주된다. 왜냐하면, 실제 우리가 일상생활에서 사용하고 있는 이와 같은 변수에 대한 측정값들은 측정 도구의 한계로 인한 근삿값들에 불과하기 때문이다. 확률변수 X가 연속형일 경우, 확률변수 X가 어떤 구간 사이에 속할 확률은 그 구간 사이에서 함수 $f(x)$ 아래의 면적으로 표현가능하며, 이러한 함수 $f(x)$를 X의 확률밀도함수(probability density function)라고 부른다.

[정의 4.6] 확률밀도함수(probability density function)

확률변수 X가 임의의 구간 $[a,\ b]$ 에 대하여 $P(a \le X \le b) = \int_a^b f(x)dx$ 를 만족할 때, 함수 $f(x)$를 X의 확률밀도함수라 한다. 확률밀도함수 $f(x)$는 다음 두 조건을 만족하여야 한다.

① 모든 실수 x에 대하여 $f(x) \ge 0$

② $\int_{-\infty}^{\infty} f(x)dx = 1$

확률변수 X가 구간 $[a, b]$에 속할 확률 $P(a \le X \le b)$는 [그림 4.4]에서 보는 바와 같이 구간 $[a, b]$에서 밀도곡선 아래의 면적으로 정의된다. 이때 구간의 경계점은 확률 계산에 아무런 영향을 주지 못한다. 왜냐하면, 한 점에서의 면적은 0이기 때문이다. 따라서 연속형 확률분포의 경우, 한 점 $X=c$에서의 확률 $P(X=c)$은 언제나 0이 된다. 확률변수 X가 연속형일 경우에는 다음 관계가 항상 성립한다.

$$P(a \le X \le b) = P(a < X \le b) = P(a \le X < b) = P(a < X < b)$$
$$= \int_a^b f(x)dx$$

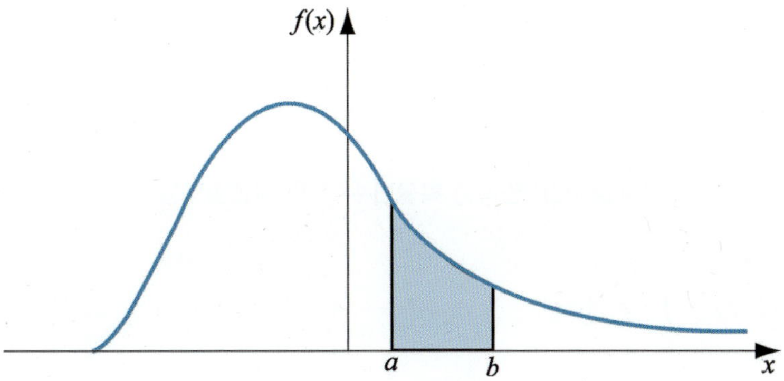

[그림 4.4] 연속형 확률분포에서의 확률 $P(a \le X \le b)$의 의미

예제 4.3 확률변수 X의 확률밀도함수가

$$f(x) = \begin{cases} cx(1-x), & 0 \le x \le 1 \\ 0, & \text{기타} \end{cases}$$

일 때 상수 c의 값을 구하여라.

풀이 $x \in [0, 1]$에 대하여 $f(x) > 0$이려면 $c > 0$이어야 하고,

$$\int_0^1 f(x)dx = c\left[\frac{1}{2}x^2 - \frac{1}{3}x^3\right]_0^1 = \frac{c}{6} = 1$$

을 만족하여야 하므로 $c = 6$이다. ■

예제 4.4 스마트폰 배터리의 충전 후 사용가능 시간 X(일)는 다음과 같은 확률밀도함수를 갖는다고 한다. 다음 물음에 답하여라.

$$f(x) = \begin{cases} e^{-x}, & x > 0 \\ 0, & \text{기타} \end{cases}$$

(1) 확률밀도함수 $f(x)$의 그래프를 그려라.

(2) 배터리 충전 후 스마트폰을 2일 이상 사용할 수 있을 확률 $P(X \geq 2)$을 구하여라.

풀이 (1)

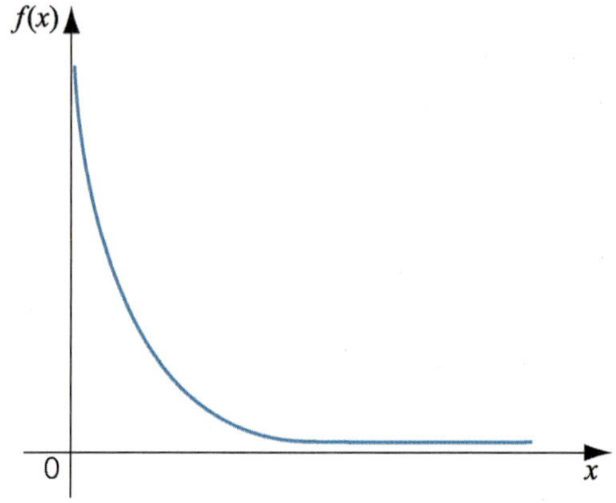

[그림 4.5] 연속형 확률변수 X의 확률밀도함수

(2) $P(X \geq 2) = \int_{2}^{\infty} e^{-x} dx$

$= -e^{-x}]_{2}^{\infty} = 0 + e^{-2} = e^{-2}$

R 실습 4.1 [예제 4.4]의 확률밀도함수 $f(x)$에 대하여 다음 물음에 답하여라.

1) 확률밀도함수 $f(x)$의 그래프를 그려라.

2) 스마트폰 배터리의 충전 후 사용 가능 시간을 확률변수 X라고 할 때, $P(X \geq 2)$를 구하여라.

[R코드 4.1(1)] 확률밀도함수 $f(x)$의 그래프

```
x = seq(0, 10, by=0.001)
y = exp(-x)
plot(x, y, type = 'l', xlab=expression(x), ylab=expression(f(x)));
text(2, 0.5, expression(f(x)=={e}^{-x}))
```

실행 결과 확률밀도함수 $f(x)$의 그래프

```
> x = seq(0,10, by=0.001)
> y = exp(-x)
> plot(x, y, type = 'l', xlab=expression(x), ylab=expression(f(x)));
> text(2, 0.5, expression(f(x)=={e}^{-x}))
```

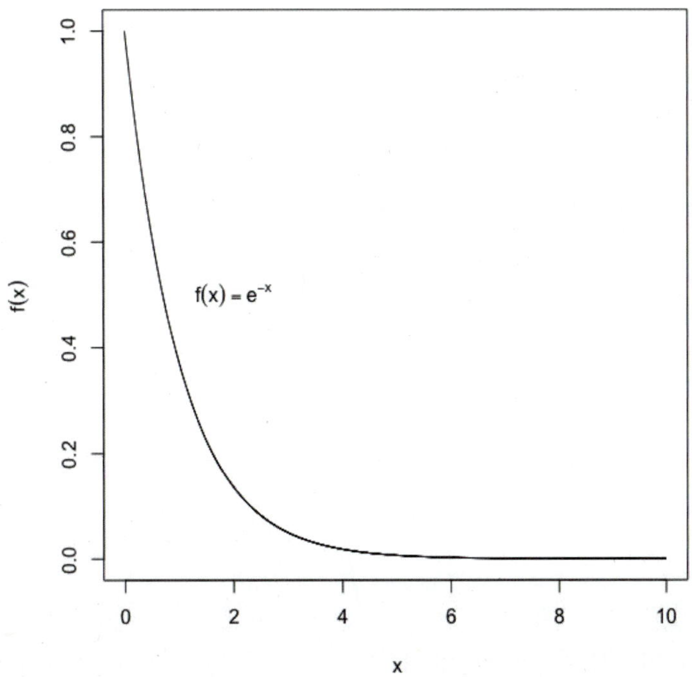

• 0에서 10까지 0.001씩 증가하는 x값에 대하여 확률밀도함수 $f(x) = e^{-x}$의 값은 exp( ) 함수를 이용하여 계산하였다.

• 선그래프는 plot( ) 함수에서 매개변수 type= "l"로 지정하면 그릴 수 있다. 이때 수식을 표현하기 위하여 expression( ) 함수를 사용하였다.

[R코드 4.1(2)] 확률 $P(X \geq 2)$의 계산

```
# 정적분함수 integrate() 사용
fun=function(x){exp(-x)}
prob = integrate(f=fun, lower = 2, upper = Inf); prob
```

실행 결과 확률 $P(X \geq 2)$의 계산

```
> # 정적분함수 integrate() 사용
> fun=function(x){exp(-x)}
> prob = integrate(f=fun, lower = 2, upper = Inf); prob
0.1353353 with absolute error < 7.7e-06
```

- 확률 $P(X \geq 2) = \int_2^\infty e^{-x}dx$을 계산하기 위하여 정적분 계산을 해주는 함수 integrate( )를 사용하였다. integrate( ) 함수의 입력값으로는 적분에 사용될 함수를 나타내는 매개변수 f, 적분구간을 나타내는 매개변수 lower와 upper 등이 있다. 여기서는 함수 $f(x) = e^{-x}$을 사용자 함수 fun으로 정의하였으며, 적분구간을 매개변수 lower=2, upper=Inf로 지정하였다.
    - [R코드 4.1(2)]의 실행 결과로부터 integrate( ) 함수를 이용하여 계산한 확률값과 [예제 4.4]에서의 확률 계산값 e^{-2}의 차이가 7.7e-06 이하임을 확인할 수 있다.

(2) 누적분포함수

확률변수 X가 연속형인 경우 X의 누적분포함수 $F(x)$는 [정의 4.5]에 따라 확률밀도함수 $f(x)$를 사용하여

$$F(x) = \int_{-\infty}^{x} f(t)dt$$

로 나타낼 수 있다. 따라서 미분적분학의 기본정리를 이용하면 확률밀도함수 $f(x)$와 누적분포함수 $F(x)$ 사이에 다음의 관계가 성립함을 알 수 있다.

정리 4.3 확률밀도함수와 누적분포함수의 관계

연속형 확률변수 X의 확률밀도함수 $f(x)$와 누적분포함수 $F(x)$ 사이에는

$$f(x) = \frac{d}{dx}F(x)$$

이 성립한다.

또한 확률변수 X가 구간 $(a, b]$ 사이의 값을 가질 확률 $P(a < X \leq b)$은 누적분포함수를 이용하여 $F(b) - F(a)$로 나타낼 수 있다.

예제 4.5 [예제 4.4]에서의 확률변수 X의 누적분포함수를 구하고, 그 그래프를 그려라.

풀이 확률변수 X의 누적분포함수 $F(x)$는 $\int_0^x e^{-t}dt = \left[-e^{-t}\right]_0^x = 1 - e^{-x}$이므로

$$F(x) = \begin{cases} 1 - e^{-x} & , \ x > 0 \\ 0 & , \ 기타 \end{cases}$$

으로 구해지며, 누적분포함수 $F(x)$의 그래프는 다음과 같다.

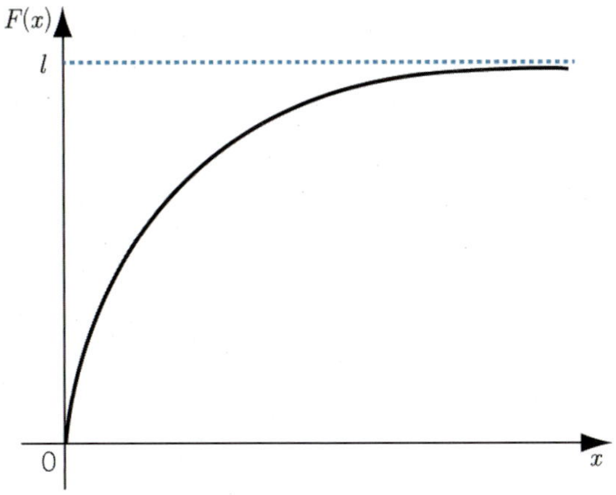

[그림 4.6] 연속형 확률변수 X의 누적분포함수

R 실습 4.2 [예제 4.5]의 누적분포함수 $F(x)=\begin{cases}1-e^{-x} & , x>0 \\ 0 & , 기타\end{cases}$ 그래프를 그려라.

[R코드 4.2] 누적분포함수

```
# 사용자 함수
my.cum.exp = function(x){
  result = 1-exp(-x)
  return(result)
}

# 누적분포함수 그리기
x = seq(0,10, by=0.001)
y = my.cum.exp(x)
plot(x, y, type = 'l', xlab=expression(x), ylab=expression(F(x)))
text(2,0.5, expression(F(x)==1-{e}^{-x}))
```

실행 결과

```
> # 사용자 함수
> my.cum.exp = function(x){
+   result = 1-exp(-x)
+   return(result)
+ }
>
```

```
> # 누적분포함수 그리기
> x = seq(0,10, by=0.001)
> y = my.cum.exp(x)
> plot(x, y, type = 'l', xlab=expression(x), ylab=expression(F(x)))
> text(2,0.5, expression(F(x)==1-{e}^{-x}))
```

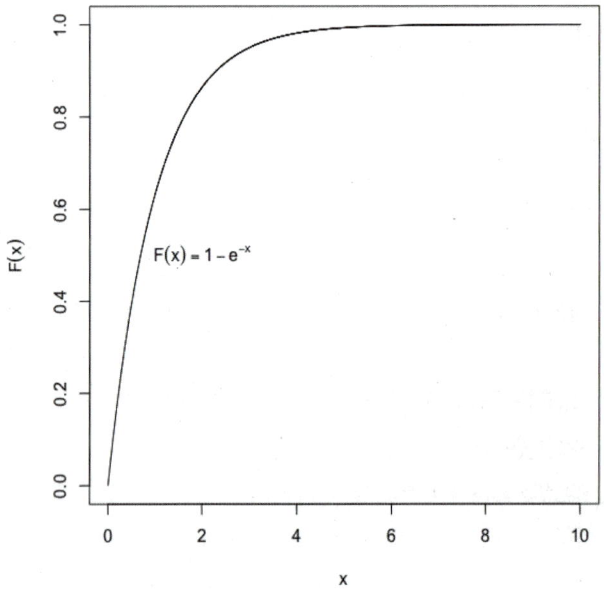

- 누적분포함수 $F(x)=1-e^{-x}$를 my.cum.exp라는 사용자 함수로 정의하였다. 이후 과정은 [R 실습 4.1]과 동일하다.

4.3 결합확률분포

지금까지는 확률변수가 하나인 경우 그 확률변수의 분포에 대해서 알아보았다. 그러나 현실적으로 여러 개의 확률변수들을 동시에 고려해야 할 경우가 많다. 예를 들어, 서울에 거주하는 가구의 가구당 월수입과 자동차 보유대수 또는 대기업에 근무하는 회사원의 학력수준, 지능지수, 업무수행능력 등을 동시에 고려하여 파악하고자 하는 경우에는 여러 변수들과 관련된 분포의 분석을 기초로 하게 된다. 통계학에서는 두 개 또는 그 이상의 확률변수들이 관련된 확률분포를 결합확률분포(joint probability distribution)라 한다. 여기서는 확률변수가 두 개일 때의 결합분포에 대해서만 알아보기로 한다.

4.3.1 이산형 결합확률분포

(1) 결합확률질량함수

두 확률변수 X와 Y가 이산형인 경우, 두 개의 확률변수들이 동시에 취할 수 있는 값 (x, y)에 확률을 대응시켜 나타낸 함수 $f(x, y)$를 결합확률질량함수(joint probability mass function)라 한다.

[정의 4.7] 결합확률질량함수(joint probability mass function)

두 이산형 확률변수 X와 Y의 결합확률질량함수 $f(x, y)$는 임의의 값(x, y)에 대하여

$$f(x, y) = P(X=x, Y=y)$$

로 정의된다. 결합확률질량함수 $f(x, y)$는 다음의 두 조건을 만족해야만 한다.

① 주어진 모든 값 (x, y)에 대하여, $0 \le f(x, y) \le 1$이다.

② 확률변수 X와 Y가 취할 수 있는 모든 값들의 집합을 각각 A, B라고 할 때

$\sum_{x \in A} \sum_{y \in B} f(x, y) = 1$이다.

예제 4.6 N시에 거주하는 100가구의 가구당 자녀수 X와 TV 보유대수 Y를 조사한 결과가 다음 표와 같다고 하자.

x \ y	1	2	3	4
1	10	0	10	0
2	30	0	10	20
3	0	20	0	0

이때 두 확률변수 X와 Y의 결합확률질량함수 $f(x, y)$를 구하고, 그 그래프를 그려라.

풀이 조사된 확률변수의 쌍 (X, Y)에 대한 결합확률질량함수 $f(x, y)$의 값은 전체 가구수에 대한 상대도수와 같다. 즉,

$$f(1, 1) = P(X=1, Y=1) = \frac{10}{100} = 0.1$$

$$\vdots$$

$$f(3, 4) = P(X=3, Y=4) = \frac{0}{100} = 0.0$$

따라서, 두 확률변수 X와 Y의 결합확률질량함수 $f(x, y)$는 다음 표와 같으며, 이를 그림으로 나타내면 [그림 4.7]과 같다.

x \ y	1	2	3	4
1	0.1	0.0	0.1	0.0
2	0.3	0.0	0.1	0.2
3	0.0	0.2	0.0	0.0

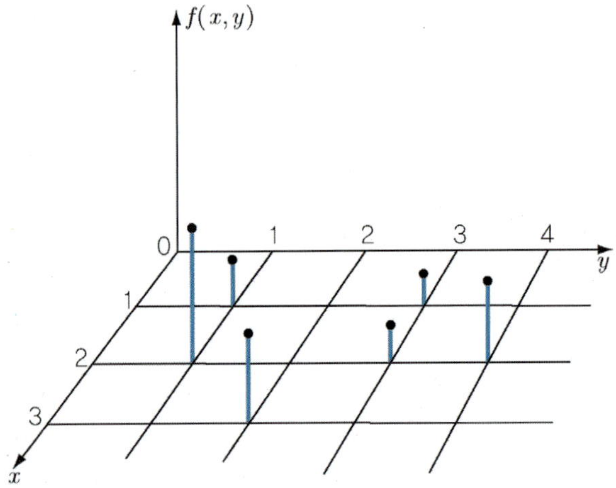

[그림 4.7] 이산형 확률변수 X와 Y의 결합확률질량함수

(2) 주변확률분포와 주변확률질량함수

두 확률변수의 결합확률분포로부터 구해지는 각 확률변수에 대한 분포를 주변확률분포(marginal probability distribution)라고 부른다. 두 확률변수가 이산형인 경우 주변확률분포는 결합확률질량함수로부터 각 확률변수에 대한 주변확률질량함수(marginal probability mass function)를 계산함으로써 구해질 수 있다.

확률변수 X에 대한 주변확률질량함수 $f_X(x)$는 결합확률질량함수 $f(x, y)$를 확률변수 Y가 취할 수 있는 모든 값에 대하여 더함으로써 얻어지고, Y에 대한 주변확률질량함수 $f_Y(y)$는 결합확률질량함수 $f(x, y)$를 X가 취할 수 있는 모든 값에 대하여 더함으로써 얻어진다.

[정의 4.8] 주변확률질량함수(marginal probability mass function)

두 확률변수 X와 Y가 이산형인 경우, 한 확률변수의 주변확률질량함수는 결합확률질량함수를 다른 확률변수에 관해 모두 더함으로써 얻을 수 있다.

- X의 주변확률질량함수 : $f_X(x) = \sum_{\forall y} f(x, y)$
- Y의 주변확률질량함수 : $f_Y(y) = \sum_{\forall x} f(x, y)$

예제 4.7 [예제 4.6]에서 가구당 자녀수 X 와 TV 보유대수 Y 에 대한 주변확률질량함수를 각각 구하여라.

풀이 가구당 자녀수 X에 대한 주변확률질량함수 $f_X(x)$는 결합확률질량함수 $f(x, y)$를 TV 보유대수 Y가 가질 수 있는 모든 값에 대하여 즉, 각 행을 더하여 구해질 수 있다.

$$f_X(x) = \sum_{y=1}^{4} f(x, y) = \begin{cases} 0.2, & x=1 \\ 0.6, & x=2 \\ 0.2, & x=3 \\ 0, & \text{기타} \end{cases}$$

TV 보유대수 Y에 대한 주변확률질량함수 $f_Y(y)$는 결합확률질량함수 $f(x, y)$를 가구당 자녀수 X가 가질 수 있는 모든 값에 대하여 즉, 각 열을 모두 더하여 구해질 수 있다.

$$f_Y(y) = \sum_{x=1}^{3} f(x, y) = \begin{cases} 0.4, & y=1 \\ 0.2, & y=2 \\ 0.2, & y=3 \\ 0.2, & y=4 \\ 0, & \text{기타} \end{cases}$$

이러한 결과를 표로 정리하면 다음과 같다.

x \ y	1	2	3	4	$f_X(x)$
1	0.1	0.0	0.1	0.0	0.2
2	0.3	0.0	0.1	0.2	0.6
3	0.0	0.2	0.0	0.0	0.2
$f_Y(y)$	0.4	0.2	0.2	0.2	1.0

두 확률변수의 결합확률질량함수 $f(x, y)$에 대하여 각 확률변수에 대한 확률질량함수를 정의할 때 주변이란 용어를 붙이는 이유는 위의 결합분포표에서 보는 바와 같이 각 확률질량함수가 행과 열의 주변의 합으로 나타나는 함수이기 때문이다.

4.3.2 연속형 결합확률분포

(1) 결합확률밀도함수

두 확률변수 X와 Y가 연속형인 경우, 두 확률변수의 확률분포를 나타내는 결합확률밀도함수(joint probability density function)는 다음과 같이 정의된다.

[정의 4.9] 결합확률밀도함수(joint probability density function)

xy-평면의 임의의 부분집합 A에 대하여

$$P((X, Y) \in A) = \iint_A f(x, y)\,dx\,dy$$

를 만족하는 xy-평면 위에서 정의된 음이 아닌 함수 $f(x,y)$가 존재할 때, $f(x,y)$를 X와 Y의 결합확률밀도함수(joint probability density function)라고 한다.
결합확률밀도함수$f(x, y)$는 다음의 두 조건을 만족해야만 한다.
① 주어진 모든 값(x, y)에 대하여, $f(x, y) \geq 0$이다.
② $\int_{-\infty}^{\infty}\int_{-\infty}^{\infty} f(x, y)dx\,dy = 1$ 이다.

[그림 4.8]은 결합확률밀도함수의 한 예를 나타내고 있다. [그림 4.8]에서 표면적 $z = f(x, y)$ 아래와 xy-평면 위의 전체 체적은 1이 된다. 이때 확률 $P((X, Y) \in A)$는 밑면적 A를 가지면서 표면적 $z = f(x, y)$ 아래에 의하여 형성되는 입체모양의 체적과 같다.

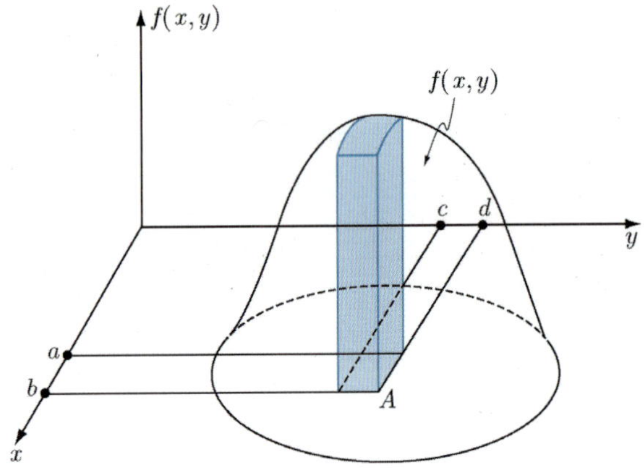

[그림 4.8] 연속형 확률변수 X와 Y의 결합확률밀도함수

예제 4.8 두 확률변수 X와 Y의 결합확률밀도함수가

$$f(x,y) = \begin{cases} cxy & ,0 < x < y < 2 \\ 0 & ,\text{기타} \end{cases}$$

일 때, 다음 물음에 답하여라.

(1) 상수 c의 값을 구하여라.

(2) 확률 $P(X > Y^2)$를 구하여라.

풀이 (1) $\int_{-\infty}^{\infty}\int_{-\infty}^{\infty} f(x,y)\,dxdy = \int_0^2\int_0^y cxy\,dxdy = \int_0^2 \frac{c}{2}y^3\,dy = \frac{c}{8}2^4 = 2c = 1$

이므로, $c = \frac{1}{2}$이다.

(2) 한편, $0 < y < 1$에서 $y > y^2$이고, $1 \le y < 2$에서 $y < y^2$이므로

$$P(X > Y^2) = \int_0^1 \int_{y^2}^{y} \frac{1}{2} xy\,dxdy = \int_0^1 \frac{1}{4}(y^3 - y^5)dy = \frac{1}{4}\left(\frac{1}{4} - \frac{1}{6}\right) = \frac{1}{48}$$

이다. ■

(2) 주변확률밀도함수

두 연속형 확률변수 X와 Y의 결합확률밀도함수가 $f(x, y)$일 때, 확률변수 X에 대한 주변확률밀도함수 $f_X(x)$는 $f(x, y)$를 y에 대하여, 확률변수 Y에 대한 주변확률밀도함수(marginal probability olensity function) $f_Y(y)$는 $f(x, y)$를 x에 대하여 각각 적분함으로써 구할 수 있다.

[정의 4.10] 주변확률밀도함수(marginal probability density function)

두 확률변수 X와 Y가 연속형인 경우, 한 확률변수의 주변확률밀도함수는 결합확률밀도함수를 다른 확률변수에 관해 모두 적분함으로써 얻을 수 있다.

- X의 주변확률밀도함수 : $f_X(x) = \int_{-\infty}^{\infty} f(x, y)dy$
- Y의 주변확률밀도함수 : $f_Y(y) = \int_{-\infty}^{\infty} f(x, y)dx$

예제 4.9 [예제 4.8]에서 확률변수 X와 Y의 주변확률밀도함수 $f_X(x)$와 $f_Y(y)$를 각각 구하여라.

풀이 먼저 X의 주변확률밀도함수 $f_X(x)$를 구하기 위해 결합확률밀도함수 $f(x,y)$를 y에 관해 적분하면,

$$\int_{-\infty}^{\infty} f(x,y)dy = \int_x^2 \frac{1}{2} xy\,dy = \frac{1}{4} x(4 - x^2) = x - \frac{1}{4}x^3$$

이므로

$$f_X(x) = \begin{cases} x - \frac{1}{4}x^3 & , 0 < x < 2 \\ 0 & , \text{기타} \end{cases}$$

이다. 같은 방법으로

$$\int_{-\infty}^{\infty} f(x,y)dx = \int_0^y \frac{1}{2} xy\,dx = \frac{1}{4}y^3.$$

이므로, Y의 주변확률밀도함수 $f_Y(y)$는

$$f_Y(y) = \begin{cases} \frac{1}{4}y^3 & ,0 < y < 2 \\ 0 & ,\text{기타} \end{cases}$$

이다. ■

4.4 확률변수의 기댓값과 그 성질

4.4.1 기댓값

당첨금이 5만원, 10만원, 100만원이고, 각각의 확률이 다음과 같은 복권이 있다고 할 때, 복권 한 장 구매 시 기대할 수 있는 당첨금을 구해보도록 하자. 이때 계산은 두 가지 방법 즉, 당첨금만을 이용하는 것과 당첨금 및 각각의 당첨 확률을 동시에 고려하여 계산하는 방법이 있다.

당첨금	0	5만	10만	100만
확률	980/1000	15/1000	4/1000	1/1000

먼저 당첨금만을 고려한 기대금액을 계산하면

$$\frac{0\text{원} + 5\text{만원} + 10\text{만원} + 100\text{만원}}{4} = 28.75\text{만원}$$

이 된다. 하지만 이때의 계산은 잘못되었다.[5] 왜냐하면 기대금액을 계산할 때 각 당첨금을 획득할 확률이 서로 다르다는 것을 전혀 고려하지 않았기 때문이다. 따라서 이런 경우에는 당첨될 확률까지 고려하여 다음과 같이 계산되어야 한다.

$$0\text{원} \times \frac{980}{1000} + 5\text{만원} \times \frac{15}{1000} + 10\text{만원} \times \frac{4}{1000} + 100\text{만원} \times \frac{1}{1000} = 2150\text{원}$$

이와 같이 확률변수 X가 이산형인 경우, 그 기댓값(expected value)은 X가 가질 수 있는 모든 값과 이에 대응하는 확률 $f(x)$를 곱한 후 모두 더한 값으로 정의되며, $E(X)$ 또는 모집단의 평균을 의미하는 μ로 표기한다. 반면에 확률변수 X가 연속형인 경우의 기댓값은 이산형인 경우와 동일하게 정의되지만, 단지 차이점은 연속형 확률변수가 가질 수 있는 값들이 계속 이어지는 무한의 셀 수 없는 값들로 이루어지기 때문에 합 기호(Σ) 대신에 적분 기호($\int$)를 사용하게 된다는 것이다.

5) 이때의 계산은 각 당첨금을 받을 확률이 동일하다고 간주하고서 계산된 것과 동일하다.

[정의 4.11] 기댓값(expected value)

확률변수 X의 확률질량함수 또는 확률밀도함수를 $f(x)$라고 할 때, X의 기댓값 $E(X)$는 다음과 같이 정의된다.[6)]

$$E(X)=\begin{cases}\sum_{\forall x} xf(x), & X\text{가 이산형인 경우}\\ \int_{-\infty}^{\infty} xf(x)dx, & X\text{가 연속형인 경우}\end{cases}$$

확률변수의 기댓값은 그 분포에서의 무게중심으로 간주될 수가 있다. 예를 들어, 확률변수 X 가 이산형인 경우 [그림 4.9]에 주어진 확률질량함수에서 x 축을 추가 달린 무게 없는 긴 막대로 보고 각 점 x 에 무게가 $f(x)$인 추가 달린다면, 이때 이 막대의 무게중심은 점 $E(X)$에 있게 되는 것이다.

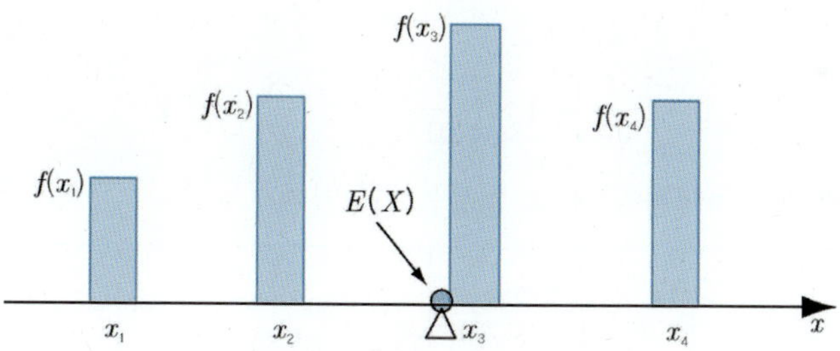

[그림 4.9] **이산형 분포에서의 기댓값**

이산형 확률변수 X의 확률질량함수를 $f(x)$라고 할 때 기댓값 $E(X)$가 존재한다면, 상수 a, b에 대하여

$$\begin{aligned}E(aX+b) &= \sum_{\forall x}(ax+b)f(x) = \sum_{\forall x}axf(x)+\sum_{\forall x}bf(x)\\ &= a\sum_{\forall x}xf(x)+b\sum_{\forall x}f(x) = aE(X)+b\end{aligned}$$

가 성립한다. 연속형 확률변수의 경우에도 합의 연산(Σ)을 적분연산($\int$)으로 바꾸어 쉽게 보일 수 있다. 이를 정리하면 다음과 같다.

정리 4.4 기댓값의 성질

a, b가 상수일 때, 확률변수 X에 대하여 다음이 성립한다.

(a) $E(a)=a$

6) 확률분포에 따라 기댓값이 특정 실수로 수렴하지 않아서 존재하지 않을 수도 있다.

(b) $E(aX) = aE(X)$

(c) $E(aX+b) = aE(X)+b$

[참고]

동전을 2번 던지는 실험에서 앞면이 나오는 횟수 X의 확률분포는

$$f(x) = \begin{cases} 1/4, & x = 0,\ 2\text{일 때} \\ 1/2, & x = 1\text{일 때} \end{cases}$$

이고, 이때의 기댓값은

$$E(X) = \sum_{x=0}^{2} xf(x) = 0\times\frac{1}{4}+1\times\frac{2}{4}+2\times\frac{1}{4}= 1.0$$

이 된다. 그런데 실제 동전을 20회 반복하여 던졌을 때 $x=0$인 경우가 4번, $x=1$인 경우가 8번, $x=2$인 경우가 8번 나타났다고 하자. 이때 X의 상대도수분포는 다음과 같게 되고, 이때의 기대도수는

$$0\times\left(\frac{4}{20}\right)+1\times\left(\frac{8}{20}\right)+2\times\left(\frac{8}{20}\right)= 1.2$$

로서 $E(X)= 1.0$과 다소 차이가 있다. 그 이유는 무엇일까?

X	0	1	2
상대도수	$\frac{4}{20}$	$\frac{8}{20}$	$\frac{8}{20}$

확률의 상대도수적 정의에 의하면 어떤 사건이 발생할 확률 $P(A) = \lim_{n\to\infty}\frac{f(n)}{n}$이다. 따라서 만약 실험의 횟수를 100번, 1,000번, 10,000번 $\cdots$ 등과 같이 점점 늘려간다면 $x = 0,\ 1,\ 2,$일 때의 상대도수는 이론적인 확률값 $\frac{1}{4}, \frac{2}{4}, \frac{1}{4}$에 가까이 가게 되고, 결과적으로 X의 상대도수분포는 이론적인 확률모형인 확률분포와 일치하게 되어 두 값 즉, 기대도수와 기댓값은 같게 될 것이다. 따라서 $E(X)$는 실험을 무한히 반복하였을 때 얻을 수 있을 것이라고 기대될 수 있는 값이기 때문에 우리는 이를 기댓값(expected value)이라 부른다.

4.4.2 분산

확률변수 X의 분산(variance) $Var(X)$는 그 확률변수의 값들이 평균 μ로부터 평균적으로 떨어진 정도를 나타내는 $(X-\mu)^2$의 기댓값 $E[(X-\mu)^2]$으로 정의되며, 표기는 $Var(X)$ 또는 σ^2으로 한다.

[정의 4.12] 분산(variance)과 표준편차(standard deviation)

확률변수 X의 확률질량함수 또는 확률밀도함수가 $f(x)$이고 평균 $\mu = E(X)$가 존재한다고 할 때, X의 분산 $Var(X)$와 표준편차 $SD(X)$는 각각 다음과 같이 정의된다.[7)]

$$Var(X) = E\left[(X-\mu)^2\right] = \begin{cases} \sum_{\forall x} (x-\mu)^2 f(x) & , \quad X\text{가 이산형인 경우} \\ \int_{-\infty}^{\infty} (x-\mu)^2 f(x)dx, & X\text{가 연속형인 경우} \end{cases}$$

$$SD(X) = \sqrt{Var(X)}$$

분산은 기댓값의 성질에 의하여 다음과 같은 관계가 성립한다.

$$\begin{aligned} Var(X) = E[(X-\mu)^2] &= E[X^2 - 2X\mu + \mu^2] \\ &= E(X^2) - 2\mu E(X) + \mu^2 \\ &= E(X^2) - \mu^2 \end{aligned}$$

따라서 분산의 정의인 $Var(X) = E(X-\mu)^2$ 대신에 $Var(X) = E(X^2) - \mu^2$을 이용하면 보다 간편하게 계산할 수 있다. 어떠한 확률변수의 분산은 평균 μ주위에서의 그 확률분포의 흩어진 정도를 나타내며, 일반적으로 작은 분산은 확률분포가 평균 주위에 집중되어 있음을 나타내고 큰 분산은 확률분포가 평균 주위에 넓게 퍼져 있음을 나타낸다.

확률변수 X의 기댓값이 μ이고 분산이 존재한다면, 상수 a, b에 대하여

$$\begin{aligned} Var(aX+b) &= E[\{aX+b-E(aX+b)\}^2] = E[(aX-a\mu)^2] \\ &= E[a^2(X-\mu)^2] = a^2 Var(X) \end{aligned}$$

가 성립하며, 이러한 분산의 성질은 다음과 같다.

정리 4.5 분산의 성질

a, b가 상수일 때, 확률변수 X에 대하여 다음이 성립한다.

(a) $Var(a) = 0$

(b) $Var(aX) = a^2 Var(X)$

(c) $Var(aX+b) = a^2 Var(X)$

예제 4.10 [예제 4.1]에서 확률변수 X 의 기댓값과 분산을 각각 구하여라.

풀이 평균μ $= E(X) = \sum_{x=0}^{3} xf(x) = 0\times\frac{1}{8}+1\times\frac{3}{8}+2\times\frac{3}{8}+3\times\frac{1}{8} = 1.5$

7) 확률변수의 기댓값이 존재하지 않는 경우 분산은 정의되지 않으며, 기댓값이 존재한다고 하더라도 분산이 특정 실수로 수렴하지 않을 수도 있다.

이고, $E(X^2) = \sum_{0}^{3} x^2 f(x) = 0^2 \times \frac{1}{8} + 1^2 \times \frac{3}{8} + 2^2 \times \frac{3}{8} + 3^2 \times \frac{1}{8} = 3.0$

이므로 분산은

$$\sigma^2 = Var(X) = E(X^2) - \mu^2 = 3.0 - (1.5)^2 = 0.75$$

이다. ■

예제 4.11 확률변수 X의 확률밀도함수가

$$f(x) = \begin{cases} 2x^{-3} & , x \geq 1 \\ 0 & , \text{기타} \end{cases}$$

일 때, 다음 물음에 답하여라.

(1) 확률변수 X의 기댓값 $E(X)$를 구하여라.

(2) 확률변수 X의 분산이 존재하지 않음을 보여라.

풀이 (1) $E(X) = \int_{-\infty}^{\infty} xf(x)dx = \int_{1}^{\infty} x(2x^{-3})dx = 2\lim_{b \to \infty} \int_{1}^{b} x^{-2}dx$

$= 2\lim_{b \to \infty}(-b^{-1} + 1^{-1}) = 2$이다.

(2) $E(X^2) = \int_{-\infty}^{\infty} x^2 f(x)dx = \int_{1}^{\infty} x^2(2x^{-3})dx = 2\lim_{b \to \infty} \int_{1}^{b} x^{-1}dx$

$= 2\lim_{b \to \infty}(\ln b - \ln 1) = \infty$ 이다.

따라서 $Var(X) = E(X^2) - [E(X)]^2 = \infty$ 이므로 확률변수 X의 분산은 존재하지 않는다. ■

4.4.3 두 확률변수의 함수에 대한 기댓값

두 확률변수 X와 Y의 결합확률질량함수 또는 결합확률밀도함수를 $f(x, y)$라고 할 때, 두 확률변수의 함수 $r(X, Y)$의 기댓값은 다음과 같이 정의된다.

[정의 4.13] 두 확률변수의 함수 $r(X, Y)$의 기댓값

$$E[r(X, Y)] = \begin{cases} \sum_{\forall x}\sum_{\forall y} r(x, y)f(x, y) & , \quad X\text{와 } Y\text{가 이산형인 경우} \\ \int_{-\infty}^{\infty}\int_{-\infty}^{\infty} r(x, y)f(x, y)dxdy, & \quad X\text{와 } Y\text{가 연속형인 경우} \end{cases}$$

연속형 확률변수 X와 Y의 결합확률밀도함수가 $f(x, y)$일 때, 상수 a와 b에 대하여

$$E(aX \pm bY) = \int_{-\infty}^{\infty}\int_{-\infty}^{\infty} (ax \pm by)f(x, y)dxdy$$

$$= \int_{-\infty}^{\infty}\int_{-\infty}^{\infty} axf(x,y)dxdy \pm \int_{-\infty}^{\infty}\int_{-\infty}^{\infty} byf(x,y)dxdy$$
$$= \int_{-\infty}^{\infty} ax\left[\int_{-\infty}^{\infty} f(x,y)dy\right]dx \pm \int_{-\infty}^{\infty} by\left[\int_{-\infty}^{\infty} f(x,y)dx\right]dy$$
$$= a\int_{-\infty}^{\infty} xf_X(x)dx \pm b\int_{-\infty}^{\infty} yf_Y(y)dy$$
$$= aE(X) \pm bE(Y)$$

이 성립한다. 이는 이산형 확률변수의 경우에도 합의 연산(Σ)을 이용하여 쉽게 보일 수 있다.

정리 4.6 두 확률변수의 합과 차에 대한 기댓값

a, b가 상수일 때, 두 확률변수 X와 Y에 대하여

$$E(aX \pm bY) = aE(X) \pm bE(Y)$$

이 성립한다.

일반적으로 [정리 4.6]은 수학적 귀납법에 의하여 n개의 확률변수 $X_1, X_2, \cdots, X_n$에 대해서도 확장될 수 있으며, 이는 정리 4.7에 주어져 있다.

정리 4.7 여러 확률변수의 합에 대한 기댓값

n개의 확률변수 $X_1, X_2, \cdots, X_n$에 대하여

$$E\left(\sum_{i=1}^{n} X_i\right) = \sum_{i=1}^{n} E(X_i)$$

이 성립한다.

4.4.4 공분산과 상관계수

(1) 공분산

일반적으로 두 확률변수가 서로 관련성을 가지고 변화할 때 그 관련 정도를 규명해야 할 경우가 있다. 예를 들어, 지능지수와 학업성적 간의 관계 또는 아버지 키와 아들 키 사이의 관계를 알아보고자 하는 경우가 이에 해당한다. 이들의 결합분포를 고려할 때, 각 확률변수의 평균과 분산은 각각의 주변분포에 관한 유용한 정보를 제공해 주지만, 이러한 값들은 두 확률변수 간의 관계 또는 함께 변하는 경향에 대한 정보를 제공해주지는 않는다. 따라서 두 확률변수 간의 관련 정도를 나타내기 위한 또 다른 측도가 필요하다. 두 확률변수 X와 Y간의 직선적인 관련 정도를 나타내기 위한 측도로 공분산(covariance)이 있으며 $Cov(X, Y)$로 표기하고, 다음과 같이 정의한다.

[정의 4.14] 두 확률변수의 공분산

두 확률변수 X와 Y의 공분산은

$$Cov(X, Y) = E[(X - E(X))(Y - E(Y))]$$

으로 정의된다.

분산과는 달리 공분산은 음수이거나 0일 수도 있으며, 두 확률변수의 분산이 존재하는 경우 공분산은 항상 존재한다. 공분산의 값이 양수이면 두 확률변수 X와 Y는 같은 방향으로 증가 또는 감소하는 관계에 있다는 것을 나타내며, 그 값이 음수이면 반대 방향으로 증가 또는 감소하는 관계에 있다는 것을 나타낸다. 공분산의 값이 0에 가까울수록 두 확률변수 X와 Y는 직선적인 관련성을 거의 가지고 있지 않음을 의미하며, 반면에 공분산의 절댓값이 크면 클수록 두 확률변수 간의 직선적인 관련 정도는 크다고 할 수 있다.

이제 공분산과 관련된 몇 가지 정리들을 살펴보기로 하자. 공분산의 정의로부터

$$\begin{aligned} Cov(X, Y) &= E[(X - E(X))(Y - E(Y))] \\ &= E[XY - XE(Y) - E(X)Y + E(X)E(Y)] \\ &= E(XY) - E(X)E(Y) - E(X)E(Y) + E(X)E(Y) \\ &= E(XY) - E(X)E(Y) \end{aligned}$$

이 성립하며, 이를 이용하여 공분산을 보다 쉽게 계산할 수 있다. 유사한 방법으로 아래의 [정리 4.8](b)를 유도할 수 있다.

정리 4.8 공분산의 성질

a, b, c, d가 상수일 때, 두 확률변수 X와 Y에 대하여 다음이 성립한다.

(a) $Cov(X, Y) = E(XY) - E(X)E(Y)$

(b) $Cov(aX + c, bY + d) = ab\,Cov(X, Y)$

다음으로 두 확률변수의 합의 분산을 계산해보자. 두 확률변수 X와 Y의 평균이 각각 μ_X, μ_Y이고 분산이 유한하다면, 두 확률변수의 합 $X+Y$의 분산은

$$\begin{aligned} Var(X+Y) &= E\left[((X+Y) - (\mu_X + \mu_Y))^2\right] \\ &= E\left[(X - \mu_X)^2 + (Y - \mu_Y)^2 + 2(X - \mu_X)(Y - \mu_Y)\right] \\ &= Var(X) + Var(Y) + 2Cov(X, Y) \end{aligned}$$

로 구해진다. 유사한 방법으로 아래의 [정리 4.9](b)를 유도할 수 있다.

정리 4.9 두 확률변수의 합의 분산

a, b, c가 상수일 때, 두 확률변수 X와 Y에 대하여 다음이 성립한다.

(a) $Var(X \pm Y) = Var(X) + Var(Y) \pm 2Cov(X, Y)$

(b) $Var(aX \pm bY + c) = a^2 Var(X) + b^2 Var(Y) \pm 2ab Cov(X, Y)$

(2) 상관계수

공분산의 값은 두 확률변수 X와 Y가 취하는 값의 단위에 따라 크게 변하게 된다. 예를 들어, 아버지와 아들의 키를 cm로 측정하느냐 또는 m로 측정 하느냐에 따라 두 확률변수의 공분산은 달라지게 된다. 따라서 계산된 공분산의 값을 통해 두 확률변수 간의 관련 정도를 파악하기에 어려움이 있다. 일반적으로 두 확률변수 간의 직선적인 관련성의 정도를 나타내기 위하여 상관계수(correlation coefficient)가 많이 사용되며, 두 확률변수 X와 Y의 상관계수는 $\rho(X, Y)$ 또는 ρ로 나타내며, 다음과 같이 정의된다.

[정의 4.15] 두 확률변수의 상관계수

두 확률변수 X와 Y에 대하여, 두 확률변수간의 상관계수는

$$\rho(X, Y) = \frac{Cov(X, Y)}{\sqrt{Var(X)}\ \sqrt{Var(Y)}}$$

와 같이 정의된다.

상관계수의 값이 0에 가까울수록 두 확률변수는 직선적인 관계가 작음을 나타내고, 반면에 -1에 가까울수록 두 확률변수간에는 강한 음의 직선 관계를, $+1$에 가까울수록 강한 양의 직선 관계를 가지고 있음을 나타낸다. 만약 확률변수 Y가 확률변수 X의 일차함수 즉, 어떤 상수 a, b에 대하여 $Y = aX + b\ (a \neq 0)$의 관계가 있다면

$$Cov(X, Y) = Cov(X, aX + b) = a\,Var(X)$$

이고, $Var(Y) = a^2 Var(X)$ 이므로,

$$\rho(X, Y) = \frac{Cov(X, Y)}{\sqrt{Var(X)}\ \sqrt{Var(Y)}} = \frac{a\,Var(X)}{\sqrt{Var(X)}\ \sqrt{a^2 Var(X)}} = \frac{a}{|a|}$$

가 되어, a의 부호에 따라 1 또는 -1의 값을 갖게 된다.

정리 4.10

두 확률변수 X와 Y가 상수 $a(\neq 0)$와 b에 대하여 $Y = aX + b$를 만족한다고 하자. 이때 $a > 0$이면 $\rho(X, Y) = 1$이고, $a < 0$이면 $\rho(X, Y) = -1$이다.

예제 4.12 [예제 4.6]에서 확률변수 X와 Y의 상관계수를 구하고, 두 확률변수 간의 관계를 개략적으로 설명하여라.

풀이 먼저, 두 확률변수 X와 Y의 기댓값과 분산은 각각

$$E(X) = (1\times 0.2) + (2\times 0.6) + (3\times 0.2) = 2.0,$$

$$E(X^2) = (1^2\times 0.2) + (2^2\times 0.6) + (3^2\times 0.2) = 4.4,$$

$$Var(X) = E(X^2) - \{E(X)\}^2 = 4.4 - (2.0)^2 = 0.4,$$

$$E(Y) = (1\times 0.4) + (2\times 0.2) + (3\times 0.2) + (4\times 0.2) = 2.2,$$

$$E(Y^2) = (1^2\times 0.4) + (2^2\times 0.2) + (3^2\times 0.2) + (4^2\times 0.2) = 6.2,$$

$$Var(Y) = E(Y^2) - [E(Y)]^2 = 6.2 - (2.2)^2 = 1.36$$

이고, 또한

$$E(XY) = (1\times 1\times 0.1) + (1\times 2\times 0.0) + \ \dots\ + (3\times 4\times 0.0) = 4.4$$

이므로 X와 Y의 공분산은

$$Cov(X,\ Y) = E(XY) - E(X)E(Y) = 4.4 - (2.0)(2.2) = 0$$

이 되며 따라서, X와 Y의 상관계수는

$$\rho(X, Y) = \frac{Cov(X,\ Y)}{\sqrt{Var(X)}\ \sqrt{Var(Y)}} = 0$$

이다. 계산된 상관계수가 0이므로 두 확률변수는 선형관계를 가지고 있지 않다. 즉, 가구당 자녀수와 TV 보유대수 사이에는 직선적인 관련성이 없다. ■

4.4.5 두 확률변수의 독립성

[정의 3.7]에서 두 사건 A와 B가 독립이면 $P(AB) = P(A)P(B)$임을 공부하였다. 두 확률변수의 독립도 비슷한 맥락에서 생각해볼 수 있다.

[정의 4.16] 두 확률변수의 독립

두 확률변수 X와 Y와 임의의 실수집합 A와 B에 대하여

$$P(X\in A,\ Y\in B) = P(X\in A)P(Y\in B)$$

일 때, 두 확률변수 X와 Y는 서로 독립(mutually independent)이라고 한다. X와 Y가 서로 독립이 아니면 X와 Y는 서로 종속(mutually dependent)이라고 말한다.

여기서 $X\in A$와 $Y\in B$는 어떤 사건으로 볼 수 있으므로 [정의 3.7]을 확률변수에 관해 나타낸 것이라고 할 수 있다. [정의 4.16]에서 두 확률변수가 연속형이라고 가정하면

$$P(X \in A,\ Y \in B) = \int_B \int_A f(x,y)\,dx\,dy$$

이고,

$$P(X \in A)P(Y \in B) = \int_A f_X(x)dx \int_B f_Y(y)dy = \int_B \int_A f_X(x) f_Y(y)\,dx\,dy$$

이므로, 두 확률변수가 독립일 필요충분조건은 $f(x,y) = f_X(x)f_Y(y)$임을 알 수 있다. 이산형 확률변수에 대해서는 $\int$를 Σ로 바꾸면 동일하게 성립한다.

정리 4.11 두 확률변수가 독립일 필요충분조건

두 확률변수 X와 Y가 서로 독립일 필요충분조건은

$$f(x,y) = f_X(x)f_Y(y)$$

이다.

예제 4.13 확률변수 X와 Y의 결합확률밀도함수가

$$f(x,y) = \begin{cases} 4xy & ,0 < x < 1, 0 < y < 1 \\ 0 & ,\text{기타} \end{cases}$$

일 때, X와 Y의 독립여부를 확인하여라.

풀이 $f_X(x) = \int_0^1 f(x,y)dy = \int_0^1 4xydy = 2x$,

$f_Y(y) = \int_0^1 f(x,y)dx = \int_0^1 4xydx = 2y$이므로,

$f(x,y) = f_X(x)f_Y(y)$가 성립한다. 따라서 X와 Y는 서로 독립이다. ■

이제 서로 독립인 두 확률변수의 곱의 기댓값을 고려해보자. 서로 독립인 확률변수 X와 Y의 결합확률밀도함수를 $f(x,y)$라고 하고 주변확률밀도함수를 각각 $f_X(x)$, $f_Y(y)$라고 하면, 두 확률변수의 곱 XY의 기댓값은

$$\begin{aligned} E(XY) &= \int_{-\infty}^{\infty} \int_{-\infty}^{\infty} xyf(x,y)\,dx\,dy \\ &= \int_{-\infty}^{\infty} \int_{-\infty}^{\infty} xyf_X(x)f_Y(y)\,dx\,dy \\ &= \int_{-\infty}^{\infty} xf_X(x)dx \int_{-\infty}^{\infty} f_Y(y)dy = E(X)E(Y) \end{aligned}$$

임을 알 수 있다. 이산형 확률변수에 대해서는 $\int$를 Σ로 바꾸면 동일하게 성립한다.

정리 4.12 두 확률변수의 곱의 기댓값

두 확률변수 X와 Y가 서로 독립이면,

$$E(XY) = E(X)E(Y)$$

이 성립한다.

※ 일반적으로 [정리 4.12]의 역은 성립하지 않는다.

두 확률변수 X와 Y의 공분산은 $Cov(X, Y) = E(XY) - E(X)E(Y)$이므로, X와 Y가 서로 독립이면 [정리 4.12]로부터 $Cov(X, Y) = 0$이 된다. 또한 [정의 4.15]의 상관계수의 정의로부터 두 확률변수가 독립이면 상관계수 역시 $\rho(X, Y) = 0$ 이 된다. 따라서 아래의 [정리 4.13]이 성립함을 알 수 있다.

정리 4.13 서로 독립인 두 확률변수의 분산, 공분산, 상관계수

두 확률변수 X와 Y가 서로 독립이면, 다음이 성립한다.

(a) $Cov(X, Y) = \rho(X, Y) = 0$

(b) $Var(X \pm Y) = Var(X) + Var(Y)$

일반적으로 [정리 4.13]은 수학적 귀납법에 의하여 서로 독립인 n개의 확률변수 $X_1, \cdots, X_n$에 대해서도 확장될 수 있으며, 이는 [정리 4.14]에 주어져 있다.

정리 4.14 서로 독립인 확률변수의 합에 대한 분산

서로 독립인 n개의 확률변수 $X_1, X_2, \cdots, X_n$에 대하여

$$Var\left(\sum_{i=1}^{n} X_i\right) = \sum_{i=1}^{n} Var(X_i)$$

이 성립한다.

연습문제

1. 다음과 같은 확률변수들을 이산형과 연속형으로 구분하여라.

1) 100m 달리기에서 걸리는 시간

2) 어느 도시에서 매주 발생하는 교통사고의 수

3) 매년 전 세계에서 사망하는 전투기의 조종사 수

4) M사에서 생산되는 무전기 배터리의 수명

2. 52장의 카드 가운데 그림으로 된 카드(J, Q, K)가 뽑히면 5,000원을 받게 되고, 에이스(A)가 뽑히면 10,000을 받는다. 그러나 그 이외의 카드가 뽑힐 경우 1,000원을 지불하여야 한다고 할 때 이 게임에서 받을 수 있는 기대 금액이 얼마인지를 구하여라.

3. 문장 THE GIRL PUT ON HER BEAUTIFUL RED HAT로부터 한 단어를 랜덤으로 추출한다고 가정하자. 확률변수 X 가 추출된 단어에서의 문자의 개수를 나타낸다고 할 때, $E(X)$와 $V(X)$를 각각 구하여라.

4. 트럼프 카드 중 한 장을 뽑아 나오는 카드에 따라 상금을 주는 A와 B게임이 있다.

A 게임 : ♠가 나오면 1000원, ♣가 나오면 500원
♥가 나오면 300원, ◆가 나오면 100원

B 게임 : 짝수가 나오면 100원
홀수가 나오면 500원

일 때, 다음 물음에 답하여라. (단 A=1, J=11, Q=12, K=13으로 생각한다)

1) A 게임을 통해 얻을 수 있는 상금 X와 B 게임을 통해 얻을 수 있는 상금 Y에 대한 결합확률질량함수를 구하여라.

2) A와 B게임을 각각 한 번씩 했을 때 얻을 수 있는 상금의 합 Z에 대한 분포를 구하여라.

5. 아파트 단지에 거주하는 주민들의 일주일 동안 집안청소를 하는 시간 X 의 확률밀도함수가 다음과 같다고 한다(단위: 시간).

$$f(x) = \begin{cases} x, & 0 < x < 1 \\ 2-x, & 1 \le x < 2 \\ 0, & \text{기타} \end{cases}$$

1) 어느 한 주민이 일주일에 20분에서 30분을 청소할 확률을 구하여라.

2) 청소 시간의 평균과 표준편차를 구하여라.

6. 확률변수 X 의 확률밀도함수가 다음과 같다고 하자.

$$f(x) = \begin{cases} \frac{1}{4}x, & 1 \le x \le 3 \\ 0, & \text{기타} \end{cases}$$

1) 누적분포함수 $F(x)$를 구하여라.

2) $P(1 < X < 2)$ 을 구하여라.

7. X를 임의의 실수 a에 대하여 $E[(X-a)^2]$이 존재하는 확률변수라고 하자. 이때 $a = E(X)$일 때 $E[(X-a)^2]$이 최소가 됨을 보여라.

8. 확률변수 X 의 확률밀도함수가 다음과 같다고 가정하자.

$$f(x) = \begin{cases} \frac{3}{32}(4-x^2), & -2 \le x \le 2 \\ 0, & \text{기타} \end{cases}$$

이때 기대값 $E(X)$과 분산 $Var(X)$를 구하여라.

9. 확률변수 X와 Y의 결합확률밀도함수가

$$f(x, y) = \begin{cases} e^{-x-y}, & x, y \ge 0 \\ 0, & \text{기타} \end{cases}$$

일 때, 다음 물음에 답하여라.

1) X와 Y의 주변확률밀도함수를 구하여라.

2) X와 Y는 독립인지 아닌지를 판단하여라.

10. 가구당 보유하고 있는 TV 수 X 와 자동차 수 Y 를 조사하기 위하여 서울시에서는 100가구를 랜덤으로 뽑아 다음과 같은 자료를 얻었다.

y \ x	1	2	3	4
0	20	15	10	0
1	10	20	7	3
2	4	5	4	2

1) X와 Y의 결합확률분포를 구하여라.

2) X와 Y의 주변확률질량함수를 각각 구하여라.

3) $E(XY)$, $E(X)$, $E(Y)$를 각각 계산하여라.

4) $Cov(X, Y)$를 계산하여라.

11. 두 확률변수 X와 Y의 결합확률밀도함수가 다음과 같다고 가정하자.

$$f(x, y) = \begin{cases} \frac{21}{4}x^2 y, & x^2 \le y \le 1 \\ 0, & \text{기타} \end{cases}$$

1) 확률 $P(X \ge Y)$를 구하여라.

2) X와 Y의 주변확률밀도함수를 각각 구하여라.

3) X와 Y의 상관계수를 구하여라.

12. 연구소에 근무하는 한 연구원이 50페이지짜리 보고서를 타이핑하는데 소요되는 시간 X (단위: 시간)에 대한 확률밀도함수 $f(x)$ 가 다음과 같다고 한다.

$$f(x) = \begin{cases} \frac{1}{2}, & 2 \le x \le 4 \\ 0, & \text{기타} \end{cases}$$

1) 확률 $P(2.5 \le X \le 3.5)$을 구하여라.

2) 확률변수 X의 평균과 분산을 계산하여라.

13. 확률변수 X의 확률밀도함수가 다음과 같다고 가정하자 :

$$f(x) = \begin{cases} \dfrac{c}{x^2}, & x > 1 \\ 0, & \text{기타} \end{cases}$$

이때 상수 c의 값을 구하여라.

14. 확률변수 X의 확률밀도함수가 다음과 같다고 가정하자 :

$$f(x) = \begin{cases} \dfrac{c}{(1+x^2)}, & -\infty < x < \infty \\ 0, & \text{기타} \end{cases}$$

1) 이때 상수 c의 값을 구하여라.

2) 확률변수 X의 기댓값이 존재하지 않음을 보여라.

15. $Var(aX+bY+c) = a^2 Var(X) + b^2 Var(Y) + 2ab\,Cov(X, Y)$를 증명하라.

16. 확률변수 X와 Y가 독립이면, $Cov(X, Y) = 0$이 성립한다. 그러면 $Cov(X, Y) = 0$이면 확률변수 X와 Y가 독립일까? 아니라면 이유를 설명하라.

05

특수한 형태의 확률분포

일반적으로 확률변수가 가질 수 있는 확률분포는 무수히 많으며, 확률변수의 형태에 따라 이산형 확률분포와 연속형 확률분포로 구분된다. 즉, 확률변수가 이산형일 경우의 확률분포를 이산형 확률분포라 하고, 확률변수가 연속형일 경우의 확률분포를 연속형 확률분포라고 한다. 통계적 추론에서 자주 사용되고, 실제 현상에서도 많이 나타나는 대표적인 분포로는 베르누이분포, 이항분포, 초기하분포, 포아송분포, 기하분포 등과 같은 이산형 확률분포와, 균등분포, 정규분포, 표준정규분포, 지수분포 등과 같은 연속형 확률분포가 있다.

5.1 이산형 확률분포

5.1.1 베르누이분포

어떤 시행(trial)이나 실험(experiment)의 결과가 오직 두 가지의 가능한 결과만을 가질 때 이를 베르누이시행(Bernoulli trial)이라고 한다. 여기서 두 가지의 가능한 결과를 편의상 '성공'과 '실패'라고 하고, 성공할 확률을 p로, 실패할 확률을 $q=1-p$로 나타내자. 이때, 베르누이시행의 결과가 '성공'이면 확률변수 X가 1의 값을 가지고, '실패'이면 0의 값을 가진다면 확률변수 X의 확률질량함수는

$$P(X=x)=\begin{cases} p & ,\ x=1 \\ 1-p, & x=0 \end{cases}$$

으로 주어지며, 이러한 확률변수 X를 베르누이 확률변수라 부른다.

[정의 5.1] 베르누이분포(Bernoulli distribution)[1)]

성공률이 $p(0 \le p \le 1)$인 베르누이시행에서 확률변수 X가 0 또는 1의 값을 취할 수 있고, 그 확률질량함수가

$$f(x)=\begin{cases} p^x(1-p)^{1-x}, & x=0,1 \\ 0 & ,\ \text{기타} \end{cases}$$

일 때 확률변수 X는 '모수가 p인 베르누이분포를 따른다'라고 하며, $X \sim B(1,\ p)$로 표기한다.

1) 베르누이분포는 제비뽑기에서의 당첨 또는 탈락, 여론조사에서의 찬성 또는 반대, 대학입학시험에서의 합격 또는 불합격 등과 같이 2가지의 가능한 결과만을 가지는 실험 또는 조사를 기술하는데 있어서 가장 기본적인 역할을 하는 분포이다.

확률변수 X 가 모수가 p인 베르누이분포를 따른다면, 그 평균과 분산은 각각

$$E(X) = 1 \times p + 0 \times (1-p) = p$$

$$\begin{aligned} Var(X) &= E(X - E(X))^2 = E(X-p)^2 \\ &= (1-p)^2 \times p + (0-p)^2 \times (1-p) \\ &= p(1-p) \end{aligned}$$

로 구해진다.

정리 5.1 베르누이분포의 평균과 분산

확률변수 X 가 모수가 p인 베르누이분포를 따른다고 하면 $E(X) = p$이고 $Var(X) = p(1-p)$이다.

5.1.2 이항분포

일반적으로 우리는 단 한 번의 베르누이시행에 관한 실험보다는 동일한 베르누이시행이 n 번 독립적으로 반복되는 실험 또는 조사에 관심을 가지게 된다.[2] 즉, n 번의 독립적인 베르누이시행에서 성공 또는 실패가 일어나는 횟수에 관심을 가지게 되는 것이다.

확률변수 $X_i (i = 1, 2, \cdots, n)$를 성공률이 p이며 서로 독립인 베르누이시행으로부터의 i번째 결과라고 할 때, 이들의 합으로 나타내어지는 이항(binomial) 확률변수 $X = \sum_{i=1}^{n} X_i$는 n 번의 독립적인 베르누이시행에서 나타난 성공의 횟수를 나타내며 $\{0, 1, 2, \cdots, n\}$의 값을 가지게 된다. 이때 성공률 p 에 대하여 x 번 성공이 일어나고 $n-x$ 번 실패가 일어나는 한 가지 경우의 확률은

$$\begin{aligned} P(S, \cdots, S, F, \cdots, F) &= p \cdots p\ (1-p) \cdots (1-p) \\ &= p^x (1-p)^{n-x} \end{aligned}$$

이 되며 이러한 경우의 수는 $\binom{n}{x}$ 번이므로[3], n번의 독립적인 베르누이시행에서 x번 성공이 일어날

2) 성공할 확률이 p로 동일한 베르누이시행이 서로 독립적으로 이루어지는 실험을 베르누이 과정(Bernoulli process)이라고 한다. 베르누이 과정의 전형적인 예로 동전을 반복하여 던지는 실험을 들 수 있다.

3) 순열(Permutation):서로 다른 n개 중에서 r개를 뽑아 순서를 고려하여 배열하는 것을 순열이라 하며, 기호 ${}_nP_r$로 나타낸다. 계산공식은

$${}_nP_r = n(n-1) \ldots (n-r-1) = \frac{n!}{(n-r)!} \text{이다.}$$

조합(Combination):서로 다른 n개 중에서 r개를 뽑아 순서를 고려하지 않고 배열하는 것을 조합이라 하며, 기호 ${}_nC_r$ 또는 $\binom{n}{r}$로 나타낸다. 계산공식은 ${}_nC_r = \frac{n!}{r!(n-r)!}$ 이다.

확률은 가능한 모든 경우의 확률을 전부 더하여

$$P(X=x)=\binom{n}{x}p^x(1-p)^{n-x}(\text{단, } x=0,\ 1,\ 2,\ \cdots,\ n)$$

와 같이 구할 수 있다.

[정의 5.2] 이항분포(binomial distribution)

성공률이 p인 베르누이시행을 n번 독립적으로 반복할 때 확률변수 X를 성공의 횟수라고 하자. 이때 X는 '모수가 n, p인 이항분포를 따른다'라고 하며, $X \sim B(n,\ p)$로 표기하고, 그 확률질량함수 $f(x)$는 다음과 같다.

$$f(x)=\begin{cases}\binom{n}{x}p^x(1-p)^{n-x}, & x=0,\ 1,\ \cdots,\ n\\ 0, & \text{기타}\end{cases}$$

확률변수 X가 모수가 n, p인 이항분포를 따른다면, 그 평균과 분산은 각각

$$E(X)=E\left(\sum_{i=1}^{n}X_i\right)=\sum_{i=1}^{n}E(X_i)$$
$$=np\ (\text{동일한 베르누이 분포를 따르므로})$$

$$Var(X)=Var\left(\sum_{i=1}^{n}X_i\right)=\sum_{i=1}^{n}Var(X_i)\ (\text{서로 독립이므로})$$
$$=np(1-p)\ (\text{동일한 베르누이 분포를 따르므로})$$

로 구해진다.

정리 5.2 이항분포의 평균과 분산

확률변수 X가 모수가 n, p인 이항분포를 따른다고 하면 $E(X)=np$이고 $Var(X)=np(1-p)$이다.

확률변수 X가 이항분포를 따를 때 여러 가지의 n과 p 값에 대하여 임의의 한 점 $X=x$에서의 확률 $f(x)$가 부록의 [표 B.2]에 주어져 있다. 부록의 표 2에서 왼쪽의 세로줄은 n과 x의 값이고, 맨 위의 가로줄은 모수 p의 값을 나타낸다. 따라서 먼저 n과 x를 찾은 다음, 맨 윗줄에서 해당 모수 p와 교차하는 값을 구하면 그 값이 확률 $P(X=x)$의 값이 된다. 예를 들어, 동전을 세 번 던지는 실험에서 앞면이 2번 나타날 확률

$$P(X=2)=f(2)=\binom{3}{2}(0.5)^2(0.5)$$

의 값은 왼쪽의 세로줄에서 n이 3인 곳에서 x 가 2가 되는 가로줄과 맨 위의 p가 0.5인 세로줄과 교차하는 값 0.3750이 된다.

예제 5.1 태권도 승단심사의 합격률은 80%로 알려져 있다. 20명의 도전자들이 승단심사를 치렀을 때, 다음 물음에 답하여라.

(1) 승단하는 도전자의 수가 15명일 확률을 구하여라.

(2) 승단하는 도전자의 수에 대한 평균과 분산을 각각 구하여라.

풀이 (1) 확률변수 X 를 승단하는 도전자의 수라고 할 때, X 는 모수가 $n=20$, $p=0.8$인 이항분포를 따른다. 따라서, 승단하는 도전자의 수가 15명일 확률은

$$P(X=15)=\binom{20}{15}(0.8)^{15}(0.2)^5=0.1746$$

이 된다.

(2) 이항 확률변수 X 의 평균과 분산은 각각

$$\mu=E(X)=np=20\times0.8=16,$$

$$\sigma^2=Var(X)=np(1-p)=20\times0.8\times0.2=3.2$$

이다. ■

R 실습 5.1 [예제 5.1]의 이항 확률변수 $X\sim B(20, 0.8)$에 대하여 다음 물음에 답하여라.

(1) 확률 $P(X=15)$와 $P(X\le 15)$을 각각 구하여라.

(2) 확률변수 X의 확률질량함수를 나타내어라.

R 프로그램에는 다양한 확률분포에 대하여 구하고자 하는 확률을 계산할 수 있는 함수들이 내장되어 있다. 여기서는 5장에서 다루게 될 이산형 확률분포(이항분포, 초기하분포, 포아송분포, 기하분포)와 연속형 확률분포(균등분포, 정규분포, 지수분포)에 관한 R 함수들을 먼저 살펴보고, 나아가 앞으로 통계적 추론과정에서 사용하게 될 확률분포(카이제곱 분포, t분포, F분포)에 관련된 R 함수들을 알아보기로 하자.

R에서 사용하고 있는 각각의 확률분포에 대한 함수명은 확률분포의 영문 이름을 축약한 형태로 표현되며, 이는 [표 5.1]에 주어져 있다. 각각의 확률분포에 대하여 R에서는 4개의 기본 함수를 제공하고 있으며, [표 5.1]의 약어 앞에 d, p, q, r과 같은 문자를 이용하여 [표 5.2]와 같이 그 기능을 구분

하고 있다. 예를 들어, 이항분포에서 확률변수 X가 특정값 x로 나타날 확률 $P(X=x)$를 구하고자 한다면 dbinom( ) 함수를, 특정값 x까지의 누적확률 $P(X \le x)$을 계산하고자 한다면 pbinom( ) 함수를 이용하면 된다.

[표 5.1] **확률분포와 약어**

이산형 확률분포		연속형 확률분포		추론에 사용되는 확률분포	
분포	약어	분포	약어	분포	약어
이항분포	binom	균등분포	unif	카이제곱분포	chisq
초기하분포	hyper	정규분포	norm	t분포	t
포아송분포	pois	지수분포	exp	F분포	f
기하분포	geom				

[표 5.2] **R 함수에서 첫 번째 문자가 의미하는 기능**[4)]

첫 번째 문자	의미		함수 사용 예
	이산형	연속형	
d	확률질량함수 (pmf)	확률밀도함수 (pdf)	dbinom(x=3, size=10, prob=0.25) : $X \sim B(10, 0.25)$일 때 $P(X=3)$의 값을 계산
p	누적분포함수(cdf)		pnorm(q=1, mean = 0, sd = 1) : $X \sim N(0,1)$일 때 $P(X \le 1)$의 값을 계산
q	제$100p$ 백분위수		qexp(p=0.95, rate=2): $X \sim \exp(2)$일 때 $P(X \le a) = 0.95$를 만족하는 a의 값을 계산
r	확률분포로부터 난수 생성		runif(n=30, min=0, max=1): $X \sim U(0,1)$을 만족하는 난수 $n=30$개를 추출

R에서 제공하는 함수는 확률분포의 형태와 사용하고자 하는 기능 즉, 첫 번째 문자에 따라서 다른 매개변수의 값을 요구한다. 그 중 확률질량함수 또는 확률밀도함수를 나타내는 R 함수와 누적확률분포를 나타내는 R 함수는 요구하는 매개변수의 형태가 유사하며, 이는 [표 5.3]에 나타나 있다. 이러한 R 함수의 구체적인 사용법은 각각의 확률분포에 대하여 학습을 한 후 실습을 통해 숙달하기로 한다.

4) R 함수에 대한 구체적인 설명은 'help(R 함수명)' 또는 '? R 함수명'을 통해 확인할 수 있다.

[표 5.3] R 함수를 이용한 확률의 계산

구분	확률분포	R코드	함수 사용 예
이산형	이항분포	dbinom(x, size, prob)	dbinom(x=15, size=20, prob=0.8) : $n=20$, $p=0.8$인 이항분포에서 $P(X=15)$의 값 출력
	초기하분포	dhyper(x,m,n,k)	dhyper(x=3, m=4, n=5, k=6) : $r=4$, $w=5$, $n=6$인 초기하분포에서 $P(X=3)$의 값 출력
	포아송분포	dpois(x,lambda)	dpois(x=4, lambda=3) : $\lambda=3$인 포아송 분포에서 $P(X=4)$의 값 출력
	기하분포	dgeom(x, prpb)	dgeom(x=9, prob=1/6) : $p=1/6$인 기하분포에서 $P(X=10)$의 값 출력
연속형	균등분포	punif(q, min, max)	punif(q=1, min=0, max=6) : 균등분포$(0,6)$에서 $P(X \le 1)$의 값 출력
	정규분포	pnorm(q, mean, sd)	pnorm(q=110, mean=100, sd=10) : $\mu=100$, $\sigma=10$인 정규분포에서 $P(X \le 110)$의 값 출력
	지수분포	pexp(q, rate)	pexp(q=25, rate=0.05) : $\lambda=0.05$인 지수분포에서 $P(X \le 25)$의 값 출력
	카이제곱분포	pchisq(q, df)	pchisq(q=3, df=8) : $df=8$인 카이제곱분포에서 $P(X \le 3)$의 값 출력
	t분포	pt(q, df)	pt(q=2, df=11) : $df=11$인 t분포에서 $P(X \le 2)$의 값 출력
	F분포	pf(q, df1, df2)	pf(q=3, df1=5, df2=9) : 자유도가 $k_1=5$, $k_2=9$인 F분포에서 $P(X \le 3)$의 값 출력

[R 실습 5.1]에 대한 R 코드는 다음과 같다.

[R코드 5.1] 이항분포 : X~B(20, 0.8)

```
# 확률 계산
dbinom(x=15, size=20, prob=0.8)        # P(X=15)
pbinom(q=15, size=20, prob=0.8)        # P(X≤15)

# 이항분포의 확률질량함수
x=c(0:20)
y=dbinom(x, 20, 0.8); names(y)=x                 # y=f(x)
barplot(y, main="이항분포", xlab="x", ylab="f(x)")  # 막대그림
```

실행 결과

```
> # 확률 계산
> dbinom(x=15, size=20, prob=0.8)        # P(X=15)
[1] 0.1745595
> pbinom(q=15, size=20, prob=0.8)        # P(X≤15)
[1] 0.3703517
>
> # 이항분포의 확률질량함수
> x=c(0:20)
> y=dbinom(x, 20, 0.8); names(y)=x              # y=f(x)
> barplot(y, main="이항분포", xlab="x", ylab="f(x)")  # 막대그림
```

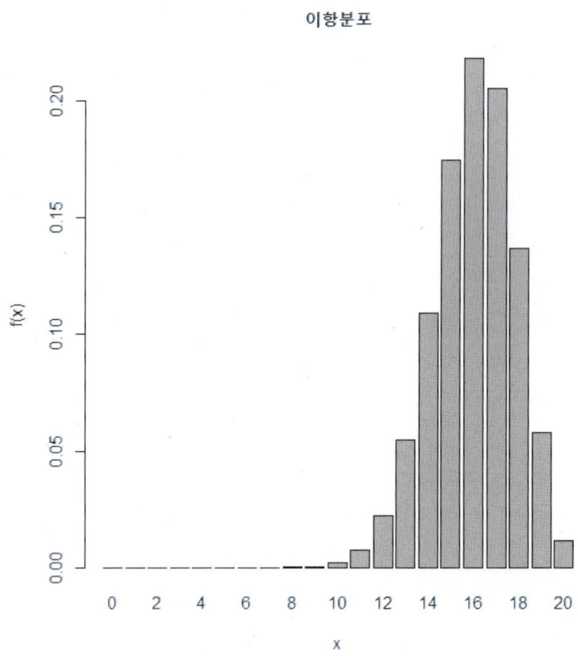

- 확률질량함수를 나타내는 함수명의 첫 글자가 **d**이면 매개변수 x의 값에 해당하는 확률값 $P(X=x)$을 제공하고, 첫글자가 **p**이면 매개변수 q의 값에 해당하는 누적 확률값 $P(X \le q)$을 제공한다. 따라서 **dbinom()** 함수와 **pbinom( )** 함수는 이항분포에서 해당 확률값과 누적 확률값을 각각 제공한다. 이때 매개변수 **size**와 **prob**는 이항분포의 모수인 n(시행횟수)과 p(성공확률)를 각각 나타낸다.
- R 함수를 이용하여 구한 이항분포의 확률값과 누적 확률값은 [예제 5.1]의 결과와 동일함을 알 수 있다. 또한 **barplot( )** 함수를 이용하여 이항분포의 확률질량함수를 막대그림으로 나타낼 수 있다.

5.1.3 초기하분포

이항분포와 유사한 형태의 분포로서 초기하분포(hypergeometric distribution)를 생각할 수 있다. 어떤 주머니에 r개의 빨간공과 w개의 하얀공이 들어 있으며, 공의 총 수량은 $N(=r+w)$이라고 하자. 이러한 주머니 즉, 모집단으로부터 n개의 표본을 랜덤으로 비복원추출(sampling without replacement)할 때 빨간공의 수를 확률변수 X라고 하면, X의 확률질량함수는

$$P(X=x)=\frac{\binom{r}{x}\binom{N-r}{n-x}}{\binom{N}{n}} \text{ (단, } x=\max\{0,\, n-(N-r)\},\ \cdots,\ \min\{r,\, n\})$$

으로 주어지며, 이때 확률변수 X는 모수가 n, r, w인 초기하분포를 따른다고 한다.

[정의 5.3] 초기하분포(hypergeometric distribution)

r개의 빨간공과 w개의 하얀공이 들어 있는 크기가 $N(=r+w)$인 모집단으로부터 n개의 표본을 랜덤으로 비복원추출할 때 확률변수 X를 빨간공의 수라고 하자. 이때 X는 '모수가 n, r, w인 초기하분포를 따른다'라고 하며, $X \sim HYP(n,\, r,\, w)$로 표기하고, 그 확률질량함수 $f(x)$는 다음과 같다.

$$f(x)=\begin{cases} \dfrac{\binom{r}{x}\binom{N-r}{n-x}}{\binom{N}{n}}, & x=\max\{0,\, n-(N-r)\},\ \cdots, \min\{r,n\} \\ 0 \qquad\quad , & \text{기타} \end{cases}$$

확률변수 X가 모수가 n, r, w인 초기하분포를 따르고, $n<w$, $r<n$ 이라고 가정하였을 때, X의 기댓값은

$$\begin{aligned} E(X) &= \sum_{x=0}^{r} x\frac{\binom{r}{x}\binom{N-r}{n-x}}{\binom{N}{n}} = n\frac{r}{N}\sum_{x=1}^{r}\frac{\binom{r-1}{x-1}\binom{N-r}{n-x}}{\binom{N-1}{n-1}} \\ &= n\frac{r}{N}\sum_{k=0}^{r-1}\frac{\binom{r-1}{k}\binom{N-1-(r-1)}{n-1-k}}{\binom{N-1}{n-1}} \\ &= n\frac{r}{N} \end{aligned}$$

이고,

$$E[(X(X-1)] = \sum_{x=0}^{r} x(x-1)\frac{\binom{r}{x}\binom{N-r}{n-x}}{\binom{N}{n}} = n(n-1)\frac{r(r-1)}{N(N-1)}\sum_{x=2}^{r}\frac{\binom{r-2}{x-2}\binom{N-r}{n-x}}{\binom{N-2}{n-2}}$$

$$= n(n-1)\frac{r(r-1)}{N(N-1)}\sum_{k=0}^{r-2}\frac{\binom{r-2}{k}\binom{N-2-(r-2)}{n-2-k}}{\binom{N-2}{n-2}}$$

$$= n(n-1)\frac{r(r-1)}{N(N-1)}$$

이므로 분산은

$$\begin{aligned} Var(X) &= E(X^2) - [E(X)]^2 = E[X(X-1)] + E(X) - [E(X)]^2 \\ &= n(n-1)\frac{r(r-1)}{N(N-1)} + n\frac{r}{N} - n^2\frac{r^2}{N^2} \\ &= n\frac{r}{N}\left[(n-1)\frac{(r-1)}{(N-1)} + 1 - n\frac{r}{N}\right] \\ &= n\frac{r}{N}\left(1-\frac{r}{N}\right)\frac{N-n}{N-1} \end{aligned}$$

으로 구해진다.

정리 5.3 초기하분포의 평균과 분산

확률변수 X 가 모수가 n, r, w 인 이항분포를 따른다고 하면 $E(X) = n\frac{r}{N}$ 이고

$Var(X) = n\frac{r}{N}\left(1-\frac{r}{N}\right)\frac{N-n}{N-1}$ 이다.

[정의 5.3]에서 n개의 표본을 랜덤으로 복원추출(sampling with replacement)하는 경우에는 빨간공이 뽑힐 확률이 $p = \frac{r}{N}$ 로 동일하므로 빨간공의 수 X는 이항분포 $B(n,\ p)$를 따르게 된다. 또한 이론적으로 초기하분포에서 $p(=r/N)$를 일정하게 두고 N을 무한히 크게 하면 초기하분포는 이항분포로 근사하게 된다. 따라서 모집단의 크기 N이 표본의 크기 n에 비하여 충분히 크면 복원추출과 비복원추출 사이에 거의 차이가 없다고 할 수 있으므로, 초기하분포의 근사에 이항분포를 활용할 수 있다.

예제 5.2 S마트의 창고에는 100개의 전자제품이 적재되어 있으며, 이들 중 30개가 이월상품이라고 한다. 다음 물음에 답하여라.

(1) 이 창고에서 10개의 전자제품을 비복원 랜덤추출할 때, 이월상품이 2개 이하일 확률을 구하여라.

(2) 이항분포를 이용하여 문제 (1)의 확률의 근삿값을 구하고 정확한 확률값과 비교하여라.

풀이 (1) X를 이월상품의 개수라고 하면 $X \sim HYP(10, 30, 70)$이므로, 이월상품이 2개 이하일 확률은

$$P(X \le 2) = \sum_{x=0}^{2} \frac{\binom{30}{x}\binom{70}{10-x}}{\binom{100}{10}} = 0.3729$$

이다.

(2) $N = 30 + 70 = 100$이 표본의 크기 $n = 10$에 비해 충분히 크므로, 이항분포 $B(10, 0.3)$에 근사할 수 있다. 이제 이항분포에 의한 근삿값은

$$P(X \le 2) \simeq \sum_{x=0}^{2} \binom{10}{x} (0.3)^x (0.7)^{10-x} = 0.3827$$

로 정확한 확률값과 약 0.01정도 차이가 난다. ■

R 실습 5.2 [예제 5.2]의 초기하 확률변수 $X \sim HYP(n = 10, r = 30, w = 70)$에 대하여 확률 $P(X \le 2)$을 구하여라.

[R코드 5.2] 초기하분포 : X~HYP(n=10, r=30, w=70)

```
# 확률 계산
phyper(q=2, m=30, n=70, k=10)        # 초기하분포 P(X≤2)
pbinom(q=2, size=10, prob=0.3)       # 이항분포 P(X≤2)
```

실행 결과

```
> # 확률 계산
> phyper(q=2, m=30, n=70, k=10)   # 초기하분포 P(X≤2)
[1] 0.3728566
> pbinom(q=2, size=10, prob=0.3)  # 이항분포 P(X≤2)
[1] 0.3827828
```

- 초기하분포의 누적확률을 구하는 함수는 첫 번째 문자를 **p**를 사용하는 **phyper( )** 이다. 이때 매개변수 **m, n, k**는 각각 초기하분포의 모수인 r(빨간공의 수), w(하얀공의 수), n(시행횟수)를 나타낸다.

• [R코드 5.2]의 실행 결과는 초기하분포의 누적 확률값과 이항분포를 이용한 근사 확률값을 제공하고 있으며, [예제 5.2]의 결과와 동일함을 알 수 있다.

5.1.4 포아송분포

17세기 프랑스의 유명한 수학자이며 물리학자인 포아송(S. D. Poisson)은 그 당시 이항확률을 계산하는 것이 여간 어려운 일이 아니라는 점에 착안하여 이항확률의 근삿값을 계산하기 위한 지수식을 발표하였다. 즉, 포아송은 확률변수 X가 이항분포 $B(n,p)$를 따를 때, n이 커짐에 따라 p가 0으로 수렴하되 그 평균이 $np=\lambda$로 일정하면,

$$\lim_{n\to\infty}\binom{n}{x}p^x(1-p)^{n-x} = \frac{e^{-\lambda}\lambda^x}{x\,!},\quad x=0,\ 1,\ 2,\ \cdots$$

의 근사 관계가 성립한다는 사실을 보였다. 이와 같이 이항분포의 근사 분포인 포아송분포(Poisson distribution)는 다음과 같이 정의된다.

[정의 5.4] 포아송분포(Poisson distribution)

확률변수 X가 '모수가 $\lambda>0$인 포아송분포를 따른다'면, $X\sim POI(\lambda)$로 표기하고, 그 확률질량함수 $f(x)$는 다음과 같다.

$$f(x)=\begin{cases}\dfrac{e^{-\lambda}\lambda^x}{x!}, & x=0,\ 1,\ 2.\ \cdots\\[2ex] 0 & ,\ \text{기타}\end{cases}$$

앞에서 언급한 이항분포와의 근사 관계에서 알 수 있듯이, 포아송분포는 단위시간이나 단위공간에서 희귀하게 일어나는 사건의 발생 횟수를 표현하는데 유용하게 사용될 수 있다. 예를 들어, 하루 동안 고속도로 상에서 발생하는 교통사고의 수(통과 차량 수 n은 매우 크고 사고확률 p는 매우 작은 경우),단위시간(분 또는 시간) 동안 교환대에 걸려오는 전화의 횟수, 단위길이 당 통신선로의 결함 수, 1년 동안 추락하는 비행기의 수, 백과사전의 페이지 당 오자의 수, 어느 지역에서의 하루 동안 정전이 되는 횟수 등과 같이 희귀사건들에 대하여 포아송분포를 적용할 수 있다.

확률변수 X가 모수가 λ인 포아송분포를 따른다면, 그 평균은

$$E(X)=\sum_{x=0}^{\infty}x\cdot\frac{e^{-\lambda}\lambda^x}{x!}=\lambda\sum_{x=1}^{\infty}\frac{e^{-\lambda}\lambda^{x-1}}{(x-1)!}=\lambda$$

가 되며,

$$E[X(X-1)] = \sum_{x=0}^{\infty} x(x-1) \cdot \frac{e^{-\lambda}\lambda^x}{x!} = \lambda^2 \sum_{x=2}^{\infty} \frac{e^{-\lambda}\lambda^{x-2}}{(x-2)!} = \lambda^2$$

이므로 분산은

$$\begin{aligned} Var(X) &= E(X^2) - [E(X)]^2 = E[X(X-1)] + E(X) - [E(X)]^2 \\ &= \lambda^2 + \lambda - \lambda^2 = \lambda \end{aligned}$$

와 같이 계산된다.

정리 5.4 포아송분포의 평균과 분산[5)]

확률변수 X 가 모수가 λ 인 포아송분포를 따른다고 하면 $E(X) = \lambda$ 이고 $Var(X) = \lambda$ 이다.

[그림 5.1]은 확률변수 X가 모수가 $\lambda = 2.5$ 인 포아송분포를 따를 때, X의 확률질량함수를 그래프로 나타낸 것이다. 포아송분포의 여러 가지의 λ 값에 대하여 한 점 $X = x$ 에서의 확률 $P(X = x)$는 부록의 [표 B.3]에 주어져 있다. 부록의 [표 B.3]을 사용하기 위해서는 먼저 해당하는 λ 를 찾은 다음, x 값과 교차하는 값을 구하면 그 값이 확률 $P(X = x)$의 값이 된다.

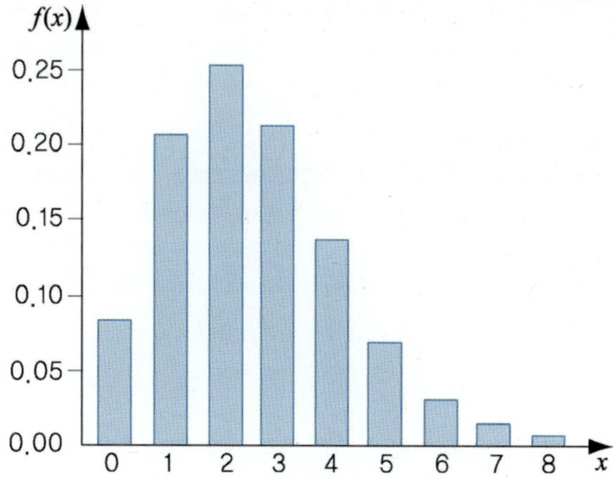

[그림 5.1] $\lambda = 2.5$ 인 포아송분포의 확률질량함수

예제 5.3 어떤 백과사전의 페이지 당 오자 수는 평균이 3개인 포아송 분포를 따른다고 하자. 이 백과사전에서 한 페이지를 임의로 펼칠 때 오자의 수가 4개 이상일 확률을 구하여라.

5) 이항분포의 분산 $np(1-p)$ 에서 $np = \lambda$ 로 고정시키고 n 이 커짐에 따라 p가 0에 수렴하면 $\lim_{n\to\infty} np(1-p) = \lim_{n\to\infty} n\frac{\lambda}{n}\left(1-\frac{\lambda}{n}\right) = \lambda$ 이 성립하므로 포아송분포의 분산이 λ가 됨을 알 수 있다.

풀이 페이지 당 오자의 수를 X 라고 하면, X 는 $\lambda=3$ 인 포아송분포를 따르므로, 구하고자 하는 확률은

$$P(X \geq 4) = 1 - P(X \leq 3) = 1 - \sum_{x=0}^{3} \frac{e^{-3} 3^x}{x!}$$
$$= 1 - (0.050 + 0.149 + 0.224 + 0.224) = 0.353$$

이 된다. ■

R 실습 5.3 [예제 5.3]의 포아송 확률변수 $X \sim POI(\lambda=3)$에 대하여 다음 물음에 답하여라.

(1) 확률 $P(X \geq 4)$을 구하여라.

(2) 확률변수 X의 확률질량함수를 나타내어라.

[R코드 5.3] 포아송분포 : X~POI(lambda=3)

```
# 확률 계산
cdf=ppois(q=3, lambda=3)        # P(X≤3)
1-cdf

# 포아송분포의 확률질량함수
x=c(0:25)
plot(x, y=dpois(x, 3), main="포아송분포", xlab="x", ylab="f(x)", col="blue",
   type="h",   # 세로막대형 그래프
   lwd=3)      # 막대의 두께 지정
```

실행 결과

```
> # 확률 계산
> cdf=ppois(q=3, lambda=3)        # P(X≤4)
> 1-cdf
[1] 0.3527681
>
> # 포아송분포의 확률질량함수
> x=c(0:25)
> plot(x, y=dpois(x, 3), main="포아송분포", xlab="x", ylab="f(x)", col="blue",
+    type="h",   # 세로막대형 그래프
+    lwd=3)      # 막대의 두께 지정
```

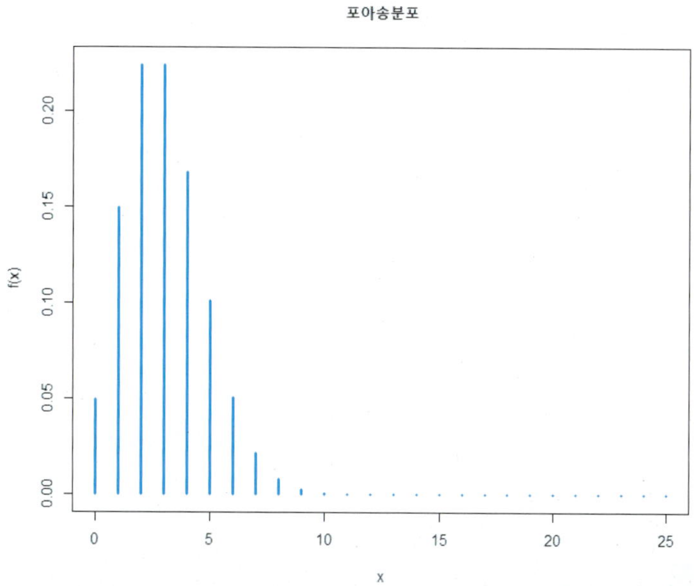

- 포아송분포의 누적함수를 구하는 함수는 ppois( )이며, 매개변수 lambda는 포아송분포의 모수 λ(평균)를 나타낸다. 따라서 확률 $P(X \geq 4) = 1 - P(X \leq 3)$의 계산을ppois( ) 함수를 이용하여 구할 수 있다.
- 확률질량함수는 [R코드 5.1]에서와 같이 barplot( )을 이용하여 표현할 수 있으며, [R코드 5.3]과 같이 plot( ) 함수를 이용하여 표현할 수도 있다. plot(x, y, ...)은 순서쌍으로 나타낸 (x, y)를 좌표평면에 그리는 함수이다. 여기서 매개변수 y=dpois(x, 3)로 대응시키면 확률변수 X의 각각의 값 x에 대하여 확률값 $f(x)$를 그래프로 나타낸다.
- plot( )의 기본적인 그림 형태는 순서쌍을 좌표평면에 점으로 나타내는 것이다. 확률질량함수를 시각적으로 더 잘 표현하기 위해 매개변수 type="h"로 지정하였는데, "h"는 세로막대형 그래프를 그리라는 의미이다. 또한 매개변수 lwd는 점이나 막대의 두께를 지정하며 여기서는 lwd=3을 사용하였다.

예제 5.4 새로 개발된 치료법에 의하면, 백혈병에 걸린 환자가 완치될 확률이 0.04라고 한다. 다음 물음에 답하여라.

(1) 랜덤하게 뽑은 100명의 백혈병 환자 중에서 적어도 10명이 완치가 될 확률을 구하여라.

(2) 포아송분포를 이용하여 문제 (1)의 확률의 근삿값을 구하고 정확한 확률값과 비교하여라.

풀이 (1) 확률변수 X를 100명 중에 완치가 되는 사람의 수라고 하면, X는 모수가 $n = 100$과 $p = 0.04$인 이항분포를 따른다. 따라서, 적어도 10명이 완치가 될 확률은

$$P(X \geq 10) = 1 - P(X \leq 9)$$
$$= 1 - \sum_{x=0}^{9} \binom{100}{x} (0.04)^x (0.96)^{100-x} = 0.0068$$

이 된다.

(2) 이항분포는 n 이 충분히 크고 p 가 0에 가까울 경우 포아송분포로 근사한다. 따라서 확률변수 X는 근사적으로 $\lambda = np = 4$인 포아송분포를 따르며, 구하고자 하는 확률은

$$P(X \geq 10) = 1 - P(X \leq 9)$$
$$= 1 - \sum_{x=0}^{9} \frac{e^{-4} 4^x}{x!} \approx 0.0081$$

이 된다. 포아송분포를 이용한 확률의 근삿값과 정확한 확률값의 차이는 0.0013으로 근사가 잘 됨을 확인할 수 있다. ■

5.1.5 기하분포

이항분포나 초기하분포에서는 표본의 크기 n을 미리 정해 놓고 표본을 추출한 후, n번 중에 성공이 몇 번 일어나는 지에 관심을 두고 있다. 그러나 n을 미리 정하지 않은 상태에서 첫 번째 성공이 일어날 때까지 몇 개의 표본을 추출해야 하는지에 관심을 가질 때가 있다. 성공률이 p 인 베르누이시행을 독립적으로 반복하는 실험에서 첫 번째 성공이 일어날 때까지의 시행 횟수를 확률변수 X라고 하면, 확률변수 X의 확률질량함수는

$$P(X = x) = p(1-p)^{x-1} \ (\text{단}, \ x = 1, 2, \cdots)$$

으로 주어지며, 이때 확률변수 X는 모수가 p인 기하분포(geometric distribution)를 따른다고 한다.

[정의 5.5] 기하분포(geometric distribution)

성공률이 p인 베르누이시행을 독립적으로 반복하는 실험에서 첫 번째 성공이 일어날 때까지의 시행 횟수를 확률변수 X 라고 하자. 이때 X 는 '모수가 p인 기하분포를 따른다'라고 하며, $X \sim GEO(p)$로 표기하고, 그 확률질량함수 $f(x)$는 다음과 같다.

$$f(x) = \begin{cases} p(1-p)^{x-1}, & x = 1, 2, \cdots \\ 0, & \text{기타} \end{cases}$$

확률변수 X가 모수가 p인 기하분포를 따른다면, 그 평균은

$$E(X) = \sum_{x=1}^{\infty} x \cdot pq^{x-1} \ (\text{단}, \ q = 1-p)$$

$$= p\sum_{x=1}^{\infty}\left(\frac{d}{dq}q^x\right) = p\frac{d}{dq}\left(\sum_{x=1}^{\infty}q^x\right) = p\frac{d}{dq}\left(\frac{q}{1-q}\right)$$

$$= p\frac{1}{(1-q)^2} = \frac{1}{p}$$

가 되며,

$$E[X(X+1)] = \sum_{x=1}^{\infty}x(x+1)pq^{x-1} = p\sum_{x=1}^{\infty}\left(\frac{d^2}{dq^2}q^{x+1}\right) = p\frac{d^2}{dq^2}\left(\sum_{x=1}^{\infty}q^{x+1}\right)$$

$$= p\frac{d^2}{dq^2}\left(\frac{q^2}{1-q}\right) = p\frac{2}{(1-q)^3} = \frac{2}{p^2}$$

이므로, 그 분산은

$$Var(X) = E(X^2) - [E(X)]^2 = E[X(X+1)] - E(X) - [E(X)]^2$$

$$= \frac{2}{p^2} - \frac{1}{p} - \frac{1}{p^2} = \frac{1-p}{p^2}$$

로 계산된다.

정리 5.5 기하분포의 평균과 분산

확률변수 X가 모수가 p인 기하분포를 따른다고 하면 $E(X) = \dfrac{1}{p}$이고 $Var(X) = \dfrac{1-p}{p^2}$이다.

예제 5.5 한 개의 주사위를 6의 숫자가 처음으로 나올 때까지 계속 던진다고 하자. 이때 정확히 10번 던질 확률을 구하여라.

풀이 구하고자 하는 확률은 9번의 계속된 다른 숫자와 10번째 6의 숫자가 나올 확률이므로, 첫 번째 6이 나올 때까지의 시행 횟수 X는 $p = 1/6$인 기하분포를 따르게 되고, 따라서

$$P(X=10) = \left(\frac{1}{6}\right)\left(\frac{5}{6}\right)^9 = 0.0323$$

이 된다. ■

R 실습 5.4 [예제 5.5]의 기하 확률변수 $X \sim GEO(p=1/6)$에 대하여 다음 물음에 답하여라.

(1) 확률 $P(X=10)$을 구하여라.

(2) 확률변수 X의 확률질량함수를 나타내어라.

[R코드 5.4] 기하분포 : X~GEO(p=1/6)

```
# 확률 계산
dgeom(x=9, prob=1/6)                    # 기하분포 P(X=10)

# 기하분포의 확률질량함수
x=0:20
y=dgeom(x, prob=1/6); names(y)=x+1        # y=f(x)
barplot(y, main="기하분포", xlab="x", ylab="f(x)", col="steelblue")
```

실행 결과

```
> # 확률 계산
> dgeom(x=9, prob=1/6)                    # 기하분포 P(X=10)
[1] 0.03230112
>
> # 기하분포의 확률질량함수
> x=0:20
> y=dgeom(x, prob=1/6); names(y)=x+1        # y=f(x)
> barplot(y, main="기하분포", xlab="x", ylab="f(x)", col="steelblue")
```

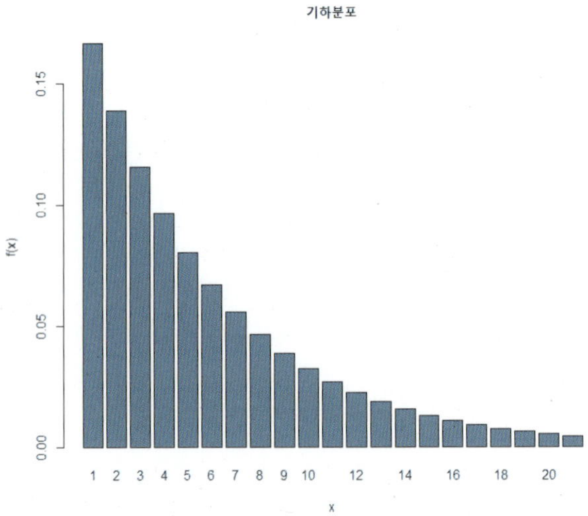

- 기하분포의 확률값을 구하는 함수는 첫 번째 문자 **d**를 사용하는 **dgeom( )** 이다. 이때 매개변수 x는 첫 번째 성공이 일어날 때까지의 실패 횟수를 나타내며, 10번째 시행에서 첫 성공이 일어날 확률 $P(X=10)$를 계산하기 위하여 매개변수 **x=9**로 지정하였다. 매개변수 **prob=1/6**은 성공확률을 나타내며, [R코드 5.4]에서 구한 확률값은 [예제 5.5]의 결과와 동일함을 알 수 있다.

• [R코드 5.4]는 **barplot( )**을 이용하여 기하분포의 확률질량함수를 구하고 있으며, x축의 값을 실패 횟수 대신에 시행 횟수로 표현하기 위하여 **names(y)=x+1**과 같이 지정하였다.

5.2 연속형 확률분포

연속형 확률분포로는 균등분포, 정규분포, 표준정규분포, 지수분포, 베타분포, 감마분포 등 여러 가지가 있으나 그 중에서 자주 사용되는 중요한 몇 가지 분포에 대해서만 설명하도록 하겠다.

5.2.1 균등분포

연속형 확률분포 중에서 가장 간단한 것은 균등분포(uniform distribution)로서, 어떤 주어진 구간 안에서 일어날 확률이 항상 일정한 분포를 말한다.

[정의 5.6] 균등분포(uniform distribution)

확률변수 X가 실구간 $(a,\ b)$ 상에 균일하게 분포되어 있을 때, 그 확률밀도함수는

$$f(x) = \begin{cases} \dfrac{1}{b-a}, & a < x < b \\ 0, & \text{기타} \end{cases}$$

이 되고, 이때 확률변수 X는 '구간 $(a,\ b)$ 위에서 균등분포를 따른다'라고 하며, $X \sim U(a,b)$로 표기한다.

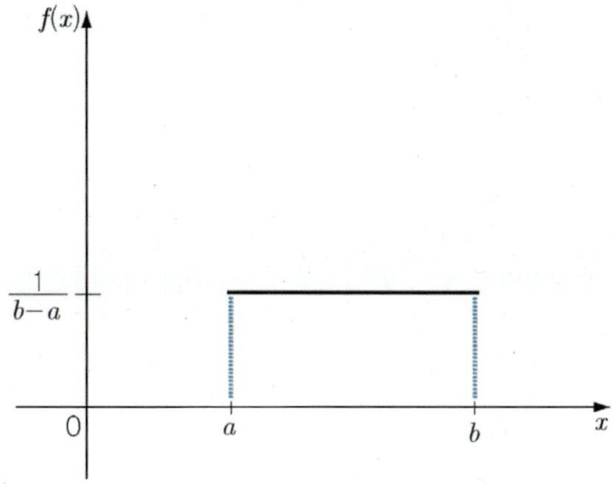

[그림 5.2] 균등분포 $U(a,b)$의 확률밀도함수

확률변수 X가 구간$(a,\ b)$ 위에서 균등분포를 따를 때 그 확률밀도함수는 [그림 5.2]에 주어져 있으며, X의 평균과 분산은 각각

$$E(X) = \int_a^b x\frac{1}{b-a}dx = \frac{1}{b-a}\left(\frac{1}{2}x^2\Big|_a^b\right) = \frac{b^2-a^2}{2(b-a)} = \frac{a+b}{2}$$

$$Var(X) = E(X^2) - [E(X)^2] = \int_a^b \frac{x^2}{b-a}dx - \left(\frac{a+b}{2}\right)^2 = \frac{(b-a)^2}{12}$$

으로 계산된다.

정리 5.6 균등분포의 평균과 분산

확률변수 X가 실구간 $(a,\ b)$ 위에서 균등분포를 따른다고 하면 $E(X) = \dfrac{a+b}{2}$이고 $Var(X) = \dfrac{(b-a)^2}{12}$이다.

예제 5.6 정보원 A와 정보원 B가 서로 접선하고자 한다. 정보원 A는 약속장소에 오전 6시와 오전 7시 사이에 나타날 가능성이 동일하다고 하자. 만약 정보원 B가 오전 6시 정각에 도착한다고 하면, 두 사람이 10분 이내에 만날 수 있을 확률을 구하여라.

풀이 A가 나타나는 시각을 오전 6시 X분이라고 하면, 확률변수 X는 다음과 같은 확률밀도함수를 갖는 균등분포를 따른다.

$$f(x) = \begin{cases} \dfrac{1}{60}, & 0 \le x \le 60 \\ 0, & \text{기타} \end{cases}$$

따라서 구하고자 하는 확률은 다음과 같다.

$$P(0 \le X \le 10) = \int_0^{10} \frac{1}{60}dx = \frac{1}{6}$$

■

R 실습 5.5 [예제 5.6]의 확률변수 $X \sim U(a=0, b=60)$에 대하여 다음 물음에 답하여라.

(1) 확률밀도함수 $f(x)$에 대하여 $f(0), f(10), f(20), f(30)$의 값을 구하고 비교하여라.

(2) 누적 확률 $P(X \le 10)$의 값을 구하여라.

[R코드 5.5] 균등분포 : X~U(a=0, b=60)

```
# 균등분포의 확률밀도함수의 값 계산
x=c(0, 10, 20, 30)
dunif(x, min=0, max=60)                    # 균등분포 f(x)

# 누적 확률 계산
punif(q=10, min=0, max=60)                 # 균등분포 P(X≤10)
```

실행 결과

```
> # 균등분포의 확률밀도함수의 값 계산
> x=c(0, 10, 20, 30)
> dunif(x, min=0, max=60)                  # 균등분포 f(x)
[1] 0.01666667 0.01666667 0.01666667 0.01666667
>
> # 누적 확률 계산
> punif(q=10, min=0, max=60)               # 균등분포 P(X≤10)
[1] 0.1666667
```

- 균등분포의 확률밀도함수의 값과 누적 확률값을 구하는 함수는 각각 첫 번째 문자에 **d**와 **p**를 사용하는 **dunif( )**와 **punif( )** 이다. 이때 매개변수 **min**과 **max**는 각각 균등분포의 모수인 a(최소값)와 b(최대값)을 나타낸다.
- 균등분포의 특성으로 [R코드 5.5.]에서 구한 균등분포의 확률밀도함수의 값은 모두 동일함을 알 수 있으며, 누적 확률값은 [예제 5.6]의 결과와 동일함을 알 수 있다.

5.2.2 정규분포

저울을 사용하여 어떤 물건을 여러 번 반복 측정할 때 그 측정값들이 반드시 일치하지는 않는다. 그 이유는 온도, 습도, 기압 등과 같이 측정시 고려되지 않는 여러 가지 요인들에 의하여 영향을 받기 때문이다. 이때 측정값은 제멋대로 나타나는 것이 아니라 참값에 가까운 측정값들은 많이 나타나고, 참값에 비하여 매우 크거나 작은 측정값들은 적게 나타나게 된다. 18세기 과학자들은 이러한 측정값들의 오차가 어떠한 규칙성을 가지는 분포형태를 나타낸다는 점을 발견하고, 여러 번의 실험을 통하여 측정오차가 정규곡선이라 불리는 좌우대칭형의 분포를 따르고 있다는 사실을 도출하였다.

이러한 측정오차의 분포형태를 수학적인 함수로 체계화한 것이 바로 정규분포(normal distribution)

이다.[6] 통계학의 초기 단계에서는 정규분포에 지나치게 의존하여 모든 실생활의 현상들이 정규분포 모양과 가까운 형태일 때에는 맞고, 그렇지 않은 경우에는 자료의 수집과정에 잘못이 있다고 생각하였다. 그러나 실생활에서의 현상들 중 상당수는 정규분포 이외의 다른 형태의 확률모형을 가지는 경우도 많다. 그럼에도 불구하고 정규분포는 여전히 그 수학적 성질 때문에 통계학에서 가장 중요한 위치를 차지하고 있다.

[정의 5.7] 정규분포(normal distribution)

확률변수 X의 확률밀도함수가

$$f(x) = \frac{1}{\sqrt{2\pi}\,\sigma} e^{-\frac{(x-\mu)^2}{2\sigma^2}}, \qquad -\infty < x < \infty$$

와 같을 때, 확률변수 X는 '평균이 μ이고 분산이 σ^2인 정규분포를 따른다'라고 하며, $X \sim N(\mu,\ \sigma^2)$으로 표기한다.

정규분포는 두 개의 모수 즉, 평균 μ와 분산 σ^2에 의해 결정되어지므로 그 종류는 무수히 많다. [그림 5.3]은 여러 가지 종류의 정규분포 곡선을 나타내고 있으며, [그림 5.3]에서 보는 바와 같이 정규분포 곡선은 다음의 몇 가지 주요한 특징을 가지고 있다.

① 평균 μ를 중심으로 종모양의 좌우 대칭이다.
② 평균=중앙값=최빈값이다.
③ 평균 μ로부터 멀어지는 양쪽 꼬리부분은 x축으로 점점 접근한다.
④ 곡선과 x축 사이 부분의 면적은 1이다.

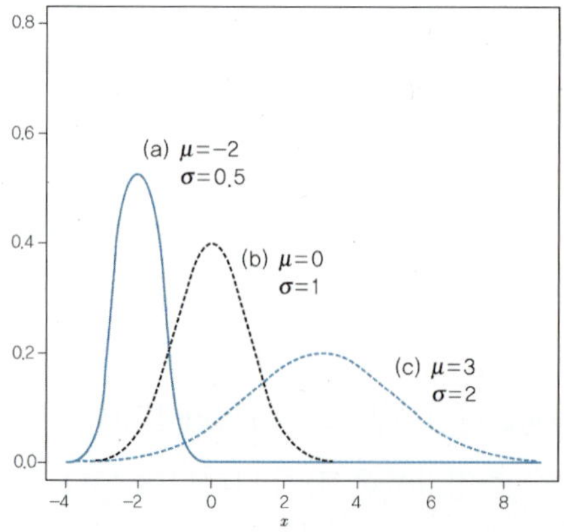

[그림 5.3] 여러 가지 종류의 정규분포

6) 정규분포를 가우스분포(Gauss distribution)라고도 부르는데, 그 이유는 이 분포가 19세기의 가장 위대한 수학자로 알려진 C. Gauss에 의하여 물리학과 천문학 등에 폭넓게 응용되었기 때문이다.

그러나 어떤 확률밀도함수의 그래프가 종모양의 대칭이라고 해서 그것이 반드시 정규분포를 나타내는 것은 아니다. 정규분포에서는 평균으로부터 $\pm 1\sigma$, $\pm 2\sigma$, $\pm 3\sigma$ 범위 이내에 전체 자료가 포함될 확률이 다음과 같다.

[참고] 68–95–99.7 법칙

확률변수 $X \sim N(\mu, \sigma^2)$일 때

$$P(\mu-\sigma < X < \mu+\sigma) = 0.683$$
$$P(\mu-2\sigma < X < \mu+2\sigma) = 0.954$$
$$P(\mu-3\sigma < X < \mu+3\sigma) = 0.997$$

이 성립한다.

정규분포는 [그림 5.3]에서 보는 바와 같이 표준편차 σ가 작아질수록 중심에서의 곡선 높이는 점점 높아지면서 그 폭은 점점 줄어들게 된다. 이것은 자룟값들이 평균을 중심으로 모여 있다는 것을 의미하며, 이러한 형태의 모집단으로부터 표본을 추출하게 되면 평균에 가까운 값들이 관측될 가능성이 높다. 반대로 σ가 커질수록 중심에서의 곡선 높이는 점점 낮아지고 정규밀도곡선은 점점 평평해지게 된다. 이것은 자룟값들이 평균을 중심으로 넓게 흩어져 있다는 것을 의미하며, 이러한 형태의 모집단으로부터 표본을 추출하게 되면 평균에서 떨어진 값들이 관측될 가능성이 높다.

예제 5.7 우리나라 20대 남자들의 몸무게 X는 근사적으로 평균이 $\mu = 64.5$ (kg)이고 표준편차가 $\sigma = 2.5$ (kg)인 정규분포를 따르는 것으로 알려져 있다. 이때 X의 확률밀도함수를 그리고 68-95-99.7 법칙의 의미를 설명하여라.

풀이 평균이 $\mu = 64.5$ (kg)이고 표준편차가 $\sigma = 2.5$ (kg)이므로 $\mu \pm 1\sigma$, $\mu \pm 2\sigma$, $\mu \pm 3\sigma$의 값을 각각 구하면

$$(\mu - \sigma,\ \mu + \sigma) = (64.5 - 2.5,\ 64.5 + 2.5) = (62,\ 67)$$
$$(\mu - 2\sigma,\ \mu + 2\sigma) = (64.5 - 5,\ 64.5 + 5) = (59.5,\ 69.5)$$
$$(\mu - 3\sigma,\ \mu + 3\sigma) = (64.5 - 7.5,\ 64.5 + 7.5) = (57,\ 72)$$

가 된다. 여기서 구간 (62, 67)의 의미는 [그림 5.12]에서 보는 바와 같이 몸무게가 62kg과 67kg사이인 사람이 전체 20대 남자 중에서 68.3%가 되며, 구간 (59.5, 69.5)는 몸무게가 59.5kg와 69.5kg 사이인 사람이 전체 20대 남자 중에서 95.4%가 된다는 것을 나타내고 있다. 그리고 구간 (57, 72)는 전체 20대 남자의 99.7%가 57kg과 72kg 사이, 바꾸어 이야기하면 정규분포는 평균을 중심으로 좌우 대칭이기 때문에 몸무게가 57kg보다 작은 사람과 몸무게가 72kg보다 큰 20대 남자가 각각

0.15%씩 존재한다는 것을 나타낸다.

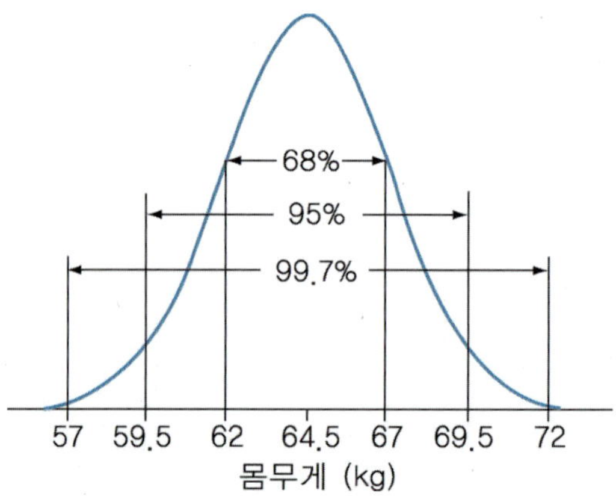

[그림 5.4] 정규분포 $N(64.5, 2.5^2)$에서의 68–95–99.7 법칙

확률변수 X가 정규분포 $N(\mu, \sigma^2)$를 따른다고 할 때, 즉 그 확률밀도함수가 [정의 5.7]의 $f(x)$라고 하면 확률변수 X의 평균과 분산은 [정리 5.7]과 같이 계산되며, [정리 5.8]의 두 가지 중요한 성질을 만족한다. [정리 5.7]과 [정리 5.8]에 대한 증명은 이 책의 수준을 벗어나므로 생략한다.

정리 5.7 정규분포의 평균과 분산

확률변수 X의 확률밀도함수가 $f(x) = \frac{1}{\sqrt{2\pi}\,\sigma} e^{-\frac{1}{2\sigma^2}(x-\mu)^2}, \; -\infty < x < \infty$ 이면

$E(X) = \mu$이고 $Var(X) = \sigma^2$이다.

정리 5.8 정규분포의 두 가지 중요한 성질

(1) 확률변수 X가 정규분포 $N(\mu, \sigma^2)$를 따른다면, X의 일차함수 $aX+b$ (단, a, b는 상수)는 정규분포 $N(a\mu+b, \; a^2\sigma^2)$를 따른다.

(2) 정규분포의 가법성: 서로 독립인 두 확률변수 X와 Y가 각각 정규분포 $N(\mu_1, \sigma_1^2)$와 $N(\mu_2, \sigma_2^2)$를 따른다면, 두 확률변수의 합 $aX \pm bY$는 정규분포 $N(a\mu_1 \pm b\mu_2, \; a^2\sigma_1^2 + b^2\sigma_2^2)$를 따른다.

R 실습 5.6 정규 확률변수 $X \sim N(\mu, \sigma^2)$에 대하여 다음 물음에 답하여라.

(1) [예제 5.7]의 확률변수 $X \sim N(\mu = 64.5, \sigma^2 = 2.5^2)$에 대하여 68-95-99.7 법칙에 해당하는 확률을 각각 구하여라.

(2) [그림 5.3]의 확률밀도함수를 나타내어라.

[R코드 5.6] 정규분포

```
# 68-95-99.7 법칙
mu=64.5; sigma=2.5
pnorm(q=mu+sigma, mean=mu, sd=sigma)-pnorm(mu-sigma, mu, sigma)
pnorm(q=mu+2*sigma, mean=mu, sd=sigma)-pnorm(mu-2*sigma, mu, sigma)
pnorm(q=mu+3*sigma, mean=mu, sd=sigma)-pnorm(mu-3*sigma, mu, sigma)

# 정규분포의 확률밀도함수 그리기
x=seq(-4, 9, 0.1)
plot(x, y=dnorm(x, -2, 0.5), main="정규분포", type="l", ylab="")
lines(x, y=dnorm(x,0,1), lty=2, col="lightblue")
lines(x, y=dnorm(x,3,2), lty=3, col="steelblue")
text(0.5, 0.6, "mean=-2, sd=0.5")
text(2.5, 0.3, "mean=0, sd=1")
text(6.5, 0.15, "mean=3, sd=2")
```

실행 결과 68-95-99.7 법칙

```
> # 68-95-99.7 법칙
> mu=64.5; sigma=2.5
> pnorm(q=mu+sigma, mean=mu, sd=sigma)-pnorm(mu-sigma, mu, sigma)
[1] 0.6826895
> pnorm(q=mu+2*sigma, mean=mu, sd=sigma)-pnorm(mu-2*sigma, mu, sigma)
[1] 0.9544997
> pnorm(q=mu+3*sigma, mean=mu, sd=sigma)-pnorm(mu-3*sigma, mu, sigma)
[1] 0.9973002
```

- $P(\mu-\sigma < X < \mu+\sigma) = P(X < \mu+\sigma) - P(X < \mu-\sigma)$이므로 누적확률값을 계산하는 pnorm( ) 함수를 이용하여 68-95-99.7 법칙에 해당하는 확률을 구할 수 있으며, 매개변수 mean과 sd는 각각 정규분포의 모수 μ(평균)와 σ(표준편차)를 나타낸다.
- [R코드 5.6]으로부터 계산된 68-95-99.7 법칙에 해당하는 확률이 [예제 5.7]과 동일함을 알 수 있다.

실행 결과 정규분포의 확률밀도함수 그리기

```
> # 정규분포의 확률밀도함수 그리기
> x=seq(-4, 9, 0.1)
> plot(x, y=dnorm(x, -2, 0.5), main="정규분포", type="l", ylab="")
> lines(x, y=dnorm(x,0,1), lty=2, col="lightblue")
> lines(x, y=dnorm(x,3,2), lty=3, col="steelblue")
> text(0.5, 0.6, "mean=-2, sd=0.5")
> text(2.5, 0.3, "mean=0, sd=1")
> text(6.5, 0.15, "mean=3, sd=2")
```

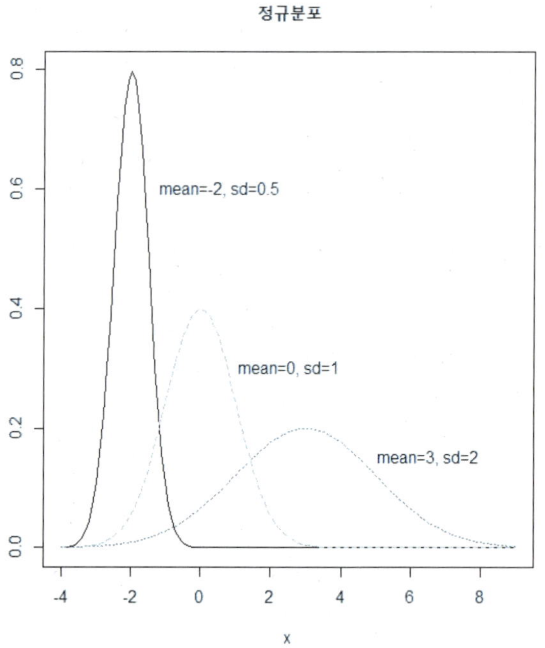

- 정규분포의 확률밀도함수는 **plot( )** 함수를 이용하여 그릴 수 있다. 이때 매개변수 **x=seq(−4, 9, 0.1)**는 정규확률변수가 정의되는 영역 중 그림으로 표현할 값으로 −4부터 9까지의 숫자를 0.1단위로 증가시켜 벡터로 저장하기 위해 사용되었다.
- 가장 먼저 평균이 −2이고 표준편차가 0.5인 정규확률곡선을 그리기 위해 **plot( )** 함수의 매개변수 **y=dnorm(x, −2, 0.5)**를 지정하였다. 이때 **dnorm( )** 함수는 매개변수 x의 값에 대하여 정규분포의 확률밀도함수 값을 구해준다. 곡선형태의 그림을 작성하기 위해 **type= "l"**로 지정하였으며, y축 제목을 나타내지 않으려고 **ylab=" "**을 입력하였다.
- **plot( )** 함수를 이용하여 그린 그림 위에 추가적인 곡선형태의 그림을 작성하려면 **lines( )** 함수를 이용하면 된다. 사용법은 **plot( )** 함수와 크게 차이나지 않으며, 그림 형태를 구분하기 위해 각각

매개변수 lty=2와 lty=3을 지정하여 표현하였다.

- text( ) 함수 역시 plot( )으로 그린 그림 위에 추가적으로 문구를 삽입하는 데 쓰인다. text(0.5, 0.6, "mean=−2, sd=0.5")는 그림의 좌표 (0.5, 0.6)을 중심으로 하여 “mean=-2, sd=0.5”라는 문구를 삽입하라는 의미이다.

5.2.3 표준정규분포

확률변수 X가 정규분포 $N(\mu, \sigma^2)$를 따를 때, 주어진 구간에 대한 확률은 확률밀도함수 $f(x)$의 적분을 통하여 계산될 수 있다. 예를 들어, [그림 5.5]에서와 같이 확률변수 X가 a와 b(단, $a < b$) 사이에 있을 확률은

$$P(a \le x \le b) = \int_a^b f(x)dx$$

$$= \int_a^b \frac{1}{\sqrt{2\pi}\,\sigma} e^{-\frac{1}{2\sigma^2}(x-\mu)^2} dx$$

와 같이 계산된다. 그러나 이러한 적분의 계산은 매우 복잡하므로, 미리 계산해 놓은 확률표를 이용하여 필요한 확률을 구하는 것이 바람직하다.

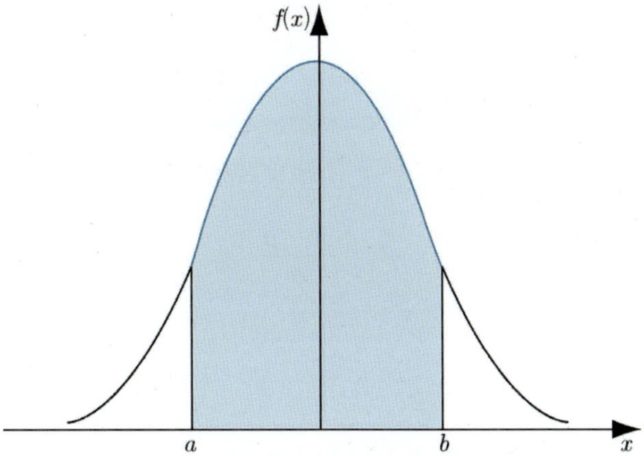

[그림 5.5] **정규분포 $N(\mu, \sigma^2)$에서의 확률 $a \le X \le b$)**

정규분포 $N(\mu, \sigma^2)$의 확률밀도함수는 평균 μ와 분산 σ^2에 따라 변하며 확률변수가 취할 수 있는 값은 $-\infty$와 $+\infty$ 사이의 모든 값이므로, 모든 형태의 정규분포에 대한 확률표를 전부 만든다는 것은 불가능하다. 그러나 평균과 분산이 고정된 특수한 정규분포를 하나 택하여 주어진 구간에 대한 확률을 표로 작성할 수 있다면 필요한 확률을 쉽게 계산할 수가 있다. 이러한 특수한 형태의

정규분포가 바로 표준정규분포(standard normal distribution) 즉, 평균이 $\mu = 0$이고 분산이 $\sigma^2 = 1$인 정규분포이다.

[정의 5.8] 표준정규분포(standard normal distribution)

평균이 $\mu = 0$이고 분산이 $\sigma^2 = 1$인 정규분포를 표준정규분포라고 한다. 즉, 확률변수 X의 확률밀도함수가

$$f(x) = \frac{1}{\sqrt{2\pi}} e^{-\frac{1}{2}x^2}, \qquad -\infty < x < \infty$$

와 같을 때, 확률변수 X는 '표준정규분포를 따른다'라고 하며, $X \sim N(0, 1)$으로 표기한다.

정규분포를 따르는 어떠한 변수라도 이를 표준화(standardizing)하여 표준정규분포로 변환시킬 수 있다. 즉, 확률변수 X가 평균이 μ이고 분산이 σ^2인 정규분포 $N(\mu, \sigma^2)$를 따른다고 할 때, 확률변수 X에서 평균 μ를 빼고 표준편차 σ로 나눈 표준화된 확률변수

$$Z = \frac{X - \mu}{\sigma}$$

는 평균이 0이고 분산이 1인 표준정규분포 $N(0, 1)$를 따르게 된다. 이에 대한 증명은 [정리 5.8]을 이용하여 쉽게 보일 수 있다.

정리 5.9

확률변수 X가 정규분포 $N(\mu, \sigma^2)$를 따를 때, 이를 표준화한 확률변수

$$Z = \frac{X - \mu}{\sigma}$$

는 표준정규분포 $N(0, 1)$를 따른다.

일반적으로 표준정규분포를 따르는 확률변수 Z의 확률밀도함수를 $\phi(z)$로, 누적분포함수를 $\Phi(z)$로 표기하며, 이들은 각각 다음과 같다.

$$\phi(z) = \frac{1}{\sqrt{2\pi}} e^{-\frac{1}{2}z^2}, \qquad -\infty < z < \infty$$

$$\Phi(z) = P(Z \le z) = \int_{-\infty}^{z} \frac{1}{\sqrt{2\pi}} e^{-\frac{1}{2}t^2} dt$$

표준정규분포에서 $-\infty$ 에서 임의의 값 z까지의 누적 확률 $\Phi(z)$는 부록의 [표 B.4]의 표준정규분포표에 주어져 있으며, 이를 이용하여 정규분포와 관련된 확률 문제를 쉽게 해결할 수 있다. [표 5.4]은 표준정규분포표의 일부분으로, 왼쪽의 세로줄은 z 값의 소수점 첫째 자리수를, 맨 위의 가로줄은 소수점 둘째 자리수를 나타내며, 이때 가로와 세로가 만나는 점의 값이 $\Phi(z)$ 의 값이 된다. 예를 들어, 확률 $\Phi(0.65)=P(Z<0.65)$의 값은 왼쪽의 세로줄에서 0.6과 맨 위의 가로줄 0.05가 만나는 값 0.7422가 되는 것이다([그림 5.6] 참조).

[표 5.4] **표준정규분포표**

z	.00	.01	.02	.03	.04	.05	.06	.07	.08	.09
.0	.5000	.5040	.5080	.5120	.5160	.5199	.5239	.5279	.5319	.5359
.1	.5398	.5438	.5478	.5517	.5557	.5596	.5636	.5675	.5714	.5754
.2	.5793	.5832	.5871	.5910	.5948	.5987	.6026	.6064	.6103	.6141
.3	.6179	.6217	.6255	.6293	.6331	.6368	.6406	.6443	.6480	.6517
.4	.6554	.6591	.6628	.6664	.6700	.6736	.6772	.6808	.6844	.6879
.5	.6915	.6950	.6985	.7019	.7054	.7088	.7123	.7157	.7190	.7224
.6	.7257	.7219	.7324	.7357	.7389	.7422	.7454	.7486	.7517	.7549
.7	.7580	.7611	.7642	.7673	.7704	.7734	.7764	.7794	.7823	.7852
.8	.7881	.7910	.7939	.7967	.7995	.8023	.8051	.8078	.8106	.8133
.9	.8159	.8186	.8212	.8238	.8264	.8289	.8315	.8340	.8365	.8389
1.0	.8413	.8438	.8461	.8485	.8508	.8531	.8554	.8577	.8599	.8621

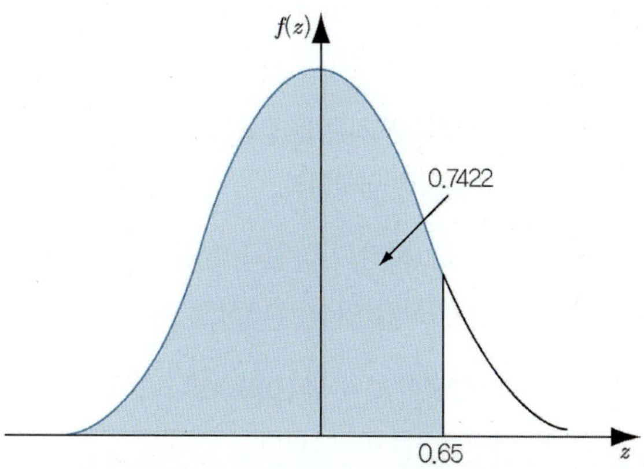

[그림 5.6] **표준정규분포 $N(0,1)$에서의 확률 $P(Z\le 0.65)$의 의미**

표준정규분포는 0에 대하여 좌우대칭이므로 누적분포함수 $\Phi(z)$ 는 다음과 같은 성질을 가지며, 이러한 성질은 확률계산을 간편하게 하여 준다.

① $\Phi(0)=0.5$

② $\Phi(-z)=1-\Phi(z)$

③ $P(Z > z) = 1 - \Phi(z)$

표준정규분포에서 오른쪽 꼬리의 넓이가 α 가 되는 지점을 z_α 로 나타내며, 이를 상위 $100\alpha\,\%$ 백분위수라고 한다. 즉, z_α는 [그림 5.7]에서 보는 바와 같이 $P(Z \geq z_\alpha) = \alpha$를 만족하는 값이며, 통계적 추론에서 자주 사용되는 상위 백분위수에는

$$z_{0.05} = 1.645, z_{0.025} = 1.96,\ z_{0.005} = 2.58$$

등이 있다.

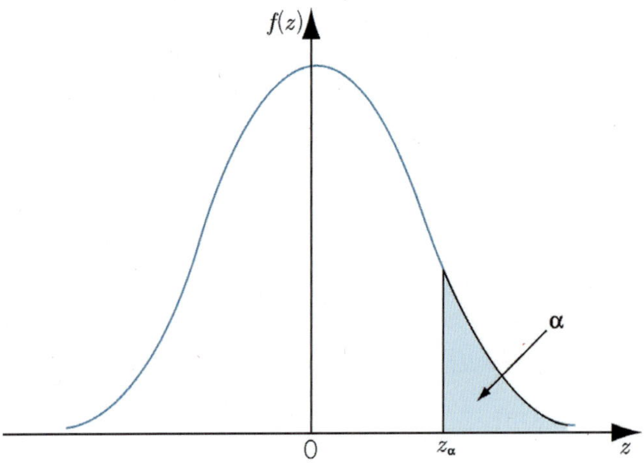

[그림 5.7] **표준정규분포 $N(0, 1)$의 상위 $100\alpha\%$ 백분위수**

예제 5.8 A 공장에서 생산하는 건전지의 수명(시간)은 평균이 $\mu = 100$이고 분산이 $\sigma^2 = 10^2$인 정규분포 $N(100,\ 10^2)$를 따른다고 한다. 다음 물음에 답하여라.

(1) 랜덤하게 뽑은 건전지의 수명이 110시간 이상일 확률을 구하여라.

(2) 랜덤하게 뽑은 건전지의 수명이 90시간 이상, 115시간 이하일 확률을 구하여라.

풀이 X를 건전지의 수명(시간)이라고 하면 $X \sim N(100,\ 10^2)$이다.

(1) $P(X \geq 110) = P\left(\dfrac{X-100}{10} \geq \dfrac{110-100}{10}\right) = P(Z \geq 1).$
$= 1 - \Phi(1) = 0.1587$

(2) $P(90 \leq X \leq 115) = P\left(\dfrac{90-100}{10} \leq \dfrac{X-100}{10} \leq \dfrac{115-100}{10}\right)$
$= P(-1 \leq Z \leq 1.5) = \Phi(1.5) - [1 - \Phi(1)]$
$= 0.7745$ ■

R 실습 5.7 정규 확률변수 $X \sim N(\mu, \sigma^2)$에 대하여 다음 물음에 답하여라.

(1) [예제 5.8]의 확률변수 $X \sim N(\mu = 100, \sigma^2 = 10^2)$와 에 대하여 $P(X \geq 110)$을 구하고, $P(Z \geq 1)$와 비교하여라.

(2) [그림 5.17]의 표준정규분포의 상위 백분위수, $z_{0.05}$, $z_{0.025}$, $z_{0.005}$을 각각 구하여라.

[R코드 5.7] 표준정규분포

```
# 확률 계산
mu=100; sigma=10
1-pnorm(q=110, mean=mu, sd=sigma)
1-pnorm(q=1, mean=0, sd=1)
1-pnorm(q=1)

# 표준정규분포의 상위 백분위수
qnorm(p=0.95, mean=0, sd=1)
qnorm(p=0.05, mean=0, sd=1, lower.tail=FALSE)
qnorm(p=0.05, lower.tail=FALSE)
qnorm(p=0.025, lower.tail=FALSE)
qnorm(p=0.005, lower.tail=FALSE)
```

실행 결과

```
> # 확률 계산
> mu=100; sigma=10
> 1-pnorm(q=110, mean=mu, sd=sigma)
[1] 0.1586553
> 1-pnorm(q=1, mean=0, sd=1)
[1] 0.1586553
> 1-pnorm(q=1)
[1] 0.1586553
>
> # 표준정규분포의 상위 백분위수
> qnorm(p=0.95, mean=0, sd=1)
[1] 1.644854
> qnorm(p=0.05, mean=0, sd=1, lower.tail=FALSE)
[1] 1.644854
```

```
> qnorm(p=0.05, lower.tail=FALSE)
[1] 1.644854
> qnorm(p=0.025, lower.tail=FALSE)
[1] 1.959964
> qnorm(p=0.005, lower.tail=FALSE)
[1] 2.575829
```

- 정규분포의 확률값 $P(X \geq 110) = 1 - P(X < 110)$은 **pnorm( )** 함수를 이용하여 구할 수 있다. 이때 매개변수 **mean**과 **sd**의 값을 지정하지 않으면 표준정규분포의 확률값을 제공하며, 확률값 $P(Z < 1)$은 **pnorm(q=1)**로 구할 수 있다. [R코드 5.7]의 결과에서 두 확률값 $P(X \geq 110)$와 $P(Z \geq 1)$은 동일함을 알 수 있다.
- 표준정규분포의 하위 또는 상위 백분위수는 **qnorm( )** 함수를 이용하여 구할 수 있다. 이때 매개변수 **lower.tail=FALSE**로 입력하면 매개변수 **p**값에 대한 상위 백분위수를 제공하고, **lower.tail=TRUE** (또는 미지정)로 입력하면 매개변수 **p**값에 대한 하위 백분위수를 제공한다. 즉 **qnorm(p=0.95)**와 **qnorm(p=0.05, lower.tail=FALSE)**은 동일한 결과를 제공한다.

예제 5.9 어떤 집단에서 여자의 키는 평균이 160㎝이고 표준편차가 3cm인 정규분포를 따르고, 남자의 키는 평균이 170cm이고 표준편차가 4cm인 정규분포를 따른다고 하자. 이 집단에서 무작위로 남자와 여자를 선택한다고 할 때, 여자의 키가 남자의 키 보다 클 확률을 구하여라.

풀이 확률변수 X를 뽑힌 여자의 키, Y를 뽑힌 남자의 키 라고 하면, 정규분포의 가법성에 의하여 $X-Y$는 정규분포를 따르며, 그 평균과 분산은 각각

$$\begin{aligned}\mu_{X-Y} &= E(X-Y) = E(X) - E(Y)\\ &= \mu_X - \mu_Y = 160 - 170 = -10\end{aligned}$$

$$\begin{aligned}\sigma^2_{X-Y} &= Var(X-Y) = Var(X) + Var(Y)\\ &= \sigma^2_X + \sigma^2_Y = 3^2 + 4^2 = 25 = 5^2\end{aligned}$$

와 같다. 따라서 여자의 키가 남자의 키 보다 클 확률은

$$\begin{aligned}P(X > Y) &= P(X-Y > 0) = P\left(\frac{X-Y+10}{5} > \frac{10}{5}\right)\\ &= P(Z > 2) = 1 - P(Z \leq 2)\\ &= 1 - \Phi(2) = 0.0227\end{aligned}$$

이다. ■

5.2.4 지수분포

포아송분포는 단위시간 또는 단위공간 내에서 어떤 사건이 발생하는 횟수에 대한 확률분포이다. 이에 비하여 지수분포(exponential distribution)는 어떤 사건이 발생할 때까지 걸리는 시간을 나타나기 위해 사용되는 확률분포로서, 그 확률밀도함수는

$$f(x) = \lambda e^{-\lambda x}, \quad x > 0$$

와 같다. 지수분포는 어떤 기계나 전자 제품의 수명시간 또는, 백화점에 고객이 도착하는 시간 등과 같이 연속적인 현상을 나타내는데 사용되는 확률분포이다.

[정의 5.9] 지수분포(exponential distribution)

확률변수 X의 확률밀도함수가

$$f(x) = \begin{cases} \lambda e^{-\lambda x}, & 0 < x < \infty \\ 0, & \text{기타} \end{cases}$$

와 같을 때, 확률변수 X는 '모수가 λ인 지수분포를 따른다'라고 하며, $X \sim \text{EXP}(\lambda)$으로 표기한다.

확률변수 X가 모수가 λ 인 지수분포를 따른다면, 그 평균은

$$\begin{aligned} E(X) &= \int_0^\infty x\lambda e^{-\lambda x}dx = \lim_{R\to\infty}\int_0^R \lambda x e^{-\lambda x}dx \\ &= \lim_{R\to\infty}\left(-xe^{-\lambda x}\Big|_0^R + \int_0^R e^{-\lambda x}dx\right) \\ &= \lim_{R\to\infty}\left(-Re^{-\lambda R} - \frac{1}{\lambda}e^{-\lambda x}\Big|_0^R\right) \\ &= \lim_{R\to\infty}\left(-Re^{-\lambda R} - \frac{1}{\lambda}e^{-\lambda R} + \frac{1}{\lambda}\right) = \frac{1}{\lambda} \end{aligned}$$

이 되며, 동일한 방법으로 분산은

$$Var(X) = E(X^2) - (E(X))^2 = \int_0^\infty x^2\lambda e^{-\lambda x}dx - \left(\frac{1}{\lambda}\right)^2 = \frac{1}{\lambda^2}$$

으로 구해진다.

정리 5.10 지수분포의 평균과 분산

확률변수 X가 모수가 λ인 지수분포를 따른다고 하면 $E(X) = \frac{1}{\lambda}$이고 $Var(X) = \frac{1}{\lambda^2}$이다.

예제 5.10 소방서의 119 대기조가 화재신고를 받고 사고지역에 도착할 때까지 걸리는 시간(분)은 $\lambda = 0.05$ 인 지수분포를 따른다고 한다. 119 대기조가 화재신고를 받고 25분 이내에 사고지역에 도착할 확률을 구하여라.

풀이 119 대기조가 현장에 도착할 때까지 걸리는 시간을 X 라고 하면, 확률변수 X의 확률밀도함수는

$$f(x) = \begin{cases} 0.05\,e^{-0.05x}, & 0 < x < \infty \\ 0, & \text{기타} \end{cases}$$

이다. 따라서 119 대기조가 사고지역에 25분 이내에 도착할 확률은

$$P(X \le 25) = \int_0^{25} 0.05e^{-0.05x}dx = 1 - e^{-0.05 \times 25} = 0.7135$$

와 같이 구해진다. ■

R 실습 5.8 [예제 5.10]의 확률변수 $X \sim \mathrm{EXP}(\lambda = 0.05)$에 대하여 확률 $P(X \le 25)$을 구하여라.

[R코드 5.8] 지수분포 : X~EXP(lambda=0.05)

```
# 확률 계산
pexp(q=25, rate=0.05)
```

실행 결과

```
> pexp(q=25, rate=0.05)
[1] 0.7134952
```

- 지수분포의 누적 확률값을 구하는 함수는 **pexp( )** 이며, 매개변수 **rate**는 지수분포의 모수 λ를 의미한다. [R코드 5.8]의 실행 결과는 [예제 5.10]의 결과와 동일함을 알 수 있다.

연습문제

1. 현재 문방구에 납품되고 있는 S전자계산기의 불량률은 1%로 알려져 있다. 이번 달에 납품된 전자계산기 중에서 10개를 랜덤으로 뽑는다고 할 때, 그 중 2개가 불량품일 확률을 계산하여라.

2. 전구공장에서 생산하고 있는 전구의 불량률은 2%로 알려져 있다. 철물점에서 전구 100개 주문하였을 때 이 중 불량 전구가 3개 이상 나올 확률을 구하여라.

3. 과거 자료에 의하면 적국에 파견된 정보원들 중 약 20%가 첩보활동 중 연락이 두절되었다고 한다. 20명의 정보원을 적국에 침투시켰을 때 4명 이상이 연락이 두절될 확률을 구하여라. 단, 정보원들 간의 정보활동은 서로 독립적으로 이루어진다.

4. A 공장에서 생산되고 있는 핸드폰의 불량률은 0.1이라고 한다. 이 공장에서 생산된 핸드폰 10개를 랜덤으로 대리점에 보냈을 때 대리점이 소유하고 있는 불량 핸드폰의 개수를 알아보고자 한다.

1) 적합한 확률모형을 구하여라.
2) 대리점이 가지게 되는 불량 핸드폰의 평균 개수를 구하여라.
3) 대리점이 한 개의 불량 핸드폰도 가지고 있지 않을 확률을 구하여라.

5. 회사 창고에 보관되어 있는 100대의 컴퓨터 중에 5대의 불량품이 들어 있다. 10대를 랜덤으로 비복원추출할 때, 불량품이 1대 포함될 확률을 구하여라.

6. 최근 10년간 자료에 의하면 서울특별시에서 지하철 고장이 월 평균 5건에 이르는 것으로 나타났다. 이번 달에 지하철 고장이 한 건도 일어나지 않을 확률을 구하여라.

7. A병원 응급실에는 1시간 동안 평균 5명의 환자가 들어온다고 한다. A병원의 응급실에 1시간 동안 7명의 환자가 들어올 확률을 구하여라.

8. 오전 10시부터 1분 사이에 어느 지역 사거리에 도착하는 자동차의 대수 X는 다음과 같은 확률분포를 따른다고 한다.

$$f(x) = \begin{cases} \dfrac{e^{-3}3^x}{x!}, & x = 0,\ 1,\ \cdots \\ 0, & \text{기타} \end{cases}$$

1) 1분 동안 이 사거리에 10대 이상의 차가 도착할 확률을 구하여라.
2) 1분 동안 차가 한 대도 도착하지 않을 확률을 구하여라.

9. B회사에서 물건을 사면 경품추첨을 위한 행운권을 준다고 하자. 경품에 당첨될 확률이 0.01이면, D씨가 매일 한번 B회사에서 물건을 산다고 할 때, 5일 만에 처음으로 경품에 당첨될 확률을 구하여라.

10. K자동차 회사에서 납품되고 있는 차량의 엔진 수명은 평균이 12.4년, 표준편차가 2.2년인 정

규분포를 따른다고 한다. K자동차에서는 엔진 고장에 대한 보증을 10년간 한다고 할 때 100대를 납품받았다고 할 경우 무상으로 서비스를 받아야 할 차량의 수의 기댓값을 구하여라.

11. 학생들의 통계학 기말시험 점수는 평균 65점, 표준편차 5인 정규분포를 따른다고 한다.
1) 랜덤으로 뽑은 한 학생의 점수가 60점과 75점 사이가 될 확률을 구하여라.
2) 상위 15%의 학생들에게 A학점이 부여된다고 할 때, 최소한 몇 점을 받아야 하는가?

12. 직장인 A씨가 집에서 회사까지 출근하는데 걸리는 시간은 평균 30분, 표준편차 6분인 정규분포를 따른다고 하자.
1) 집에서 오전 8시 25분에 출발할 때, 오전 9시까지 회사에 도착할 확률을 구하여라.
2) 오전 9시까지 회사에 도착할 가능성이 적어도 95% 이상 되려면, 늦어도 몇 시에 집에서 출발해야 하는가?

13. 인터넷몰에서 판매되고 있는 L전자 세탁기가 고장날 때까지 걸리는 시간 Y는 다음과 같은 확률밀도함수를 가진다고 한다(단위: 년).

$$f(y) = \begin{cases} ce^{-\frac{y}{3}}, & y > 0 \\ 0, & \text{기타} \end{cases}$$

1) c의 값을 구하여라.
2) 세탁기가 1년 이내에 고장날 확률을 구하여라.
3) 세탁기가 5년 이내에 고장날 확률을 구하여라.

14. 중부고속도로에 설치되어 있는 속도감지기에 의해 적발되는 속도위반 차량들 간의 간격 X(시간)는 다음과 같은 확률밀도함수를 가진다고 한다.

$$f(x) = \begin{cases} 4e^{-4x}, & x > 0 \\ 0, & \text{기타} \end{cases}$$

1) 속도위반 차량 간의 간격이 10분 이하일 확률을 구하여라.
2) 속도위반 차량 간의 평균 간격시간을 구하여라.

15. A와 B 회사에서 생산되고 있는 핸드폰 배터리의 수명 X와 Y는 다음과 같은 확률밀도함수를 가진다고 한다.

$$f(x) = \frac{1}{200}e^{-\frac{x}{200}}, x \geq 0$$

$$f(y) = \frac{1}{300} - \frac{y}{180{,}000},\ 0 \leq y \leq 600$$

300시간이 걸리는 여행을 위해서 어느 회사 제품을 사용하는 것이 더 나은지를 설명하여라.

16. 공중전화의 통화시간은 평균 3분인 지수분포를 따른다고 알려져 있다. K 병장이 여자 친구에게 전화를 걸기 위하여 공중전화부스에 도착하여 보니 다른 병사가 이미 통화를 하고 있었다. K 병장이 1분 이내에 전화를 걸 수 있을 확률을 구하여라.

06

표본분포

6.1 기본용어

통계학에서 모집단(population)이란 연구 또는 관찰의 대상이 되는 집단 전체를 의미하며, 통계 실험이나 통계조사의 목적은 미지의 모집단에 대한 정보를 알아보는데 있다. 여기서 모집단의 정보란 모평균, 모분산 등과 같이 모집단의 특성을 나타내는 값을 말하며 이러한 특성값을 모수(parameter)라고 한다. 모수의 정확한 값은 모집단 전체를 조사하여야만 알 수 있다. 그러나 일반적으로 모집단은 매우 크기 때문에 모집단 전체를 모두 조사한다는 것은 현실적으로 불가능 하거나, 비록 가능하다고 하더라도 엄청난 비용과 시간을 필요로 하는 경우가 대부분이다. 따라서 우리는 일반적으로 표본(sample)을 추출하고 이를 이용하여 모수에 대해 추론하게 된다. 예를 들어 어느 전구회사에서 생산되는 전구의 평균수명(모수)을 조사한다고 할 때 그 조사대상은 전구회사에서 생산하는 모든 전구(모집단)가 된다. 하지만 전구회사에서 생산되는 모든 전구의 수명을 조사한다는 것은 현실적으로 불가능하므로, 이러한 경우에는 생산되는 모든 전구(모집단) 중에서 일부(표본)를 추출한 후 이들의 수명을 측정함으로써 전체 전구의 평균수명을 추측하게 된다.

[정의 6.1] 모집단(population), 모수(parameter), 표본(sample)

연구 또는 관찰 대상의 전체집합을 모집단이라 하고, 모집단의 특성을 나타내는 값을 모수라고 한다. 표본이란 모집단의 부분집합으로 모집단으로부터 추출된 자료를 말한다.

모집단으로부터 표본을 추출할 때에는 표본이 모집단을 잘 대표할 수 있도록 해야 한다. 어느 한쪽으로 치우쳐서 표본을 추출하고 이를 이용하여 모수에 대한 추론을 할 경우에는 그 결과가 왜곡되어 나타나게 된다. 이러한 문제를 해결하기 위하여 조사 대상들을 동일한 모집단으로부터 서로 독립적으로 추출하여 모집단을 구성하는 모든 개체가 추출될 가능성이 동일하도록 하는 것이 바람직하며, 이러한 방법으로 추출된 표본을 확률표본(random sample)이라고 한다. 예를 들어, 전체 전구의 평균수명에 대해 알아보기 위하여 10개의 전구를 독립적으로 추출하여 이들의 수명 $X_1,\ X_2,\ \cdots,\ X_{10}$[1]을 조사하기로 하였다고 하자. 이때 회사에서 전구를 무한히 많이 생산한다고 하면[2], 전구의 수명(모집단)에 대한 미지의 확률분포를 설정할 수 있으므로 각각의 전구 수명 $X_i(i=1,\ 2,\ \cdots,\ 10)$들은 서로 독립이고 동일한 확률분포(i.i.d., independent and identically distributed)를 따르게 된다. 이와 같이 확률표본(random sample)은 동일한 확률분포로부터 서로 독

1) 전구의 수명이 관측되기 전이므로 각각의 $X_i(i=1,\ \cdots,\ 10)$들은 확률변수이다.

2) 생산된 전구(모집단)의 수가 유한개일 때에는 복원 랜덤추출을 통해 확률표본을 구할 수 있다.

립적으로 추출한 표본이라고 할 수 있다.

[정의 6.2] 확률표본(random sample)

미지의 모집단이 확률분포 F를 따른다고 할 때, 모집단으로부터 추출한 크기가 n인 확률표본 $X_1, X_2, \ldots, X_n$은 모집단과 동일한 확률분포 F로부터 서로 독립적으로 추출한 n개의 확률변수들의 집합을 뜻한다.

일반적으로 모평균, 모분산과 같은 모수는 확률표본 $X_1, X_2, \cdots, X_n$으로부터 계산되는 표본평균, 표본분산을 이용하여 각각 추론하게 된다.

$$\text{표본평균: } \overline{X} = \frac{1}{n}\sum_{i=1}^{n} X_i$$

$$\text{표본분산: } S^2 = \frac{1}{n-1}\sum_{i=1}^{n}(X_i - \overline{X})^2$$

이러한 확률표본의 함수를 통계량(statistic)이라고 하며, 통계량으로부터 우리는 모수에 관한 정보를 얻게 된다. 통계량은 모집단의 어떤 모수에 관심을 가지느냐에 따라 여러 가지를 고려할 수 있다.

통계량의 정의로 부터 통계량 자체도 확률변수임을 알 수 있다. 다시 말해, 모수의 추론에 사용되는 통계량은 어떠한 표본이 추출되느냐에 따라 그 관측값들이 매번 달라질 것이고, 서로 다른 관측값들은 하나의 확률분포를 이루게 된다. 이러한 통계량의 분포를 표본분포(sampling distribution)[3] 라고 한다.

[정의 6.3] 통계량(statistic)과 표본분포(sampling distribution)

미지의 모수를 포함하지 않는 확률표본 $X_1, \cdots, X_n$의 함수 $T = T(X_1, \cdots, X_n)$를 통계량이라고 하고, 통계량의 확률분포를 표본분포라고 한다.

예제 6.1 파란 공 2개와 노란 공 3개가 들어있는 주머니에서 2개의 공을 꺼냈을 때, 파란 공의 수를 X_1이라고 하자. 꺼낸 공을 주머니에 집어넣은 후 다시 2개의 공을 꺼냈을 때, 파란 공의 수를 X_2이라고 하자. 이때 $\overline{X} = (X_1 + X_2)/2$의 확률분포를 구하여라.

3) 표본분포는 모수의 추론에 사용되는 통계량과 모수 사이의 관계를 나타내어 주기 때문에 표본분포를 알면 모수가 포함될 것으로 기대되는 신뢰구간을 추정할 수 있으며, 또한 모수가 어떤 특정한 값을 갖는 지를 검정 할 수도 있다. 모수의 추정과 검정에 대해서는 7장~9장에서 다루어지며, 이때 통계량과 표본분포를 이용하게 된다.

풀이 X_1과 X_2는 서로 독립이고, 모수가 $n=2$, $r=2$, $w=3$인 초기하 분포를 따르는 동일한 모집단으로부터 추출한 확률표본이라고 생각할 수 있다. 모수가 $N=5$, $M=2$, $n=2$인 초기하 분포의 확률질량함수는 표 6.1과 같으며,

[표 6.1] **모집단의 분포 : 모수가 $n=2$, $r=2$, $w=3$인 초기하 분포의 확률질량함수**

x	0	1	2
$f(x)$	$\frac{\binom{2}{0}\binom{3}{2}}{\binom{5}{2}}=0.3$	$\frac{\binom{2}{1}\binom{3}{1}}{\binom{5}{2}}=0.6$	$\frac{\binom{2}{2}\binom{3}{0}}{\binom{5}{2}}=0.1$

확률표본의 정의에 따라 X_1과 X_2의 결합확률질량함수는 각각의 확률질량함수의 곱으로 주어지므로, X_1과 X_2의 결합확률질량함수는 [표 6.2]와 같이 주어진다.

[표 6.2] X_1, X_2**의 결합확률질량함수** $f(x_1,\ x_2)$

x_1 \ x_2	0	1	2
0	$0.3\times0.3=0.09$	$0.3\times0.6=0.18$	$0.3\times0.1=0.03$
1	$0.6\times0.3=0.18$	$0.6\times0.6=0.36$	$0.6\times0.1=0.06$
2	$0.1\times0.3=0.03$	$0.1\times0.6=0.06$	$0.1\times0.1=0.01$

이제 $\overline{X}=(X_1+X_2)/2$의 확률분포를 구하기 위해 먼저 $\overline{X}$가 가질 수 있는 값을 생각해보자. 예를 들어, 표본평균의 관측값이 1이 되는 경우는 $(x_1,\ x_2)=(0,\ 2), (1,\ 1),\ (2,\ 1)$인 경우이므로, $P(\overline{X}=1)=0.03+0.36+0.03=0.42$와 같이 구할 수 있다. 동일한 요령으로 가능한 모든 표본평균에 대하여 그 확률을 계산하여 정리하면 $\overline{X}=(X_1+X_2)/2$의 분포는 [표 6.3]과 같이 구할 수 있다.

[표 6.3] **표본평균의 분포 : $\overline{X}$의 확률질량함수**

$\overline{x}$	0	0.5	1	1.5	2
$f(\overline{x})$	0.09	0.36	0.42	0.12	0.01

■

6.2 표본평균의 분포와 중심극한정리

6.2.1 표본평균의 평균과 분산

평균이 μ이고 분산이 σ^2인 모집단으로부터 확률표본 $X_1, X_2, \cdots, X_n$을 얻었다고 하자. 이때 표본평균(sample mean) $\overline{X} = \frac{1}{n}\sum_{i=1}^{n} X_i$의 기댓값 $E(\overline{X})$는 기댓값의 덧셈 성질을 이용하여

$$\begin{aligned} E(\overline{X}) &= E\left[\frac{1}{n}(X_1 + \cdots + X_n)\right] = \frac{1}{n}[E(X_1) + \cdots + E(X_n)] \\ &= \frac{1}{n}[\mu + \cdots + \mu] \text{ (동일한 모집단의 분포를 따르므로)} \\ &= \frac{1}{n} n\mu = \mu \end{aligned}$$

와 같이 구할 수 있다. 이러한 사실로부터 하나의 표본으로부터 계산된 표본평균의 관찰값은 모평균 μ와 반드시 일치하지는 않으나, 표본평균 $\overline{X}$는 특정한 확률분포를 따르게 되고 그 기댓값이 모평균 μ와 일치한다는 것을 알 수 있다.

다음으로 표본평균 $\overline{X}$의 분산과 모분산 σ^2사이에는 어떤 관련성이 있는지 살펴보도록 하자. 표본평균 $\overline{X}$의 분산 $Var(\overline{X})$는 분산의 덧셈 성질을 이용하면

$$\begin{aligned} Var(\overline{X}) &= Var\left[\frac{1}{n}(X_1 + \cdots + X_n)\right] \\ &= \frac{1}{n^2}[Var(X_1) + \cdots + Var(X_n)] \text{ (서로 독립이므로)} \\ &= \frac{1}{n^2}[\sigma^2 + \cdots + \sigma^2] \text{ (동일한 모집단의 분포를 따르므로)} \\ &= \frac{1}{n^2} n\sigma^2 = \frac{\sigma^2}{n} \end{aligned}$$

이 됨을 알 수 있다.

정리 6.1 표본평균의 평균과 분산[4)]

$X_1, X_2, \cdots, X_n$을 평균이 μ이고 분산이 σ^2인 모집단으로부터 얻은 확률표본이라고 하면 $E(\overline{X}) = \mu$, $Var(\overline{X}) = \sigma^2/n$이 성립한다.

6.2.2 정규모집단에서의 표본평균의 분포

표본평균 $\overline{X}$의 분포 모양은 모집단의 분포 모양에 의해서 결정된다. 이제 모집단의 분포가 정규분포 $N(\mu, \sigma^2)$인 경우에 표본평균 $\overline{X}$의 분포에 대하여 알아보자. 정규모집단 $N(\mu, \sigma^2)$으로부터 추출된 크기가 n인 확률표본 X_1, X_2, ..., X_n에서 각각의 $X_i(i = 1, ..., n)$들은 서로 독립적으로 모집단과 동일한 분포 $N(\mu, \sigma^2)$를 따른다. 따라서 [정리 5.8]의 정규분포의 가법성을 이용하면 표본평균 $\overline{X}$의 분포가 정규분포임을 알 수 있으며, [정리 6.1]을 통해 표본평균 $\overline{X}$가 정규분포 $N(\mu, \sigma^2/n)$를 따르는 것을 알 수 있다.

정리 6.2 정규모집단에서의 표본평균의 분포

X_1, X_2, $\cdots$, X_n을 평균이 μ이고 분산이 σ^2인 정규모집단으로부터 얻은 확률표본이라고 하면 표본평균 $\overline{X}$는 정규분포 $N\left(\mu, \dfrac{\sigma^2}{n}\right)$를 따른다. 즉, $\overline{X} \sim N\left(\mu, \dfrac{\sigma^2}{n}\right)$이 성립하고, 이를 표준화하면

$$Z = \frac{\overline{X} - \mu}{\sigma/\sqrt{n}} \sim N(0, 1)$$

와 같다.

위의 [정리 6.2]는 모집단의 분포가 정규분포일 때 표본의 크기 n에 관계없이 표본평균 $\overline{X}$도 정규분포를 따른다는 사실을 말하고 있다. [그림 6.1]은 평균이 $\mu = 20$이고 분산이 $\sigma^2 = 30$인 정규모집단으로부터 추출한 확률표본의 크기 n이 10, 50, 200일 때, 표본평균 $\overline{X}$의 확률밀도함수를 나타내고 있다. [그림 6.1]로부터 표본평균 $\overline{X}$의 평균은 모집단의 평균 μ와 같으며, 표본의 크기 n이 커짐에 따라 그 분산이 0에 가까워져서 표본평균 $\overline{X}$가 모집단의 평균 μ 근처에 밀집되어 분포한다는 것을 확인할 수 있다.

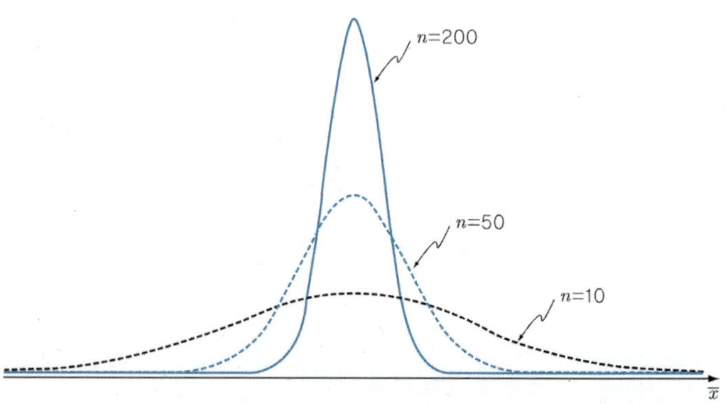

[그림 6.1] 정규모집단 $N(20, 30)$에서 표본의 크기 n에 따른 표본평균 $\overline{X}$의 확률밀도함수

4) [정리 6.1]은 모집단의 분포에 관계없이 성립함을 알 수 있다.

예제 6.2 H자동차 회사에서 개발한 신형 자동차의 리터당 주행거리 X는 평균이 $18(km/l)$, 표준편차가 $2(km/l)$인 정규분포를 따른다고 한다. n개의 자동차를 랜덤추출하여 리터당 주행거리를 측정한 결과를 $X_1, \cdots, X_n$이라고 할 때, 다음 물음에 답하여라.

(1) $n=4$일 때, $P(\overline{X} \leq 17)$을 구하여라.

(2) $n=16$일 때, $P(\overline{X} \leq 17)$을 구하여라.

풀이 (1) [정리 6.2]에 의해 $\overline{X}$은 평균이 $18(km/l)$, 표준편차가 $2/\sqrt{n}$인 정규분포를 따른다. 즉,

$$Z = \frac{\overline{X}-18}{2/\sqrt{n}} \sim N(0,1)$$이다. 따라서,

$$P(\overline{X} \leq 17) = P\left(\frac{\overline{X}-18}{2/\sqrt{n}} \leq \frac{17-18}{2/\sqrt{n}}\right) = P\left(Z \leq \frac{17-18}{2/\sqrt{n}}\right)$$

와 같고, $n=4$이면,

$$P(\overline{X} \leq 17) = P\left(Z \leq \frac{17-18}{2/\sqrt{4}}\right) = P(Z \leq -1) = 0.1587$$이다.

(2) 마찬가지 방법으로 $n=16$이면,

$$P(\overline{X} \leq 17) = P\left(Z \leq \frac{17-18}{2/\sqrt{16}}\right) = P(Z \leq -2) = 0.0228$$이다. ■

R 실습 6.1 [예제 6.2]의 정규모집단 $N(\mu=18, \sigma^2=2^2)$에 대하여 다음 물음에 답하여라.

(1) 크기가 $n=100$인 확률표본 $X_1, X_2, \cdots, X_{100}$을 독립적으로 1,000번 반복 추출할 때, 표본평균 $\overline{X}$의 분포를 탐색하여라.

(2) [예제 6.2]의 확률 $P(\overline{X} \leq 17)$을 구하여라.

[R코드 6.1(1)] 표본평균의 분포 탐색 : 정규모집단

```
# 표본평균의 분포 탐색
set.seed(1365)
x_bar=c()
for(i in 1:1000){
  x=rnorm(n=100, mean=18, sd=2)
  x_bar[i]=mean(x)
}
hist(x_bar, prob=T, main="n=100일 때 표본평균의 표본분포", ylim=c(0, 2.5))
lines(density(x_bar))
```

실행 결과

```
> # 표본평균의 분포 탐색
> set.seed(1365)
> x_bar=c()
> for(i in 1:1000){
+   x=rnorm(n=100, mean=18, sd=2)
+   x_bar[i]=mean(x)
+ }
> hist(x_bar, prob=T, main="n=100일 때 표본평균의 표본분포", ylim=c(0, 2.5))
> lines(density(x_bar))
```

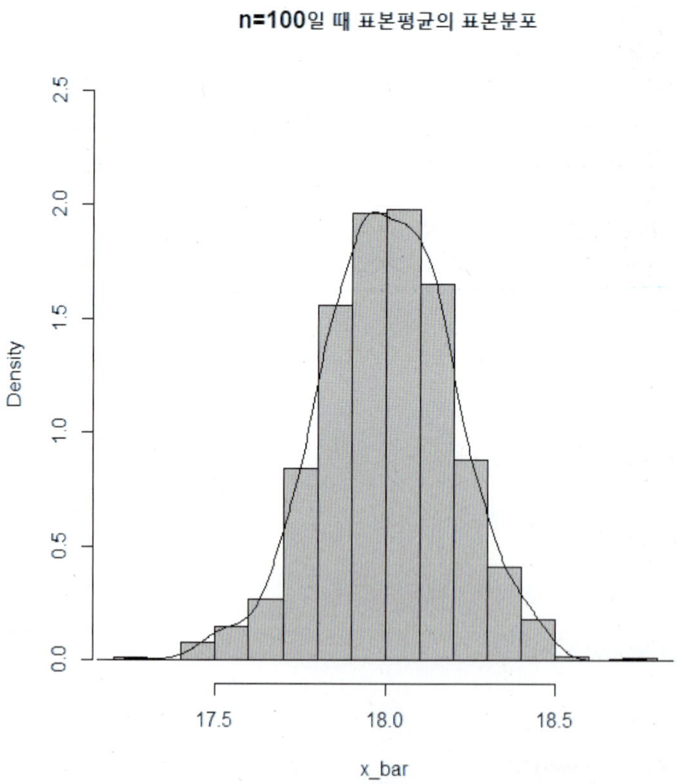

- x_bar=c( )는 시뮬레이션을 통하여 생성되는 100개의 숫자값($\overline{x}$)을 저장할 벡터를 만들기 위하여 사용되었다.
- $n = 100$인 확률표본을 독립적으로 1,000번 반복 추출하여 1,000개의 표본평균 $\overline{x}$의 값을 구하기 위하여 반복문 for를 사용하였다. 이때 크기가 100인 확률표본을 x=rnorm(n=100, mean=18,

sd=2)와 같이 평균이 $\mu = 18$이고 표준편차가 $\sigma = 2$인 정규모집단에서 추출하였으며, mean(x)를 통해 계산된 표본평균 $\bar{x}$를 x_bar 벡터의 i번째 위치인 x_bar[i]에 각각 저장하였다.

- 1,000개의 $\bar{x}$값을 이용하여 표본평균의 분포 모양을 탐색하기 위하여 hist( )함수와 density( ) 함수가 사용되었다. hist( ) 함수에서 prob=T는 히스토그램의 y축을 확률밀도함수로 작성하라는 의미이다. 자룟값으로부터 density( ) 함수를 통해 추정된 확률밀도함수는 plot( ) 또는 lines( ) 함수를 이용하여 그릴 수 있다.

[R코드 6.1(2)] 확률 $P(\overline{X} \le 17)$의 계산

```
# 확률값 계산
mu=18; sigma=2; n1=4; n2=16
p1=pnorm(q=17, mean=mu, sd=sigma/sqrt(n1)); round(p1, digits=4)
p2=pnorm(q=17, mean=mu, sd=sigma/sqrt(n2)); round(p2, digits=4)
```

실행 결과

```
> # 확률값 계산
> mu=18; sigma=2; n1=4; n2=16
> p1=pnorm(q=17, mean=mu, sd=sigma/sqrt(n1)); round(p1, digits=4)
[1] 0.1587
> p2=pnorm(q=17, mean=mu, sd=sigma/sqrt(n2)); round(p2, digits=4)
[1] 0.0228
```

- 정규분포의 누적확률 $P(\overline{X} \le 17)$은 pnorm( ) 함수를 이용하여 구할 수 있으며, 매개변수 sd에는 표준편차 $\sqrt{Var(\overline{X})} = \sigma/\sqrt{n}$를 확률표본의 크기 n을 구분하여 입력하였다.

6.2.3 중심극한정리

일반적으로 실제 문제에서는 모집단의 분포가 알려져 있지 않은 경우가 대부분이다. 그렇다면, 관측대상인 모집단의 분포가 정규분포가 아닐 때 표본평균 $\overline{X}$의 분포 모양은 어떻게 될까? 정규분포를 따르지 않는 모집단으로부터 표본이 추출되었을 때, 표본평균 $\overline{X}$의 분포는 표본의 크기 n이 작으면 거의 대부분 모집단의 분포 모양에 의존한다. 그러나 모집단의 분포에 관계없이 표본평균 $\overline{X}$의 분포는 표본의 크기 n이 커짐에 따라 점점 정규분포에 근사해 가는 성질을 가지고 있다. 이러한 성질을 기술해 놓은 것이 중심극한정리(central limit theorem)이다.

정리 6.3 중심극한정리(central limit theorem)

$X_1, X_2, \cdots, X_n$을 평균이 μ이고 분산이 $\sigma^2 < \infty$인 임의의 모집단으로부터 얻은 크기가 n인 확률표본이라고 하면, 확률변량 $\dfrac{\sum_{i=1}^{n} X_i - E\left(\sum_{i=1}^{n} X_i\right)}{\sqrt{Var\left(\sum_{i=1}^{n} X_i\right)}} = \dfrac{\sum_{i=1}^{n} X_i - n\mu}{\sqrt{n}\,\sigma}$의 분포는 n이 커짐에 따라 표준정규분포 $N(0,1)$로 근사해 간다. 즉, n이 충분히 클 때 표본평균 $\overline{X}$를 표준화 하면

$$\frac{\overline{X} - \mu}{\sigma/\sqrt{n}} \overset{\cdot}{\sim} N(0,1)$$

이 성립한다.

예제 6.3 올해 4년제 대졸 신입사원의 월급은 평균이 266만원이고, 표준편차가 15만원이라고 한다. 올해 취업한 4년제 대졸 신입사원 81명을 무작위로 추출하여 이들의 월급을 조사하였을 때, 이들의 평균월급이 270만원 이상일 확률을 구하여라.

풀이 표본의 크기 $n = 81$가 충분히 크므로, [정리 6.3]에 의하여 올해 취업한 4년제 대졸 신입사원 81명의 평균월급 $\overline{X}$는 근사적으로 평균이 266(만원)이고, 표준편차가 $15/\sqrt{81} = 5/3$인 정규분포를 따른다고 할 수 있다. 즉, $Z = \dfrac{\overline{X} - 266}{5/3} \overset{\cdot}{\sim} N(0,1)$이다. 따라서,

$$P(\overline{X} \geq 270) = P\left(\frac{\overline{X} - 266}{5/3} \geq \frac{270 - 266}{5/3}\right) \simeq P(Z \geq 2.4) = 0.0082$$

이다. ■

중심극한정리로부터 모집단의 분포가 이산형이든 연속형이든, 또는 좌우대칭이든 비대칭이든 관계없이 표본의 크기 n이 커짐(일반적으로 $n \geq 30$)에 따라 표본평균 $\overline{X}$의 분포는 정규분포로 근사해 간다. 그러나 근사의 정확성은 표본의 크기와 모집단의 분포 모양에 의존한다. 모집단의 분포가 어느 한쪽으로 심하게 기울어져 있지 않다면 [그림 6.2]에서 보는 바와 같이 표본의 크기가 작아도 정규분포로 쉽게 근사하는 것을 확인할 수 있다.

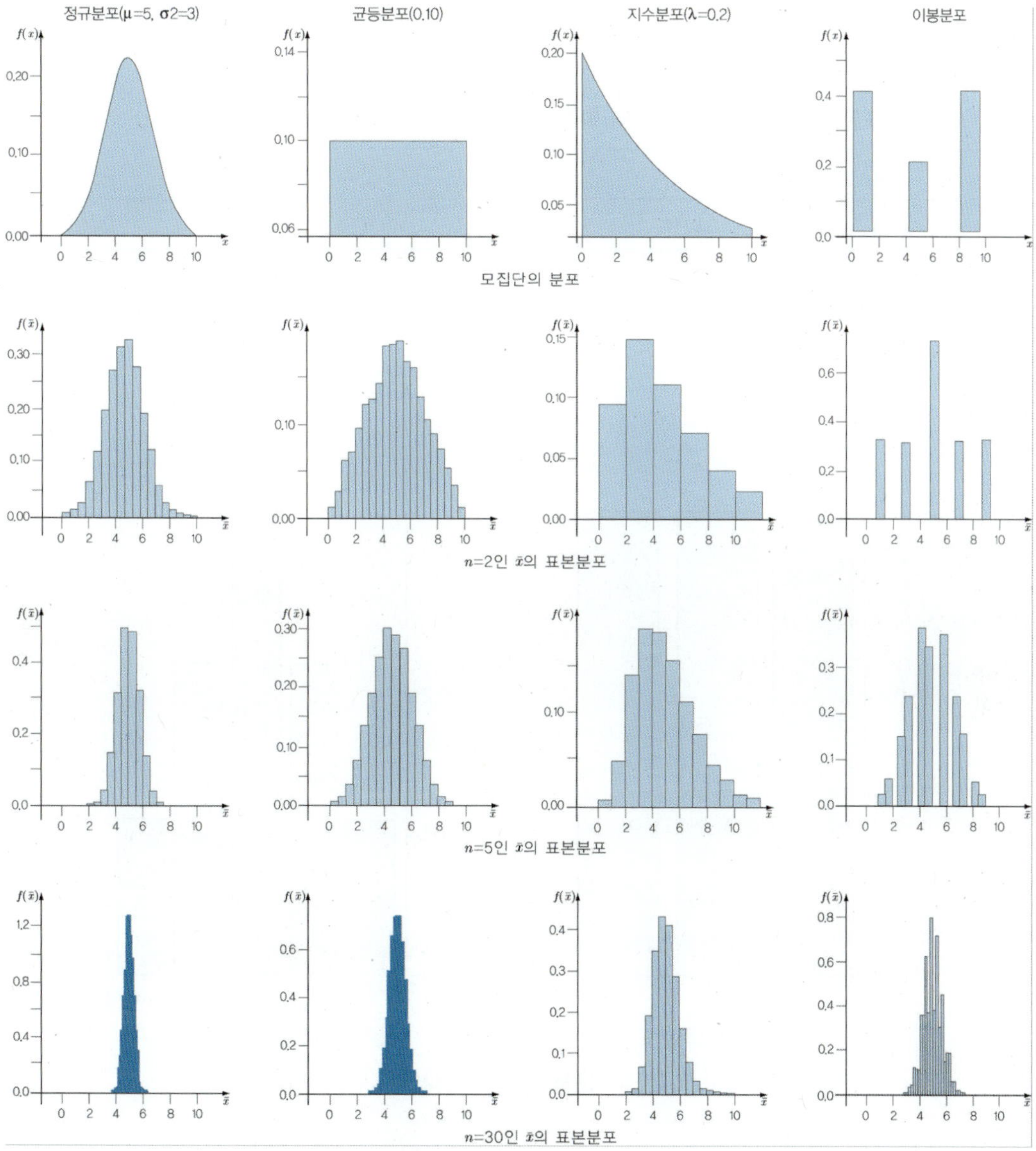

[그림 6.2] 여러 형태의 모집단에서 표본의 크기 n에 따른 $\overline{X}$의 확률분포

예제 6.4 모집단의 확률변수 X가 다음과 같은 이산형 균등분포를 따른다고 하자.

x	1	2	3
$f(x)$	1/3	1/3	1/3

이 모집단으로부터 크기 2인 확률표본 X_1, X_2를 추출할 때, 표본평균 $\overline{X}$의 분포를 구하고, 모집단의 분포와 그 모양을 비교하여라.

풀이 [예제 6.1]과 동일한 방법으로 $\overline{X}$의 표본분포는 [표 6.4]와 같이 구할 수 있으며,

[표 6.4] **표본평균 $\overline{X}$의 분포 : $\overline{X}$의 확률질량함수**

$\overline{x}$	1	1.5	2	2.5
$f(\overline{x})$	1/9	2/9	3/9	2/9

각 분포의 모양은 [그림 6.3]에 주어져 있다.

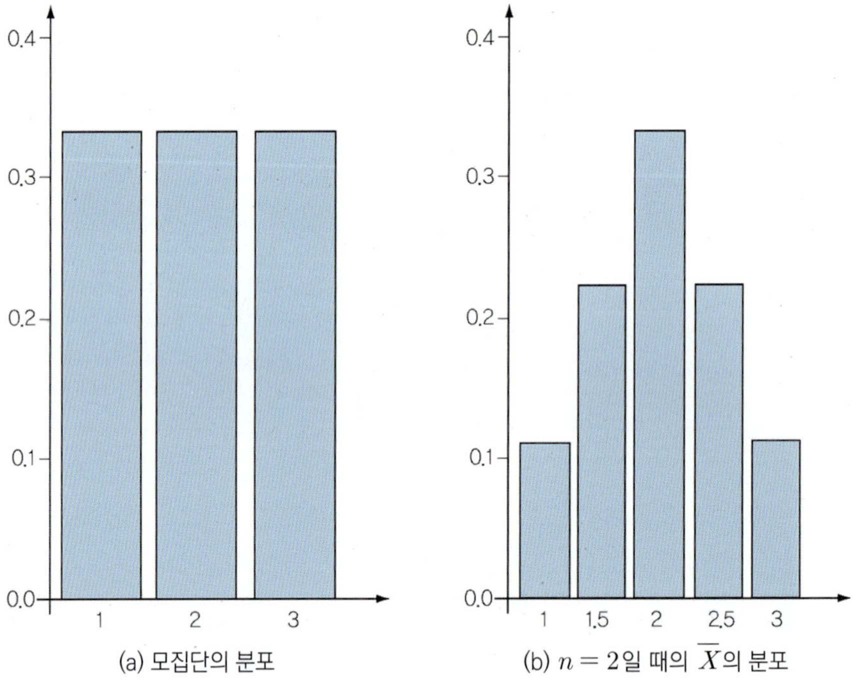

[그림 6.3] **모집단의 분포와 $n=2$에서의 $\overline{X}$의 확률분포**

[그림 6.3]에서 보는 바와 같이 모집단의 확률변수 X는 균등분포를 따르지만, 표본평균 $\overline{X}$의 분포는 표본의 크기가 $n=2$임에도 불구하고 거의 정규분포 모양으로 근사하고 있음을 볼 수 있다. ■

R 실습 6.2 $\lambda = 1.0$인 포아송분포 $POI(\lambda = 1)$로부터 크기가 $n = 5,\ 15,\ 50,\ 100$인 확률표본 $X_1, X_2, \cdots, X_n$을 각각 독립적으로 1,000번씩 반복 추출할 때 표본평균 $\overline{X}$ 의 분포 모양을 탐색하여라.

[R코드 6.2] 표본평균의 분포 탐색 : 포아송분포

```
set.seed(1365)
x_bar5=c(); x_bar15=c(); x_bar50=c(); x_bar100=c()
for(i in 1:1000){
  x_5=rpois(n=5, lambda=1);     x_bar5[i]=mean(x_5)
  x_15=rpois(n=15, lambda=1);   x_bar15[i]=mean(x_15)
  x_50=rpois(n=50,lambda=1);    x_bar50[i]=mean(x_50)
  x_100=rpois(n=100, lambda=1); x_bar100[i]=mean(x_100)
}
par(mfrow=c(2,2))
hist(x_bar5, prob=T, main="n=5일 때")
hist(x_bar15, prob=T, main="n=15일 때")
hist(x_bar50, prob=T, main="n=50일 때")
hist(x_bar100, prob=T, main="n=100일 때")
```

실행 결과

[실행 결과]

```
> x_bar5=c(); x_bar15=c(); x_bar50=c(); x_bar100=c()
> for(i in 1:1000){
+   x_5=rpois(n=5, lambda=1);     x_bar5[i]=mean(x_5)
+   x_15=rpois(n=15, lambda=1);   x_bar15[i]=mean(x_15)
+   x_50=rpois(n=50,lambda=1);    x_bar50[i]=mean(x_50)
+   x_100=rpois(n=100, lambda=1); x_bar100[i]=mean(x_100)
+ }
> par(mfrow=c(2,2))
> hist(x_bar5, prob=T, main="n=5일 때")
> hist(x_bar15, prob=T, main="n=15일 때")
> hist(x_bar50, prob=T, main="n=50일 때")
> hist(x_bar100, prob=T, main="n=100일 때")
```

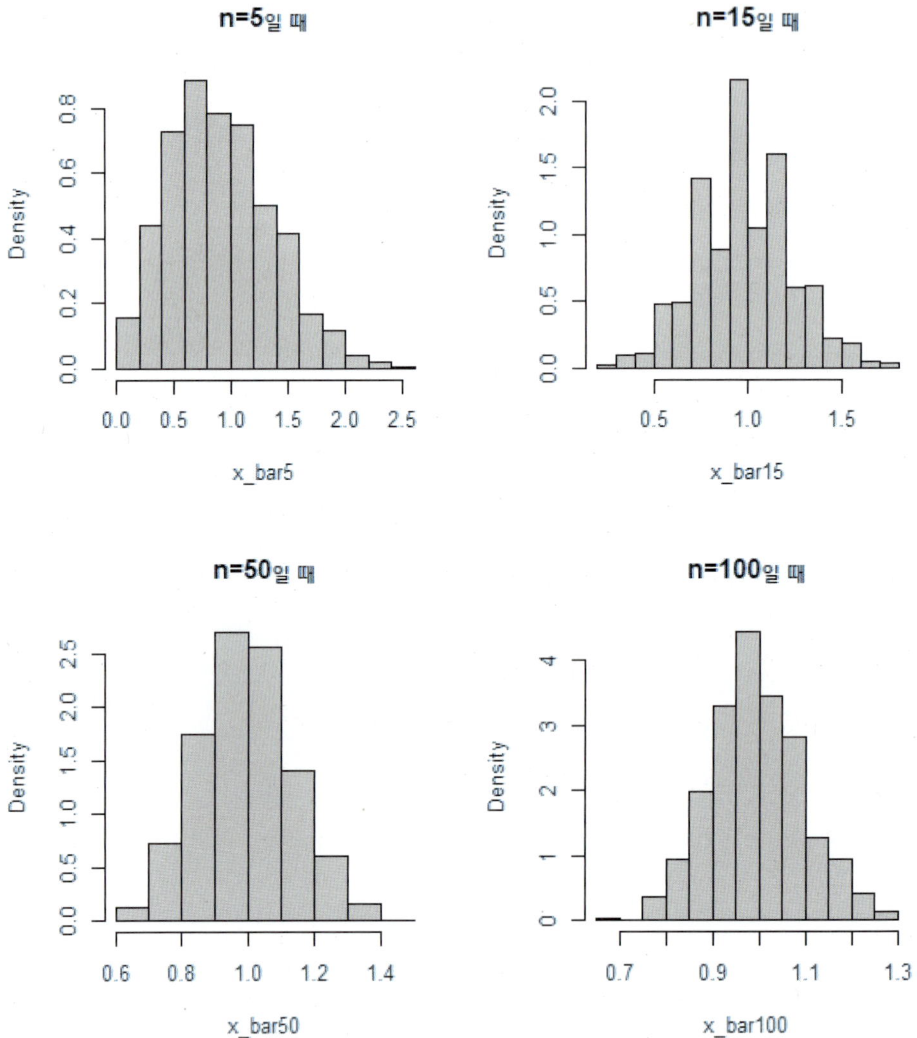

- $n = 5$인 확률표본을 독립적으로 1,000번 반복 추출하여 1,000개의 표본평균 $\overline{x}$의 값을 구하기 위하여 반복문 for를 사용하였다. 여기서는 **rpois( )** 함수를 이용하여 포아송분포로부터 확률표본을 추출하였다.
- 이후 코드는 [R코드 6.1]과 동일하며, 동일한 과정을 $n = 5, 15, 50, 100$일 때 반복하였다. [R코드 6.2]의 실행 결과로부터 표본의 크기가 커짐에 따라 표본평균의 분포가 정규분포로 근사함을 알 수 있다.

R 실습 6.3 균등분포 $U(0,1)$로부터 크기가 $n=5$, 15, 30, 60인 확률표본을 각각 독립적으로 1,000번씩 반복 추출할 때 표본평균 $\overline{X}$ 의 분포 모양을 탐색하여라.

[R코드 6.3] 표본평균의 분포 탐색 : 균등분포

```
set.seed(1365)
x_bar5=c(); x_bar15=c(); x_bar50=c(); x_bar100=c()
for(i in 1:1000){
  x_5=runif(n=5, min=0, max=1);     x_bar5[i]=mean(x_5)
  x_15=runif(n=15, min=0, max=1);   x_bar15[i]=mean(x_15)
  x_50=runif(n=50, min=0, max=1);   x_bar50[i]=mean(x_50)
  x_100=runif(n=100, min=0, max=1); x_bar100[i]=mean(x_100)
}
par(mfrow=c(2,2))
hist(x_bar5, prob=T, main="n=5일 때")
hist(x_bar15, prob=T, main="n=15일 때")
hist(x_bar50, prob=T, main="n=50일 때")
hist(x_bar100, prob=T, main="n=100일 때")
```

실행 결과

```
> x_bar5=c(); x_bar15=c(); x_bar50=c(); x_bar100=c()
> for(i in 1:1000){
+   x_5=runif(n=5, min=0, max=1);     x_bar5[i]=mean(x_5)
+   x_15=runif(n=15, min=0, max=1);   x_bar15[i]=mean(x_15)
+   x_50=runif(n=50, min=0, max=1);   x_bar50[i]=mean(x_50)
+   x_100=runif(n=100, min=0, max=1); x_bar100[i]=mean(x_100)
+ }
> par(mfrow=c(2,2))
> hist(x_bar5, prob=T, main="n=5일 때")
> hist(x_bar15, prob=T, main="n=15일 때")
> hist(x_bar50, prob=T, main="n=50일 때")
> hist(x_bar100, prob=T, main="n=100일 때")
```

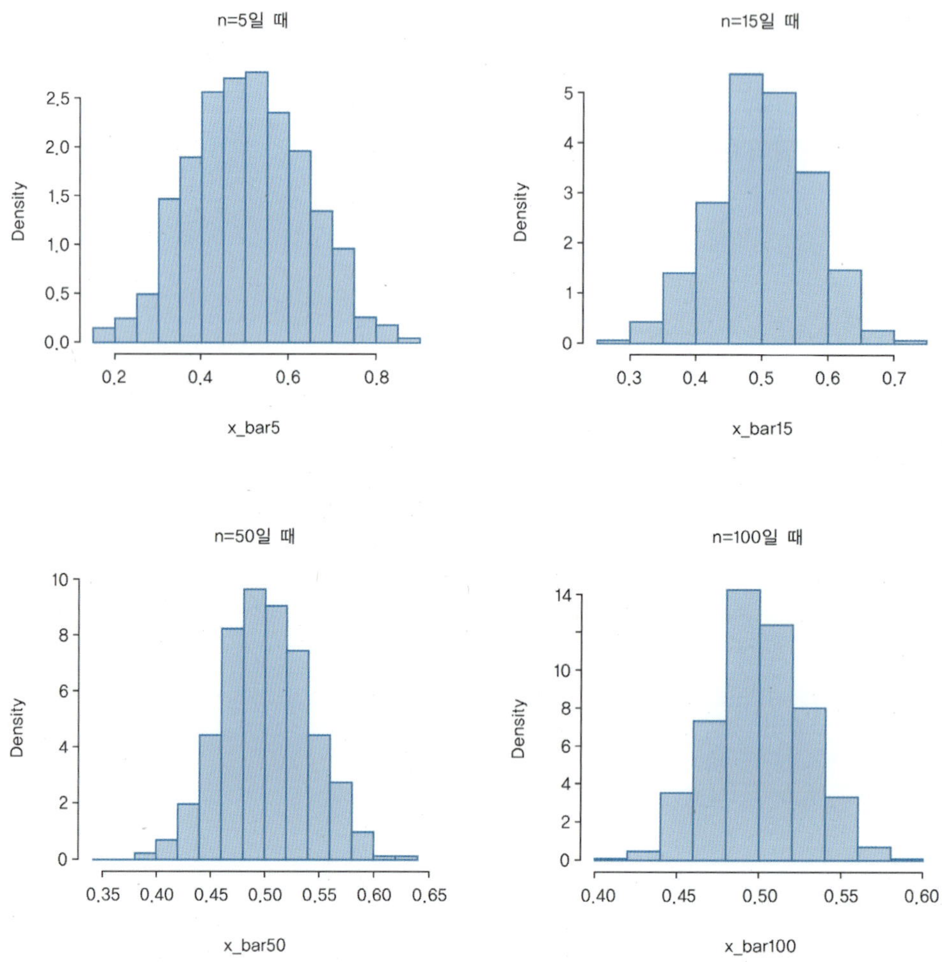

- [R코드 6.3]은 [R코드 6.2]와 동일하며, 균등분포로부터 확률표본을 추출하기 위하여 **runif( )** 함수를 사용하였다. [R코드 6.3]의 실행 결과로부터 균등분포의 경우 표본의 크기가 작은 경우에도 표본평균의 분포가 정규분포로 잘 근사함을 알 수 있다.

6.3 표본분산의 분포

이제 모분산 σ^2을 추론하기 위해 주로 사용되는 표본분산 $S^2 = \sum_{i=1}^{n}(X_i - \overline{X})^2/(n-1)$이 어떤 형태의 확률분포를 따르는지 알아보도록 하자.

6.3.1 카이제곱분포

카이제곱분포(chi-square distribution)는 모분산 σ^2의 추론에 사용되는 표본분산 S^2의 표본분포를 이해하는데 유용하게 사용된다.

[정의 6.4] 카이제곱분포(chi-square distribution)

확률변수 X가 자유도가 n인 카이제곱분포를 따른다면, $X \sim \chi^2(n)$로 표기하고 확률밀도함수 $f(x)$는 다음과 같다.[5]

$$f(x) = \frac{1}{\Gamma(n/2)2^{n/2}} x^{\frac{n}{2}-1} e^{-\frac{x}{2}},\ x > 0 \text{여기서 } \Gamma(\alpha) = \int_0^\infty t^{\alpha-1} e^{-t} dt, \alpha > 0.$$

카이제곱분포는 자유도(degree of freedom) n에 의해 그 분포의 모양이 결정되는 비대칭 형태의 분포로서 n이 작을수록 봉우리는 왼쪽으로 크게 치우치게 되고 꼬리는 오른쪽으로 길게 뻗어

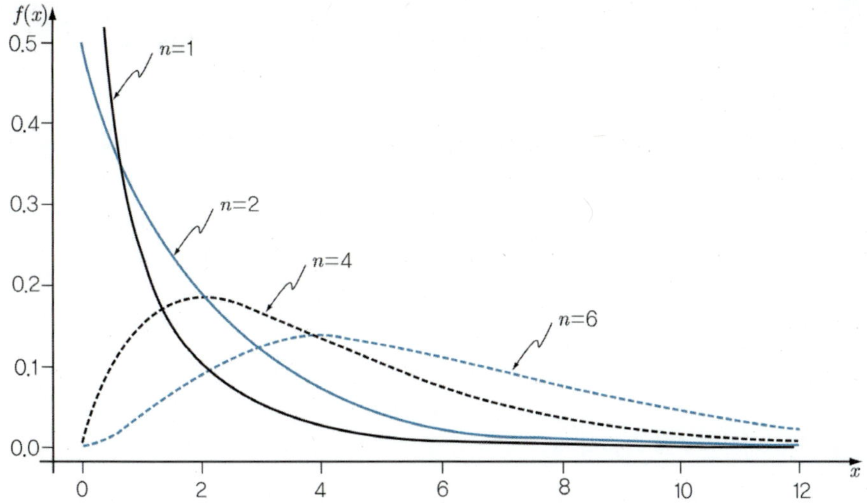

[그림 6.4] 자유도 n에 대한 카이제곱 확률밀도함수

있는 모양을 띠게 된다. 그리고 카이제곱분포에서 자유도 n이 커질수록 봉우리는 점점 오른쪽으로 움직이면서 대칭성을 띠게 되며, $n \to \infty$ 일 때는 정규분포로 근사해 간다. 여러 값의 자유도 n에 대한 카이제곱 확률밀도함수의 그래프는 [그림 6.4]에 주어져 있다.

확률변수 X가 자유도 n인 카이제곱분포를 따를 때 $P(X > x) = \alpha$를 만족하는 x값을 자유도가

5) 이때 $E(X) = n$이고 $Var(X) = 2n$이다.

n인 카이제곱분포의 상위 $100\alpha\%$ 백분위수라고 하며, $\chi^2_\alpha(n)$로 표기하다. 즉 $\chi^2_\alpha(n)$는 [그림 6.5]에서 보는 바와 같이 $P(X > \chi^2_\alpha(n)) = \alpha$을 만족하는 값이다. 부록의 [표 B.6]에는 여러 값의 자유도 n에 대한 카이제곱분포의 상위 백분위수의 값이 주어져 있으며, 이를 이용하여 카이제곱분포에 관한 확률을 쉽게 계산할 수 있다.

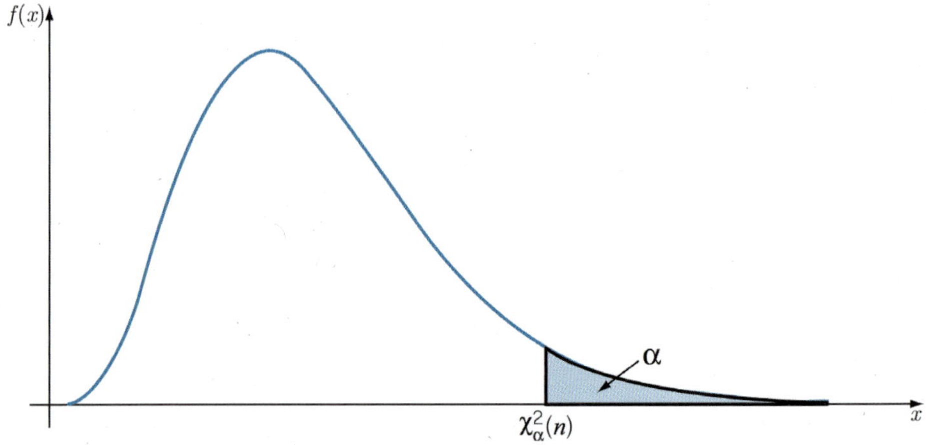

[그림 6.5] 자유도 n인 카이제곱분포의 상위 $100\alpha\%$ 백분위수

예제 6.5 확률변수 X가 자유도가 8인 카이제곱분포를 따를 때 $P(X \geq 15.507)$을 구하여라.

풀이 부록의 [표 B.6]에 의해 $\chi^2_{0.05}(8) = 15.507$이므로 $P(X \geq 15.507) = 0.05$이다. ■

카이제곱분포에 관한 중요한 성질로는 [정리 6.4]의 가법성과 표준정규분포와의 관계를 나타내는 [정리 6.5]가 있으며, 이에 대한 증명은 이 책의 수준을 벗어나므로 생략한다.

정리 6.4 카이제곱분포의 가법성

서로 독립인 두 확률변수 X_1과 X_2가 각각 자유도가 n_1과 n_2인 카이제곱분포를 따르면 확률변수 $X = X_1 + X_2$는 자유도가 $n_1 + n_2$인 카이제곱분포를 따른다. 즉 $X = X_1 + X_2 \sim \chi^2(n_1 + n_2)$이 성립한다.

정리 6.5 카이제곱분포와 표준정규분포의 관계

확률변수 Z가 표준정규분포 $N(0,1)$을 따를 때, 확률변수 $X = Z^2$은 자유도가 1인 카이제곱분포를 따른다. 즉 $X = Z^2 \sim \chi^2(1)$이 성립한다.

6.3.2 정규모집단에서의 표본분산의 분포

정규모집단 $N(\mu, \sigma^2)$으로부터 크기가 n인 확률표본 $X_1, X_2, \cdots, X_n$을 얻었다고 하면 확률변수 $Z_i = \dfrac{X_i - \mu}{\sigma}(i = 1, \cdots, n)$들은 서로 독립이고 표준정규분포 $N(0, 1)$를 따른다. 따라서 [정리 6.4]와 [정리 6.5]로부터 $\sum_{i=1}^{n} Z_i^2$는 자유도가 n인 카이제곱분포를 따르는 것을 알 수 있다.

정리 6.6 서로 독립인 카이제곱확률변수들의 합의 분포

$X_1, X_2, \cdots, X_n$을 정규모집단 $N(\mu, \sigma^2)$으로부터 얻은 확률표본이라 할 때, 확률변수 $V = \sum_{i=1}^{n}\left(\dfrac{X_i - \mu}{\sigma}\right)^2$는 자유도가 n인 카이제곱분포를 따른다. 즉,

$$V = \sum_{i=1}^{n}\left(\frac{X_i - \mu}{\sigma}\right)^2 \sim \chi^2(n)$$

이 성립한다.

이제 모집단의 분포가 정규분포 $N(\mu, \sigma^2)$인 경우에 표본분산 S^2의 분포에 대하여 알아보자. 간단한 계산과정을 통하여6)

$$\sum_{i=1}^{n}(X_i - \mu)^2 = \sum_{i=1}^{n}\left(X_i - \overline{X}\right)^2 + n\left(\overline{X} - \mu\right)^2$$

이 성립함을 알 수 있고, 이 식의 양변을 모분산 σ^2으로 나누면

$$\sum_{i=1}^{n}\left(\frac{X_i - \mu}{\sigma}\right)^2 = \frac{(n-1)S^2}{\sigma^2} + \left(\frac{\overline{X} - \mu}{\sigma/\sqrt{n}}\right)^2$$

이 된다. [정리 6.6]으로부터 좌변의 확률변량은 $\sum_{i=1}^{n}\left(\dfrac{X_i - \mu}{\sigma}\right)^2 \sim \chi^2(n)$이고, $\dfrac{\overline{X} - \mu}{\sigma/\sqrt{n}} \sim N(0,1)$이므로 [정리 6.5]로부터 $\left(\dfrac{\overline{X} - \mu}{\sigma/\sqrt{n}}\right)^2 \sim \chi^2(1)$이다. 또한 표본평균 $\overline{X}$와 표본분산 S^2이 서로 독립7)

---

6) $\sum_{i=1}^{n}(X_i - \mu)^2 = \sum_{i=1}^{n}\left(X_i - \overline{X} + (\overline{X} - \mu)\right)^2 = \sum_{i=1}^{n}\left(X_i - \overline{X}\right)^2 + 2\left(\overline{X} - \mu\right)\sum_{i=1}^{n}\left(X_i - \overline{X}\right) + \sum_{i=1}^{n}\left(\overline{X} - \mu\right)^2$

$= \sum_{i=1}^{n}\left(X_i - \overline{X}\right)^2 + n\left(\overline{X} - \mu\right)^2 \quad \left(\because \sum_{i=1}^{n}\left(X_i - \overline{X}\right) = 0\right)$

7) 이에 대한 증명은 이 책의 수준을 벗어나므로 생략한다.

이므로 [정리 6.4]의 가법성으로부터 $\frac{(n-1)S^2}{\sigma^2} \sim \chi^2(n-1)$가 성립함을 알 수 있다.

정리 6.7 표본분산의 분포[8)]

$X_1, X_2, \cdots, X_n$을 정규모집단 $N(\mu, \sigma^2)$으로부터 얻은 확률표본이라 하면,

(1) 표본평균 $\overline{X}_n$와 표본분산 S^2은 서로 독립이고,

(2) 확률변수 $V = \frac{(n-1)S^2}{\sigma^2}$는 자유도가 $n-1$인 카이제곱분포를 따른다. 즉,

$$V = \frac{(n-1)S^2}{\sigma^2} \sim \chi^2(n-1)$$

이 성립한다.

예제 6.6 어떤 과수원에서 생산하는 사과의 무게는 표준편차가 $4(g)$인 정규분포를 따른다고 한다. 이 과수원에서 사과 9개를 랜덤으로 추출했을 때, 표본분산이 15와 18 사이일 확률을 구하여라.

풀이 추출한 9개의 사과의 표본분산을 S^2이라고 한다면

$$V = \frac{(9-1)S^2}{4^2} = 0.5S^2 \sim \chi^2(8)\text{을 따르므로}$$

$$\begin{aligned} P(15 \le S^2 \le 18) &= P(0.5 \times 15 \le 0.5S^2 \le 0.5 \times 18) \\ &= P(7.5 \le V \le 9) = 0.1415 \end{aligned}$$

이다. ■

[참고]

자유도(degree of freedom)란 통계량을 구성하는 확률변수들 중에서 자유롭게 선택할 수 있는 확률변수의 개수를 말한다. 예를 들어, 통계량 $\sum_{i=1}^{n}(X_i - \overline{X})^2$의 값은 n개의 X_i값에 의해서 결정되지만 여기서 X_i와 $\overline{X}$간에는 $\sum_{i=1}^{n}(X_i - \overline{X}) = 0$이라는 관계가 성립하게 된다. 이러한 성질을 고려할 때 n개의 X_i중에 자유롭게 선택할 수 있는 확률변수의 개수는 $n-1$개다. 즉, n개 중에서 $n-1$개

8) 표본평균과는 달리 표본분산만의 정확한 분포를 구하기는 어려우며, 모집단의 분포가 정규분포가 아닌 경우 확률변수 V의 분포는 표본의 크기가 증가하여도 카이제곱분포에 가까이 가지 않는다.

의 X_i값만 알면 나머지 한 개의 값은 관계식 $\sum_{i=1}^{n}(X_i - \overline{X}) = 0$으로부터 자동적으로 결정되며, 이때의 값 $n-1$이 바로 통계량 $\sum_{i=1}^{n}(X_i - \overline{X})^2$의 자유도가 되는 것이다. 예를 들어 5개의 값을 모두 더해서 10을 얻었다고 하고, 5개의 값 중 4개의 값이 2, 3, 1, 1임을 알고 있다면 나머지 한 개의 값은 3이 됨을 쉽게 알 수 있다. 여기서 임의로 결정될 수 있는 값의 개수 4가 바로 자유도인 것이다. 그러나 $\sum_{i=1}^{n}(X_i - \mu)^2$에서는 X_i와 μ간에 $\sum_{i=1}^{n}(X_i - \mu) = 0$이라는 관계가 성립하지 않으므로 이때의 자유도는 X_i의 전체 개수인 n이 된다.

R 실습 6.4 카이제곱분포에 대하여 다음 물음에 답하여라.

(1) [예제 6.5]의 확률변수 $X \sim \chi^2(8)$에 대하여 확률 $P(X \geq 15.507)$을 계산하여라.

(2) [예제 6.6]의 확률변수 $V \sim \chi^2(8)$에 대하여 확률 $P(7.5 \leq V \leq 9)$을 계산하여라.

[R코드 6.4] 카이제곱분포의 확률 계산

```
# 카이제곱분포의 확률 계산
1-pchisq(q=15.507, df=8)
pchisq(q=9, df=8) - pchisq(q=7.5, df=8)
```

실행 결과

```
> # 카이제곱분포의 확률 계산
> 1-pchisq(q=15.507, df=8)
[1] 0.05000522
> pchisq(q=9, df=8) - pchisq(q=7.5, df=8)
[1] 0.1414714
```

- 카이제곱분포의 누적확률을 구하기 위해서는 **pchisq( )** 함수를 사용하면 된다. [R코드 6.4]의 실행 결과는 [예제 6.5]와 [예제 6.6]의 결과와 동일함을 알 수 있다.

6.4 표본비율의 분포

성공률이 p인 베르누이분포 $B(1, p)$를 따르는 모집단으로부터 크기가 n인 확률표본 X_1, X_2, $\cdots$, X_n을 얻었다고 하면, 각각의 확률변수 $X_i(i=1,\cdots,n)$는 0(실패) 아니면 1(성공)의 값을 가지게 된다. 따라서 새로운 확률변수 X를 $X=\sum_{i=1}^{n}X_i$로 정의하면, X는 n번의 독립적인 베르누이 시행에서 성공의 횟수를 나타내며 이항분포 $B(n, p)$를 따른다는 것을 제5장에서 다룬바 있다.

이제 모비율 p의 추론에서 주로 사용되는 표본비율 $\hat{p}=\frac{X}{n}=\frac{1}{n}\sum_{i=1}^{n}X_i$의 분포에 대하여 알아보도록 하자. 표본비율(sample proportion) $\hat{p}=\frac{X}{n}$의 정확한 분포를 직접 구하기는 어려우므로 여기서는 근사분포를 이용할 것이며, 이를 위해 이항확률변수 $X=\sum_{i=1}^{n}X_i$의 정규분포 근사에 대하여 먼저 살펴보기로 한다.

6.4.1 이항분포의 정규분포 근사

n번의 독립적인 베르누이 시행에서 성공의 횟수를 나타내는 확률변수 $X=\sum_{i=1}^{n}X_i$는 이항분포를 따르므로 $E(X)=np$이고 $V(X)=np(1-p)$이다. 이때 확률변수 X가 서로 독립인 베르누이 확률변수들의 합의 형태로 표현되므로 [정리 6.3]의 중심극한정리로부터 표본의 크기 n이 커짐에 따라 정규분포에 근사해 가게 된다. 다시 말해

$$\frac{\sum_{i=1}^{n}X_i-E\left(\sum_{i=1}^{n}X_i\right)}{\sqrt{Var\left(\sum_{i=1}^{n}X_i\right)}}=\frac{X-np}{\sqrt{np(1-p)}}\ \dot{\sim}\ N(0,1)$$

이 성립한다.

정리 6.8 이항분포의 정규분포 근사

확률변수 X가 이항분포 $B(n,p)$를 따를 때 확률변수 $\frac{X-np}{\sqrt{np(1-p)}}$의 분포는 n이 커짐에 따라 표준정규분포 $N(0,1)$로 근사해 간다. 즉,

$$\frac{X-np}{\sqrt{np(1-p)}}\ \dot{\sim}\ N(0,1)$$

이 성립한다.

[그림 6.6]은 n이 커짐에 따라 이항분포 $B(n,\ 0.75)$를 따르는 확률변수 X의 확률질량함수를 나타내고 있으며, [그림 6.7]은 p가 커짐에 따라 이항분포 $B(30,\ p)$를 따르는 확률변수 X의 확률질량함수를 나타내고 있다. 이로부터 정규분포로의 근사 정확도가 모분포의 모양에 의존하며 한쪽으로 심하게 기울어져 있는 경우에 좋은 근사분포를 얻기 위해서는 더 많은 표본이 필요하다는 것을 알 수 있다. 일반적으로 $np > 5, n(1-p) > 5$일 때 이항분포는 정규분포로 잘 근사한다고 알려져 있다.

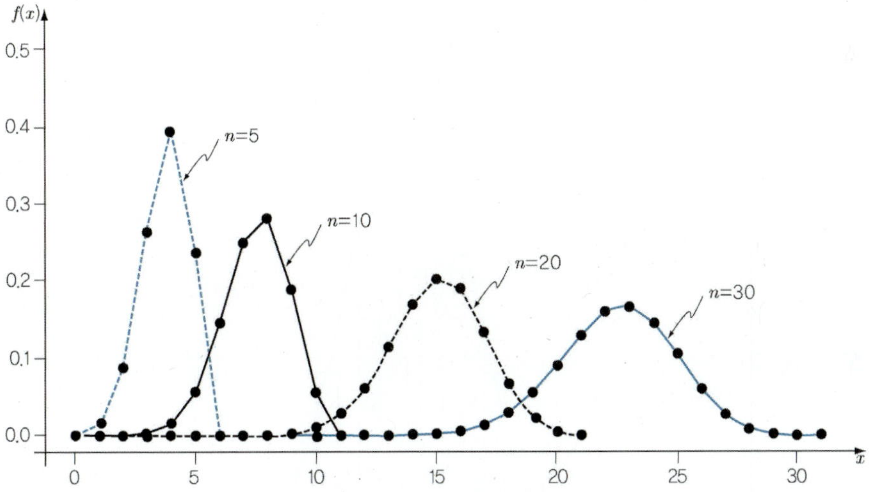

[그림 6.6] $p = 0.75$일 때 n의 크기에 따른 이항확률변수의 확률질량함수

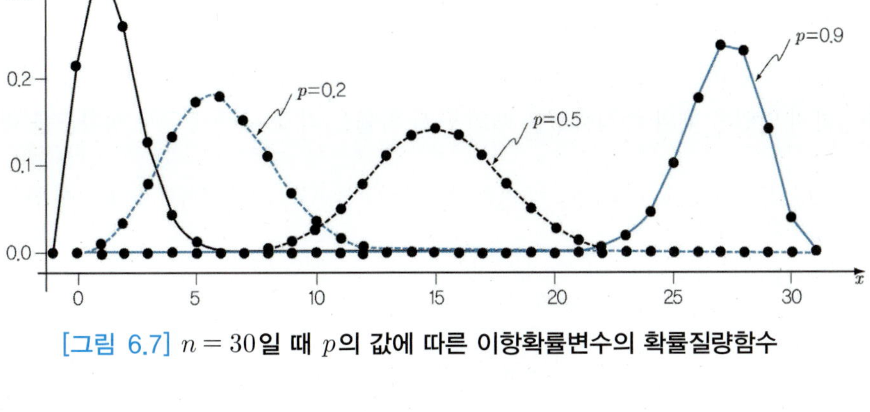

[그림 6.7] $n = 30$일 때 p의 값에 따른 이항확률변수의 확률질량함수

연속형 분포에서는 $P(a \le X \le b) = P(a < X < b)$가 성립하지만 이산형 분포에서는 이러한 사실이 성립하지 않는다. 따라서 이산형인 이항분포를 연속형인 정규분포로 근사시킬 경우에는 이러한 불일치를 보완해 주기 위하여 각 범위에서 ± 0.5 씩 수정하게 되는데, 이러한 과정을 연속성의 수정(correction for continuity)이라 한다.[9] [그림 6.8]에서 이항확률변수 X에 대한 확률 $P(11 \le X \le 17)$은 빗금친 부분의 넓이를 나타내며, 이는 정규분포에서 $10.5 \le X \le 17.5$인 경우의 확률로 계산하면 더 정확한 근사값을 구할 수 있음을 알 수 있다.

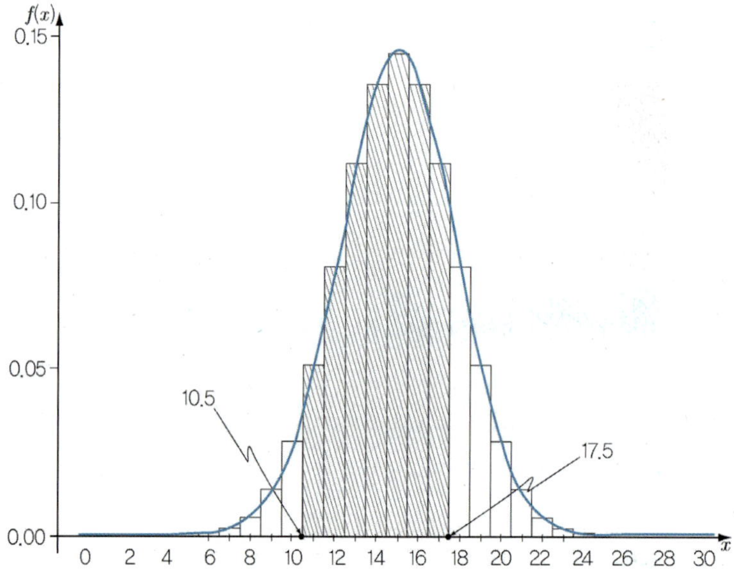

[그림 6.8] 이항분포의 정규분포로의 근사

예제 6.7 한 개의 동전을 12회 던졌을 때 앞면이 나오는 횟수를 X라고 하자. 다음 물음에 답하여라.

(1) 앞면이 5회 나올 확률을 구하여라.

(2) 앞면이 4회 이상 6회 이하 나올 확률을 구하여라.

(3) 이항분포의 정규근사를 이용하여 문제 (1)의 확률에 대한 근사값을 구하여라.

(4) 이항분포의 정규근사를 이용하여 문제 (2)의 확률에 대한 근사값을 구하여라. 이때, 연속성을 수정하지 않았을 때와 수정하였을 때의 근사 확률을 각각 구하고 근사 정확도를 비교하여라.

9) $X \sim B(n, p)$일 때, $np > 5$, $n(1-p) > 5$이면, $X \dot{\sim} N(np, np(1-p))$로 근사할 수 있으며, 연속성을 수정한 계산은 다음과 같이 한다.

한 점에서의 확률 : $P(X=a) \simeq P\left(\dfrac{a-0.5-np}{\sqrt{np(1-p)}} \le Z \le \dfrac{a+0.5-np}{\sqrt{np(1-p)}}\right)$

구간에서의 확률: $P(a \le X \le b) \simeq P\left(\dfrac{a-0.5-np}{\sqrt{np(1-p)}} \le Z \le \dfrac{b+0.5-np}{\sqrt{np(1-p)}}\right)$

풀이 (1) X는 $n=12$이고 $p=0.5$인 이항분포를 따른다. 즉 $X \sim B(12, 0.5)$이다. 따라서

$$P(X=5)=\binom{12}{5}(0.5)^5(1-0.5)^{12-5}=\binom{12}{5}(0.5)^{12}=0.1934$$이다.

(2) $$P(4 \le X \le 6)=\binom{12}{4}(0.5)^{12}+\binom{12}{5}(0.5)^{12}+\binom{12}{6}(0.5)^{12}$$

$$=0.1208+0.1934+0.2256=0.5398$$이다.

(3) $E(X)=np=12\times 0.5=6$, $V(X)=np(1-p)=3$이고, $np=n(1-p)=6>5$이므로,

$Z=\dfrac{X-np}{\sqrt{np(1-p)}}=\dfrac{X-6}{\sqrt{3}}$는 근사적으로 표준정규분포를 따른다. 따라서

$$P(X=5)=P(4.5 \le X \le 5.5) \simeq P\left(\frac{4.5-6}{\sqrt{3}} \le Z \le \frac{5.5-6}{\sqrt{3}}\right)$$

$$=\Phi\left(-\frac{1}{2\sqrt{3}}\right)-\Phi\left(-\frac{\sqrt{3}}{2}\right)=0.1932$$이다.

(4) 연속성을 수정하지 않았을 때

$$P(4 \le X \le 6) \simeq P\left(\frac{4-6}{\sqrt{3}} \le Z < \frac{6-6}{\sqrt{3}}\right)$$

$$=\Phi(0)-\Phi\left(-\frac{2}{\sqrt{3}}\right)=0.5-0.1241=0.3759$$이고

연속성을 수정하였을 때에는

$$P(4 \le X \le 6) \simeq P\left(\frac{4-0.5-6}{\sqrt{3}} \le Z \le \frac{6+0.5-6}{\sqrt{3}}\right)$$

$$=\Phi\left(\frac{1}{2\sqrt{3}}\right)-\Phi\left(-\frac{5}{2\sqrt{3}}\right)=0.6136-0.0745=0.5391$$이다.

따라서 연속성을 수정하였을 때, 이항분포의 정규근사 계산이 참값에 더 가까움을 알 수 있다. ■

R 실습 6.5 [예제 6.7]의 이항 확률변수 $X \sim B(12,\ 0.5)$에 대하여 확률 $P(X=5)$와 $P(4 \le X \le 6)$의 값을 계산하여라.

[R코드 6.5] 이항분포의 확률 계산

```
# 이항분포의 확률 계산
n=12; p=0.5
dbinom(x=5, size=n, prob=p)
pbinom(q=6, size=n, prob=p) - pbinom(q=3, size=n, prob=p)
dbinom(x=4, n, p)+dbinom(x=5, n, p)+dbinom(x=6, n, p)
```

실행 결과

```
> # 이항분포의 확률 계산
> n=12; p=0.5
> dbinom(x=5, size=n, prob=p)
[1] 0.1933594
> pbinom(q=6, size=n, prob=p) - pbinom(q=3, size=n, prob=p)
[1] 0.5397949
> dbinom(x=4, n, p)+dbinom(x=5, n, p)+dbinom(x=6, n, p)
[1] 0.5397949
```

- 이항분포의 확률질량함수의 값은 **dbinom( )** 함수를 이용하면 구할 수 있으며, 누적확률값은 **pbinom( )** 함수를 이용하여 구할 수 있다. [R코드 6.5]의 실행 결과는 [예제 6.7]의 결과와 동일함을 알 수 있다.

6.4.2 표본비율의 근사 분포

크기가 n인 확률표본 $X_1, X_2, \cdots, X_n$을 성공률이 p인 베르누이분포 $B(1, p)$를 따르는 모집단으로부터 얻었다고 하자. 모비율 p의 추론에서 사용되는 표본비율 $\hat{p}=\dfrac{X}{n}=\dfrac{1}{n}\sum_{i=1}^{n}X_i$은 표본평균 $\overline{X}$와 동일한 형태를 취하고 있음을 알 수 있다. 다시 말해, 표본비율 $\hat{p}$은 표본평균 $\overline{X}$의 특수한 경우(확률변수 X_i들의 관측값이 0 아니면 1인 경우)에 해당되기 때문에 표본비율 $\hat{p}$의 분포를 구함에 있어 [정리 6.3]의 중심극한정리를 그대로 적용할 수 있다. 표본비율 $\hat{p}$의 평균은 $E(\hat{p})=p$이고 분산은 $Var(\hat{p})=p(1-p)/n$ 이므로,

$$\frac{\hat{p}-p}{\sqrt{p(1-p)/n}} \mathrel{\dot{\sim}} N(0,1)$$

이 성립한다.

정리 6.9 표본비율의 정규분포 근사

$X_1, X_2, \cdots, X_n$을 성공률이 p인 베르누이분포 $B(1, p)$를 따르는 모집단으로부터 얻은 확률표본이라고 하면, 확률변수 $\dfrac{\hat{p}-p}{\sqrt{p(1-p)/n}}$의 분포는 n이 커짐에 따라 표준정규분포 $N(0,1)$로 근사해 간다. 즉,

$$\frac{\hat{p}-p}{\sqrt{p(1-p)/n}} \stackrel{\cdot}{\sim} N(0,1)$$

이 성립한다.

예제 6.8 어떤 도시에서 A 정당의 지지율은 60%라고 한다. 이 도시에서 유권자 30명을 무작위로 추출하여 A 정당의 지지 여부를 조사할 때, A 정당의 지지율이 50%이하일 확률을 구하여라.

풀이 표본비율 $\hat{p}$의 기댓값과 분산은 다음과 같다.

$$E(\hat{p}) = 0.6,\ Var(\hat{p}) = \frac{0.6 \times 0.4}{30} = 0.008$$

$np = 30 \times 0.6 = 18 \geqq 5,\ n(1-p) = 30 \times 0.4 = 12 \geqq 5$이므로 표본비율 $\hat{p}$는 근사적으로 $N(0.6, 0.008)$을 따른다. 따라서,

$$P(\hat{p} \leq 0.5) = P\left(\frac{\hat{p}-p}{\sqrt{p(1-p)/n}} \leq \frac{0.5-0.6}{\sqrt{0.008}}\right) \simeq \Phi(-1.12) = 0.1314$$이다. ■

R 실습 6.6 성공확률 $p = 0.6$인 베르누이분포로부터 $n = 100$인 확률표본 $X_1, X_2, \cdots, X_{100}$을 독립적으로 1,000번 반복 추출할 때, 표본비율 $\hat{p}$의 분포 모양을 탐색하여라.

[R코드 6.6] 표본비율의 분포 탐색 : 베르누이분포

```
set.seed(1365)
x = rbinom(n=1000, size=100, prob=0.6)
p_hat = x/100
hist(p_hat, prob=T, main="n=100일 때 표본비율의 표본분포", ylim=c(0,8))
lines(density(p_hat))
```

실행 결과

```
> x = rbinom(n=1000, size=100, prob=0.6)
> p_hat = x/100
> hist(p_hat, prob=T, main="n=100일 때 표본비율의 표본분포", ylim=c(0,8))
> lines(density(p_hat))
```

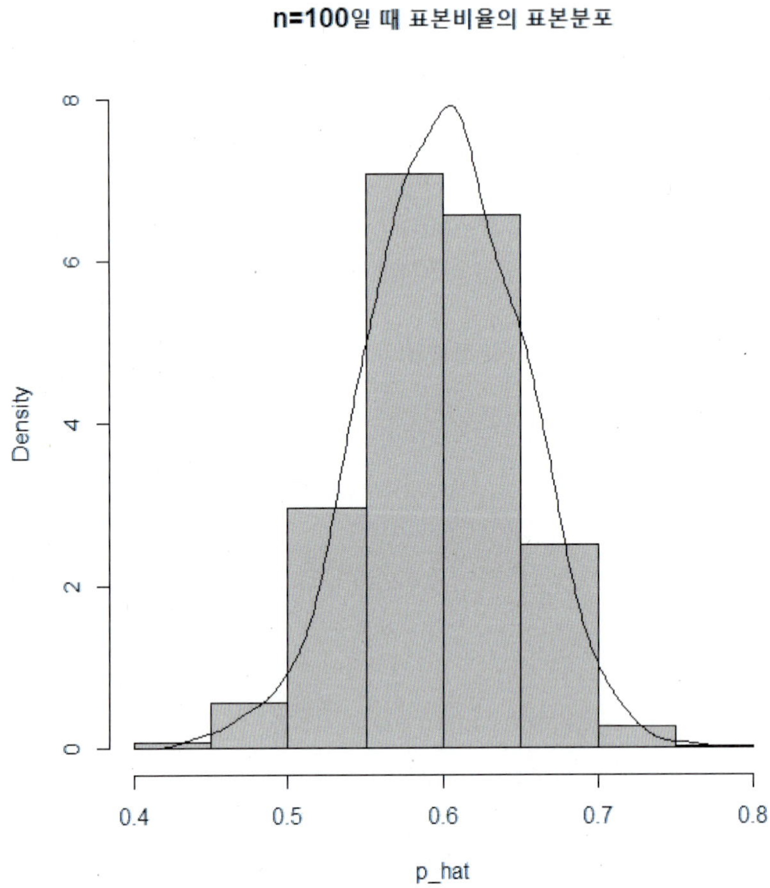

- x = rbinom(n=1000, size=100, prob=0.6)는 이항분포 $B(n=100, p=0.6)$에서 1,000개의 표본을 반복추출하라는 의미이다. 즉 성공확률 $p=0.6$인 베르누이분포로부터 $n=100$인 확률표본 $X_1, X_2, \cdots, X_{100}$을 추출하고 이들의 합 $X=\sum_{i=1}^{100} X_i$을 구하는 과정을 독립적으로 1,000번 반복하게 된다. 따라서 표본의 크기로 나눈 p_hat = x/100은 [R코드 6.1(1)]에서 for 반복문으로 구한 x_bar와 같이 표본평균과 같은 형태이다.[10)]
- [R코드 6.6]은 [R코드 6.1(1)]과 유사하며, 중심극한정리에 따라 정규분포로 잘 근사함을 알 수 있다.

10) p_hat=c(); for(i in 1:1000){p_hat[i]=mean(rbinom(n=100, size=1, prob=0.6))}과 같이 베르누이분포를 이용하여 p_hat을 구할 수 있다.

6.5 t분포와 모평균의 추론에 필요한 확률변수 T의 분포

[정리 6.2]의 확률변수 $Z=\dfrac{\overline{X}-\mu}{\sigma/\sqrt{n}}$는 모분산 σ^2이 알려져 있는 정규모집단의 모평균 μ의 추론에서 유용하게 사용된다. 그러나 많은 실제 문제에서 σ^2은 알려져 있지 않은 경우가 대부분이며, 오히려 σ^2에 대한 추론을 원하는 경우가 많다. 이러한 경우에는 모분산 σ^2을 알고 있다는 가정 하에서 사용되는 확률변수 $Z=\dfrac{\overline{X}-\mu}{\sigma/\sqrt{n}}$는 더 이상 통계적 추론에 사용할 수 없게 된다. 모분산이 알려져 있지 않은 경우에는 확률변수 Z에서 σ 대신에 표본표준편차 $S=\sqrt{\sum_{i=1}^{n}(X_i-\overline{X})^2/(n-1)}$ 를 대입하여 얻게 되는 새로운 확률변수

$$T=\frac{\overline{X}-\mu}{S/\sqrt{n}}$$

를 사용할 수 있을 것이다. 그러나 확률변수 T는 더 이상 표준정규분포 $N(0,1)$을 따르지 않는다. 확률변수 T의 분포를 알기 위해서는 t분포에 대한 사전 지식이 필요하다.

6.5.1 t 분포

아일랜드 맥주회사 기사였던 W.S. Gosset은 재료의 품질과 온도를 변화시킴에 따라 맥주의 품질이 어떻게 변하는가를 실험을 통하여 과학적으로 분석하고자 하였다. 그러나 실험으로부터 얻을 수 있는 자료의 수가 제한되었기 때문에 그 당시의 이론으로는 이 문제를 해결할 수 있는 방법이 없었다. 이에 그는 모분산 σ^2이 알려져 있지 않은 정규모집단으로부터 크기가 작은 표본이 추출되는 경우에 평균 μ에 대한 추론에 유용하게 사용될 수 있는 t분포(Student's t distribution)를 새로이 고안하였으며, 그 정의는 다음과 같다.

[정의 6.5] t분포(Student's t distribution)

확률변수 X가 자유도가 n인 t분포를 따른다면, $X\sim t(n)$로 표기하고 확률밀도함수 $f(x)$는 다음과 같다.[11)]

$$f(x)=\frac{\Gamma((n+1)/2)}{\Gamma(n/2)\sqrt{n\pi}}\left(1+\frac{x^2}{n}\right)^{-(n+1)/2},\quad -\infty<x<\infty$$

11) 이때 $E(X)=0$이고 $Var(X)=\dfrac{n}{n-2}\ (n>2)$이다.

여기서 $\Gamma(\alpha) = \int_0^\infty t^{\alpha-1} e^{-t} dt, \alpha > 0$

※ 확률변수 Z가 표준정규분포 $N(0,1)$를 따르고, 이와는 서로 독립인 확률변수 V가 자유도가 n인 카이제곱분포를 따른다면, 새로운 확률변수 $X = \dfrac{Z}{\sqrt{V/n}}$는 자유도가 n인 t분포를 따른다.

t분포는 자유도에 따라 그 분포의 모양이 변하며. [그림 6.9]에는 여러 값의 자유도에 따른 t분포와 표준정규분포의 분포모양이 주어져있다. [그림 6.9]에서 보는 바와 같이 t분포는 표준정규분포와 마찬가지로 평균 0을 중심으로 좌우대칭이며, 표준정규분포와 비슷하나 표준정규분포보다 양쪽 꼬리부분이 두텁고 가운데 부분의 높이가 낮다. 또한 t분포는 자유도 n이 증가할수록 표준정규분포에 가까워지며, 대략 n이 30이상이면 표준정규분포와 거의 일치한다.

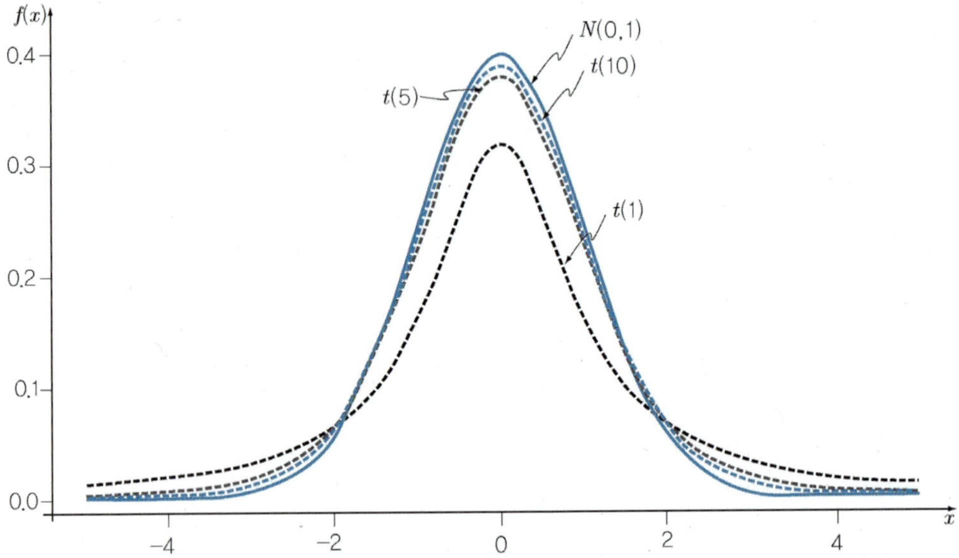

[그림 6.9] 자유도 n에 대한 t 확률밀도함수

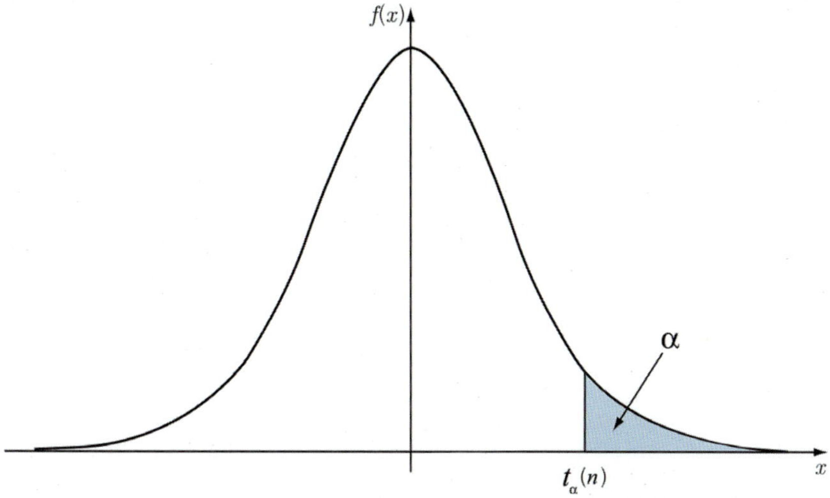

[그림 6.10] **자유도 n인 t분포의 상위 $100\alpha\%$ 백분위수**

확률변수 X가 자유도 n인 t분포를 따를 때 $P(X > x) = \alpha$를 만족하는 x값을 자유도가 n인 t분포의 상위 $100\alpha\%$ 백분위수라고 하며, $t_\alpha(n)$로 표기하다. 즉 $t_\alpha(n)$는 [그림 6.10]에서 보는 바와 같이 $P(X > t_\alpha(n)) = \alpha$을 만족하는 값이다. 부록의 [표 B.5]에는 여러 값의 자유도 n에 대한 t분포의 상위 백분위수의 값이 주어져 있으며, 이를 이용하여 t분포에 관한 확률을 쉽게 계산할 수 있다.

예제 6.9 확률변수 X가 자유도가 3인 t분포를 따를 때 $P(X \le -1.638)$을 구하여라.

풀이 부록의 [표 B.5]에 의해 $t_{0.1}(3) = 1.638$이므로 $P(X \le -1.638) = 0.1$이다. ■

R 실습 6.7 [예제 6.9]의 확률변수 $X \sim t(3)$에 대하여 확률 $P(X \le -1.638)$을 계산하여라.

[R코드 6.7] t-분포

```
# 상위 백분위수
t_alpha=qt(p=0.1, df=3, lower.tail = FALSE); t_alpha


# 누적 확률
pt(q=-t_alpha, df=3)
```

실행 결과

```
> # 상위 백분위수
> t_alpha=qt(p=0.1, df=3, lower.tail = FALSE); t_alpha
[1] 1.637744
>
> # 누적 확률
> pt(q=-t_alpha, df=3)
[1] 0.1
```

- t −분포의 백분위수를 구하는 함수는 **qt( )**이고 매개변수 **lower.tail = FALSE**이면 상위 백분위수를, **lower.tail = TRUE**이면 하위 백분위수를 계산한다. 또한 t-분포의 누적 확률을 구하기 위해서는 **pt( )** 함수를 사용할 수 있다. [R코드 6.7]의 실행 결과는 [예제 6.9]의 결과와 동일함을 알 수 있다.

6.5.2 확률변수 T 의 분포

이제 $X_1, X_2, \cdots, X_n$이 정규모집단 $N(\mu, \sigma^2)$으로부터의 확률표본일 때, 확률변수 $T=\dfrac{\overline{X}-\mu}{S/\sqrt{n}}$ 가 어떠한 분포를 따르는지에 대하여 알아보도록 하자. 우리는 간단한 계산을 통하여 확률변수 T를

$$T=\frac{\overline{X}-\mu}{S/\sqrt{n}}=\frac{(\overline{X}-\mu)/\left(\dfrac{\sigma}{\sqrt{n}}\right)}{\sqrt{\dfrac{(n-1)S^2}{\sigma^2}/(n-1)}}$$ [12)]

와 같이 표현할 수 있다. [정리 6.2]에서 확률변수 $Z=\dfrac{\overline{X}-\mu}{\sigma/\sqrt{n}}$ 는 표준정규분포 $N(0,1)$를 따르는 것을 배웠고, [정리 6.7]로부터 표본평균 $\overline{X}$와 표본분산 S^2은 서로 독립이며 확률변수 $V=\dfrac{(n-1)S^2}{\sigma^2}$ 는 자유도가 $n-1$인 카이제곱분포를 따른다는 것을 배웠다.

---

12) $T=\dfrac{\overline{X}-\mu}{S/\sqrt{n}}=\dfrac{\dfrac{\overline{X}-\mu}{1/\sqrt{n}}}{\sqrt{S^2}}=\dfrac{(\overline{X}-\mu)/\left(\dfrac{\sigma}{\sqrt{n}}\right)}{\sqrt{\dfrac{S^2}{\sigma^2}}}=\dfrac{(\overline{X}-\mu)/\left(\dfrac{\sigma}{\sqrt{n}}\right)}{\sqrt{\dfrac{(n-1)S^2}{\sigma^2}/(n-1)}}$

따라서 [정의 6.5]의 t분포의 정의에 의하여 확률변수 $T=\dfrac{\overline{X}-\mu}{S/\sqrt{n}}$는 자유도가 $n-1$인 t분포를 따른다는 것을 알 수 있다.

정리 6.10 확률변수 T의 분포

$X_1,\ X_2,\ \cdots,\ X_n$을 평균이 μ이고 분산이 σ^2인 정규모집단으로부터 얻은 확률표본이라고 하면, 확률변수 $T=\dfrac{\overline{X}-\mu}{S/\sqrt{n}}$는 자유도가 $n-1$인 t분포를 따른다. 즉,

$$T=\frac{\overline{X}-\mu}{S/\sqrt{n}}\sim t(n-1)$$

이 성립한다.

예제 6.10 평균이 0인 정규모집단으로부터 추출한 크기가 9인 확률표본 $X_1,\ \cdots,\ X_9$에 대하여 표본평균과 표본분산을 각각 $\overline{X},\ S^2$라 하자. 이 때 $\overline{X}$가 S보다 클 확률을 구하여라.

풀이 분산이 알려져 있지 않으므로 t분포를 이용한다. $\dfrac{\overline{X}-\mu}{S/\sqrt{n}}\sim t(n-1)$의 분포를 따르므로, $\dfrac{\overline{X}-0}{S/\sqrt{9}}\sim t(8)$임을 알 수 있다. 따라서

$P(\overline{X}>S)=P\left(\dfrac{\overline{X}}{S}>1\right)=P\left(\dfrac{\overline{X}}{S/\sqrt{9}}>\dfrac{1}{1/\sqrt{9}}\right)=P(T>3)=0.009$이다. ■

연습문제

1. 2000년 통계청에서 실시한 총인구조사에 따르면 서울시는 종로구, 중구, 용산구 등 총 25개의 구로 이루어져 있으며, 이들 25개구 전체의 인구수는 9,895,217명이라고 한다. 이러한 모집단으로부터 크기가 5인 확률표본을 3회 반복하는 실험을 실시하여 아래 [표 6.4]와 같은 결과를 얻었다고 하자.

[표 6.4] 서울시의 25개구 중에서 5개구를 뽑는 실험을 3번 반복한 결과

표본 #1		표본 #2		표본 #3	
구	인구수	구	인구수	구	인구수
서대문구	351,625	금천구	268,586	강서구	504,480
관악구	505,036	강동구	474,244	성북구	460,511
도봉구	352,702	구로구	392,541	마포구	367,220
송파구	633,956	종로구	170,118	양천구	459,643
영등포구	390,035	동대문구	367,595	광진구	381,568

1) 확률변수 X를 서울시의 1개구 당 인구수라고 할 때 모평균 μ(1개구 당 평균 인구수)를 구하여라.

2) 표본 #1, #2, #3의 평균을 각각 계산하여 모평균 μ와 비교하여라.

3) 표본#1, #2, #3을 하나로 합한 후 평균값을 계산하고, 그 결과를 모평균 μ와 비교하여라. 이로부터 어떠한 사실을 알 수 있는가?

2. 확률변수 X를 대중교통을 이용하여 출근하는 시민이 집으로부터 회사에 도착하기까지의 환승 횟수라고 할 때, 다음과 같은 분포를 따른다고 가정하자.

x	0	1	2	3
$f(x)$	0.3	0.4	0.2	0.1

1) 평균 μ와 분산 σ^2를 구하여라.

2) 대중교통을 이용하여 출근하는 시민 두 명을 무작위로 추출할 때, 이들의 평균 환승 횟수 $\overline{X}=\dfrac{X_1+X_2}{2}$의 분포를 결정하여라. 또한, $E(\overline{X})$와 $Var(\overline{X})$를 각각 구하여라.

3. L공장에서 제작된 휴대용 손전등의 수명은 평균 2,000(시간), 표준편차 50(시간)이라 한다. 이 공장에서 생산된 제품 중 100개를 랜덤으로 추출할 때, 이들의 표본평균이 1,990(시간)보다 크지 않을 확률을 계산하여라.

4. 올해 K대학교를 지원한 학생들의 대학수학능력시험 언어영역의 점수는 근사적으로 평균 $\mu = 65.0$, 분산 $\sigma^2 = 64.0$인 정규분포를 따르는 것으로 나타났다.

1) 한 학생을 랜덤으로 추출한다고 할 때 이 학생의 점수가 70점 이상일 확률을 구하여라.

2) 50명의 학생을 랜덤으로 추출한다고 할 때 이들의 평균 $\overline{X}$ 의 평균과 분산을 각각 구하여라.

3) 50명 학생들에 대한 표본평균 $\overline{X}$ 가 70점 이상일 확률을 구하여라.

5. L회사 핸드폰 배터리의 수명은 평균이 1,800(분), 표준편차가 100(분)인 정규분포를 따른다고 한다. 직장인 A씨는 4일 여행 중 연락을 위해 배터리 3개를 가지고 여행을 떠났다고 할 때

1) 이들의 평균수명 $\overline{X}$의 분포를 쓰라.

2) 여행기간 내 배터리를 모두 소모할 확률을 구하여라.(힌트: 정규분포의 가법성 이용할 것)

3) A씨가 여행기간 핸드폰을 지속적으로 사용하려면 어떻게 해야 하는 것이 좋을까?

6. $\overline{X}$를 정규분포 $N(\mu,\ 2^2)$를 따르는 모집단으로부터의 크기 n인 한 확률표본의 표본평균이라 하자. 이때

$$P(\,|\,\overline{X}-\mu\,|\ \le 0.1\,) \ge\ 0.95$$

를 만족하는 n 값을 구하여라.

7. K고등학교 학생들의 몸무게는 정규분포 $N(66,\ 4^2)$을 따른다고 한다(단위:kg). 학생들 중에서 25명을 랜덤으로 추출할 때, 이 학생들의 몸무게 평균이 66(kg)이상 67(kg)이하일 확률을 구하여라.

8. 전구회사에서 생산되는 전구의 수명은 분산 $\sigma^2 = 100$인 정규분포를 따른다고 하자. 이 전구회사 제품들 중에서 11개를 랜덤으로 추출할 때, 전구 수명의 표본분산 S^2이 205보다 클 확률을 구하여라.

9. Z_1, Z_2, Z_3, Z_4를 표준정규분포를 따르는 모집단으로부터 추출한 크기가 $n=4$인 확률표본이라 하자. 이 때 새로운 확률변수

$$V = c[(Z_1+Z_2)^2 + (Z_3+Z_4)^2]$$

가 카이제곱분포를 따르기 위한 상수 c값을 구하여라.

10. 여론 조사기관에서 수집한 자료에 의하면 서울 시민들의 60%가 대중교통을 이용하여 출퇴근을 한다고 한다. 이를 확인하기 위하여 서울 시민들 중 150명을 랜덤으로 추출한다고 할 때 대중교통을 이용해 출퇴근을 하는 비율이 0.52보다 클 확률을 구하여라.

11. 정보처리기사 시험은 64 문항의 객관식(5개 중 택 1)로 이루어져 있다. K군은 이 시험에서 찍기로 정답을 택한다고 할 때 맞힌 정답의 개수가 16개보다 많을 확률을 구하여라.

12. $X_1, \cdots, X_6$을 표준정규분포를 따르는 모집단으로부터 추출한 크기가 $n=6$인 확률표본이라 하자. 이때 새로운 확률변수

$$T = \frac{X_1+X_2+X_3}{\sqrt{X_4^2+X_5^2+X_6^2}}$$

가 t분포를 따름을 보이고, 이때의 자유도를 구하여라.

07

추정

관심의 대상인 모집단으로부터 표본을 추출하고, 추출된 표본으로부터 주어지는 정보를 분석하여 모집단의 분포 형태나 모수에 대하여 추측하고 이들에 관한 주장의 옳고 그름을 결정하는 일련의 과정을 통계적 추론(statistical inference)이라고 한다. 일반적으로 모집단의 분포를 추측하는 것은 매우 복잡하고 어렵다. 그러나 모집단의 분포 형태가 이미 알려져 있다면 그 모집단의 정확한 분포는 모수에 의하여 결정되므로, 이러한 경우에는 모수에 대한 추론이 주요 관심사가 된다. 예를 들어 모집단의 분포가 $B(1,p)$일 때에는 추론의 대상인 모수는 p이고, $N(\mu,\sigma^2)$일 때에는 모수 μ와 σ^2이 추론의 대상이 된다. 모수모형(parametric model)이라고 불리는 이런 경우에는 미지의 모수를 제외하고는 확률분포의 유형이 결정되어 있으므로 모수만 알게 되면 모집단의 분포는 정확하게 표현될 수 있다.

통계적 추론은 그 목적에 따라 여러 형태로 분류될 수 있지만 그 중 가장 기본적이며 중요한 것으로는 모수의 참값으로 추측되는 값을 구하는 추정(estimation)과 모수에 대한 추측 또는 주장의 옳고 그름을 판단하는 가설검정(hypothesis testing)이 있다.[1] 이 장에서는 모집단의 모수에 관한 추정에 대해서 알아보기로 하고, 가설검정에 대해서는 다음 장에서 공부하기로 한다. 모수에 관한 추정은 크게 점추정(point estimation)과 구간추정(interval estimation)으로 나눌 수 있다. 점추정은 모수의 참값이라고 추측되는 하나의 값을 구하는 방법이며, 반면에 구간추정은 모수의 참값이 포함되리라고 기대되는 범위를 구하는 방법을 말한다.

7.1 점추정

점추정이란 표본에서 얻어지는 정보를 이용하여 알려져 있지 않은 모수의 참값으로 생각되는 하나의 값을 일정한 방법에 따라 구하는 과정을 말한다. 이때 표본평균, 표본분산, 표본비율 등과 같이 모수를 추정하기 위해 사용되는 통계량을 점추정량(point estimator) 또는 추정량(estimator)이라고 하고, 점추정량에 실제 관측된 값을 대입하여 계산된 추정량의 값을 추정값(estimate)이라고 한다.

1) 통계적 추론에서 모수모형을 사용했을 때, 모분포를 특정지우는 모수에 대한 추정방법이나 검정방법 등을 모수적 통계방법이라고 한다. 반면에 "모집단의 분포가 연속이다"와 같이 모집단에 대한 약한 가정 하에서 고려되는 방법을 비모수적(nonparametric) 통계방법이라고 한다. 모집단의 분포함수에 대한 확실한 근거가 있을 때에는 일반적으로 모수적 방법이 좋으며, 반면 모집단이 정규분포를 따른다는 등의 가정을 할 수 없는 경우에는 비모수적 방법이 안전할 것이다. 이 책에서는 모수적 방법에 대하여 다룰 것이다.

[정의 7.1] 추정량(estimator)과 추정값(estimate)

미지의 모수 θ의 추정에 사용되는 통계량 $T(X_1, \cdots, X_n)$을 θ의 추정량이라 하며, 주어진 표본의 관측값 $X_1 = x_1$, $X_2 = x_2$, $\cdots$, $X_n = x_n$에 의해 계산된 추정량의 관측값 $T(x_1, \cdots, x_n)$을 θ의 추정값이라 한다.

※ 모수 θ와 그의 추정량을 구별하기 편리하도록 일반적으로 모수 θ의 추정량을 $\hat{\theta}(X_1, \cdots, X_n)$ 또는 $\hat{\theta}$으로 표기한다. 또한 모수 θ의 추정값을 $\hat{\theta}(x_1, \cdots, x_n)$으로 표기하며, 추정량과 혼동이 되지 않는 경우에는 $\hat{\theta}$으로로도 나타낸다.

예를 들어, $X_1, \cdots, X_n$을 평균이 μ이고 분산이 σ^2인 모집단으로부터 추출한 크기가 n인 확률표본이라고 하자. 이때 모평균 μ에 대한 추정량으로 표본평균 $\overline{X}$를 사용하고, 모분산 σ^2에 대한 추정량으로 표본분산 S^2을 사용하기로 한다면

$$\hat{\mu} = \hat{\mu}(X_1, \cdots, X_n) = \overline{X} \left(= \frac{1}{n}\sum_{i=1}^{n} X_i \right)$$

$$\hat{\sigma}^2 = \hat{\sigma}^2(X_1, \cdots, X_n) = S^2 \left(= \frac{1}{n-1}\sum_{i=1}^{n} (X_i - \overline{X})^2 \right)$$

이며, 표본의 실제 관측값 $x_1, x_2, \cdots, x_n$을 추정량에 대입하여 얻은 추정량의 관측값

$$\hat{\mu} = \hat{\mu}(x_1, \cdots, x_n) = \overline{x} \left(= \frac{1}{n}\sum_{i=1}^{n} x_i \right)$$

$$\hat{\sigma}^2 = \hat{\sigma}^2(x_1, \cdots, x_n) = s^2 \left(= \frac{1}{n-1}\sum_{i=1}^{n} (x_i - \overline{x})^2 \right)$$

은 각각 모평균과 모분산에 대한 추정값이 된다.[2)]

예제 7.1 어떤 분식점에서 판매하는 찐빵 50개를 랜덤 추출하여 중량을 측정한 결과가 다음과 같다.

141.0	139.9	142.1	140.5	144.2	137.1	139.4	140.4	138.3	136.8
136.1	137.4	145.2	136.9	141.2	140.3	141.0	137.9	145.1	139.5
138.5	137.2	134.9	141.6	138.8	144.0	146.2	141.5	140.5	143.8
139.2	147.2	136.1	139.0	143.1	143.0	140.5	134.3	137.2	139.3
139.7	138.6	138.6	138.1	143.8	134.8	136.7	140.1	142.1	141.3

2) 일반적으로 추정량은 영문 대문자로, 추정값은 영문 소문자로 표시한다.

찐빵의 평균 중량 μ에 대한 추정량으로 표본평균 $\overline{X}$를 사용하고, 찐빵 중량의 분산 σ^2 에 대한 추정량으로 표본분산 S^2을 사용하기로 할 때, 모평균과 모분산의 추정값을 구하여라.

풀이 자료로부터 계산된 표본평균과 표본분산의 관측값은

$$\overline{x} = \frac{1}{50}\sum_{i=1}^{50} x_i = 140,\ s^2 = \frac{1}{50-1}\sum_{i=1}^{50}(x_i - \overline{x})^2 = 9.044$$

이다. 따라서 모평균의 추정값은 $\hat{\mu} = 140$이고, 모분산의 추정값은 $\hat{\sigma}^2 = 9.044$이다. ■

7.1.1 추정량의 성질

하나의 모수를 추정하는데 사용될 수 있는 추정량으로 여러 가지가 있을 수 있다. 예를 들어, 모평균 μ는 모집단의 중심위치를 나타내는 대표값이므로 이에 대한 추정량으로는 표본평균, 표본중앙값, 표본의 최댓값과 최솟값의 평균, 최빈값 등 여러 가지 추정량을 고려할 수 있다. 이때 이러한 추정량들 중에서 어느 것이 모평균 μ의 추정량으로 바람직하고 좋은 것인지를 판단할 수 있어야 한다. 좋은 추정량이 되기 위하여 일반적으로 요구되는 중요한 성질로는 불편성, 유효성, 일치성 등이 있다.

(1) 불편성

추정량 $\hat{\theta}(X_1, \cdots, X_n)$이 모수 θ의 좋은 추정량이 되기 위해서는 $\hat{\theta}(X_1, \cdots, X_n)$의 분포가 모수 θ를 중심으로 균형적으로 나타나는 것이 바람직하다. 다시 말해, 반복적으로 랜덤 추출되는 표본으로부터 계산된 추정값 $\hat{\theta}(x_1, \cdots, x_n)$들이 모수 θ의 참값을 중심으로 관측되면서 평균적으로는 참값과 같아져야 좋은 추정량이라고 할 수 있을 것이다. 이와 같이 추정량 $\hat{\theta}(X_1, \cdots, X_n)$의 평균 즉, 기대값이 모수 θ와 같아지는 성질을 불편성(unbiasedness)이라 하고, 불편성을 만족하는 추정량 $\hat{\theta}(X_1, \cdots, X_n)$을 모수 θ의 불편추정량(unbiased estimator)이라 한다.

[정의 7.2] 편의(bias)와 불편추정량(unbiased estimator)

모수 θ의 추정량 $\hat{\theta} = \hat{\theta}(X_1, \cdots, X_n)$이 $E(\hat{\theta}) = \theta$를 만족할 때 $\hat{\theta}$을 θ의 불편추정량이라 하며, $B(\hat{\theta}) = E(\hat{\theta}) - \theta$를 $\hat{\theta}$의 편의(bias)라고 한다.

불편추정량과 편의의 의미를 [그림 7.1]을 통해 살펴보기로 하자. [그림 7.1]에서 궁수의 활을 추정량 $\hat{\theta}(X_1, \cdots, X_n)$이라 하고, 과녁의 정중앙을 추정하고자 하는 모수의 참값 θ라고 하면, 과녁으

로 발사되어 관측된 화살들은 반복적으로 추출된 표본들로부터 계산된 추정값 $\hat{\theta}(x_1, \cdots, x_n)$들을 의미한다. 이때 화살이 과녁의 정중앙을 중심으로 관측되고 있느냐 또는 과녁의 중심으로부터 떨어져 있는 특정한 점을 중심으로 관측되고 있느냐 하는 것은 편의와 관련된 문제가 된다. [그림 7.1]에서 (a)의 활(추정량 $\hat{\theta}_1$)과 (c)의 활(추정량 $\hat{\theta}_3$)로부터 발사되어 관측된 화살(추정값)들은 과녁의 정중앙(모수 θ)에서 1시 방향으로 떨어진 점을 중심으로 편의되어 관측되고 있는 경우로서 이것은 추정값들이 모수의 참값과는 차이가 있는 값을 중심으로 추정되고 있다는 것을 나타내고 있다. 반면에 (b)의 활(추정량 $\hat{\theta}_2$)과 (d)의 활(추정량 $\hat{\theta}_4$)로부터 발사되어 관측된 화살(추정값)들은 비록 흩어짐의 정도에서는 차이가 있지만 과녁의 정중앙(모수 θ)을 중심으로 균형되게 관측되고 있기 때문에 편의가 없는 경우를 나타내고 있다. 다시 말해, 추정값들이 비록 오차는 있지만 평균적으로는 모수의 참값을 중심으로 추정되고 있다는 것을 나타내고 있다.

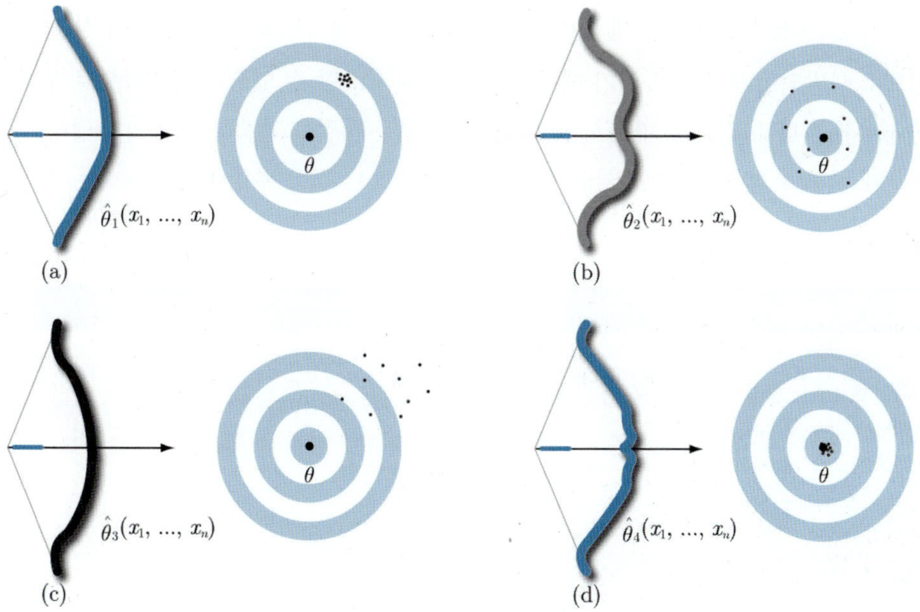

[그림 7.1] 불편성과 유효성의 의미

예제 7.2 $X_1, X_2, \cdots, X_n$을 평균이 μ이고 분산이 σ^2인 모집단으로부터 얻은 크기가 n인 확률표본이라고 할 때, 표본평균 $\overline{X}$가 모평균 μ의 불편추정량이 됨을 보여라.

풀이 표본평균 $\overline{X}$의 기대값은

$$E(\overline{X}) = E\left(\frac{X_1 + X_2 + \cdots + X_n}{n}\right) = \frac{1}{n}[E(X_1) + E(X_2) + \cdots + E(X_n)]$$

$$= \frac{1}{n}(\mu + \mu + \ \cdots \ + \mu) = \frac{1}{n} n\mu = \mu$$

와 같이 모평균 μ 와 일치하므로 $\overline{X}$ 는 μ 의 불편추정량이다. ■

(2) 유효성

일반적으로 어떤 추정량이 불편성을 만족한다고 해서 가장 바람직하다고 말하기는 아직 이르다. 왜냐하면, 추정량이 비록 불편성을 가지고 있다고 하더라도 반복적으로 추출된 표본으로부터 구한 추정값들의 흩어짐이 매우 크다면, 추정에서 큰 오차를 수반할 위험이 있으므로 좋은 추정량이라고 보기는 어렵기 때문이다. 따라서 불편성과 동시에 추정량의 분산까지 함께 고려하여야 한다. [그림 7.1]의 (b)와 (d)를 비교해 보면 (d)의 활(추정량 $\hat{\theta}_4$)은 관측된 대부분의 화살(추정값)들이 정중앙(모수 θ)에 거의 정확하게 명중되고 있기 때문에 편의가 없으면서도 과녁 정중앙으로 부터의 흩어짐도 거의 없는 경우이며, 반면에 (b)의 활(추정량 $\hat{\theta}_2$)은 관측된 화살(추정값)이 정중앙(모수 θ)을 중심으로 산발되어 명중되고 있기 때문에 편의는 없다고 할 수 있으나 정중앙으로 부터의 흩어짐이 큰 경우를 나타내고 있다. 따라서 불편성이라는 좋은 성질을 만족하는 θ 의 추정량이 여러 개 있을 경우에는 그 추정량들의 분산들을 비교하여 그 값이 더 작은 추정량을 선택하는 것이 바람직하다고 할 수 있는 것이다.[3]

[정의 7.3] 유효성(efficiency)

모수 θ의 두 불편추정량 $\hat{\theta}_1$과 $\hat{\theta}_2$에 대하여 $Var(\hat{\theta}_1) < Var(\hat{\theta}_2)$이면, $\hat{\theta}_1$이 $\hat{\theta}_2$보다 더 유효하다고 한다.

[그림 7.2]에는 모수 θ의 추정량 $\hat{\theta}_1$과 $\hat{\theta}_2$의 분포가 그려져 있다. 그림에서 보는 바와 같이 두 추정량 $\hat{\theta}_1$과 $\hat{\theta}_2$은 둘 다 모수 θ 의 불편추정량이지만, 추정량 $\hat{\theta}_1$이 추정량 $\hat{\theta}_2$보다 더 작은 분산을 가지고 있기 때문에 추정량 $\hat{\theta}_1$은 추정량 $\hat{\theta}_2$보다 더 유효한(efficient) 추정량이 된다.

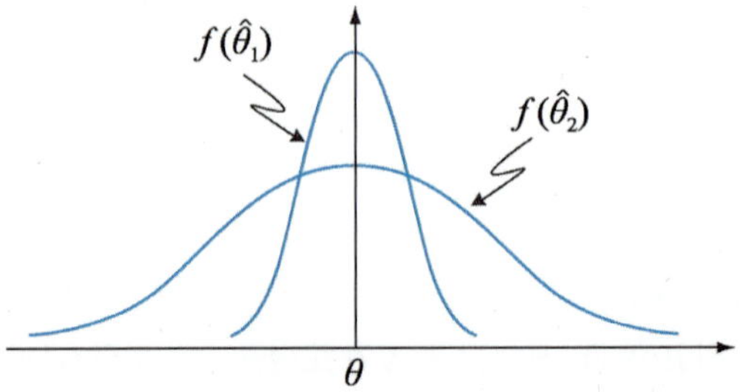

[그림 7.2] 두 불편추정량 $\hat{\theta}_1$과 $\hat{\theta}_2$의 표본분포

3) 모든 불편추정량들 중에서 최소의 분산을 갖는 추정량을 최소분산 불편추정량(minimum variance unbiased estimator)이라고 하며, 최소분산 불편추정량을 구하는 방법은 이 책의 수준을 넘으므로 생략하기로 한다.

예제 7.3 X_1, X_2, X_3를 평균이 μ이고 분산이 σ^2인 모집단으로부터 얻은 확률표본이라고 하자. 이때 모평균 μ의 두 추정량

$$T_1 = \frac{X_1 + 2X_2 + X_3}{4}, \quad T_2 = \frac{X_1 + X_2 + X_3}{3}$$

중에서 어느 추정량이 모평균 μ의 추정에서 더 유효한지를 보여라.

풀이 $E(T_1) = \frac{1}{4}E(X_1 + 2X_2 + X_3)$

$= \frac{1}{4}[E(X_1) + 2E(X_2) + E(X_3)] = \frac{1}{4}4\mu = \mu$ 이고

$E(T_2) = \frac{1}{3}E(X_1 + X_2 + X_3)$

$= \frac{1}{3}[E(X_1) + E(X_2) + E(X_3)] = \frac{1}{3}3\mu = \mu$ 이므로

두 추정량 T_1, T_2는 μ의 불편추정량이다. 또한

$Var(T_1) = \frac{1}{4^2}Var(X_1 + 2X_2 + X_3)$

$= \frac{1}{16}[Var(X_1) + 4\,Var(X_2) + Var(X_3)] = \frac{1}{16}6\sigma^2 = \frac{3}{8}\sigma^2$

$Var(T_2) = \frac{1}{3^2}Var(X_1 + X_2 + X_3)$

$= \frac{1}{9}[Var(X_1) + Var(X_2) + Var(X_3)] = \frac{1}{9}3\sigma^2 = \frac{1}{3}\sigma^2$ 로 부터

$Var(T_1) > Var(T_2)$ 이므로 추정량 T_2가 추정량 T_1보다 더 유효하다. ■

(3) 일치성

앞에서 다루었던 추정량의 불편성과 유효성은 고정된 표본의 크기 n에서 정의된 추정량의 성질들이었다. 여기서는 표본의 크기가 커짐에 따른 추정량의 성질에 대하여 살펴보기로 한다. 표본의 크기 n이 커질수록 추출되는 표본은 모집단에 점점 가까워지기 때문에 추정량이 모수와 거의 일치해야 하는 것은 좋은 추정량이 되기 위해 갖추어야 될 너무나도 당연한 성질이다. 이와 같이 추정량 $\widehat{\theta_n}(X_1, \cdots, X_n)$이 표본의 크기 n이 커짐에 따라 모수 θ에 수렴하는 성질을 일치성(consistency)이라고 하며[4], 이러한 성질을 가진 추정량을 일치추정량(consistent estimtor)이라 한다.

4) 이 책에서는 표본의 크기 n의 변화에 따른 통계량의 특성을 나타내는 경우에 통계량의 아래첨자에 n을 표기하기로 한다. 예를 들어, $\overline{X}_n = \frac{1}{n}\sum_{i=1}^{n}X_i$으로 표본평균 $\overline{X}$를 나타낸다.

[정의 7.4] 일치추정량(consistent estimator)

크기가 n인 표본을 이용한 모수 θ의 추정량 $\hat{\theta}_n = \hat{\theta}(X_1, \cdots, X_n)$이 임의의 $\epsilon > 0$에 대하여

$$\lim_{n \to \infty} P(|\hat{\theta}_n - \theta| < \epsilon) = 1 \text{ 또는 } \lim_{n \to \infty} P(|\hat{\theta}_n - \theta| \geq \epsilon) = 0$$

을 만족하면 $\hat{\theta}_n$을 θ의 일치추정량이라고 한다.

[정의 7.4]는 표본의 크기가 커짐에 따라 추정량 $\hat{\theta}_n$이 추정하고자 하는 모수 θ에 원하는 만큼 가깝게 분포될 확률이 1에 근접하는 것을 의미하며, 이때 추정량 $\hat{\theta}_n$이 모수 θ에 확률적으로 수렴한다고 한다. [정리 7.1]은 $\hat{\theta}_n$이 모수 θ의 일치추정량임을 보이기 위한 충분조건을 나타내고 있다.

정리 7.1 일치추정량의 충분조건

$\hat{\theta}_n$을 모수 θ의 추정량이라고 할 때,

① $\lim_{n \to \infty} E(\hat{\theta}_n) = \theta$, ② $\lim_{n \to \infty} Var(\hat{\theta}_n) = 0$

이 성립하면, $\hat{\theta}_n$은 모수 θ의 일치추정량이 된다.

예제 7.4 $X_1, X_2, \cdots, X_n$을 평균이 μ이고 분산이 σ^2인 모집단으로부터 추출한 크기가 n인 확률표본이라고 할 때, 표본평균 $\overline{X}_n$가 모평균 μ의 일치추정량이 됨을 보여라.

풀이 $E(\overline{X}_n) = \mu$이고 $Var(\overline{X}_n) = \dfrac{\sigma^2}{n}$ 이므로

$$\lim_{n \to \infty} E(\overline{X}_n) = \lim_{n \to \infty} \mu = \mu \text{이고, } \lim_{n \to \infty} Var(\overline{X}_n) = \lim_{n \to \infty} \frac{\sigma^2}{n} = 0 \text{이다.}$$

따라서 $\overline{X}_n$는 μ의 일치추정량이다. ■

7.1.2 모수의 점추정량

모수의 점추정량을 구하는 방법에는 여러 가지가 있으며, 그 중 일반적으로 많이 사용되는 방법으로는 최우추정법(method of maximum likelihood), 최소제곱법(method of least squares), 적률법(method of moments) 등을 들 수 있다. 이러한 추정방법에 대한 설명은 기초통계학의 수준을 벗어나므로 생략을 하고, 여기서는 위에서 열거한 추정방법들에 의하여 계산된 추정량들 중에서 각각

의 모수에 대한 좋은 점추정량이 어떤 것인지를 간단히 알아보기로 하자.

(1) 모평균 μ 의 점추정량

모평균 μ 의 점추정량으로는 앞에서 이야기한 바와 같이 표본평균, 표본중앙값, 표본의 최대값과 최소값의 평균 등 여러 가지 추정량을 고려할 수 있다. 이러한 추정량들은 각각의 장·단점이 있으나, 가장 일반적으로 통용되는 추정량은 표본평균이다. [예제 7.2]와 [예제 7.4]에서 표본평균 $\overline{X}$ 는 모평균 μ 의 추정에서 불편성과 일치성을 갖는 좋은 점추정량이 되는 것을 확인하였다.

정리 7.2 모평균 μ 의 점추정량

$X_1, X_2, \cdots, X_n$을 평균이 μ이고 분산이 σ^2인 모집단으로부터 얻은 크기가 n인 확률표본이라고 할 때, 표본평균 $\overline{X}$는 모평균 μ 의 추정에서 불편성과 일치성을 갖는 점추정량이 된다.[5)]

(2) 모분산 σ^2의 점추정량

모분산 σ^2은 모집단의 분포가 흩어져 있는 정도를 나타내는 척도로서 모분산 σ^2 의 점추정량으로는 다음과 같은 두 추정량이 많이 사용되고 있다.

$$S^2 = \frac{1}{n-1}\sum_{i=1}^{n}(X_i - \overline{X})^2, \quad \tilde{S}^2 = \frac{1}{n}\sum_{i=1}^{n}(X_i - \overline{X})^2$$

이러한 두 추정량 중에서 표본분산 S^2 은 [예제 7.5]에서 보는 바와 같이 불편성을 가지고 있기 때문에 모분산 σ^2의 추정에서 일반적으로 많이 사용되고 있다. 그러나 표본의 크기 n이 클 경우에는 두 추정량 S^2 과 $\tilde{S}^2$은 차이가 없게 된다.

예제 7.5 **$X_1, X_2, \cdots, X_n$을 평균이 μ이고 분산이 σ^2인 모집단으로부터 얻은 크기가 n인 확률표본이라고 할 때, 표본분산 S^2이 모분산 σ^2의 불편추정량이 됨을 보여라.**

풀이

$$\begin{aligned}(n-1)S^2 &= \sum_{i=1}^{n}(X_i - \overline{X})^2 = \sum_{i=1}^{n}((X_i - \mu) - (\overline{X} - \mu))^2 \\ &= \sum_{i=1}^{n}(X_i - \mu)^2 - 2(\overline{X} - \mu)\sum_{i=1}^{n}(X_i - \mu) + n(\overline{X} - \mu)^2 \\ &= \sum_{i=1}^{n}(X_i - \mu)^2 - n(\overline{X} - \mu)^2 \text{ 이므로,}\end{aligned}$$

5) 정규모집단의 경우 표본평균 $\overline{X}$는 모평균 μ 의 최소분산 불편추정량이 되며, 가장 좋은 추정량으로 알려져 있다.

$$E((n-1)S^2) = \sum_{i=1}^{n} E\left[(X_i-\mu)^2\right] - nE\left[(\overline{X}-\mu)^2\right]$$

$$= n\sigma^2 - n \cdot \frac{\sigma^2}{n} = (n-1)\sigma^2 \text{이다.}$$

따라서 $E(S^2) = \sigma^2$이므로 S^2은 σ^2의 불편추정량이다. ■

정리 7.3 모분산 σ^2의 점추정량

$X_1,\ X_2,\ \cdots,\ X_n$을 평균이 μ이고 분산이 σ^2인 모집단으로부터 얻은 크기가 n인 확률표본이라고 할 때, 표본분산 S^2은 모분산 σ^2의 추정에서 불편성과 일치성을 갖는 점추정량이 된다.6)

(3) 모비율 p의 점추정량

모비율 p는 실업률, 지지율 등과 같이 모집단의 특정한 속성에 대한 비율을 나타내므로 이에 대한 추정에는 모비율 p를 모수로 하는 베르누이분포가 사용된다. 모수가 p인 베르누이분포 $B(1,\ p)$를 따르는 모집단으로부터 크기가 n인 확률표본 $X_1,\ X_2,\ \cdots,\ X_n$을 얻었다고 하면, 새로운 확률변수 $X = \sum_{i=1}^{n} X_i$는 이항분포 $B(n,p)$를 따게 되며, 이때 모비율 p의 직관적인 추정량으로 표본비율 $\hat{p}_n = \frac{X}{n} = \frac{1}{n}\sum_{i=1}^{n} X_i$를 생각할 수 있다. [예제 7.6]에서 표본비율 $\hat{p}_n$은 불편성과 일치성을 가지고 있음을 확인할 수 있다.

예제 7.6 $X_1,\ X_2,\ \cdots,\ X_n$을 모비율이 p인 베르누이분포 $B(1,\ p)$를 따르는 모집단으로부터 얻은 크기가 n인 확률표본이라고 할 때, 표본비율 $\hat{p}_n$이 모비율 p의 불편추정량 및 일치추정량이 됨을 보여라.

풀이 $\hat{p}_n = \frac{1}{n}\sum_{i=1}^{n} X_i$라고 하면, $E(\hat{p}_n) = E\left(\frac{1}{n}\sum_{i=1}^{n} X_i\right) = \frac{1}{n}\sum_{i=1}^{n} E(X_i) = \frac{1}{n}\sum_{i=1}^{n} p = p$이므로, 표본비율 $\hat{p}_n$은 모비율 p 의 불편추정량이다. 또한

$$Var(\hat{p}_n) = Var\left(\frac{1}{n}\sum_{i=1}^{n} X_i\right) = \frac{1}{n^2}\sum_{i=1}^{n} Var(X_i) = \frac{1}{n^2}\sum_{i=1}^{n} p(1-p) = \frac{p(1-p)}{n}$$

이다. 따라서

$\lim_{n\to\infty} E(\hat{p}) = \lim_{n\to\infty} p = p$이고, $\lim_{n\to\infty} Var(\hat{p}_n) = \lim_{n\to\infty} \frac{p(1-p)}{n} = 0$이므로 $\hat{p}_n$은 모비율 p 의 일

6) 표본분산 S^2이 모분산 σ^2의 일치추정량임을 보이는 것은 이 책의 수준을 벗어나므로 생략한다.

치추정량이다. ■

정리 7.4 모비율 p의 점추정량

$X_1, X_2, \cdots, X_n$을 모비율이 p인 베르누이분포 $B(1, p)$를 따르는 모집단으로부터 얻은 크기가 n인 확률표본이라고 할 때, 표본비율 $\hat{p}$은 모비율 p의 추정에서 불편성과 일치성을 갖는 점추정량이 된다.

7.2 구간추정

일반적으로 크기가 고정된 표본으로부터 계산된 점추정값과 모집단의 모수는 정확하게 일치하지 않으며, 크고 작은 오차를 수반하게 된다. 그러나 점추정의 문제에서는 이러한 오차의 범위에 대한 정보, 즉 통계적 정확도를 표현하지 못하는 결점이 있다. 다시 말해, 추정값과 모수가 일치하지 않으면 그 추정값이 모수로부터 얼마나 차이가 나는지를 알 수 없다. 이러한 경우에는 하나의 추정값보다는 모수가 포함되리라고 기대되는 구간을 구하고, 그 구간 내에 모수가 포함될 확률로써 통계적 정확도를 표현하는 것이 바람직할 것이다. 구간추정(interval estimation)이란 표본에서 얻어지는 정보를 이용하여 일정한 확률 하에 모수가 포함될 구간을 구하는 것을 말한다.

[정의 7.5] 신뢰구간(confidence interval)

주어진 확률 $1-\alpha$에 대하여 $P\left(L(X_1, \cdots, X_n) \leq \theta \leq U(X_1, \cdots, X_n)\right) = 1-\alpha$를 만족하는 구간 $\left[L(X_1, \cdots, X_n), U(X_1, \cdots, X_n)\right]$을 모수 θ에 대한 $100(1-\alpha)\%$ 신뢰구간(confidence interval) 또는 구간추정량(interval estimator)이라고 한다. 이때 $L(X_1, \cdots, X_n)$과 $U(X_1, \cdots, X_n)$을 각각 신뢰구간의 하한(lower limit), 상한(upper limit)이라 하며, $1-\alpha$를 신뢰수준(confidence level)이라 한다.

※ 주어진 표본의 관측값 $x_1, x_2, \cdots, x_n$에 의해 계산된 구간추정량의 관측값 $\left[L(x_1, \cdots, x_n), U(x_1, \cdots, x_n)\right]$을 모수 θ의 구간추정값(interval estimate)이라 하고, 구간추정량과 혼동이 되지 않는 경우에는 이 역시 신뢰구간이라 한다.

[정의 7.5]의 $100(1-\alpha)\%$ 신뢰구간 $[L(X_1, \cdots, X_n), U(X_1, \cdots, X_n)]$은 확률구간으로서 $1-\alpha$는 표본의 관찰값이 주어지기 이전에 해당하는 확률이다. 이제 표본의 관측값 $x_1, x_2, \cdots, x_n$에 의해 신뢰구간 $[L(x_1, \cdots, x_n), U(x_1, \cdots, x_n)]$이 관측되고 나면, 모수 θ는 이 신뢰구간에 포함되거나 또는 포함되지 않거나 둘 중의 하나일 뿐이다. 여기서 신뢰수준 $1-\alpha$ 는 모집단으로부터 같은 크기의 표본을 여러 번 추출하여 반복적으로 신뢰구간들을 구할 때 $100(1-\alpha)\%$ 에 해당하는 신뢰구간들이 모수 θ 를 포함한다는 것을 의미한다.

7.2.1 모평균의 구간추정

(1) 모분산 σ^2이 알려져 있는 정규모집단의 경우

모분산 σ^2이 알려져 있는 정규모집단 $N(\mu, \sigma^2)$의 미지의 모평균 μ에 대한 구간추정을 고려하자. 이 정규모집단으로부터 크기가 n인 확률표본 $X_1, X_2, \cdots, X_n$을 추출하면, 표본평균 $\overline{X}_n$ 는 정규분포 $N\left(\mu, \dfrac{\sigma^2}{n}\right)$를 따르며, 표준화된 확률변수 $Z = \dfrac{\overline{X}-\mu}{\sigma/\sqrt{n}}$ 는 표준정규분포 $N(0, 1)$ 을 따른다는 사실을 5장에서 이미 배웠다. 따라서, 확률변수 Z가 $-z_{\alpha/2}$와 $z_{\alpha/2}$ 사이에 포함될 확률은

$$\begin{aligned} 1-\alpha &= P\left(-z_{\alpha/2} \le \frac{\overline{X}-\mu}{\sigma/\sqrt{n}} \le z_{\alpha/2}\right) \\ &= P\left(\overline{X}-z_{\alpha/2}\frac{\sigma}{\sqrt{n}} \le \mu \le \overline{X}+z_{\alpha/2}\frac{\sigma}{\sqrt{n}}\right) \end{aligned}$$

이므로, 모평균 μ 에 대한$100(1-\alpha)\%$ 신뢰구간은 다음과 같이 주어진다.

[모평균 μ에 대한 신뢰구간]

모분산 σ^2이 알려져 있는 정규모집단 $N(\mu, \sigma^2)$의 모평균 μ에 대한 $100(1-\alpha)\%$ 신뢰구간은

$$\left[\overline{X}-z_{\alpha/2}\frac{\sigma}{\sqrt{n}},\quad \overline{X}+z_{\alpha/2}\frac{\sigma}{\sqrt{n}}\right]$$ 7)

이다.

7) 여기서 구한 신뢰구간은 고정된 신뢰수준과 표본크기에 대하여 구간의 길이를 가장 짧게 하는 최적성을 가지고 있다.

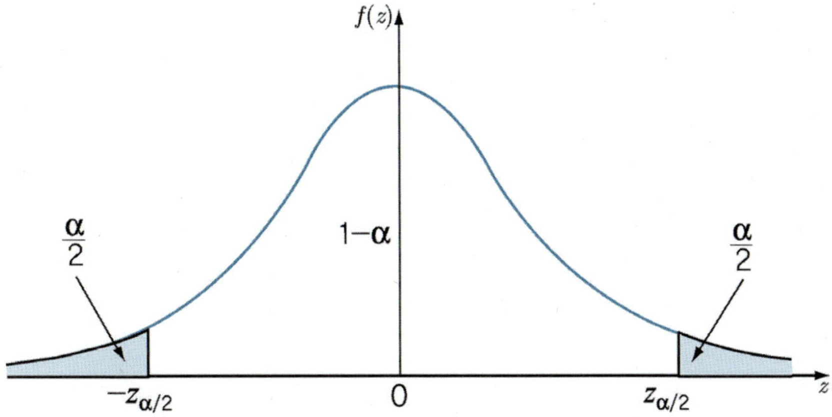

[그림 7.3] **확률** $P(-z_{\alpha/2} \leq Z \leq z_{\alpha/2}) = 1-\alpha$

일반적으로 우리는 정확한 구간추정을 위하여 신뢰구간의 폭이 좁은 것을 원하며, 또한 그 구간이 모수를 포함할 것이라는 신뢰수준이 높은 것을 원한다. 위의 식에서 신뢰구간의 길이는 표본의 크기와 신뢰수준에 의하여 결정됨을 알 수 있다. 즉, 표본의 크기가 일정할 경우에는 신뢰수준을 높이면 신뢰구간의 폭은 넓어지고, 반대로 신뢰수준을 낮추면 신뢰구간의 폭은 좁아진다. 동일한 신뢰수준에 대해서는 표본의 크기가 작을 경우 신뢰구간의 폭은 넓어지고, 표본의 크기가 클 경우 신뢰구간의 폭은 좁아진다. 신뢰수준으로는 일반적으로 0.90, 0.95, 0.99 등을 많이 사용한다.

예제 7.7 A 지역의 가구당 월 소득의 평균 μ에 대한 90% 신뢰구간을 추정하기 위하여 81가구를 랜덤으로 추출하여 월 소득의 평균을 계산한 결과 $\overline{x} = 149.6$(만원)을 얻었다. 월 소득의 평균 μ에 대한 90% 신뢰구간을 구하여라. 단 A 지역의 가구당 월 소득은 표준편차가 $\sigma = 14.7$ (만원)인 정규분포를 따른다고 가정한다.

풀이 모분산 σ^2이 알려져 있는 정규모집단에서의 모평균 μ에 대한 $100(1-\alpha)\%$ 신뢰구간은 $\left[\overline{X} - z_{\alpha/2}\frac{\sigma}{\sqrt{n}},\quad \overline{X} + z_{\alpha/2}\frac{\sigma}{\sqrt{n}}\right]$로 주어진다. 따라서 $\overline{x} = 149.6$, $\sigma = 14.7$, $n = 81$, $\alpha = 0.1$이고, 표준정규분포표로부터 $z_{0.05} = 1.645$이므로, 모평균 μ에 대한 90% 신뢰구간은

$$\left[149.6 - 1.645\frac{14.7}{\sqrt{81}},\quad 149.6 + 1.645\frac{14.7}{\sqrt{81}}\right] \fallingdotseq [146.9,\ 152.2]\ (\text{만원})\text{이다.}$$

■

R 실습 7.1 [예제 7.7]의 모분산 σ^2이 알려져 있는 정규모집단에서의 모평균 μ에 대한 신뢰구간을 구하여라.

[R코드 7.1] 모평균 μ에 대한 신뢰구간(모분산 σ^2이 알려져 있은 정규모집단)

```
norm.conf=function(xbar, sd, n, alpha){
  el=qnorm(alpha/2, lower.tail=FALSE)*sd/sqrt(n)
  uci=xbar+el
  lci=xbar-el
  return(c(lci,uci))
}
norm.conf(xbar=149.6, sd=14.7, n=81, alpha=0.1)
```

실행 결과

```
> norm.conf=function(xbar, sd, n, alpha){
+   el=qnorm(alpha/2, lower.tail=FALSE)*sd/sqrt(n)
+   uci=xbar+el
+   lci=xbar-el
+   return(c(lci,uci))
+ }
> norm.conf(xbar=149.6, sd=14.7, n=81, alpha=0.1)
[1] 146.9134 152.2866
```

- 신뢰구간의 추정값에 대한 식 $\left[\overline{x}-z_{\alpha/2}\frac{\sigma}{\sqrt{n}},\quad \overline{x}+z_{\alpha/2}\frac{\sigma}{\sqrt{n}}\right]$에서 $z_{\alpha/2}$의 값의 계산을 위해 qnorm(alpha/2, lower.tail=FALSE) 함수가 사용되었다. 또한 표본평균을 xbar, 모표준편차를 sd, 표본의 크기를 n, 그리고 신뢰수준을 1-alpha로 정의하면 오차한계 $z_{\alpha/2}\frac{\sigma}{\sqrt{n}}$의 값을 el=qnorm(alpha/2, lower.tail=FALSE)*sd/sqrt(n)으로 구할 수 있다.8)
- 신뢰구간의 상한값 uci와 하한값 lci의 연산식을 프로그램화하고, return(c(lci,uci))로 연산결과를 돌려주면 신뢰구간을 얻을 수 있다.
- [R코드 7.1]의 실행 결과는 [예제 7.7]의 결과와 동일함을 알 수 있다.

[예제 7.7]에서 구해진 신뢰구간 [146.9만원, 152.2만원]에 대하여 해석할 때 μ가 이 구간에 속할 확률이 90%라고 하는 것은 옳지 않다. 예를 들어, 표본을 다시 뽑았을 때 표본평균이 $\overline{x}=150$(만원)

8) 데이터를 입력변수로 사용할 경우 xbar, n의 값을 입력 데이터로부터 직접 구하여 함수를 만들 수 있다. 즉 norm.conf=function(data, sd, alpha){xbar=mean(data), n=length(data), ...}와 같이 데이터를 직접 입력할 수 있다.

이었다면 이때의 신뢰구간을 계산하면 [147.3만원, 152.6만원]이 되고, 또다시 반복하여 뽑은 표본에서 표본평균이 $\bar{x}$ =145(만원)이었다면 이때의 신뢰구간은 [142.3만원, 147.6만원]이 된다. 이렇게 반복하여 뽑은 표본들로부터 구한 신뢰구간들이 모두 모평균 μ를 포함한다고는 이야기할 수는 없다. 단지 동일한 크기의 표본을 무한히 반복 추출하여 신뢰구간을 구한다고 할 경우, 구해진 전체의 신뢰구간들 중 약 90%에 해당하는 구간들이 모평균 μ를 포함한다고 이야기할 수 있다. 따라서 [예제 7.7]에서 구한 신뢰구간도 이러한 개념하에서 구해진 구간들 중 하나이다. 가령, 81가구를 독립적으로 100번 추출하여 월 소득의 평균 μ에 대한 100개의 90% 신뢰구간들을 독립적으로 구하면, 그들 중 약 90개 정도의 신뢰구간에 모수 μ가 포함될 것이다. 이는 성공확률이 $p = 0.9$인 베르누이 시행을 독립적으로 100회 반복시행 하였을 때 얻게 되는 성공횟수와 동일한 개념이다. 따라서 신뢰구간의 신뢰수준에 대해서는 상대도수(relative frequency)에 의한 해석이 가능하다.

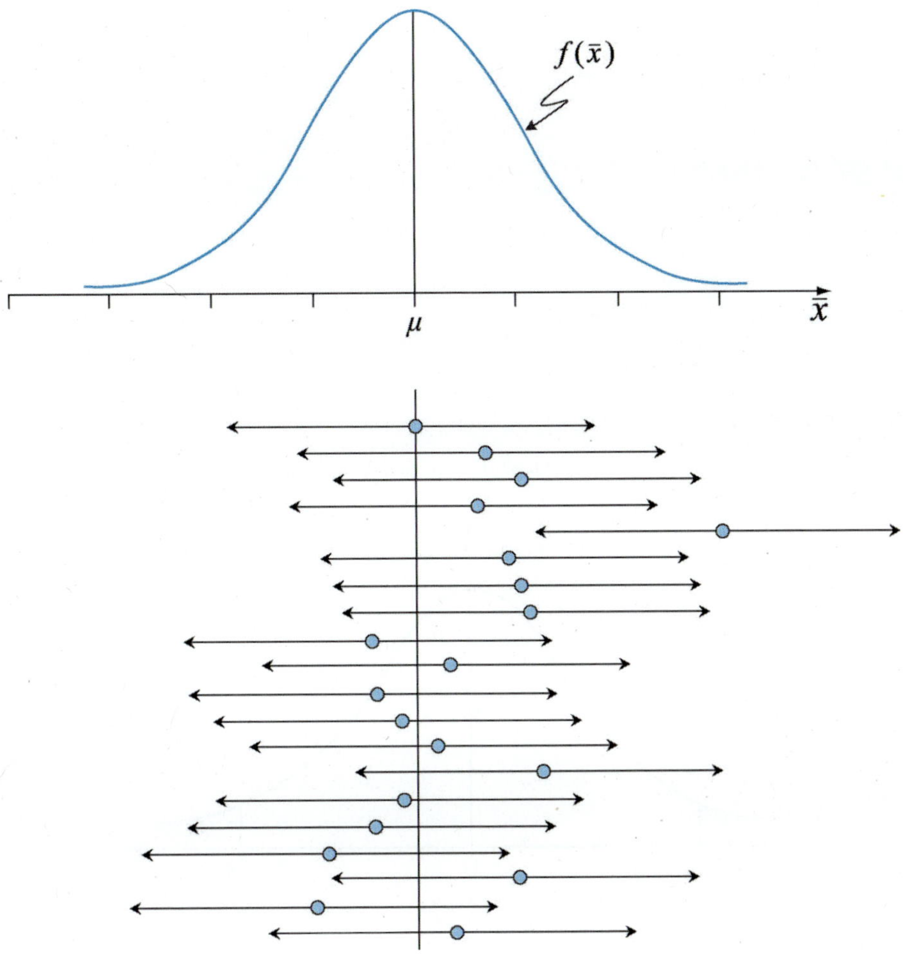

[그림 7.4] 20회 반복 추출시 95% 신뢰구간의 의미

(2) 모분산 σ^2이 알려져 있지 않은 정규모집단의 경우

일반적으로 모분산 σ^2은 알려져 있지 않고 오히려 우리가 알기를 원하는 모집단의 모수이다. 모분산 σ^2이 알려져 있는 않은 정규모집단 $N(\mu, \sigma^2)$에서 크기가 n인 확률표본 $X_1, X_2, \cdots, X_n$을 추출하면, 확률변수 $T = \dfrac{\overline{X} - \mu}{S/\sqrt{n}}$ 는 자유도가 $n-1$인 t분포를 따른다는 사실을 6장에서 다룬 바 있다. 따라서, 확률변수 T가 $-t_{\alpha/2}(n-1)$과 $t_{\alpha/2}(n-1)$ 사이에 포함될 확률은

$$
\begin{aligned}
1-\alpha &= P\left(-t_{\alpha/2}(n-1) \le \frac{\overline{X}-\mu}{S/\sqrt{n}} \le t_{\alpha/2}(n-1)\right) \\
&= P\left(\overline{X} - t_{\alpha/2}(n-1)\frac{S}{\sqrt{n}} \le \mu \le \overline{X} + t_{\alpha/2}(n-1)\frac{S}{\sqrt{n}}\right)
\end{aligned}
$$

이므로, 모분산 σ^2이 알려져 있는 않은 정규모집단의 모평균 μ 에 대한100 $(1-\alpha)$% 신뢰구간은 다음과 같이 주어진다.

[모평균 μ에 대한 신뢰구간]

모분산 σ^2이 알려져 있지 않은 정규모집단 $N(\mu, \sigma^2)$의 모평균 μ에 대한 $100(1-\alpha)$% 신뢰구간은

$$
\left[\overline{X} - t_{\alpha/2}(n-1)\frac{S}{\sqrt{n}},\quad \overline{X} + t_{\alpha/2}(n-1)\frac{S}{\sqrt{n}}\right]
$$

이다.

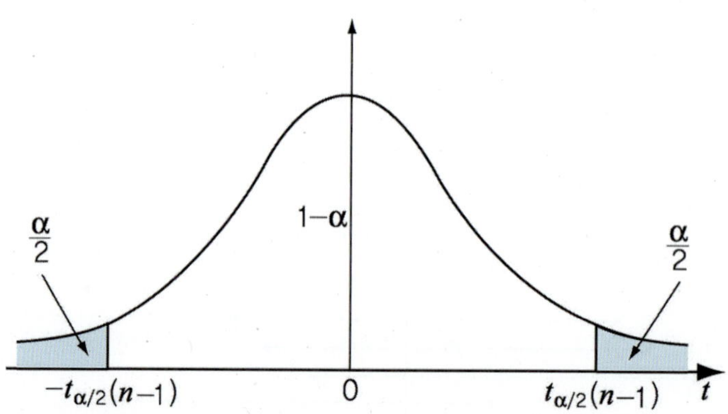

[그림 7.5] 확률 $P(-t_{\alpha/2}(n-1) \le T \le t_{\alpha/2}(n-1)) = 1-\alpha$

예제 7.8 고속도로의 보수에 사용되는 특수 시멘트가 굳을 때까지의 평균시간 μ를 추정하고자 한다. 랜덤으로 추출된 10개 지역의 보수공사 현장에서 시멘트가 굳을 때까지의 시간을 조사한 결과가 다음과 같다.

261 268 241 230 201 286 247 208 216 262

이 결과를 이용하여 평균시간 μ 의 90% 신뢰구간을 구하여라. 단, 시멘트가 굳을 때까지의 걸리는 시간은 정규분포를 따른다고 가정한다.

풀이 모분산 σ^2이 알려져 있지 않은 정규모집단에서의 모평균 μ에 대한 $100(1-\alpha)\%$ 신뢰구간은 $\left[\overline{X}-t_{\alpha/2}\dfrac{S}{\sqrt{n}},\quad \overline{X}+t_{\alpha/2}\dfrac{S}{\sqrt{n}}\right]$로 주어진다. 따라서 $\overline{x}=242,\ s=28,\ n=10,\ \alpha=0.1$이고, t-분포표로부터 $t_{0.05}(9)=1.833$이므로, 모평균 μ에 대한 90% 신뢰구간은

$$\left[242-1.833\frac{28}{\sqrt{10}},\quad 242+1.833\frac{28}{\sqrt{10}}\right] \fallingdotseq [225.77,\ 258.23]\ (\text{분})\text{이다.}$$

R 실습 7.2 [예제 7.8]의 모분산 σ^2이 알려져 있지 않은 정규모집단에서의 모평균 μ에 대한 신뢰구간을 구하여라.

[R코드 7.2(1)] 모평균 μ에 대한 신뢰구간 (모분산이 알려져 있지 않은 정규모집단)

```
x = c(261,268,241,230,201,286,247,208,216,262)
result = t.test(x, conf.level=0.9)
result$conf.int
```

실행 결과

```
> x = c(261,268,241,230,201,286,247,208,216,262)
> result = t.test(x, conf.level=0.9)
> result$conf.int
[1] 225.7689 258.2311
attr(,"conf.level")
[1] 0.9
```

- 모분산 σ^2이 알려져 있지 않은 정규모집단에서의 모평균 μ에 대한 신뢰구간은 t.test( ) 함수를 이용하여 구할 수 있다. 자료를 x에 저장한 후, 신뢰수준이 0.9인 모평균의 신뢰구간은 t.test(x, conf.level=0.9)를 통해 얻을 수 있다. t.test( )함수는 8장 및 9장에서 다룰 모평균에 대한 검정에

도 사용하며, 이에 대한 자세한 설명은 8장에서 다루도록 하겠다.

- t.test( )의 결과 중 신뢰구간만 출력하기를 원한다면 함수 뒤에 **$conf.int**를 붙이면 된다.

[R실습 7.1]에서와 유사한 방법으로 신뢰구간의 상한 값과 하한 값의 연산식을 계산하는 함수를 다음과 같이 작성할 수도 있다.

[R코드 7.2(2)] 모평균 μ에 대한 신뢰구간 (모분산이 알려져 있지 않은 정규모집단)

```
t.conf=function(data, alpha){
  xbar=mean(data) ; sample_sd=sd(data) ; n=length(data)
  el=qt(alpha/2, df=n-1, lower.tail=FALSE)*sample_sd/sqrt(n)
  uci=xbar+el ; lci=xbar-el
  return(c(lci,uci))
}
t.conf(data=x, alpha=0.1)
```

실행 결과

```
> t.conf=function(data, alpha){
+   xbar=mean(data) ; sample_sd=sd(data) ; n=length(data)
+   el=qt(alpha/2, df=n-1, lower.tail=FALSE)*sample_sd/sqrt(n)
+   uci=xbar+el ; lci=xbar-el
+   return(c(lci,uci))
+ }
> t.conf(data=x, alpha=0.1)
[1] 225.7689 258.2311
```

- **t.test( )**함수와 마찬가지로 입력된 자룟값을 바탕으로 신뢰구간 $\left[\bar{x}-t_{\alpha/2}(n-1)\frac{s}{\sqrt{n}},\ \bar{x}+t_{\alpha/2}(n-1)\frac{s}{\sqrt{n}}\right]$을 구하도록 **t.conf( )** 함수를 작성하였으며, 편의상 신뢰수준 $1-\alpha$ 대신 α를 입력하게 하였다. 표본평균과 표본표준편차를 계산하기 위해 **mean( )**함수와 **sd( )**함수가 사용되었으며, 자료의 크기를 계산하기 위해 **length( )**함수가 이용되었다. 또한 t-분포의 상위 백분위수 $t_{\alpha/2}(n-1)$를 구하기 위하여 **qt( )** 함수를 사용하였다.

(3) 모분산 σ^2이 알려져 있지 않은 비정규모집단의 경우

지금까지는 모집단의 분포가 정규분포라는 가정 하에서 모평균 μ 에 대한 신뢰구간을 추정하였다. 그러나 실제자료의 분석에서는 모집단의 분포와 모분산 σ^2에 대해 모르는 경우가 대부분이다. 이제 모분산 σ^2이 알려져 있는 않은 비정규모집단의 모평균 μ에 대한 구간추정을 생각해 보자. 표본의 크기 n이 커짐에 따라 중심극한정리로부터 확률변수 $\dfrac{\overline{X}_n - \mu}{\sigma / \sqrt{n}}$ 은 표준정규분포 $N(0,\ 1)$ 로 근사해 가는 사실을 5장에서 이미 배웠다.

또한 표본분산 S_n^2은 미지의 모분산 σ^2에 대한 일치추정량이므로, 표본의 크기 n이 충분히 크면 표본표준편차 S_n이 모표준편차 σ에 매우 가까울 것이라고 생각할 수 있다. 따라서 표본의 크기 n이 충분히 큰 경우 확률변수 $\dfrac{\overline{X}_n - \mu}{S_n / \sqrt{n}}$ 이 표준정규분포 $N(0,\ 1)$ 로 근사해 가는 성질을 이용하면,

$$
\begin{aligned}
1 - \alpha &= \lim_{n \to \infty} P\left(-z_{\alpha/2} \le \frac{\overline{X}_n - \mu}{S_n / \sqrt{n}} \le z_{\alpha/2} \right) \\
&= \lim_{n \to \infty} P\left(\overline{X}_n - z_{\alpha/2} \frac{S_n}{\sqrt{n}} \le \mu \le \overline{X}_n + z_{\alpha/2} \frac{S_n}{\sqrt{n}} \right)
\end{aligned}
$$

이므로, 모평균 μ 에 대한100 $(1-\alpha)$% 근사 신뢰구간은 다음과 같이 주어진다.

[모평균 μ에 대한 근사 신뢰구간]

모분산 σ^2이 알려져 있지 않은 임의의 모집단의 모평균 μ에 대한 $100(1-\alpha)\%$ 근사 신뢰구간은

$$\left[\overline{X} - z_{\alpha/2} \frac{S}{\sqrt{n}},\quad \overline{X} + z_{\alpha/2} \frac{S}{\sqrt{n}} \right]$$ [9)]

이다.

예제 7.9 [예제 7.1]에서 찐빵의 평균 중량 μ에 대한 95% 신뢰구간을 구하여라.

풀이 [예제 7.1]의 결과로부터 표본평균과 표본표준편차는

$$\overline{x} = 140,\ s = \sqrt{s^2} = \sqrt{9.044} = 3.007$$

9) 근사의 정도는 모집단의 분포형태에 따라 다르지만, 표본의 크기 $n \ge 30$이면 통상적으로 근사 신뢰구간을 실제 적용에 사용한다.

이다. 표본크기가 $n=50$으로 충분히 크므로 근사 신뢰구간을 구할 수 있다. 모분산 σ^2이 알려져 있는 않은 임의의 모집단의 모평균 μ에 대한 $100(1-\alpha)\%$ 근사 신뢰구간은 $\left[\overline{X}-z_{\alpha/2}\frac{S}{\sqrt{n}},\quad \overline{X}+z_{\alpha/2}\frac{S}{\sqrt{n}}\right]$로 주어진다. 따라서 $\alpha=0.05$, $z_{0.025}=1.96$이므로, 모평균 μ에 대한 95% 신뢰구간은 $\left[140-1.96\frac{3.007}{\sqrt{50}}, 140+1.96\frac{3.007}{\sqrt{50}}\right]$=[139.17, 140.83]이다. ■

7.2.2 모분산의 구간추정

이제 모평균 μ와 모분산 σ^2이 알려져 있지 않은 정규모집단 $N(\mu, \sigma^2)$의 분산 σ^2의 구간추정을 고려하자. 이 정규모집단에서 크기가 n인 확률표본 $X_1, X_2, \cdots, X_n$을 추출하면, 표본분산 S^2과 관련된 통계량 $V=\dfrac{(n-1)S^2}{\sigma^2}$은 자유도가 $n-1$인 카이제곱분포를 따른다는 사실을 제6장에서 배웠다. 따라서, 확률변수 V가 $\chi^2_{1-\alpha/2}(n-1)$과 $\chi^2_{\alpha/2}(n-1)$ 사이에 포함될 확률은

$$1-\alpha = P\left(\chi^2_{1-\alpha/2}(n-1) \le \frac{(n-1)S^2}{\sigma^2} \le \chi^2_{\alpha/2}(n-1)\right)$$[10]

$$= P\left[\frac{(n-1)S^2}{\chi^2_{\alpha/2}(n-1)} \le \sigma^2 \le \frac{(n-1)S^2}{\chi^2_{1-\alpha/2}(n-1)}\right]$$

이므로, 모분산 σ^2에 대한 $100(1-\alpha)\%$ 신뢰구간은 다음과 같게 된다.

[모분산 σ^2에 대한 신뢰구간]

모평균 μ와 모분산 σ^2이 알려져 있지 않은 정규모집단 $N(\mu, \sigma^2)$의 모분산 σ^2에 대한 $100(1-\alpha)\%$ 신뢰구간은

$$\left[\frac{(n-1)S^2}{\chi^2_{\alpha/2}(n-1)},\quad \frac{(n-1)S^2}{\chi^2_{1-\alpha/2}(n-1)}\right]$$

이다.

10) 카이제곱분포는 대칭이 아니나 표본의 크기가 커짐에 따라 정규분포로 근사함을 고려하여 편의상 양쪽 꼬리부분에서 $\alpha/2$씩의 확률을 부여한다.

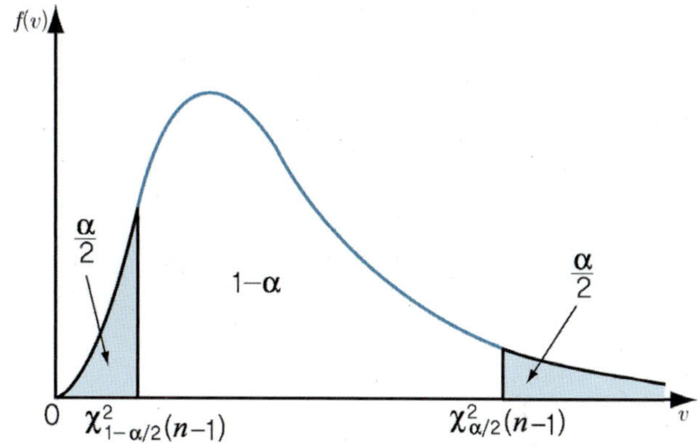

[그림 7.6] 확률 $P\left[\chi^2_{1-\alpha/2}(n-1) \le V \le \chi^2_{\alpha/2}(n-1)\right] = 1-\alpha$

예제 7.10 A마트에서 판매하는 계란 10개를 랜덤으로 추출하여 중량을 조사하였더니 다음과 같았다.

64.3, 64.9, 61.6, 64.6, 62.5, 64.6, 64.0, 64.9, 66.1, 62.5 (단위 : g)

계란의 중량이 정규분포를 따른다고 가정할 때, 계란의 중량의 분산에 대한 95% 신뢰구간을 구하여라.

풀이 정규모집단에서의 모분산 σ^2에 대한 $100(1-\alpha)\%$ 신뢰구간은

$\left[\dfrac{(n-1)S^2}{\chi^2_{\alpha/2}(n-1)},\ \dfrac{(n-1)S^2}{\chi^2_{1-\alpha/2}(n-1)}\right]$로 주어진다.

따라서 $\overline{x} = 64,\ s^2 = \dfrac{1}{10-1}\sum_{i=1}^{10}(x_i - \overline{x})^2 = 1.9\ n = 10,\ \alpha = 0.05$이고, 카이제곱분포표로부터

$\chi^2_{0.025}(9) = 19.02,\ \chi^2_{0.975}(9) = 2.7$이므로, 모분산 σ^2에 대한 95% 신뢰구간은

$\left[\dfrac{(10-1)(1.9)}{19.02},\ \dfrac{(10-1)(1.9)}{2.700}\right] \fallingdotseq [0.899, 6.333]$이다. ■

R 실습 7.3 [예제 7.10]의 모분산 σ^2에 대한 신뢰구간을 구하여라.

[R코드 7.3] 모분산 σ^2에 대한 신뢰구간

```
x = c(64.3,64.9,61.6,64.6,62.5,64.6,64.0,64.9,66.1,62.5)
chisq.conf=function(data, alpha){
  sample_var=var(x) ; n=length(x)
  uci=(n-1)*sample_var/qchisq(1-alpha/2, df=n-1, lower.tail=FALSE)
  lci=(n-1)*sample_var/qchisq(alpha/2, df=n-1, lower.tail=FALSE)
```

```
  return(c(lci,uci))
}
chisq.conf(data=x, alpha=0.05)
```

실행 결과

```
> x = c(64.3,64.9,61.6,64.6,62.5,64.6,64.0,64.9,66.1,62.5)
> chisq.conf=function(data, alpha){
+   sample_var=var(x) ; n=length(x)
+   uci=(n-1)*sample_var/qchisq(1-alpha/2, df=n-1, lower.tail=FALSE)
+   lci=(n-1)*sample_var/qchisq(alpha/2, df=n-1, lower.tail=FALSE)
+   return(c(lci,uci))
+ }
> chisq.conf(data=x, alpha=0.05)
[1] 0.8989228 6.3324198
```

• 모분산 σ^2에 대한 신뢰구간을 구하기 위한 사용자 함수는 [R코드 7.2(2)]와 유사하게 작성할 수 있다. 이때 카이제곱분포의 상위 백분위수를 구하기 위하여 **qchisq( )** 함수를 사용하였다.

7.2.3 모비율의 구간추정

모수가 p인 베르누이분포 $B(1, p)$를 따르는 모집단으로부터 크기가 n인 확률표본 $X_1, X_2, \cdots, X_n$을 얻었다고 하면, 확률변수 $X=\sum_{i=1}^{n} X_i$는 이항분포 $B(n, p)$를 따르게 되며, 표본비율 $\hat{p}_n = \frac{X}{n} = \frac{1}{n}\sum_{i=1}^{n} X_i$은 모비율 p의 불편추정량이면서 동시에 일치추정량이 되는 것을 앞에서 배웠다. 이제 표본의 크기 n이 큰 경우 모비율 p의 구간추정에 대하여 생각해 보자. 표본의 크기 n이 커짐에 따라 중심극한정리로부터 확률변수 $\frac{\hat{p}_n - p}{\sqrt{p(1-p)/n}}$ 은 표준정규분포 $N(0, 1)$ 로 근사한다. 또한 표본비율 $\hat{p}_n$은 미지의 모비율 p에 대한 일치추정량이므로, n이 충분히 클 경우 $\hat{p}$과 p는 거의 차이가 없을 것으로 생각할 수 있다. 따라서 p 대신 $\hat{p}_n$을 대입하여 얻은 확률변수 $\frac{\hat{p}_n - p}{\sqrt{\hat{p}_n(1-\hat{p}_n)/n}}$ 는 표본의 크기 n이 커짐에 따라 표준정규분포 $N(0, 1)$ 로 근사해 간다. 따라서

$$1-\alpha = \lim_{n\to\infty} P\left(-z_{\alpha/2} \le \frac{\hat{p}_n - p}{\sqrt{\hat{p}_n(1-\hat{p}_n)/n}} \le z_{\alpha/2}\right)$$

$$= \lim_{n\to\infty} P\left(\hat{p}_n - z_{\alpha/2}\sqrt{\frac{\hat{p}_n(1-\hat{p}_n)}{n}} \le p \le \hat{p}_n + z_{\alpha/2}\sqrt{\frac{\hat{p}_n(1-\hat{p}_n)}{n}}\right)$$

이므로 모비율 p에 대한100 $(1-\alpha)\%$ 근사 신뢰구간은 다음과 같게 된다.

[모비율 p에 대한 근사 신뢰구간]

베르누이분포 $B(1,p)$를 따르는 모집단의 모비율 p에 대한 $100(1-\alpha)\%$ 근사 신뢰구간은

$$\left[\hat{p} - z_{\alpha/2}\sqrt{\frac{\hat{p}(1-\hat{p})}{n}},\ \hat{p} + z_{\alpha/2}\frac{\sqrt{\hat{p}(1-\hat{p})}}{n}\right]$$ 11)

이다.

예제 7.11 지방선거를 앞둔 어느 지역에서 A후보의 득표율을 예측하기 위해 유권자 200명을 랜덤 추출하여 사전 조사한 결과 88명이 A후보를 지지하였다. A후보의 지지율 p에 대한 95% 신뢰구간을 구하여라.

풀이 $\hat{p} = 88/200 = 0.44$이고, $n\hat{p} = 88 \ge 5$, $n(1-\hat{p}) = 112 \ge 5$로 충분히 크므로 [정리 7.9]의 결과를 이용하여 근사 신뢰구간을 구할 수 있다. 베르누이분포 $B(1,p)$를 따르는 모집단의 모비율 p에 대한 $100(1-\alpha)\%$ 근사 신뢰구간은

$$\left[\hat{p} - z_{\alpha/2}\sqrt{\frac{\hat{p}(1-\hat{p})}{n}},\ \hat{p} + z_{\alpha/2}\frac{\sqrt{\hat{p}(1-\hat{p})}}{n}\right]$$ 로 주어진다.

따라서 $\alpha = 0.05$, $z_{0.025} = 1.96$이므로, 모비율 p에 대한 95% 신뢰구간은

$$\left[0.44 - 1.96\sqrt{\frac{0.44 \cdot 0.56}{200}},\quad 0.44 + 1.96\sqrt{\frac{0.44 \cdot 0.56}{200}}\right] = [0.371, 0.509]$$ 이다. ■

R 실습 7.4 [예제 7.11]의 모비율 p에 대한 신뢰구간을 구하여라.

[R코드 7.4(1)] 모비율 p에 대한 신뢰구간

```
# prop.test() 함수 사용
prop.test(x=88, n=200, conf.level=0.95, correct=FALSE)$conf.int
```

11) 이항분포의 정규분포 근사에서와 같이 정리 7.9의 근사 신뢰구간은 $n\hat{p} \ge 5$, $n(1-\hat{p}) \ge 5$인 경우 실제 적용에 사용하는 것이 바람직하다.

실행 결과

```
> # prop.test() 함수 사용
> prop.test(x=88, n=200, conf.level=0.95, correct=FALSE)$conf.int
[1] 0.3729782 0.5092832
attr(,"conf.level")
[1] 0.95
```

- R에서 제공하는 **prop.test( )**함수[12)]를 이용하면 쉽게 신뢰구간을 구할 수 있다.
- **prop.test( )**함수에서 **x**는 성공횟수, **n**은 시행횟수, 그리고 **conf.level**은 신뢰수준을 의미한다. **prop.test( )**함수도 **t.test( )**함수와 마찬가지로 8장 및 9장에서 다룰 모비율의 검정에도 사용하며, 이에 대한 자세한 설명은 다음 장에서 다루도록 하겠다. **conf.level**을 입력하지 않은 경우 기본값은 0.95이며, 매개변수 **correct=FALSE**로 지정하면 연속성 수정을 하지 않는다.
- **prop.test( )**의 결과 중 신뢰구간만 출력하기를 원한다면 함수 뒤에 **$conf.int**를 붙이면 된다.
- [예제 7.11]에서 계산한 신뢰구간은 Wald's interval로 구한 것이며, **prop.test()**의 결과는 Wilson's score interval 방법으로 계산된 값이다. 이에 결과값에 약간의 차이가 있다.

[R코드 7.4(2)] 모비율 p에 대한 신뢰구간

```
#사용자함수 p.conf() 사용
p.conf=function(x, n, alpha){
  phat=x/n
  el=qnorm(alpha/2, lower.tail=FALSE)*sqrt(phat*(1-phat)/n)
  uci=phat+el; lci=phat-el
  return(c(lci, uci))
}
p.conf(x=88, n=200, alpha=0.05)
```

12) prop.test()함수에서 제공하는 신뢰구간은 Wilson score interval의 방법을 이용하며 이때 $100(1-\alpha)\%$신뢰구간은 다음과 같이 주어진다.

$$\frac{1}{1+\frac{1}{n}z_{\alpha/2}^2}\left[\hat{p}+\frac{1}{2n}z_{\alpha/2}^2 \pm \sqrt{\frac{1}{n}\hat{p}(1-\hat{p})+\frac{1}{4n^2}z_{\alpha/2}^2}\right]$$

실행 결과

```
> #사용자함수 p.conf() 사용
> p.conf=function(x, n, alpha){
+   phat=x/n
+   el=qnorm(alpha/2, lower.tail=FALSE)*sqrt(phat*(1-phat)/n)
+   uci=phat+el; lci=phat-el
+   return(c(lci, uci))
+ }
> p.conf(x=88, n=200, alpha=0.05)
[1] 0.3712055 0.5087945
```

• 모비율의 신뢰구간을 구하는 사용자 함수는 [R코드 7.2(2)], [R코드 7.3]과 유사하게 작성할 수 있다.

R 실습 7.5 [그림 7.4]에서와 유사하게 평균이 $\mu=100$이고 분산이 $\sigma^2=20^2$인 정규모집단으로부터 크기가 $n=15$인 확률표본 $X_1, X_2, \cdots, X_{15}$를 100번 반복추출하여 각각의 확률표본에 대하여 95% 신뢰구간 $\left[\overline{X}-t_{0.025}(14)\frac{S}{\sqrt{n}}, \overline{X}+t_{0.025}(14)\frac{S}{\sqrt{n}}\right]$ 구하고자 한다. 다음 물음에 답하여라.

(1) 확률표본의 관측값 $x_1, x_2, \cdots, x_{15}$에 대하여 [R코드 7.2]를 이용하여 95% 신뢰구간을 구하고 100번 반복에서 모평균 $\mu=100$를 포함하는 신뢰구간의 개수를 계산하여라.

(2) 문제(1)에서 구한 신뢰구간들이 모평균 $\mu=100$를 포함하는지를 시각적으로 표현하여라.

[R코드 7.5(1)] 신뢰수준에 대한 시뮬레이션

```
set.seed(1365)
mu=100 ; sigma=20 ; n=15
cnt=0; conf_matrix=matrix( ,100, 2)
for(i in 1:100){
  x=rnorm(n, mu, sigma)
  conf_matrix[i,]=t.test(x, conf.level=0.95)$conf.int
  if(conf_matrix[i,1]<=mu & conf_matrix[i,2]>=mu) {cnt=cnt+1}
}
cnt
```

실행 결과

```
> mu=100 ; sigma=20 ; n=15
> cnt=0; conf_matrix=matrix( , 100, 2)
> for(i in 1:100){
+  x=rnorm(n, mu, sigma)
+  conf_matrix[i,]=t.test(x, conf.level=0.95)$conf.int
+  if(conf_matrix[i,1]<=mu & conf_matrix[i,2]>=mu) {cnt=cnt+1}
+ }
> cnt
[1] 94
```

- 6장에서 다룬바 있는 **rnorm( )** 함수와 **matrix( )**함수를 이용하여 평균이 **mu=100**이고, 표준편차가 **sigma=20**인 정규모집단으로부터 크기가 **n=15**인 랜덤표본을 100회 반복추출하여 **conf_matrix** 라는 이름의 100×2 행렬에 저장하였다.
- **if** 조건문을 이용하여 모평균 **mu**가 신뢰구간에 포함되면 **cnt**를 1 증가하도록 하였으며, 독립적으로 구한 100개의 95% 신뢰구간 중에서 94개의 신뢰구간이 모평균을 포함하는 것을 알 수 있다.

[R코드 7.5(2)] 신뢰구간의 시각화

```
plot(x=range(conf_matrix), y=c(0, 100), type = "n", xlab = "", ylab = "")
for (i in 1:100) {lines(x=conf_matrix[i, ], y=rep(i, 2), lwd = 2)}
abline(v = 100, lwd = 2, lty = 2)
```

실행 결과

```
> plot(x=range(conf_matrix), y=c(0, 100), type = "n", xlab = "", ylab = "")
> for (i in 1:100) {lines(x=conf_matrix[i, ], y=rep(i, 2), lwd = 2)}
> abline(v = 100, lwd = 2, lty = 2)
```

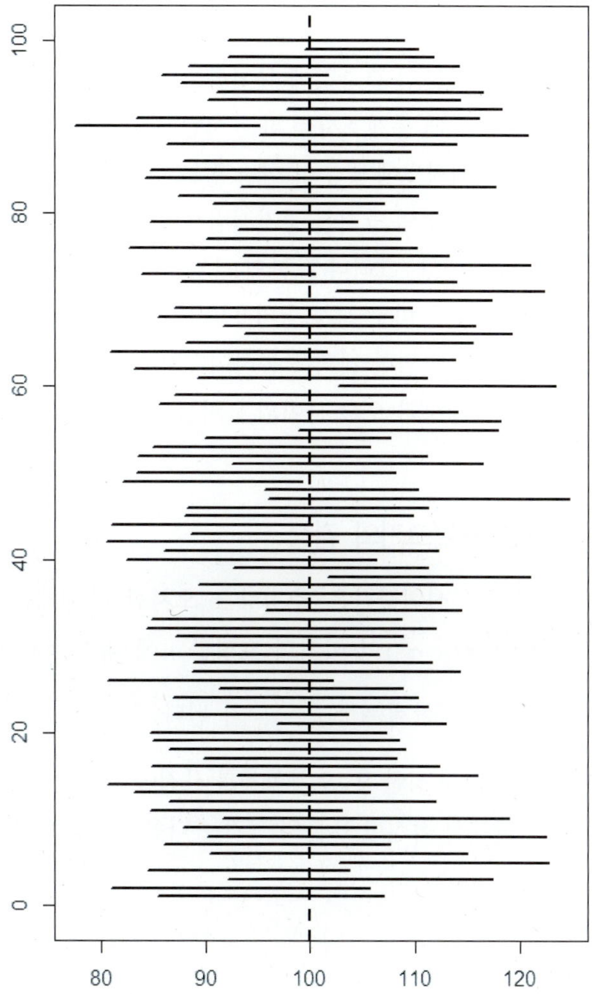

- 신뢰구간을 표현하기 위하여 먼저 plot( ) 함수를 이용하여 빈 그림을 작성하였다. 이때 range( ) 함수는 입력값의 최솟값과 최댓값을 출력하며, x=range(conf_matrix)은 100개의 신뢰구간에서의 하한값의 최솟값과 상한값의 최댓값을 x축의 영역에 할당하라는 의미이다. y축의 영역은 0부터 100까지로 지정하였으며 빈그림을 나타내기 위해 type= "n"을 입력하였다.
- 100개의 신뢰구간을 그리기 위해 for( )문을 사용하였다. plot( )으로 그린 빈 공간에 추가적인 선 그림을 그리기 위해 lines( ) 함수를 이용하였다.
- 마지막으로 x축에 수직인 점선을 그리기 위해 abline( )함수를 이용하였다. abline 함수에서 v=100은 x=100인 수직선을 그리라는 의미이다. y축에 수직인 직선을 그리려면 "h="을 이용하면 된다. 점선을 그리기위해 lty=2를 지정하였다.

7.2.4 표본크기의 결정

지금까지 우리는 이미 주어진 표본의 관측값에 근거하여 점추정 또는 구간추정을 시행하였다. 그러나 현실적인 측면을 고려해 볼 때 통계조사를 하는 사람은 시간과 비용의 제한을 받게 되므로, 자신이 원하는 통계적 결과의 신뢰정도에 맞추어 어느 정도 크기의 표본이 가장 적절한가에 대해 먼저 결정해야 한다. 일반적으로 표본의 크기를 증가시킴으로써 신뢰구간의 폭을 줄일 수 있으며, 그에 따라 정확도를 증가시킬 수 있다. 그러나 표본의 크기를 무조건 증가시킬 수는 없다. 왜냐하면, 표본의 크기를 증가시킨다는 것은 바로 시간과 비용의 증가를 의미하기 때문이다. 따라서 표본의 크기를 임의로 결정하기 보다는 면밀한 계획을 통하여 결정하는 것이 필요하다. 일반적으로 먼저 신뢰수준의 크기를 정한 후 추정량과 모수 사이의 오차를 얼마만큼 허용할 것인가에 따라 표본의 크기를 결정하게 된다.

(1) 모평균의 추정시 필요한 표본크기의 결정

모평균 μ에 대한 $100(1-\alpha)\%$ 신뢰구간은 "추정량 ± 오차한계" 형태를 하고 있다. 즉, 모분산 σ^2이 알려져 있는 정규모집단 $N(\mu, \sigma^2)$의 미지의 모평균 μ에 대한 $100(1-\alpha)\%$ 신뢰구간은 $\overline{X} \pm z_{\alpha/2}\dfrac{\sigma}{\sqrt{n}}$ 이므로, 이때의 오차한계는 $z_{\alpha/2}\dfrac{\sigma}{\sqrt{n}}$가 된다. 모평균 μ의 추정시 필요한 표본의 크기 n은 요구되는 신뢰수준을 먼저 정한 후, 오차한계를 사전에 지정된 값인 d 이내로 통제하면서 결정할 수 있다. 이러한 개념하에서 적절한 표본의 크기는 다음 부등식으로부터 구해진다.

$$z_{\alpha/2} \cdot \frac{\sigma}{\sqrt{n}} \le d$$

[모평균 μ의 추정시 필요한 표본의 크기 계산] σ^2이 알려져 있는 정규모집단의 경우

모분산 σ^2이 알려져 있는 정규모집단 $N(\mu, \sigma^2)$의 모평균 μ에 대한 $100(1-\alpha)\%$ 신뢰구간의 추정에서 오차한계를 d 이내로 하기 위한 표본의 크기는 부등식

$$n \ge \left(\frac{z_{\alpha/2} \cdot \sigma}{d}\right)^2$$

을 만족하는 최소 정수이다.

예제 7.12 어떤 종류의 담배 한 개비당 니코틴의 함유량은 정규분포 $N(\mu, 3^2)$를 따른다고 가정하자. 모평균 μ에 대한 99% 신뢰구간의 추정에서 오차한계를 0.1이내로 하고자 할 때 필요한 표본의 크기를 구하여라.

풀이 $z_{0.005} = 2.58,\ d = 0.1$ 이므로

$$n = \left(\frac{2.58 \times 3}{0.1}\right)^2 = 5990.76$$

이다. 따라서 필요한 표본의 크기는 5991개가 된다. ■

위의 공식은 모분산 σ^2를 알고 있는 경우에만 적용될 수 있다. 그러나 실제 자료분석에서는 σ^2을 모르는 경우가 대부분이다. 모분산 σ^2이 알려져 있지 않은 정규모집단 $N(\mu, \sigma^2)$의 미지의 모평균 μ에 대한 $100(1-\alpha)\%$ 신뢰구간에 대한 오차한계는 $t_{\alpha/2}(n-1)\dfrac{s_n}{\sqrt{n}}$ 이다. 따라서 오차한계를 사전에 지정된 값인 d 이내로 하기 위한 표본의 크기는 다음 부등식을 만족하는 최소 정수가 된다.

$$t_{\alpha/2}(n^* - 1) \cdot \frac{s_{n^*}}{\sqrt{n}} \le d$$

여기서 s_{n^*}는 크기가 n^*인 소수의 예비 표본을 추출하여 얻어지는 표본분산의 관측값이다.

[모평균 μ의 추정시 필요한 표본의 크기 계산] σ^2이 알려져 있는 않은 정규모집단의 경우

모분산 σ^2이 알려져 있는 않은 정규모집단 $N(\mu, \sigma^2)$의 모평균 μ에 대한 $100(1-\alpha)\%$ 신뢰구간의 추정에서 오차한계를 d 이내로 하기 위한 표본의 크기는 부등식

$$n \ge \left(\frac{t_{\alpha/2}(n^* - 1) \cdot s_{n^*}}{d}\right)^2$$

을 만족하는 최소 정수이다.[13)]

예제 7.13 S전자 공장에서는 근로자들의 통근버스 노선을 개선하기 위하여 통근버스를 이용하고 있는 근로자들의 평균 출근소요시간을 조사하고자 한다. 출근소요시간이 정규분포 $N(\mu, \sigma^2)$을 따른다고 가정하고 95% 신뢰수준에서 오차한계를 10분 이내로 하는 모평균 μ의 신뢰구간을 추정하고자 할 때, 필요한 표본의 크기를 구하여라. 단, 예비 표본으로 15명의 근로자를 랜덤으로 추출하여 $s = 30$ (분)을 얻었다고 한다.

풀이 $s = 30,\ d = 10,\ t_{0.025}(14) = 2.145$ 이므로 $n \ge \left(\dfrac{2.145 \times 30}{10}\right)^2 = 41.409$ 이다.

13) 모분산이 알려져 있는 경우와는 달리, 오차한계에서의 $t_{\alpha/2}(n-1)$은 표본의 크기 n이 증가함에 따라 감소하며, s_n은 표본을 추출할 때마다 달라진다. 따라서 좀 더 정확한 계산을 위해서는 추가적인 표본을 추출할 때마다 s_n과 $t_{\alpha/2}(n-1)$의 값을 변경해줘야 하나, s_n과 $t_{\alpha/2}(n-1)$의 특성을 감안할 때, 초기 예비표본만을 이용하여 구하는 방법은 보수적인 관점에서 오차한계를 d이내로 하기 위한 충분한 표본의 크기를 제공한다고 할 수 있다.

따라서 필요한 표본의 크기는 42명이다.

※ 15명의 표본은 이미 존재하기 때문에 시간과 비용의 절약을 위해서 27명의 표본을 추가적으로 추출하면 된다. ■

(2) 모비율의 추정시 필요한 표본크기의 결정

표본의 크기가 큰 경우 모비율 p에 대한 $100\,(1-\alpha)\%$ 근사 신뢰구간의 오차한계는 $z_{\alpha/2}\sqrt{\dfrac{\hat{p}(1-\hat{p})}{n}}$ 으로 주어지므로, 오차한계를 사전에 지정된 값인 d 이내로 하기 위한 표본의 크기는 다음 부등식

$$z_{\alpha/2}\sqrt{\frac{\hat{p}\,(1-\hat{p}\,)}{n}} \le d$$

을 만족하는 최소 정수로 결정하면 된다. 여기서 $\hat{p}$은 과거의 경험에 의해 추정되거나, 또는 예비조사를 하여 추정된 값을 말한다. 그러나, 모비율에 대한 지식이 전혀 없는 경우에는 표본크기 n의 값을 최대로 하는 $\hat{p}=1/2$를 사용한다.[14)]

[모비율 p의 추정시 필요한 표본의 크기 계산]

베르누이분포 $B(1,p)$를 따르는 모집단의 모비율 p에 대한 $100(1-\alpha)\%$ 근사 신뢰구간의 추정에서 오차한계를 d 이내로 하기 위한 표본의 크기는 부등식

$$n \;\ge\; \hat{p}\,(1-\hat{p}\,)\left(\frac{z_{\alpha/2}}{d}\right)^2$$

을 만족하는 최소 정수이다.

예제 7.14 A 도시에 거주하는 20대 여성의 취업률 p를 95% 신뢰수준에서 구간추정하려고 한다. 이때 오차한계를 0.05이내로 하기 위하여 필요한 표본의 크기를 구하여라.

풀이 $z_{0.025}=1.96,\ d=0.05$ 이고 $n \;\ge\; \dfrac{1}{2}\times\dfrac{1}{2}\left(\dfrac{1.96}{0.05}\right)^2=384.1$이므로 필요한 표본의 크기는 385명이 된다. ■

---

14) $n=\hat{p}\,(1-\hat{p}\,)\left(\dfrac{z_{\alpha/2}}{d}\right)^2$을 $\hat{p}$ 에 관해 미분한 후 0으로 놓고 구하면 $\hat{p}=1/2$가 된다.

$$\frac{dn}{d\hat{p}}=\frac{d}{d\hat{p}}\left[\hat{p}\,(1-\hat{p}\,)\left(\frac{z_{\alpha/2}}{d}\right)^2\right]=(1-2\hat{p}\,)\left(\frac{z_{\alpha/2}}{d}\right)^2=0$$

연습문제

1. $\overline{X}$를 구간 $(0, \theta)$에서 균등분포를 따르는 모집단으로부터의 크기 n인 한 확률표본의 표본평균이라 하자. 이때 $\overline{X}$가 θ의 불편추정량이 아님을 보여라.

2. $\hat{\theta}$가 θ의 불편추정량이고, $Var(\hat{\theta}) \neq 0$이라고 하자. 이 때 $\hat{\theta}^2$이 θ^2의 불편추정량이 아님을 보여라.

3. X_1, X_2, X_3를 평균 μ와 분산 σ^2인 모집단으로부터의 크기 $n=3$인 확률표본이라 하자. 이때 μ에 대한 다음과 같은 세 추정량 중에서 어느 추정량이 가장 유효한 추정량인지 판단하여라.

$$T_1 = \frac{X_1 + X_2 + X_3}{3}, \; T_2 = \frac{2X_1 + X_2 + 2X_3}{5}, \; T_3 = \frac{3X_1 + X_2 + X_3}{5}$$

4. $S^2 = \frac{1}{n-1}\sum_{i=1}^{n}(X_i - \overline{X})^2$이 모분산 σ^2의 불편추정량이 됨을 보여라.

5. S^2을 평균이 μ이고 분산이 σ^2인 정규모집단으로부터 추출한 크기가 n인 확률표본의 표본분산이라고 하자. 이 때 S^2이 σ^2의 일치추정량임을 보여라.

6. L대학교 통계학과 학생들의 I.Q.는 평균 μ, 분산 $\sigma^2 = 36$인 정규분포를 따른다고 한다. 모평균 μ를 추정하기 위하여 25명의 학생을 랜덤으로 추출하여 이들의 I.Q. 평균을 계산한 결과 124이었다. 이때 μ의 95% 신뢰구간을 구하여라.

7. K대학교 농구팀의 게임당 득점은 정규분포 $N(\mu, \sigma^2)$을 따른다고 한다. 지난 춘계 대학 리그전에서 얻은 게임당 득점이 아래와 같다고 할 때

80 92 72 90 84 70 76 68 88

득점 평균 μ에 대한 95% 신뢰구간을 구하여라.

8. A지역에 있는 1인용 오피스텔을 월세로 임대하기 위하여 10곳의 부동산 중개소에 전화로 가격을 문의한 결과가 다음과 같다고 할 때 (단위: 만원)

50 65 60 50.5 45 55 51.5 49.5 65 39.5

A 지역의 1인용 오피스텔의 평균 월세에 대한 95% 신뢰구간을 구하여라.
(단, A지역의 오피스텔 월세는 정규분포를 따른다고 가정한다.)

9. W 전자 휴대폰 배터리의 수명(분)은 정규분포 $N(\mu,\ \sigma^2)$를 따른다고 하자. 평균수명 μ와 분산 σ^2에 대해 알기 위하여, 현재 창고에 보관되어 있는 배터리 중에서 9개를 랜덤으로 추출하여 수명시간을 측정한 결과, 다음과 같은 자료를 얻었다.

1570	1840	1310	1450	1550	1650	1530	1790	1260

1) 모평균 μ와 모분산 σ^2의 점추정값을 각각 구하여라.
2) $\sigma = 180$ 이라 할 때, 모평균 μ에 대한 95% 신뢰구간을 구하여라.
3) σ가 알려져 있지 않을 때, 모평균 μ에 대한 95% 신뢰구간을 구하여라.

10. 대통령 선거에서 후보자들의 지지율을 조사하고자 한다. 지지율에 대한 95% 신뢰구간의 허용오차를 3.5% 이내로 하기 위해서는 최소한 몇 명의 표본을 추출하여야 하는가?

11. 클레이 사격 선수 K군은 지난 대회에서 200발 발사한 결과 185발이 목표물에 명중하였다. 지난 대회 결과를 통해 K군의 명중률 p에 대한 95% 신뢰구간을 구하여라.

12. 어떤 지역구의 국회의원 선거에 출마한 A 후보의 득표율 p를 추정하기 위하여 225명의 유권자를 랜덤으로 추출하여 출구 조사한 결과, A 후보에게 투표하였다고 응답한 유권자는 144명이었다.
1) p의 점추정값과 점추정량의 표준오차를 각각 구하여라.
2) p에 대한 90% 신뢰구간을 구하여라.

13. 여론조사기관에 근무하는 직장인 P씨는 새로운 정책에 대한 찬성률을 알아보고자 한다. 표본비율 $\hat{p}$의 95% 신뢰수준에서 오차한계를 0.025이내로 할 때, 몇 명을 대상으로 조사를 해야 좋을지를 판단하여라.

14. 다음과 같은 모분산 σ^2의 두 추정량에 대하여 표준정규분포에서 크기가 10인 표본을 100번 추출하여 S^2과 S_0^2을 계산하고, 그 값들을 사용하여 어떤 추정량이 $\sigma^2 = 1$에 더 가까운지를 Excel 또는 R을 이용한 시뮬레이션을 통하여 알아보아라.

$$S^2 = \frac{1}{n-1}\sum_{i=1}^{n}(X_i - \overline{X})^2,\ S_0^2 = \frac{1}{n}\sum_{i=1}^{n}(X_i - \overline{X})^2$$

15. R을 이용하여 $N(0,\ 1)$로부터 크기가 10인 표본을 100번 추출하여 모평균 μ에 대한 100개의 신뢰구간을 구하고, 100개의 신뢰구간 중에서 몇 개가 모평균 $\mu = 0$을 포함하는지를 조사하여라.

08

가설검정

8.1 가설검정의 기본원리 및 용어

사회 및 자연현상에 대한 연구에서 그 대상이 되는 모집단의 모수 또는 분포형태에 대한 어떤 주장이나 가설이 새롭게 제시될 경우, 제시된 가설의 진위 여부를 정확히 확인하기 위해서는 모집단 전체를 조사하여야만 한다. 그러나 많은 경우에 있어서 모집단 전체를 조사한다는 것은 현실적으로 불가능한 경우가 많다. 따라서 모집단으로부터 표본을 추출하고, 이 표본으로부터 얻은 정보를 이용하여 제시된 주장 또는 가설의 옳고 그름을 판정하게 되는데, 이러한 통계적 기법을 통계적 가설검정(statistical hypothesis testing)이라고 한다.

8.1.1 귀무가설과 대립가설

통계적 가설검정은 현재까지 알려져 있는 사실이 옳다는 가정 하에서 연구자가 입증하고자 하는 새로운 사실에 대한 증거를 표본자료로부터 찾고자 하는 통계적 기법이다. 이를 위하여 연구자는 두 개의 가설 즉, 귀무가설(null hypothesis: H_0 로 표기)과 대립가설(alternative hypothesis: H_1 으로 표기)을 설정하고, 실험이나 관찰 등을 통하여 두 가설 중에 하나만을 최종적으로 선택하게 된다. 이때 연구자가 입증하고자 하는 새로운 주장을 대립가설로 설정하고, 대립가설에 반대되는 주장 즉, 지금까지 알려져 있는 기존의 사실을 귀무가설로 설정하여, 귀무가설을 기각하고 대립가설을 받아들일 만한 충분한 증거가 있는지를 실험 또는 관찰 등을 통하여 얻은 통계자료에 근거하여 판단하게 된다.[1] 가설검정에 대한 기본원리와 용어에 대한 구체적인 설명은 모평균 μ의 검정에 관한 [예제 8.1]을 이용하여 살펴보기로 하자.

[정의 8.1] 귀무가설(null hypothesis)과 대립가설(alternative hypothesis)

귀무가설은 지금까지 옳은 것으로 알려져 있는 기존의 사실로서 H_0로 표기하며, 대립가설은 자료로부터의 충분한 증거에 근거하여 입증하고자 하는 새로운 주장으로서 H_1으로 표기한다.

※ 일반적으로 입증하고자 하는 주장을 나타내는 대립가설 H_1을 먼저 설정하며, 그런 후에 대립가설에 반대되는 귀무가설 H_0를 설정한다.

1) 귀무가설에서 귀무(歸無)라는 용어는 '입증하고자 하는 주장이 무효가 된다'는 의미를 나타내고 있다. 즉, 새롭게 주장하고자 하는 대립가설이 통계적으로 입증되기 위해서는 그것을 뒷받침할 만한 충분한 증거가 통계 자료에서 제시되어야 하며, 그렇지 않을 경우에 그 주장은 받아들이지 않게 되는 것이다. 이것은 법정에서 판사가 유죄의 증거가 확실치 않는 경우 검사의 주장을 받아들이지 않고 무죄로 판결하는 것과 유사하다.

예제 8.1 어느 전구회사에서 생산되는 전구의 수명 X는 평균이 1500시간이고 표준편차가 180시간인 것으로 알려져 있다. 최근 이 회사의 연구원들은 새로운 생산방식의 개발에 성공하였으며, 이 생산방식을 적용하면 전구의 평균수명이 1500시간 보다 더 길어진다고 주장하고 있다. 회사의 경영진은 새로운 방식으로 생산된 전구 36개를 무작위로 추출하여 이들의 수명 $X_1, X_2, \cdots, X_{36}$을 각각 조사한 후 표본평균 $\overline{X}$의 관측값에 근거하여 연구원들의 주장에 대한 옳고 그름을 확인하기로 하였다. 이제 새로운 생산방식을 적용한 전구의 평균수명이 기존 전구의 평균수명보다 더 길다는 것으로 판단되면 회사의 모든 생산 공정을 변경하여 새로운 전구를 생산하려고 한다. 이러한 통계적 가설검정을 시행하기 위한 귀무가설과 대립가설을 설정하여라.

풀이 '새로운 방식으로 생산한 전구의 평균수명이 1500시간보다 더 길다'고 하는 새로운 주장을 대립가설로 먼저 설정하고, 이에 상반되는 주장을 귀무가설로 설정하면 된다. 즉, 새로운 방식으로 생산된 전구의 평균수명을 μ(시간)라고 하면, 귀무가설과 대립가설은 각각 $H_0 : \mu \le 1500$, $H_1 : \mu > 1500$와 같다. 이때 귀무가설을 $H_0 : \mu = 1500$으로 해도 동일한 결과를 얻게 되므로,

$$H_0 : \mu = 1500 \qquad H_1 : \mu > 1500$$

와 같이 가설을 설정할 수 있다. ■

일반적으로 모수 θ에 대한 가설검정에서 대립가설 H_1의 형태는 크게

$$① \ H_1 : \theta > \theta_0 \qquad ② \ H_1 : \theta < \theta_0 \qquad ③ \ H_1 : \theta \neq \theta_0$$

의 세 가지로 구분된다. 여기서 θ_0는 모수 θ에 대하여 주어진 특정한 값(상수)을 나타낸다. 이러한 대립가설의 형태에 따라 가설검정은 ①의 우측검정과 ②의 좌측검정과 같은 단측검정(one-sided test)과 ③의 양측검정(two-sided test)으로 구분된다. 이때, 대립가설이 $H_1 : \theta > \theta_0$ 또는 $H_1 : \theta < \theta_0$이면 귀무가설을 $H_0 : \theta \le \theta_0$ 또는 $H_0 : \theta \ge \theta_0$와 같이 상반되게 설정하는 것이 원칙이지만, $H_0 : \theta = \theta_0$로 설정해도 동일한 결과를 얻게 된다. 따라서 예제 8.1에서와 같이 편의상 귀무가설을 $H_0 : \theta = \theta_0$와 같은 형식으로 설정하는 것이 일반적이다. 이에 대한 구체적인 내용은 8.1.5절에서 살펴보기로 하자.

8.1.2 검정통계량과 기각역

[예제 8.1]에서 귀무가설 H_0와 대립가설 H_1 중에서 어느 가설을 채택할 것인지를 판단하는 기준으로 표본평균 $\overline{X}$를 사용하고 있다. 표본평균 $\overline{X}$는 모평균 μ의 추정에서 불편성, 일치성을 갖는 좋은 점추정량인 것을 7장에서 다룬 바 있다. 따라서 모평균의 가설검정에서 표본평균 $\overline{X}$를 이용하는 것은 직관적으로 타당하며, $\overline{X}$의 관측값이 1500시간보다 크면 클수록 귀무가설 $H_0 : \mu = 1500$을 기각하고 대립가설 $H_1 : \mu > 1500$을 채택하는데 대한 충분한 증거로 생각할 수 있을 것이다. 여

기서 표본평균 $\overline{X}$와 같이 귀무가설과 대립가설 중에서 어느 하나를 채택하는데 사용되는 통계량을 검정통계량(test statistic)이라 한다.

귀무가설 H_0를 기각(또는 H_1 채택)할 것인지 또는 H_0를 채택(또는 H_1 기각)할 것인지에 대한 판단은 검정통계량의 관측값에 의해 결정된다. 따라서 검정통계량의 관측값이 어느 정도이면 귀무가설 H_0를 기각할 수 있는지에 대한 경계점을 사전에 정할 필요가 있다. 예를 들어, [예제 8.1]에서는 무작위로 추출한 전구의 수명을 조사하기에 앞서 검정통계량 $\overline{X}$의 관측값 $\overline{x}$가 어떤 값 c보다 크면 귀무가설을 기각하고, 그렇지 않으면 귀무가설을 채택하게 되는 적절한 상수 c를 먼저 결정하여야 한다. 이러한 경계점 c를 임계값(critical value)이라 하며, 검정통계량이 가질 수 있는 값의 영역 중에서 c값을 기준으로 귀무가설 H_0를 기각하게 되는 영역을 기각역(rejection region), 귀무가설 H_0를 채택하게 되는 영역을 채택역(acceptance region)이라 한다. [예제 8.1]에서 임계값 c가 주어졌을 때 기각역은 $\overline{x} > c$, 채택역은 $\overline{x} \le c$의 형태로 표현된다. 이러한 기각역의 설정은 검정통계량의 표본분포와 8.1.3절에서 설명하는 유의수준의 크기를 고려하여 이루어진다.

[정의 8.2] 검정통계량(test statistic)과 기각역(rejection region)

확률표본 $X_1, X_2, \cdots, X_n$에 근거하여 귀무가설과 대립가설 중에서 어느 하나를 채택하는데 사용되는 통계량을 검정통계량이라 하며, 귀무가설 H_0을 기각하게 되는 검정통계량의 관측값의 영역을 기각역, 반대로 귀무가설 H_0을 채택하게 되는 검정통계량의 관측값의 영역을 채택역이라고 한다.

8.1.3 오류의 종류와 유의수준

표본에 의해 이루어지는 통계적 가설검정의 결과에는 두 가지 종류의 오류가 발생할 수 있다. 실제 현상은 귀무가설 H_0가 참인데도 불구하고 검정 결과 H_0를 잘못 기각하는 제1종 오류(type I error)와 실제 현상은 H_1이 참인데도 불구하고 검정 결과 H_0를 잘못 채택하여 발생하는 제2종 오류(type II error)가 그것이다. 이를 표로 나타내면 [표 8.1]과 같다.

[표 8.1] **가설검정에 수반되는 두 가지 오류**

검정 결과 \ 실제 현상	H_0 참	H_1 참
H_0 채택	옳은 결정	제2종 오류
H_0 기각	제1종 오류	옳은 결정

이 두 가지 오류의 차이점을 보다 쉽게 이해하기 위하여 가설검정의 과정을 법정에서의 재판 과정에 비유하면 귀무가설과 대립가설은 각각 다음과 같다.

$$H_0:\ \text{피고는 무죄},\ \ H_1:\ \text{피고는 유죄}$$

이때 실제로 무죄인 피고인을 판사가 유죄로 잘못 판결하는 것은 제1종 오류를 범하는 것이고, 실제로 유죄인 피고인을 판사가 무죄로 잘못 판결하는 것은 제2종 오류를 범하는 것이 된다.

가설검정에서 우리는 이와 같은 오류를 범할 확률을 최소화하도록 기각역을 설정하고자 한다. 하지만, 표본의 크기가 일정할 때 두 오류를 범할 확률을 동시에 줄이는 것은 불가능하다. 즉, 한 오류를 줄이려고 하면 다른 오류가 커지게 된다. 따라서 두 오류 중에서 일반적으로 더 중요시 되는 제 1종 오류를 범할 확률이 사전에 지정된 확률 이하가 되도록 기각역을 결정하게 된다. 이때 제1종 오류를 범할 확률을 유의수준(significance level)이라 하며 α로 표기하고, 제2종 오류를 범할 확률을 β로 표기한다. 또한 대립가설 H_1이 참일 때 H_0를 기각하는 확률 $1-\beta$를 검정력(power)이라고 한다. 통계적 가설검정에서 나타날 수 있는 두 가지 종류의 오류와 각 오류를 범할 확률은 다음과 같이 조건부 확률로서 나타낼 수 있다.

[정의 8.3] 오류의 종류, 유의수준 α, 검정력 $1-\beta$

제1종 오류(type I error) : 귀무가설 H_0가 참일 때 H_0를 잘못 기각하는 오류

제2종 오류(type II error) : 대립가설 H_1이 참일 때 H_0를 잘못 채택하는 오류

유의수준 $\alpha =$ 제 1종 오류를 범할 확률 $= P(H_0\text{를 기각} \mid H_0\ \text{참})$

$\beta =$ 제 2종 오류를 범할 확률 $= P(H_0\text{를 채택} \mid H_1\ \text{참})$

검정력 $1-\beta = H_1$이 참일 때 H_0를 기각할 확률 $= P(H_0\text{를 기각} \mid H_1\ \text{참})$

예제 8.2 [예제 8.1]의 계속, 앞의 [예제 8.1]에서 새로운 방식으로 생산된 전구 36개를 무작위로 추출하여 이들의 수명 $X_1,\ X_2,\ \cdots,\ X_{36}$을 각각 조사한 후 검정통계량 $\overline{X}$의 관측값에 근거하여 아래 가설을 검정하고자 한다.

$$H_0:\ \mu = 1500,\ \ H_1:\ \mu > 1500$$

이 가설을 유의수준 $\alpha = 0.05$에서 검정하고자 할 때, 다음 물음에 답하여라. 단, 새로운 방식으로 생산한 전구의 수명 X는 표준편차가 180시간인 정규분포를 따르는 것으로 가정한다.

(1) 귀무가설 H_0가 참일 때, 검정통계량 $\overline{X}$의 확률분포를 구하여라.

(2) 기각역을 구하여라.

(3) 새로운 방식으로 생산된 전구 36개를 무작위로 추출하여 이들의 수명을 조사한 결과 표본평균의 관측값은 $\overline{x} = 1550$ 시간이었다. 이 결과를 이용하여 연구원들의 주장이 옳은지를 검정하여라.

풀이 (1) 귀무가설 H_0가 참일 때 모집단은 평균이 1500이고 표준편차가 180인 정규분포 $N(1500, 180^2)$를 따르므로 표본평균 $\overline{X}$는 평균이 1500이고 표준편차가 $180/\sqrt{36}$인 정규분포를 따른다. 즉, 검정통계량 $\overline{X} \sim N(1500, 30^2)$이다.

(2) 제 1종 오류를 범할 확률은 귀무가설 H_0가 참일 때, 즉 모평균이 $\mu = 1500$일 때 귀무가설 H_0를 기각하는 확률이므로,

$$\alpha = 0.05 = P(H_0\text{를 기각} \mid H_0 \text{ 참}) = P(\overline{X} > c \mid \mu = 1500)$$
$$= P\left(\frac{\overline{X} - 1500}{180/\sqrt{36}} > \frac{c - 1500}{180/\sqrt{36}}\right) = P\left(Z > \frac{c - 1500}{180/\sqrt{36}}\right)$$

이다. 따라서 $\dfrac{c - 1500}{180/\sqrt{36}} = z_{0.05}$을 만족하는 임계값

$$c = 1500 + 1.645\frac{180}{\sqrt{36}} = 1549.35$$

이므로, 유의수준 $\alpha = 0.05$에서의 기각역은 $\overline{x} > 1549.35$이다.

(3) 검정통계량의 관측값 $\overline{x} = 1550$이 기각역 $\overline{x} > 1549.35$에 포함되므로 귀무가설 H_0를 기각할 수 있다. 즉, '새로운 기술방식으로 생산된 전구의 평균수명이 1500 시간보다 더 길다'라는 연구원들의 주장은 옳다고 할 수 있다. ■

R 실습 8.1 [예제 8.2]에서 기각역의 임계값 c를 계산하여라.

[R코드 8.1] 기각역 계산

```
mu0 = 1500;  sigma = 180; n = 36
c = mu0+qnorm(p=0.05, mean=0, sd=1, lower.tail=F)*sigma/sqrt(n); c
```

실행 결과

```
> mu0 = 1500;  sigma = 180; n = 36
> c = mu0+qnorm(p=0.05, mean=0, sd=1, lower.tail=F)*sigma/sqrt(n); c
[1] 1549.346
```

• 임계값 $c = \mu_0 + z_\alpha \frac{\sigma}{\sqrt{n}}$를 구하기 위하여 상위 백분위수 $z_{0.05}$를 qnorm() 함수를 이용하여 계산하였다. 이때 매개변수 mean=0과 sd=1은 표준정규분포를 나타내기 위한 것으로, qnorm() 함수에서 기본값으로 설정되어 있기 때문에 별도로 지정을 하지 않아도 된다.

• [R코드 8.1]의 실행 결과는 [예제 8.2]와 동일함을 알 수 있다.

8.1.4 p-값

[예제 8.2]의 대립가설 $H_1 : \mu > 1500$에 포함되는 특정한 모평균의 값(상수)을 μ_1이라고 할 때, 대립가설을 $H_1 : \mu = \mu_1 (> 1500)$으로 표현하면 귀무가설 H_0와 대립가설 H_1하에서의 검정통계량 $\overline{X}$의 확률밀도함수는 [그림 8.1]과 같이 표현된다. [그림 8.1]에서 보는 바와 같이 제1종 오류를 범할 확률인 유의수준 α를 줄여서 임계값을 오른쪽으로 이동하면 제2종 오류를 범할 확률 β가 커지게 되고, 반대로 제2종 오류를 범할 확률 β를 줄여서 임계값을 왼쪽으로 이동하면 제1종 오류를 범할 확률, 즉 유의수준 α가 커지게 된다.

이제 검정통계량의 관측값이 $\overline{x} = 1580$으로 조사되었다고 하자. [예제 8.2]에서 검정통계량의 관측값이 $\overline{x} = 1550$인 경우와 마찬가지로 $\overline{x} = 1580$인 경우에도 기각역에 포함되므로 귀무가설 H_0는 기각된다. 그러나 검정통계량이 $\overline{x} = 1550$으로 관측된 경우보다 $\overline{x} = 1580$으로 관측된 경우가 귀무가설 H_0를 기각하고 대립가설 H_1을 채택하는데 대한 더 강력한 증거를 제시한다고 할 수 있다. 이러한 이유로 귀무가설을 '기각할 수 있다' 또는 '기각할 수 없다'와 같은 단순한 검정결과에 추가하여 관측된 검정통계량의 값을 기준으로 귀무가설 H_0를 기각할 수 있게 하는 최소한의 유의수준을 제시하게 되는데, 이를 p-값(p-value) 또는 유의확률(significance probability)이라고 한다. 따라서 p-값이 유의수준 α보다 작으면 H_0를 기각하고, 유의수준 α보다 크면 H_0를 채택하게 된다. 여기서 p-값$< \alpha$는 H_0에 반대되는 증거의 정도가 기준 α보다 더 강하다는 것을 의미

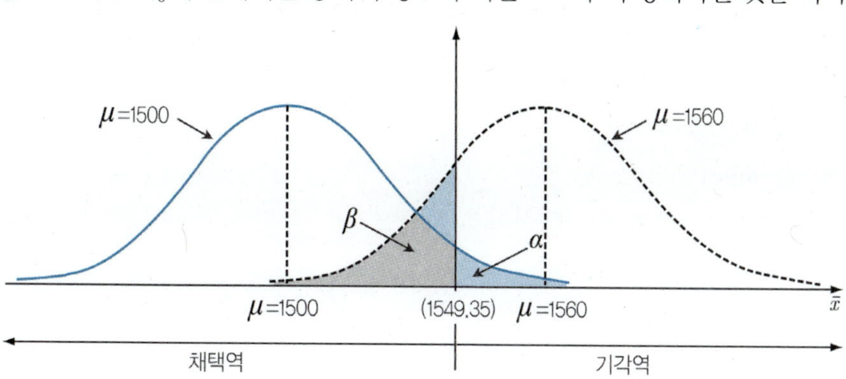

[그림 8.1] 검정통계량 $\overline{X}$의 확률밀도함수

하며, 이럴 경우 우리는 "수준 α에서 통계적으로 유의하다(statistically significant at level α)"라고 말하게 된다. 이때 "유의하다"는 말은 "H_0에 반대되는 증거가 α라는 기준에 도달하였다"라는 것을 의미한다.

[정의 8.4] p-값

관측된 검정통계량의 값을 기준으로 귀무가설 H_0를 기각할 수 있게 하는 최소한의 유의수준을 p-값 또는 유의확률(significance probability)이라고 한다.

※ p-값이 유의수준 α보다 작으면 H_0를 기각하고, 유의수준 α보다 크면 H_0를 채택한다.

예제 8.3 [예제 8.2]의 계속, 앞의 [예제 8.2]에서 새로운 방식으로 생산된 전구 36개를 무작위로 추출하여 이들의 수명을 조사한 결과 표본평균의 관측값이 $\overline{x} = 1580$ 시간이었다고 하자. 이때 p값을 구하고 유의수준 $\alpha = 0.05$에서 검정하여라.

풀이 $\overline{x}$의 값이 크면 클수록 귀무가설을 기각하는 데에 더 강력한 증거가 되므로, p-값은 $P(\overline{X} \geq 1580 | \mu = 1500)$으로 계산할 수 있다.

$$p\text{-값} = P(\overline{X} \geq 1580 | \mu = 1500) = P\left(\frac{\overline{X} - 1500}{180/\sqrt{36}} \geq \frac{1580 - 1500}{180/\sqrt{36}}\right) = P(Z \geq 2.67) \fallingdotseq 0.0038.$$

p-값$= 0.0038$이 유의수준 $\alpha = 0.05$보다 작으므로 유의수준 $\alpha = 0.05$에서 귀무가설 H_0을 기각한다. ■

R 실습 8.2 [예제 8.3]에서의 p-값을 계산하여라.

[R코드 8.2] p-값 계산

```
xbar = 1580; mu0 = 1500;  sigma = 180; n = 36
z0 = (xbar-mu0)/(sigma/sqrt(n)); z0
pvalue = 1-pnorm(q=z0); pvalue
pvalue2= pnorm(q=z0, lower.tail=FALSE); pvalue2
```

실행 결과

```
> xbar = 1580; mu0 = 1500;  sigma = 180; n = 36
> z0 = (xbar-mu0)/(sigma/sqrt(n)); z0
```

```
[1] 2.666667
> pvalue = 1-pnorm(q=z0); pvalue
[1] 0.003830381
> pvalue2= pnorm(q=z0, lower.tail=FALSE); pvalue2
[1] 0.003830381
```

- 주어진 표본평균의 값을 활용하여 직접 검정통계량 z0의 값을 계산하였다.
- pnorm(q, mean=0, sd=1, lower.tail=TRUE) 함수를 이용하여 p-값을 구할 수 있다. 매개변수 q에는 검정통계량의 관측값인 z0을 입력한다. pnorm( ) 함수에서의 mean과 sd의 기본값은 각각 0과 1 즉, 표준정규분포이므로 여기서는 입력을 생략할 수 있다.
- pnorm() 함수에서 매개변수 lower.tail=TRUE로 기본값이 지정되어 있으므로 q값에서의 누적확률을 제공한다. 따라서 lower.tail=TRUE일 때는 1−pnorm(z0)를 통해 z0보다 크거나 같을 확률 즉, p-값을 얻을 수 있으며, lower.tail=FALSE일 때는 pnorm(z0)를 통해 p-값을 얻을 수 있다.

8.1.5 검정력함수

[정의 8.3]에서 유의수준 α는 귀무가설 H_0가 참일 때 '귀무가설 H_0를 기각하는 확률'이고, 반면에 검정력 $1-\beta$는 대립가설 H_1이 참일 때 '귀무가설 H_0를 기각하는 확률'임을 이미 살펴보았다. 이처럼 모수의 실제값의 변화에 따라 귀무가설 H_0를 기각하는 확률의 변화를 나타내는 함수를 검정력함수(power function)라고 한다.

[정의 8.5] 검정력함수(power function) $\pi(\theta)$

귀무가설 H_0하에서의 모수공간을 Θ_0, 대립가설 H_1하에서의 모수공간을 Θ_1이라고 할 때, '귀무가설 $H_0 : \theta \in \Theta_0$를 기각할 확률'을 모수 θ의 함수로 나타낸 것을 검정력함수라고 한다.

※ 크기가 n인 확률표본 $X_1, \cdots, X_n$에 근거한 검정통계량이 $T(X_1, \cdots, X_n)$이고, 기각역이 R이면 검정력함수는 $\pi(\theta) = P(T(X_1, \cdots, X_n) \in R | \theta)$로 주어진다.

※ $\theta \in \Theta_0$일 때 검정력함수 $\pi(\theta)$는 귀무가설 H_0가 참일 때 '귀무가설 H_0를 기각하는 확률' 즉, 유의수준 α를 나타내고, 반면 $\theta \in \Theta_1$일 때 검정력함수 $\pi(\theta)$는 대립가설 H_1가 참일 때 '귀무가설 H_0를 기각하는 확률' 즉, 검정력을 나타낸다.

예제 8.4 [예제 8.2]의 계속, 앞의 [예제 8.2]에서 구한 기각역 $\bar{x} > 1549.35$에 대한 모평균 μ의 검정력 함수 $\pi(\mu)$를 구하고, 모평균의 실제값이 $\mu = 1560$일 때 제 2종 오류를 범할 확률 β를 구하여라.

풀이 모평균 μ의 실제값의 변화에 따른 귀무가설 H_0를 기각할 확률을 나타내는 검정력함수는

$$\pi(\mu) = P(\overline{X} > 1549.35|\mu) = P\left(\frac{\overline{X} - \mu}{180/\sqrt{36}} > \frac{1549.35 - \mu}{180/\sqrt{36}}\right)$$

$$= P\left(Z > 51.645 - \frac{\mu}{30}\right)$$

와 같이 구해지며, $\mu = 1560$에서의 검정력은

$$\pi(1560) = P(Z > 51.645 - 52) = P(Z > -0.355) = 0.639$$

이므로 $\beta = 1 - \pi(1560) = 0.361$이다. ■

[예제 8.4]의 검정력함수는 [그림 8.2]와 같은 증가함수로 표현된다. 이때, [예제 8.1]에서의 귀무가설 $H_0 : \mu \le 1500$를 고려하면, 제1종 오류를 범할 확률은 $\mu = 1500$에서 $\pi(1500) = 0.05$로 최대가 되며, 이는 [예제 8.2]에서 사전에 지정한 유의수준 α의 값과 같음을 알 수 있다.[2)] 따라서 귀무가설을 $H_0 : \mu = 1500$으로 해도 동일한 결과를 얻게 되며, 편의상 $H_0 : \mu = 1500$와 같은 형태의 귀무가설을 일반적으로 사용한다.

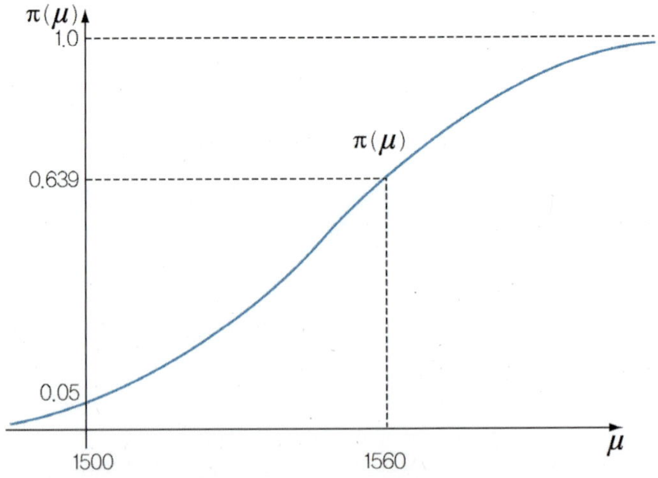

[그림 8.2] **검정력함수** $\pi(\mu) = P(Z > 51.645 - \mu/30)$

2) 유의수준 α는 제1종 오류를 범할 확률의 최대허용한계로 정의되기도 한다. 이때 유의수준 $\alpha = 0.05$인 검정이란 모집단으로부터 같은 크기의 표본을 반복해서 추출하여 검정을 할 때 실제로 참인 귀무가설 H_0을 잘못 기각하는 최대 빈도가 5%이고, 귀무가설 H_0를 채택하여 옳게 판단하는 최소빈도가 95%가 된다는 것을 의미한다.

R 실습 8.3 [예제 8.4]에서의 제 2종 오류를 범할 확률 β와 검정력 $1-\beta$를 계산하여라.

[R코드 8.3]

```
mu0=1500; mu1 = 1560; sigma = 180; n = 36
c = mu0+qnorm(p=0.05, lower.tail=F)*sigma/sqrt(n); c
beta = pnorm(q=c, mu1, sigma/sqrt(n)); beta
power = 1-beta; power
```

실행 결과

```
> mu0=1500; mu1 = 1560; sigma = 180; n = 36
> c = mu0+qnorm(p=0.05, lower.tail=F)*sigma/sqrt(n); c
[1] 1549.346
> beta = pnorm(q=c, mu1, sigma/sqrt(n)); beta
[1] 0.36124
> power = 1-beta; power
[1] 0.63876
```

- $\beta =$ 제 2종 오류를 범할 확률 $= P(H_0$를 채택 $\mid H_1$ 참$) = P(\overline{X} < c|\mu = \mu_1)$를 구하기 위하여 [R실습 8.1]에서와 같이 임계값 c를 계산하였으며, [R실습 8.2]에서와 마찬가지로 **pnorm()** 함수를 이용하여 제 2종 오류를 범할 확률 β를 구하였다. 여기서는 매개변수 **mean**과 **sd**에 각각 대립가설 H_1하에서의 검정통계량 $\overline{X}$의 평균 μ_1과 표준편차 $\sigma/\sqrt{n}$을 입력하였다.

8.1.6 표본크기의 결정

6장의 구간추정에서 동일한 신뢰수준 $1-\alpha$에 대해서는 표본의 크기 n이 커질수록 신뢰구간의 폭, 즉 오차한계가 작아지는 것을 배웠다. 또한 이로부터 이미 정해진 신뢰수준에서 오차한계를 원하는 수준 이하로 하는 신뢰구간을 추정하는데 필요한 표본의 크기를 결정하는 문제를 다룬바 있다. 이와 마찬가지로 가설검정에서는 제 1종 오류를 범할 확률인 유의수준이 α로 이미 지정되어 있을 때, 제 2종 오류를 범할 확률 β를 원하는 수준 이하로 하는 가설검정을 시행하기 위하여 필요한 표본의 크기를 결정할 수 있다.

예제 8.5 [예제 8.2]의 계속, 앞의 [예제 8.2]에서 실제로 $\mu = 1560$일 때, 유의수준 $\alpha = 0.05$에서 제 2종 오류를 범할 확률이 $\beta = 0.10$이하가 되게 하는 표본의 크기를 구하여라.

풀이 [예제 8.2]에서 기각역을 구할 때 표본의 크기 n을 미지수로 놓으면 임계값은 $c = 1500 + 1.645\dfrac{180}{\sqrt{n}}$이 되고, 기각역은 $\overline{x} > 1500 + 1.645\dfrac{180}{\sqrt{n}}$이 된다. 따라서 $\mu = 1560$일 때, 유의수준 $\alpha = 0.05$에서의 제 2종 오류를 범할 확률은 다음과 같이 주어진다.

$$\beta = P(H_0\text{를 채택}|H_1\text{ 참}) = P\left(\overline{X} \le 1500 + 1.645\frac{180}{\sqrt{n}}\,\middle|\,\mu = 1560\right)$$

$$= P\left(\frac{\overline{X} - 1560}{180/\sqrt{n}} \le \frac{1500 - 1560}{180/\sqrt{n}} + 1.645\right) = P\left(Z \le \frac{1500 - 1560}{180}\sqrt{n} + 1.645\right)$$

한편 $z_{0.10} = 1.282$이므로, β를 0.10이내로 하기 위해서는

$\dfrac{1500 - 1560}{180}\sqrt{n} + 1.645 \le -1.282$를 만족해야 한다. 따라서, 필요한 표본의 크기는

$n \ge \left(\dfrac{1.645 + 1.282}{(1500 - 1560)/180}\right)^2 = 77.11$ 즉, $n = 78$ 이상이다. ■

[예제 8.5]의 결과로부터 표본의 크기 n에 대한 검정력함수는

$$\pi(\mu) = P\left(\overline{X} > 1500 + 1.645\frac{180}{\sqrt{n}}\,\middle|\,\mu\right) = P\left(Z > \frac{1500 - \mu}{180}\sqrt{n} + 1.645\right)$$

와 같고, 표본의 크기가 25, 100인 경우 검정력함수는 다음의 [그림 8.3]과 같다. 이로부터 표본의 크기가 커짐에 따라 검정력이 높아진다는 자연스러운 결과를 확인할 수 있다.

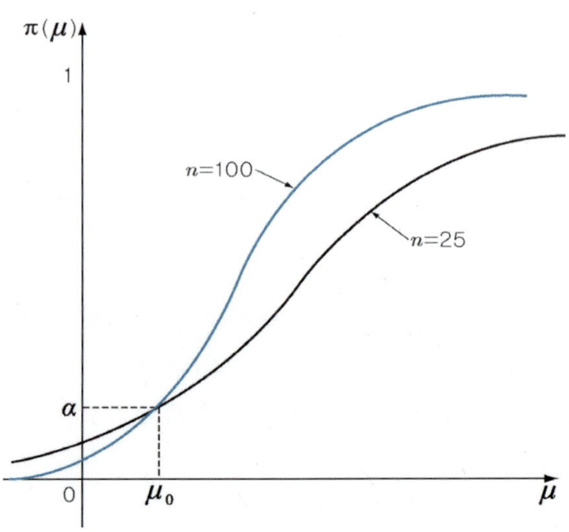

[그림 8.3] 표본의 크기에 따른 검정력함수

8.1.7 단측검정과 양측검정

모수 θ에 대한 가설검정에서 크기가 n인 확률표본에 근거한 검정통계량 $T(X_1, \cdots, X_n)$을 고려하기로 하자. 이때 기각역의 방향은 대립가설의 형태에 따라 단측(좌측 또는 우측)과 양측으로 결정되며, 이에 따라 가설검정은 단측검정과 양측검정으로 구분된다.

단측검정은 우측검정과 좌측검정으로 구분되며 우측검정은 기각역이 우측 방향으로, 좌측검정은 기각역이 좌측 방향으로 결정되는 검정이다. 즉, 우측검정은 모수 θ 에 관한 귀무가설과 대립가설이

$$H_0 : \theta = \theta_0 , \quad H_1 : \theta > \theta_0$$

로 주어지고 기각역은 [그림 8.4]에서 보는 바와 같이 우측 방향으로 결정되며, 반면에 좌측검정은 모수 θ 에 대한 귀무가설과 대립가설이

$$H_0 : \theta = \theta_0 , \quad H_1 : \theta < \theta_0$$

로 주어지고 기각역은 [그림 8.4]에서 보는 바와 같이 좌측 방향으로 결정된다. 양측검정은 모수 θ 에 관한 귀무가설과 대립가설이

$$H_0 : \theta = \theta_0 , \quad H_1 : \theta \neq \theta_0$$

로 주어지고 기각역은 [그림 8.4]에서 보는 바와 같이 양측 방향으로 결정된다.

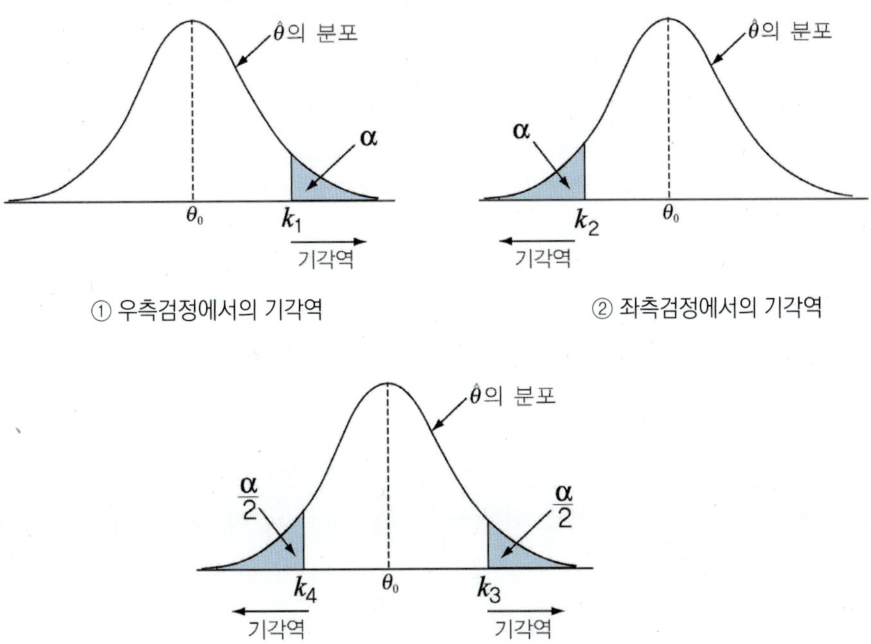

[그림 8.4] **대립가설과 기각역**

이상의 사실로부터, 양측검정과 단측검정(우측검정과 좌측검정)을 결정하는 것은 결국 대립가설의 형태라는 것을 알 수 있다. 따라서 주어진 연구 또는 조사에서 대립가설을 올바르게 설정하는 것이 대단히 중요하다.

[대립가설 H_1의 형태에 따른 기각역]

유의수준 α에서 검정통계량 $T(X_1, \cdots, X_n)$를 고려할 때, 귀무가설 $H_0 : \theta = \theta_0$ 와 각각의 대립가설에 따른 기각역의 형태는 다음과 같다.

① $H_1 : \theta > \theta_0$ (우측검정), 기각역 : $T(x_1, \cdots, x_n) > k_1$

② $H_1 : \theta < \theta_0$ (좌측검정), 기각역 : $T(x_1, \cdots, x_n) < k_2$

③ $H_1 : \theta \neq \theta_0$ (양측검정), 기각역 : $T(x_1, \cdots, x_n) > k_3$ 또는 $T(x_1, \cdots, x_n) < k_4$

여기서 k_1 은 H_0 하에서의 우측 확률이 α 인 점, k_2 는 좌측 확률이 α 인 점, k_3 와 k_4 는 우측 및 좌측 확률이 각각 $\alpha/2$ 인 점이다.

8.2 모평균의 검정

8.2.1 모분산 σ^2이 알려져 있는 정규모집단의 경우

모분산 σ^2 이 알려져 있는 정규모집단 $N(\mu, \sigma^2)$의 모평균 μ에 대한 다음의 가설검정

$$H_0 : \mu = \mu_0 , \quad H_1 : \mu > \mu_0$$

을 위해 이 정규모집단으로부터 크기가 n인 확률표본 $X_1, X_2, \cdots, X_n$을 추출하는 상황을 고려하자. [예제 8.2]에서처럼 모평균의 가설검정에서 검정통계량으로 표본평균 $\overline{X}$를 이용하는 것은 직관적으로 타당하며, $\overline{X}$의 값이 μ_0보다 크면 클수록 귀무가설 $H_0 : \mu = \mu_0$ 를 기각하고 대립가설 $H_1 : \mu > \mu_0$을 채택하는데 대한 충분한 증거로 생각할 수 있을 것이다. 따라서 기각역은 $\overline{x} > c$와 같은 우측검정의 형태가 되며, 귀무가설 $H_0 : \mu = \mu_0$ 이 참일 때 검정통계량 $\overline{X}$는 $\overline{X} \sim N(\mu_0, \sigma^2/n)$의 확률분포를 따르므로 유의수준 α를 만족하는 임계값 c는

$$\begin{aligned}\alpha &= P(H_0\text{를 기각} \mid H_0 \text{ 참}) = P(\overline{X} > c \mid \mu = \mu_0) \\ &= P\left(\frac{\overline{X} - \mu_0}{\sigma/\sqrt{n}} > \frac{c - \mu_0}{\sigma/\sqrt{n}}\right) = P(Z_0 > z_\alpha)\end{aligned}$$

에 의해 $\frac{c-\mu_0}{\sigma/\sqrt{n}}=z_\alpha$를 만족하는 $c=\mu_0+z_\alpha\frac{\sigma}{\sqrt{n}}$로 결정된다. 따라서 유의수준 α에서의 기각역은

$$\text{기각역: } \bar{x}>\mu_0+z_\alpha\frac{\sigma}{\sqrt{n}}$$

으로 주어진다. 이때 모분산 σ^2이 알려져 있으므로 $\overline{X}$를 표준화한 검정통계량 $Z_0=\frac{\overline{X}-\mu_0}{\sigma/\sqrt{n}}$를 이용하면, 검정통계량 Z_0는 표준정규분포 $N(0,1)$를 따르게 되고, 유의수준 α에서의 기각역과 검정통계량의 관측값 z_0^*에 대한 p-값은 각각

$$\text{기각역: } z_0=\frac{\bar{x}-\mu_0}{\sigma/\sqrt{n}}>z_\alpha,\ p-\text{값}=P(Z_0>z_0^*)$$

으로 구할 수 있다.

이제 모평균 μ에 대한 다음의 가설검정을 생각해 보자.

$$H_0:\mu=\mu_0,\ \ H_1:\mu<\mu_0$$

검정통계량 $\overline{X}$의 값이 μ_0보다 작으면 작을수록 대립가설 $H_1:\mu<\mu_0$이 사실이라는 증거가 명백해지므로, 기각역은 $\bar{x}<c$와 같은 좌측검정의 형태가 된다. 우측검정에서와 마찬가지 원리로 유의수준 α에서의 기각역과 검정통계량의 관측값 z_0^*에 대한 p-값은 각각

$$\text{기각역: } z_0=\frac{\bar{x}-\mu_0}{\sigma/\sqrt{n}}<-z_\alpha\left(\Leftrightarrow\bar{x}<\mu_0-z_\alpha\frac{\sigma}{\sqrt{n}}\right),\ p-\text{값}=P(Z_0<z_0^*)$$

으로 구할 수 있다.

또한 모평균 μ에 대한 다음의 가설검정

$$H_0:\mu=\mu_0,\ \ H_1:\mu\neq\mu_0$$

에 대해서는 검정통계량 $\overline{X}$의 값이 μ_0보다 크거나 또는 작으면 즉, $\overline{X}$의 값이 μ_0로부터 멀리 떨어져 있을수록 대립가설 $H_1:\mu\neq\mu_0$이 사실이라는 증거가 강해지므로 $|\bar{x}-\mu_0|>c$ 형태의 기각역을 생각할 수 있다. 이때 유의수준 α를 만족하기 위해서는

$$\begin{aligned}\alpha&=P(H_0\text{를 기각}\,|\,H_0\text{ 참})=P(|\overline{X}-\mu_0|>c\,|\,\mu=\mu_0)\\&=P\left(\left|\frac{\overline{X}-\mu_0}{\sigma/\sqrt{n}}\right|>\frac{c}{\sigma/\sqrt{n}}\right)=P(|Z_0|>z_{\alpha/2})\end{aligned}$$

이어야 하므로 유의수준 α에서의 기각역과 검정통계량의 관측값 z_0^*에 대한 p-값은 각각

$$\text{기각역: } z_0 = \frac{\bar{x} - \mu_0}{\sigma/\sqrt{n}} < -z_\alpha \text{ 또는 } z_0 = \frac{\bar{x} - \mu_0}{\sigma/\sqrt{n}} > z_{\alpha/2}\,,\ p-\text{값} = P(Z_0 \ge |z_0^*|)$$
$$\left(\Leftrightarrow \bar{x} < \mu_0 - z_{\alpha/2}\frac{\sigma}{\sqrt{n}} \text{ 또는 } \bar{x} > \mu_0 + z_{\alpha/2}\frac{\sigma}{\sqrt{n}}\right)$$

으로 구할 수 있다. 이와 같이 표준정규분포 $N(0,\ 1)$ 를 사용하여 모평균 μ 에 관한 가설검정을 하는 방법을 Z-검정법(Z-test) 또는 정규검정법(normal test)이라 한다.

정리 8.1 모평균 μ에 대한 가설검정

모분산 σ^2이 알려져 있는 정규모집단 $N(\mu, \sigma^2)$의 모평균 μ에 대한 아래의 가설검정에서 사용되는 검정통계량과 그 확률분포는

$$Z_0 = \frac{\overline{X} - \mu_0}{\sigma/\sqrt{n}} \sim N(0,1) \text{ (귀무가설 } H_0 \text{가 참일 때)}$$

이며, 유의수준 α에서의 기각역과 검정통계량의 관측값 z_0^*에 대한 p-값은 다음과 같다.

	가설	기각역	p-값
우측검정	$H_0 : \mu = \mu_0\,,\ H_1 : \mu > \mu_0$	$z_0 > z_\alpha$	$P(Z_0 > z_0^*)$
좌측검정	$H_0 : \mu = \mu_0\,,\ H_1 : \mu < \mu_0$	$z_0 < -z_\alpha$	$P(Z_0 < z_0^*)$
양측검정	$H_0 : \mu = \mu_0\,,\ H_1 : \mu \ne \mu_0$	$\lvert z_0\rvert > z_{\alpha/2}$	$2P(Z_0 > \lvert z_0^*\rvert)$

예제 8.6 A 전자에서 생산하는 캠코더는 배터리를 완전 충전하였을 때 평균 $\mu = 5$ 시간의 연속 동영상 촬영이 가능하다고 알려져 있다. 그러나 최근 이 제품을 구매한 소비자들은 동영상 촬영 중 5시간이 되기 전에 배터리가 모두 소모되는 경우가 많다고 불평하며 이를 소비자 보호원에서 밝혀줄 것을 호소하였다. 이에 따라 소비자 보호원에서는 A 전자에서 생산하는 캠코더 16개를 랜덤으로 추출하여 배터리를 완전 충전한 뒤, 연속으로 동영상을 촬영하였을 때 배터리가 소모되는 데까지 걸린 시간 $X_1,\ X_2,\ \cdots,\ X_{16}$을 측정하고, 이 결과에 근거하여 소비자들의 주장에 대해 유의수준 $\alpha = 0.05$에서 가설검정을 하고자 한다. 다음 물음에 답하여라. 단, 캠코더의 연속 동영상 촬영 가능시간은 표준편차가 $\sigma = 1$인 정규분포를 따른다고 가정한다.

(1) 귀무가설과 대립가설을 설정하여라.

(2) 귀무가설 H_0가 참일 때, 가설검정을 위한 검정통계량과 그 확률분포를 구하여라.

(3) 기각역을 구하여라.

(4) 랜덤으로 추출한 16개의 캠코더의 배터리를 완전 충전한 뒤, 연속으로 동영상을 촬영하였을 때 배터리가 모두 소모되는 데까지 걸린 시간을 조사한 결과 아래와 같은 결과를 얻었다. 검정

통계량의 관측값을 계산하고, 문제 (3)에서 구한 기각역을 이용하여 가설을 검정하여라.

4.3 3.7 6.2 5.1 5.1 3.5 4.4 4.8 2.5 2.9 5.2 4.7 5.6 5.1 3.9 5.0

(5) 실제 연속 동영상 촬영가능 시간의 평균이 $\mu = 4.25$ 일 때, 문제(3)에서 구한 기각역에 대한 검정력을 구하여라.

(6) 실제 연속 동영상 촬영 가능시간의 평균이 $\mu = 4.25$ 일 때, 검정력이 0.95이상이 되기 위한 표본크기의 최솟값을 구하여라.

풀이 (1) 'A전자의 캠코더를 완전 충전하였을 때 연속 동영상 촬영 가능시간의 평균이 5시간보다 짧다'고 하는 입증하고자 하는 새로운 주장을 대립가설로 먼저 설정하고, 이에 상반되는 주장을 귀무가설로 설정하면 된다. 즉, 귀무가설과 대립가설은 각각 $H_0 : \mu = 5$, $H_1 : \mu < 5$와 같다.

(2) [예제 6.2]에서와 마찬가지로 모분산 σ^2이 알려져 있는 정규모집단에서의 모평균의 검정을 위한 검정통계량으로 표본평균 $\overline{X}$를 사용할 수 있다. 귀무가설 하에서의 검정통계량 $\overline{X}$의 분포는 평균이 5이고 분산이 $\sigma^2/n = 1/16 = 0.25^2$인 정규분포를 따른다. 즉, $\overline{X} \sim N(5, 0.25^2)$이다. 또한 검정통계량으로 $\overline{X}$를 표준화한 $Z_0 = \dfrac{\overline{X} - \mu_0}{\sigma/\sqrt{n}} = \dfrac{\overline{X} - 5}{0.25}$를 사용할 수도 있다. 이때 $Z_0 \sim N(0,1)$이다.

(3) 검정통계량으로 $\overline{X}$를 사용하였을 때, 좌측검정에서의 기각역은 다음과 같이 주어진다.

$\overline{x} < \mu_0 - z_\alpha \dfrac{\sigma}{\sqrt{n}} = 5 - 1.645 \cdot 0.25 = 4.589$. 즉, $\overline{x} < 4.589$이다. 만일 $\overline{X}$를 표준화한 Z_0를 검정통계량으로 사용하였다면, 기각역은 $z_0 < -z_\alpha = -1.645$이다.

(4) $\overline{x} = 4.5 < 4.589$ 이므로 기각역에 포함된다. $\overline{x}$를 표준화한 관측값 z_0^* 또한

$z_0^* = \dfrac{4.5 - 5}{0.25} = -2 < -1.645$이므로 역시 기각역에 포함된다. 따라서 귀무가설 H_0을 기각한다. 즉, 표본자료는 유의수준 $\alpha = 0.05$에서 A전자의 캠코더를 완전 충전하였을 때 연속 동영상 촬영 가능시간의 평균이 5시간보다 짧다는 소비자들의 주장을 충분히 뒷받침해주고 있다고 할 수 있다.

(5) $\mu = 4.25$일 때 기각역 $\overline{x} < 4.589$에 대한 검정력 $\pi(4.25)$은

$$\begin{aligned} \pi(4.25) &= P(\overline{X} < 4.589 \mid \mu = 4.25) \\ &= P\left(\frac{\overline{X} - 4.25}{0.25} < \frac{4.589 - 4.25}{0.25}\right) = P(Z < 1.356) \\ &= 0.9125 \text{이다.} \end{aligned}$$

(6) $\mu = 4.25$에서의 검정력이 0.95이상이 되어야 하므로,

$$\begin{aligned}0.95 \le \pi(4.25) &= P\left(\overline{X} \le 5 - 1.645\frac{1}{\sqrt{n}} \,\middle|\, \mu = 4.25\right) \\ &= P\left(\frac{\overline{X}-4.25}{1/\sqrt{n}} \le \frac{5-4.25}{1/\sqrt{n}} - 1.645\right) \\ &= P(Z_1 \le 0.75\sqrt{n} - 1.645)\end{aligned}$$

을 만족하여야한다. 한편, $P(Z_1 \le 1.645) = 0.95$이므로,

$$0.75\sqrt{n} - 1.645 \ge 1.645 \text{ 즉, } n \ge \left(\frac{2 \cdot 1.645}{0.75}\right)^2 = 19.24.$$

따라서, $\mu = 4.25$에서의 검정력이 0.95이상이 되기 위한 표본크기의 최솟값은 $n = 20$이다. ■

8.2.2 모분산 σ^2이 알려져 있지 않은 정규모집단의 경우

앞에서 소개된 Z-검정법에서는 정규모집단 $N(\mu, \sigma^2)$의 모분산 σ^2이 알려져 있는 것으로 가정하였다. 그러나 실제 문제에서 σ^2을 알고 있는 경우는 그다지 많지 않다.

이처럼 σ^2이 알려져 있지 않은 경우에는 Z-검정법의 검정통계량 $Z_0 = \dfrac{\overline{X}-\mu_0}{\sigma/\sqrt{n}}$에서 σ 대신에 표본표준편차 S를 사용한 $T_0 = \dfrac{\overline{X}-\mu_0}{S/\sqrt{n}}$를 검정통계량으로 사용할 수 있으며, 귀무가설 $H_0 : \mu = \mu_0$이 참일 때 검정통계량 $T_0 = \dfrac{\overline{X}-\mu_0}{S/\sqrt{n}}$는 자유도가 $n-1$인 t-분포를 따르게 된다. 이와 같이 t-분포를 사용하여 모평균 μ에 관한 가설검정을 하는 방법을 t-검정법(t-test)이라 하며, Z-검정법과 유사한 원리에 의하여 기각역과 p-값을 다음과 같이 구할 수 있다.

정리 8.2 모평균 μ에 대한 가설검정

모분산 σ^2이 알려져 있지 않은 정규모집단 $N(\mu, \sigma^2)$의 모평균 μ에 대한 아래의 가설검정에서 사용되는 검정통계량과 그 확률분포는

$$T_0 = \frac{\overline{X}-\mu_0}{S/\sqrt{n}} \sim t(n-1) \text{(귀무가설 } H_0\text{가 참일 때)}$$

이며, 유의수준 α에서의 기각역과 검정통계량의 관측값 t_0^*에 대한 p-값은 다음과 같다.

	가설	기각역	p-값
우측검정	$H_0 : \mu = \mu_0$, $H_1 : \mu > \mu_0$	$t_0 > t_\alpha(n-1)$	$P(T_0 > t_0^*)$
좌측검정	$H_0 : \mu = \mu_0$, $H_1 : \mu < \mu_0$	$t_0 < -t_\alpha(n-1)$	$P(T_0 < t_0^*)$
양측검정	$H_0 : \mu = \mu_0$, $H_1 : \mu \neq \mu_0$	$\lvert t_0 \rvert > t_{\alpha/2}(n-1)$	$2P(T_0 > \lvert t_0^* \rvert)$

예제 8.7 국내 프로야구 경기에 사용되는 공인구의 무게는 평균이 145(g)인 정규분포를 따르는 것으로 알려져 있다. 최근 여러 투수들로부터 공인구의 무게가 예년과 달라졌다는 주장이 제기되고 있다. 이 주장의 진위여부를 확인하기 위하여 공인구 9개를 무작위로 추출하고 이들의 무게 $X_1, \cdots, X_9$를 측정하여 유의수준 $\alpha = 0.05$에서 가설을 검정하고자 한다. 다음 물음에 답하여라.

(1) 귀무가설과 대립가설을 설정하여라.

(2) 귀무가설 H_0가 참일 때, 가설검정을 위한 검정통계량과 그 확률분포를 구하여라.

(3) 공인구 9개를 무작위로 선정하여 무게를 측정한 결과 아래와 같은 결과를 얻었다. 검정통계량의 관측값을 계산하고, 기각역을 이용하여 가설을 검정하여라.

146.1	144.6	145.0	144.4	147.0	146.9	144.9	145.9	146.5

(4) p-값을 이용하여 가설을 검정하고, (3)의 결과와 비교하여라.

풀이 (1) '공인구의 무게가 예년(145g)과 다르다'고 하는 새로운 주장을 대립가설로 먼저 설정하고, 이에 상반되는 주장을 귀무가설로 설정하면 된다. 즉, 귀무가설과 대립가설은 각각 $H_0 : \mu = 145$, $H_1 : \mu \neq 145$와 같다.

(2) 모분산 σ^2이 알려져 있지 않으므로, T 통계량을 사용하여야 한다. 즉, 귀무가설하에서의 검정통계량과 그 분포는 $T_0 = \dfrac{\overline{X} - \mu_0}{S/\sqrt{n}} = \dfrac{\overline{X} - 145}{S/\sqrt{9}} \sim t(8)$이다.

(3) 양측검정이므로, 기각역은 $t_0 > t_{\alpha/2}(n-1)$ 또는 $t_0 < -t_{\alpha/2}(n-1)$로 주어진다. $\alpha = 0.05$, $n = 9$이므로 $t_{0.025}(8) = 2.306$이고, 기각역은 $t_0 > 2.306$ 또는 $t_0 < -2.306$이다. $\overline{x} = 145.7$, $s = 1$이므로, 검정통계량의 관측값은 $t_0^* = \dfrac{\overline{x} - 145}{s/3} = \dfrac{145.7 - 145}{1/3} = 2.1$이다. 검정통계량의 관측값 $t_0^* = 2.1$이 기각역에 포함되지 않으므로 귀무가설 H_0을 기각하지 않는다. 따라서 표본자료는 유의수준 $\alpha = 0.05$에서 공인구의 무게가 예년(145g)과 다르다고 하는 주장을 충분히 뒷받침하고 있다고 할 수 없다.

(4) p-값$=P(T_0 \geq |t_0^*|) = 2P(T_0 \geq 2.1) = 2 \cdot 0.0345 = 0.069 > 0.05 = \alpha$. 즉 p-값이 유의수준 $\alpha = 0.05$보다 크므로 귀무가설 H_0을 기각하지 않는다. 이는 (3)에서 구한 결과와 일치한다. ■

R 실습 8.4 [예제 8.7]에서의 가설을 $t-$검정법을 활용하여 검정하여라.

[R코드 8.4(1)] 직접 계산방법

```
data = c(146.1, 144.6, 145.0, 144.4, 147.0, 146.9, 144.9, 145.9, 146.5)
mu0 = 145; n = length(data); alpha=0.05
xbar = mean(data); xbar
s = sd(data); s
t0 = (xbar-145)/(s/sqrt(n)); t0
qt(alpha/2, n-1, lower.tail=FALSE)
pvalue = 2*(pt(t0, n-1, lower.tail=FALSE)); pvalue
```

실행 결과 직접 계산방법

```
> data = c(146.1, 144.6, 145.0, 144.4, 147.0, 146.9, 144.9, 145.9, 146.5)
> mu0 = 145; n = length(data); alpha=0.05
> xbar = mean(data); xbar
[1] 145.7
> s = sd(data); s
[1] 1
> t0 = (xbar-145)/(s/sqrt(n)); t0
[1] 2.1
> qt(alpha/2, n-1, lower.tail=FALSE)
[1] 2.306004
> pvalue = 2*(pt(t0, n-1, lower.tail=FALSE)); pvalue
[1] 0.06893752
```

- [예제 8.7]의 데이터를 **data**라는 변수명에 입력하고. **mean( ), sd( )** 함수를 이용하여 주어진 데이터의 표본평균과 표본표준편차를 각각 구하였다. **length()** 함수를 이용하면 쉽게 표본의 크기를 계산할 수 있다.
- 앞에서 계산한 표본평균과 표본표준편차를 활용하여 t 검정통계량 값을 직접 계산하였다.
- **qt(p, df, lower.tail=TRUE)** 함수를 이용하여 기각역의 임계값을 구하였으며. 검정방법이 양측검정이므로 매개변수 p에 $\alpha/2$를 입력하였다. 이때 상위 백분위수를 구하기 위하여 매개변수 **lower.tail=FALSE**로 지정하였다.

• pt(q, df, lower.tail=TRUE) 함수를 이용하여 p-값을 구할 수 있다. pt(q, n−1)은 자유도가 $n-1$인 t 분포의 q에서의 누적확률을 계산해주므로, lower.tail=FALSE로 입력하여 p-값을 계산하였다.

[R코드 8.4(2)] 내장함수 t.test() 사용

```
data = c(146.1,144.6,145.0,144.4,147.0,146.9,144.9,145.9,146.5)
t.test(x=data, alternative="two.sided", mu=145, conf.level=0.95)
```

실행 결과 내장함수 t.test() 사용

```
> data = c(146.1,144.6,145.0,144.4,147.0,146.9,144.9,145.9,146.5)
> t.test(x=data, alternative="two.sided", mu=145, conf.level=0.95)
        One Sample t-test
data: data
t = 2.1, df = 8, p-value = 0.06894
alternative hypothesis: true mean is not equal to 145
95 percent confidence interval:
 144.9313 146.4687
sample estimates:
mean of x
   145.7
```

• t.test( ) 함수를 이용하여 t-검정을 시행할 수 있다. 매개변수 x에는 관측된 표본의 값을, alternative에는 대립가설을, mu에는 귀무가설의 모평균 값을, conf.level에는 $1-\alpha$를 입력하여 검정통계량의 관측값 2.1과 p-값 0.06894를 구하였다.

• t.test() 함수는 모평균 μ에 대한 점추정값과 구간추정값도 동시에 제공한다.

8.2.3 모분산 σ^2이 알려져 있지 않은 비정규모집단의 경우

지금까지는 모집단의 분포가 정규분포라는 가정 하에서 모평균 μ에 대한 가설검정을 고려하였다. 그러나 실제자료의 분석에서는 모집단의 분포와 모분산 σ^2에 대해 모르는 경우가 대부분이다. 이제 모분산 σ^2이 알려져 있지 않은 비정규모집단의 모평균 μ에 대한 가설검정을 생각해 보자. 표본의 크기 n이 충분히 큰 경우 중심극한정리에 의해 검정통계량 $\frac{\overline{X}-\mu_0}{\sigma/\sqrt{n}}$는 귀무가설

$H_0 : \mu = \mu_0$ 하에서 근사적으로 표준정규분포 $N(0, 1)$ 를 따르게 된다. 이때 표본분산 S^2이 모분산 σ^2의 일치추정량이므로 모분산 σ^2이 알려져 있지 않은 경우 σ대신 S를 대입한 검정통계량 $Z_0 = \dfrac{\overline{X} - \mu_0}{S/\sqrt{n}}$ 또한 귀무가설 $H_0 : \mu = \mu_0$ 하에서 근사적으로 표준정규분포 $N(0, 1)$ 를 따르게 된다. 즉, 검정통계량 Z_0의 근사 분포는

$$Z_0 = \frac{\overline{X} - \mu_0}{S/\sqrt{n}} \stackrel{\cdot}{\sim} N(0,1)$$

와 같다. 따라서 모분산 σ^2이 알려져 있지 않은 비정규모집단으로 부터 충분히 큰 표본을 얻을 수 있다면 [정리 8.1]의 Z-검정법을 적용하여 모평균 μ 에 대한 가설검정을 시행할 수 있다.

예제 8.8 성인 남성의 공복 시 혈중 저밀도콜레스테롤(LDL) 농도는 평균이 120mg/dl인 것으로 알려져 있다. 최근 식습관의 변화로 성인 남성의 공복 시 혈중 저밀도콜레스테롤 농도가 증가하였다는 주장이 제기되고 있다. 이 주장의 진위여부를 확인하기 위하여 성인 남성 64명을 무작위로 선정하여 공복 시 혈중 저밀도콜레스테롤 농도 $X_1, X_2, \cdots, X_{64}$를 측정하여 유의수준 $\alpha = 0.05$에서 가설을 검정하고자 한다. 다음 물음에 답하여라.

(1) 귀무가설과 대립가설을 설정하여라.

(2) 귀무가설 H_0가 참일 때, 가설검정을 위한 검정통계량과 그 확률분포를 구하여라.

(3) 성인 남성 64명을 무작위로 선정하여 공복 시 혈중 LDL 농도를 측정한 결과 표본평균이 $\overline{x} = 125$, 표본 표준편차가 $s = 20$으로 측정되었다. 검정통계량의 관측값을 계산하고, p-값을 이용하여 가설을 검정하여라.

풀이 (1) '성인남성의 공복 시 혈중 LDL 농도가 증가하였다'고 하는 새로운 주장을 대립가설로 먼저 설정하고, 이에 상반되는 주장을 귀무가설로 설정하면 된다. 즉, 귀무가설과 대립가설은 각각 $H_0 : \mu = 120$, $H_1 : \mu > 120$와 같다.

(2) 표본의 크기 $n = 64$가 충분히 크고, 모분산 σ^2이 알려져 있지 않으므로, Z-검정법을 이용할 수 있다. 즉, $Z_0 = \dfrac{\overline{X} - \mu_0}{S/\sqrt{n}} = \dfrac{\overline{X} - 120}{S/\sqrt{64}} \stackrel{\cdot}{\sim} N(0,1)$이다.

(3) $\overline{x} = 125$, $s = 20$이므로, 검정통계량의 관측값은 $z_0^* = \dfrac{\overline{x} - 120}{20/8} = \dfrac{125 - 120}{2.5} = 2$이다. p-값$= P(Z_0 \geq z_0^*) = P(Z_0 \geq 2) \simeq 0.0227 < 0.05 = \alpha$. 즉 p-값이 유의수준 $\alpha = 0.05$보다 작으므로 귀무가설 H_0을 기각한다. 따라서 표본자료는 유의수준 $\alpha = 0.05$에서 성인 남성의 공복 시 혈중 LDL 농도가 증가하였다는 주장을 충분히 뒷받침하고 있다고 할 수 있다. ■

8.3 모분산의 검정

이제 모평균 μ와 모분산 σ^2 이 알려져 있지 않은 정규모집단 $N(\mu, \sigma^2)$의 분산 σ^2에 대한 다음의 가설검정

$$H_0 : \sigma^2 = \sigma_0^2, \quad H_1 : \sigma^2 > \sigma_0^2$$

을 위해 이 정규모집단으로부터 크기가 n인 확률표본 $X_1, X_2, \cdots, X_n$을 추출하는 상황을 고려하자. 모분산의 가설검정에서 표본분산 S^2을 이용하는 것은 직관적으로 타당하며, S^2의 값이 σ_0^2보다 크면 클수록 귀무가설 $H_0 : \sigma^2 = \sigma_0^2$를 기각하고 대립가설 $H_1 : \sigma^2 > \sigma_0^2$을 채택하는데 대한 충분한 증거로 생각할 수 있을 것이다. 따라서 기각역은 $s^2 > c$와 같은 우측검정의 형태가 되며, 귀무가설 $H_0 : \sigma^2 = \sigma_0^2$이 참일 때 통계량 $V_0 = \dfrac{(n-1)S^2}{\sigma_0^2}$는 $V_0 \sim \chi^2(n-1)$의 확률분포를 따르므로 유의수준 α를 만족하는 임계값 c는

$$\begin{aligned}\alpha &= P(H_0\text{를 기각} \mid H_0 \text{ 참}) = P\left(S^2 > c \mid \sigma^2 = \sigma_0^2\right) \\ &= P\left(\frac{(n-1)S^2}{\sigma_0^2} > \frac{(n-1)c}{\sigma_0^2}\right) = P\left(V_0 > \chi_\alpha^2(n-1)\right)\end{aligned}$$

에 의해 $\dfrac{(n-1)c}{\sigma_0^2} = \chi_\alpha^2(n-1)$를 만족하는 $c = \dfrac{\sigma_0^2 \chi_\alpha^2(n-1)}{n-1}$로 결정된다. 따라서 유의수준 α에서의 기각역은

$$\text{기각역: } s^2 > \frac{\sigma_0^2 \chi_\alpha^2(n-1)}{n-1}$$

으로 주어진다. 이때 검정통계량으로 $V_0 = \dfrac{(n-1)S^2}{\sigma_0^2}$를 이용하면, 유의수준 α에서의 기각역과 검정통계량의 관측값 v_0^*에 대한 p-값은 각각 또는

$$\text{기각역: } v_0 = \frac{(n-1)s^2}{\sigma_0^2} > \chi_\alpha^2(n-1), \quad p-\text{값} = P(V_0 > v_0^*)$$

으로 구할 수 있다. 이와 같이 χ^2-분포를 사용하여 모분산 σ^2에 관한 가설검정을 하는 방법을 χ^2-검정법(chi-square test)이라 하며, 우측검정과 유사한 방법으로 좌측검정 및 양측검정에 대한 기각역과 p-값을 다음과 같이 구할 수 있다.

정리 8.3 모분산 σ^2에 대한 가설검정

모평균 μ와 모분산 σ^2이 알려져 있지 않은 정규모집단 $N(\mu, \sigma^2)$의 모분산 σ^2에 대한 아래의 가설검정에서 사용되는 검정통계량과 그 확률분포는

$$V_0 = \frac{(n-1)S^2}{\sigma_0^2} \sim \chi^2(n-1) (\text{귀무가설 } H_0\text{가 참일 때})$$

이며, 유의수준 α에서의 기각역과 검정통계량의 관측값 v_0^*에 대한 p-값은 다음과 같다.

	가설	기각역	p-값
우측검정	$H_0 : \sigma^2 = \sigma_0^2,\ H_1 : \sigma^2 > \sigma_0^2$	$v_0 > \chi_\alpha^2(n-1)$	$P(V_0 > v_0^*)$
좌측검정	$H_0 : \sigma^2 = \sigma_0^2,\ H_1 : \sigma^2 < \sigma_0^2$	$v_0 < \chi_{1-\alpha}^2(n-1)$	$P(V_0 < v_0^*)$
양측검정	$H_0 : \sigma^2 = \sigma_0^2,\ H_1 : \sigma^2 \neq \sigma_0^2$	$v_0 > \chi_{\alpha/2}^2(n-1)$ 또는 $v_0 < \chi_{1-\alpha/2}^2(n-1)$	$2\min\{P(V_0 > v_0^*), P(V_0 < v_0^*)\}$

예제 8.9 스마트폰 배터리를 S전자에 납품하기 위해서는 배터리를 충전하는데 까지 걸리는 시간의 분산이 1 이내이어야 한다. A 업체에서는 최근 신형 배터리의 개발에 성공하였으며, 이를 S전자에 납품하고자 한다. S전자에서는 A 업체의 배터리 31개를 무작위로 선정하여 방전된 상태에서 완전 충전시키는 데까지 걸리는 시간 $X_1, \cdots, X_{31}$을 측정하고, 이 결과에 근거하여 A업체의 배터리가 납품기준을 충족하는지를 유의수준 $\alpha = 0.05$에서 검정하려고 한다. A 업체의 배터리를 방전된 상태에서 완전 충전시키는 데까지 걸리는 시간이 정규분포를 따른다고 할 때, 다음 물음에 답하여라.

(1) 귀무가설과 대립가설을 설정하여라.

(2) 귀무가설 H_0가 참일 때, 가설검정을 위한 검정통계량과 그 확률분포를 구하여라.

(3) A업체의 신형배터리 31개를 무작위로 선정하여 방전된 상태에서 완전 충전시키는 데까지 걸리는 시간을 조사한 결과 표본분산이 $s^2 = 0.6$으로 측정되었다. 검정통계량의 관측값을 계산하고, 기각역을 이용하여 가설을 검정하여라.

(4) p-값을 구하여 가설을 검정하고, (3)의 결과와 비교하여라.

풀이 (1) '신형배터리를 완전 충전시키는 데 걸리는 시간의 분산이 감소하였다'고 하는 입증하고자 하는 새로운 주장을 대립가설로 먼저 설정하고, 이에 상반되는 주장을 귀무가설로 설정하면 된다. 즉, 귀무가설과 대립가설은 각각 $H_0 : \sigma^2 = 1,\ H_1 : \sigma^2 < 1$와 같다.

(2) 신형배터리를 방전된 상태에서 완전 충전시키는 데까지 걸리는 시간이 정규분포를 따르므로 χ^2-검정을 사용할 수 있다. 즉 귀무가설 H_0가 참일 때,

$$V_0 = \frac{(n-1)S^2}{\sigma_0^2} = 30S^2 \sim \chi^2(30)$$이다.

(3) $s^2 = 0.6$이므로, 검정통계량의 관측값은 $v_0^* = 30s^2 = 18$이다. 기각역은 $v_0 \leq \chi^2_{0.95}(30) = 18.49$ 이고, v_0^*가 기각역에 속하므로 귀무가설 H_0을 기각한다. 따라서 표본자료는 유의수준 $\alpha = 0.05$에서 A업체의 신형배터리가 기존제품보다 방전된 상태에서 완전 충전시키는 데까지 걸리는 시간의 분산이 1보다 작다는 주장을 충분히 뒷받침하고 있다고 할 수 있다.

(4) p-값$= P(V_0 \leq v_0^*) = P(V_0 \leq 18) = 0.0415 < 0.05 = \alpha$. 즉 p-값이 유의수준 $\alpha = 0.05$보다 작으므로 귀무가설 H_0을 기각한다. 이는 (3)에서 구한 결과와 일치한다. ■

R 실습 8.5 [예제 8.9]에서의 χ^2검정을 하여라.

[R코드 8.5] χ^2검정 계산

```
n = 31; s2 = 0.6; sigma2 = 1; alpha = 0.05
v0 = (n-1)*s2/sigma2
qchisq(alpha, n-1)
pchisq(v0, n-1)
```

실행 결과

```
> n = 31; s2 = 0.6; sigma2 = 1; alpha = 0.05
> v0 = (n-1)*s2/sigma2
> qchisq(alpha, n-1)
[1] 18.49266
> pchisq(v0, n-1)
[1] 0.04146633
```

- 주어진 n, s^2, σ^2 값을 이용하여 검정통계량을 직접 계산하여 v0에 저장하였다.
- qchisq( )함수를 이용하여 기각역의 임계값을 구할 수 있다. 여기서는 좌측검정이므로 매개변수 p에 α를 입력하였다.
- pchisq( )함수를 이용하여 p-값을 구하였다. pchisq( )는 χ^2-분포에서 q까지의 누적확률을 계산해주므로, 좌측검정을 시행하는 이 문제에서는 p-값과 같다.

8.4 모비율의 검정

모수가 p인 베르누이분포 $B(1,p)$를 따르는 모집단으로부터 크기가 n인 확률표본 $X_1, X_2, \cdots, X_n$을 추출하여 모비율 p에 대한 다음의 가설검정

$$H_0 : p = p_0, \quad H_1 : p > p_0$$

을 시행하는 상황을 생각해 보자. 모비율 p에 대한 가설검정을 위해 표본비율 $\hat{p} = \frac{1}{n}\sum_{i=1}^{n} X_i$을 이용하는 것은 직관적으로 타당하며, $\hat{p}$의 값이 p_0보다 크면 클수록 대립가설 $H_1 : p > p_0$이 사실이라는 증거가 강해지므로 기각역은 $\hat{p} > c$와 같은 우측검정의 형태가 된다. 이는 8.2.3절에서 다룬 비정규모집단의 모평균 μ에 대한 가설검정의 특수한 경우로서, 표본의 크기 n이 충분히 큰 경우 통계량 $Z_0 = \frac{\hat{p} - p_0}{\sqrt{p_0(1-p_0)/n}}$는 귀무가설 $H_0 : p = p_0$하에서 근사적으로 표준정규분포 $N(0, 1)$를 따르게 된다. 따라서 유의수준 α를 만족하는 임계값 c는

$$\begin{aligned}\alpha &= P(H_0\text{를 기각} \mid H_0 \text{ 참}) = P(\hat{p} > c \mid p = p_0) \\ &= P\left(\frac{\hat{p} - p_0}{\sqrt{p_0(1-p_0)/n}} > \frac{c - p_0}{\sqrt{p_0(1-p_0)/n}}\right) \approx P(Z_0 > z_\alpha)\end{aligned}$$

에 의해 $c = p_0 + z_\alpha\sqrt{p_0(1-p_0)/n}$로 구할 수 있다. 따라서 유의수준 α에서의 기각역은

$$\text{기각역: } \hat{p} > p_0 + z_\alpha\sqrt{p_0(1-p_0)/n}$$

으로 주어진다. 이때 검정통계량으로 $Z_0 = \frac{\hat{p} - p_0}{\sqrt{p_0(1-p_0)/n}}$를 이용하면, 유의수준 α에서의 기각역과 검정통계량의 관측값 z_0^*에 대한 p-값은 각각 또는

$$\text{기각역: } z_0 = \frac{\hat{p} - p_0}{\sqrt{p_0(1-p_0)/n}} > z_\alpha, \quad p-\text{값} = P(Z_0 > z_0^*)$$

으로 구할 수 있다. 따라서 모집단으로 부터 충분히 큰 표본을 얻을 수 있다면 Z-검정법을 적용하여 모비율 p에 대한 가설검정을 시행할 수 있으며, 우측검정과 유사한 방법으로 좌측검정 및 양측검정에 대한 기각역과 p-값을 다음과 같이 구할 수 있다.

정리 8.4 모비율 p에 대한 가설검정

베르누이분포 $B(1,\ p)$를 따르는 모집단의 모비율 p에 대한에 대한 아래의 가설검정에서 사용되는 검정통계량과 그 확률분포는

$$Z_0 = \frac{\hat{p} - p_0}{\sqrt{p_0(1-p_0)/n}} \dot{\sim} N(0,1) \text{(귀무가설 } H_0 \text{가 참일 때)}$$

이며, 유의수준 α에서의 기각역과 검정통계량의 관측값 z_0^*에 대한 p-값은 근사적으로 다음과 같다.

	가설	기각역	p-값
우측검정	$H_0 : p = p_0$, $H_1 : p > p_0$	$z_0 > z_\alpha$	$P(Z_0 > z_0^*)$
좌측검정	$H_0 : p = p_0$, $H_1 : p < p_0$	$z_0 < -z_\alpha$	$P(Z_0 < z_0^*)$
양측검정	$H_0 : p = p_0$, $H_1 : p \neq p_0$	$\lvert z_0 \rvert > z_{\alpha/2}$	$2P(Z_0 > \lvert z_0^* \rvert)$

예제 8.10 과거 자료에 의하면 A회사 프린트기의 불량률은 10%로 알려져 있다. 최근 A회사에서는 새로운 기술을 개발하여 불량률을 10% 미만으로 떨어뜨렸다고 주장하고 있다. 소비자 보호원에서는 이를 확인하기 위해 최근 생산된 프린트기 중 100대를 랜덤으로 추출하여 불량여부를 확인하고, 이 결과에 근거하여 A 회사의 주장이 옳은지를 유의수준 $\alpha = 0.05$ 에서 검정하고자 한다. 다음 물음에 답하여라.

(1) 귀무가설과 대립가설을 설정하여라.

(2) 귀무가설 H_0가 참일 때, 가설검정을 위한 검정통계량과 그 근사 확률분포를 구하여라.

(3) 임의로 추출한 프린트기 100대 중 6대가 불량품이었다고 한다. 검정통계량의 관측값을 계산하고, p-값을 이용하여 가설을 검정하여라.

풀이 (1) '불량률이 10% 미만이다'고 하는 입증하고자 하는 새로운 주장을 대립가설로 먼저 설정하고, 이에 상반되는 주장을 귀무가설로 설정하면 된다. 즉, 귀무가설과 대립가설은 각각 $H_0 : p = 0.1$, $H_1 : p < 0.1$와 같다.

(2) $n = 100$이 충분히 크므로, 귀무가설 H_0 하에서 검정통계량

$$Z_0 = \frac{\hat{p} - p_0}{\sqrt{p_0(1-p_0)/n}} = \frac{\hat{p} - 0.1}{\sqrt{0.1 \cdot 0.9/100}} \dot{\sim} N(0,1) \text{이다.}$$

(3) $\hat{p} = 6/100 = 0.06$이므로, 검정통계량의 관측값은

$$z_0^* = \frac{0.06 - 0.1}{\sqrt{0.1 \cdot 0.9/100}} \simeq -1.33$$

이다. p-값$=P(Z_0 \le z_0^*) = P(Z_0 \le -1.33) = 0.0918 > 0.05 = \alpha$. 즉 p-값이 유의수준 $\alpha = 0.05$보다 크므로 귀무가설 H_0을 기각할 수 없다. 따라서 표본자료는 유의수준 $\alpha = 0.05$에서 A회사의 프린트기의 불량률이 예전보다 낮아졌다는 주장을 충분히 뒷받침하고 있다고 할 수 없다. ■

R 실습 8.6 [예제 8.10]에서의 모비율의 검정을 실시하여라.

[R코드 8.6(1)] 직접 계산

```
x = 6; n = 100; p0 = 0.1
phat = x/n
z0 = (phat-p0)/sqrt(p0*(1-p0)/n); z0
pvalue = pnorm(z0); pvalue
```

실행 결과 직접 계산

```
> x = 6; n = 100; p0 = 0.1
> phat = x/n
> z0 = (phat-p0)/sqrt(p0*(1-p0)/n); z0
[1] -1.333333
> pvalue = pnorm(z0); pvalue
[1] 0.0912
```

- 주어진 n, p 값을 이용하여 모비율의 추정값 $\hat{p}$ 을 구한 후 [정리 8.4]에 따라 검정통계량을 직접 계산하여 z0에 저장하였다.
- pnorm( ) 함수를 이용하여 p-값을 구하였다. pnorm( ) 함수는 정규분포에서 z0까지의 누적확률을 계산해주므로, 좌측검정을 시행하는 이 문제에서는 p-값과 같다.

[R코드 8.6(2)] 내장함수 prop.test() 사용

```
prop.test(x=6, n=100, p=0.1, alternative = "less", correct = F)
```

실행 결과 내장함수 prop.test() 사용

```
> prop.test(x=6, n=100, p=0.1, alternative = "less", correct = F)

        1-sample proportions test without continuity correction

data:  6 out of 100, null probability 0.1
X-squared = 1.7778, df = 1, p-value = 0.09121
alternative hypothesis: true p is less than 0.1
95 percent confidence interval:
 0.000000 0.111841
sample estimates:
   p
0.06
```

- prop.test()함수를 사용하여 모비율에 대한 검정을 수행하였다. 매개변수 x에는 임의로 추출한 프린트 중 불량품 개수인 6을 입력하였고, n에는 전체 표본의 개수 100, p에는 귀무가설 하에서의 모비율 0.1을 입력하였다. 가설의 형태가 좌측검정이므로, alternative= "less"를 입력하였으며, 이항분포에서 정규분포로의 근사 과정에서 확률값 계산에 연속성 수정을 하지 않도록 correct=F를 입력해 주었다.
- prop.test( ) 함수는 결과 X-squared, 즉, 카이제곱 검정통계량을 제공하며[3] 검정통계량의 분포로 자유도 1인 카이제곱분포를 사용하였다. 검정 결과 p-값은 앞에서 직접계산한 결과와 동일하다.

3) [예제 8.10]의 검정통계량 z0는 근사적으로 표준정규분포를 따른다. [정리 6.5]에서 표준정규분포를 따르는 확률변수를 제곱하면, 자유도 1인 카이제곱분포를 따른다는 사실을 배웠다. 따라서 z0=-1.33을 제곱하면 prop.test()의 카이제곱 검정통계량 1.777과 같게 된다. 분류의 범주가 2개인 경우에 prop.test()는 동질성 검정 혹은 독립성 검정과 같은 검정이다. 자세한 설명은 교재의 범위를 초과하여 생략한다.

연습문제

1. 어떤 질병에 대한 기존 치료법의 치료기간은 평균 15일, 표준편차 3일인 정규분포를 따른다고 알려져 있다. 이 질병에 대한 새로운 치료법을 개발한 의료진들은 이 치료법이 치료기간을 단축시킨다고 주장한다. 병원에서는 이를 확인하기 위해 9명의 환자를 랜덤으로 추출하여 치료기간을 조사하고 그 결과에 근거하여 의료진들의 주장에 대한 옳고 그름을 유의수준 $\alpha = 0.05$에서 확인하기로 하였다. 다음 물음에 답하라.

1) 귀무가설과 대립가설을 설정하고, 기각역을 구하여라.

2) 새로운 방법으로 치료한 9명의 환자들에 대한 평균 치료기간이 $\overline{x}$=13일로 조사되었을 때 가설을 검정하여라. (단, 새로운 치료법에 의한 치료기간도 표준편차가 3일인 정규분포를 따른다고 가정한다.)

2. K회사 음료수 캔에는 용량이 300ml라고 적혀 있으며, 들어있는 용량은 표준편차 $\sigma = 3$ml인 정규분포를 따른다고 한다. K회사 음료수를 즐겨 마시는 학생이 음료수 1캔의 용량이 캔에 표시되어 있는 양보다 작은 것 같다는 추측에 학생회관에서 판매되고 있는 제품 중에서 6개를 구입하여 용량을 측정한 후 그 결과에 근거하여 추측에 대한 옳고 그름을 유의수준 $\alpha = 0.05$에서 확인하기로 하였다.

1) 귀무가설과 대립가설을 설정하고, 기각역을 구하여라.

2) 학생회관에서 음료수 6개를 구입하고 그 용량을 조사한 결과 다음과 같았다.

299.4	297.7	301.0	298.9	300.2	297.0

이 결과를 바탕으로 가설을 검정하여라.

3. 표준편차가 $\sigma = 1$인 정규분포를 따르는 모집단으로부터 크기가 $n = 16$인 표본을 랜덤으로 추출하여 가설

$$H_0 : \mu = 0, \ H_1 : \mu > 0$$

을 검정한다고 하자. 이때 표본으로부터 계산된 평균이 $\overline{x} > 0$이면 H_0를 기각하고, 그렇지 않으면 H_0를 채택한다고 할 때

1) 제1종 오류를 범할 확률을 구하여라.

2) $\mu = 0.2$일 때 제2종 오류를 범할 확률 즉, 실제로 $\mu = 0.2$가 사실일 때 H_0를 기각하지 않을 확률을 구하여라.

4. 유의수준 α를 고정한 후 표본의 크기 n을 증가시키면 검정력은 증가한다. 2번 문제에서 통계량 $Z = \dfrac{\overline{X} - 300}{3/\sqrt{n}}$에 대해서 $Z \le -1.645$이면 귀무가설 H_0는 기각된다.

1) $n = 30$이고, $\mu = 298$일 때 검정력을 구하여라.

2) $n = 120$이고, $\mu = 298$일 때 검정력을 구하여라.

5. K회사는 휴식시간에 제공할 간식을 위해 A 제과업체와 모닝빵 납품 계약을 맺었다. 계약 내용에 따르면 A 제과 업체로부터 공급받는 모닝빵 1개의 무게는 $200(g)$이다. 모닝빵은 공정과정의 환경적인 요인들에 의해 각 제품의 무게가 상이할 수 있으며 표준편차가 $\sigma = 7(g)$이라고 한다. 최근 A 제과 업체가 원가 절약을 위해 생산 공정에서 모닝빵 1개당 밀가루의 양을 줄였다는 의혹이 제기되었다. 이러한 주장의 진위를 파악하기 위해 A 업체로부터 공급받은 모닝빵 중에서 표본 784개를 대상으로 무게를 측정하고, 이 결과로부터 주장의 진위를 유의수준 $\alpha = 0.05$에서 검정하기로 하였다. 다음 물음에 답하여라.

1) 귀무가설과 대립가설을 설정한 후 기각역을 구하여라.

2) 조사 결과 평균값이 $\overline{x} = 196(g)$이었다. 가설을 검정하여라.

3) 1)에서 설정한 기각역을 이용하여 $\mu = 199.105$일 때의 검정력을 구하여라.

6. A 업체에서 생산하는 휴대용 LED의 평균수명은 40(일)로 알려져 있다. 최근 A업체는 신기술을 적용하여 평균수명을 향상시켰다고 주장하고 있다. 경쟁업체 B는 신기술을 적용하여 생산한 A업체의 휴대용 LED 9개를 무작위로 추출하여 이들의 수명 $X_1, X_2, \cdots, X_9$을 조사한 후 이 결과에 근거하여 A업체의 주장을 유의수준 $\alpha = 0.05$에서 검정하고자 한다. 다음 물음에 답하여라. (단, 휴대용 LED의 수명은 정규분포를 따른다고 가정한다.)

1) A업체의 주장을 검정하기 위한 가설을 설정하고, 귀무가설이 참일 때 검정통계량의 분포를 구하여라.

2) 무작위로 추출한 9개의 휴대용 LED의 수명이 아래와 같이 관측되었다. p-값을 구하고 가설을 검정하여라.

38.8	40.3	40.3	41.2	43.0	44.5	45.4	46.3	47.2

7. 20대 건강한 젊은 성인들의 피 속에 포함되어 있는 칼슘량은 평균 9.5mg/dl, 표준편차 0.4mg/dl인 정규분포를 따르는 것으로 알려져 있다. 태릉선수촌에서는 180명의 국가대표 선수를 랜덤으로 추출하여 피 속에 포함되어 있는 칼슘량을 측정한 결과에 의해 국가대표 선수들의 피속 칼슘량은 우리나라 20대 젊은 성인들의 칼슘량과 차이가 없는지를 유의수준 $\alpha = 0.01$

에서 검정하고자 한다.

1) 가설을 설정하고, 귀무가설이 참일 때 검정통계량의 분포를 구하여라.

2) 180명을 측정결과 $\overline{x} = 9.58$mg/dl을 얻었다. p-값을 이용하여 가설을 검정하라.

8. 다음과 같은 가설에 대한 검정을 유의수준 $\alpha = 0.05$에서 실시한다고 할 때

$$H_0 : \mu = 0, \ H_1 : \mu > 0$$

1) 귀무가설을 기각하도록 하는 임계값 z를 구하여라.

2) 대립가설을 $H_1 : \mu \neq 0$라고 할 경우, 이때의 임계값 z를 구하여라.

3) (1)과 (2)에서 구한 z값이 서로 다른 이유를 설명하여라.

9. N업체에서 생산하는 야구공의 무게는 표준편차가 $\sigma = 1.25(g)$인 정규분포를 따르는 것으로 알려져 있다. 최근 "N업체에서 생산하는 야구공의 무게가 제품마다 편차가 커서 제구에 어려움을 겪고 있다"라는 주장이 국내 프로야구 투수들로부터 제기되었다. 이에 프로야구협회는 N업체에서 생산한 야구공 20개를 무작위로 추출하여 이들의 무게 $X_1, X_2, \ldots, X_{20}$를 조사한 후, 이 결과에 근거하여 투수들의 주장에 대하여 유의수준 $\alpha = 0.05$에서 검정하고자 한다. 다음 물음에 답하여라.

1) 투수들의 주장에 대한 진위여부를 판단하기 위하여 가설「$H_0 : \sigma^2 = 1.25^2$, $H_1 : \sigma^2 > 1.25^2$」를 검정하려고 한다. 귀무가설이 참일 때, 검정통계량과 그 분포를 구하여라.

2) N업체에서 생산한 야구공 20개의 무게를 조사한 결과 이들의 표본표준편차가 $s = 1.75(g)$으로 측정되었다. 기각역을 이용하여 가설을 검정하여라.

3) N업체에서 생산하는 야구공 무게의 실제 분산이 $\sigma^2 = 1.75^2$일 때, 문제 2)의 기각역에 대한 검정력을 구하여라.

10. A공장에서 생산하는 CD의 불량률은 0.1이라 한다. 그러나 최근 생산설비의 노화로 인하여 불량률이 높아졌다는 주장이 제기되고 있다. 이 주장의 옳고 그름을 확인하기 위하여 A공장에서 생산하는 CD 100장을 랜덤으로 추출하고 그 결과에 근거하여 유의수준 $\alpha = 0.05$에서 가설검정을 하고자 한다. 다음 물음에 답하여라.

1) 귀무가설과 대립가설을 설정하고, 기각역을 설정하여라.

2) A공장에서 생산한 CD 100장을 랜덤으로 추출한 결과 총 15장이 불량이었다. 이 결과를 바탕으로 귀무가설의 기각 또는 채택여부를 결정하여라.

09

두 모집단의 비교

지금까지는 한 개의 모집단으로부터 확률표본을 추출하여 그 모집단의 평균, 분산, 그리고 비율 등에 관한 추정 및 검정법에 대해 살펴보았다. 그러나 실제 사회현상이나 과학적인 현상에서 요구되는 통계적 실험에서는 둘 또는 그 이상의 모집단에 대한 모수의 비교가 관심의 대상이 되는 경우가 종종 발생하게 된다. 예를 들면, 두 개의 전구회사에서 생산되는 전구의 수명을 비교한다든지, 남, 녀 유권자에 따른 특정 후보에 대한 지지율을 비교한다든지, 또는 두 제약회사에서 생산되는 특정 질병에 대한 치료약의 효능을 비교하는 문제 등을 생각해 볼 수 있다. 이 장에서는 두 모집단의 모수에 관한 추론에 대하여 알아보도록 할 것이다. 두 모집단에 대한 비교는 줄기-잎 그림 또는 상자그림 등을 이용하여 개략적으로 분석할 수도 있다. 하지만 이 장에서는 두 모집단으로부터 추출된 표본자료를 바탕으로 이론적인 체계 하에서 두 모집단을 비교하는 방법에 대하여 알아보도록 할 것이며, 이때 각 모집단의 모수와 표본자료에 대해서는 [표 9.1]과 같은 표기를 사용할 것이다.

[표 9.1] 두 모집단과 표본에 대한 표기

모집단			표본			
구분	평균	분산	표본 크기	확률표본	평균	분산
1	μ_1	σ_1^2	n_1	$X_{11}, X_{12}, \cdots, X_{1n_1}$	$\overline{X}_1$	S_1^2
2	μ_2	σ_2^2	n_2	$X_{21}, X_{22}, \cdots, X_{2n_2}$	$\overline{X}_2$	S_2^2

9.1 두 모평균의 비교: 독립적으로 표본을 추출하는 경우

두 모집단의 모평균에 대한 통계적 추론을 위하여 두 모집단에서 각각 크기가 n_1과 n_2 인 확률표본을 독립적으로 랜덤 추출하는 문제를 생각해 보자. 즉, 평균이 μ_1이고 분산이 σ_1^2인 첫 번째 모집단에서 크기가 n_1 인 확률표본 $X_{11}, \cdots, X_{1n_1}$ 을 추출하고, 이와는 독립적으로 평균이 μ_2이고 분산이 σ_2^2인 두 번째 모집단에서 크기가 n_2 인 확률표본 $X_{21}, \cdots, X_{2n_2}$ 를 추출한다고 하자. 이때 각각의 모집단에 대한 표본평균과 표본분산은 다음과 같다.

$$\text{모집단 1 : } \overline{X}_1 = \frac{1}{n_1}\sum_{i=1}^{n_1} X_{1i}, \qquad S_1^2 = \frac{1}{n_1 - 1}\sum_{i=1}^{n_1}(X_{1i} - \overline{X}_1)^2$$

$$\text{모집단 2 : } \overline{X}_2 = \frac{1}{n_2}\sum_{i=1}^{n_2} X_{2i}, \qquad S_2^2 = \frac{1}{n_2 - 1}\sum_{i=1}^{n_2}(X_{2i} - \overline{X}_2)^2$$

일반적으로 두 모평균의 비교(통계적 추론)에서는 두 모평균의 차 $\mu_1 - \mu_2$를 이용하게 되며, 이에 대한 추정과 검정에 사용될 통계량은 두 표본평균의 차 $\overline{X}_1 - \overline{X}_2$임을 직관적으로 생각할 수 있다. 따라서 통계량 $\overline{X}_1 - \overline{X}_2$의 표본분포에 대해 먼저 살펴보고, 이를 바탕으로 두 모평균의 차에 대한 통계적 추론을 살펴보기로 한다.

9.1.1 두 모분산이 알려져 있는 정규모집단의 경우

(1) 통계적 추론에 필요한 확률분포

정규분포를 따르는 두 모집단 $N(\mu_1, \sigma_1^2)$과 $N(\mu_2, \sigma_2^2)$에서 각각의 분산 σ_1^2과 σ_2^2이 알려져 있는 경우, $\overline{X}_1$와 $\overline{X}_2$의 분포는 각각

$$\overline{X}_1 \sim N\left(\mu_1, \frac{\sigma_1^2}{n_1}\right), \qquad \overline{X}_2 \sim N\left(\mu_2, \frac{\sigma_2^2}{n_2}\right)$$

이므로, 정규분포의 가법성에 따라 $\overline{X}_1 - \overline{X}_2$는 정규분포를 따르게 되며

$$E\left(\overline{X}_1 - \overline{X}_2\right) = E\left(\overline{X}_1\right) - E\left(\overline{X}_2\right) = \mu_1 - \mu_2,$$

$$Var\left(\overline{X}_1 - \overline{X}_2\right) = Var\left(\overline{X}_1\right) + Var\left(\overline{X}_2\right) = \frac{\sigma_1^2}{n_1} + \frac{\sigma_2^2}{n_2} \quad \text{(서로 독립이므로)}$$

이다. 따라서 $\overline{X}_1 - \overline{X}_2$를 표준화한 확률변수 Z는

$$Z = \frac{\overline{X}_1 - \overline{X}_2 - (\mu_1 - \mu_2)}{\sqrt{\sigma_1^2/n_1 + \sigma_2^2/n_2}} \sim N(0, 1)$$

와 같이 표준정규분포를 따른다.

정리 9.1 두 정규모집단에서 두 표본평균 차에 대한 분포(1)

서로 독립인 두 표본 $X_{11}, X_{12}, \cdots, X_{1n_1}$과 $X_{21}, X_{22}, \cdots, X_{2n_2}$이 각각 정규모집단 $N(\mu_1, \sigma_1^2)$과 $N(\mu_2, \sigma_2^2)$으로부터 구한 확률표본이라고 하면, 두 표본평균의 차 $\overline{X}_1 - \overline{X}_2$는 정규분포 $N\left(\mu_1 - \mu_2, \frac{\sigma_1^2}{n_1} + \frac{\sigma_2^2}{n_2}\right)$를 따른다.

- $\overline{X}_1 - \overline{X}_2 \sim N\left(\mu_1 - \mu_2, \frac{\sigma_1^2}{n_1} + \frac{\sigma_2^2}{n_2}\right)$이다.
- $Z = \frac{\overline{X}_1 - \overline{X}_2 - (\mu_1 - \mu_2)}{\sqrt{\sigma_1^2/n_1 + \sigma_2^2/n_2}} \sim N(0, 1)$이다.

(2) 두 모평균의 차 $\mu_1 - \mu_2$에 대한 추론

정규분포를 따르는 두 모집단의 분산 σ_1^2과 σ_2^2이 알려져 있는 경우, [정리 9.1]의 확률변수 Z를 이용하여 7장에서와 동일한 방법으로 두 모평균의 차 $\mu_1 - \mu_2$에 관한 신뢰구간을 구할 수 있다. 즉

$$1-\alpha = P\left(-z_{\alpha/2} \le \frac{(\overline{X}_1 - \overline{X}_2) - (\mu_1 - \mu_2)}{\sqrt{\sigma_1^2/n_1 + \sigma_2^2/n_2}} \le z_{\alpha/2}\right)$$

$$= P\left((\overline{X}_1 - \overline{X}_2) - z_{\alpha/2}\sqrt{\frac{\sigma_1^2}{n_1} + \frac{\sigma_2^2}{n_2}} \le \mu_1 - \mu_2 \le (\overline{X}_1 - \overline{X}_2) + z_{\alpha/2}\sqrt{\frac{\sigma_1^2}{n_1} + \frac{\sigma_2^2}{n_2}}\right)$$

이므로, $\mu_1 - \mu_2$에 대한 $100(1-\alpha)\%$ 신뢰구간은

$$(\overline{X}_1 - \overline{X}_2) \pm z_{\alpha/2}\sqrt{\frac{\sigma_1^2}{n_1} + \frac{\sigma_2^2}{n_2}}$$

와 같이 주어진다.

[$\mu_1 - \mu_2$에 대한 신뢰구간] 두 모분산이 알려져 있는 정규모집단의 경우

두 정규모집단 $N(\mu_1, \sigma_1^2)$과 $N(\mu_2, \sigma_2^2)$의 모분산 σ_1^2과 σ_2^2이 알려져 있는 경우, 두 모평균의 차 $\mu_1 - \mu_2$에 대한 $100(1-\alpha)\%$ 신뢰구간은 다음과 같다.

$$\left[(\overline{X}_1 - \overline{X}_2) - z_{\alpha/2}\sqrt{\frac{\sigma_1^2}{n_1} + \frac{\sigma_2^2}{n_2}},\quad (\overline{X}_1 - \overline{X}_2) + z_{\alpha/2}\sqrt{\frac{\sigma_1^2}{n_1} + \frac{\sigma_2^2}{n_2}}\right]$$

또한, [정리 9.1]의 확률변수 Z를 이용하여 8장에서와 동일한 방법으로 두 모평균에 대한 가설을 검정할 수 있다. 두 모평균에 대한 귀무가설이 $H_0 : \mu_1 - \mu_2 = \delta_0$ 일 때, 검정통계량으로는

$$Z = \frac{\overline{X}_1 - \overline{X}_2 - \delta_0}{\sqrt{\sigma_1^2/n_1 + \sigma_2^2/n_2}}$$

를 사용하며, 유의수준 α에서의 기각역과 p-값을 다음과 같이 구할 수 있다.

[$\mu_1 - \mu_2$에 대한 가설검정 : 두 집단 z-검정] 두 모분산이 알려져 있는 정규모집단의 경우

두 정규모집단 $N(\mu_1, \sigma_1^2)$과 $N(\mu_2, \sigma_2^2)$의 모분산 σ_1^2과 σ_2^2이 알려져 있는 경우, 두 모평균의 차 $\mu_1 - \mu_2$에 대한 아래의 가설검정에서 사용되는 검정통계량과 그 확률분포는

$$Z_0 = \frac{\overline{X}_1 - \overline{X}_2 - \delta_0}{\sqrt{\sigma_1^2/n_1 + \sigma_2^2/n_2}} \sim N(0,1) \text{ (귀무가설 } H_0\text{가 참일 때)}$$

이며, 유의수준 α 에서의 기각역과 검정통계량의 관측값 z_0^* 에 대한 p-값은 다음과 같다.

	가설	기각역	p-값
우측검정	$H_0 : \mu_1 - \mu_2 = \delta_0$, $H_1 : \mu_1 - \mu_2 > \delta_0$	$Z_0 > z_\alpha$	$P(Z_0 > z_0^*)$
좌측검정	$H_0 : \mu_1 - \mu_2 = \delta_0$, $H_1 : \mu_1 - \mu_2 < \delta_0$	$Z_0 < -z_\alpha$	$P(Z_0 < z_0^*)$
양측검정	$H_0 : \mu_1 - \mu_2 = \delta_0$, $H_1 : \mu_1 - \mu_2 \neq \delta_0$	$\lvert Z_0\rvert > z_{\alpha/2}$	$2P(Z_0 > \lvert z_0^*\rvert)$

예제 9.1 A회사에서 생산되는 배터리의 수명 X_1은 정규분포 $N(\mu_1, 0.64)$를 따르고, B회사 배터리의 수명 X_2는 정규분포 $N(\mu_2, 0.81)$를 따르는 것으로 알려져 있다. 두 회사 배터리의 평균수명 간에 차이가 있는지를 유의수준 $\alpha = 0.05$에서 검정하기 위해, A회사 배터리 8개와 B회사 배터리 9개를 랜덤으로 추출하여 이들의 수명 $X_{11}, X_{12}, \cdots, X_{18}$와 $X_{21}, X_{22}, \cdots, X_{29}$를 각각 조사하고자 한다. 다음 물음에 답하여라.

(1) 귀무가설과 대립가설을 설정하여라.

(2) 귀무가설 H_0가 참일 때, 가설검정을 위한 검정통계량과 그 확률분포를 구하여라.

(3) 기각역을 구하여라.

(4) 두 회사에서 랜덤 추출한 배터리의 수명이 다음과 같이 조사되었다. 이 결과를 이용하여 문제 (1)의 가설을 검정하여라.

A 회사	8.8	8.4	7.9	8.7	9.1	9.6	9.2	8.2	
B 회사	9.9	9.0	11.1	9.6	8.7	10.4	9.5	9.5	10.5

(5) 문제(4)의 결과를 이용하여 p-값을 구하고 이를 이용하여 가설을 검정하여라.

풀이 (1) A, B 두 회사의 배터리 수명 간에 차이가 있다고 할 수 있는지를 검정하는 것이므로 양측검정이 된다. 따라서 귀무가설 및 대립가설은 각각 다음과 같이 설정된다.

$$H_0 : \mu_1 = \mu_2,\ H_1 : \mu_1 \neq \mu_2$$

(2) 두 표본평균의 차 $\overline{X}_1 - \overline{X}_2$의 분산은

$$Var(\overline{X_1} - \overline{X_2}) = Var(\overline{X_1}) + Var(\overline{X_2}) = \frac{0.64}{8} + \frac{0.81}{9}$$

이므로 귀무가설 H_0가 참일 때, $\overline{X}_1 - \overline{X}_2 \sim N\left(0,\ \frac{0.64}{8} + \frac{0.81}{9}\right)$이다.

$\overline{X}_1 - \overline{X}_2$을 표준화한 검정통계량 $Z_0 = \dfrac{\overline{X}_1 - \overline{X}_2}{\sqrt{\dfrac{0.64}{8} + \dfrac{0.81}{9}}}$ 또한 사용할 수 있으며, $Z_0 \sim N(0, 1)$이다.

(3) 검정통계량으로 $\overline{X}_1 - \overline{X}_2$ 를 사용하였을 때, 양측검정에서의 기각역은 다음과 같이 주어진다.

$$\bar{x}_1 - \bar{x}_2 < -z_{0.025}\sqrt{\frac{0.64}{8} + \frac{0.81}{9}} = -0.808 \text{ 또는}$$

$$\bar{x}_1 - \bar{x}_2 > z_{0.025}\sqrt{\frac{0.64}{8} + \frac{0.81}{9}} = 0.808$$

만일 Z_0를 검정통계량으로 사용하였다면 기각역은 $|z_0| > 1.96$이다.

(4) 검정통계량의 관측값 $\bar{x}_1 - \bar{x}_2$을 계산하면 $\bar{x}_1 - \bar{x}_2 = -1.0625 < -0.808$이므로 귀무가설 H_0은 기각된다. 마찬가지로 $\bar{x}_1 - \bar{x}_2$을 표준화한 검정통계량의 관측값 z_0^*를 계산하면 $|z_0^*| = \left|\dfrac{-1.0625}{\sqrt{0.17}}\right| = 2.58 > 1.96$으로 귀무가설 H_0가 기각됨을 알 수 있다.

(5) p-값$= P(|Z_0| > 2.58) = 2P(Z_0 > 2.58) = 2 \cdot 0.005 = 0.01 < 0.05$이므로 귀무가설 H_0을 기각한다. 즉 실험결과는 유의수준 $\alpha = 0.05$에서 "A, B 두 회사의 배터리 수명에는 차이가 있다"는 주장을 충분히 뒷받침하고 있다고 할 수 있다. ■

예제 9.2 두 모평균의 차에 대한 참값이 $\mu_1 - \mu_2 = 1.5$일 때, [예제 9.1]에서 구한 기각역에 대한 검정력을 구하여라.

풀이 채택역은 $|\bar{x}_1 - \bar{x}_2| < 0.808$이므로, $\mu_1 - \mu_2 = 1.5$일 때 제2종 오류확률 β는

$$\begin{aligned}\beta &= P(|\overline{X}_1 - \overline{X}_2| < 0.808 \,|\, \mu_1 - \mu_2 = 1.5) \\ &= P\left(\frac{-0.808 - 1.5}{\sqrt{\dfrac{0.64}{8} + \dfrac{0.81}{8}}} < \frac{\overline{X}_1 - \overline{X}_2 - 1.5}{\sqrt{\dfrac{0.64}{8} + \dfrac{0.81}{9}}} < \frac{0.808 - 1.5}{\sqrt{\dfrac{0.64}{8} + \dfrac{0.81}{9}}}\right) \\ &= P(-5.60 < Z_1 < -1.68) = 0.0465\end{aligned}$$

이다. 따라서 검정력 $\pi(1.5)$는 $\pi(1.5) = 1 - \beta = 1 - 0.0465 = 0.9535$이다. ■

R 실습 9.1 두 집단 z-검정을 위한 사용자 함수를 작성하고, 이를 이용하여 [예제 9.1]의 가설을 검정하여라.

[R코드 9.1] 두 집단 z-검정

```
# z-검정을 위한 사용자 함수
z.test=function(x, y, alternative, delta=0, var=c(1,1)){
  x.bar=mean(x); y.bar=mean(y)  # mean() : 평균을 계산하는 함수
  x.n=length(x); y.n=length(y)  # length() : 입력벡터의 길이(원소개수)를 계산
  z0=(x.bar-y.bar-delta)/sqrt(var[1]/x.n+var[2]/y.n)
  if (alternative=="greater"){p.value=(1-pnorm(z0,mean=0,sd=1))}
  if (alternative=="less"){p.value=pnorm(z0,mean=0,sd=1)}
  if (alternative=="two.sided"){ # if() : 조건문
  p.value=(1-pnorm(abs(z0),mean=0,sd=1))*2}
  result=list(z=z0, pvalue=p.value)
  return(result)
  }

# z-검정 시행
Acom = c(8.8, 8.4, 7.9, 8.7, 9.1, 9.6, 9.2, 8.2)
Bcom = c(9.9, 9.0, 11.1, 9.6, 8.7, 10.4, 9.5, 9.5, 10.5)
z.test(x=Acom, y=Bcom, alternative="two.sided", var=c(0.64, 0.81))
```

실행 결과

```
> # z-검정 시행
> Acom = c(8.8, 8.4, 7.9, 8.7, 9.1, 9.6, 9.2, 8.2)
> Bcom = c(9.9, 9.0, 11.1, 9.6, 8.7, 10.4, 9.5, 9.5, 10.5)
> z.test(x=Acom, y=Bcom, alternative="two.sided", var=c(0.64, 0.81))
$z
[1] -2.576941
$pvalue
[1] 0.009967896
```

- [R코드 9.1]에서는 **function( )** 함수를 사용하여 두 집단 z-검정을 위한 **z.test( )**라는 사용자 함수를 만들었으며, 이때 다음 절에서 배우게 되는 **t.test( )** 함수의 구조와 유사하게 만들고자 하였다. **z.test( )** 사용자 함수를 만들기 위해 평균을 계산하는 **mean( )**, 입력벡터의 길이를 계산하는 **length( )**, 조건문 **if( )**, 정규분포의 누적확률을 계산하는 **pnorm( )** 등의 함수가 사용되었다.[1]

- 두 모평균의 차이에 대한 z-검정은 각 회사 배터리의 수명을 Acom과 Bcom이란 변수명으로 입력한 후에 z.test( ) 사용자 함수를 이용하면 된다. 이때 이미 알려져 있는 두 모집단의 분산은 사용자 함수 z.test( )의 매개변수 var에서 var=c(0.64, 0.81)와 같이 입력하였다. [R코드 9.1]의 실행결과에서 검정통계량의 값 $z=-2.5769$, p-값 $p-값=0.0099$는 [예제 9.1]의 결과와 동일함을 알 수 있으며, 이로부터 유의수준 $\alpha=0.05$ 에서 A, B 두 회사의 배터리 수명에는 차이가 있다고 할 수 있다.

9.1.2 두 모분산이 알려져 있지 않은 정규모집단의 경우(σ_1^2과 σ_2^2이 서로 다를 때)

(1) 통계적 추론에 필요한 확률분포

[정리 9.1]의 확률변수 Z는 두 정규모집단의 모분산 σ_1^2과 σ_2^2 이 알려져 있는 경우 두 모평균의 차 $\mu_1-\mu_2$의 통계적 추론에서 유용하게 사용될 수 있다. 그러나 일반적으로 모분산 σ_1^2과 σ_2^2 이 알려져 있는 경우보다는 알려져 있지 않은 경우가 대부분이다. 표본분산 S_1^2과 S_2^2은 각각 모분산 σ_1^2과 σ_2^2 의 불편추정량이면서 일치추정량이 되는 것을 7장에서 이미 배운 바 있다. 따라서 모분산이 알려져 있지 않은 경우에는 확률변수 Z에 σ_1^2과 σ_2^2 의 좋은 점추정량인 S_1^2과 S_2^2 을 각각 대입하여 얻은 새로운 확률변수

$$T=\frac{\overline{X}_1-\overline{X}_2-(\mu_1-\mu_2)}{\sqrt{S_1^2/n_1+S_2^2/n_2}}$$

를 고려할 수 있을 것이다. 그러나 표본의 크기가 작은 경우 두 모집단이 정규분포를 따른다고 하더라도 확률변수 T는 t분포를 따르지 않는다. 이처럼 모분산이 알려져 있지 않은 경우 확률변수 T의 정확한 분포를 구하는 문제는 매우 복잡하므로 새터스웨이트(Satterthwaite)에 의한 근사적인 방법을 이용하게 된다. 즉 확률변수 T가 다음과 같은 자유도 ψ를 가지는 t 분포를 근사적으로 따른다는 사실을 이용하여 두 모평균의 차에 대한 통계적 추론을 하게 된다.

$$\psi=\frac{(s_1^2/n_1+s_2^2/n_2)^2}{(s_1^2/n_1)^2/(n_1-1)+(s_2^2/n_2)^2/(n_2-1)}$$

---

1) R에 내장되어 있는 함수들의 구체적인 설명은 help() 함수 또는 ?를 이용하여 확인할 수 있다. 예를 들어 R Console에서 help(pnorm) 또는 ?pnorm을 입력하면 pnorm() 함수에 대한 설명과 예제를 얻을 수 있다.

정리 9.2 두 정규모집단에서 두 표본평균 차에 대한 분포(2)

서로 독립인 두 표본 $X_{11},\ X_{12},\ \cdots,\ X_{1n_1}$과 $X_{21},\ X_{22},\ \cdots,\ X_{2n_2}$이 각각 정규모집단 $N(\mu_1,\ \sigma_1^2)$과 $N(\mu_2,\ \sigma_2^2)$으로부터 구한 확률표본이라고 하면, 확률변수 $T=\dfrac{\overline{X}_1-\overline{X}_2-(\mu_1-\mu_2)}{\sqrt{S_1^2/n_1+S_2^2/n_2}}$는 근사적으로 자유도가 ψ인 t분포를 따른다.

- $T=\dfrac{\overline{X}_1-\overline{X}_2-(\mu_1-\mu_2)}{\sqrt{S_1^2/n_1+S_2^2/n_2}} \dot{\sim}\ t(\psi)$이고,

  이때 $\psi=\dfrac{(s_1^2/n_1+s_2^2/n_2)^2}{(s_1^2/n_1)^2/(n_1-1)+(s_2^2/n_2)^2/(n_2-1)}$이다.

(2) 두 모평균의 차 $\mu_1-\mu_2$에 대한 추론

정규분포를 따르는 두 모집단의 분산 σ_1^2과 σ_2^2이 알려져 있지 않은 경우, [정리 9.2]의 확률변수 T를 이용하여 두 모평균의 차 $\mu_1-\mu_2$에 관한 근사 신뢰구간과 가설검정법을 다음과 같이 구할 수 있다.

[$\mu_1-\mu_2$에 대한 신뢰구간] 두 모분산이 알려져 있지 않은 정규모집단의 경우

두 정규모집단 $N(\mu_1,\ \sigma_1^2)$과 $N(\mu_2,\ \sigma_2^2)$의 모분산 σ_1^2과 σ_2^2이 알려져 있지 않은 경우, 두 모평균의 차 $\mu_1-\mu_2$에 대한 $100(1-\alpha)\%$ 근사 신뢰구간은 다음과 같다.

$$\left[(\overline{X}_1-\overline{X}_2)-t_{\alpha/2}(\psi)\sqrt{\frac{S_1^2}{n_1}+\frac{S_2^2}{n_2}},\ \ (\overline{X}_1-\overline{X}_2)+t_{\alpha/2}(\psi)\sqrt{\frac{S_1^2}{n_1}+\frac{S_2^2}{n_2}}\right]$$

[$\mu_1-\mu_2$에 대한 가설검정: 두 집단 t-검정] 두 모분산이 알려져 있지 않은 정규모집단의 경우

두 정규모집단 $N(\mu_1,\ \sigma_1^2)$과 $N(\mu_2,\ \sigma_2^2)$의 모분산 σ_1^2과 σ_2^2이 알려져 있지 않은 경우, 두 모평균의 차 $\mu_1-\mu_2$에 대한 아래의 가설검정에서 사용되는 검정통계량과 그 확률분포는

$$T_0=\frac{\overline{X}_1-\overline{X}_2-\delta_0}{\sqrt{S_1^2/n_1+S_2^2/n_2}} \dot{\sim}\ t(\psi)\ \text{(귀무가설 } H_0\text{가 참일 때)}$$

이며, 유의수준 α에서의 기각역과 검정통계량의 관측값 t_0^*에 대한 p-값은 다음과 같다.

	가설	기각역	p-값
우측검정	$H_0 : \mu_1 - \mu_2 = \delta_0$, $H_1 : \mu_1 - \mu_2 > \delta_0$	$T_0 > t_\alpha(\psi)$	$P(T_0 > t_0^*)$
좌측검정	$H_0 : \mu_1 - \mu_2 = \delta_0$, $H_1 : \mu_1 - \mu_2 < \delta_0$	$T_0 < -t_\alpha(\psi)$	$P(T_0 < t_0^*)$
양측검정	$H_0 : \mu_1 - \mu_2 = \delta_0$, $H_1 : \mu_1 - \mu_2 \neq \delta_0$	$\lvert T_0 \rvert > t_{\alpha/2}(\psi)$	$2P(T_0 > \lvert t_0^* \rvert)$

예제 9.3 어떤 고등학교 영어 교사가 독해력을 향상시킬 수 있는 새로운 교육방법을 개발하였다고 한다. 이를 확인하기 위하여 학교에서는 서로 실력이 비슷한 44명의 학생을 랜덤하게 A반(21명)과 B반(23명)으로 나눈 후 A반은 새로운 교육방법으로, B반은 기존의 교육방법으로 3주간의 교육을 실시하였다. 3주간의 교육 후에 A, B 두 반의 학생을 대상으로 치룬 독해시험의 성적 $X_{A1}, X_{A2}, \cdots, X_{A21}$와 $X_{B1}, X_{B2}, \cdots, X_{B23}$에 근거하여 새로운 교육방법이 기존의 교육방법보다 독해력을 향상시킨다고 할 수 있는지를 유의수준 $\alpha = 0.05$에서 검정하고자 한다. A반과 B반의 독해시험 성적이 각각 평균이 μ_A와 μ_B인 정규분포를 따른다고 가정할 때, 다음 물음에 답하여라.

(1) 귀무가설과 대립가설을 설정하여라.

(2) 귀무가설 H_0가 참일 때, 가설검정을 위한 검정통계량과 그 확률분포를 구하여라.

(3) 기각역을 구하여라.

(4) A반과 B반의 독해시험 성적이 다음과 같을 때, 이 결과를 이용하여 문제 (1)의 가설을 검정하여라.

A반(새로운 교육방법)								B반(기존 교육방법)							
34	61	59	46	43	44	52	43	42	33	46	37	43	41	10	42
58	67	62	57	71	49	54	43	55	19	17	55	26	54	60	28
53	57	49	56	33				62	20	53	48	37	69	42	

(5) 문제 (4)의 시험결과 이용하여 p-값을 구하고 이를 이용하여 가설을 검정하여라.

풀이 (1) 새로운 교육방법이 기존의 교육방법보다 독해력을 향상시킨다고 할 수 있는지를 검정하는 것이므로 우측검정이 된다. 따라서 귀무가설 및 대립가설은 다음과 같다.

$$H_0 : \mu_A = \mu_B,\ H_1 : \mu_A > \mu_B$$

(2) 두 집단의 분산에 대한 가정이 없으므로, 새터스웨이트 자유도를 사용한 근사적 방법을 이용한다. 즉 귀무가설 H_0가 참일 때,

$$T_0 = \frac{\overline{X}_A - \overline{X}_B}{\sqrt{S_A^2/21 + S_2^2/23}} \ \dot{\sim}\ t(\psi)$$

이고 여기서 $\psi = \dfrac{(s_1^2/21 + s_2^2/23)^2}{(s_1^2/21)^2/(21-1) + (s_2^2/23)^2/(23-1)}$ 이다.

(3) 우측검정에서의 기각역은 $t_0 > t_{0.05}(\psi)$로 주어진다.

(4) $\overline{x}_A = 51.95$, $\overline{x}_B = 40.82$, $s_A^2 = 98.45$, $s_B^2 = 241.97$이므로, 검정통계량의 관측값은

$$t_0^* = \frac{(\overline{x_A} - \overline{x_B})}{\sqrt{\dfrac{s_A^2}{n_A} + \dfrac{s_B^2}{n_B}}} = \frac{(51.95 - 40.82)}{\sqrt{\dfrac{98.45}{21} + \dfrac{241.97}{23}}} = 2.853 \text{ 이며,}$$

$$\psi = \frac{\left(\dfrac{s_A^2}{n_A} + \dfrac{s_B^2}{n_B}\right)^2}{\dfrac{1}{n_A - 1}\left(\dfrac{s_A^2}{n_A}\right)^2 + \dfrac{1}{n_B - 1}\left(\dfrac{s_B^2}{n_B}\right)^2} = \frac{\left(\dfrac{98.45}{21} + \dfrac{241.97}{23}\right)^2}{\dfrac{1}{20}\left(\dfrac{98.45}{21}\right)^2 + \dfrac{1}{22}\left(\dfrac{241.97}{23}\right)^2}$$
$$= 37.73 \simeq 37.7$$

이므로, $t_{0.05}(37.7) = 1.686$이다. $t_0^* = 2.853 > 1.686 = t_{0.05}(37.7)$이므로 귀무가설 H_0은 기각된다.

(5) p-값$= P(T > 2.853) = 0.003 < 0.05$이므로 귀무가설 H_0을 기각한다. 즉, 실험결과는 유의수준 $\alpha = 0.05$에서 새로운 교육방법이 독해력을 향상시킨다는 충분한 증거를 제공하고 있다고 할 수 있다. ■

R 실습 9.2 두 집단 t-검정으로 [예제 9.3]의 가설을 검정하고자 한다. 다음 물음에 답하여라.

(1) 두 모집단은 각각 정규분포를 따른다고 할 수 있는지를 줄기-잎 그림 또는 정규 Q-Q 그림을 이용하여 검토하여라.

(2) 새로운 교육방법이 기존의 교육방법보다 독해력을 향상시킨다고 할 수 있는지를 유의수준 $\alpha = 0.05$에서 검정하여라.

[R코드 9.2(1)] 줄기-잎 그림과 정규 Q-Q 그림

```
# 자료 입력
Aclass = c(34,61,59,46,43,44,52,43,58,67,62,57,71,49,54,43,53,57,49,56,33)
Bclass = c(42,33,46,37,43,41,10,42,55,19,17,55,26,54,60,28,62,20,53,48,37,
          69,42)

# 줄기-잎 그림
stem(Aclass); stem(Bclass)  # stem() : 줄기-잎 그림을 그리기 위한 함수
```

```
# 정규 Q-Q 그림
par(mfrow=c(1,2))  # par() : 한 행에 두 그림을 동시에 그리기 위해 사용
qqnorm(Aclass, main="Normal Q-Q Plot : Aclass"); qqline(Aclass)
qqnorm(Bclass, main="Normal Q-Q Plot : Bclass"); qqline(Bclass)
```

실행 결과 **줄기-잎 그림**

```
> # 확률 계산
> # 자료 입력
> Aclass = c(34,61,59,46,43,44,52,43,58,67,62,57,71,49,54,43,53,57,49,56,33)
> Bclass = c(42,33,46,37,43,41,10,42,55,19,17,55,26,54,60,28,62,20,53,48,37, 69,42)
>
> # 줄기-잎 그림
> stem(Aclass); stem(Bclass)  # stem() : 줄기-잎 그림을 그리기 위한 함수

  The decimal point is 1 digit(s) to the right of the |

  3 | 34
  4 | 3334699
  5 | 23467789
  6 | 127
  7 | 1

  The decimal point is 1 digit(s) to the right of the |

  0 | 079
  2 | 068377
  4 | 12223683455
  6 | 029
```

- A반과 B반의 시험점수를 각각 Aclass와 Bclass라는 이름으로 입력한 후에 줄기-잎 그림을 그리기 위하여 stem( ) 함수를 이용하였다.
- [R코드 9.2(1)]의 실행 결과로부터 A반과 B반 모두 특이값으로 의심되는 값은 존재하지 않으며, 두 반의 전체적인 분포모양이 좌우대칭인 형태를 띠고 있음을 알 수 있다.

실행 결과 **정규 Q-Q 그림**

```
> # 정규 Q-Q 그림
> par(mfrow=c(1,2))  # par() : 한 행에 두 그림을 동시에 그리기 위해 사용
> qqnorm(Aclass, main="Normal Q-Q Plot : Aclass"); qqline(Aclass)
> qqnorm(Bclass, main="Normal Q-Q Plot : Bclass"); qqline(Bclass)
```

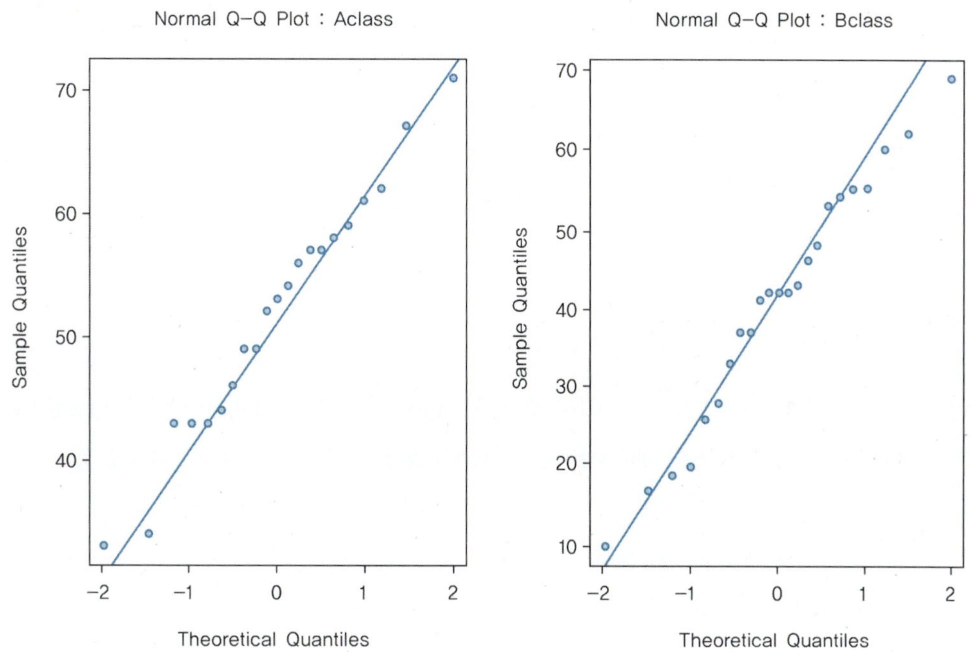

- 만약 자료가 정규분포로부터 추출되었다면 정규모집단으로부터 이론적으로 구한 분위수(theoretical quantiles)들과 표본으로부터 구한 분위수(sample quantiles)들은 기울기가 45° 인 직선 형태에서 크게 벗어나지 않을 것이다. 정규 Q-Q 그림을 그리기 위하여 **qqnorm( )** 함수를 사용할 수 있으며, 정규 Q-Q 그림 위에 적합선을 추가하기 위하여 **qqline( )** 함수를 사용할 수 있다.
- [R코드 9.2(1)]의 실행 결과로부터 두 자료는 t-검정을 위한 정규성 가정이 성립함을 알 수 있다.

[R코드 9.2(2)] 두 집단 t-검정 : 두 모분산이 서로 다른 경우

```
# t-검정
t.test(x=Aclass, y=Bclass, alternative="greater", var.equal=FALSE, conf.level=0.95)
  # t.test() : 두 집단 t-검정을 위한 함수
  # alternative : 가설검정의 형태를 지정하는 매개변수
  # var.equal : 등분산성을 지정하는 매개변수
```

실행 결과

```
> # t-검정
> t.test(x=Aclass, y=Bclass, alternative="greater", var.equal=FALSE, conf.level=0.95)
        Welch Two Sample t-test
data:  Aclass and Bclass
t = 2.8531, df = 37.733, p-value = 0.003495
alternative hypothesis: true difference in means is greater than 0
95 percent confidence interval:
 4.550268      Inf
sample estimates:
mean of x mean of y
 51.95238  40.82609
```

- 두 모평균의 차이에 대한 t-검정은 R에서 제공하는 **t.test( )** 함수를 이용하면 된다. **t.test( )** 함수는 검정의 형태에 따라 매개변수 **alternative**를 **"two.sided"**(양측검정), **"less"**(좌측검정), **"greater"**(우측검정) 중에서 지정해야 하며, 두 모집단의 분산이 서로 다르다는 것을 기본 전제로 하고 있다. 즉, 매개변수 **var.equal=FALSE**로 지정되어 있으며, 만약 두 모집단의 분산이 동일하다고 할 경우에는 **var.equal=TRUE**로 지정해 주어야 한다.
- [R코드 9.2(2)]의 실행 결과는 검정통계량의 값 $t=2.853$, 자유도 $df=37.7$, $p-$값 $=0.003$을 제공하며, 이는 [예제 9.3]의 결과와 동일함을 알 수 있다. 따라서 유의수준 $\alpha=0.05$ 에서 새로운 교육방법이 독해력을 향상시킨다는 충분한 증거를 제공하고 있다고 할 수 있다.

9.1.3 두 모분산이 알려져 있지 않은 정규모집단의 경우(σ_1^2과 σ_2^2이 같을 때)

(1) 통계적 추론에 필요한 확률분포

이제 두 정규모집단의 모분산 σ_1^2과 σ_2^2 이 알려져 있지는 않지만, 두 모분산이 같은 경우 즉, $\sigma_1^2=\sigma_2^2=\sigma^2$이라는 등분산 가정이 성립하는 경우를 고려하자. 이 경우에 [정리 9.1]의 확률변수 Z는

$$Z=\frac{\overline{X}_1-\overline{X}_2-(\mu_1-\mu_2)}{\sigma\sqrt{1/n_1+1/n_2}}\sim N(0,\ 1)$$

와 같게 된다. 확률변수 Z는 공통모분산 σ^2이 알려져 있는 경우 두 모평균의 차 $\mu_1-\mu_2$의 통계적 추론에서 사용될 수 있으나, 그렇지 않은 경우에는 미지의 공통모분산 σ^2을 적절한 추정량으로 대

체한 새로운 확률변수를 고려할 수 있을 것이다. 등분산 가정이 성립하는 경우 표본분산 S_1^2과 S_2^2은 모두 불편성과 일치성을 갖는 공통모분산 σ^2의 좋은 추정량이 된다. 따라서 이들을 함께 이용하여 공통모분산 σ^2을 추정하는 것이 바람직하며, 일반적으로 공통모분산 σ^2의 최소분산 불편추정량인 합동추정량(pooled estimator)

$$S_p^2 = \frac{\sum_{i=1}^{n_1}(X_{1i}-\overline{X}_1)^2 + \sum_{i=1}^{n_2}(X_{2i}-\overline{X}_2)^2}{n_1+n_2-2} = \frac{(n_1-1)S_1^2+(n_2-1)S_2^2}{n_1+n_2-2}$$

을 사용한다. 또한 확률변수 Z에서 σ 대신 S_p를 대입한 새로운 확률변수 T

$$T = \frac{\overline{X}_1 - \overline{X}_2 - (\mu_1-\mu_2)}{S_p\sqrt{1/n_1+1/n_2}} \sim t(n_1+n_2-2)$$

를 두 정규모집단에서 등분산 가정이 성립하는 경우 두 모평균의 차 $\mu_1-\mu_2$의 통계적 추론에서 사용하게 된다.

이제 확률변수 T의 확률분포에 대해 살펴보기로 하자. 등분산 가정이 성립하는 두 정규모집단에서 서로 독립인 확률표본으로부터 구한 다음의 확률변수 V_1과 V_2는 서로 독립이고, [정리 6.7]로부터

$$V_1 = \frac{(n_1-1)S_1^2}{\sigma^2} \sim \chi^2(n_1-1),\quad V_2 = \frac{(n_2-1)S_2^2}{\sigma^2} \sim \chi^2(n_2-1)$$

와 같이 각각 자유도가 n_1-1과 n_2-1인 카이제곱분포를 따른다. 또한 [정리 6.4]의 카이제곱분포의 가법성에 의해

$$V = V_1 + V_2 = \frac{(n_1-1)S_1^2+(n_2-1)S_2^2}{\sigma^2} = \frac{(n_1+n_2-2)S_p^2}{\sigma^2} \sim \chi^2(n_1+n_2-2)$$

이 성립함을 알 수 있다. 따라서 [정의 6.5]의 t 분포의 정의로부터

$$T = \frac{Z}{\sqrt{V/(n_1+n_2-2)}} = \frac{\left(\overline{X}_1-\overline{X}_2-(\mu_1-\mu_2)\right)/\left(\sigma\sqrt{1/n_1+1/n_2}\right)}{\sqrt{\dfrac{(n_1+n_2-2)S_p^2}{\sigma^2}/(n_1+n_2-2)}}$$
$$= \frac{\overline{X}_1-\overline{X}_2-(\mu_1-\mu_2)}{S_p\sqrt{1/n_1+1/n_2}} \sim t(n_1+n_2-2)$$

이 성립함을 알 수 있다.[2)]

2) [정리 6.7]과 마찬가지로 서로 독립인 두 확률표본의 표본평균 $\overline{X}_1$과 $\overline{X}_2$, 그리고 분산의 합동추정량 S_p^2은 서로

정리 9.3 두 정규모집단에서 두 표본평균 차에 대한 분포(3)

서로 독립인 두 표본 $X_{11}, X_{12}, \cdots, X_{1n_1}$과 $X_{21}, X_{22}, \cdots, X_{2n_2}$이 각각 정규모집단 $N(\mu_1, \sigma^2)$과 $N(\mu_2, \sigma^2)$으로부터 구한 확률표본이라고 하면, 확률변수

$T = \dfrac{\overline{X}_1 - \overline{X}_2 - (\mu_1 - \mu_2)}{S_p\sqrt{1/n_1 + 1/n_2}}$는 자유도가 $(n_1 + n_2 - 2)$인 t분포를 따른다.

- $T = \dfrac{\overline{X}_1 - \overline{X}_2 - (\mu_1 - \mu_2)}{S_p\sqrt{1/n_1 + 1/n_2}} \sim t(n_1 + n_2 - 2)$이다.

(2) 두 모평균의 차 $\mu_1 - \mu_2$에 대한 추론

정규분포를 따르는 두 모집단이 등분산 가정, 즉 $\sigma_1^2 = \sigma_2^2 = \sigma^2$이 성립하는 경우 [정리 9.3]의 확률변수 T를 이용하여 두 모평균의 차 $\mu_1 - \mu_2$에 관한 신뢰구간과 가설검정법을 다음과 같이 구할 수 있다.

[$\mu_1 - \mu_2$에 대한 신뢰구간] 미지의 두 모분산이 같은 정규모집단의 경우

두 정규모집단 $N(\mu_1, \sigma_1^2)$과 $N(\mu_2, \sigma_2^2)$의 알려져 있지 않은 두 모분산이 등분산성 $\sigma_1^2 = \sigma_2^2 = \sigma^2$을 만족하는 경우, 두 모평균의 차 $\mu_1 - \mu_2$에 대한 $100(1-\alpha)\%$ 신뢰구간은 다음과 같다.

$$\left[(\overline{X}_1 - \overline{X}_2) - t_{\alpha/2}(n_1 + n_2 - 2) S_p \sqrt{\frac{1}{n_1} + \frac{1}{n_2}},\ (\overline{X}_1 - \overline{X}_2) + t_{\alpha/2}(n_1 + n_2 - 2) S_p \sqrt{\frac{1}{n_1} + \frac{1}{n_2}} \right]$$

[$\mu_1 - \mu_2$에 대한 가설검정 : 두 집단 t−검정] 미지의 두 모분산이 같은 정규모집단의 경우

두 정규모집단 $N(\mu_1, \sigma_1^2)$과 $N(\mu_2, \sigma_2^2)$의 알려져 있지 않은 두 모분산이 등분산성 $\sigma_1^2 = \sigma_2^2 = \sigma^2$을 만족하는 경우, 두 모평균의 차 $\mu_1 - \mu_2$에 대한 아래의 가설검정에서 사용되는 검정통계량과 그 확률분포는

$$T_0 = \frac{\overline{X}_1 - \overline{X}_2 - \delta_0}{S_p\sqrt{1/n_1 + 1/n_2}} \sim t(n_1 + n_2 - 2) \text{ (귀무가설 } H_0\text{가 참일 때)}$$

독립이다.

이며, 유의수준 α에서의 기각역과 검정통계량의 관측값 t_0^*에 대한 p-값은 다음과 같다.

	가설	기각역	p-값
우측검정	$H_0 : \mu_1 - \mu_2 = \delta_0$, $H_1 : \mu_1 - \mu_2 > \delta_0$	$t_0 > t_\alpha(n_1 + n_2 - 2)$	$P(T_0 > t_0^*)$
좌측검정	$H_0 : \mu_1 - \mu_2 = \delta_0$, $H_1 : \mu_1 - \mu_2 < \delta_0$	$t_0 < -t_\alpha(n_1 + n_2 - 2)$	$P(T_0 < t_0^*)$
양측검정	$H_0 : \mu_1 - \mu_2 = \delta_0$, $H_1 : \mu_1 - \mu_2 \neq \delta_0$	$\lvert t_0 \rvert > t_{\alpha/2}(n_1 + n_2 - 2)$	$2P(T_0 > \lvert t_0^* \rvert)$

예제 9.4 쥐를 대상으로 한 실험에서 칼슘이 혈압을 떨어뜨리는 효과가 있는 것으로 나타났다. 이러한 효과가 사람에게도 나타나는지를 알아보기 위하여 나이와 건강상태가 비슷한 고혈압 환자 20명을 각각 10명씩 두 집단(집단 1과 집단 2)으로 나눈 후 집단 1에는 칼슘을, 집단 2에는 가짜약을 12주 동안 복용시키는 실험을 실시하였다. 12주 후 두 집단의 환자들을 대상으로 측정한 혈압 감소량 $X_{1i}(i=1, \cdots, 10)$와 $X_{2i}(i=1, \cdots, 10)$에 근거하여 칼슘의 복용이 혈압을 낮추는데 효과가 있다고 할 수 있는지를 유의수준 $\alpha = 0.05$에서 검정하고자 한다. 집단 1과 집단 2의 혈압 감소량이 각각 평균이 μ_1과 μ_2이고 동일한 분산 σ^2을 가지는 정규분포를 따른다고 가정할 때, 다음 물음에 답하여라.

(1) 귀무가설과 대립가설을 설정하여라.

(2) 귀무가설 H_0가 참일 때, 가설검정을 위한 검정통계량과 그 확률분포를 구하여라.

(3) 기각역을 구하여라.

(4) 두 그룹의 혈압 감소량이 다음과 같이 측정되었을 때, 이 결과를 이용하여 문제(1)의 가설을 검정하여라.

	감소된 혈압									
집단 1(칼슘 복용)	9	6	8	1	2	-2	4	-3	4	5
집단 2(가짜약 복용)	5	3	-1	2	6	3	-1	-3	-1	-4

(5) 문제 4)의 시험결과를 이용하여 p-값을 구하고 이를 이용하여 가설을 검정하여라.

풀이 (1) 칼슘을 복용한 그룹1이 가짜약을 복용한 그룹2보다 혈압이 더 많이 감소되었는지를 알아보는 것이므로 여기서는 우측검정이 된다. 따라서 귀무가설 및 대립가설은 다음과 같다.

$$H_0 : \mu_1 = \mu_2,\ H_1 : \mu_1 > \mu_2$$

(2) 두 모분산이 동일한 분산을 가진다고 가정하였으므로, 귀무가설 H_0가 참일 때, 검정통계량과 그 확률분포는 다음과 같다.

$$T_0 = \frac{\overline{X}_1 - \overline{X}_2}{S_p\sqrt{1/10 + 1/10}} \sim t(18)$$

(3) 우측검정이므로, 기각역은 $t_0 > t_{0.05}(18) = 1.73$으로 주어진다.

(4) $\bar{x}_1 = 3.4$, $\bar{x}_2 = 0.9$, $s_p = 3.677$이므로

$$t_0^* = \frac{3.4 - 0.9}{3.677\sqrt{1/10 + 1/10}} = 1.521$$

이다. $t_0^* = 1.521 < 1.73 = t_{0.05}(18)$이므로 귀무가설 H_0을 기각하지 않는다.

(5) p-값$= P(T > 1.521) = 0.073 > 0.05$이므로 귀무가설 H_0을 기각하지 않는다. 즉, 실험결과는 유의수준 $\alpha = 0.05$에서 칼슘의 복용이 혈압이 낮추는 데 효과가 있다고 하기에는 그 증거가 불충분하다고 할 수 있다. ■

예제 9.5 예제 9.4의 측정결과를 이용하여 두 모평균의 차 $\mu_1 - \mu_2$에 대한 95% 신뢰구간을 구하여라.

풀이 두 모분산이 동일한 분산을 가진다고 가정하였으므로, 두 모평균의 차 $\mu_1 - \mu_2$에 대한 $100(1-\alpha)\%$ 신뢰구간은 다음과 같다.

$$\left[(\overline{X}_1 - \overline{X}_2) - t_{\alpha/2}(n_1 + n_2 - 2)S_p\sqrt{\frac{1}{n_1} + \frac{1}{n_2}},\right.$$
$$\left.(\overline{X}_1 - \overline{X}_2) + t_{\alpha/2}(n_1 + n_2 - 2)S_p\sqrt{\frac{1}{n_1} + \frac{1}{n_2}}\right]$$

부록의 [표 B.5]로부터 $t_{0.025}(18) = 2.10$이므로, 두 모평균의 차 $\mu_1 - \mu_2$에 대한 95% 신뢰구간은

$$\left[3.4 - 0.9 - 2.1 \cdot 3.677\sqrt{\frac{1}{10} + \frac{1}{10}},\right.$$
$$\left.3.4 - 0.9 + 2.1 \cdot 3.677\sqrt{\frac{1}{10} + \frac{1}{10}}\right] = (-0.953, 5.953)$$

이다. ■

R 실습 9.3 두 집단 t-검정으로 [예제 9.4]의 가설을 검정하고 [예제 9.5]의 신뢰구간을 구하고자 한다. 다음 물음에 답하여라.

(1) 두 모집단은 각각 정규분포를 따른다고 할 수 있는지를 상자그림 또는 Shapiro-Wilk 정규성 검정[3]을 이용하여 검토하여라.

3) Shapiro-Wilk 정규성 검정에 대한 구체적인 설명은 이 책의 수준을 넘어서므로 생략하고, 여기서는 R함수를 이용하여 정규성 가정을 검정하는 방법에 대하여 소개하고자 한다.

(2) 칼슘의 복용이 혈압을 낮추는데 효과가 있다고 할 수 있는지를 유의수준 $\alpha = 0.05$에서 검정하여라.

(3) 두 모평균의 차 $\mu_1 - \mu_2$에 대한 95% 신뢰구간을 구하여라.

[R코드 9.3(1)] 상자그림과 Shapiro-Wilk 정규성 검정

```
# 자료 입력
group1 = c(9,6,8,1,2,-2,4,-3,4,5); group2 = c(5,3,-1,2,6,3,-1,-3,-1,-4)
pressure_data = cbind(group1, group2) # cbind() : 자료들의 열을 결합하는 함수

# 상자그림 그리기
boxplot(pressure_data, main="boxplots for two groups")

# Shapiro-Wilk 정규성 검정
shapiro.test(group1)
shapiro.test(group2)
```

실행 결과 상자그림 그리기

```
> # 자료 입력
> group1 = c(9,6,8,1,2,-2,4,-3,4,5); group2 = c(5,3,-1,2,6,3,-1,-3,-1,-4)
> pressure_data = cbind(group1, group2) # cbind() : 자료들의 열을 결합하는 함수
>
> # 상자그림 그리기
> boxplot(pressure_data, main="boxplots for two groups")
```

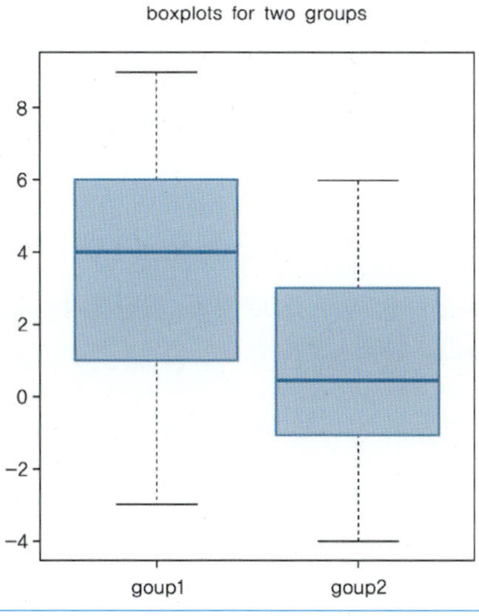

• 상자그림은 **boxplot( )** 함수를 이용하여 출력할 수 있다. 이때 주어진 자료가 벡터 형태이면 하나의 상자그림이, 행렬 또는 데이터 프레임의 형태이면 열(column)의 개수만큼 상자그림이 출력된다. [R코드 9.3(1)]에서는 두 집단의 자료를 열로 결합한 **pressure_data**를 이용하여 상자그림을 출력하였으며, 이로부터 두 그룹 모두 특이값으로 의심되는 값은 없으며 각 그룹의 분포모양은 좌우대칭인 형태를 띠고 있다고 할 수 있다.

실행 결과 Shapiro-Wilk 정규성 검정

```
> # Shapiro-Wilk 정규성 검정
> shapiro.test(group1)

        Shapiro-Wilk normality test
data:  group1
W = 0.96078, p-value = 0.7948

> shapiro.test(group2)
        Shapiro-Wilk normality test
data:  group2
W = 0.94053, p-value = 0.559
```

• 주어진 자료에 대한 정규성 검정은

H_0 : 모집단은 정규분포를 따른다.
H_1 : 모집단은 정규분포를 따르지 않는다.

와 같이 가설을 설정할 수 있으며, Shapiro와 Wilk(1965)가 제안한 검정통계량 W를 이용할 수 있다. 이때 p-값이 유의수준 α 보다 작으면 귀무가설을 기각할 수 있다. 즉, 주어진 자료가 정규모집단으로부터 수집되었다고 할 수 없다. 반대로 p-값이 유의수준 α 보다 크면, 모집단이 정규분포를 따른다고 할 수 있다.

• R에서는 Shapiro-Wilk 정규성 검정을 위한 **shapiro.test( )** 함수를 제공하고 있으며, [R코드 9.3(1)]의 실행 결과에서 집단 1의 p-값$= 0.79 > 0.05$ 이고, 집단 2의 p-값$= 0.56 > 0.05$ 이므로 두 집단 모두 정규분포를 따른다고 할 수 있다.

• Shapiro-Wilk 정규성 검정은 자료의 정규성 여부를 검정할 수 있지만, 자료의 분포에 대한 시각적인 정보를 알려주지 못한다. 따라서 정규 Q-Q 그림을 함께 이용하여 자료가 정규분포와 유사한지를 검정하는 것이 바람직하다. 정규 Q-Q 그림에 대한 코드는 [R코드 9.2(1)]을 참고하기 바란다.

[R코드 9.3(2)] 두 집단 t-검정 : 두 모분산이 동일한 경우

```
# t-검정
t.test(x=group1, y=group2, alternative="greater", var.equal=TRUE, conf.level=0.95)
  # t.test() : 두 집단 t-검정을 위한 함수
  # alternative : 가설검정의 형태를 지정하는 매개변수
  # var.equal : 등분산성을 지정하는 매개변수
```

실행 결과

```
> # t-검정
> t.test(x=group1, y=group2, alternative="greater", var.equal=TRUE, conf.level=0.95)

        Two Sample t-test
data:  group1 and group2
t = 1.5205, df = 18, p-value = 0.07288
alternative hypothesis: true difference in means is greater than 0
95 percent confidence interval:
 -0.3511156        Inf
sample estimates:
mean of x mean of y
      3.4       0.9
```

• 두 모집단의 분산이 동일하다고 가정하였으므로 **t.test( )** 함수에서 매개변수 **var.equal=TRUE**로 지정하였다. [R코드 9.3(2)]의 실행 결과로부터 검정통계량의 값 $t = 1.52$, 자유도 $df = 18$, p-값 $p -$ 값 $= 0.073$은 [예제 9.3]의 결과와 동일함을 알 수 있다.

[R코드 9.3(3)] 두 모평균의 차 $\mu_1 - \mu_2$에 대한 신뢰구간

```
# 신뢰구간
result = t.test(x=group1, y=group2, alternative="two.sided", var.equal=TRUE,
          conf.level=0.95)
result          # t.test()의 전체 결과를 출력
result$conf.int   # t.test()의 결과 중에서 신뢰구간만을 출력
```

실행 결과

```
> # 신뢰구간
> result = t.test(x=group1, y=group2, alternative="two.sided", var.equal=TRUE,
+              conf.level=0.95)
> result          # t.test()의 전체 결과를 출력

        Two Sample t-test
data:  group1 and group2
t = 1.5205, df = 18, p-value = 0.1458
alternative hypothesis: true difference in means is not equal to 0
95 percent confidence interval:
 -0.9542975  5.9542975
sample estimates:
mean of x mean of y
      3.4       0.9
> result$conf.int   # t.test()의 결과 중에서 신뢰구간만을 출력
[1] -0.9542975  5.9542975
attr(,"conf.level")
[1] 0.95
```

- 가설 $H_0 : \mu_1 - \mu_2 = 0$, $H_1 : \mu_1 - \mu_2 \neq 0$에 대한 유의수준 α 에서의 양측검정과 두 모평균의 차 $\mu_1 - \mu_2$ 에 대한 $100(1-\alpha)\%$ 신뢰구간은 그 결과의 해석에서 동일한 의미를 제공한다. **t.test( )** 함수는 매개변수 **alternative="two.sided"**로 지정할 경우 신뢰구간을 함께 제공하며, 추정된 신뢰구간이 0을 포함하는 경우에는 양측검정에서 귀무가설 $H_0 : \mu_1 - \mu_2 = 0$을 기각할 수 없게 된다.
- [R코드 9.3(3)]의 실행 결과로부터 두 모평균의 차 $\mu_1 - \mu_2$에 대한 95% 신뢰구간은 [예제 9.4]의 결과와 동일함을 알 수 있다.

9.1.4 두 모분산이 알려져 있지 않은 비정규모집단의 경우

(1) 통계적 추론에 필요한 확률분포

지금까지는 두 모집단의 분포가 정규분포라는 가정 하에서 두 모평균의 차에 대한 신뢰구간과 가설검정법에 대하여 살펴보았다. 그러나 실제자료의 분석에서는 모집단의 분포형태와 모분산에

대해 모르는 경우가 대부분이므로, 모분산이 알려져 있는 않은 두 비정규모집단의 모평균 차에 대한 추론을 생각해 보자. 두 집단으로부터 추출한 확률표본의 크기 n_1과 n_2가 모두 큰 경우, 중심극한정리에 의해 표본평균 $\overline{X}_1$와 $\overline{X}_2$의 확률분포는 모집단의 분포에 관계없이 각각 근사적으로 $N(\mu_1, \sigma_1^2/n_1)$과 $N(\mu_2, \sigma_2^2/n_2)$의 분포를 따른다. 따라서 정규분포의 가법성에 따라 $\overline{X}_1 - \overline{X}_2$는 근사적으로 정규분포 $N\left(\mu_1 - \mu_2,\ \sigma_1^2/n_1 + \sigma_2^2/n_2\right)$를 따르게 되고, 이를 표준화한 확률변수는

$$\frac{\overline{X}_1 - \overline{X}_2 - (\mu_1 - \mu_2)}{\sqrt{\sigma_1^2/n_1 + \sigma_2^2/n_2}} \dot{\sim} N(0,\ 1)$$

와 같이 근사적으로 표준정규분포를 따른다. 또한 표본분산 S_1^2과 S_2^2은 각각 미지의 모분산 σ_1^2과 σ_2^2에 대한 일치추정량이므로, 표본의 크기 n_1과 n_2가 충분히 큰 경우 σ_1^2과 σ_2^2 대신 S_1^2과 S_2^2을 각각 대입하여도 근사분포가 다음과 같이 성립한다.

정리 9.4 두 비정규모집단에서 두 표본평균 차에 대한 분포

서로 독립인 두 표본 $X_{11},\ X_{12},\ \cdots,\ X_{1n_1}$과 $X_{21},\ X_{22},\ \cdots,\ X_{2n_2}$이 각각 비정규모집단으로부터 구한 확률표본이라고 하면, 확률표본의 크기 n_1과 n_2가 충분히 큰 경우 확률변수 $Z = \dfrac{\overline{X}_1 - \overline{X}_2 - (\mu_1 - \mu_2)}{\sqrt{S_1^2/n_1 + S_2^2/n_2}}$ 는 근사적으로 표준정규분포를 따른다.

- $Z = \dfrac{\overline{X}_1 - \overline{X}_2 - (\mu_1 - \mu_2)}{\sqrt{S_1^2/n_1 + S_2^2/n_2}} \dot{\sim} N(0,1)$이다.

(2) 두 모평균의 차 $\mu_1 - \mu_2$에 대한 추론

두 확률표본의 크기 n_1과 n_2가 작은 경우에는 두 모평균의 차 $\mu_1 - \mu_2$에 대한 추론을 위하여 두 모집단의 정규성에 대한 가정이 필요하였다. 그러나 두 확률표본의 크기가 충분히 큰 경우에는 모집단의 분포에 관계없이 중심극한정리와 표본분산의 일치성에 근거한 [정리 9.4]를 이용하여 $\mu_1 - \mu_2$에 대한 근사 신뢰구간과 가설검정법을 다음과 같이 구할 수 있다.

[$\mu_1 - \mu_2$ 에 대한 신뢰구간] 두 확률표본의 크기가 큰 경우

두 확률표본의 크기 n_1과 n_2가 충분히 큰 경우, 두 모평균의 차 $\mu_1 - \mu_2$ 에 대한 $100(1-\alpha)\%$ 근사 신뢰구간은 다음과 같다.

$$\left[(\overline{X}_1-\overline{X}_2)-z_{\alpha/2}\sqrt{\frac{S_1^2}{n_1}+\frac{S_2^2}{n_2}},\ (\overline{X}_1-\overline{X}_2)+z_{\alpha/2}\sqrt{\frac{S_1^2}{n_1}+\frac{S_2^2}{n_2}}\ \right]$$

[$\mu_1-\mu_2$에 대한 가설검정 : 두 집단 z-검정] 두 확률표본의 크기가 큰 경우

두 확률표본의 크기 n_1과 n_2가 충분히 큰 경우, 두 모평균의 차 $\mu_1-\mu_2$에 대한 아래의 가설검정에서 사용되는 검정통계량과 그 확률분포는

$$Z_0=\frac{\overline{X}_1-\overline{X}_2-\delta_0}{\sqrt{S_1^2/n_1+S_2^2/n_2}}\ \dot{\sim}\ N(0,1)\ \text{(귀무가설 } H_0\text{가 참일 때)}$$

이며, 유의수준 α에서의 기각역과 검정통계량의 관측값 z_0^*에 대한 p-값은 다음과 같다.

	가설	기각역	p-값
우측검정	$H_0:\mu_1-\mu_2=\delta_0,\ H_1:\mu_1-\mu_2>\delta_0$	$z_0>z_\alpha$	$P(Z_0>z_0^*)$
좌측검정	$H_0:\mu_1-\mu_2=\delta_0,\ H_1:\mu_1-\mu_2<\delta_0$	$z_0<-z_\alpha$	$P(Z_0<z_0^*)$
양측검정	$H_0:\mu_1-\mu_2=\delta_0,\ H_1:\mu_1-\mu_2\neq\delta_0$	$\lvert z_0\rvert>z_{\alpha/2}$	$2P(Z_0>\lvert z_0^*\rvert)$

예제 9.6 최근 A사료회사에서는 젖소의 우유생산을 증진시키는데 매우 효과적인 사료의 개발에 성공하였으며, 새로 개발한 A사료를 이용하면 경쟁회사의 B사료를 이용할 때보다 우유의 평균생산량이 10리터 이상 증가한다고 주장하고 있다. 이를 확인하기 위해 축산 농가에서는 나이와 건강상태가 비슷한 젖소 80마리를 랜덤으로 추출하여 40마리씩 두 집단으로 나눈 후, 집단 1에는 A사료를, 집단 2에는 B사료를 일정기간 동안 먹인 후 각 집단의 젖소들의 우유 생산량 $X_{1i}(i=1,\ \cdots\ 40)$와 $X_{2i}(i=1,\ \cdots\ 40)$에 근거하여 A사료회사의 주장이 옳은지를 유의수준 $\alpha=0.05$에서 검정하고자 한다. 다음 물음에 답하여라.

(1) 귀무가설과 대립가설을 설정하여라.

(2) 귀무가설 H_0가 참일 때, 가설검정을 위한 검정통계량과 그 확률분포를 구하여라.

(3) 기각역을 구하여라.

(4) 집단 1과 집단 2의 우유 생산량에 대한 표본평균과 표본분산이 다음과 같이 조사되었을 때, 이 결과를 이용하여 문제(1)의 가설을 검정하여라.

	표본평균	표본분산
집단 1(A사료)	$\overline{x}_1=91$	$s_1^2=25$
집단 2(B사료)	$\overline{x}_2=77$	$s_2^2=36$

(5) 문제 4)의 시험결과를 이용하여 p-값을 구하고 이를 이용하여 가설을 검정하여라.

풀이 (1) A사료를 먹인 집단이 B사료를 먹인 집단보다 우유의 평균생산량이 10리터 이상 많은 지를 알아보는 것이므로 우측검정이 된다. 따라서 귀무가설 및 대립가설은 다음과 같다.

$$H_0 : \mu_1 - \mu_2 = 10,\ H_1 : \mu_1 - \mu_2 > 10$$

(2) 두 집단의 표본의 크기가 충분히 크므로, 정규분포에 의한 근사적 방법을 이용할 수 있다. 즉, 귀무가설 H_0가 참일 때, 검정통계량과 그 확률분포는 다음과 같다.

$$Z_0 = \frac{\overline{X}_1 - \overline{X}_2 - 10}{\sqrt{S_1^2/n_1 + S_2^2/n_2}} \dot{\sim} N(0,1)$$

(3) 우측검정이므로, 기각역은 $z_0 > z_{0.05} = 1.645$으로 주어진다.

(4) 검정통계량의 관측값 $z_0^* = \dfrac{91-77-10}{\sqrt{\dfrac{25}{40}+\dfrac{36}{40}}} = 3.24$이다.

$z_0^* = 3.24 > 1.645 = z_{0.05}$이므로 귀무가설 H_0을 기각한다.

(5) p-값$= P(Z_0 > 3.24) = 0.0006 < 0.05$이므로 귀무가설 H_0을 기각한다. 즉, 실험결과는 A사료의 이용이 B사료를 이용할 때보다 우유의 평균생산량을 10리터 이상 증가시킨다는 강력한 증거를 제공하고 있다고 할 수 있다. ■

예제 9.7 예제 9.6의 측정결과를 이용하여 두 모평균의 차 $\mu_1 - \mu_2$에 대한 95% 근사 신뢰구간을 구하여라.

풀이 두 집단의 표본의 크기가 충분히 크므로, 두 모평균의 차 $\mu_1 - \mu_2$에 대한 $100(1-\alpha)\%$ 근사신뢰구간은 다음과 같다.

$$\left[(\overline{X}_1 - \overline{X}_2) - z_{\alpha/2}\sqrt{\frac{S_1^2}{n_1} + \frac{S_2^2}{n_2}},\ (\overline{X}_1 - \overline{X}_2) + z_{\alpha/2}\sqrt{\frac{S_1^2}{n_1} + \frac{S_2^2}{n_2}} \right]$$

부록의 표 B.4로부터 $z_{0.025} = 1.96$이므로, 두 모평균의 차 $\mu_1 - \mu_2$에 대한 95% 신뢰구간은

$$\left[(91-77) - 1.96\sqrt{\frac{25}{40} + \frac{36}{40}},\ (91-77) + 1.96\sqrt{\frac{25}{40} + \frac{36}{40}} \right] = (11.58,\ 16.42)$$

이다. ■

9.2 두 모평균의 비교: 대응비교

앞 절에서는 서로 독립적으로 추출된 두 표본에 근거하여 두 모평균을 비교하는 방법을 다루었다. 그러나 어떤 경우에는 두 표본을 독립적으로 추출하기가 힘들거나, 독립적으로 추출한다고 하더라고 각 표본개체 또는 실험단위의 특성 차이가 심해 그 결과의 분석이 무의미할 때가 있다. 예를 들어, 사료의 효능을 비교하기 위하여 젖소를 두 집단으로 나누어 한 집단에는 A사료를 주고, 다른 집단에는 B사료를 주어 일정한 기간 후에 우유의 생산량을 측정하는 실험을 한다고 하자. 이때 실제로는 사료의 종류에 따라 우유 생산량에 차이가 있음에도 불구하고, 두 집단 간에 젖소의 건강 상태나 나이 등에 따른 특성 차이로 인하여 우유 생산량에 변동이 심할 경우에는 이러한 차이를 판별할 수 없게 된다.[4] 이와 같은 문제점을 해결하기 위하여 아래 [표 9.2]와 같은 대응표본을 사용한다. 즉, 실험단위를 동질적인 짝으로 묶어 각 짝에서 두 관측값의 차이를 계산하여 두 모집단의 평균을 비교하는 추론을 하게 된다. 이러한 방법을 대응비교(paired comparison)라고 한다.

[표 9.2] 대응비교시 자료의 구조

짝	1	2	……	n	표본평균	표본분산
표본 1 표본 2	X_{11} X_{21}	X_{12} X_{22}	…… ……	X_{1n} X_{2n}		
$D_i = X_{1i} - X_{2i}$	D_1	D_2	……	D_n	$\overline{D} = \frac{1}{n}\sum_{i=1}^{n} D_i$	$S_D^2 = \frac{1}{n-1}\sum_{i=1}^{n}(D_i - \overline{D})^2$

9.2.1 통계적 추론에 필요한 확률분포

대응비교를 할 경우에는 대응표본에 대한 두 관측값의 차 $D_i = X_{1i} - X_{2i}\ (i = 1, \cdots, n)$에 근거하여 두 모평균의 차에 대한 추론을 하게 된다. 대응비교에서는 두 확률변수 X_{1i}와 X_{2i}가 서로 독립이 아니므로, 두 관측값의 차 D_i의 기댓값과 분산은 각각

$$E(D_i) = E(X_{1i} - X_{2i}) = E(X_{1i}) - E(X_{2i}) = \mu_1 - \mu_2,$$

$$Var(D_i) = Var(X_{1i} - X_{2i}) = Var(X_{1i}) + Var(X_{2i}) - 2\,Cov(X_{1i}, X_{2i})$$

와 같다. 이제 $Var(D_i) = \sigma_D^2$으로 표기하기로 하고, $D_1, D_2, \cdots, D_n$을 정규모집단 $N(\mu_1 - \mu_2, \sigma_D^2)$으

4) [예제 9.6]에서는 두 모집단의 실험단위들의 동질성을 만족시키기 위해 독립적으로 추출한 젖소들의 건강상태나 나이 등이 유사하다는 가정을 하였으나, 실제 상황에서 이러한 가정을 만족시키기 어려운 경우가 존재한다.

로부터 추출된 크기가 n 인 확률표본이라고 가정하면, 6장에서 이미 배운 t분포의 정의로부터 확률변수

$$T = \frac{\overline{D} - (\mu_1 - \mu_2)}{S_D / \sqrt{n}}$$

는 자유도 $n-1$ 인 t 분포를 따르게 된다. 대응비교에서는 이러한 확률변수 T를 이용하여 두 모평균의 차 $\mu_1 - \mu_2$ 에 관한 추론을 하게 된다.

정리 9.5 대응비교에서 두 표본평균의 차에 대한 분포

$D_1, D_2, \cdots, D_n$ 이 각각 정규모집단 $N(\mu_1 - \mu_2, \sigma_D^2)$으로부터 구한 확률표본이라고 하면, 확률변수 $T = \frac{\overline{D} - (\mu_1 - \mu_2)}{S_D / \sqrt{n}}$ 는 자유도가 $(n-1)$인 t분포를 따른다.

- $T = \frac{\overline{D} - (\mu_1 - \mu_2)}{S_D / \sqrt{n}} \sim t(n-1)$이다.

9.2.2 두 모평균의 차 $\mu_1 - \mu_2$에 대한 추론

대응비교에서 두 모평균의 차 $\mu_1 - \mu_2$ 에 대한 신뢰구간은 [정리 9.5]의 확률변수 T를 이용하여 7장에서와 동일한 방법으로 다음과 같이 구할 수 있다.

[$\mu_1 - \mu_2$에 대한 신뢰구간] 대응비교의 경우

$D_i = X_{1i} - X_{2i}$ $(i = 1, \cdots, n)$이 각각 정규모집단 $N(\mu_1 - \mu_2, \sigma_D^2)$으로부터 구한 확률표본이라고 할 때, 두 모평균의 차 $\mu_1 - \mu_2$ 에 대한 $100(1-\alpha)\%$ 신뢰구간은 다음과 같다.

$$\left[\overline{D} - t_{\alpha/2}(n-1)\frac{S_D}{\sqrt{n}},\ \overline{D} + t_{\alpha/2}(n-1)\frac{S_D}{\sqrt{n}}\right]$$ [5]

5) 대응비교에서는 실험단위를 동질적인 짝으로 묶어서 분석하므로, 일반적으로 두 확률변수에 대한 공분산 $Cov(X_1, X_2)$은 양의 값을 갖는다. 대응비교에서의 두 모평균의 차 $\mu_1 - \mu_2$ 에 대한 신뢰구간의 식을 다시 살펴보면, $\overline{D} = \overline{X}_1 - \overline{X}_2$, $S_D^2 = S_1^2 + S_2^2 - 2S_{12}$이고, 여기서 $S_{12} = \frac{1}{n-1}\sum_{i=1}^{n}(X_{1i} - \overline{X}_1)(X_{2i} - \overline{X}_2)$은 두 확률표본의 표본공분산이다. 따라서 대응비교에서의 두 모평균의 차 $\mu_1 - \mu_2$ 에 대한 $100(1-\alpha)\%$ 신뢰구간은

$$\left[(\overline{X}_1 - \overline{X}_2) - t_{\alpha/2}(n-1)\sqrt{\frac{S_1^2}{n} + \frac{S_2^2}{n} - 2\frac{S_{12}}{n}},\ (\overline{X}_1 - \overline{X}_2) + t_{\alpha/2}(n-1)\sqrt{\frac{S_1^2}{n} + \frac{S_2^2}{n} - 2\frac{S_{12}}{n}}\right]$$

와 같이 나타낼 수 있다. 이는 두 모분산이 알려져 있지 않은 정규모집단에서의 두 모평균의 차 $\mu_1 - \mu_2$에 대한

또한 대응비교에서 두 모평균의 차 $\mu_1 - \mu_2$ 에 대한 가설검정은 제8장의 일표본 t-검정법과 동일한 방법으로 다음과 같이 구할 수 있다.

[$\mu_1 - \mu_2$ 에 대한 가설검정 : 두 집단 t-검정] 대응비교의 경우

$D_i = X_{1i} - X_{2i}\ (i = 1,\ \cdots,\ n)$이 각각 정규모집단 $N(\mu_1 - \mu_2,\ \sigma_D^2)$으로부터 구한 확률표본이라고 할 때, 두 모평균의 차 $\mu_1 - \mu_2$ 에 대한 아래의 가설검정에서 사용되는 검정통계량과 그 확률분포는

$$T_0 = \frac{\overline{D} - \delta_0}{S_D / \sqrt{n}} \sim t(n-1) \ \text{(귀무가설 } H_0\text{가 참일 때)}$$

이며, 유의수준 α에서의 기각역과 검정통계량의 관측값 t_0^*에 대한 p-값은 다음과 같다.

	가설	기각역	p-값
우측검정	$H_0 : \mu_1 - \mu_2 = \delta_0$, $H_1 : \mu_1 - \mu_2 > \delta_0$	$t_0 > t_\alpha(n-1)$	$P(T_0 > t_0^*)$
좌측검정	$H_0 : \mu_1 - \mu_2 = \delta_0$, $H_1 : \mu_1 - \mu_2 < \delta_0$	$t_0 < -t_\alpha(n-1)$	$P(T_0 < t_0^*)$
양측검정	$H_0 : \mu_1 - \mu_2 = \delta_0$, $H_1 : \mu_1 - \mu_2 \neq \delta_0$	$\lvert t_0 \rvert > t_{\alpha/2}(n-1)$	$2P(T_0 > \lvert t_0^* \rvert)$

대응비교에서도 9.1.4절에서와 마찬가지로 표본의 크기 n이 충분히 큰 경우에는 모집단에 대한 정규성 가정이 없어도 확률변수 Z가

$$Z = \frac{\overline{D} - (\mu_1 - \mu_2)}{S_D / \sqrt{n}} \ \dot{\sim}\ N(0,1)$$

와 같이 근사적으로 표준정규분포를 따른다는 사실을 이용하여 두 모평균의 차 $\mu_1 - \mu_2$ 에 대한 근사 신뢰구간과 가설검정법을 구할 수 있다.

예제 9.8 N타이어 회사의 연구진은 기존제품(A)보다 마모율이 작은 신제품(B)의 개발에 성공하였다고 주장하고 있다. 이를 확인하기 위해 회사의 경영진은 10대의 자동차를 임의로 추출하여 각 자동차의 뒷바퀴 중

$100(1-\alpha)\%$ 신뢰구간

$$\left[(\overline{X}_1 - \overline{X}_2) - t_{\alpha/2}(\psi)\sqrt{\frac{S_1^2}{n} + \frac{S_2^2}{n}},\ (\overline{X}_1 - \overline{X}_2) + t_{\alpha/2}(\psi)\sqrt{\frac{S_1^2}{n} + \frac{S_2^2}{n}} \ \right]$$

과 비교하였을 때, 자유도는 작지만($n-1 < \psi$) 양의 값을 가지는 두 확률표본의 표본공분산을 반영하므로 보다 정확한 신뢰구간을 제공한다고 할 수 있다.

에서 한쪽에는 A타이어를, 그리고 다른 한쪽에는 B타이어를 무작위로 장착하고 일정한 거리를 주행하는 실험을 하기로 하였다. 실험 후 측정되는 A타이어의 마모율 $X_{1i}(i=1,\cdots,10)$와 B타이어의 마모율 X_{2i} $(i=1,\cdots,10)$에 근거하여 연구진의 주장에 대한 옳고 그름을 유의수준 $\alpha=0.05$에서 검정하고자 한다. 두 타이어 A, B의 마모율은 각각 평균이 μ_1, μ_2인 정규분포를 따른다고 가정할 때, 다음 물음에 답하여라.

(1) 귀무가설과 대립가설을 설정하여라.

(2) 귀무가설 H_0가 참일 때, 가설검정을 위한 검정통계량과 그 확률분포를 구하여라.

(3) 기각역을 구하여라.

(4) 실험 후 A타이어와 B타이어의 마모율이 다음과 같이 측정되었다. 이 결과를 이용하여 문제(1)의 가설을 검정하여라.

번호	1	2	3	4	5	6	7	8	9	10
타이어A의 마모율 (X_{1i})	5.4	10.6	1.8	4.7	11.2	9.9	11.6	9.1	7.0	4.0
타이어B의 마모율 (X_{2i})	6.8	4.6	4.2	5.8	5.6	4.7	2.4	7.0	8.6	0.6
마모율 차이	-1.4	6.0	-2.1	-1.1	5.6	5.2	9.2	2.1	-1.6	3.4

(5) 문제 (4)의 시험결과를 이용하여 p-값을 구하고 이를 이용하여 가설을 검정하여라.

풀이 (1) N타이어 회사의 연구진이 개발한 신제품(B)의 마모율이 기존제품(A)보다 작은지를 알아보는 것이므로 여기서는 우측검정이 된다. 따라서 귀무가설 및 대립가설은 다음과 같다.

$$H_0 : \mu_1 = \mu_2,\ H_1 : \mu_1 > \mu_2$$

(2) 대응비교에 해당하므로 $D_i = X_{1i} - X_{2i}\,(i=1,\cdots,10)$라고 하면, 귀무가설 H_0가 참일 때의 검정통계량과 그 확률분포는 다음과 같다.

$$T_0 = \frac{\overline{D}}{S_D/\sqrt{10}} \sim t(9)$$

(3) 우측검정이므로, 기각역은 $t_0 > t_{0.05}(9) = 1.83$으로 주어진다.

(4) $\overline{d}=2.5$, $s_d=4$이므로

$$t_0^* = \frac{2.5}{4/\sqrt{10}} = 1.98$$

이다. $t_0^* = 1.98 > 1.83 = t_{0.05}(9)$이므로 귀무가설 H_0을 기각한다.

(5) p-값$= P(T_0 > 1.98) = 0.04 < 0.05$이므로 귀무가설 H_0을 기각한다. 즉, 실험결과는 유의수준 $\alpha=0.05$에서 N타이어 회사의 연구진이 개발한 신제품(B)의 마모율이 기존제품(A)보다 작다는 충분한 증거를 제공하고 있다고 할 수 있다. ■

예제 9.9 [예제 9.8]의 측정결과를 이용하여 두 모평균의 차 $\mu_1 - \mu_2$에 대한 95% 신뢰구간을 구하여라.

풀이 대응비교에서의 두 모평균의 차 $\mu_1 - \mu_2$에 대한 $100(1-\alpha)\%$ 신뢰구간은 다음과 같다.

$$\left[\overline{D} - t_{\alpha/2}(n-1)\frac{S_D}{\sqrt{n}},\ \overline{D} + t_{\alpha/2}(n-1)\frac{S_D}{\sqrt{n}}\right]$$

부록의 표B.5로부터 $t_{0.025}(9) = 2.262$이므로, 두 모평균의 차 $\mu_1 - \mu_2$에 대한 95% 신뢰구간은

$$\left[2.5 - 2.262\frac{4}{\sqrt{10}}, 2.5 + 2.262\frac{4}{\sqrt{10}}\right] = (-0.36, 5.36)$$

이다. ■

R 실습 9.4 두 집단 t-검정으로 [예제 9.8]의 가설을 검정하고 [예제 9.9]의 신뢰구간을 구여라.

[R코드 9.4(1)] 두 집단 t-검정 : 대응비교의 경우

```
# 자료 입력
Atire=c(5.4, 10.6, 1.8, 4.7, 11.2, 9.9, 11.6, 9.1, 7.0, 4.0)
Btire=c(6.8, 4.6, 4.2, 5.8, 5.6, 4.7, 2.4, 7.0, 8.6, 0.6)

# t-검정
t.test(x=Atire, y=Btire, alternative="greater", paired=TRUE, conf.level=0.95)
  # paired : 대응비교를 지정하는 매개변수
```

실행 결과

```
> # 자료 입력
> Atire=c(5.4, 10.6, 1.8, 4.7, 11.2, 9.9, 11.6, 9.1, 7.0, 4.0)
> Btire=c(6.8, 4.6, 4.2, 5.8, 5.6, 4.7, 2.4, 7.0, 8.6, 0.6)
>
> # t-검정
> t.test(x=Atire, y=Btire, alternative="greater", paired=TRUE, conf.level=0.95)

        Paired t-test

data:  Atire and Btire
t = 1.9764, df = 9, p-value = 0.03976
alternative hypothesis: true difference in means is greater than 0
```

```
95 percent confidence interval:
 0.1812752      Inf
sample estimates:
mean of the differences
               2.5
```

• 대응비교는 **t.test( )** 함수에서 인수 **paired=TRUE**로 지정하면 된다. [R코드 9.4(1)]의 실행 결과로부터 검정통계량의 값 $t = 1.98$, 자유도 $df = 9$, p-값 $p-$값 $= 0.04$은 [예제 9.8]의 결과와 동일함을 알 수 있다.

[R코드 9.4(2)] 두 모평균의 차에 대한 신뢰구간 : 대응비교의 경우

```
t.test(x=Atire, y=Btire, alternative="two.sided", paired=TRUE, conf.level=0.95)
 # 양측검정의 경우 신뢰구간을 제공하므로 alternative="two.sided"로 지정
```

실행 결과

```
> # 신뢰구간
> t.test(x=Atire, y=Btire, alternative="two.sided", paired=TRUE, conf.level=0.95)

      Paired t-test
data:  Atire and Btire
t = 1.9764, df = 9, p-value = 0.07952
alternative hypothesis: true difference in means is not equal to 0
95 percent confidence interval:
 -0.3614276  5.3614276
sample estimates:
mean of the differences
               2.5
```

• 두 모평균의 차 $\mu_1 - \mu_2$ 에 대한 신뢰구간을 구하기 위하여 **t.test( )** 함수의 매개변수 **alternative="two.sided"**로 지정하였으며, [R코드 9.4(2)]의 실행 결과로부터 추정된 신뢰구간 $[-0.36,\ 5.36]$은 [예제 9.9]의 결과와 동일함을 알 수 있다. 또한, 이 신뢰구간이 0을 포함하므로 양측검정에서의 귀무가설 H_0 를 기각할 수 없으며, 이는 양측검정에서의 $p-value = 0.08 > \alpha = 0.05$인 결과와 동일하다.

9.3 두 모분산의 비교

모집단의 특성을 표현할 때 가장 기본적인 것은 중심위치가 어디이며, 그것을 중심으로 자료값들이 어떻게 흩어져 있는지를 나타내는 것이다. 정규모집단의 경우 이것은 모평균 μ와 모분산 σ^2에 의해서 표현되어진다. 지금까지는 두 모집단의 중심위치를 나타내는 두 모평균을 비교하는 방법에 대해서 공부하였다. 이 절에서는 두 모집단이 정규분포를 따른다고 할 경우 그 흩어진 상태, 즉 두 모분산을 비교하는 방법에 대해서 알아보도록 할 것이다. 두 모분산의 비교는 두 모평균의 차에 관한 추론 문제에서 두 모분산이 같은지의 여부를 판단하고자 할 때 필요하다. 또한, 일반적으로 크게 관심의 대상이 되는 분야는 아니지만, 때때로 두 모집단의 분산에 대한 비교를 해야 하는 경우도 있다. 예를 들면, 자동차의 조립에 사용되는 볼트의 품질은 그 직경에 대한 규격을 정확하게 지키느냐에 달려있다. 따라서 두 회사에서 생산하는 두 제품 모두 평균적으로 규격에 맞는다고 할 때, 분산이 더 작은 제품이 우수하다고 볼 수 있다.

두 모집단의 분산을 비교하고자 하는 경우에는 두 모분산의 차 $\sigma_1^2-\sigma_2^2$ 대신에 모분산의 비 σ_1^2/σ_2^2 를 사용하게 된다. 두 모분산의 비가 1 보다 큰지, 작은지, 또는 같은지는 바로 σ_1^2 이 σ_2^2 보다 큰지, 작은지, 또는 같은지를 비교하는 것과 동일하며[6], 두 모분산의 차 대신에 모분산의 비를 사용하는 이유는 F 분포의 정의로부터 표본분산의 비 S_1^2/S_2^2에 대한 분포를 수학적으로 유도할 수 있기 때문이다. 따라서 F 분포와 S_1^2/S_2^2의 표본분포에 대해 먼저 살펴보고, 이를 바탕으로 두 모분산의 비교에 대한 통계적 추론을 살펴보기로 한다.

9.3.1 통계적 추론에 필요한 확률분포

(1) F 분포

F 분포(F distribution)는 두 정규모집단의 분산에 대한 추론에서 사용되는 표본분산의 비 S_1^2/S_2^2에 대한 분포를 이해하는데 유용하게 사용된다.

[정의 9.1] F 분포(F distribution)

- 서로 독립인 두 확률변수 V_1과 V_2가 각각 자유도가 k_1과 k_2인 카이제곱분포를 따른다면, 새로운 확률변수 $X=\dfrac{V_1/k_1}{V_2/k_2}$는 자유도가 (k_1,k_2)인 F분포를 따른다.

---

6) 두 분산의 비 $\dfrac{\sigma_1^2}{\sigma_2^2}=1$은 $\sigma_1^2=\sigma_2^2$, $\dfrac{\sigma_1^2}{\sigma_2^2}>1$ 은 $\sigma_1^2>\sigma_2^2$, $\dfrac{\sigma_1^2}{\sigma_2^2}<1$ 은 $\sigma_1^2<\sigma_2^2$ 과 각각 동일하다.

• 확률변수 X가 자유도가 (k_1, k_2)인 F분포를 따른다면, $X \sim F(k_1, k_2)$로 표기하고 확률밀도함수 $f(x)$는 다음과 같다.

$$f(x) = \frac{\Gamma((k_1+k_2)/2)}{\Gamma(k_1/2)\Gamma(k_2/2)}\left(\frac{k_1}{k_2}\right)^{k_1/2}\frac{x^{(k_1-2)/2}}{(1+k_1x/k_2)^{(k_1+k_2)/2}},\ x>0$$

여기서 $\Gamma(\alpha) = \int_0^\infty t^{\alpha-1}e^{-t}dt, \alpha > 0$[7]

F분포는 자유도 (k_1, k_2)에 따라 그 분포의 모양이 결정되며. [그림 9.1]에서 보는 바와 같이 분포 모양은 왼쪽으로 치우쳐 있으면서 오른쪽으로 꼬리가 긴 비대칭형이다.

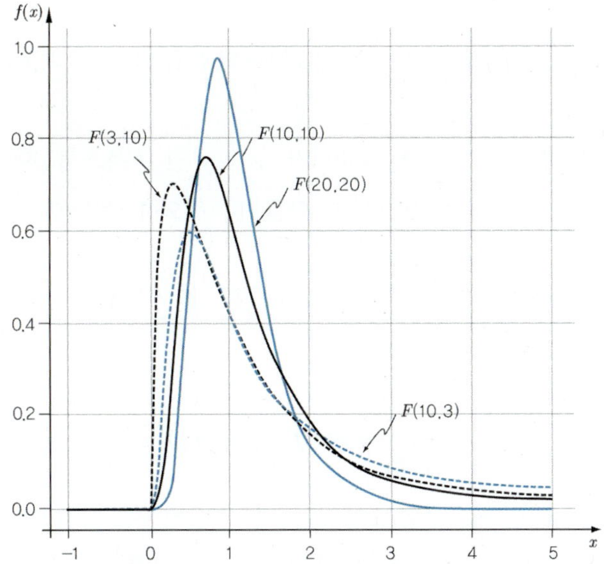

[그림 9.1] 자유도 (k_1, k_2)에 대한 F 확률밀도함수의 그래프

확률변수 X가 자유도가 (k_1, k_2)인 F분포를 따를 때 $P(X > x) = \alpha$를 만족하는 x값을 자유도가 (k_1, k_2)인 F분포의 상위 $100\alpha\%$ 백분위수라고 하며, $f_\alpha(k_1, k_2)$로 표기하다. 즉 $f_\alpha(k_1, k_2)$는 [그림 9.2]에서 보는 바와 같이 $P(X > f_\alpha(k_1, k_2)) = \alpha$을 만족하는 값이다. 부록의 [표 B.7]에는 여러 값의 자유도 (k_1, k_2)에 대한 F분포의 상위 $100\alpha\%$ 백분위수의 값이 주어져 있으며, 이를 이용하여 F분포에 관한 확률을 쉽게 계산할 수 있다. 자유도가 $(k_1,\ k_2)$인 F 분포에서는 k_1과 k_2의 순

7) 이때 $E(X) = \dfrac{k_2}{k_2-2}\ (k_2 > 2)$이고 $Var(X) = \dfrac{2k_2^2(k_1+k_2-2)}{k_1(k_2-2)^2(k_2-4)}\ (k_2 > 4)$이다.

서가 중요하다.

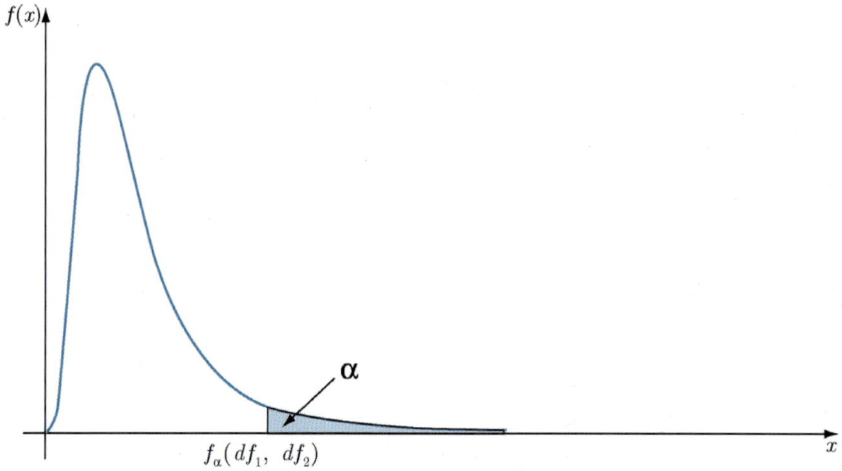

[그림 9.2] 자유도가 $(k_1,\ k_2)$인 F분포의 상위 $100\alpha\%$ 백분위수

F분포의 정의로부터 확률변수 X가 자유도가 (k_1, k_2)인 F분포를 따르면, $1/X$는 자유도가 (k_2, k_1)인 F분포를 따름이 자명하다. 따라서 두 확률변수 X와 $1/X$간에는

$$\alpha = P(X > f_\alpha(k_1, k_2)) = P\left(\frac{1}{X} \le \frac{1}{f_\alpha(k_1, k_2)}\right) = P\left(\frac{1}{X} \le f_{1-\alpha}(k_2, k_1)\right)$$

와 같은 식이 성립하므로

$$\frac{1}{f_\alpha(k_1, k_2)} = f_{1-\alpha}(k_2, k_1)$$

의 관계를 구할 수 있다. 이러한 점은 F분포의 분포표를 이용하는데 실질적인 도움을 준다. 또한, 6장의 [정의 6.5]와 [정리 6.5]를 이용하면 자유도가 n인 t분포를 따르는 확률변수 T에 대하여 $T^2 \sim F(1, n)$임을 보일 수 있다.[8)]

예제 9.10 **확률변수 X가 자유도가 $(5, 10)$인 F분포를 따를 때, $F(X \ge a) = 0.05$를 만족하는 상수 a를 부록의 F분포표를 이용하여 구하여라.**

풀이 부록의 표 B.7에 의해 $a = F_{0.05}(5, 10) = 3.326$이다. ■

---

8) 서로 독립인 두 확률변수 $Z \sim N(0,\ 1)$와 $V \sim \chi^2(n)$에 대하여 $T = \dfrac{Z}{\sqrt{V/n}} \sim t(n)$이며, $Z^2 \sim \chi^2(1)$이므로 $T^2 = \dfrac{Z^2/1}{V/n} \sim F(1,\ n)$이다.

R 실습 9.5 [예제 9.10]의 확률변수 $X \sim F(5,10)$의 확률밀도함수를 그리고, 상위 5% 백분위수 $f_{0.05}(5,10)$의 값을 구하여라.

[R코드 9.5] F-분포의 확률밀도함수

```
#F-분포의 확률밀도함수 그리기
curve(expr=df(x, df1=5, df2=10), from=-1, to=5, n=1000, lty=1, col=1,
      main="F 분포", xlab="x", ylab="f(x)")
grid() # 격자를 그리는 함수
curve(expr=df(x, df1=10, df2=5), from=-1, to=5, n=1000, lty=2, col=4,
      add=T) # add=TRUE 이면 이전 그림에 겹쳐서 나타냄
legend("topright", legend=c("F(5,10)", "F(10,5)"), bty="n", lty=c(1,2), col=c(1,4))

# F-분포의 상위 백분위수
qf(p=0.95, df1=5, df2=10)
qf(p=0.05, df1=5, df2=10, lower.tail=F)
```

실행 결과 **F-분포의 확률밀도함수 그리기**

```
> #F-분포의 확률밀도함수 그리기
> curve(expr=df(x, df1=5, df2=10), from=-1,
      to=5, n=1000, lty=1, col=1,
+     main="F 분포", xlab="x", ylab="f(x)")
> grid() # 격자를 그리는 함수
> curve(expr=df(x, df1=10, df2=5), from=-1,
      to=5, n=1000, lty=2, col=4,
+     add=T) # add=TRUE 이면 이전 그림에
          겹쳐서 나타냄
> legend("topright", legend=c("F(5,10)",
  "F(10,5)"), bty="n", lty=c(1,2), col=c(1,4))
```

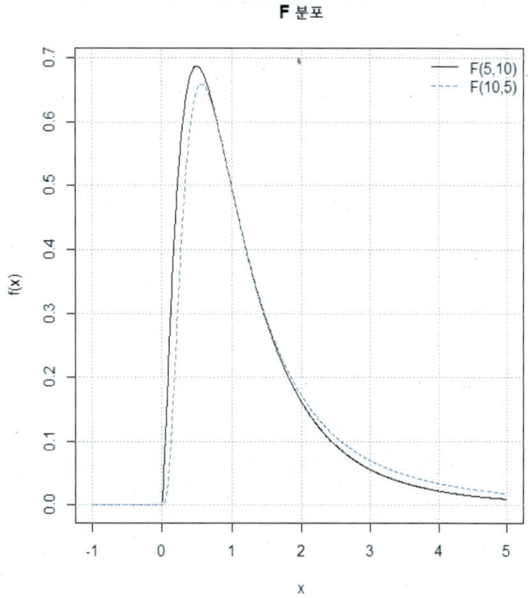

- F분포의 확률밀도함수를 curve( ) 함수를 사용하여 나타내면 [R코드 9.5]의 실행 결과와 같다. 이때 F분포의 확률밀도함수 값을 계산하는 df( ) 함수를 사용하여 매개변수 expr을 지정하였으며, 매개변수 from과 to를 사용하여 x축의 시작과 종점을 설정하였다.
- $F(10,5)$의 확률밀도함수를 추가하기 위하여 curve( ) 함수의 매개변수 add=T로 지정하였으며, legend( ) 함수를 이용하여 범례를 나타내었다.

실행 결과 F-분포의 상위 백분위수

```
> # F-분포의 상위 백분위수
> qf(p=0.95, df1=5, df2=10)
[1] 3.325835
> qf(p=0.05, df1=5, df2=10, lower.tail=F)
[1] 3.325835
```

- F분포의 상위 백분위수는 qf( ) 함수를 이용하여 구할 수 있으며, 매개변수 lower.tail의 값에 따라 하위 백분위수 또는 상위 백분위수를 제공한다. 즉, lower.tail=TRUE이면 하위 백분위수를 제공하므로 확률값을 나타내는 매개변수 p=0.95로 하고, lower.tail=FALSE이면 상위 백분위수를 제공하므로 매개변수 p=0.05로 하면 상위 5% 백분위수 $f_{0.05}(5,10)$의 값을 구할 수 있다. [R코드 9.5]의 실행 결과를 보면 $f_{0.05}(5,10)$의 값이 [예제 9.10]의 결과와 같음을 알 수 있다.

(2) F 확률변수의 분포

이제 $X_{11},\ \cdots,\ X_{1n_1}$과 $X_{21},\ \cdots,\ X_{2n_2}$를 각각 정규모집단 $N(\mu_1,\ \sigma_1^2)$과 $N(\mu_2,\ \sigma_2^2)$로부터 서로 독립적으로 추출한 확률표본이라 할 때, 두 모분산에 대한 추론에서 유용하게 사용되는 확률변수 $F=\dfrac{\sigma_2^2}{\sigma_1^2}\cdot\dfrac{S_1^2}{S_2^2}$가 어떠한 분포를 따르는지에 대하여 알아보도록 하자. 5장의 [정리 5.4]로부터

$$\frac{(n_1-1)S_1^2}{\sigma_1^2} \sim \chi^2(n_1-1),\ \frac{(n_2-1)S_2^2}{\sigma_2^2} \sim \chi^2(n_2-1)$$

이고 표본을 서로 독립적으로 추출하였으므로 이들은 서로 독립이다. 따라서, F분포의 정의로부터 확률변수

$$F = \frac{\dfrac{(n_1-1)S_1^2}{\sigma_1^2}/(n_1-1)}{\dfrac{(n_2-1)S_2^2}{\sigma_2^2}/(n_2-1)} = \frac{\sigma_2^2}{\sigma_1^2} \cdot \frac{S_1^2}{S_2^2}$$

는 자유도가 $(n_1-1,\ n_2-1)$ 인 F 분포를 따르게 된다.

정리 9.6 두 정규모집단에서 표분분산의 비에 대한 분포

- $X_{11},\ \cdots,\ X_{1n_1}$ 과 $X_{21},\ \cdots,\ X_{2n_2}$ 를 각각 정규모집단 $N(\mu_1,\ \sigma_1^2)$ 과 $N(\mu_2,\ \sigma_2^2)$ 로부터 서로 독립적으로 추출한 확률표본이라 할 때, 새로운 확률변수 $F = \dfrac{\sigma_2^2}{\sigma_1^2} \cdot \dfrac{S_1^2}{S_2^2}$ 는 자유도가 $(n_1-1,\ n_2-1)$ 인 F 분포를 따른다. 즉 $\quad F = \dfrac{\sigma_2^2}{\sigma_1^2} \cdot \dfrac{S_1^2}{S_2^2} \sim F(n_1-1, n_2-1)$ 이 성립한다.

9.3.2 두 모분산의 비 σ_1^2/σ_2^2에 대한 추론

정규분포를 따르는 두 모집단의 모분산의 비 σ_1^2/σ_2^2 에 대한 신뢰구간은 [정리 9.6]의 확률변수 F를 이용하여 구할 수 있다.

즉, 확률변수 $\dfrac{1}{F} = \dfrac{\sigma_1^2}{\sigma_2^2} \cdot \dfrac{S_2^2}{S_1^2} \sim F(n_2-1,\ n_1-1)$ 이므로

$$\begin{aligned} 1-\alpha &= P\left(f_{1-\alpha/2}(n_2-1,\ n_1-1) \le \frac{\sigma_1^2}{\sigma_2^2} \cdot \frac{S_2^2}{S_1^2} \le f_{\alpha/2}(n_2-1,\ n_1-1)\right) \\ &= P\left(\frac{S_1^2}{S_2^2} \cdot f_{1-\alpha/2}(n_2-1,\ n_1-1) \le \frac{\sigma_1^2}{\sigma_2^2} \le \frac{S_1^2}{S_2^2} \cdot f_{\alpha/2}(n_2-1,\ n_1-1)\right) \\ &= P\left(\frac{S_1^2}{S_2^2} \cdot \frac{1}{f_{\alpha/2}(n_1-1,\ n_2-1)} \le \frac{\sigma_1^2}{\sigma_2^2} \le \frac{S_1^2}{S_2^2} \cdot f_{\alpha/2}(n_2-1,\ n_1-1)\right) \end{aligned}$$

이므로, σ_1^2/σ_2^2에 대한 $100(1-\alpha)\%$ 신뢰구간은 다음과 같다.

[σ_1^2/σ_2^2에 대한 신뢰구간] 두 정규모집단 경우

두 정규모집단 $N(\mu_1, \sigma_1^2)$과 $N(\mu_2, \sigma_2^2)$의 모분산의 비 σ_1^2/σ_2^2에 대한 $100(1-\alpha)\%$ 신뢰구간은 다음과 같다.

$$\left[\frac{S_1^2}{S_2^2}\cdot\frac{1}{f_{\alpha/2}(n_1-1,n_2-1)},\ \frac{S_1^2}{S_2^2}\cdot f_{\alpha/2}(n_2-1,n_1-1)\right]$$

또한 [정리 9.6]의 확률변수 F를 이용하여 두 모분산에 대한 가설을 검정할 수 있다. 귀무가설이 두 모분산의 동일성에 대한 가설 $H_0 : \sigma_1^2 = \sigma_2^2$ 이면, 즉 두 모분산의 비 $\sigma_1^2/\sigma_2^2 = 1$일 때, 검정통계량으로는

$$F_0 = \frac{S_1^2}{S_2^2}$$

를 사용하며, 유의수준 α에서의 기각역과 p-값을 다음과 같이 구할 수 있다.

[σ_1^2/σ_2^2에 대한 가설검정 : F–검정] 두 정규모집단 경우

두 정규모집단 $N(\mu_1, \sigma_1^2)$과 $N(\mu_2, \sigma_2^2)$의 모분산의 비 σ_1^2/σ_2^2에 대한 아래의 가설검정에서 사용되는 검정통계량과 그 확률분포는

$$F_0 = \frac{S_1^2}{S_2^2} \sim F(n_1-1,n_2-1)\ \ (\text{귀무가설 } H_0\text{가 참일 때})$$

이며, 유의수준 α에서의 기각역과 검정통계량의 관측값 f_0^*에 대한 p-값은 다음과 같다.

	가설	기각역	p-값
우측 검정	$H_0 : \sigma_1^2 = \sigma_2^2,\ H_1 : \sigma_1^2 > \sigma_2^2$ $(H_0 : \sigma_1^2/\sigma_2^2 = 1,\ H_1 : \sigma_1^2/\sigma_2^2 > 1)$	$f_0 > f_\alpha(n_1-1,n_2-1)$	$P(F_0 > f_0^*)$
좌측 검정	$H_0 : \sigma_1^2 = \sigma_2^2,\ H_1 : \sigma_1^2 < \sigma_2^2$ $(H_0 : \sigma_1^2/\sigma_2^2 = 1,\ H_1 : \sigma_1^2/\sigma_2^2 < 1)$	$f_0 < f_{1-\alpha}(n_1-1,n_2-1)$	$P(F_0 < f_0^*)$
양측 검정	$H_0 : \sigma_1^2 = \sigma_2^2,\ H_1 : \sigma_1^2 \neq \sigma_2^2$ $(H_0 : \sigma_1^2/\sigma_2^2 = 1,\ H_1 : \sigma_1^2/\sigma_2^2 \neq 1)$	$f_0 > f_{\alpha/2}(n_1-1,n_2-1)$ 또는 $f_0 < f_{1-\alpha/2}(n_1-1,n_2-1)$	$2\min\{P(F_0 > f_0^*),$ $P(F_0 < f_0^*)\}$

예제 9.11 [예제 9.4]에서 두 모집단의 분산에 대한 추론을 하고자 한다. 다음 물음에 답하여라.

(1) 두 모분산이 같다고 할 수 있는지를 유의수준 $\alpha = 0.05$에서 검정하여라.

(2) 두 모분산의 비 σ_1^2/σ_2^2에 대한 95% 신뢰구간을 구하여라.

풀이 (1) 두 모분산이 같다고 할 수 있는지를 검정하는 것이므로, 귀무가설과 대립가설은 $H_0 : \sigma_1^2 = \sigma_2^2$, $H_1 : \sigma_1^2 \neq \sigma_2^2$ 와같이 설정할 수 있다. 검정통계량 $F_0 = \dfrac{S_1^2}{S_2^2}$은 자유도가 각각 9, 9인 F분포를 따르고, $s_1^2 = 15.6$, $s_2^2 = 11.43$이므로, 검정통계량의 관측값 $f_0^* = 15.6/11.43 = 1.365$이다. 따라서 p-값$= 2P(F_0 > f_0^*) = 2 \cdot 0.325 = 0.65 > 0.05 = \alpha$이므로 귀무가설 $H_0 : \sigma_1^2 = \sigma_2^2$을 기각하지 않는다. 즉, 두 모분산이 같다는 귀무가설을 기각할 수 없다.

(2) 두 모분산의 비 σ_1^2/σ_2^2에 대한 $100(1-\alpha)\%$ 신뢰구간은 다음과 같다.

$$\left[\frac{S_1^2}{S_2^2} \cdot \frac{1}{f_{\alpha/2}(n_1-1, n_2-1)},\ \frac{S_1^2}{S_2^2} \cdot f_{\alpha/2}(n_2-1, n_1-1)\right]$$

부록의 표 B.5로부터 $f_{0.025}(9,9) = 4.026$. $f_{0.975}(9,9) = 1/f_{0.025}(9,9) = 0.248$이므로, 두 모분산의 비 σ_1^2/σ_2^2에 대한 95% 신뢰구간은 $\left[\dfrac{15.6}{11.43} \cdot \dfrac{1}{4.026}, \dfrac{15.6}{11.43} \cdot 4.026\right] = (0.339, 5.495)$이다. ■

R 실습 9.6 F-검정으로 [예제 9.11]의 가설을 검정하고 두 모분산의 비 σ_1^2/σ_2^2에 대한 95% 신뢰구간을 구하여라.

[R코드 9.6] 두 집단 F-검정과 신뢰구간

```
# F-검정과 신뢰구간
group1 = c(9,6,8,1,2,-2,4,-3,4,5); group2 = c(5,3,-1,2,6,3,-1,-3,-1,-4)
var.test(x=group1, y=group2, ratio=1, alternative="two.sided", conf.level=0.95)
  # var.test() : 두 집단의 분산에 대한 가설을 검정하는 함수
```

실행 결과

```
> # F-검정과 신뢰구간
> group1 = c(9,6,8,1,2,-2,4,-3,4,5); group2 = c(5,3,-1,2,6,3,-1,-3,-1,-4)
> var.test(x=group1, y=group2, ratio=1, alternative="two.sided", conf.level=0.95)
```

```
        F test to compare two variances

data:  group1 and group2
F = 1.3644, num df = 9, denom df = 9, p-value = 0.6509
alternative hypothesis: true ratio of variances is not equal to 1
95 percent confidence interval:
 0.3389055 5.4931932
sample estimates:
ratio of variances
          1.364431
```

- 두 집단의 분산에 대한 F-검정과 신뢰구간은 R에서 제공하는 **var.test( )** 함수를 이용하여 구할 수 있다. 여기서 귀무가설 H_0 : $\sigma_1^2/\sigma_2^2 = 1$ 의 분산비가 1이므로 매개변수 **ratio=1**로 지정하고 양측검정이므로 **alternative="two.sided"**로 지정하면 된다.
- [R코드 9.6]의 실행 결과로부터 검정통계량의 값 $F = 1.36$, 자유도 $df = (9,\ 9)$, p-값 $p-$ 값 $= 0.65$, 신뢰구간 $[0.34,\ 5.49]$은 [예제 9.11]의 결과와 동일함을 알 수 있다.

9.4 두 모비율의 비교

특정 정책에 대한 지지도에 있어서 성별간에 차이가 존재하는지 또는 두 공장에서 생산되고 있는 제품의 불량률이 동일한 지에 대한 조사는 두 집단의 모비율을 비교하는 문제에 해당된다. 두 모비율의 비교에서는 두 모평균의 비교에서와 마찬가지로 두 모비율의 차 $p_1 - p_2$를 이용하게 되고, 두 표본비율의 차 $\hat{p}_1 - \hat{p}_2$를 이용하여 통계적 추론을 하게 된다. 따라서 $\hat{p}_1 - \hat{p}_2$의 표본분포에 대해 먼저 살펴보고, 이를 바탕으로 두 모비율의 차 $p_1 - p_2$에 대한 신뢰구간과 가설검정법을 살펴보기로 한다.

9.4.1 통계적 추론에 필요한 확률분포

$X_{11},\ \cdots,\ X_{1n_1}$과 $X_{21},\ \cdots,\ X_{2n_2}$를 각각 성공률이 p_1인 베르누이분포 $B(1,\ p_1)$과 성공률이 p_2인 베르누이분포 $B(1,\ p_2)$로부터 서로 독립적으로 추출한 확률표본이라 하면, 각각의 확률변수

$X_{1i}(i=1, \cdots, n_1)$와 $X_{2i}(i=1, \cdots, n_2)$는 0(실패) 아니면 1(성공)의 값을 가지게 된다. 이때 확률변수 $X_1 = \sum_{i=1}^{n_1} X_{1i}$는 첫 번째 모집단 $B(1, p_1)$으로부터 n_1번의 독립적인 베르누이 시행에서 성공횟수를 나타내므로 이항분포 $B(n_1, p_1)$를 따르게 되고, 마찬가지로 확률변수 $X_2 = \sum_{i=1}^{n_2} X_{2i}$는 두 번째 모집단 $B(1, p_2)$으로부터 n_2번의 독립적인 베르누이 시행에서 성공횟수를 나타내므로 이항분포 $B(n_2, p_2)$를 따르게 된다. 따라서 두 표본비율은 각각

$$\hat{p}_1 = \frac{X_1}{n_1} = \frac{1}{n_1}\sum_{i=1}^{n_1} X_{1i}, \ \hat{p}_2 = \frac{X_2}{n_2} = \frac{1}{n_2}\sum_{i=1}^{n_2} X_{2i}$$

이고, $\hat{p}_1 - \hat{p}_2$의 기대값과 분산은

$$E(\hat{p}_1 - \hat{p}_2) = E(\hat{p}_1) - E(\hat{p}_2) = p_1 - p_2$$

$$\begin{aligned} Var(\hat{p}_1 - \hat{p}_2) &= Var(\hat{p}_1) + Var(\hat{p}_2) \\ &= \frac{p_1(1-p_1)}{n_1} + \frac{p_2(1-p_2)}{n_2} \quad \text{(서로 독립이므로)} \end{aligned}$$

이다. 따라서 두 표본의 크기 n_1과 n_2가 충분히 큰 경우에 $\hat{p}_1 - \hat{p}_2$을 표준화한 확률변수

$$\frac{(\hat{p}_1 - \hat{p}_2) - (p_1 - p_2)}{\sqrt{p_1(1-p_1)/n_1 + p_2(1-p_2)/n_2}}$$

는 중심극한정리에 의하여 근사적으로 표준정규분포 $N(0, 1)$을 따르게 된다. 또한 두 표본비율 $\hat{p}_1$과 $\hat{p}_2$은 각각 미지의 모비율 p_1과 p_2에 대한 일치추정량이므로, 두 표본의 크기 n_1과 n_2가 충분히 클 경우 분모의 p_1과 p_2 대신에 이들의 일치추정량인 $\hat{p}_1$과 $\hat{p}_2$을 대입하여도 다음과 같은 근사분포가 성립한다.

정리 9.7 두 표본비율의 차에 대한 분포

$X_{11}, X_{12}, \cdots, X_{1n_1}$과 $X_{21}, X_{22}, \cdots, X_{2n_2}$이 각각 베르누이분포 $B(1,p_1)$와 $B(1,p_2)$를 따르는 모집단으로부터 구한 확률표본이라고 하면, 확률표본의 크기 n_1과 n_2가 충분히 큰 경우 확률변수

$$Z = \frac{(\hat{p}_1 - \hat{p}_2) - (p_1 - p_2)}{\sqrt{\hat{p}_1(1-\hat{p}_1)/n_1 + \hat{p}_2(1-\hat{p}_2)/n_2}}$$

는 근사적으로 표준정규분포를 따른다.

- $Z = \dfrac{(\hat{p}_1 - \hat{p}_2) - (p_1 - p_2)}{\sqrt{\hat{p}_1(1-\hat{p}_1)/n_1 + \hat{p}_2(1-\hat{p}_2)/n_2}} \stackrel{\cdot}{\sim} N(0,1)$이다.

9.4.2 두 모비율의 차 $p_1 - p_2$에 대한 추론

베르누이 분포를 따르는 두 모집단의 모비율의 차 $p_1 - p_2$에 대한 근사 신뢰구간은 [정리 9.17]의 확률변수 Z를 이용하여 다음과 같이 구할 수 있다.

[$p_1 - p_2$에 대한 근사 신뢰구간] 두 확률표본의 크기가 큰 경우

두 확률표본의 크기 n_1과 n_2가 충분히 큰 경우, 베르누이분포 $B(1, p_1)$와 $B(1, p_2)$를 따르는 두 모집단의 모비율의 차 $p_1 - p_2$에 대한 $100(1-\alpha)\%$ 근사 신뢰구간은 다음과 같다.

$$\left[(\hat{p}_1 - \hat{p}_2) - z_{\alpha/2}\sqrt{\frac{\hat{p}_1(1-\hat{p}_1)}{n_1} + \frac{\hat{p}_2(1-\hat{p}_2)}{n_2}},\right.$$
$$\left.(\hat{p}_1 - \hat{p}_2) + z_{\alpha/2}\sqrt{\frac{\hat{p}_1(1-\hat{p}_1)}{n_1} + \frac{\hat{p}_2(1-\hat{p}_2)}{n_2}}\right]$$

이제 두 모비율에 대한 귀무가설이 $H_0 : p_1 = p_2$일 때, 가설검정의 문제를 생각해 보자. 귀무가설이 참일 때 두 모집단의 공통 모비율을 $p(= p_1 = p_2)$라고 하면 $\hat{p}_1 - \hat{p}_2$의 기대값과 분산은 각각

$$E(\hat{p}_1 - \hat{p}_2) = 0,\quad Var(\hat{p}_1 - \hat{p}_2) = p(1-p)\left(\frac{1}{n_1} + \frac{1}{n_2}\right)$$

이다. 따라서 두 표본의 크기 n_1과 n_2가 충분히 큰 경우에 $\hat{p}_1 - \hat{p}_2$을 표준화한 확률변수

$$\frac{(\hat{p}_1 - \hat{p}_2) - 0}{\sqrt{p(1-p)(1/n_1 + 1/n_2)}}$$

는 중심극한정리에 의하여 근사적으로 표준정규분포 $N(0, 1)$을 따르게 된다. 두 모비율이 동일하다는 조건 하에서는 두 모집단으로부터 추출한 확률표본을 함께 이용하여 공통 모비율 p를 추정하는 것이 바람직하며, 일반적으로 합동추정량

$$\hat{p} = \frac{n_1\hat{p}_1 + n_2\hat{p}_2}{n_1 + n_2}$$

을 사용한다. 따라서 두 모비율에 대한 귀무가설 $H_0 : p_1 = p_2$이 참일 때, 앞의 9.4.1절에서와 마찬가지로 분모의 p대신에 합동추정량인 $\hat{p}$을 사용하여도 이 근사분포는

$$Z_0 = \frac{(\hat{p}_1 - \hat{p}_2)}{\sqrt{\hat{p}(1-\hat{p})(1/n_1 + 1/n_2)}} \;\dot{\sim}\; N(0,1)$$

와 같이 성립하며, 이러한 Z_0를 검정통계량으로 사용하여 유의수준 α에서의 기각역과 p-값을 다음

과 같이 구할 수 있다.

[$p_1 - p_2$에 대한 가설검정: z-검정] 두 확률표본의 크기가 큰 경우

두 확률표본의 크기 n_1과 n_2가 충분히 큰 경우, 베르누이분포 $B(1, p_1)$와 $B(1, p_2)$를 따르는 두 모집단의 모비율의 차 $p_1 - p_2$에 대한 아래의 가설검정에서 사용되는 검정통계량과 그 확률분포는

$$Z_0 = \frac{(\hat{p}_1 - \hat{p}_2)}{\sqrt{\hat{p}(1-\hat{p})(1/n_1 + 1/n_2)}} \dot{\sim} N(0,1) \text{ (귀무가설 } H_0\text{가 참일 때)}$$

이며, 유의수준 α에서의 기각역과 검정통계량의 관측값 z_0^*에 대한 p-값은 다음과 같다.

	가설	기각역	p-값
우측검정	$H_0 : p_1 = p_2,\ H_1 : p_1 > p_2$	$z_0 > z_\alpha$	$P(Z_0 > z_0^*)$
좌측검정	$H_0 : p_1 = p_2,\ H_1 : p_1 < p_2$	$z_0 < -z_\alpha$	$P(Z_0 < z_0^*)$
양측검정	$H_0 : p_1 = p_2,\ H_1 : p_1 \neq p_2$	$\lvert z_0 \rvert > z_{\alpha/2}$	$2P(Z_0 > \lvert z_0^* \rvert)$

예제 9.12 최근 담뱃값 인상에 대하여 남녀간에 찬성 비율이 다르다는 주장이 제기되었다. 이에 보건복지부에서는 성인남녀 각각 200명씩을 대상으로 설문조사를 실시하여 담뱃값 인상에 대한 찬성 비율이 성인남녀간에 차이가 있는지를 유의수준 $\alpha = 0.05$에서 검정하려고 한다. 담뱃값 인상에 대한 성인남성의 찬성비율을 p_1, 성인여성의 찬성비율을 p_2라고 할 때, 다음 물음에 답하여라.

(1) 가설을 설정하여라.

(2) 귀무가설 H_0가 참일 때, 가설검정을 위한 검정통계량과 그 확률분포를 구하여라.

(3) 기각역을 구하여라.

(4) 설문조사결과 각각 200명의 설문대상자 가운데 성인남성 94명과 성인여성 112명이 담뱃값인상에 찬성하였다. 이 결과를 이용하여 (1)의 가설을 검정하여라.

풀이 (1) 담뱃값 인상에 대하여 남녀간에 찬성 비율이 다르다는 주장에 대한 검정이므로 양측검정에 해당한다. 따라서 귀무가설 및 대립가설은 다음과 같다

$$H_0 : p_1 = p_2,\ H_1 : p_1 \neq p_2$$

(2) 귀무가설 $H_0 : p_1 = p_2 = p$가 참일 때 공통비율 p의 추정량은

$\hat{p} = \dfrac{n_1\hat{p}_1 + n_2\hat{p}_2}{n_1 + n_2} = \dfrac{200\hat{p}_1 + 200\hat{p}_2}{200 + 200} = \dfrac{1}{2}(\hat{p}_1 + \hat{p}_2)$이고, $n_1 = n_2 = 200$이 충분히

크므로, $Z_0 = \dfrac{\hat{p}_1 - \hat{p}_2}{\sqrt{\hat{p}(1-\hat{p})\left(\dfrac{1}{200}+\dfrac{1}{200}\right)}} \dot{\sim} N(0,1)$이다.

(3) $z_{\alpha/2} = z_{0.025} = 1.96$이므로, 기각역은 $z_0 \le -1.96$ 또는 $z_0 \ge 1.96$이다.

(4) $\hat{p}_1 = \dfrac{94}{200} = 0.47$, $\hat{p}_2 = \dfrac{112}{200} = 0.56$ 이므로, 공통비율 p의 추정량은

$\hat{p} = \dfrac{1}{2}(\hat{p_1}+\hat{p_2}) = \dfrac{1}{2}(0.47+0.56) = 0.515$이다. 따라서 검정통계량의 관측값

$$z_0^* = \frac{\hat{p}_1 - \hat{p}_2}{\sqrt{\hat{p}(1-\hat{p})\left(\dfrac{1}{200}+\dfrac{1}{200}\right)}} = \frac{0.47-0.56}{\sqrt{(0.515)(1-0.515)/100}} = -1.8$$이고,

z_0^*는 기각역에 포함되지 않는다. 따라서 귀무가설 H_0을 기각할 수 없다. 즉, 설문조사결과는 담뱃값 인상에 대한 찬성 비율이 성인남녀간에 차이가 있다는 주장을 충분히 뒷받침하고 있다고 할 수 없다. ■

예제 9.13 [예제 9.12]의 설문조사결과를 이용하여 두 모비율의 차 $p_1 - p_2$에 대한 95% 신뢰구간을 구하여라.

풀이 두 모비율의 차 $p_1 - p_2$에 대한 $100(1-\alpha)\%$ 신뢰구간은 다음과 같다.

$$\left[(\hat{p}_1 - \hat{p}_2) - z_{\alpha/2}\sqrt{\frac{\hat{p}_1(1-\hat{p}_1)}{n_1}+\frac{\hat{p}_2(1-\hat{p}_2)}{n_2}},\ (\hat{p}_1 - \hat{p}_2) + z_{\alpha/2}\sqrt{\frac{\hat{p}_1(1-\hat{p}_1)}{n_1}+\frac{\hat{p}_2(1-\hat{p}_2)}{n_2}}\right]$$

따라서 두 모비율의 차 $p_1 - p_2$에 대한 95% 신뢰구간은

$$\left[(0.47-0.56) - 1.96\sqrt{\frac{0.47(1-0.47)}{200}+\frac{0.56(1-0.56)}{200}},\right.$$
$$\left.(0.47-0.56) + 1.96\sqrt{\frac{0.47(1-0.47)}{200}+\frac{0.56(1-0.56)}{200}}\right] = (-0.19, 0.01)$$이다. ■

R 실습 9.7 [예제 9.12]의 가설을 검정하고 [예제 9.13]의 신뢰구간을 구하여라.

[R코드 9.7] 대표본에서의 두 모비율에 대한 z-검정 및 신뢰구간

```
# 두 모비율의 검정
n.success=c(94, 112)  # 두 집단의 성공 횟수
n.trial=c(200, 200)   # 두 집단의 시행 횟수
prop.test(x=n.success, n=n.trial, alternative="two.sided", correct=FALSE)
```

실행 결과

```
> # 두 모비율의 검정
> n.success=c(94, 112)  # 두 집단의 성공 횟수
> n.trial=c(200, 200)    # 두 집단의 시행 횟수
> prop.test(x=n.success, n=n.trial, alternative="two.sided", correct=FALSE)

2-sample test for equality of proportions without
        continuity correction

data:  n.success out of n.trial
X-squared = 3.2429, df = 1, p-value = 0.07173
alternative hypothesis: two.sided
95 percent confidence interval:
 -0.187556211  0.007556211
sample estimates:
prop 1 prop 2
  0.47   0.56
```

- 두 모비율의 차 $p_1 - p_2$에 대한 통계적 추론(가설검정 및 신뢰구간)은 **prop.test( )** 함수를 이용하여 시행할 수 있다. 이때 인수 매개변수 x에는 각 집단별 성공 횟수를 입력하고, 매개변수 **n**에는 각 집단별 시행 횟수를 입력한다. **correct**는 연속성 수정의 유무를 나타내기 위한 매개변수로서 여기서는 [예제 9.12]와 동일하게 검정을 시행하기 위하여 **correct=FALSE**로 입력하여 연속성 수정을 시행하지 않았다.
- [R코드 9.7]의 실행 결과로부터 가설 $H_0 : p_1 = p_2$, $H_1 : p_1 \neq p_2$에 대한 검정결과와 두 모비율의 차 $p_1 - p_2$ 에 대한 신뢰구간은 [예제 9.12]와 [예제 9.13]의 결과와 동일함을 알 수 있다.[9)]

9) prop.test() 함수는 두 모비율의 비교를 일반화하여, 셋 이상의 모비율 비교에도 활용될 수 있도록 카이제곱 통계량을 제공한다. prop.test() 함수의 신뢰구간은 Wilson's score interval 방법으로 계산되었다. 자세한 사항은 7장 각주 12)와 8장 각주 3)에 서술되어 있다.

연습문제

1. 현재 D전자 핸드폰에 사용하는 배터리는 A업체에서 납품하고 있다. 최근 경쟁사인 B업체는 자신들이 생산한 배터리의 평균수명이 A업체의 제품의 수명보다 더 길다고 주장하였다. D전자는 B업체의 유의수준 $\alpha = 0.05$에서 주장을 검정하기 위해 각 업체의 배터리를 무작위로 16개씩 추출하여 A업체의 배터리 수명 $X_{A1}, X_{A2}, \cdots, X_{A16}$와 B업체의 배터리 수명 $X_{B1}, X_{B2}, \cdots, X_{B16}$을 조사하고자 한다. 다음 물음에 답하여라. (단, A업체에서 납품하는 배터리의 수명 $X_A \sim N(\mu_A, 64)$이고, B업체에서 납품하는 배터리의 수명 $X_B \sim N(\mu_B, 80)$이며, 서로 독립이라고 가정한다.)

1) B업체의 주장을 검정하기 위한 가설을 설정하고, 기각역을 구하여라.

2) $X_{A1}, X_{A2}, \cdots, X_{A16}$와 $X_{B1}, X_{B2}, \cdots, X_{B16}$를 조사한 결과 $\overline{x_A} = 60$, $\overline{x_B} = 66$를 얻었다. 기각역을 바탕으로 가설을 검정하여라.

3) $\mu_A - \mu_B = -6$일 때, 기각역에 대한 검정력을 구하여라.

2. H학원의 교육개발팀은 새로운 학습 방법을 개발하여, 새로운 학습 방법이 기존의 학습방법보다 효과적이라고 주장하고 있다. H학원은 교육개발팀의 주장을 유의수준 $\alpha = 0.05$에서 검정하기 위해서 성적이 유사한 학생 18명을 무작위로 A조(9명)과 B조(9명)로 나눈 후 A조에는 새로운 교육방법을, B조는 기존의 교육방법을 적용하여 교육을 하였다. 충분한 시간을 교육한 후 A조의 시험점수 $X_{A1}, X_{A2}, \cdots, X_{A9}$와 B조의 시험점수 $X_{B1}, X_{B2}, \cdots, X_{B9}$를 측정하려고 한다. 다음 물음에 답하여라.(단, 각 학습방법에 따른 시험점수는 $X_A \sim N(\mu_A, \sigma_A^2)$, $X_B \sim N(\mu_B, \sigma_B^2)$라고 가정한다.)

1) 교육개발팀의 주장을 검정하기 위한 가설을 설정하고, 가설을 검정하기 위한 검정통계량과 그 분포를 구하여라.

2) 시험결과가 아래 표와 같을 때 p-값을 이용하여 가설을 검정하여라.

A조의 성적	73	75.1	70.3	71.5	68.8	67.6	68.8	70	64.9
B조의 성적	71.2	67.6	60.8	58.4	61.2	66.4	62	62.8	65.6

3. 서로 독립인 정규분포 $N(\mu_1, \sigma^2)$과 $N(\mu_2, \sigma^2)$를 따르는 두 모집단으로부터 추출한 크기가 각각 n_1, n_2인 확률표본 $X_1, X_2, \ldots, X_{n_1}$과 $Y_1, Y_2, \ldots, Y_{n_2}$를 고려하자. 다음 물음에 답하여라. 단, σ^2은 알려져 있지 않다고 가정한다.

1) $\overline{X}-2\overline{Y}$의 분포를 구하여라.

2) $T=\dfrac{\overline{X}-2\overline{Y}-(\mu_1-2\mu_2)}{S_p\sqrt{\dfrac{1}{n_1}+\dfrac{4}{n_2}}}$ 는 자유도가 n_1+n_2-2인 t분포를 따른다. 이를 이용하여 $\mu_1-2\mu_2$의 $100(1-\alpha)\%$ 신뢰구간을 유도하여라.

여기서 $S_p^2=\dfrac{(n_1-1)S_1^2+(n_2-1)S_2^2}{(n_1+n_2-2)}$ 이고, S_1^2, S_2^2은 각각 두 확률표본의 표본분산이다.

4. K전자에서는 보급형인 $M-type$과 이보다 자료 전송속도가 평균적으로 두 배 빠른 $S-type$의 저장장치를 독립적인 공정으로부터 생산한다. 최근 K전자의 개발팀에서는 $M-type$의 생산 공정을 개선하여 $S-type$과의 자료 전송속도의 차이를 줄였다고 주장하고 있다. 본사에서는 개발팀의 주장에 대한 진위여부를 유의수준 $\alpha=0.05$에서 판단하기 위해 6개의 $S-type$ 저장장치와 12개의 $M-type$ 저장장치를 랜덤으로 추출하여 테스트 자료의 전송속도(MB/sec) $X_1, X_2, \cdots, X_6$와 $Y_1, Y_2, \cdots, Y_{12}$을 측정하기로 하였다. 다음 물음에 답하여라. 단, $S-type$ 저장장치와 $M-type$ 저장장치의 테스트 자료 전송속도는 동일한 분산 σ^2을 가지며 각각 평균이 μ_1, μ_2인 정규분포를 따른다고 가정한다.

1) K전자의 개발팀의 주장을 검정하기 위해 가설 「$H_0: \mu_1=2\mu_2$, $H_1: \mu_1<2\mu_2$」을 설정하였다. 귀무가설이 참일 때, 검정통계량과 그 분포를 구하여라.

2) 랜덤으로 추출한 각 저장장치의 테스트 자료 전송속도의 관측 결과가 아래 표와 같이 정리되어 있다. 1)에서 구한 검정통계량을 이용하여 검정통계량의 값을 구하여라.

$S-type$	$M-type$
$\overline{x}=496,\ \sum_{i=1}^{6}(x_i-\overline{x})^2=3125$	$\overline{y}=275,\ \sum_{i=1}^{12}(y_i-\overline{y})^2=17600$

3) 2)에서 구한 검정통계량의 관측값에 대한 $p-$값을 구하고 가설을 검정하여라.

5. N기업 연구팀은 새로운 트레이닝복의 개발에 성공하였으며, "새로운 트레이닝복이 기존의 트레이닝 복에 비해 운동 중 체온의 상승을 잘 억제한다"고 주장하고 있다. 연구팀의 주장에 대한 진위여부를 유의수준 $\alpha=0.05$에서 판단하기 위해 N기업 경영진은 18명의 운동선수를 체격과 조건이 비슷한 선수끼리 짝을 지은 후, 한 선수에게는 새로운 트레이닝복(A형)을, 다른 한 선수에게는 기존의 트레이닝복(B형)을 착용시켜 동일한 조건에서 운동을 실시한 이후 체온을 측정하는 실험을 실시하려고 한다. 두 집단의 체온 측정결과를 각각 $X_{A1}, X_{A2}, \cdots, X_{A9}$와 $X_{B1}, X_{B2}, \cdots, X_{B9}$라고 할 때, 다음 물음에 답하여라. (단, 트레이닝복을 입고 운동을 한 이후의 체온은 각각 평균이 μ_A, μ_B인 정규분포를 따른다고 가정한다.)

1) N기업 연구팀의 주장을 검정하기 위해 가설 「$H_0 : \mu_A = \mu_B$, $H_1 : \mu_A < \mu_B$」을 설정하였다. 귀무가설이 참일 때, 검정통계량과 그 분포를 구하여라.

2) 실험결과가 아래와 같을 때, 문제 1)의 검정통계량을 이용하여 기각역을 구하고, 가설을 검정하여라.

구분	1조	2조	3조	4조	5조	6조	7조	8조	9조
A트레이닝복 착용(x_{Ai})	38.5	38.4	38.2	39.4	40.5	38.9	39.3	39.1	39.4
B트레이닝복 착용(x_{Bi})	40	40.6	38.8	40.4	40.6	38.6	39.4	39.6	38.2

3) 문제 2)의 실험결과를 이용하여, 두 평균체온의 차 $\mu_A - \mu_B$에 대한 95% 신뢰구간을 구하여라.

6. N회사는 A공장과 B공장으로부터 음료를 생산하여 500ml PET병에 담아 판매를 하고 있다. 최근 B공장장은 "B공장의 생산설비의 노후화로 인해 B공장에서 생산하는 500ml PET병 음료 한 병에 들어 있는 음료의 양의 분산이 A공장에서 생산하는 음료의 양의 분산보다 크다"고 주장하였다. 본사에서는 A공장과 B공장으로부터 각각 $n_A = 19$개와 $n_B = 20$개의 500ml PET병 음료를 랜덤으로 추출하여 음료의 양을 조사한 후 이를 근거로 B공장장의 주장을 유의수준 $\alpha = 0.10$에서 검정하려고 한다. A공장과 B공장에서 생산되는 500ml PET병 음료에 들어있는 음료의 양은 분산이 각각 σ_A^2, σ_B^2인 정규분포를 따른다고 가정할 때, 다음 물음에 답하여라.

1) 가설을 설정하고, 기각역을 구하여라.

2) A공장과 B공장으로부터 각각 20개씩 추출한 500ml PET병 음료에 들어있는 음료의 양을 조사한 결과 $s_A^2 = 25$, $s_B^2 = 64$로 관측되었다. 기각역을 이용하여 가설을 검정하여라.

3) $\dfrac{\sigma_A}{\sigma_B} = \dfrac{1}{2}$에서의 검정력을 구하여라.

7. S업체에서 생산하는 방독면은 2개의 생산라인에서 생산이 되고 있다. 최근 S업체 생산관리팀은 A생산라인에서 발생하는 불량률 p_A와 B생산라인에서 발생하는 불량률 p_B에 차이가 있다고 주장하였다. S업체 품질관리팀은 생산관리팀의 주장을 유의수준 $\alpha = 0.05$에서 검정하기 위해 A생산라인에서 100개의 표본을 무작위로 추출하여 불량률 $\hat{p}_A$을, B생산라인에서 80개의 표본을 무작위로 추출하여 불량률 $\hat{p}_B$을 조사하고자 한다. 다음 물음에 답하여라.

1) S업체 생산관리팀의 주장을 검정하기 위한 가설을 설정하고, 검정통계량과 그 분포를 구하여라.

2) 각 생산라인에서 불량률의 관측값이 $\hat{p}_A = 0.02$, $\hat{p}_B = 0.05$일 때, $p-$값을 구하고 가설을 검정하여라.

10

분산분석

10.1 분산분석의 개념

모집단이 하나일 때 모평균에 대한 추정과 검정은 7장과 8장에서, 그리고 모집단의 개수가 두 개일 경우 두 모평균에 대한 비교는 제9장에서 각각 다루었다. 그러나 일반적으로 모집단의 개수가 세 개 이상이면서 여러 모집단 사이의 모평균을 비교해야 되는 경우가 종종 발생하게 된다. 예를 들어, 시중에서 유통되고 있는 막걸리가 제조회사에 따라 판매량에 차이가 있는지, 어느 대학교 학생들의 지능지수가 학년에 따라 차이가 있는지, 또는 강낭콩의 비타민 C 함유량이 저장 온도 및 기간에 따라 차이가 있는지 등에 대한 비교가 바로 이러한 경우에 해당된다.

분산분석(analysis of variance: ANOVA)은 비교하고자 하는 모집단이 세 개 이상일 경우, 그 집단들 사이의 모평균을 비교, 분석하는 통계적 기법으로 영국의 통계학자 피셔(R.A. Fisher)에 의해 고안되었다. 분산분석은 최초 농사실험과 관련된 연구에서 사용되었으며, 현재에는 교육, 심리, 의학, 공학 등과 같은 많은 분야의 실험에서 관심 있는 요인들의 효과를 분석하는 통계적 기법으로서 널리 응용되고 있다.

분산분석에서 사용되는 중요한 용어에는 인자(factor)와 수준(level)이 있다. 어떤 실험에 있어서 그 실험의 결과에 영향을 미치는 요인을 인자라 하고, 인자를 분류하는데 사용되는 여러 가지 조건을 인자수준(factor level) 또는 처리(treatment)라고 한다. 그리고 실험의 측정값에 영향을 주는 인자가 하나인 실험에 대한 분산분석을 일원분산분석(one-way ANOVA), 인자의 수가 두 개인 실험에 대한 분산분석을 이원분산분석(two-way ANOVA)이라 한다. 예를 들어, A, B, C 등 세 정유회사에서 판매하는 휘발유의 품질이 같은지를 조사하기 위하여 1600cc의 한 차량을 이용하여 연비(l당 주행거리)를 측정하는 실험을 한다고 하자. 이때 정유회사가 인자에 해당되고 정유회사의 종류인 A, B, C가 인자수준 또는 처리에 해당되며, 이러한 분산분석은 인자가 하나인 일원분산분석이 된다. 만약 정유회사라는 인자 이외에 차종(예를 들어 1600cc, 2400cc, 3200cc 등 세 종류의 차를 이용하여 실험한다고 할 때)이라는 인자를 추가하여 연비의 차이를 조사하게 된다면 이때에는 인자가 두 개(정유회사와 차종)인 이원분산분석이 되는 것이다.

[인자(factor)와 수준(level)]

인자(factor) : 실험의 결과에 영향을 미치는 중요 요인
인자수준(factor level) : 인자를 분류하는데 사용되는 조건

인자는 수준을 선택하는 방법에 따라 모수인자(fixed factor)와 변량인자(random factor)로 분류

할 수 있다. 모수인자는 온도, 압력, 작업방법 등과 같이 실험자가 기술적으로 미리 정해진 수준을 사용하며, 변량인자는 임의로 선택된 3일의 날짜와 같이 수준의 선택이 랜덤으로 이루어지며 각 수준이 기술적인 의미를 지니고 있는 것은 아니다. 또한 모수인자만으로 구성된 자료의 구조모형을 모수모형(fixed effects model)이라고 하고, 변량인자만으로 구성된 자료의 구조모형을 변량모형(random effects model), 그리고 모수인자와 변량인자가 섞여있는 자료의 구조모형을 혼합모형(mixed effects model)이라고 한다.

모수모형의 경우에는 각각의 인자수준에서 실험을 통하여 얻어지는 관측값들을 해당 수준의 모집단으로부터 얻어지는 표본으로 간주한 후, 여러 인자수준들의 모평균 간에 차이가 있는지에 관심을 두고 분석이 이루어지게 된다. 반면에 변량모형의 경우에는 실험에서 사용되고 있는 인자수준들이 인자수준들 전체의 모집단으로부터 추출된 확률표본이기 때문에 여기에서의 추론은 인자수준들의 모집단과 관련되어 이루어진다.[1] 모수모형과 변량모형을 간단한 예를 들어 설명하면, 5개의 서로 다른 형태의 광고가 효과 면에서 차이가 있는지를 조사할 경우에는 모수모형에 해당되고, 반면에 전국적으로 수백개의 대리점을 소유하고 있는 회사가 7개의 대리점을 랜덤으로 뽑은 후, 이로부터 얻은 정보를 이용하여 전국의 대리점과 관련된 결론을 얻고자 하는 경우는 변량모형에 해당된다.

10.2 일원분산분석

먼저 하나의 모수인자에 대하여 $l\,(\geq 3)$개의 인자수준에 대한 실험의 효과, 즉 처리효과(treatment effect)에 차이가 있는지에 대하여 검정하는 일원분산분석에 대하여 알아보도록 하자. 모수인자이므로 i번째 인자수준에서의 관측값들이 모평균이 $\mu_i\,(i=1,2,\cdots,l)$인 모집단으로부터 수집되었다고 하면, 이 문제는

$$H_0 : \mu_1 = \mu_2 = \cdots = \mu_l, \quad H_1 : \text{적어도 1개의 모평균은 나머지와 다르다.}$$

와 같이 가설을 설정할 수 있다. 이러한 가설은 제9장에서 다루었던 두 집단 비교를 여러 집단으로 확장한 것으로, 분산분석을 통하여 통계적으로 검정할 수 있다. 분산분석은 그 용어가 뜻하는 대로 자료의 분산 또는 변동을 분석하여 여러 집단의 모평균을 분석하는 방법이다.

1) 모수모형은 인자수준 그 자체에 관심을 가지고 인자수준이 연구자에 의해 기술적으로 미리 선택되기 때문에 실험에서 사용된 수준들은 고정된 것으로 간주하고, 변량모형은 인자수준들이 커다란 모집단으로부터 추출된 하나의 표본을 이루고 있으며, 이때의 관심은 모집단에 있게 되는 것이다. 본 교재에서는 모수모형에 대해서만 다루기로 한다.

10.2.1 자료구조와 통계적 모형

모수인자 A의 l개의 인자수준 $A_1, A_2, \cdots, A_l$에 해당하는 각각의 모집단으로부터 크기가 $n_1, n_2, \cdots, n_l$인 확률표본

$$Y_{11}, Y_{12}, \cdots, Y_{1n_1}, \quad Y_{21}, Y_{22}, \cdots, Y_{2n_2}, \quad \cdots, \quad Y_{l1}, Y_{l2}, \cdots, Y_{ln_l}$$

을 독립적으로 얻었다고 하자. [표 10.1]은 이러한 자료의 배치 구조를 보여주고 있다. 여기서 μ_i와 $\overline{Y}_{i.} = \frac{1}{n_i}\sum_{j=1}^{n_i} Y_{ij}$는 각각 i 번째 인자수준에 대한 모평균과 표본평균을 나타내고, 전체 표본의 크기를 $n = \sum_{i=1}^{l} n_i$ 라고 하면 전체 표본평균은

$$\overline{Y}_{..} = \frac{1}{n}\sum_{i=1}^{l} n_i \overline{Y}_{i.} = \frac{1}{n}\sum_{i=1}^{l}\sum_{j=1}^{n_i} Y_{ij}$$

와 같다.

[표 10.1] **일원배치법의 자료구조**

구분	인자 A의 수준				
	A_1	A_2	$\cdots$	A_l	
실험의 반복	Y_{11} Y_{12} Y_{13} $\vdots$ Y_{1n_1}	Y_{21} Y_{22} Y_{23} $\vdots$ Y_{2n_2}	$\cdots$	Y_{l1} Y_{l2} Y_{l3} $\vdots$ Y_{ln_l}	
표본크기	n_1	n_2	$\cdots$	n_l	$n = \sum_{i=1}^{l} n_i$
표본평균	$\overline{Y}_{1.}$	$\overline{Y}_{2.}$	$\cdots$	$\overline{Y}_{l.}$	$\overline{Y}_{..} = \frac{1}{n}\sum_{i=1}^{l} n_i \overline{Y}_{i.}$
모평균	μ_1	μ_2	$\cdots$	μ_l	$\mu = \frac{1}{n}\sum_{i=1}^{l} n_i \mu_i$

[표 10.1]의 일원배치법에서는 실험이 랜덤하게 선택된 순서에 의해 시행되어야 하며, 이를 완전랜덤화계획(completely randomized design)이라고 한다. 예를 들어, 온도가 공정의 생산성에 영향을 미치는지를 조사하기 위하여 A_1(100℃), A_2(200℃), A_3(300℃) 세 온도에서 각각 5회의 실험을 진행하여 공정의 생산성을 측정한다고 하자. 이 경우 실험을 완전랜덤화시키는 한 방법은

$3 \times 5 = 15$개의 각 실험단위에 일련번호를 부여하고 난수를 뽑아 먼저 나오는 번호의 순서대로 실험을 진행시키는 것이다.

인자 A의 l개의 수준에 대한 처리효과를 통계적으로 검정하기 위해서는 각 수준에 대한 모집단의 확률모형이 필요하다. 각 수준별 모집단을 [그림 10.1]과 같이 서로 독립인 정규모집단 $N(\mu_i, \sigma^2)$ $(i = 1, \cdots, l)$으로 가정하면, Y_{ij}는 i번째 인자수준에서 j번째로 수집되는 관측값으로

$$Y_{ij} = \mu_i + \epsilon_{ij},\ i = 1, 2, \cdots, l,\quad j = 1, 2, \cdots, n_i$$

와 같은 통계적 모형으로 나타낼 수 있다. 여기서 μ_i는 i번째 수준에서의 모평균을 나타내고, ϵ_{ij}는 Y_{ij}를 측정할 때 관심 있는 인자의 처리효과 이외의 각종 요인들에 의하여 발생하는 오차를 나타낸다. 이때 오차는 서로 독립적으로 발생하며, 정규분포 $N(0,\ \sigma^2)$를 따른다고 가정한다.

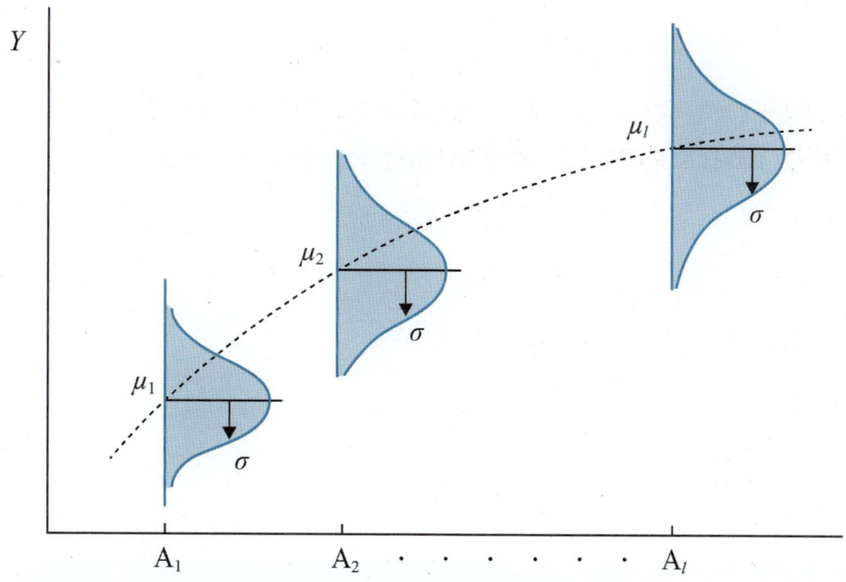

[그림 10.1] 일원분산분석의 모수모형

[일원분산분석의 모수모형 I]

$Y_{ij} = \mu_i + \epsilon_{ij},\ i = 1, 2, \cdots, l,\ j = 1, 2, \cdots, n_i$

- Y_{ij} : i번째 인자수준에서의 j번째 관측값
- μ_i : i번째 인자수준의 모평균
- ϵ_{ij} : 랜덤오차로서 서로 독립이며 정규분포 $N(0,\ \sigma^2)$를 따른다고 가정

이제 각 수준별 모평균 $\mu_i\,(i=1,\cdots,l)$에 대한 전체 모평균을 μ라고 하면, μ는

$$\mu=\frac{1}{n}\sum_{i=1}^{l}n_i\mu_i$$

로 정의되며, i번째 처리효과(treatment effect)

$$\alpha_i=\mu_i-\mu$$

를 이용하면 모수모형 Ⅰ은

$$Y_{ij}=\mu+\alpha_i+\epsilon_{ij},\ \ i=1,2,\ \cdots,l,\quad j=1,2,\ \cdots,n_i$$

와 같은 선형모형(linear model)으로 표현할 수 있다. 여기서 전체 모평균 μ는 상수(constant)이고 처리효과 α_i는 i번째 처리가 행해졌을 때 전체 모평균 μ로부터의 편차를 나타낸다. 이때 전체 모평균의 정의로부터

$$\mu=\frac{1}{n}\sum_{i=1}^{l}n_i\mu_i=\frac{1}{n}\sum_{i=1}^{l}n_i(\mu+\alpha_i)=\mu+\frac{1}{n}\sum_{i=1}^{l}n_i\alpha_i$$

이므로

$$\sum_{i=1}^{l}n_i\alpha_i=0$$

이 되고, 만약 각 수준별 반복수가 같다면, 즉 $n_1=n_2=\cdots=n_l$이면 $\mu=\frac{1}{l}\sum_{i=1}^{l}\mu_i$이므로

$$\sum_{i=1}^{l}\alpha_i=0$$

이 된다.

[일원분산분석의 모수모형Ⅱ]

$Y_{ij}=\mu+\alpha_i+\epsilon_{ij},\ i=1,2,\ \cdots,l,\ \ j=1,2,\ \cdots,n_i$

- $\mu=\frac{1}{n}\sum_{i=1}^{l}n_i\mu_i$: 전체 모평균
- α_i : i번째 처리효과, $\sum_{i=1}^{l}n_i\alpha_i=0$
- ϵ_{ij} : 랜덤오차로서 서로 독립이며 정규분포 $N(0,\ \sigma^2)$를 따른다고 가정

일원분산분석에서는 오차항 ϵ_{ij}를 서로 독립이고 정규분포 $N(0,\ \sigma^2)$를 따르는 확률변수로 가

정하고 있는데, 이러한 가정들을 구체적으로 표현하면 다음과 같다.

[일원분산분석의 모수모형에서의 가정]

- 선형성 : $E(\epsilon_{ij}) = 0$, 즉 $E(Y_{ij}) = \mu + \alpha_i$
- 등분산성 : $Var(\epsilon_{ij}) = \sigma^2 > 0$
- 독립성 : ϵ_{ij}는 서로 독립
- 정규성 : $\epsilon_{ij} \sim N(0, \sigma^2)$

10.2.2 처리효과의 유의성 검정

일원배치에서의 관심은 l개의 인자수준의 처리효과들 간에 유의한 차이가 존재하는지에 대한 유의성 검정을 시행하는 것이며, 이는 l개의 인자수준에 대한 모평균들 간에 차이가 있는지를 검정하는 것과 같다. 따라서 모수모형 Ⅰ을 이용하여

$$H_0 : \mu_1 = \mu_2 = \cdots = \mu_l,\ \ H_1 : \text{적어도 한 개의 모평균은 나머지와 다르다.}$$

와 같이 가설을 설정하거나, 모수모형 Ⅱ를 이용하여

$$H_0 : \alpha_1 = \alpha_2 = \cdots = \alpha_l = 0,\ \ H_1 : \text{적어도 한 개의 } \alpha_i \text{ 는 } 0 \text{이 아니다.}$$

와 같이 가설을 설정할 수 있다.

처리효과의 유의성 검정을 위하여 관측값들의 전체 변동을 처리효과의 차이에서 발생하는 변동과 그 밖의 요인, 즉 오차에 의해서 발생하는 변동으로 분해하는 방법을 생각해 보자. 관측값 Y_{ij} 와 관측값들의 전체 평균 $\overline{Y}_{..}$ 간의 차이인 편차 $\left(Y_{ij} - \overline{Y}_{..}\right)$는

$$\left(Y_{ij} - \overline{Y}_{..}\right) = \left(\overline{Y}_{i.} - \overline{Y}_{..}\right) + \left(Y_{ij} - \overline{Y}_{i.}\right)$$

와 같이 분할 가능하다. 이때 우변의 첫째항은 i번째 처리에서 관찰값들의 평균과 전체 평균간의 차이 즉, 처리간의 차이에 따른 편차를 나타내며, 두 번째 항은 관측값과 각 처리의 평균간의 차이 즉, i번째 처리 내에서의 편차를 나타내며 실험에서 불확실성을 나타내는 오차를 의미한다. 이제 양변을 제곱하여 전체 관측값들에 대하여 모두 더하면

$$\begin{aligned}\sum_{i=1}^{l}\sum_{j=1}^{n_i}\left(Y_{ij} - \overline{Y}_{..}\right)^2 &= \sum_{i=1}^{l}\sum_{j=1}^{n_i}\left(\overline{Y}_{i.} - \overline{Y}_{..}\right)^2 + \sum_{i=1}^{l}\sum_{j=1}^{n_i}\left(Y_{ij} - \overline{Y}_{i.}\right)^2 \\ &\quad + 2\sum_{i=1}^{l}\sum_{j=1}^{n_i}\left(\overline{Y}_{i.} - \overline{Y}_{..}\right)\left(Y_{ij} - \overline{Y}_{i.}\right)\end{aligned}$$

와 같은 식이 성립하고, 여기서

$$\sum_{i=1}^{l}\sum_{j=1}^{n_i}(\overline{Y}_{i.}-\overline{Y}_{..})(Y_{ij}-\overline{Y}_{i.})=\sum_{i=1}^{l}\left[(\overline{Y}_{i.}-\overline{Y}_{..})\sum_{j=1}^{n_i}(Y_{ij}-\overline{Y}_{i.})\right]$$
$$=\sum_{i=1}^{l}\left[(\overline{Y}_{i.}-\overline{Y}_{..})\times 0\right]=0$$

이 되므로

$$\sum_{i=1}^{l}\sum_{j=1}^{n_i}(Y_{ij}-\overline{Y}_{..})^2=\sum_{i=1}^{l}n_i(\overline{Y}_{i.}-\overline{Y}_{..})^2+\sum_{i=1}^{l}\sum_{j=1}^{n_i}(Y_{ij}-\overline{Y}_{i.})^2$$

$$\begin{array}{ccccc} TSS & = & SSTR & + & SSE \\ & & (SSB) & & (SSW) \end{array}$$

총제곱합 = 처리제곱합 + 오차제곱합

와 같이 전체 변동을 분할 할 수 있다.

위의 식에서 좌변은 측정된 자료값 전체의 평균과 각 측정값 간의 차이를 제곱하여 모두 더한 값으로 이것을 총변동(total variation) 또는 총제곱합(total sum of squares : TSS)이라 부른다. 또한, 우변의 첫째항은 측정된 자료값 전체의 평균과 각 처리별 평균 간의 차이를 제곱하여 모두 더한 값으로 비교하고자 하는 인자수준간의 차이에 의해서 발생하는 변동을 나타내며, 이것을 처리간 변동(sum of squares between treatments : SSB) 또는 처리제곱합(sum of squares due to treatment : $SSTR$)이라 부른다. 우변의 둘째항은 각 인자수준 내에서의 관측값과 해당 수준의 평균간의 차이를 제곱하여 모두 더한 값으로 총변동량 중에서 인자수준으로 설명이 되지 않는 변동을 나타내며, 이것을 처리내 변동(sum of squares within treatments : SSW) 또는 오차제곱합(sum of squares due to error : SSE)이라 부른다.

처리효과의 유의성 검정에서 귀무가설 ($H_0:\mu_1=\mu_2=\cdots=\mu_l$ 또는 $H_0:\alpha_1=\cdots=\alpha_l=0$)이 참이라면, 즉 각 수준들 간의 모평균이 모두 같다면 각 수준별 표본평균 $\overline{Y}_{i.}$ $(i=1,2,\cdots,l)$들은 전체 표본평균 $\overline{Y}_{..}$ 와 유사한 값을 가지게 될 것이므로 처리제곱합 $SSTR$ 은 0에 가까울 것이며, 반대로 모평균의 수준들 간의 차이가 클수록 $SSTR$ 은 커지게 될 것이다. 따라서 처리효과가 유의하다면 자료의 전체 변동을 나타내는 총제곱합(TSS) 중에서 처리제곱합($SSTR$)이 차지하는 비중이 커지고 오차제곱합(SSE)이 차지하는 비중이 작아질 것이다. 즉, $\frac{SSTR}{SSE}$ 의 값이 커질수록 처리효과가 유의하다는 증거가 강해지는 것이다.

분산분석은 분산(변동)의 개념을 이용하여 여러 집단의 모평균에 대하여 분석하는 방법으로 분산을 계산할 때와 동일한 요령으로 각각의 제곱합을 해당 자유도로 나누어 얻게 되는 값을 이용하여 각 수준별 모평균들 간에 차이가 존재하는 지에 대한 판단을 하게 된다. 총제곱합 TSS 를 두 부분으로 분할 할 수 있으므로 자유도 또한 두 부분으로 나눌 수 있다.

총제곱합 $TSS = \sum_{i=1}^{l}\sum_{j=1}^{n_i}\left(Y_{ij}-\overline{Y}_{..}\right)^2$를 살펴보면 관측값들의 총개수는 $n=\sum_{i=1}^{l} n_i$ 이고, 이때 총제곱합 TSS 와 관련된 한 개의 제약식 $\sum_{i=1}^{l}\sum_{j=1}^{n_i}(Y_{ij}-\overline{Y}_{..})=0$ 이 있으므로 TSS 의 자유도는 $n-1$이 된다. 처리제곱합 $SSTR$ 에는 l개의 인자수준의 평균 $\overline{Y}_{i.}$ 가 있으며, 이때 한 개의 제약식은 $\sum_{i=1}^{l} n_i(\overline{Y_{i.}}-\overline{Y}_{..})=0$이 존재하므로 $SSTR$ 의 자유도는 $l-1$이 된다. 그리고 오차제곱합 SSE 에서 i 번째 수준에 대한 제곱합 $\sum_{j=1}^{n_i}\left(Y_{ij}-\overline{Y}_{i.}\right)^2$과 관련된 한 개의 제약식은 $\sum(Y_{ij}-\overline{Y}_i)=0$이 있으므로 이때의 자유도는 n_i-1이 된다. 그리고 SSE 에는 이러한 제약식이 l개 있으므로, 결과적으로 SSE 의 자유도는 $n-l$ 이 된다. 분산분석에서 처리제곱합 $SSTR$ 을 자신의 자유도인 $l-1$로 나눈 값을 평균처리제곱(mean squares due to treatment : $MSTR$), 오차제곱합 SSE 를 자신의 자유도인 $n-l$로 나눈 값을 평균오차제곱(mean squares due to error : MSE)이라 한다.

[표 10.2]와 같이 분산분석에서 필요한 모든 정보 즉, 위에서 설명한 제곱합, 자유도, 평균제곱합 등을 요인별로 분류하여 정리한 표를 분산분석표(ANOVA table)라 한다. 분산분석표에서 가장 오른쪽에는 평균처리제곱 $MSTR$ 과 평균오차제곱 MSE 의 상대적인 크기를 나타내는 통계량 F_0 의 값이 주어지며, 분산분석에서는 이 값을 이용하여 전체 수준들의 모평균이 같은지의 여부를 판단하게 된다. 즉 F_0 값의 크기는 처리제곱합 $SSTR$ 과 오차제곱합 SSE 의 크기에 영향을 받으므로 F_0의 값이 크다는 것은 수준별 모평균들 간의 차이가 크다는 것을, 반대로 F_0의 값이 작다는 것은 수준별 모평균들 간에는 차이가 없다는 것을 나타내게 된다.

[표 10.2] **일원분산분석표**

요인	제곱합	자유도	평균제곱	F_0
처리	$SSTR$	$l-1$	$MSTR=\dfrac{SSTR}{l-1}$	$F_0=\dfrac{MSTR}{MSE}$
오차	SSE	$n-l$	$MSE=\dfrac{SSE}{n-l}$	
전체	TSS	$n-1$		

일원분산분석표를 이용하여 처리효과의 유의성을 통계적으로 검정하기 위해서는 통계량 F_0 의 확률분포를 알아야 한다. 먼저 처리제곱합은

$$\begin{aligned} SSTR &= \sum_{i=1}^{l} n_i \left(\overline{Y}_{i.} - \overline{Y}_{..}\right)^2 = \sum_{i=1}^{l} n_i \left(\left(\overline{Y}_{i.} - \mu\right) - \left(\overline{Y}_{..} - \mu\right)\right)^2 \\ &= \sum_{i=1}^{l} n_i \left(\overline{Y}_{i.} - \mu\right)^2 - 2\sum_{i=1}^{l} n_i \left(\overline{Y}_{i.} - \mu\right)\left(\overline{Y}_{..} - \mu\right) + \sum_{i=1}^{l} n_i \left(\overline{Y}_{..} - \mu\right)^2 \\ &= \sum_{i=1}^{l} n_i \left(\overline{Y}_{i.} - \mu\right)^2 - n\left(\overline{Y}_{..} - \mu\right)^2 \end{aligned}$$

와 같이 표현되고, 이 식의 양변을 σ^2 으로 나누어 정리하면

$$\sum_{i=1}^{l} \left(\frac{\overline{Y}_{i.} - \mu}{\sigma / \sqrt{n_i}}\right)^2 = \frac{SSTR}{\sigma^2} + \left(\frac{\overline{Y}_{..} - \mu}{\sigma / \sqrt{n}}\right)^2$$

이 된다. 이때 귀무가설($H_0 : \mu_1 = \mu_2 = \cdots = \mu_l$ 또는 $H_0 : \alpha_1 = \alpha_2 = \cdots = \alpha_l = 0$)이 참이면, 모수 모형의 오차항에 대한 정규성 가정으로부터

$$\frac{\overline{Y}_{i.} - \mu}{\sigma / \sqrt{n_i}} \sim N(0,1)\ (i = 1, 2, \cdots, l), \quad \frac{\overline{Y}_{..} - \mu}{\sigma / \sqrt{n}} \sim N(0,1)$$

이 성립하므로 6장의 [정리 6.5]와 [정리 6.6]에 의해

$$\sum_{i=1}^{l} \left(\frac{\overline{Y}_{i.} - \mu}{\sigma / \sqrt{n_i}}\right)^2 \sim \chi^2(l), \quad \left(\frac{\overline{Y}_{..} - \mu}{\sigma / \sqrt{n}}\right) \sim \chi^2(1)$$

이 되고, $SSTR$ 과 $\overline{Y}_{..}$ 가 서로 독립이므로

$$\frac{SSTR}{\sigma^2} \sim \chi^2(l-1)$$

이 성립함을 알 수 있다. 또한 [정리 6.7]로부터

$$\frac{\sum_{j=1}^{n_i} \left(Y_{ij} - \overline{Y}_{i.}\right)^2}{\sigma^2} \sim \chi^2(n_i - 1), \ i = 1, 2, \cdots, l$$

이 성립하므로, 위의 통계량을 모든 수준에 대하여 합하면

$$\frac{SSE}{\sigma^2} \sim \chi^2(n-l)$$

와 같은 확률변량을 구할 수 있다. [정리 6.7]로부터 $\overline{Y}_{i.}$ 와 $\sum_{j=1}^{n_i}\left(Y_{ij}-\overline{Y}_{i.}\right)^2\ (i=1,2,\cdots,l)$는 서로 독립이므로 이들의 함수인 $SSTR$과 SSE도 서로 독립이다. 따라서 F분포의 [정의 9.1]에 의해 귀무가설($H_0 : \mu_1 = \mu_2 = \cdots = \mu_l = \mu$)이 참일 때

$$F_0 = \frac{\dfrac{SSTR}{\sigma^2}/(l-1)}{\dfrac{SSE}{\sigma^2}/(n-l)} = \frac{MSTR}{MSE} \sim F(l-1, n-l)$$

와 같이 검정통계량 F_0의 확률분포를 유도할 수 있다. 평균오차제곱합(MSE)과 평균처리제곱합($MSTR$)의 기댓값은 기댓값의 성질로부터

$$E(MSE) = \sigma^2$$

$$E(MSTR) = \sigma^2 + \frac{1}{l-1}\sum_{i=1}^{l} n_i\alpha_i^2$$

와 같이 구해진다.

정리 10.1 검정통계량 F_0의 분포

모수모형 $Y_{ij} = \mu + \alpha_i + \epsilon_{ij},\ i = 1, 2, \cdots, l,\ j = 1, 2, \cdots, n_i$에서 오차항에 대한 가정이 성립할 때, 즉 $\epsilon_{ij} \sim i.i.d.\ N(0, \sigma^2)$일 때

(1) 귀무가설($H_0 : \alpha_1 = \alpha_2 = \cdots = \alpha_l = 0$)이 참이면

$\dfrac{SSTR}{\sigma^2} \sim \chi^2(l-1)$이다.

(2) 귀무가설에 관계없이

$\dfrac{SSE}{\sigma^2} \sim \chi^2(n-l)$이다.

(3) $SSTR$과 SSE는 서로 독립이다.

(4) 귀무가설($H_0 : \alpha_1 = \alpha_2 = \cdots = \alpha_l = 0$)이 참이면

$F_0 = \dfrac{MSTR}{MSE} \sim F(l-1, n-l)$이다.

모수모형에서 처리효과의 유의성을 검정할 때, 즉 가설

$$H_0 : \mu_1 = \mu_2 = \cdots = \mu_l,\ \ H_1 : \text{적어도 한 개의 모평균은 나머지와 다르다.}$$

또는

$$H_0 : \alpha_1 = \alpha_2 = \cdots = \alpha_l = 0, \; H_1 : \text{적어도 한 개의 } \alpha_i \text{ 는 0이 아니다.}$$

을 검정할 때 F_0 의 값이 크다는 것은 인자수준의 모평균들 간의 차이가 심하다는 것을 의미한다. 따라서, 유의수준 α 에서 검정통계량 F_0 의 관측값 f_0^* 가 $f_0^* \geq F_\alpha(l-1, n-l)$ 이거나 $P(F_0 \geq f_0^*) < \alpha$ 이면 귀무가설 H_0 를 기각하고, 그렇지 않으면 H_0 를 채택하게 된다. 이와 같은 검정법을 F-검정(F-test)이라 한다.

[처리효과에 대한 유의성 검정: F–검정] 일원분산분석의 모수모형

모수모형 $Y_{ij} = \mu + \alpha_i + \epsilon_{ij}, \, i = 1, 2, \cdots, l, \, j = 1, 2, \cdots, n_i$ 의 가설

$$H_0 : \alpha_1 = \alpha_2 = \cdots = \alpha_l = 0, \; H_1 : \text{적어도 한 개의 } \alpha_i \text{ 는 0이 아니다.}$$

에 대하여 가설검정에서 사용되는 검정통계량과 그 분포는

$$F_0 = \frac{MSTR}{MSE} \sim F(l-1, n-l) \;\; (\text{귀무가설 } H_0 \text{가 참일 때})$$

이며, 유의수준 α 에서의 기각역과 검정통계량의 관측값 f_0^* 에 대한 p-값은 다음과 같다.

- 유의수준 α 에서의 기각역 : $f_0 \geq F_\alpha(l-1, n-l)$
- 검정통계량 F_0 의 관측값 f_0^* 에 대한 p-값 : $p-\text{값} = P(F_0 \geq f_0^*)$
- 유의수준 α 에서의 검정방법 : 표본으로부터 계산된 검정통계량의 관측값 f_0^* 가

$$f_0^* \geq F_\alpha(l-1, n-l) \;\; \text{또는 } p-\text{값} = P(F_0 \geq f_0^*) < \alpha \text{ 이면 } H_0 \text{를 기각}$$

$$f_0^* < F_\alpha(l-1, n-l) \;\; \text{또는 } p-\text{값} = P(F_0 \geq f_0^*) \geq \alpha \text{ 이면 } H_0 \text{를 채택}$$

예제 10.1 어느 사료회사에서는 현재 돼지 사육에게 사용되고 있는 사료 A 이외에 최근 두 종류의 사료 B 와 C 를 새로이 개발하였다. 사료의 종류에 따라 돼지의 체중에 차이가 있는지를 유의수준 $\alpha = 0.05$ 에서 검정하기 위하여 21마리의 돼지를 7마리씩 3개조로 랜덤하게 추출하여 일정기간 동안 세 종류의 사료를 각각 사용하여 사육한 후, 이들의 체중 증가량(단위: kg) $Y_{i1}, Y_{i2}, \cdots, Y_{i7} \, (i = 1, 2, 3)$ 을 조사하고자 한다. 다음 물음에 답하여라.

(1) 모수모형 Ⅱ에 근거하여 귀무가설과 대립가설을 설정하여라.

(2) 검정통계량 F_0 의 확률분포와 기각역을 구하여라.

(3) 세 종류의 사료에 대한 돼지의 체중 증가량이 다음과 같이 측정되었다. 이 결과에 근거하여 분산분석표를 작성하고, 문제(2)의 기각역을 이용하여 가설을 검정하여라.

인자 \ 측정값	사료의 종류에 따른 체중의 증가량							
	1	2	3	4	5	6	7	평균
사료 A	30	35	28	29	25	29	34	30
사료 B	25	31	28	27	23	24	31	27
사료 C	20	16	17	18	18	17	20	18
전체								25

(4) 문제(3)의 결과를 이용하여 p-값을 구하고 이를 이용하여 가설을 검정하여라.

풀이 (1) 돼지의 사육에서 A, B, C 세 사료의 효과(체중 증가량)간에 차이가 있는지를 검정하는 것이므로 귀무가설 및 대립가설은 각각 다음과 같이 설정된다.

$$H_0 : \alpha_1 = \alpha_2 = \alpha_3 = 0\,,\ H_1 : \text{적어도 한 개의 } \alpha_i \text{ 는 } 0\text{이 아니다.}$$

(2) 인자수준의 수 $l = 3$이고 전체 자료의 수 $n = 21$이므로, 귀무가설이 참일 때 검정통계량 F_0의 확률분포는

$$F_0 = \frac{MSTR}{MSE} \sim F(2, 18)$$

와 같다. F_0의 값이 커질수록 세 사료의 효과 간에 차이가 크다는 것을 의미하므로 기각역은 $f_0 > F_{0.05}(2,18) = 3.554$ 으로 구해진다.

(3) 관측된 자료로부터 제곱합을 계산하면

$$SSTR = 7\times(30-25)^2 + 7\times(27-25)^2 + 7\times(18-25)^2 = 546$$
$$TSS = (30-25)^2 + (35-25)^2 + \cdots + (20-25)^2 = 694$$
$$SSE = SST - SSTR = 694 - 546 = 148$$

이므로, 분산분석표는 다음과 같이 구해진다.

요인	제곱합	자유도	평균제곱	F_0
사료	546	2	273	33.20
오차	148	18	8.22	
전체	694	20		

분산분석표에서 보는 바와 같이 가설을 검정하기 위한 검정통계량 F_0의 관측값은 $f_0^* = 33.2$이고, $f_0^* = 33.20 > F_{0.05}(2,18) = 3.554$ 이므로 유의수준 $\alpha = 0.05$ 에서 귀무가설 H_0를 기각할 수 있다. 즉, 사료의 종류에 따라 돼지의 체중 증가에 미치는 효과차이가 있다고 할 수 있다.

(4) 검정통계량 F_0의 관측값이 $f_0^* = 33.2$이므로 p-값은 $P(F_0 \geq 33.2) = 9.123\times 10^{-7}$이다. 이때 계산된 p-값 유의수준 $\alpha = 0.05$보다 작으므로 귀무가설 H_0는 기각된다. ■

R 실습 10.1 분산분석으로 [예제 10.1]의 가설을 검정하고자 한다. 다음 물음에 답하여라.

(1) 상자그림을 이용하여 사료의 종류가 돼지의 체중 증가에 유의한 효과가 있는지를 검토하여라.

(2) 분산분석을 이용하여 사료의 종류가 돼지의 체중 증가에 유의한 효과가 있는지를 검정하여라.

(3) 각각의 사료에 대한 체중의 평균 증가량 $\mu_i (i=1,2,3)$와 오차항의 분산 σ^2 에 대한 불편추정량을 구하여라.

[R코드 10.1(1)] 상자그림

```
# 자료 입력
weight = c(30,35,28,29,25,29,34,25,31,28,27,23,24,31,20,16,17,18,18,17,20)
feed = c(rep("A", 7), rep("B", 7), rep("C", 7))
feed = as.factor(feed)  # 변수를 인자로 지정
pig.data = data.frame(weight, feed)

# 상자그림 그리기
boxplot(weight~feed, data=pig.data, main="boxplots for three groups")
```

실행 결과 **상자그림 그리기**

```
> # 자료 입력
> weight = c(30,35,28,29,25,29,34,25,31,28,27,23,24,31,20,16,17,18,18,17,20)
> feed = c(rep("A", 7), rep("B", 7), rep("C", 7))
> feed = as.factor(feed)  # 변수를 인자로 지정
> pig.data = data.frame(weight, feed)
>
> # 상자그림 그리기
> boxplot(weight~feed, data=pig.data, main="boxplots for three groups")
```

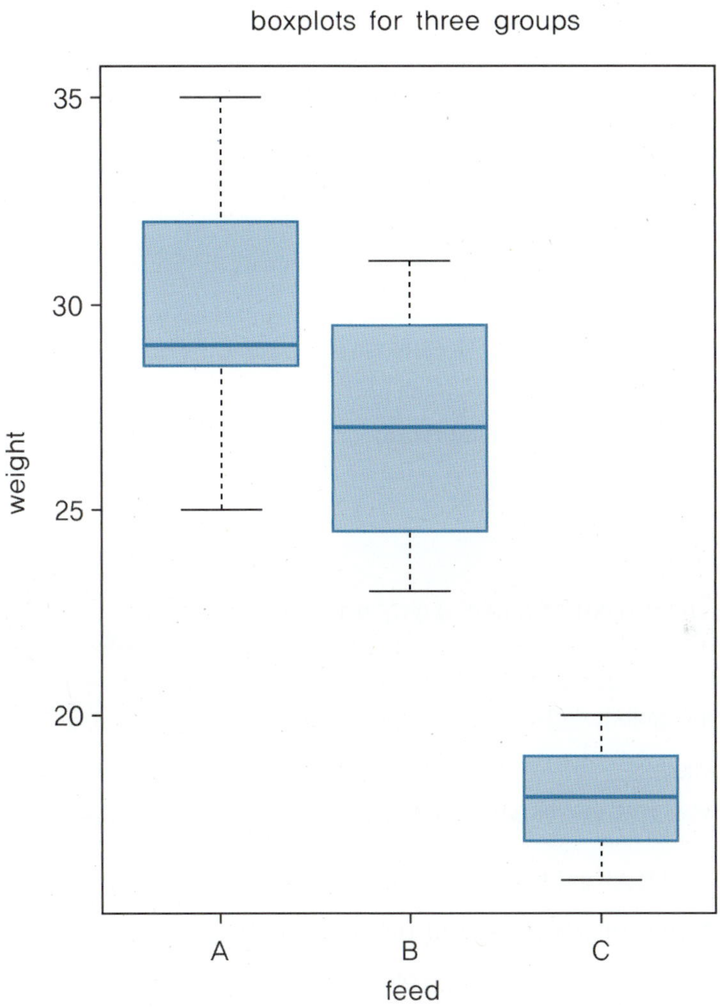

- 돼지의 체중과 사료의 종류를 순서에 맞게 각각 weight와 feed라는 이름으로 입력하고 이를 데이터 프레임의 형태로 저장하였다. 이때 사료의 종류를 쉽게 입력하기 위하여 rep( ) 함수를 사용하여 입력자료를 필요한 수만큼 반복하도록 하였으며, as.factor( ) 함수를 이용하여 인자로 나타내었다.
- 사료의 종류별로 상자그림을 그리기 위하여 boxplot( ) 함수[2]를 이용하였다. 상자그림을 그리기 위한 boxplot( ) 함수의 사용 형식은 boxplot(formula, data)이고, formula에는 Y~X와 같이 입력한다. 여기서 Y는 반응변수의 관측값을, X는 인자수준을 각각 나타낸다. [R코드 10.1(1)]의 상자그림으로부터 체중증가량에 대한 사료의 유의한 효과를 확인할 수 있다.

2) 상자그림을 그리기 위한 data의 형태에 따라 [R코드 9.3(1)]과 같이 boxplot() 함수를 이용할 수도 있다.

[R코드 10.1(2)] 일원분산분석

```
# 분산분석
anova.result=aov(weight~feed, data=pig.data)
summary(anova.result)
```

실행 결과

```
> # 분산분석
> anova.result=aov(weight~feed, data=pig.data)
> summary(anova.result)
          Df Sum Sq Mean Sq F value   Pr(>F)
feed       2    546  273.00    33.2 9.12e-07 ***
Residuals 18    148    8.22
------
Signif. codes:  0 '***' 0.001 '**' 0.01 '*' 0.05 '.' 0.1 ' ' 1
```

- 분산분석을 위해 R에서 제공하는 함수는 aov( )이다. aov( ) 함수의 사용 형식은 aov(formula, data)이고, folmula에는 일원분산분석의 경우 $Y \sim X1$, 이원분산분석의 경우 $Y \sim X1 + X2$와 같이 입력한다. 여기서 Y는 반응변수(또는 관측값)를, $X1, X2$는 인자를 각각 나타낸다.
- 분산분석표의 출력을 위해서 R에서 제공되는 summary( ) 함수를 사용하면 [R코드 101(2)]의 실행 결과를 구할 수 있다. 이 결과는 [예제 10.1]에서 직접 구한 분산분석표와 동일함을 알 수 있으며, p-값$= 9.12 \times 10^{-7} < 0.05$ 이므로 "사료의 종류 간에 차이가 없다"는 귀무가설은 기각된다. 즉 "사료의 종류에 따라 돼지의 체중에 차이가 있다"고 할 수 있겠다.

[R코드 10.1(3)] 점추정

```
# 인자수준별 표본평균
tapply(weight, feed, mean)        # 인자수준별로 표본평균을 구하기 위한 함수
```

실행 결과

```
> # 인자수준별 표본평균
> tapply(weight, feed, mean)        # 인자수준별로 표본평균을 구하기 위한 함수
 A  B  C
30 27 18
```

- 인자수준별 모평균 μ_i 의 불편추정량은 각 수준별 표본평균이다. 사료의 종류별로 체중 증가량의 표본평균은 tapply( ) 함수를 사용하여 구할 수 있으며, tapply( ) 함수의 사용 형식은 tapply(X, INDEX, FUN)이다. 이때 매개변수 X에는 반응변수의 관측값 weight를, INDEX에는 인자수준 feed를, FUN에는 구하고자 하는 mean을 입력하였다. 인자수준별로 표본분산, 관측수를 구하기 위해서는 매개변수 FUN에 var, length를 각각 사용하면 된다.
- 오차항의 모분산 σ^2 에 대한 불편추정량은 평균오차제곱합(MSE)이고 이는 [R코드 10.1(2)]의 분산분석표로부터 $\hat{\sigma}^2 = 8.22$임을 알 수 있다.

10.3 이원분산분석: 반복이 없는 모수모형

지금까지는 반응변수에 영향을 주는 인자가 하나인 일원분산분석에 대하여 살펴보았다. 이 절에서는 반응변수에 영향을 주는 인자가 두 개인 이원분산분석에 대하여 알아보도록 할 것이다.

일원분산분석과 이원분산분석의 차이점은 일원분산분석에서는 인자 수준 그 자체가 하나의 처리가 되지만 이원분산분석에서는 각 인자 수준들의 조합 하나 하나가 한 개의 처리로 간주된다는 것이다. 즉, 인자 A가 l 개의 수준, 인자 B 가 m 개의 수준을 각각 가질 때 두 인자 수준들의 총 처리수는 lm 가지가 된다.

일반적으로 실험 결과에 대한 신뢰도를 높이기 위해서는 가능하다면 주어진 조건하에서 2회 이상 실험을 반복하는 것이 바람직하다. 하지만 때로는 반복 실험이 불가능한 경우도 있을 수 있는데 여기서는 반복이 없는 경우에 대하여 살펴보고, 반복이 있는 경우에 대해서는 10.4절에서 설명하도록 하겠다.

10.3.1 자료구조와 통계적 모형

두 개의 모수인자 A 와 B 가 각각 l 개와 m 개의 수준을 가지고, 각 처리에 해당하는 모집단으로부터 각각 독립적으로 한 개의 표본을

$$Y_{11},\ Y_{12},\ \cdots,\ Y_{1m},\ Y_{21},\ Y_{22},\ \cdots,\ Y_{2m},\ \cdots,\ Y_{l1},\ Y_{l2},\ \cdots,\ Y_{lm}$$

와 같이 얻었다고 하자. [표 10.3]은 이러한 자료의 배치구조를 보여주고 있다. 여기서 $\overline{Y}_{i.} = \dfrac{1}{m}\sum_{j=1}^{m} Y_{ij}$ 는 인자 A 의 i 번째 수준에 대한 표본평균을, $\overline{Y}_{.j} = \dfrac{1}{l}\sum_{i=1}^{l} Y_{ij}$는 인자 B 의 j 번째 수준에 대한 표

본평균을 나타내고 $\overline{Y}_{..} = \frac{1}{lm}\sum_{i=1}^{l}\sum_{j=1}^{m} Y_{ij}$는 전체 표본평균을 나타낸다.

[표 10.3] **이원배치법의 자료구조(처리내의 측정수가 하나인 경우)**

구분		인자 A의 수준				표본평균
		A_1	A_2	$\cdots$	A_l	
인자 B의 수준	B_1	Y_{11}	Y_{21}	$\cdots$	Y_{l1}	$\overline{Y}_{.1}$
	B_2	Y_{12}	Y_{22}		Y_{l2}	$\overline{Y}_{.2}$
	$\vdots$	$\vdots$	$\vdots$		$\vdots$	$\vdots$
	B_m	Y_{1m}	Y_{2m}		Y_{lm}	$\overline{Y}_{.m}$
표본평균		$\overline{Y}_{1.}$	$\overline{Y}_{2.}$	$\cdots$	$\overline{Y}_{l.}$	$\overline{Y}_{..}$

일원배치에서와 마찬가지로 이원배치의 실험은 완전 랜덤화하는 것이 원칙이다. 예를 들어, 어떤 제품의 공정에서 온도 A_1, A_2, A_3와 압력 B_1, B_2, B_3, B_4에 대한 실험을 계획할 때, 12개의 처리에 대하여 실험 전체를 랜덤하게 시행하여야 한다.[3)]

이원분산분석에서는 각 인자 수준들의 조합 하나 하나가 한 개의 처리로 간주되므로 총 lm 개의 처리에 대하여 각 처리별 모집단을 서로 독립인 정규모집단 $N(\mu_{ij}, \sigma^2)\,(i=1,\cdots,l,\ j=1,\ \cdots,m)$으로 가정하면, Y_{ij}는 인자 A의 i번째 수준과 인자 B의 j번째 수준에서 수집되는 관측값으로

$$Y_{ij} = \mu_{ij} + \epsilon_{ij},\ \ i=1,2,\ \cdots,l,\ j=1,2,\cdots,m$$

와 같은 통계적 모형으로 나타낼 수 있다. 여기서 μ_{ij}는 인자 A의 i번째 수준과 인자 B의 j번째 수준에 해당하는 처리에서의 모평균을 나타내고, ϵ_{ij}는 Y_{ij}를 측정할 때 발생하는 오차를 나타낸다. 이때 오차는 일원분산분석에서와 같이 서로 독립적으로 발생하며, 정규분포 $N(0,\ \sigma^2)$를 따른다고 가정한다.

이제 각 수준별 모평균 $\mu_{ij}\,(i=1,\cdots,l, j=1,\cdots,m)$에 대한 전체 모평균을 μ라 하고, 인자 A의 i번째 수준에 대한 모평균을 $\mu_{i.}$, 인자 B의 j번째 수준에 대한 모평균을 $\mu_{.j}$라고 하면, μ, $\mu_{i.}$, $\mu_{.j}$는 각각

3) 이때 부득이한 사정으로 실험을 랜덤하게 진행할 수 없는 경우에는 별도의 실험계획법에 의하여 실험을 설계하고 분석해야 한다.

$$\mu = \frac{1}{lm}\sum_{i=1}^{l}\sum_{j=1}^{m}\mu_{ij},\ \mu_{i.} = \frac{1}{m}\sum_{j=1}^{m}\mu_{ij}\,(i=1,\cdots,l),\ \mu_{.j} = \frac{1}{l}\sum_{i=1}^{l}\mu_{ij}\,(j=1,\cdots,m)$$

로 정의된다. 여기서 인자 A 의 i 번째 처리효과 α_i 와 인자 B 의 j 번째 처리효과 β_j

$$\alpha_i = \mu_{i.} - \mu,\ \beta_j = \mu_{.j} - \mu$$

를 이용하면 모형 $Y_{ij} = \mu_{ij} + \epsilon_{ij}$은 다음과 같은 모형으로 표현할 수 있다.

$$Y_{ij} = \mu + \alpha_i + \beta_j + \epsilon_{ij},\ i = 1, 2,\ \cdots, l,\ j = 1,2,\cdots,m$$ [4)]

이때 전체 모평균의 정의로부터

$$\mu = \frac{1}{lm}\sum_{i=1}^{l}\sum_{j=1}^{m}\mu_{ij} = \frac{1}{l}\sum_{i=1}^{l}u_{i.} = \mu + \frac{1}{l}\sum_{i=1}^{l}\alpha_i = \frac{1}{m}\sum_{j=1}^{m}u_{.j} = \mu + \frac{1}{m}\sum_{j=1}^{m}\beta_j$$

이므로 $\sum_{i=1}^{l}\alpha_i = 0$, $\sum_{j=1}^{m}\beta_j = 0$이 되고, 각 인자의 처리수준에 대한 모평균 $\mu_{i.}$ 와 $\mu_{.j}$ 는

$$\mu_{i.} = \frac{1}{m}\sum_{j=1}^{m}\mu_{ij} = \frac{1}{m}\sum_{j=1}^{m}(\mu + \alpha_i + \beta_j) = \mu + \alpha_i$$

$$\mu_{.j} = \frac{1}{l}\sum_{i=1}^{l}\mu_{ij} = \frac{1}{l}\sum_{i=1}^{l}(\mu + \alpha_i + \beta_j) = \mu + \beta_j$$

와 같이 표현된다.

[이원분산분석의 모수모형] 반복이 없는 경우

(1) $Y_{ij} = \mu_{ij} + \epsilon_{ij},\ i = 1, 2,\ \cdots, l,\ j = 1,2,\cdots,m$ (모수모형 Ⅰ)

- Y_{ij} : 인자 A 의 i 번째 수준과 인자 B 의 j 번째 수준에서의 관측값
- μ_{ij} : A 의 i 번째 수준과 인자 B 의 j 번째 수준에서의 모평균
- ϵ_{ij} : 랜덤오차로서 서로 독립이며 정규분포 $N(0,\ \sigma^2)$를 따른다고 가정

(2) $Y_{ij} = \mu + \alpha_i + \beta_j + \epsilon_{ij},\ i = 1, 2,\ \cdots, l,\ j = 1,2,\cdots,m$ (모수모형 Ⅱ)

- μ : 전체 모평균
- α_i : 인자 A 의 i 번째 처리효과, $\sum_{i=1}^{l}\alpha_i = 0$
- β_j : 인자 B 의 j 번째 처리효과, $\sum_{j=1}^{m}\beta_j = 0$

4) 반복이 없는 이원분산분석에서는 두 인자 사이의 교호작용효과 $(\alpha\beta)_{ij} = \mu_{ij} - (\mu + \alpha_i + \beta_j)$를 검출할 수 없으므로 모형에서 $(\alpha\beta)_{ij} = 0$으로 두며, 교호작용에 대해서는 3.6절에서 자세히 다루기로 한다.

10.3.2 처리효과의 유의성 검정

이원분산분석에서 인자 A의 효과를 검정하기 위한 가설은

$$H_0 : \mu_{1.} = \mu_{2.} = \cdots = \mu_{l.} = \mu, \ H_1 : \text{적어도 1개의 } \mu_{i.} \text{은 나머지와 다르다.}$$

또는

$$H_0 : \alpha_1 = \alpha_2 = \cdots = \alpha_l = 0, \ H_1 : \text{적어도 한 개의 } \alpha_i \text{는 0이 아니다.}$$

와 같이 설정할 수 있으며, 인자 B의 효과를 검정하기 위한 가설은

$$H_0 : \mu_{.1} = \mu_{.2} = \cdots = \mu_{.m} = \mu, \ H_1 : \text{적어도 1개의 } \mu_{.j} \text{는 나머지와 다르다.}$$

또는

$$H_0 : \beta_1 = \beta_2 = \cdots = \beta_m = 0, \ H_1 : \text{적어도 한 개의 } \beta_j \text{는 0이 아니다.}$$

와 같이 설정할 수 있다.

이제 각 인자의 효과를 검정하기 위하여 일원분산분석에서와 같은 방법으로 관측값들의 전체 변동을 처리효과의 차이에서 발생하는 변동과 오차에 의해서 발생하는 변동으로 분해하는 방법을 생각해 보자. 처리내에서 반복이 없는 이원분산분석의 모형은 편차 $(Y_{ij} - Y_{..})$를

$$(Y_{ij} - \overline{Y}_{..}) = (\overline{Y}_{i.} - \overline{Y}_{..}) + (\overline{Y}_{.j} - \overline{Y}_{..}) + (Y_{ij} - \overline{Y}_{i.} - \overline{Y}_{.j} + \overline{Y}_{..})$$

와 같이 세 개의 성분합으로 나타낼 수 있으며, 이 식의 양변을 제곱하여 전체 관측값들에 대하여 모두 더하면

$$\sum_{i=1}^{l}\sum_{j=1}^{m}(Y_{ij} - \overline{Y}_{..})^2 = m\sum_{i=1}^{l}(\overline{Y}_{i.} - \overline{Y}_{..})^2 + l\sum_{j=1}^{m}(\overline{Y}_{.j} - \overline{Y}_{..})^2 + \sum_{i=1}^{l}\sum_{j=1}^{m}(Y_{ij} - \overline{Y}_{i.} - \overline{Y}_{.j} + \overline{Y}_{..})^2$$

$$\underset{(\text{총제곱합})}{TSS} = \underset{(A\text{의 처리제곱합})}{SSTR_A} + \underset{(B\text{의 처리제곱합})}{SSTR_B} + \underset{(\text{오차제곱합})}{SSE}$$

와 같이 전체 변동을 분할 할 수 있다. 이때 각 제곱합의 자유도는

$$\underset{(\text{총제곱합})}{lm-1} = \underset{(A\text{의 처리제곱합})}{l-1} + \underset{(B\text{의 처리제곱합})}{m-1} + \underset{(\text{오차제곱합})}{(l-1)(m-1)}$$

와 같으며, 이러한 결과로부터 [표 10.4]의 처리 내에서 반복이 없는 이원분산분석표를 구할 수 있다.

[표 10.4] **이원분산분석표: 반복이 없는 경우**

요인	제곱합	자유도	평균제곱	F_0
인자 A	$SSTR_A$	$l-1$	$MSTR_A = \dfrac{SSTR_A}{l-1}$	$\dfrac{MSTR_A}{MSE}$
인자 B	$SSTR_B$	$m-1$	$MSTR_B = \dfrac{SSTR_B}{m-1}$	$\dfrac{MSTR_B}{MSE}$
오차	SSE	$(l-1)(m-1)$	$MSE = \dfrac{SSE}{(l-1)(m-1)}$	
전체	TSS	$lm-1$		

이원분산분석표를 이용하여 처리효과의 유의성을 통계적으로 검정하기 위해서는 검정통계량 F_0의 확률분포를 알아야 하며, 일원분산분석의 [정리 10.1]과 동일한 유도과정을 이용하면 [정리 10.2]의 결과를 얻을 수 있다.

정리 10.2 검정통계량 F_0의 분포: 이원분산분석(반복이 없는 경우)

모수모형 $Y_{ij} = \mu + \alpha_i + \beta_j + \epsilon_{ij},\ i = 1, 2, \cdots, l,\ j = 1, 2, \cdots, m$ 에서 오차항에 대한 가정이 성립할 때, 즉 $\epsilon_{ij} \sim i.i.d.\ N(0, \sigma^2)$ 일 때

(1) 귀무가설에 관계없이

$$\frac{SSE}{\sigma^2} \sim \chi^2((l-1)(m-1))\text{이다.}$$

(2) 귀무가설 $H_0 : \alpha_1 = \alpha_2 = \cdots = \alpha_l = 0$ 이 참이면

$$\frac{SSTR_A}{\sigma^2} \sim \chi^2(l-1)\text{이고, } F_0 = \frac{MSTR_A}{MSE} \sim F((l-1), (l-1)(m-1))\text{이다.}$$

(3) 귀무가설 $H_0 : \beta_1 = \beta_2 = \cdots = \beta_m = 0$ 이 참이면

$$\frac{SSTR_B}{\sigma^2} \sim \chi^2(m-1)\text{이고, } F_0 = \frac{MSTR_B}{MSE} \sim F((m-1), (l-1)(m-1))\text{이다.}$$

처리효과의 유의성 검정에서 귀무가설 $H_0 : \alpha_1 = \alpha_2 = \cdots = \alpha_l = 0$ 이 참이라면, 즉 인자 A 의 각 수준들 간의 모평균이 모두 같다면 수준별 표본평균 $\overline{Y}_{i.}\ (i = 1, 2, \cdots, l)$들은 전체 표본평균 $\overline{Y}_{..}$ 와 유사한 값을 가지게 될 것이므로 인자 A 의 처리제곱합 $SSTR_A$ 는 0에 가까울 것이며, 반대로 모평균의 수준들 간의 차이가 클수록 $SSTR_A$ 은 커지게 될 것이다. 따라서 처리효과의 유의성을 검정할 때 $F_0 = \dfrac{MSTR_A}{MSE}$ 의 값이 크다는 것은 인자 A 의 수준별 모평균들 간의 차이가 심하다

는 것을 의미한다. 따라서, 유의수준 α에서 검정통계량 F_0의 관측값 f_0^*가 $f_0^* \geq F_\alpha(l-1, n-l)$이거나 $P(F_0 \geq f_0^*) < \alpha$이면 귀무가설 H_0를 기각하고, 그렇지 않으면 H_0를 채택하게 된다. 마찬가지 방법으로 검정통계량 $F_0 = \dfrac{MSTR_B}{MSE}$를 이용하여 인자 B의 처리효과를 검정할 수 있다.

[처리효과에 대한 유의성 검정] 이원분산분석: 반복이 없는 경우

모수모형 $Y_{ij} = \mu + \alpha_i + \beta_j + \epsilon_{ij},\ i = 1, 2, \cdots, l,\ j = 1, 2, \cdots, m$에서

(1) 인자 A의 처리효과에 관한 가설

$H_0 : \alpha_1 = \alpha_2 = \cdots = \alpha_l = 0$, H_1 : 적어도 한 개의 α_i는 0이 아니다.

에 대하여 검정통계량 $F_0 = \dfrac{MSTR_A}{MSE}$를 이용한 기각역과 p-값은 다음과 같다.

- 유의수준 α에서의 기각역 : $f_0 \geq F_\alpha(l-1, (l-1)(m-l))$
- 검정통계량 F_0의 관측값 f_0^*에 대한 p-값 : $p-$값 $= P(F_0 \geq f_0^*)$
- 유의수준 α에서의 검정방법 : 표본으로부터 계산된 검정통계량의 관측값 f_0^*가

  $f_0^* \geq F_\alpha(l-1, (l-1)(m-1))$ 또는 p-값$= P(F_0 \geq f_0^*) < \alpha$ 이면 H_0를 기각

  $f_0^* < F_\alpha(l-1, (l-1)(m-1))$ 또는 p-값$= P(F_0 \geq f_0^*) \geq \alpha$ 이면 H_0를 채택

(2) 인자 B의 처리효과에 관한 가설

$H_0 : \beta_1 = \beta_2 = \cdots = \beta_m = 0$, H_1 : 적어도 한 개의 β_j는 0이 아니다.

에 대하여 검정통계량 $F_0 = \dfrac{MSTR_B}{MSE}$를 이용한 기각역과 p-값은 다음과 같다.

- 유의수준 α에서의 기각역 : $f_0 \geq F_\alpha(m-1, (l-1)(m-l))$
- 검정통계량 F_0의 관측값 f_0^*에 대한 p-값 : $p-$값 $= P(F_0 \geq f_0^*)$
- 유의수준 α에서의 검정방법 : 표본으로부터 계산된 검정통계량의 관측값 f_0^*가

  $f_0^* \geq F_\alpha(m-1, (l-1)(m-1))$ 또는 p-값$= P(F_0 \geq f_0^*) < \alpha$ 이면 H_0를 기각

  $f_0^* < F_\alpha(m-1, (l-1)(m-1))$ 또는 p-값$= P(F_0 \geq f_0^*) \geq \alpha$ 이면 H_0를 채택

예제 10.2 어느 자동차와 연료 첨가제의 종류에 따라 연비에 차이가 있는지를 검정하기 위해 차종과 연료 첨가제를 인자로 반복이 없는 이원배치의 실험을 시행하였다. 서로 다른 5가지 종류의 자동차 $M1$, $M2$, $M3$, $M4$, $M5$와 3종류의 연료 첨가제 A, B, C를 대상으로 15회의 실험을 완전 랜덤화하여 시행하였으며 다음과 같은 자료를 얻었다. 분산분석표를 작성하고, 유의수준 $\alpha=0.05$에서 자동차와 연료 첨가제의 처리효과에 대한 유의성 검정을 하여라.

첨가제 \ 자동차 종류	$M1$	$M2$	$M3$	$M4$	$M5$	평균
A	12	15	13	14	16	14.0
B	11	12	11	12	14	12.0
C	13	18	18	22	21	18.4
평균	12.0	15.0	14.0	16.0	17.0	14.8

풀이 이원분류 분산분석의 모수모형 $X_{ij}=\mu+\alpha_i+\beta_j+\epsilon_{ij}(i=1,2,\cdots,5,\ j=1,2,3)$에서 자동차와 첨가제의 처리효과에 대한 유의성을 검정하기 위한 가설은 각각

$$H_0:\alpha_1=\alpha_2=\cdots=\alpha_5=0,\ H_1: \text{적어도 하나의 } \alpha_i\text{는 0이 아니다.}$$

$$H_0:\beta_1=\beta_2=\beta_3=0,\ H_1: \text{적어도 하나의 } \beta_j\text{는 0이 아니다}$$

와 같고 분산분석표는 다음과 같이 계산되어 진다.

요인	제곱합	자유도	평균제곱합	F_0
자동차 종류	44.4	4	11.1	4.269
첨가제	107.2	2	53.6	20.615
오차	20.8	8	2.6	
전체	172.4	14		

따라서 자동차의 종류에 대한 유의수준 $\alpha=0.05$에서의 기각역은 $f_0>F_{0.05}(4,8)=3.838$이므로 귀무가설 $H_0:\alpha_1=\alpha_2=\cdots=\alpha_5=0$을 기각할 수 있다. 즉 자동차의 종류에 따라 연비의 차이가 있다고 할 수 있다. 또한 첨가제의 종류에 대한 기각역은 $f_0>F_{0.05}(2,8)=4.459$이므로 귀무가설 $H_0:\beta_1=\beta_2=\beta_3=0$을 기각할 수 있다. 즉 첨가제의 종류에 따라 연비의 차이가 있다고 할 수 있다. ■

R 실습 10.2 분산분석을 이용하여 [예제 10.2]의 두 인자의 처리효과에 대한 유의성을 검정하여라.

[R코드 10.2] 이원분산분석: 반복이 없는 경우

```
efficiency=c(12, 11, 13, 15, 12, 18, 13, 11, 18, 14, 12, 22, 16, 14, 21)
car=c(rep("M1", 3), rep("M2",3), rep("M3",3), rep("M4",3), rep("M5",3))
additive=rep(c("A", "B", "C"), 5)
anova.result=aov(efficiency~car+additive)
summary(anova.result)
```

실행 결과

```
> # 이원분산분석
> efficiency=c(12, 11, 13, 15, 12, 18, 13, 11, 18, 14, 12, 22, 16, 14, 21)
> car=c(rep("M1", 3), rep("M2",3), rep("M3",3), rep("M4",3), rep("M5",3))
> additive=rep(c("A", "B", "C"), 5)
> anova.result=aov(efficiency~car+additive)
> summary(anova.result)
            Df  Sum Sq  Mean Sq  F value  Pr(>F)
car          4   44.4    11.1     4.269 0.038571 *
additive     2  107.2    53.6    20.615 0.000697 ***
Residuals    8   20.8     2.6
------
Signif. codes:  0 '***' 0.001 '**' 0.01 '*' 0.05 '.' 0.1 ' ' 1
```

- 실험으로 관측된 연비와 자동차 및 첨가제의 종류를 순서에 맞게 각각 efficiency와 car, additive라는 이름으로 저장하고 분산분석을 위해 aov( ) 함수를 사용하였다. 이때 반복이 없는 이원분산분석을 위한 모형(formula)은 $Y \sim X1 + X2$와 같고, 여기서 Y는 반응변수의 관측값을, X1, X2는 인자를 각각 나타낸다.
- 분산분석표의 출력을 위해 summary( ) 함수를 사용하면 [R코드 10.2]의 실행 결과를 구할 수 있으며, 이 결과는 [예제 10.2]의 결과와 동일함을 알 수 있다.

10.4 이원분산분석: 반복이 있는 모수모형

실험을 계획할 때 가능하면 각 수준의 조합에서 2회 이상의 실험을 시행하는 것이 바람직하다. 이원배치법에서도 반복이 있는 경우에는 인자의 조합에 따른 효과 즉, 교호작용(interaction)을 분리하여 검출할 수 있으므로 인자의 처리효과에 대한 검출이 좋아지는 이점이 있다.

교호작용이란 2인자 이상의 특정한 인자수준의 조합에서 서로 복잡하게 얽혀 일어나는 효과를 말한다. 예를 들어, 강철의 강도가 탄소 함유량과 담금 온도에 따라 어떻게 변화하는지에 대한 실험에서 탄소 함유량은 적지만 담금 온도가 높을수록 철강의 강도가 높아지고, 반대로 탄소 함유량은 많지만 담금 온도가 낮을수록 철강의 강도가 높아지는 현상이 발생할 경우 이것은 바로 두 인자 사이의 교호작용에 의해서 생겨나는 효과가 되는 것이다. 두 요인 사이의 교호작용 존재 여부는 두 요인의 모든 수준에서 평균값을 계산하여 그래프를 그려 봄으로써 개략적으로 알 수 있다. 즉, 평균값에 대한 그래프에서 두 직선이 평행인 경우에는 교호작용이 없다고 보며, 평행상태에서 심하게 벗어나거나 교차하는 경우는 교호작용이 존재한다고 할 수 있다. 예를 들어, 어떤 일을 배우는데 걸리는 시간을 연령(10대, 30대, 50대)과 성별(남, 여)에 따라 조사하여 그 평균값을 계산한 후, 이를 그래프로 나타낸 결과가 [그림 10.2]과 같다고 하자. 이때 [그림 10.2(a)]의 경우 남자와 여자 모두 일을 배우는데 걸리는 시간 차이가 모든 수준에서 일정하기 때문에 두 직선은 평행으로 나타나며, 이것은 두 인자 사이에 교호작용이 존재하지 않는다는 것을 의미하는 것이다. 반면에 [그림 10.2(b)]의 경우 성별에 따라 일을 배우는데 걸리는 시간에서 서로 차이가 나며 또한 각 연령대에서도 서로 차이가 있어 평균값들을 연결한 직선은 서로 교차하여 나타나고 있다. 이것은 두 인자 사이에 교호작용이 존재하고 있기 때문에 이러한 현상이 나타나고 있음을 의미하는 것이 된다.

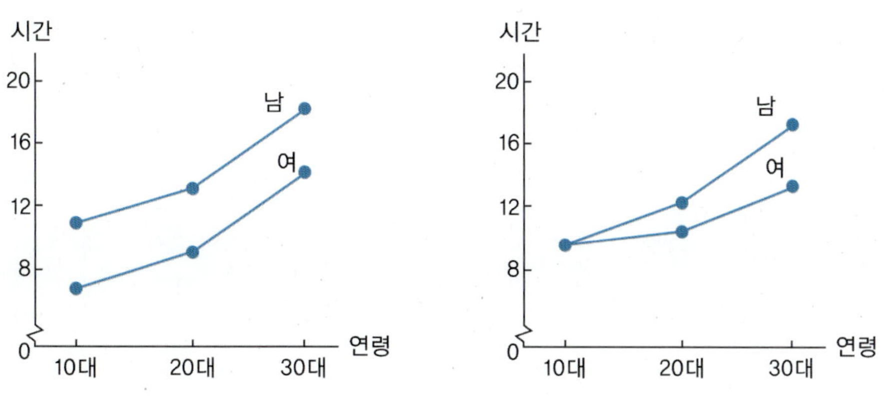

〈a〉 교호작용이 없는 경우 〈b〉 교호작용이 있는 경우

[그림 10.2] 각 수준조합에서의 평균값에 대한 그래프

10.4.1 자료구조와 통계적 모형

두 개의 모수인자 A 와 B 가 각각 l 개와 m 개의 수준을 가지고, 각 처리에 해당하는 모집단으로부터 각각 독립적으로 r 개의 표본을

$$Y_{ijk}\,,\ \ i=1,2,\,\cdots,l,\ \ j=1,2,\,\cdots,m,\ \ k=1,2,\,\cdots,r$$

와 같이 얻었다고 하자. [표 10.5]는 이러한 자료의 배치구조를 보여주고 있다. 여기서 $\overline{Y}_{ij.}=\dfrac{1}{r}\sum\limits_{k=1}^{r}Y_{ijk}$ 는 인자 A 의 i 번째 수준과 인자 B 의 j 번째 수준에 대한 표본평균을, $\overline{Y}_{i..}=\dfrac{1}{mr}\sum\limits_{j=1}^{m}\sum\limits_{k=1}^{r}Y_{ijk}$ 는 인자 A 의 i 번째 수준에서의 표본평균을, $\overline{Y}_{.j.}=\dfrac{1}{lr}\sum\limits_{i=1}^{l}\sum\limits_{k=1}^{r}Y_{ijk}$ 는 인자 B 의 j 번째 수준에서의 표본평균을 나타내고 $\overline{Y}_{...}=\dfrac{1}{lmr}\sum\limits_{i=1}^{l}\sum\limits_{j=1}^{m}\sum\limits_{k=1}^{r}Y_{ijk}$ 는 전체 표본평균을 나타낸다.

[표 10.5] 이원배치법의 자료구조(처리내의 측정수가 둘 이상인 경우)

구분		인자 A의 수준				표본평균
		A_1	A_2	$\cdots$	A_l	
인자 B의 수준	B_1	Y_{111} Y_{112} $\vdots$ Y_{11r}	Y_{211} Y_{212} $\vdots$ Y_{21r}	$\cdots$	Y_{l11} Y_{l12} $\vdots$ Y_{l1r}	$\overline{Y}_{.1.}$
	B_2	Y_{121} Y_{122} $\vdots$ Y_{12r}	Y_{221} Y_{222} $\vdots$ Y_{22r}	$\cdots$	Y_{l21} Y_{l22} $\vdots$ Y_{l2r}	$\overline{Y}_{.2.}$
	$\vdots$	$\vdots$	$\vdots$	$\vdots$	$\vdots$	$\vdots$
	B_m	Y_{1m1} Y_{1m2} $\vdots$ Y_{1mr}	Y_{2m1} Y_{2m2} $\vdots$ Y_{2mr}	$\cdots$	Y_{lm1} Y_{lm2} $\vdots$ Y_{lmr}	$\overline{Y}_{.m.}$
표본평균		$\overline{Y}_{1..}$	$\overline{Y}_{2..}$	$\cdots$	$\overline{Y}_{l..}$	$\overline{Y}_{...}$

반복이 있는 이원배치법에서는 lmr 회의 전체 실험을 랜덤하게 시행하여야 한다. 만약 인자수준들의 조합에 대한 lm 회만 랜덤하게 선택하고 각각의 수준조합에서 r 번의 반복실험을 계속하여 실험하는 경우에는 랜덤화의 원칙에 맞지 않으며, 이러한 경우에는 다른 분석방법[5)]을 적용하여 자료를 분석하여야 한다.

반응값 Y_{ijk} 는 인자 A 의 i 번째 수준과 인자 B 의 j 번째 수준에서 k 번째로 수집되는 관측값으로

$$Y_{ijk} = \mu_{ij} + \epsilon_{ijk},\ \ i = 1, 2,\ \cdots, l,\ j = 1,2,\cdots,m,\ k = 1, 2,\ \cdots, r$$

와 같은 통계적 모형으로 나타낼 수 있다. 여기서 μ_{ij} 는 인자 A 의 i 번째 수준과 인자 B 의 j 번째 수준에 해당하는 처리에서의 모평균을 나타내고, ϵ_{ijk} 는 Y_{ijk} 를 측정할 때 발생하는 오차로 서로 독립적으로 발생하며 정규분포 $N(0,\ \sigma^2)$ 를 따른다고 가정한다.

반복이 있는 경우에는 두 인자 사이의 교호작용을 검출할 수 있으므로 반복이 없는 이원분산분석의 모형에 교호작용효과 $(\alpha\beta)_{ij}$

$$(\alpha\beta)_{ij} = \mu_{ij} - (\mu + \alpha_i + \beta_j) = \mu_{ij} - \mu_{i.} - \mu_{.j} + \mu,\ \ i = 1, 2,\ \cdots, l,\ j = 1,2,\cdots,m$$

를 추가하여 다음과 같은 모형으로 표현할 수 있다.

$$Y_{ijk} = \mu + \alpha_i + \beta_j + (\alpha\beta)_{ij} + \epsilon_{ijk},\ \ i = 1, 2,\ \cdots, l,\ j = 1,2,\cdots,m,\ k = 1, 2,\ \cdots, r$$

이때 인자 A 의 i 번째 처리효과 α_i 와 인자 B 의 j 번째 처리효과 β_j 에 대해서는 $\sum_{i=1}^{l}\alpha_i = \sum_{j=1}^{m}\beta_j = 0$ 이 되고, 교호작용효과에 대해서는

$$\sum_{i=1}^{l}(\alpha\beta)_{ij} = \sum_{i=1}^{l}(\mu_{ij} - (\mu + \alpha_i + \beta_j)) = l\,\mu_{.j} - l(\mu + \beta_j) = 0,\quad j = 1,2,\cdots,m$$

$$\sum_{j=1}^{m}(\alpha\beta)_{ij} = \sum_{j=1}^{m}(\mu_{ij} - (\mu + \alpha_i + \beta_j)) = m\,\mu_{i.} - m(\mu + \alpha_i) = 0,\quad i = 1,2,\cdots,l$$

이 만족된다.

[이원분산분석의 모수모형] 반복이 있는 경우

(1) $Y_{ijk} = \mu_{ij} + \epsilon_{ijk},\ i = 1, 2,\ \cdots, l,\ j = 1,2,\cdots,m,\ k = 1, 2,\ \cdots, r$ (모수모형 I)

- Y_{ijk} : 인자 A 의 i 번째 수준과 인자 B 의 j 번째 수준에서의 r 번째 관측값
- μ_{ij} : A 의 i 번째 수준과 인자 B 의 j 번째 수준에서의 모평균

5) 실험의 상황에 따른 구체적인 분석방법은 실험계획법을 통해 학습할 수 있다.

- ϵ_{ijk} : 랜덤오차로서 서로 독립이며 정규분포 $N(0,\ \sigma^2)$를 따른다고 가정

(2) $Y_{ijk} = \mu + \alpha_i + \beta_j + (\alpha\beta)_{ij} + \epsilon_{ijk},\ i = 1, \cdots, l,\ j = 1, \cdots, m,\ k = 1, \cdots, r$ (모수모형 Ⅱ)

- μ : 전체 모평균
- α_i : 인자 A 의 i번째 처리효과, $\sum_{i=1}^{l} \alpha_i = 0$
- β_j : 인자 B 의 j번째 처리효과, $\sum_{j=1}^{m} \beta_j = 0$
- $(\alpha\beta)_{ij}$: 인자 A 의 i번째와 인자 B 의 j번째 처리에서의 교호작용효과,

$$\sum_{i=1}^{l} (\alpha\beta)_{ij} = 0(j = 1,\ \cdots, m),\ \sum_{j=1}^{m} (\alpha\beta)_{ij} = 0(i = 1,\ \cdots, l)$$

10.4.2 처리효과의 유의성 검정

반복이 있는 이원분산분석에서는 두 인자 A 와 B 의 처리효과에 대한 가설

$H_0 : \alpha_1 = \alpha_2 = \cdots = \alpha_l = 0,\ H_1$: 적어도 한 개의 α_i 는 0이 아니다.

$H_0 : \beta_1 = \beta_2 = \cdots = \beta_m = 0,\ H_1$: 적어도 한 개의 β_j 는 0이 아니다.

과 두 인자 사이의 교호작용효과에 대한 가설

H_0 : 모든 i, j 에 대하여 $(\alpha\beta)_{ij} = 0$,

H_1 : 적어도 한 개의 $(\alpha\beta)_{ij}$는 0이 아니다.

에 대하여 검정을 시행할 수 있다.

반복측정이 있는 경우 편차 $Y_{ijk} - \overline{Y}_{...}$는

$$\left(Y_{ijj} - \overline{Y}_{...}\right) = \left(\overline{Y}_{i..} - \overline{Y}_{...}\right) + \left(\overline{Y}_{.j.} - \overline{Y}_{...}\right) + \left(Y_{ij.} - \overline{Y}_{i..} - \overline{Y}_{.j.} + \overline{Y}_{...}\right) + \left(Y_{ijk} - \overline{Y}_{ij.}\right)$$

와 같이 4개의 성분합으로 나타낼 수 있다. 그리고 위 식에서 양변을 제곱한 후 모든 관측값에 대하여 더하면

$$\sum_{i=1}^{l}\sum_{j=1}^{m}\sum_{k=1}^{r}\left(Y_{ijk} - \overline{Y}_{...}\right)^2 = mr\sum_{i=1}^{l}\left(\overline{Y}_{i..} - \overline{Y}_{...}\right)^2 + lr\sum_{j=1}^{m}\left(\overline{Y}_{.j.} - \overline{Y}_{...}\right)^2 + r\sum_{i=1}^{l}\sum_{j=1}^{m}\left(Y_{ij.} - \overline{Y}_{i..} - \overline{Y}_{.j.} + \overline{Y}_{...}\right)^2 + \sum_{i=1}^{l}\sum_{j=1}^{m}\sum_{k=1}^{r}\left(Y_{ijk} - \overline{Y}_{ij.}\right)^2$$

$$\underset{(\text{총제곱합})}{TSS} = \underset{(A\text{의 처리제곱합})}{SSTR_A} + \underset{(B\text{의 처리제곱합})}{SSTR_B} + \underset{(\text{교호작용 제곱합})}{SSTR_{AB}} + \underset{(\text{오차제곱합})}{SSE}$$

와 같이 전체 변동을 분할 할 수 있다. 이때 각 제곱합의 자유도는

$$\underset{(\text{총제곱합})}{lmr-1} = \underset{(A\text{의 처리제곱합})}{l-1} + \underset{(B\text{의 처리제곱합})}{m-1} + \underset{(\text{교호작용 제곱합})}{(l-1)(m-1)} + \underset{(\text{오차제곱합})}{lm(r-1)}$$

와 같으며, 이로부터 [표 10.6]의 처리내에서 반복이 있는 이원분산분석표를 구할 수 있다.

[표 10.6] 이원분산분석표 : 반복이 있는 경우

요인	제곱합	자유도	평균제곱	F_0
인자 A	$SSTR_A$	$l-1$	$MSTR_A = \dfrac{SSTR_A}{l-1}$	$\dfrac{MSTR_A}{MSE}$
인자 B	$SSTR_B$	$m-1$	$MSTR_B = \dfrac{SSTR_B}{m-1}$	$\dfrac{MSTR_B}{MSE}$
교호작용	$SSTR_{AB}$	$(l-1)(m-1)$	$MSTR_{AB} = \dfrac{SSTR_{AB}}{(l-1)(m-1)}$	$\dfrac{MSTR_{AB}}{MSE}$
오차	SSE	$lm(r-1)$	$MSE = \dfrac{SSE}{(l-1)(m-1)}$	
전체	TSS	$lmr-1$		

이원분산분석표를 이용하여 두 인자 A와 B의 처리효과와 교호작용에 대한 가설을 통계적으로 검정하기 위해서는 검정통계량 F_0의 확률분포를 알아야 하며, 반복이 없는 이원분산분석과 유사하게 다음과 같이 가설을 검정할 수 있다.

[처리효과에 대한 유의성 검정] 이원분산분석: 반복이 있는 경우

모수모형 $Y_{ijK} = \mu + \alpha_i + \beta_j + (\alpha\beta)_{ij} + \epsilon_{ijk},\ i = 1,\ \cdots, l,\ j = 1, \cdots, m,\ k = 1, \cdots, r$에서

(1) 인자 A의 처리효과에 관한 가설[6)]

$H_0 : \alpha_1 = \alpha_2 = \cdots = \alpha_l = 0$, H_1 : 적어도 한 개의 α_i는 0이 아니다.

에 대하여 검정통계량 $F_0 = \dfrac{MSTR_A}{MSE}$를 이용한 기각역과 p-값은 다음과 같다.

- 유의수준 α에서의 기각역 : $f_0 \geq F_\alpha(l-1, lm(r-1))$
- 검정통계량 F_0의 관측값 f_0^* 에 대한 p-값 : $p-\text{값} = P(F_0 \geq f_0^*)$
- 유의수준 α에서의 검정방법 : 표본으로부터 계산된 검정통계량의 관측값 f_0^*가

  $f_0^* \geq F_\alpha(l-1, lm(r-1))$ 또는 p-값$= P(F_0 \geq f_0^*) < \alpha$ 이면 H_0를 기각

  $f_0^* < F_\alpha(l-1, lm(r-1))$ 또는 p-값$= P(F_0 \geq f_0^*) \geq \alpha$ 이면 H_0를 채택

(2) 두 인자 A, B의 교호작용효과에 관한 가설

H_0 : 모든 i, j 에 대하여 $(\alpha\beta)_{ij} = 0$,

H_1 : 적어도 한 개의 $(\alpha\beta)_{ij}$는 0이 아니다.

에 대하여 검정통계량 $F_0 = \dfrac{MSTR_{AB}}{MSE}$ 를 이용한 기각역과 p-값은 다음과 같다.

- 유의수준 α에서의 기각역 : $f_0 \geq F_\alpha((l-1)(m-l), lm(r-1))$
- 검정통계량 F_0의 관측값 f_0^* 에 대한 p-값 : $p-\text{값} = P(F_0 \geq f_0^*)$
- 유의수준 α에서의 검정방법 : 표본으로부터 계산된 검정통계량의 관측값 f_0^*가

  $f_0^* \geq F_\alpha((l-1)(m-1), lm(r-1))$ 또는 p-값$= P(F_0 \geq f_0^*) < \alpha$ 이면 H_0를 기각

  $f_0^* < F_\alpha((l-1)(m-1), lm(r-1))$ 또는 p-값$= P(F_0 \geq f_0^*) \geq \alpha$ 이면 H_0를 채택

예제 10.3 어떤 제빵회사에서는 새로운 조리법에 의하여 만든 빵을 각 대리점에 공급하고 있다. 이 빵이 진열대에 놓이는 위치(아래, 중간, 위)와 차지하는 공간의 넓이(보통, 넓음)에 따라 판매량에 차이가 있는지를 조사하기 위하여 환경(대리점의 크기, 인구의 밀집도 등)이 비슷한 12개의 대리점을 랜덤으로 추출하여 각 처리에 2개씩 할당한 후 판매량을 조사한 결과 다음과 같은 자료를 얻었다. 진열대에 놓이는 위치(인자 A)와 공간의 넓이(인자 B)에 따라 빵의 판매량에 차이가 있는지를 유의수준 $\alpha = 0.05$로 검정하여라.

인자 A \ 인자		진열대 공간 넓이	
		보통	넓음
진열대 위치	아래칸	47, 43	45, 51
	중간칸	62, 68	67, 71
	위칸	41, 39	42, 46

6) 인자 B 의 처리효과에 관한 가설도 유사한 방법으로 시행할 수 있다. 교호작용이 존재할 경우에는 인자들의 주효과 이외에 교호작용효과가 포함되어 있기 때문에 일반적으로 모형의 해석이 명백하지 않게 된다. 이러한 경우에는 관측값 Y_{ijk}를 적절히 변환시켜 교호작용을 제거한 후 분석하는 것이 바람직하다. 교호작용이 무시되는 경우에는 교호작용에 의한 제곱합을 오차항에 합쳐(pooling) 새로운 오차항을 사용하기도 한다.

풀이 주어진 자료로부터 분산분석표를 작성하면 다음과 같다.

요인	제곱합	자유도	평균제곱	F_0	$P-$값
인자 A	1420.66	2	710.33	68.74	7.31×10^{-5}
인자 B	40.33	1	40.33	3.903	0.0955
교호작용	0.67	2	0.33	0.032	0.9684
오차	62	6	10.33		
전체	1523.66	11			

교호작용효과에 대한 귀무 및 대립가설은

$$H_0: \text{모든 } i,j \text{에 대하여 } (\alpha\beta)_{ij}=0\text{이다},\ \ H_1: H_0\text{가 아니다.}$$

이며, 분산분석표에서 p-값은 $P(F_0 \geq 0.032)=0.9684$로 유의수준 $\alpha=0.05$보다 크므로 귀무가설 H_0는 채택된다. 즉, "진열대에 놓이는 위치와 공간넓이의 교호작용에 대한 효과는 존재하지 않는다"고 할 수 있다.

인자 A (위치)의 효과에 가설은

$$H_0: \alpha_1=\alpha_2=\alpha_3=0,\ \ H_1: \text{적어도 하나의 } \alpha_i\text{는 0이 아니다.}$$

이며, 분산분석표에서 p-값은 $P(F_0 \geq 68.74)=7.31\times10^{-5}$으로 유의수준 $\alpha=0.05$보다 작으므로 귀무가설 H_0는 기각된다. 즉, "빵의 판매량은 진열대에 놓이는 위치에 따라 차이가 있다"고 할 수 있다. 또한 인자 B (공간 넓이)의 효과에 대한 가설은

$$H_0: \beta_1=\beta_2=0,\ \ H_1: \text{적어도 하나의 } \beta_j\text{는 0이 아니다.}$$

이며, 분산분석표에서 p-값은 $P(F_0 \geq 3.903)=0.0955$로 유의수준 $\alpha=0.05$보다 크므로 귀무가설 H_0는 채택된다. 즉, "빵의 판매량은 진열대의 공간 넓이에 따라 차이가 없다"고 할 수 있다. ■

R 실습 10.3 분산분석을 이용하여 [예제 10.3]의 두 인자의 처리효과에 대한 유의성 검정을 하고자 한다. 다음 물음에 답하여라.

(1) 교호작용을 확인하기 위해 각각의 처리평균을 그림으로 나타내어라.

(2) 두 인자의 처리효과 및 교호작용효과에 대한 유의성 검정을 시행하여라.

[R코드 10.3(1)] 교호작용 그래프

```
# 교호작용 그래프 그리기
sales = c(47, 43, 45, 51, 62, 68, 67, 71, 41, 39, 42, 46)
```

```
position = c(rep("under", 4), rep("middle", 4), rep("upper", 4))
size = rep(c("normal", "normal", "wide", "wide"), 3)
bread.data = data.frame(sales, position, size)
par(mfrow = c(1,2))
with(bread.data, interaction.plot(position, size, sales))
with(bread.data, interaction.plot(size, position, sales))
```

실행 결과

```
> # 교호작용 그래프 그리기
> sales = c(47, 43, 45, 51, 62, 68, 67, 71, 41, 39, 42, 46)
> position = c(rep("under", 4), rep("middle", 4), rep("upper", 4))
> size = rep(c("normal", "normal", "wide", "wide"), 3)
> bread.data = data.frame(sales, position, size)
> par(mfrow = c(1,2))
> with(bread.data, interaction.plot(position, size, sales))
> with(bread.data, interaction.plot(size, position, sales))
```

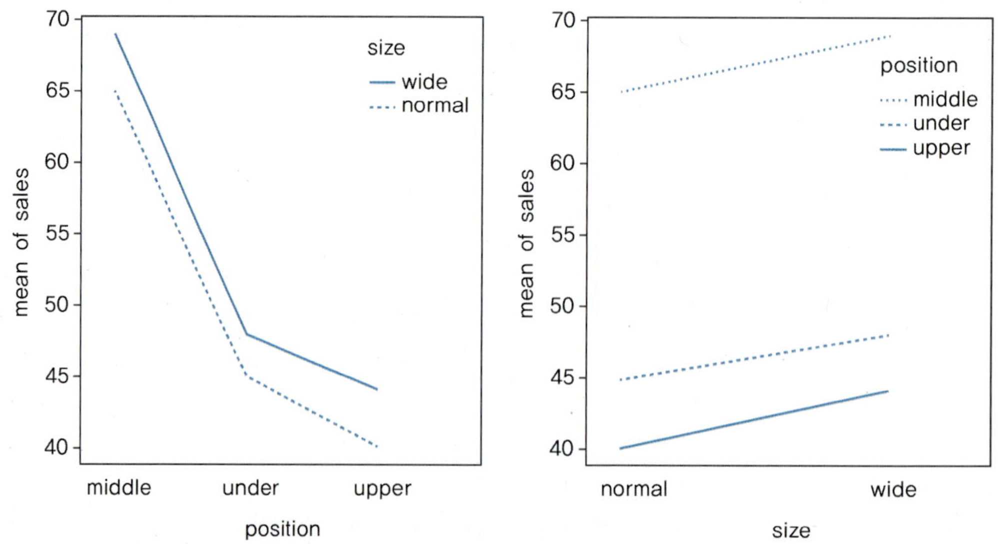

• 관측된 판매량과 위치 및 공간넓이를 순서에 맞게 각각 **sales**와 **position**, **size**라는 이름으로 저장하고 이를 **bread.data**라는 이름으로 데이터프레임 형식으로 저장하였다.

• 인자가 두 개인 이원분산분석에서 각각의 처리평균에 대한 그림은 **with( )** 함수를 이용하여 출력

할 수 있다. 이때 with( ) 함수에서 분석할 자료명을 입력하고 interaction.plot( ) 함수를 사용하여 두 인자와 반응변수를 각각 지정해 주면 된다. [R코드 10.3(1)]의 실행결과로부터 두 인자간의 교호작용의 효과가 없는 것을 확인할 수 있다.

[R코드 10.3(2)] 이원분산분석 : 반복이 있는 경우

```
# 이원분산분석
result = aov(sales~position+size+position*size, data=bread.data)
summary(result)
```

실행 결과

```
> # 이원분산분석
> result=aov(sales~position+size+position*size, data=bread.data)
> summary(result)
              Df  Sum Sq  Mean Sq  F value    Pr(>F)
position       2  1420.7    710.3   68.742  7.31e-05 ***
size           1    40.3     40.3    3.903  0.0956 .
position:size  2     0.7      0.3    0.032  0.9684
Residuals      6    62.0     10.3
------
Signif. codes: 0 '***' 0.001 '**' 0.01 '*' 0.05 '.' 0.1 ' ' 1
```

• 분산분석을 위해서 aov( ) 함수를 사용하였다. 이때 교호작용효과를 나타내기 위하여 모형을 Y~X1+X2+X1*X2와 같이 입력하면 된다. 여기서 Y는 반응변수를, X1, X2는 인자를 각각 나타낸다. [R코드 10.3(2)]의 실행 결과는 [예제 10.3]의 분산분석표와 동일함을 알 수 있다.

연습문제

1. 서로 다른 4종류의 공정(L1, L2, L3, L4)에서 생산된 철판의 인장강도를 측정하여 다음과 같은 자료를 얻었다.

공정 종류	측정값				
L1	49	55	49	58	54
L2	46	37	50	45	40
L3	49	55	42	50	48
L4	57	56	58	50	52

공정(process)에 따라 인장강도(hardness)의 차이가 존재하는지를 유의수준 $\alpha = 0.05$에서 분석하여라.

2. 어느 대학교 전산소에서는 지난 학기 중간시험과 기말시험 기간 중에 컴퓨터 단말기를 교내 4장소(K, L, M, N)에 설치하여 학생들의 컴퓨터 사용시간(time)을 측정한 결과 다음과 같은 자료를 얻었다. 설치장소(area)와 시험(test)에 따라 컴퓨터 사용시간에 있어서 차이가 있는지를 유의수준 $\alpha = 0.05$에서 검정하여라.

설치장소 \ 시험	중간	기말
K	16.5	21.4
L	11.8	17.3
M	12.3	16.9
N	16.6	21.0

3. 다음 자료는 A 지역의 어느 연구소에서 근무하는 연구원들의 학위와 전공분야에 따른 월급여액을 조사한 결과이다.

(단위 : 백만원)

전공분야 \ 학위	학사	석사	박사
인문학	1.7, 1.5 1.9, 1.5	1.8, 1.8 2.1, 1.8	2.5, 2.5 2.7, 2.7
사회학	2.5, 2.6 2.3, 2.4	2.7, 2.4 2.4, 2.5	3.5, 3.6 3.3, 3.4
공 학	2.7, 2.5 2.8, 2.5	2.9, 2.8 3.0, 2.7	3.7, 3.8 3.6, 3.9
이 학	2.5, 2.5 2.6, 2.6	2.3, 2.5 2.8, 2.8	3.3, 3.5 3.4, 3.6

(1) 분산분석표를 작성하여라.

(2) 교호작용효과가 존재하는지를 유의수준 $\alpha = 0.05$에서 검정하여라.

(3) 전공과 학위에 따라 월 급여액에 차이가 있는지를 유의수준 $\alpha = 0.05$에서 검정하여라.

4. 어떤 도시에 있는 세 자동차학원(#1, #2, #3)에서 수강생이 면허를 취득하는데 소요되는 일수를 남녀별 6명씩 랜덤으로 추출하여 조사한 결과 다음과 같은 자료를 얻었다.

학원 \ 성별	남	여
#1	21, 23, 19, 22, 22, 23	21, 22, 20, 21, 19, 25
#2	30, 29, 26, 28, 27, 27	26, 29, 27, 28, 27, 29
#3	25, 22, 23, 21, 22, 21	23, 19, 20, 21, 20, 20

(1) 분산분석표를 작성하여라.

(2) 자동차 학원과 성별의 교호작용효과가 존재하는지의 여부를 유의수준 $\alpha = 0.05$에서 검정하여라.

(3) 학원 및 성별의 효과에 대한 검정을 유의수준 $\alpha = 0.05$에서 각각 실시하여라.

5. R 프로그램에 내장되어 있는 InsectSprays 자료는 6개 종류의 살충제를 동일한 조건하에서 각각 뿌리고 살아남은 벌레의 수를 측정한 것으로, 살충제(Sprays)의 종류 별로 12번씩 반복 실험하여 72개의 관측치로 구성되어 있다. 이 자료를 이용하여 살충제의 종류에 따라 살충효과에 차이가 있는지를 유의수준 $\alpha = 0.05$ 에서 검정하고자 한다. 다음 물음에 답하여라.

(1) 분산분석을 위한 통계적 모형과 가설을 기술하여라.

(2) 살충제 종류별로 생존한 벌레의 수를 상자그림을 그려라.

(3) 분산분석표를 작성하여라.

(4) (1)의 가설에 대해 유의수준 $\alpha = 0.05$ 에서 검정하여라.

6. 비타민 C의 함량(0.5mg, 1mg, 2mg)과 제공 수단(아스코르브산 혹은 오렌지 주스)을 다르게 하여 60마리의 기니피그들에게 먹인 후 치아의 성장을 측정한 자료는 R 프로그램에 ToothGrowth의 이름으로 내장되어 있다. 이 자료는 두 개의 인자(제공 수단(supp)과 비타민 C 함유량(does))와 각각의 수준조합에서 10개의 관측치, 즉 60개의 치아 성장 관측치($\leq n$)로 구성되어 있다. ToothGrowth 자료를 이용하여 유의수준 $\alpha = 0.05$ 에서 제공 수단과 비타민 C의 함유량의 효과에 대한 유의성을 검정하고자 한다. 다음 물음에 답하여라.

(1) 분산분석을 위한 통계적 모형과 가설을 기술하여라.

(2) 분산분석표를 작성하여라.

(3) 교호작용효과에 대한 유의성을 유의수준 $\alpha = 0.05$ 에서 검정하여라.

(4) 두 인자의 유의성을 유의수준 $\alpha = 0.05$ 에서 검정하여라.

(5) 치아 성장을 위한 최적의 수준조합과 이때의 모평균의 추정값을 구하여라.

11

상관분석과 회귀분석

사회 혹은 자연현상을 규명하는데 있어서 관련된 변수들 간의 상호 관련성을 조사해야 되는 경우가 많이 있다. 예를 들어, 나이와 혈압간의 관계, 키와 몸무게 간의 관계, 또는 어떤 물품의 가격 및 소비자들의 소득과 물품의 판매량과의 관계 등을 들 수 있다. 일반적으로 둘 또는 그 이상의 변수들이 서로 관련성을 가지고 변화할 때 그 관계를 분석하는데 사용되는 통계적 기법에는 상관분석(correlation analysis)과 회귀분석(regression analysis)이 있다.

상관분석은 변수들이 서로 얼마나 밀접하게 직선적인 관계를 가지고 있는지를 분석하는 통계적 기법이며, 회귀분석은 한 변수에 대하여 다른 변수들이 어떻게 관련되어 있는가를 수학적인 모형을 이용하여 설명하고 예측하는 통계적 분석기법이다. 변수들 사이의 관련성 정도를 분석하는 상관분석은 회귀분석을 위한 중요한 정보를 제공하므로 먼저, 상관분석에 대해서 알아보고 회귀분석에 대해서는 다음 절에서 설명하도록 하겠다.

11.1 상관분석

11.1.1 산점도

두 변수 X와 Y 사이의 관련성은 그림을 이용하여 시각적으로 파악할 수 있다. 즉, 평면 좌표상의 각 축에 변수를 하나씩 설정한 후 관측값들을 좌표상에 표시하면 두 변수간의 관계를 시각적으로 판단할 수 있으며, 이러한 그림을 산점도(scatter plot)라 한다. 산점도는 두 변수가 직선적인 관계 또는 곡선적인 관계를 가지고 있는지, 그리고 그 관련성의 정도가 어떠한지를 개략적으로 판단할 수 있게 해준다.

산점도에서 두 변수가 직선관계를 가지고 있을 경우 관측값들 모두가 정확히 한 직선 위에 놓이게 되는 경우는 거의 없으며, 대부분 직선을 중심으로 흩어져 나타나게 된다. 이때 두 변수의 직선적인 관련성에 대한 정도는 관측값들이 직선을 중심으로 흩어져 있는 상태에 따라 결정된다. 즉 관측값들이 하나의 직선을 중심으로 밀집되어 있다면 '두 변수간의 직선적인 관계는 강하다'는 것을 나타내며, 반면에 직선으로부터 넓게 흩어져 있다면 '두 변수간의 직선적인 관계는 약하다'는 것을 의미하게 된다. 이때 직선의 기울기가 양일 경우 '정비례 관계'를 반대로 기울기가 음일 경우 '반비례 관계'를 나타낸다.

R 실습 11.1 적당한 양의 포도주를 마시는 것은 심장마비를 예방하는데 도움이 된다고 알려져 있다. 아래 표는 19개국에서 매년 소비되는 1인당 포도주 섭취량(단위 : l)과 심장질환으로 인한 사망자 수(단위: 10만 명)를 조사한 결과이다. 산점도를 작성한 후 포도주 섭취량과 심장질환의 관련성을 설명하여라.

국가	포도주 섭취량	심장질환 사망자 수	국가	포도주 섭취량	심장질환 사망자 수
네덜란드	1.8	167	아이슬란드	0.8	211
노르웨이	0.8	227	아일랜드	0.7	300
뉴질랜드	1.9	266	영국	1.3	285
덴마크	2.9	220	오스트리아	3.9	167
독일	2.7	172	이탈리아	7.9	107
미국	1.2	199	캐나다	2.4	191
벨기에	2.9	131	프랑스	9.1	71
스웨덴	1.6	207	핀란드	0.8	297
스위스	5.8	115	호주	2.5	211
스페인	6.5	86			

[R코드 11.1] 산점도

```
# 산점도 그리기
wine = c(1.8,0.8,1.9,2.9,2.7,1.2,2.9,1.6,5.8,6.5,0.8,0.7,1.3,3.9,7.9,2.4,9.1,0.8,2.5)
heart = c(167,227,266,220,172,199,131,207,115,86,211,300,285,167,107,
          191,71,297,211)
plot(wine, heart, main="포도주와 심장질환간의 관계",
     xlab="포도주 섭취량", ylab="심장질환 사망자수", pch=20, col="blue")
```

실행 결과 상자그림 그리기

```
> # 산점도 그리기
> wine = c(1.8,0.8,1.9,2.9,2.7,1.2,2.9,1.6,5.8,6.5,0.8,0.7,1.3,3.9,7.9,2.4,9.1,0.8,2.5)
> heart = c(167,227,266,220,172,199,131,207,115,86,211,300,285,167,107,
+           191,71,297,211)
> plot(wine, heart, main="포도주와 심장질환간의 관계",
+      xlab="포도주 섭취량", ylab="심장질환 사망자수", pch=20, col="blue")
```

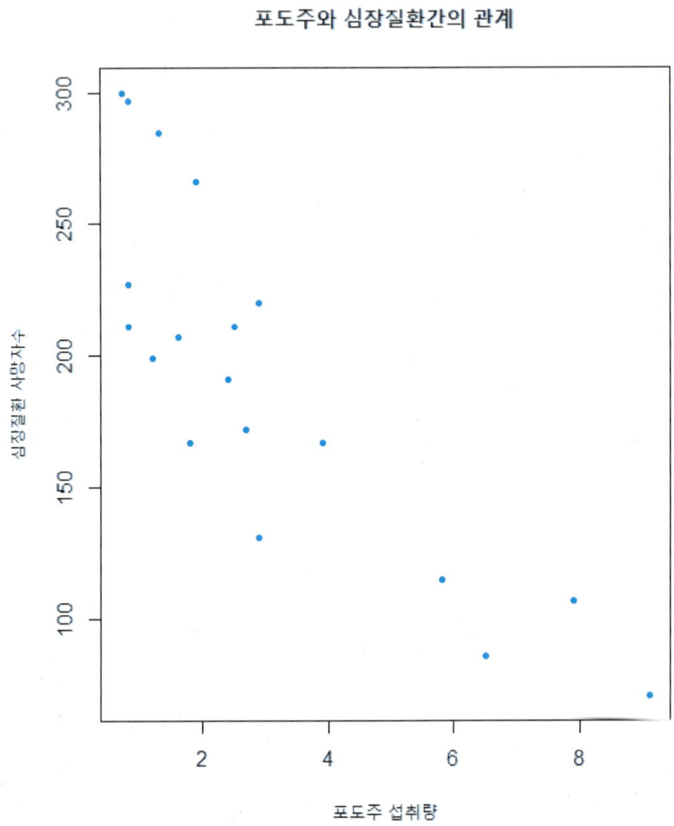

• 포도주의 섭취량과 심장질환 사망자 수에 대한 자료를 각각 wine과 heart라는 이름으로 입력하고, plot( ) 함수를 사용하면 두 변수의 산점도를 작성할 수 있다.

• plot(x, y, ...) 함수에서는 기본적으로 두 매개변수 x와 y에 각각 x축과 y축의 자료를 입력하며, 필요에 따라 산점도의 제목이라든지 x축과 y축의 이름 등을 출력시키기 위하여 매개변수를 추가할 수 있다. 이때 사용할 수 있는 매개변수들은 [표 11.1]에 정리되어 있으며 세부적인 사항은 "?plot"을 R 실행 창에 입력하여 확인할 수 있다.

[표 11.1] 그림 그리기에서 사용되는 매개변수

구분	내용	사용 예제
main	제목 출력	main = "그리기 예제"
xlab	x축의 이름 출력	xlab = "학년"
ylab	y축의 이름 출력	ylab = "키"
xlim	x축 값의 출력 범위 지정	xlim = c(1, 10)

구분	내용	사용 예제
ylim	y축의 값의 출력 범위 지정	ylim = c(100, 200)
cex	출력되는 점들의 크기 결정, 기본적으로 cex=1로 되어 있음.	cex = 0.5
pch	출력되는 점의 형태를 나타냄. 기본적인 형태는 '○' 임.	pch=19 : ●, pch=20 : ●, pch=21 : ○, pch=22 : □, pch=23 : ◇, pch=24 : △, pch=25 : ▽
col	출력되는 점 또는 선의 색깔을 지정해주며 기본색은 검정색임 사용법 : col= "색상" 또는 col=숫자	색상으로는 "red", "blue", "green", "yellow" 등이 사용될 수 있으며, 숫자를 입력해도 됨. 예) col = "red" 또는 col = 3
lty	출력되는 선의 형태를 결정, 기본적으로 연속된 선으로 출력	lty = "dashed"는 점선으로 출력함

11.1.2 상관계수

산점도를 이용하면 두 변수간의 직선적인 관계를 개략적으로 파악할 수는 있지만, 두 변수 사이의 관계를 보다 정확히 숫자로 나타낼 수는 없다. 두 변수 X 와 Y 사이의 관련성의 정도를 숫자로 표현하기 위한 측도로서 [정의 4.15]의 상관계수(correlation coefficient)가 사용된다. 상관계수는 그 값이 모집단 전체 자료로부터 계산되었을 경우 모상관계수(population correlation coefficient)라 하며, ρ 로 표기한다.

상관계수의 값은 항상 -1과 +1 사이에 있다. 특히 그 값이 -1 또는 +1인 경우, 관측값들은 모두 기울기가 양 또는 음인 하나의 직선 위에 정확히 놓여있게 된다. 그리고 상관계수의 값이 -1 또는 +1에 가까울수록 관측값들은 어떤 직선 주위에 밀집되어 있다는 것을 나타내며, 이것은 두 변수 사이에는 완전하지는 않지만 강한 직선관계를 가지고 있다는 것을 뜻한다. 반면에, 상관계수의 값이 0에 가까울수록 두 변수 사이에는 직선적인 관계가 약함을 의미한다. [그림 11.1]은 여러 가지 ρ 값에 대한 산점도의 예를 보여주고 있다. [그림 11.1]에서 (f)는 특이한 경우로써 두 변수 사이에 곡선관계가 뚜렷함에도 불구하고 상관계수의 값은 0으로 나타나는 경우를 보여주고 있다. 이러한 경우에는 직선적인 관련성의 정도를 표시하는 상관계수만으로 두 변수 간에 관계가 없다고 단정 짓는 것은 잘못된 것이므로 해석을 하는데 있어서 주의를 기울여야 한다. 상관계수의 값이 0에 가깝다는 것은 두 변수 사이에 직선적인 관계가 약하다는 것을 나타내는 것이지, 그것이 반드시 두 변수 사이에 관계가 없다는 것을 뜻하는 것은 아니다.

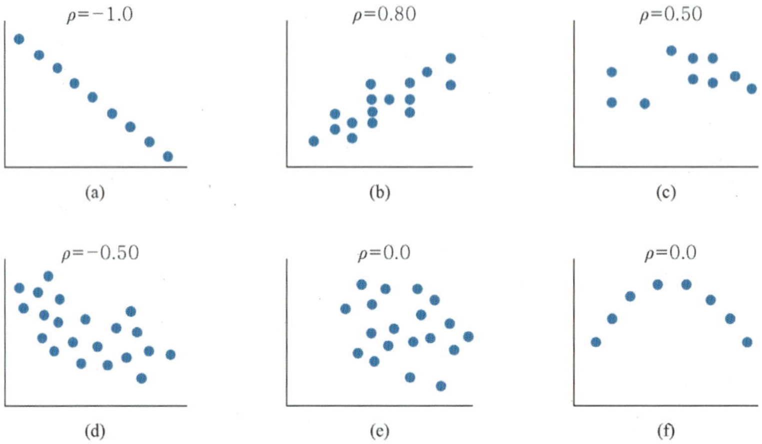

[그림 11.1] 여러 가지 ρ 값에 대한 산점도의 예

일반적으로 모집단 전체를 조사한다는 것은 현실적으로 불가능하거나 또는 시간, 경비가 많이 들기 때문에 모집단으로부터 표본을 추출하게 되고, 추출된 표본을 이용하여 모집단의 모수를 추정하게 된다. 이때 모집단의 일부분인 표본으로부터 계산된 상관계수를 표본상관계수(sample correlation coefficient)라 하며, 표본상관계수 R을 모상관계수 ρ의 추정량으로 사용한다.

[표본상관계수]

크기가 n인 이변량 확률표본 $(X_1, Y_1), (X_2, Y_2), \cdots, (X_n, Y_n)$에 대한 표본상관계수는

$$R = \frac{\sum_{i=1}^{n}(X_i - \overline{X})(Y_i - \overline{Y})}{\sqrt{\sum_{i=1}^{n}(X_i - \overline{X})^2}\sqrt{\sum_{i=1}^{n}(Y_i - \overline{Y})^2}}$$

이다.

표본상관계수는 다음과 같은 특징을 가지고 있다.

(1) 두 변수 모두 양적변수이어야 한다.

(2) 측정 단위를 바꾸더라도 r값은 변하지 않는다.

(3) r의 값은 항상 -1과 +1사이에 있으며, 0에 가까울수록 직선적인 관계가 약하다는 것을, -1 또는 +1에 가까울수록 직선적인 관계가 강하다는 것을 나타내고, -1 또는 +1이라는 것은 모든 점들이 하나의 직선위에 놓이게 됨을 의미한다.

(4) r은 두 변수간의 직선적인 관련성에 대한 정도만을 측정한다. 따라서 두 변수가 곡선관계를 가지고 있을 경우에는 r로서 설명할 수 없다.

(5) r은 몇 개의 특이값에 의하여 민감하게 반응한다. 따라서 특이값이 존재할 경우 r을 사용함에 있어 주의를 기울여야 한다.

예제 11.1 H 자동차회사에서는 새로 출시된 2,000cc 승용차의 경제적인 속도를 측정하기 위하여 100km를 속도(단위 : km/h)를 달리하여 주행한 후 소모된 연료량(단위 : l/100km)을 측정하였다. 아래에 주어진 자료를 이용하여 소모 연소량과 속도간의 표본상관계수와 산점도를 구하고, 이를 바탕으로 두 변수의 관련성에 대하여 설명하여라.

속도	소모 연료량	속도	소모 연료량	속도	소모 연료량
10	21.00	60	5.90	110	9.03
20	13.00	70	6.30	120	9.87
30	10.00	80	6.95	130	10.79
40	8.00	90	7.57	140	11.77
50	7.00	100	8.27	150	12.83

풀이 주어진 자료를 이용하여 표본상관계수를 계산하면

$$r = \frac{\sum(x_i - \overline{x})(y_i - \overline{y})}{\sqrt{\sum(x_i - \overline{x})^2 \sum(y_i - \overline{y})^2}} = -0.1716$$

이 된다. 따라서 소모되는 연료량과 속도 간에는 매우 약한 음의 상관관계를 가지고 있다고 할 수 있다. 그러나 이들에 대한 산점도를 그려 보면 [그림 11.2]에서 보는 바와 같이 소모되는 연료량과 속도 간에는 직선이 아니라 곡선의 관계가 있음을 알 수 있다. 즉, 연료 소모량은 속도가 증가하면서 계속 감소하는 것이 아니라 어느 속도까지는 감소하다 그 속도가 넘으면 소모 연료량은 오히려 증가하게 된다고 할 수 있으며, 그 경계점(경제속도)은 약 60km/h라고 할 수 있다. 여기서 두 변수간에 곡선(포물선)관계를 가지고 있을 때 상관계수의 값은 거의 0에 가까워지며, 상관계수는 곡선관계가 아니라 직선관계를 나타내는 측도가 됨을 확인할 수 있다. ■

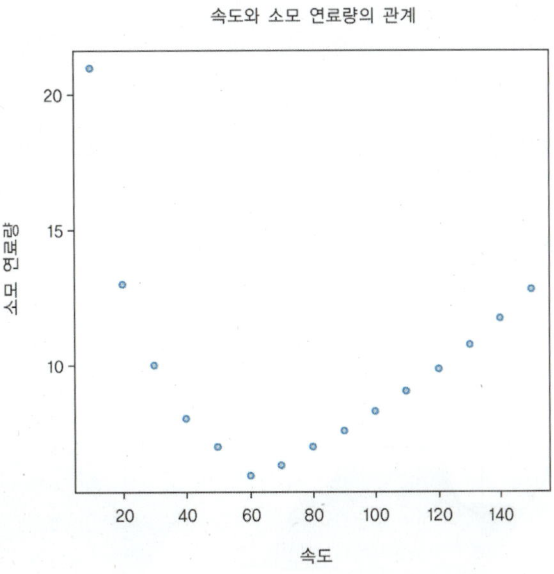

[그림 11.2] 속도와 연료 소모량의 산점도

11.1.3 상관계수의 검정

두 변수 X와 Y사이에 직선적인 관계가 존재한다고 할 수 있는지의 여부를 통계적으로 판단하기 위해서는 표본상관계수 R을 이용하며, 일반적으로 모집단의 분포를 이변량 정규분포(bivariate normal distribution)로 가정한다. 두 확률변수 X와 Y가 이변량 정규분포를 따를 때 두 확률변수의 결합확률밀도함수는 다음과 같다.

[정의 11.1] 이변량 정규분포(bivariate normal distribution)

두 확률변수 X와 Y의 결합확률밀도함수가

$$f(x,y)=\frac{1}{2\pi\sigma_X\sigma_Y\sqrt{1-\rho^2}}\exp\left(-\frac{1}{2(1-\rho^2)}\left[\left(\frac{x-\mu_X}{\sigma_X}\right)^2-2\rho\left(\frac{x-\mu_X}{\sigma_X}\right)\left(\frac{x-\mu_Y}{\sigma_Y}\right)+\left(\frac{x-\mu_Y}{\sigma_Y}\right)^2\right]\right),\quad -\infty<x,\ y<\infty$$

와 같을 때, 두 확률변수 X와 Y는 '모수가 μ_X, μ_Y, σ_X^2, σ_Y^2, ρ인 이변량 정규분포를 따른다'라고 하며, $(X, Y)^T \sim BVN(\mu_X, \mu_Y, \sigma_X^2, \sigma_Y^2, \rho)$으로 표기한다.

이변량 정규분포에서 상관계수 ρ가 양수이면 두 확률변수 X와 Y가 양의 상관관계에 있으므로 결합확률밀도함수는 직선 $y=x$에 근접하는 영역에 집중하게 된다. 반면에 ρ가 음수이면 두 확률변수 X와 Y가 음의 상관관계에 있으므로 결합확률밀도함수는 직선 $y=-x$에 근접하는 영역에 집중하게 된다. [그림 11.3]은 이변량 정규분포에서 두 확률변수 X와 Y의 상관계수 ρ에 따른 결합확률밀도함수의 그래프를 나타내고 있다.

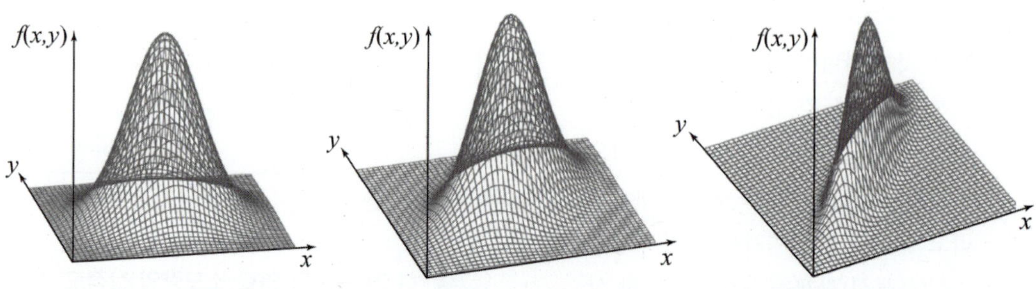

(a) $\rho=0$ (b) $\rho=0.5$ (c) $\rho=0.9$

[그림 11.3] 상관계수 ρ에 따른 이변량 정규분포

두 확률변수 X와 Y에 대하여 모집단의 분포가 이변량 정규분포(bivariate normal distribution)라는 전제하에서 표본상관계수 R과 관련된 통계량

$$T = \frac{R\sqrt{n-2}}{\sqrt{1-R^2}}$$

는 귀무가설 $H_0 : \rho = 0$이 성립한다는 가정하에서 자유도가 $n-2$인 t 분포를 따르는 것으로 알려져 있으며, 이를 이용하여 모상관계수 ρ에 대한 검정이 이루어진다.

정리 11.1 표본상관계수에 대한 분포

이변량 정규분포 $BVN(\mu_X, \mu_Y, \sigma_X^2, \sigma_Y^2, \rho)$로부터 크기가 n인 확률표본 $(X_1, Y_1), \cdots, (X_n, Y_n)$을 얻었다고 하자. 이때 두 확률변수 X와 Y의 모상관계수 $\rho = 0$이면

$$T = \frac{R\sqrt{n-2}}{\sqrt{1-R^2}} \sim t(n-2)$$

이 성립한다.

[정리 11.1]의 결과를 이용하면 이용한 모상관계수 ρ에 대한 가설검정을 다음과 같이 할 수 있다.

[모상관계수에 대한 가설검정] 이변량 정규모집단의 경우

두 확률변수 (X, Y)가 이변량 정규분포 $BVN(\mu_X, \mu_Y, \sigma_X^2, \sigma_Y^2, \rho)$를 따를 때, 모상관계수 ρ에 대한 아래의 가설검정에 사용되는 검정통계량과 그 확률분포는

$$T_0 = \frac{R\sqrt{n-2}}{\sqrt{1-R^2}} \sim t(n-2) \text{ (귀무가설 } H_0 \text{가 참일 때)}$$

이며, 유의수준 α에서의 기각역과 검정통계량의 관측값 t_0^*에 대한 p-값은 다음과 같다.

	가설	기각역	p-값
우측검정	$H_0 : \rho = 0, H_1 : \rho > 0$	$t_0 > t_\alpha(n-2)$	$P(T_0 > t_0^*)$
좌측검정	$H_0 : \rho = 0, H_1 : \rho < 0$	$t_0 < -t_\alpha(n-2)$	$P(T_0 < t_0^*)$
양측검정	$H_0 : \rho = 0, H_1 : \rho \neq 0$	$\lvert t_0 \rvert > t_{\alpha/2}(n-2)$	$2P(T_0 > \lvert t_0^* \rvert)$

예제 11.2 어느 대학교에서는 통계학 성적과 미분적분학 성적간의 관련성을 조사하기 위하여 10명의 학생을 랜덤으로 추출하여 아래의 표와 같은 자료를 얻었다. 통계학 성적과 미분적분학 성적 사이에 상관관계가 존재하는지의 여부를 유의수준 $\alpha = 0.05$로 검정하여라.

학생	통계학 점수	미적분학 점수	학생	통계학 점수	미적분학 점수
1	39	65	6	47	89
2	43	78	7	28	73
3	21	52	8	75	98
4	64	82	9	34	56
5	57	92	10	52	75

풀이 주어진 자료로부터 상관계수 r을 계산하면 $r = 0.8397$이 된다. 가설 $H_0 : \rho = 0, H_1 : \rho \neq 0$를 검정하기 위한 검정통계량의 값은

$$t_0^* = \frac{r\sqrt{n-2}}{\sqrt{1-r^2}} = \frac{0.8397\sqrt{10-2}}{\sqrt{1-0.8397^2}} = 4.375$$

가 된다. 그리고 이때의 p-값은

$$p\text{-값} - P(|T_0^*| \geq 4.375) = 0.0023 \langle \alpha = 0.05$$

이므로 귀무가설 $H_0 :\ \rho = 0$은 기각된다. 즉, '대학수학능력시험의 수리영역 성적과 대학수학 성적 간에는 비교적 강한 양의 상관관계를 가지고 있다'고 할 수 있다. ■

R 실습 11.2 [예제 11.2]의 가설을 검정하고자 한다. 다음 물음에 답하여라.

(1) 두 변수의 표본상관계수를 구하여라.

(2) 가설 $H_0 : \rho = 0, H_1 : \rho \neq 0$를 검정하여라.

[R코드 11.2] 상관계수의 검정

```
# 자료 입력
statistics = c(39, 43, 21, 64, 57, 47, 28, 75, 34, 52)
calculus = c(65, 78, 52, 82, 92, 89, 73, 98, 56, 75)
# 표본상관계수 구하기
cor(statistics, calculus)
# 모상관계수에 대한 검정
cor.test(statistics, calculus) # 모상관계수에 대한 가설검정을 위한 함수
```

실행 결과 **상관계수의 검정**

```
> # 자료 입력
> # 자료 입력
> statistics = c(39, 43, 21, 64, 57, 47, 28, 75, 34, 52)
> calculus = c(65, 78, 52, 82, 92, 89, 73, 98, 56, 75)
>
> # 표본상관계수 구하기
> cor(statistics, calculus)
[1] 0.8397859
>
> # 모상관계수에 대한 검정
> cor.test(statistics, calculus) # 모상관계수에 대한 가설검정을 위한 함수

        Pearson's product-moment correlation
data:  statistics and calculus
t = 4.375, df = 8, p-value = 0.002365
alternative hypothesis: true correlation is not equal to 0
95 percent confidence interval:
 0.4459632 0.9611846
sample estimates:
      cor
0.8397859
```

- 표본상관계수를 출력하기 위해서 cor( ) 함수가 사용되며, 그 사용 형식은 cor(**변수1, 변수2**)이다.
- 모상관계수 ρ에 대한 가설검정을 위해서는 cor.test( ) 함수가 사용되며, 그 사용 형식은 cor.test(**변수1, 변수2**)이다. cor.test( ) 함수를 이용하면 통계학 성적과 미분적분학 성적간의 모상관계수에 대한 가설검정 결과를 [R코드 11.2]의 실행 결과와 같이 얻을 수 있으며, 이 결과는 [예제 11.2]의 결과와 동일하다.
- cor.test( ) 함수는 검정통계량의 관측값(t), p-값(p-value), 95% 신뢰구간, 표본상관계수(cor) 등을 함께 출력해 준다. 또한 좌측 또는 우측검정을 위하여 매개변수 alternative의 값을 지정할 수 있으며, 신뢰수준은 매개변수 conf.level을 이용하여 지정할 수 있다.

11.2 단순선형 회귀분석

회귀분석은 설명변수(또는 독립변수)라고 불리는 한 개 또는 그 이상의 변수들에 대하여 반응변수(또는 종속변수)라고 불리는 다른 한 변수 사이의 관계를 수학적인 모형을 이용하여 규명하고, 이러한 모형을 이용하여 설명변수들의 변화로부터 반응변수의 변화를 예측하고자 하는 경우에 사용되는 통계적 분석기법이다.

일반적으로 회귀분석은 설명변수와 반응변수가 각각 한 개일 때의 관계를 분석하는 단순선형 회귀분석(simple linear regression analysis)과 반응변수는 한 개이면서 설명변수가 두 개 이상일 때의 관계를 분석하는 다중선형 회귀분석(multiple linear regression analysis)으로 나누어진다. 여기서 선형(linear)이란 회귀모형의 알려져 있지 않은 계수에 대해서 직선형태 즉, 일차함수 모형이란 의미이다. 선형 회귀모형은 독립변수의 개수 또는 차수에 따라 [표 11.2]와 같이 구분된다.

[표 11.2] 선형 회귀모형의 구분

종류	구분
단순선형 회귀모형	설명변수가 1개이며, 반응변수와의 관계가 직선인 모형 예) $Y=\beta_0+\beta_1 x+\epsilon$
다중선형 회귀모형	설명변수가 p 개이며, 반응변수와의 관계가 직선인 모형 예) $Y=\beta_0+\beta_1 x_1+\ \cdots\ +\beta_p x_p+\epsilon$
곡선 회귀모형	설명변수가 1개이며, 반응변수와의 관계가 곡선인 모형 예) $Y=\beta_0+\beta_1 x+\beta_2 x^2+\beta_3 x^3+\epsilon$
다항 회귀모형	설명변수가 p 개이며, 반응변수와의 관계가 일차함수 이상인 모형 예) $Y=\beta_0+\beta_1 x_1+\beta_2 x_2+\beta_3 x_1^2+\beta_4 x_2^2+\beta_5 x_1 x_2+\epsilon$

11.2.1 단순선형 회귀모형

단순선형 회귀분석은 설명변수(explanatory variable)가 한 개이면서 반응변수(response variable)와의 관계를 선형으로 가정하여 이루어지는 분석으로써, 그 수학적 모형은 다음과 같다.[1)]

$$Y=\beta_0+\beta_1 x+\epsilon$$

1) 회귀분석에서는 설명변수와 반응변수 사이의 관계를 나타내기 위하여 일차함수를 많이 사용하는데, 그 이유는 일차함수가 수학적으로 간단할 뿐만 아니라 비선형의 함수관계도 변수변환을 통하여 선형의 형태로 바꿀 수 있기 때문이다.

여기서 x는 설명변수의 관측값, β_0와 β_1은 회귀모형에 대한 미지의 절편과 기울기, ϵ은 오차항을 나타내는 확률변수, 그리고 확률변수 Y는 설명변수의 값이 x로 주어졌을 때의 반응변수를 각각 나타낸다.

선형모형은 상당히 제한적인 모형이지만 많은 실제 자료의 분석에서 활용되고 있다. 이러한 선형 회귀모형에 대한 타당성을 확인하기 위해 [표 11.3]에 주어진 갈톤(Galton)의 자료를 살펴보기로 하자. 이 자료는 갈톤에 의해 다루어진 부모의 평균 키(X)와 자녀의 키(Y)에 대한 것으로 회귀분석에 있어서 역사적으로 유명한 자료이다. 두 변수의 동일한 값에 중복되어 관측된 값들을 표현하기 위하여 갈톤의 자료를 해바라기 그림(sunflower plot)과 등고선 그림(contour plot)을 이용하여 표현하면 [R코드 11.3]의 실행 결과와 같으며, 이로부터 두 변수가 이변량 정규분포를 따른다는 가정을 큰 무리 없이 받아들일 수 있을 것이다.

두 확률변수 (X, Y)가 이변량 정규분포 $BVN(u_X, \mu_Y, \sigma_X^2, \sigma_Y^2, \rho)$를 따를 때 $X=x$에 대한 Y의 조건부 확률밀도함수 $f(y|x)$는

$$\begin{aligned} f(y|x) &= \frac{f(x,y)}{f(x)} \\ &= \frac{1}{\sqrt{2\pi}\,\sigma_Y\sqrt{1-\rho^2}}\exp\left(-\frac{1}{2\sigma_Y^2(1-\rho^2)}\left[y-\left(\mu_Y+\rho\frac{\sigma_Y}{\sigma_X}(x-\mu_X)\right)\right]^2\right) \end{aligned}$$

와 같이 계산되며, 이로부터 조건부 확률변수 $Y|x$는 평균과 분산이 각각

$$E(Y|x) = \mu_Y + \rho\frac{\sigma_Y}{\sigma_X}(x-\mu_X),\ \ Var(Y|x) = \sigma_Y^2(1-\rho^2)$$

인 정규분포를 따르는 것을 알 수 있다. 따라서 $E(Y|x)$는 설명변수 x에 대한 선형의 형태이고 $Var(Y|x)$는 x에 의존하지 않기 때문에 조건부 확률변수 $Y|x$의 확률분포를

$$Y|x \sim N(\beta_0 + \beta_1 x,\ \sigma^2)$$

으로 나타낼 수 있다. 이는 선형모형 $Y = \beta_0 + \beta_1 x + \epsilon$에서 오차항 ϵ의 확률분포를 정규분포 $N(0, \sigma^2)$로 가정한 것과 동일한 표현임을 알 수 있다.

[표 11.3] 갈톤의 자료

자녀의 키 (Y)	부모의 키(X)											합
	64.0	64.5	65.5	66.5	67.5	68.5	69.5	70.5	71.5	72.5	73.0	
73.7	0	0	0	0	0	0	5	3	2	4	0	14
73.2	0	0	0	0	0	3	4	3	2	2	3	17
72.2	0	0	1	0	4	4	11	4	9	7	1	41
71.2	0	0	2	0	11	18	20	7	4	2	0	64
70.2	0	0	5	4	19	21	25	14	10	1	0	99
69.2	1	2	7	13	38	48	33	18	5	2	0	167
68.2	1	0	7	14	28	34	20	12	3	1	0	120
67.2	2	5	11	17	38	31	27	3	4	0	0	138
66.2	2	5	11	17	36	25	17	1	3	0	0	117
65.2	1	1	7	2	15	16	4	1	1	0	0	48
64.2	4	4	5	5	14	11	16	0	0	0	0	59
63.2	2	4	9	3	5	7	1	1	0	0	0	32
62.2	0	1	0	3	3	0	0	0	0	0	0	7
61.7	1	1	1	0	0	1	0	1	0	0	0	5
합	14	23	66	78	211	219	183	68	43	19	4	928

이제 서로 독립인 이변량 자료$(X_1,\ Y_1),\ (X_2,\ Y_2),\ \cdots,\ (X_n,\ Y_n)$에 대하여 단순선형회귀모형(simple linear regression model)은

$$Y_i = \beta_0 + \beta_1 x_i + \epsilon_i\,,\ \ i = 1, 2,\ \cdots, n$$

로 표현할 수 있으며, 오차항 ϵ_i에 대하여 다음과 같은 몇 가지 가정을 기본 전제로 하고 있다. 이와 같은 가정은 [그림 11.4]에서 볼 수 있듯이 설명변수의 각 점에 대하여 반응변수가 정규분포를 따름을 의미한다.

[확률오차에 대한 기본 가정]

① 오차 ϵ_i는 고정된 모든 x_i값에서 $N(0,\ \sigma^2)$을 따른다.

② 서로 다른 두 개의 오차 ϵ_i, ϵ_j(단 $i \neq j$)는 서로 독립이다.

③ 오차 ϵ_i는 x_i값과는 독립이다.

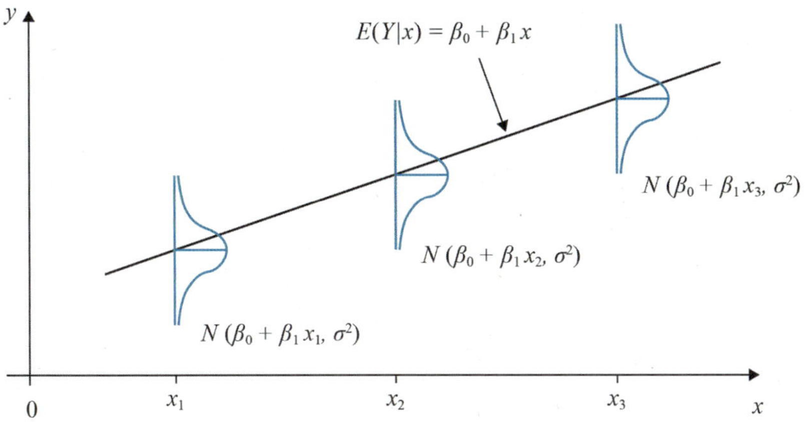

[그림 11.4] **단순선형 회귀모형**

단순선형 회귀모형에서는 설명변수의 값에 따른 반응변수의 평균값의 변화를 나타내는 직선인

$$E(Y|x) = \beta_0 + \beta_1 x$$

를 회귀직선(regression line)이라 부르고, 그 절편과 기울기인 β_0와 β_1을 회귀계수(regression coefficient)라고 하며 이들의 추정을 통해 회귀직선을 추정하게 된다.

R 실습 11.3 HistData 패키지[2]의 Galton 자료는 928명의 자녀의 키(child)와 부모의 평균 키(parent)를 제공하고 있다. 다음 물음에 답하여라.

(1) 두 변수(child와 parent)의 관측값을 이용하여 [표 11.3]의 분할표를 구하여라.

(2) 각각의 변수에 대한 히스토그램을 그려라.

(3) 두 변수에 대한 해바라기 그림과 등고선 그림을 그려라.

(4) 두 변수에 대한 가설 $H_0 : \rho = 0, H_1 : \rho \neq 0$를 검정하여라.

[R코드 11.3(1)] Galton 자료 분석 : 분할표

```
# 패키지 불러오기
library(HistData)
data(Galton)

# 분할표
xtabs(~child+parent, data=Galton)
```

2) 패키지 설치는 install.packages("HistData")와 같이 실행하면 된다.

실행 결과 Galton 자료 분석 : 분할표

```
> # 분할표
> xtabs(~child+parent, data=galton)
```

parent

child	64	64.5	65.5	66.5	67.5	68.5	69.5	70.5	71.5	72.5	73
61.7	1	1	1	0	0	1	0	1	0	0	0
62.2	0	1	0	3	3	0	0	0	0	0	0
63.2	2	4	9	3	5	7	1	1	0	0	0
64.2	4	4	5	5	14	11	16	0	0	0	0
65.2	1	1	7	2	15	16	4	1	1	0	0
66.2	2	5	11	17	36	25	17	1	3	0	0
67.2	2	5	11	17	38	31	27	3	4	0	0
68.2	1	0	7	14	28	34	20	12	3	1	0
69.2	1	2	7	13	38	48	33	18	5	2	0
70.2	0	0	5	4	19	21	25	14	10	1	0
71.2	0	0	2	0	11	18	20	7	4	2	0
72.2	0	0	1	0	4	4	11	4	9	7	1
73.2	0	0	0	0	0	3	4	3	2	2	3
73.7	0	0	0	0	0	0	5	3	2	4	0

- 갈톤의 자료는 HistData 패키지에 Galton이라는 이름으로 제공되고 있다. 따라서 이 자료를 이용하기 위해서는 HistData 패키지를 먼저 불러와야 하며, 이때 사용되는 함수는 library( ) 함수로 그 사용 형식은 **library(패키지명)**이다.
- Galton이라는 이름으로 저장된 자료에는 parent와 child라는 변수명으로 부모의 평균키와 자녀의 키가 각각 제공되고 있다.[3)]
- 분할표는 xtabs( ) 함수를 이용하여 구할 수 있으며[4)], 그 사용 형식은 **xtabs(모형, 데이터)**이다. 이때 모형(formula)은 A~B1+B2+B3형태로 A는 빈도를 나타내는 변수를, B는 분할표의 분류를 나타내는 변수를 나타낸다. 여기서는 빈도를 나타내는 변수가 없으므로 두 변수로만 분류하여 분할표를 나타내었다.

3) 이 변수명들을 그대로 사용하기 위해서는 attach(Galton) 함수를 사용할 수 있다.

4) 분할표는 table() 함수를 이용하여 table(Galton$child, Galton$parent)와 같이 구할 수도 있다.

[R코드 11.3(2)] Galton 자료 분석 : 히스토그램

```
# 히스토그램
par(mfrow=c(1,2))
hist(Galton$child, col="blue", breaks=100)
hist(Galton$parent, col="blue", breaks=100)
```

실행 결과 Galton 자료 분석 : 분할표

```
> # 히스토그램
> par(mfrow=c(1,2))
> hist(Galton$child, col="blue", breaks=100)
> hist(Galton$parent, col="blue", breaks=100)
```

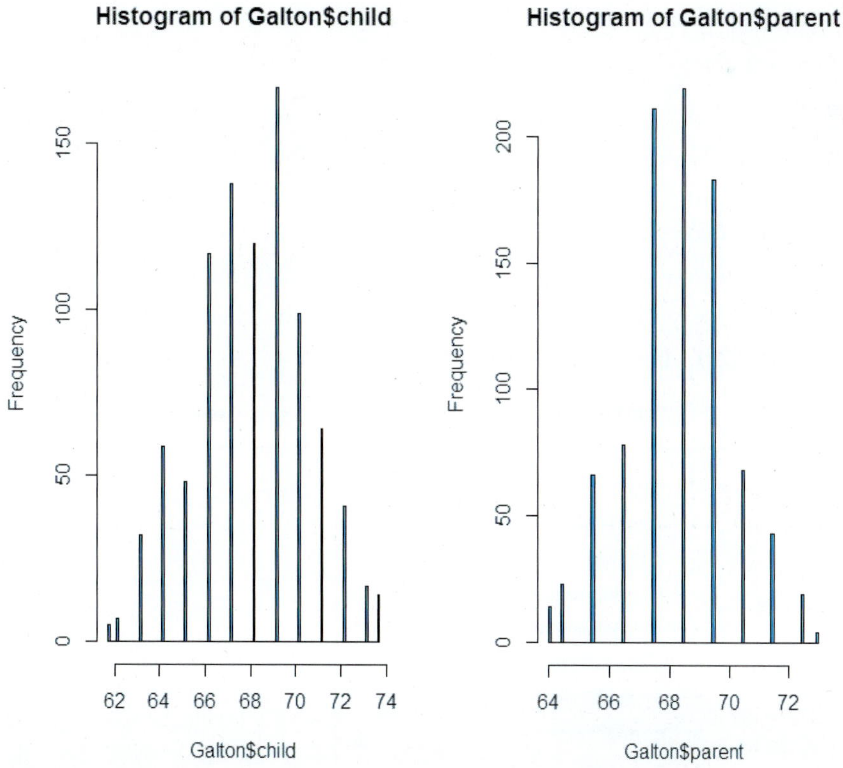

- 히스토그램은 2장에서 설명한 바와 같이 hist( ) 함수를 이용하여 그릴 수 있다.
- 두 변수의 히스토그램으로부터 두 변수는 좌우대칭이며, 정규분포의 형태를 보여주고 있다.

[R코드 11.3(3)] Galton 자료 분석 : 해바라기 그림과 등고선 그림

```
# 해바라기 그림
par(mfrow=c(1,2))
attach(Galton)
sunflowerplot(parent, child, xlim=c(62,74), ylim=c(62,74), main="sunflower plot", seg.col="steelblue")

# 등고선 그림
freq=as.matrix(table(parent, child))
parent.x=as.numeric(rownames(freq)); child.y=as.numeric(colnames(freq))
contour(x=parent.x, y=child.y, z=freq, xlab="parent", ylab="child",
      xlim=c(62,74), ylim=c(62,74), main="contour plot")
```

실행 결과 Galton 자료 분석 : 해바라기 그림과 등고선 그림

```
> # 해바라기 그림
> par(mfrow=c(1,2))
> attach(Galton)
> sunflowerplot(parent, child, xlim=c(62,74), ylim=c(62,74), main="sunflower plot", seg.col="steelblue")
> # 등고선 그림
> freq=as.matrix(table(parent, child))
> parent.x=as.numeric(rownames(freq)); child.y=as.numeric(colnames(freq))
> contour(x=parent.x, y=child.y, z=freq, xlab="parent", ylab="child",
+       xlim=c(62,74), ylim=c(62,74), main="contour plot")
```

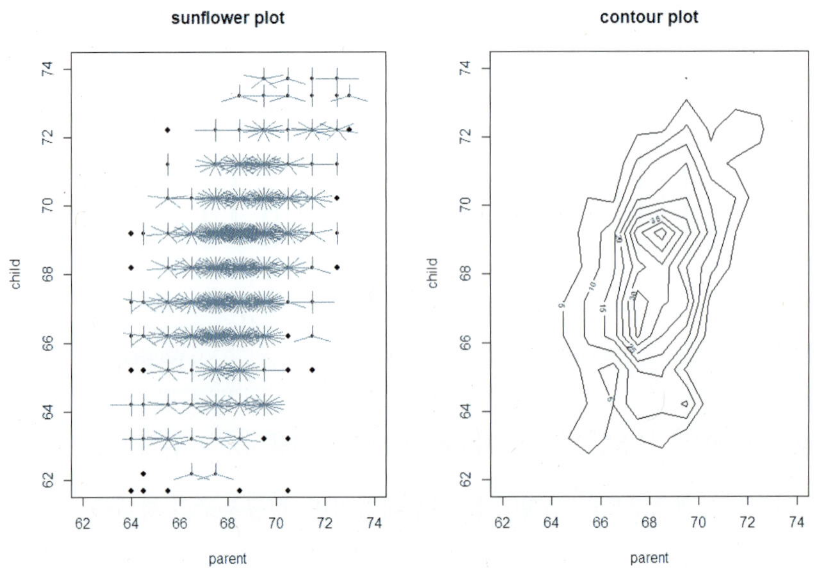

- 해바라기 그림은 **sunflowerplot( )** 함수를 이용하여 그릴 수 있으며, 그 사용 형식은 **sunflowerplot(변수1, 변수2)**이다. 이때 각축의 범위는 인수 **xlim**과 **ylim**의 값을 지정하여 정할 수 있다.
- 등고선 그림은 **contour( )** 함수를 사용하여 나타낼 수 있으며, 그 사용 형식은 **contour(z, y, z, ...)**이다. 여기서 인수 **x, y**에는 각 축의 격자를 벡터 형태로 입력하고, z에는 관측된 빈도수를 행렬 형태로 입력하면 된다. 여기서는 두 변수**(parent, child)**에 대하여 관측값의 빈도수를 분할표로 나타내기 위하여 **table( )** 함수를 사용하였다.

[R코드 11.3(4)] Galton 자료 분석 : 상관계수에 대한 검정

```
# 모상관계수에 대한 검정
cor.test(Galton$child, Galton$parent)
```

실행 결과 Galton 자료 분석 : 상관계수에 대한 검정

```
> # 모상관계수에 대한 검정
> cor.test(Galton$child, Galton$parent)

        Pearson's product-moment correlation

data:  Galton$child and Galton$parent
t = 15.711, df = 926, p-value < 2.2e-16
alternative hypothesis: true correlation is not equal to 0
95 percent confidence interval:
 0.4064067 0.5081153
sample estimates:
      cor
0.4587624
```

- 가설검정 결과 p-값 $< 2.2e-16 < \alpha = 0.05$ 이므로 귀무가설 H_0 : $\rho = 0$은 기각된다. 즉, '자녀의 키와 부모의 키 사이에는 양의 상관관계가 있다'고 할 수 있다.

11.2.2 단순선형 회귀모형의 추정과 적합성 판단

(1) 회귀계수의 추정

두 변수 X 와 Y 의 관계를 단순선형 회귀모형으로 설정한 후에는 주어진 관측값으로 부터 회귀식의 계수 β_0 와 β_1 의 값을 추정하여야 하며, 이때 일반적으로 많이 사용되는 방법이 최소제곱추정법(method of least squares estimation)이다. 최소제곱추정법은 오차항의 제곱합

$$S(\beta_0, \beta_1) = \sum_{i=1}^{n} \epsilon_i^2 = \sum_{i=1}^{n} (Y_i - \beta_0 - \beta_1 x_i)^2$$

을 최소화하는 값을 회귀계수의 추정량으로 사용하는 방법이다. 오차제곱합 $S(\beta_0, \beta_1)$ 을 최소화하는 β_0 와 β_1 의 값을 구하기 위하여 $S(\beta_0, \beta_1)$ 를 β_0 와 β_1 에 대해 각각 편미분하여 얻은 식을 0으로 놓으면

$$\frac{\partial}{\partial \beta_0} S(\beta_0, \beta_1) = -2 \sum_{i=1}^{n} (Y_i - \beta_0 - \beta_1 x_i) = 0$$

$$\frac{\partial}{\partial \beta_1} S(\beta_0, \beta_1) = -2 \sum_{i=1}^{n} x_i (Y_i - \beta_0 - \beta_1 x_i) = 0$$

와 같은 연립방정식을 얻을 수 있고 이 식을 정규방정식(normal equations)이라고 한다. 그리고 이러한 정규방정식을 β_0 와 β_1 에 대하여 각각 정리하면

$$\hat{\beta}_1 = \frac{n \sum_{i=1}^{n} Y_i x_i - \sum_{i=1}^{n} Y_i \sum_{i=1}^{n} x_i}{n \sum_{i=1}^{n} x_i^2 - \left(\sum_{i=1}^{n} x_i\right)^2} = \frac{\sum_{i=1}^{n} Y_i x_i - n \overline{Y}\,\overline{x}}{\sum_{i=1}^{n} x_i^2 - n(\overline{x})^2} = \frac{\sum_{i=1}^{n} (x_i - \overline{x})(Y_i - \overline{Y})}{\sum_{i=1}^{n} (x_i - \overline{x})^2} = \frac{S_{xY}}{S_{xx}}$$

$$\hat{\beta}_0 = \frac{1}{n}\left(\sum_{i=1}^{n} Y_i - \hat{\beta}_1 \sum_{i=1}^{n} x_i\right) = \overline{Y} - \hat{\beta}_1 \overline{x}$$

와 같은 최소제곱추정량 $\hat{\beta}_0$ 과 $\hat{\beta}_1$ 을 얻을 수 있다. 여기서 $S_{xY} = \sum_{i=1}^{n} (x_i - \overline{x})(Y_i - \overline{Y})$ 이고 $S_{xx} = \sum_{i=1}^{n} (x_i - \overline{x})^2$ 이다.

[최소제곱추정량]

단순선형 회귀모형 $Y_i = \beta_0 + \beta_1 x_i + \epsilon_i$, $\epsilon_i \sim iid\ N(0, \sigma^2)$ $(i = 1, 2, \cdots, n)$에서 회귀계수 β_0 와 β_1 의 최소제곱추정량은

$$\hat{\beta}_1 = \frac{S_{xY}}{S_{xx}} = \frac{\sum_{i=1}^{n}(x_i - \overline{x})(Y_i - \overline{Y})}{\sum_{i=1}^{n}(x_i - \overline{x})^2}, \ \hat{\beta}_0 = \frac{1}{n}\left(\sum_{i=1}^{n} Y_i - \hat{\beta}_1 \sum_{i=1}^{n} x_i\right) = \overline{Y} - \hat{\beta}_1 \overline{x}$$

이고, 이때의 회귀직선은 $\hat{Y} = \hat{E}(Y|x) = \hat{\beta}_0 + \hat{\beta}_1 x$[5] 와 같이 추정된다.

이제 회귀모형에서 오차항의 분산 σ^2에 대한 추정량을 구해보자. 먼저 오차항 $\epsilon_i = Y_i - \beta_0 - \beta_1 x_i$에 대한 정보는 Y_i와 $\hat{Y}_i = \hat{\beta}_0 + \hat{\beta}_1 x_i$의 차이인 잔차(residual)

$$e_i = Y_i - \hat{Y}_i = Y_i - \hat{\beta}_0 - \hat{\beta}_1 x_i, \ i = 1, 2, \cdots, n$$

를 통해 살펴볼 수 있을 것이다. 이러한 잔차들은 오차항 ϵ_i의 관측값인 것처럼 생각할 수 있으며, 이들은 오차항의 분산 σ^2의 크기에 따라 크거나 작게 나타난다고 할 수 있다. 따라서 $\sigma^2 = E((\epsilon - E(\epsilon))^2) = E(\epsilon^2)$임을 고려할 때 오차항의 분산을

$$\hat{\sigma}^2 = \frac{\sum_{i=1}^{n}(e_i^2)}{n-2} = \frac{\sum_{i=1}^{n}(Y_i - \hat{Y}_i)^2}{n-2} = \frac{\sum_{i=1}^{n}(Y_i - \hat{\beta}_0 - \hat{\beta}_1 x_i)^2}{n-2} = \frac{SSE}{n-2} = MSE$$

와 같이 추정할 수 있다. 이때 $SSE = \sum_{i=1}^{n}(Y_i - \hat{\beta}_0 - \hat{\beta}_1 x_i)^2$를 오차제곱합(sum of squares due to error (or residual): SSE)이라 부르고, 이를 그 자유도 $n-2$로 나눈 $\hat{\sigma}^2$을 평균오차제곱합(mean squares due to error: MSE)라고 부른다.

[오차항의 분산 σ^2의 추정량]

단순선형 회귀모형 $Y_i = \beta_0 + \beta_1 x_i + \epsilon_i, \epsilon_i \sim iid\ N(0, \sigma^2)\ (i = 1, 2, \cdots, n)$에서 오차항의 분산 σ^2의 추정량은

$$\hat{\sigma}^2 = MSE = \frac{SSE}{n-2} = \frac{\sum_{i=1}^{n}(Y_i - \hat{\beta}_0 - \hat{\beta}_1 x_i)^2}{n-2}$$

이다.

5) 회귀직선의 추정량은 편의상 $\hat{E}(Y|x)$ 대신 $\hat{Y}$으로 표기하며, 이때 $\hat{Y}$은 반응변수 Y의 추정량이 아니라 반응변수의 평균인 $E(Y|x)$의 추정량임을 유의하기 바란다.

예제 11.3 무작위로 추출한 성인 남성 6명을 대상으로 음주량 X와 반응시간 Y의 관계를 분석하기 위한 실험으로부터 다음과 같은 결과를 얻었다. 음주량을 설명변수로 하고 반응시간을 반응변수로 하는 단순선형 회귀모형 $Y_i = \beta_0 + \beta_1 x_i + \epsilon_i$, $\epsilon_i \sim iid\ N(0, \sigma^2)$ $(i = 1, 2, \cdots, 6)$의 회귀계수를 최소제곱추정법으로 추정하여라.

성인 남성	음주량	반응시간
1	4	22
2	8	34
3	12	36
4	16	50
5	20	54
6	24	66

풀이 이원분류 주어진 자료로부터 회귀계수의 최소제곱추정량을 구하면

$$\hat{\beta}_1 = \frac{S_{xy}}{S_{xx}} = \frac{\sum_{i=1}^{n}(x_i - \bar{x})(y_i - \bar{y})}{\sum_{i=1}^{n}(x_i - \bar{x})^2} = \frac{588}{280} = 2.10,$$

$$\hat{\beta}_0 = \bar{y} - \hat{\beta}_1 \bar{x} = 43.67 - 2.1 \times 14 = 14.27$$

과 같다. 따라서 회귀직선은 $\hat{y} = 14.27 + 2.1x$ 로 추정된다.

(2) 추정량의 성질

단순선형 회귀모형에서 추정된 회귀계수에 대한 통계적 추론을 하기 위해서는 이들 추정량에 대한 확률분포를 알아야 한다. 먼저 최소제곱추정량 $\hat{\beta}_1$은

$$\hat{\beta}_1 = \frac{\sum_{i=1}^{n}(x_i - \bar{x})(Y_i - \bar{Y})}{\sum_{i=1}^{n}(x_i - \bar{x})^2} = \frac{\sum_{i=1}^{n}(x_i - \bar{x})Y_i}{\sum_{i=1}^{n}(x_i - \bar{x})^2} = \sum_{i=1}^{n} c_i Y_i, \text{ 여기서 } c_i = \frac{(x_i - \bar{x})}{\sum_{i=1}^{n}(x_i - \bar{x})^2}$$

와 같이 표현되고, 오차항의 정규성 가정으로부터 $Y_i (i = 1, \cdots, n)$들은 서로 독립인 정규분포를 따르는 것을 알 수 있다. 따라서 정규확률변수의 선형결합으로 표현되는 $\hat{\beta}_1$은 정규분포를 따르고 그 평균과 분산은 각각

$$E(\hat{\beta}_1) = \frac{\sum_{i=1}^{n}(x_i - \bar{x})E(Y_i)}{\sum_{i=1}^{n}(x_i - \bar{x})^2} = \frac{\sum_{i=1}^{n}(x_i - \bar{x})(\beta_0 + \beta_1 x_i)}{\sum_{i=1}^{n}(x_i - \bar{x})^2} = \frac{\beta_1 \sum_{i=1}^{n}(x_i - \bar{x})x_i}{\sum_{i=1}^{n}(x_i - \bar{x})^2} = \beta_1$$

$$Var(\hat{\beta}_1) = \frac{\sum_{i=1}^{n}(x_i - \bar{x})^2\, Var(Y_i)}{\left[\sum_{i=1}^{n}(x_i - \bar{x})^2\right]^2} = \frac{\sigma^2}{\sum_{i=1}^{n}(x_i - \bar{x})^2} = \frac{\sigma^2}{S_{xx}}$$

와 같이 구할 수 있다. 최소제곱추정량 $\hat{\beta}_0$의 확률분포도 유사한 방법으로 구할 수 있으며 그 결과는 [정리 11.2]와 같다.

정리 11.2 최소제곱추정량의 확률분포

단순선형 회귀모형 $Y_i = \beta_0 + \beta_1 x_i + \epsilon_i$, $\epsilon_i \sim iid\ N(0, \sigma^2)$ $(i = 1, 2, \cdots, n)$에서 최소제곱추정량 $\hat{\beta}_1$과 $\hat{\beta}_0$은 각각

$$\hat{\beta}_1 \sim N\left(\beta_1, \frac{\sigma^2}{S_{xx}}\right), \quad \hat{\beta}_0 \sim N\left(\beta_0, \sigma^2\left(\frac{1}{n} + \frac{\bar{x}^2}{S_{xx}}\right)\right)$$

와 같이 정규분포를 따른다.

또한 6장의 [정리 6.7]과 유사하게 오차항의 분산에 대한 추정량 $\hat{\sigma}^2$과 관련된 성질은 [정리 11.3]과 같다.[6] [정리 11.3]의 결과로부터 $E\left(\frac{SSE}{\sigma^2}\right) = n-2$ 이므로 $\hat{\sigma}^2$의 기댓값은

$$E(\hat{\sigma}^2) = E(MSE) = E\left(\frac{SSE}{n-2}\right) = \sigma^2$$

와 같이 구해진다. 따라서 추정량 $\hat{\sigma}^2$은 σ^2의 불편추정량임을 알 수 있다.

정리 11.3 오차항의 분산의 추정량 $\hat{\sigma}^2$의 성질

단순선형 회귀모형 $Y_i = \beta_0 + \beta_1 x_i + \epsilon_i$, $\epsilon_i \sim iid\ N(0, \sigma^2)$ $(i = 1, 2, \cdots, n)$에서 오차항의 분산의 추정량 $\hat{\sigma}^2$은 다음의 성질을 만족한다.

① $\hat{\beta}_1$, $\overline{Y}$, 그리고 $\hat{\sigma}^2$은 서로 독립이다.

② $\frac{(n-2)\hat{\sigma}^2}{\sigma^2} = \frac{SSE}{\sigma^2} \sim \chi^2(n-2)$이다.

6) [정리 11.3]에 대한 증명은 이 책의 수준을 벗어나므로 생략하기로 한다.

(3) 회귀모형의 적합성 판단

이제 추정된 회귀직선에 의한 단순선형 회귀모형의 적합이 관측 결과를 얼마나 잘 설명하고 있는지에 대하여 생각해 보자. 반응변수 $Y_i\ (i=1,\ \cdots,n)$와 이들의 평균 $\overline{Y}$ 간의 차이는 [그림 11.5]에서 보는 바와 같이 두 편차의 합으로 분할할 수 있다.

$$(Y_i-\overline{Y})=(Y_i-\hat{Y}_i)+(\hat{Y}_i-\overline{Y}),\ i=1,2,\cdots,n$$

임의의 값 x_i에 대하여 관측값 Y_i와 회귀식에 의하여 추정된 값 $\hat{Y}_i$은 반드시 일치하지 않으며 이때의 차이 $Y_i-\hat{Y}_i$ 즉, 잔차는 관측이 불가능한 오차로서 편차 중에서 회귀직식으로 설명되지 않는 부분을 나타낸다. 반면에 관측값들의 평균 $\overline{Y}$로부터 추정값 $\hat{Y}_i$ 간의 차 $\hat{Y}_i-\overline{Y}$는 편차 중에서 회귀직선에 의하여 설명되는 부분을 나타낸다.

이제 식 $(Y_i-\overline{Y})=(Y_i-\hat{Y}_i)+(\hat{Y}_i-\overline{Y})$의 양변을 각각 제곱한 후, 모든 관측값에 대하여 더하면 다음 관계식이 성립함을 알 수 있다.

$$\sum_{i=1}^{n}(Y_i-\overline{Y})^2=\sum_{i=1}^{n}(Y_i-\hat{Y}_i)^2+\sum_{i=1}^{n}(\hat{Y}_i-\overline{Y})^2$$

$$TSS \quad = \quad SSE \quad + \quad SSR$$

총제곱합 = 오차제곱합 + 회귀제곱합

여기서 관계식의 좌변을 총변동(total variation) 또는 총제곱합(total sum of squares : TSS)이라 하며, 우변식의 앞부분은 총변동 중에서 회귀직선에 의하여 설명이 되지 않는 변동 즉, 오차에 의하여 발생되는 변동을 가리키며 이를 오차제곱합(sum of squares due to error : SSE)이라 한다. 반면에 우변식의 뒷부분은 총변동 중에서 회귀식에 의하여 설명이 되는 변동을 나타내며 회귀제곱합(sum of squares due to regression : SSR)이라 부른다. 그리고 총제곱합은 $n-1$, 오차제곱합은 $n-2$, 그리고 회귀제곱합은 1의 자유도를 각각 가진다.

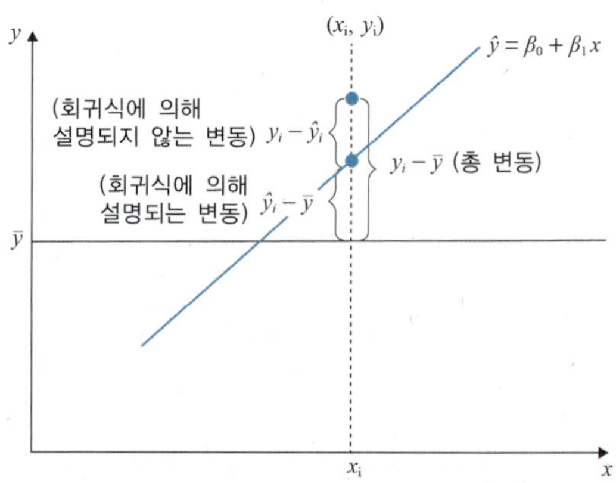

[그림 11.5] 총 변동(편차)의 분할

자료 전체의 흩어진 정도를 나타내는 총제곱합 TSS 중에서 회귀직선에 의해 설명되는 부분인 회귀제곱합 SSR 이 상대적으로 크면 회귀모형이 관측결과를 잘 설명하고 있다고 볼 수 있을 것이다. 이러한 의미에서 추정된 회귀직선이 주어진 자료에 얼마나 잘 적합하고 있는지를 측정하기 위한 도구로서 총제곱합 중에서 회귀제곱합이 차지하는 비율인

$$R^2 = \frac{SSR}{TSS} = 1 - \frac{SSE}{TSS}$$

를 사용하며, 이를 결정계수(coefficient of determination)라고 한다.

[결정계수]

추정된 회귀식이 주어진 자료에 얼마나 잘 적합하고 있는지는 결정계수

$$R^2 = \frac{SSR}{TSS} = 1 - \frac{SSE}{TSS}$$

를 이용하여 측정할 수 있다.

결정계수 R^2 은 Y 의 총변동 중에서 추정된 회귀직선에 의해 설명되는 부분이 어느 정도인가를 나타내며, 그 값은 항상 0과 1 사이에 존재한다. 이때 $R^2 = 1$ 이면 두 변수가 $\hat{Y} = \beta_0 + \beta_1 x$ 라는 직선관계에 의해서 완전하게 설명되고, 모든 관측값은 회귀직선 위에 정확히 놓이게 된다. 따라서 R^2 의 값이 1에 가까울수록 관측값들은 회귀직선 가까이에 밀집되어 있으며, 이는 추정된 회귀직선이 관측값에 잘 적합하고 있다는 것을 의미한다. 이와는 반대로 $R^2 = 0$ 이면 추정된 회귀직선에 의하여 두 변수 X 와 Y 의 관계가 전혀 설명되지 못한다는 것을 나타낸다. 한편 회귀제곱합과 총제곱합은 각각

$$SSR = \sum_{i=1}^{n} (\hat{Y}_i - \overline{Y})^2 = \sum_{i=1}^{n} (\hat{\beta}_0 + \hat{\beta}_1 x_i - \overline{Y})^2 = \sum_{i=1}^{n} (\hat{\beta}_1 (x_i - \overline{x}))^2 = \frac{(S_{xY})^2}{S_{xx}}$$

$$TSS = \sum_{i=1}^{n} (Y_i - \overline{Y})^2 = S_{YY}$$

로 나타낼 수 있으므로, 결정계수는

$$R^2 = \frac{SSR}{TSS} = \frac{(S_{xY})^2}{S_{xx} S_{YY}} = \left[\frac{S_{xY}}{\sqrt{S_{xx}}\sqrt{S_{YY}}} \right]^2$$

으로 표현가능하다. 즉, 결정계수 R^2 은 표본상관계수의 제곱과 같다.

예제 11.4 [예제 11.3]의 추정 결과를 이용하여 오차항의 분산에 대한 불편추정량과 결정계수를 각각 구하여라.

풀이 오차항의 분산에 대한 불편추정량을 구하면

$$\hat{\sigma}^2 = MSE = \frac{SSE}{n-2} = \frac{1}{4}\sum_{i=1}^{6}(y_i - 14.27 - 2.1x_i)^2 = 8.133 \text{ 이고}$$

결정계수는 $R^2 = \frac{SSR}{TSS} = \frac{(S_{xy})^2}{S_{xx}S_{yy}} = \frac{(588)^2}{280 \times 1267.33} = 0.9743$ 으로 계산된다. ■

R 실습 11.4 [예제 11.3]의 자료에 대하여 다음 물음에 답하여라.

(1) 회귀계수의 최소제곱추정량, 오차항의 분산에 대한 불편추정량, 결정계수를 각각 구하여라.

(2) 산점도를 그리고 추정된 회귀직선을 산점도에 나타내어라.

[R코드 11.4] 단순선형 회귀모형의 추정

```
# 자료 입력
alcohol = c(4, 8, 12, 16, 20, 24)
response = c(22, 34, 36, 50, 54, 66)

# 단순선형 회귀모형의 추정
fitted.model=lm(response~alcohol) # 회귀분석을 위한 함수
summary(fitted.model) # 회귀분석의 결과를 요약하여 출력하는 함수

# 회귀직선 그리기
plot(alcohol, response, main="음주량과 반응시간의 관계", xlab="음주량",
   ylab="반응시간")
abline(fitted.model) # 회귀직선을 그리는 함수
```

실행 결과 **단순선형 회귀모형의 추정**

```
> # 단순선형 회귀모형의 추정
> fitted.model=lm(response~alcohol) # 회귀분석을 위한 함수
> summary(fitted.model) # 회귀분석의 결과를 요약하여 출력하는 함수
```

```
Call:
lm(formula = response ~ alcohol)

Residuals:
      1        2        3       4        5        6
-0.6667  2.9333 -3.4667  2.1333 -2.2667  1.3333

Coefficients:
            Estimate Std. Error t value Pr(>|t|)
(Intercept)  14.2667     2.6550   5.374 0.005794 **
alcohol       2.1000     0.1704  12.322 0.000249 ***
------
Signif. codes:  0 '***' 0.001 '**' 0.01 '*' 0.05 '.' 0.1 ' ' 1

Residual standard error: 2.852 on 4 degrees of freedom
Multiple R-squared:  0.9743,    Adjusted R-squared:  0.9679
F-statistic: 151.8 on 1 and 4 DF,  p-value: 0.0002493
```

- 회귀분석을 위해 R 프로그램에서 제공하는 함수는 **lm( )**이며, 그 사용 형식은 **lm(Y~X)**이다. 여기서 Y는 반응변수를, X는 설명변수를 나타내고 설명변수가 둘 일상일 경우에는 **lm(Y~X1+X2+X3)**과 같이 사용하면 된다.
- 회귀분석의 결과를 저장하기 위해 **fitted.model**이라는 변수명을 사용하였으며, 여기에는 회귀계수의 추정값을 비롯한 다양한 분석 결과가 저장되어 있다. 이러한 결과를 요약하여 보기 위해서는 **summary( )** 함수를 이용하면 된다.
- **summary( )** 함수를 이용한 [R코드 11.4]의 실행 결과에는 회귀계수의 추정값(Coefficients), 오차항의 분산에 대한 불편추정량(Residual standard error), 결정계수(Multiple R-squared) 등을 제공하고 있다. 이때 **summary( )** 함수에서 Residual standard error는 $\sqrt{MSE}$ 의 값을 제공하며, 이러한 실행 결과는 [예제 11.3]과 [예제 11.4]의 결과와 동일함을 알 수 있다.
- **summary( )** 함수에서 원하는 결과만을 출력하기 위해서는 **summary(fitted.model)$coef, summary(fitted.model)$sigma, summary(fitted.model)$r.suqared** 등과 같이 입력하면 된다.

실행 결과 **회귀직선 그리기**

```
> # 회귀직선 그리기
> plot(alcohol, response, main="음주량과 반응시간의 관계", xlab="음주량",
+     ylab="반응시간")
> abline(fitted.model) # 회귀직선을 그리는 함수
```

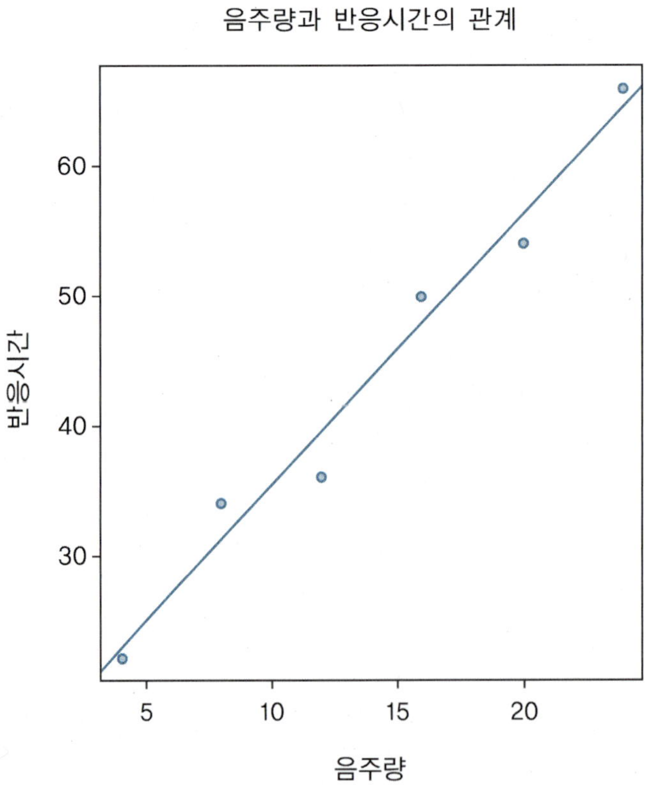

- 추정된 회귀직선을 산점도에 그리기 위해서는 먼저 **plot( )** 함수를 이용하여 산점도를 그린 이후에 **abline( )** 함수를 이용하여 추정된 회귀직선을 추가하여 그리면 된다.
- **abline( )** 함수의 사용 형식은 **abline(절편, 기울기)**이며 회귀직선을 그리고자 할 경우에는 **lm( )**을 이용한 결과를 인자로 사용하면 된다. 즉, **abline(fitted.model)**은 회귀분석의 결과가 저장되어 있는 **fitted.model**에서 추정된 절편과 기울기를 찾아서 자동적으로 회귀직선을 그려준다. 참고로 **abline( )** 함수에서 [표 11.1]의 인자들을 이용하면 회귀직선을 다양한 형태로 표현할 수 있다.

11.2.3 단순선형 회귀모형에서의 통계적 추론

회귀모형을 추정한 후에는 그 모형에 통계적 추론 통해 모형의 타당성을 평가해야 한다. 이 절에서는 분산분석을 이용한 회귀모형의 유의성 검정에 대하여 먼저 알아보고, 나아가 회귀계수 및 반응변수의 조건부 기댓값 등에 대한 통계적 추론에 대하여 살펴보기로 한다.

(1) 회귀모형의 유의성 검정

먼저 설명변수 x를 고려한 단순선형 회귀모형이 의미가 있는가를 검정하는 방법에 대하여 알아보도록 하자. 회귀모형의 유의성 검정을 위해 통계적 가설은

$$H_0 : Y = \beta_0 + \epsilon, \qquad H_1 : Y = \beta_0 + \beta_1 x + \epsilon$$

$$\text{또는 } H_0 : \beta_1 = 0, \qquad H_1 : \beta_1 \neq 0$$

와 같이 설정할 수 있다. 여기서 회귀모형이 유의하다면 자료의 흩어짐을 나타내는 총제곱합 TSS 중에서 회귀제곱합 SSR이 차지하는 비중이 커지고 오차제곱합 SSE가 차지하는 비중이 작아질 것이다. 즉, SSR/SSE의 값이 커질수록 회귀모형이 유의하다는 증거가 강해지는 것이다.

회귀모형의 유의성 검정은 [표 11.4]의 분산분석표를 이용하여 쉽게 검정할 수 있다. 여기서 회귀제곱합 SSR을 자신의 자유도인 1로 나눈 값을 평균회귀제곱합(mean squares due to regression: MSR)이라 하고, 오차제곱합 SSE를 자신의 자유도인 $n-2$로 나눈 값을 평균오차제곱합(mean squares due to error: MSE)이라 한다. 분산분석표에서 가장 오른쪽에는 평균회귀제곱합 MSR과 평균오차제곱합 MSE의 상대적인 크기를 나타내는 통계량 F_0의 값이 주어지며, 이 값을 이용하여 회귀모형의 유의성 여부를 판단하게 된다. 즉, F_0 값의 크기는 회귀제곱합 SSR과 오차제곱합 SSE의 크기에 영향을 받으므로 F_0의 값이 크다는 것은 회귀모형이 유의하다는 것을, 반대로 F_0의 값이 작다는 것은 회귀모형이 유의하지 않다는 것을 나타내게 된다.

[표 11.4] 단순선형 회귀분석에서의 분산분석표

요인	제곱합	자유도	평균제곱합	F_0
회귀	SSR	1	$MSR = \dfrac{SSR}{1}$	$F_0 = \dfrac{MSR}{MSE}$
오차	SSE	$n-2$	$MSE = \dfrac{SSE}{n-2}$	
전체	TSS	$n-1$		

분산분석표를 이용하여 회귀모형의 유의성을 통계적으로 검정하기 위해서는 통계량 F_0의 확률

분포를 알아야 한다. 먼저 [정리 11.3]으로부터 오차제곱합에 관한 확률변량 SSE/σ^2 은 자유도가 $n-2$ 인 카이제곱분포를 따르는 것을 알 수 있으며, 이와는 서로 독립인 확률변량 SSR/σ^2 의 확률분포는 귀무가설 $H_0 : \beta_1 = 0$ 이 참일 때

$$\frac{SSR}{\sigma^2} \sim \chi^2(1)$$

임이 알려져 있다. 따라서 9장의 [정의 9.1]에 의해 분산분석표의 검정통계량 F_0 의 확률분포를 귀무가설 $H_0 : \beta_1 = 0$ 이 참인 가정 하에서

$$F_0 = \frac{\frac{SSR}{\sigma^2}/1}{\frac{SSE}{\sigma^2}/(n-2)} = \frac{MSR}{MSE} \sim F(1, n-2)$$

와 같이 구할 수 있다.

정리 11.4 검정통계량 F_0의 분포

단순선형 회귀모형 $Y_i = \beta_0 + \beta_1 x_i + \epsilon_i$, $\epsilon_i \sim iid\ N(0, \sigma^2)$ $(i = 1, 2, \cdots, n)$에서 귀무가설 $H_0 : \beta_1 = 0$ 이 참이면

$$F_0 = \frac{MSR}{MSE} \sim F(1, n-2)$$

이 성립한다.

단순선형 회귀모형의 유의성을 분산분석을 통해 검정할 때 F_0 의 값이 크다는 것은 회귀제곱합 SSR 이 오차제곱합 SSE 에 비해 상대적으로 크다는 것을 의미하므로 모형이 유의하다는 것을 나타낸다. 따라서, 유의수준 α에서 검정통계량 F_0 의 관측값 f_0^*가 $f_0^* \geq F_\alpha(1, n-2)$이거나 $P(F_0 \geq f_0^*) < \alpha$이면 귀무가설 H_0 를 기각하고, 그렇지 않으면 H_0 를 채택하게 된다. 이와 같은 검정법을 F-검정(F-test)이라 한다.

[단순선형 회귀모형의 유의성에 대한 가설검정]

단순선형 회귀모형 $Y_i = \beta_0 + \beta_1 x_i + \epsilon_i$, $\epsilon_i \sim iid\ N(0, \sigma^2)$ $(i = 1, 2, \cdots, n)$의 유의성 검정을 위한 가설

$$H_0 : \beta_1 = 0, \quad H_1 : \beta_1 \neq 0$$

에 대하여 검정통계량 $F_0 = \dfrac{MSR}{MSE}$ 를 이용한 기각역과 p-값은 다음과 같다.

- 유의수준 α에서의 기각역 : $f_0 \geq F_\alpha(1, n-2)$
- 검정통계량 F_0의 관측값 f_0^* 에 대한 p-값 : $p-$ 값 $= P(F_0 \geq f_0^*)$
- 유의수준 α에서의 검정방법 : 표본으로부터 계산된 검정통계량의 관측값 f_0^*가

$$f_0^* \geq F_\alpha(1, n-2) \text{ 또는 } p\text{-값} = P(F_0 \geq f_0^*) < \alpha \text{ 이면 } H_0\text{를 기각}$$

$$f_0^* < F_\alpha(1, n-2) \text{ 또는 } p\text{-값} = P(F_0 \geq f_0^*) \geq \alpha \text{ 이면 } H_0\text{를 채택}$$

예제 11.5 어느 회사에서 광고비용이 판매액에 미치는 영향을 알아보기 위하여 10개의 대리점에 대한 연간 광고비(X)와 판매액(Y)을 조사한 결과 다음과 같은 자료를 얻었다. 회귀직선을 추정한 후 분산분석을 통해 단순선형 회귀모형 $H_1 : Y = \beta_0 + \beta_1 x + \epsilon$ 의 유의성을 검정하여라.

대리점	1	2	3	4	5	6	7	8	9	10
광고비	1.0	1.1	1.2	1.6	2.1	2.7	3.2	4.0	5.2	6.0
판매액	6.5	8.2	8.3	10	12.3	13.1	14.2	14.6	15.3	15.8

풀이 주어진 자료로부터 회귀계수 β_0와 β_1을 추정하면 $\hat{\beta}_0 = 7.006$, $\widehat{\beta_1} = 1.7166$ 이고, 따라서 추정된 회귀식은 $\hat{Y} = 7.006 + 1.7166x$ 가 된다. 그리고 회귀분석의 결과로부터 분산분석표를 작성하면 다음과 같게 된다.

요인	제곱합	자유도	제곱평균	F_0	$P-$값
회귀	83.1797	1	83.1797	38.8218	0.00025
오차	17.1412	8	2.1426		
전체	100.321	9			

분산분석표로부터 p-값은 유의수준 $\alpha = 0.05$보다 작으므로 귀무가설 $H_0 : \beta_1 = 0$은 기각되어 "광고비와 판매액 간의 관계를 설명하는데 있어 추정된 회귀식 $\hat{y} = 7.0064 + 1.7166x$는 유의하다"고 할 수 있다. ■

R 실습 11.5 [예제 11.5]의 분산분석표를 구하고 회귀모형의 유의성을 검정하여라.

[R코드 11.5] 단순선형 회귀모형의 분산분석표

```
# 자료 입력
ad.cost = c(1.0, 1.1, 1.2, 1.6, 2.1, 2.7, 3.2, 4.0, 5.2, 6.0)
sales = c(6.5, 8.2, 8.3, 10, 12.3, 13.1, 14.2, 14.6, 15.3, 15.8)

# 분산분석표
fitted.model = lm(sales~ad.cost)
anova(fitted.model)
```

실행 결과 **단순선형 회귀모형의 추정**

```
> # 분산분석표
> fitted.model = lm(sales~ad.cost)
> anova(fitted.model)
Analysis of Variance Table

Response: sales
          Df  Sum Sq  Mean Sq  F value   Pr(>F)
ad.cost    1  83.180   83.180   38.821   0.0002509 ***
Residuals  8  17.141    2.143
------
Signif. codes: 0 '***' 0.001 '**' 0.01 '*' 0.05 '.' 0.1 ' ' 1
```

- 회귀분석에서 모형의 유의성을 검정하기 위한 분산분석표는 **anova( )** 함수를 이용하여 출력할 수 있다.
- [R코드 11.5]의 실행 결과로 얻은 분산분석표는 [예제 11.5]의 결과와 동일함을 알 수 있다.

(2) 회귀계수에 대한 추론

단순선형 회귀모형에서 주요 관심이 되는 것은 기울기 β_1 이다. 특정하게 주어진 상수 β_{10}에 대하여 가설

$$H_0 : \beta_1 = \beta_{10}, \qquad H_1 : \beta_1 \neq \beta_{10}$$

에 대한 검정은 설명변수와 반응변수가 어떠한 형태의 직선적인 관계를 가지고 있는지를 결정하는 검정으로 단순선형 회귀분석에서 중요하게 사용된다. 예를 들어, 회귀모형에서 $\beta_1 = 0$ 이면 추정된 회귀식 $\hat{Y}$은 하나의 상수(β_0)가 됨으로써, 설명변수 x의 값들은 반응변수 Y를 설명하는데 아무런 의미를 갖지 못하게 된다.

β_1에 관한 추론을 위해서는 β_1의 점추정량인 $\hat{\beta}_1$의 확률분포를 알아야 하며, [정리 11.2]로부터

$$\frac{\hat{\beta}_1 - \beta_1}{\sqrt{\sigma^2 / S_{xx}}} \sim N(0,1)$$

임을 알 수 있다. 또한, 6장의 [정의 6.5]와 [정리 11.3]의 결과로부터 확률변량 T의 분포가

$$T = \frac{\dfrac{\hat{\beta}_1 - \beta_1}{\sqrt{\sigma^2 / S_{xx}}}}{\sqrt{\dfrac{SSE}{\sigma^2} / (n-2)}} = \frac{\hat{\beta}_1 - \beta_1}{\sqrt{MSE / S_{xx}}} \sim t(n-2)$$

이 됨을 확인할 수 있다.

정리 11.1 $\hat{\beta}_1$에 관한 확률변량 T의 분포

단순선형 회귀모형 $Y_i = \beta_0 + \beta_1 x_i + \epsilon_i$, $\epsilon_i \sim iid\ N(0, \sigma^2)$ $(i = 1, 2, \cdots, n)$에서

$$T = \frac{\hat{\beta}_1 - \beta_1}{\sqrt{MSE / S_{xx}}} \sim t(n-2)$$

이 성립한다.

[정리 11.5]의 확률변량 T를 이용하면 회귀계수 β_1에 관한 신뢰구간과 가설 검정법을 각각 다음과 같이 구할 수 있다.

[β_1에 대한 가설검정]

단순선형 회귀모형 $Y_i = \beta_0 + \beta_1 x_i + \epsilon_i$, $\epsilon_i \sim iid\ N(0, \sigma^2)$ $(i = 1, 2, \cdots, n)$에서, 회귀계수 β_1에 대한 $100(1-\alpha)\%$ 신뢰구간은 다음과 같다.

$$\left[\hat{\beta}_1 - t_{\alpha/2}(n-2)\sqrt{MSE / S_{xx}},\ \ \hat{\beta}_1 + t_{\alpha/2}(n-2)\sqrt{MSE / S_{xx}}\right]$$

[β_1에 대한 가설검정]

단순선형 회귀모형 $Y_i = \beta_0 + \beta_1 x_i + \epsilon_i$, $\epsilon_i \sim iid\ N(0, \sigma^2)$ $(i = 1, 2, \cdots, n)$에서, 회귀계수 β_1에 대한 아래의 가설검정에서 사용되는 검정통계량과 그 확률분포는

$$T_0 = \frac{\hat{\beta}_1 - \beta_{10}}{\sqrt{MSE/S_{xx}}} \sim t(n-2) \quad \text{(귀무가설 } H_0 \text{가 참일 때)}$$

이며, 유의수준 α에서의 기각역과 검정통계량의 관측값 t_0^*에 대한 p-값은 다음과 같다.

	가설	기각역	p-값
우측검정	$H_0 : \beta_1 = \beta_{10},\ H_1 : \beta_1 > \beta_{10}$	$t_0 > t_\alpha(n-2)$	$P(T_0 > t_0^*)$
좌측검정	$H_0 : \beta_1 = \beta_{10},\ H_1 : \beta_1 < \beta_{10}$	$t_0 < -t_\alpha(n-2)$	$P(T_0 < t_0^*)$
양측검정	$H_0 : \beta_1 = \beta_{10},\ H_1 : \beta_1 \neq \beta_{10}$	$\vert t_0 \vert > t_{\alpha/2}(n-2)$	$2P(T_0 > \vert t_0^* \vert)$

단순선형 회귀모형의 기울기 β_1에 관한 양측검정에서 $\beta_{10} = 0$인 경우의 가설은 모형의 유의성 검정을 위한 가설과 동일하다. 따라서 분산분석표를 이용한 F-검정으로 분석할 수도 있으며, 실제로 이 경우에

$$T_0^2 = \frac{(\hat{\beta}_1)^2}{MSE/S_{xx}} = \frac{(\hat{\beta}_1)^2 S_{xx}}{MSE} = \frac{\left(\frac{S_{xY}}{S_{xx}}\right)^2 S_{xx}}{MSE} = \frac{(S_{xY})^2/S_{xx}}{MSE} = \frac{MSR}{MSE} = F_0$$

이 성립하여 t-검정과 F-검정이 같은 것임을 알 수 있다.

기울기 β_1에 관한 추론에서와 마찬가지로 절편 β_0에 관한 통계적 추론을 위해서는 추정량 $\hat{\beta}_0$에 관한 확률분포를 알아야 한다. 이를 위해 [정리 11.2]와 [정리 11.3]의 결과를 이용하면 $\hat{\beta}_0$에 관한 확률변량 T가

$$T = \frac{\dfrac{\hat{\beta}_0 - \beta_0}{\sqrt{\sigma^2\left(\dfrac{1}{n} + \dfrac{\overline{x}^2}{S_{xx}}\right)}}}{\sqrt{\dfrac{SSE}{\sigma^2}/(n-2)}} = \frac{\hat{\beta}_0 - \beta_0}{\sqrt{MSE\left(\dfrac{1}{n} + \dfrac{\overline{x}^2}{S_{xx}}\right)}} \sim t(n-2)$$

와 같이 자유도가 $n-2$인 t-분포를 따르는 것을 알 수 있다.

정리 11.6 $\hat{\beta}_0$**에 관한 확률변량 T의 분포**

단순선형 회귀모형 $Y_i = \beta_0 + \beta_1 x_i + \epsilon_i$, $\epsilon_i \sim iid\ N(0, \sigma^2)$ $(i = 1, 2, \cdots, n)$에서

$$T = \frac{\hat{\beta}_0 - \beta_0}{\sqrt{MSE\left(\frac{1}{n} + \frac{\overline{x}^2}{S_{xx}}\right)}} \sim t(n-2)$$

이 성립한다.

[정리 11.6]의 확률변량 T를 이용하면 회귀계수 β_0에 관한 신뢰구간과 가설검정법을 각각 다음과 같이 구할 수 있다.

[β_0에 대한 가설검정]

단순선형 회귀모형 $Y_i = \beta_0 + \beta_1 x_i + \epsilon_i$, $\epsilon_i \sim iid\ N(0, \sigma^2)$ $(i = 1, 2, \cdots, n)$에서, 회귀계수 β_0에 대한 $100(1-\alpha)\%$ 신뢰구간은 다음과 같다.

$$\left[\hat{\beta}_0 - t_{\alpha/2}(n-2)\sqrt{MSE\left(\frac{1}{n} + \frac{\overline{x}^2}{S_{xx}}\right)},\ \hat{\beta}_0 + t_{\alpha/2}(n-2)\sqrt{MSE\left(\frac{1}{n} + \frac{\overline{x}^2}{S_{xx}}\right)}\right]$$

[β_0에 대한 가설검정]

단순선형 회귀모형 $Y_i = \beta_0 + \beta_1 x_i + \epsilon_i$, $\epsilon_i \sim iid\ N(0, \sigma^2)$ $(i = 1, 2, \cdots, n)$에서, 회귀계수 β_0에 대한 아래의 가설검정에서 사용되는 검정통계량과 그 확률분포는

$$T_0 = \frac{\hat{\beta}_0 - \beta_{00}}{\sqrt{MSE\left(\frac{1}{n} + \frac{\overline{x}^2}{S_{xx}}\right)}} \sim t(n-2) \quad \text{(귀무가설 } H_0 \text{가 참일 때)}$$

이며, 유의수준 α에서의 기각역과 검정통계량의 관측값 t_0^*에 대한 p-값은 다음과 같다.

	가설	기각역	p-값
우측검정	$H_0 : \beta_0 = \beta_{00}$, $H_1 : \beta_0 > \beta_{00}$	$t_0 > t_\alpha(n-2)$	$P(T_0 > t_0^*)$
좌측검정	$H_0 : \beta_0 = \beta_{00}$, $H_1 : \beta_0 < \beta_{00}$	$t_0 < -t_\alpha(n-2)$	$P(T_0 < t_0^*)$
양측검정	$H_0 : \beta_0 = \beta_{00}$, $H_1 : \beta_0 \neq \beta_{00}$	$\mid t_0 \mid > t_{\alpha/2}(n-2)$	$2P(T_0 > \|t_0^*\|)$

예제 11.6 [예제 11.5]의 회귀모형의 추정 결과를 바탕으로 다음 물음에 답하여라.

(1) 회귀계수 β_1에 대한 95% 신뢰구간을 구하여라.

(2) 회귀모형의 유의성을 검정을 위한 가설 $H_0 : \beta_1 = 0$, $H_1 : \beta_1 \neq 0$ 을 t-검정으로 유의수준 $\alpha = 0.05$에서 검정하고, 분산분석을 통한 F-검정과 비교하여라.

풀이 (1) $\hat{\beta}_1 = 1.7166$, $t_{0.025}(8) = 2.306$, $MSE = 2.1426$, $S_{xx} = \sum(x_i - \overline{x})^2 = 28.229$이므로 회귀계수 β_1의 95% 신뢰구간은

$$\hat{\beta}_1 \pm t_{\alpha/2}(n-2)\sqrt{\frac{MSE}{S_{xx}}} = 1.7166 \pm (2.306)(0.2755) = (1.0812,\ 2.3518)$$

와 같이 계산된다.

(2) 검정통계량의 관측값은

$$t_0^* = \frac{\hat{\beta}_1 - 0}{\sqrt{MSE/S_{xx}}} = \frac{1.7166}{\sqrt{2.1426/28.229}} = \frac{1.7166}{\sqrt{0.0759}} = 6.231$$

이고, 이때의 p-값은 $P(|T_0| \geq 6.231) = 0.00025$가 된다. 따라서 p-값이 유의수준 $\alpha = 0.05$보다 작으므로 귀무가설 $H_0 : \beta_1 = 0$은 기각되어 "광고비와 판매액 간의 관계를 설명하는데 있어 추정된 회귀식 $\hat{y} = 7.0064 + 1.7166x$는 유의하다"고 할 수 있다. 이러한 검정결과는 [예제 11.5]의 분산분석 결과와 일치하며, 분산분석표의 검정통계량 F_0의 관측값은 $(t_0^*)^2 = (6.231)^2 = 38.82$와 같은 것을 확인할 수 있다. ■

R 실습 11.6 [예제 11.6]의 신뢰구간과 t-검정을 이용한 유의성 검정의 결과를 구하여라.

[R코드 11.6] 회귀계수에 대한 신뢰구간과 t-검정

```
# 신뢰구간
confint(fitted.model)  # 회귀계수에 대한 신뢰구간을 출력

# t-검정
summary(fitted.model) # 회귀계수에 대한 t-검정을 포함한 여러 결과를 출력
```

실행 결과 **회귀계수에 대한 신뢰구간**

```
> # 신뢰구간
> confint(fitted.model)  # 회귀계수에 대한 신뢰구간을 출력
                2.5 %     97.5 %
(Intercept)  4.926432   9.086456
ad.cost      1.081254   2.351883
```

• lm( ) 함수를 이용한 회귀분석의 결과가 저장되어 있는 fitted.model에서 회귀계수에 대한 신뢰구간을 출력하기 위해서는 confint( ) 함수를 사용하면 된다. 즉, confint(fitted.model)은 fitted. model에 저장되어 있는 회귀분석의 결과 중에서 회귀계수에 대한 신뢰구간을 찾아서 제공해준다.

실행 결과 **회귀계수에 대한 t-검정**

```
> # t-검정
> summary(fitted.model) # 회귀계수에 대한 -검정을 포함한 여러 결과를 출력
Call:
lm(formula = sales ~ ad.cost)

Residuals:
    Min       1Q  Median      3Q     Max
-2.2230 -0.7484 -0.1928  1.2759  1.7005

Coefficients:
            Estimate Std. Error t value Pr(>|t|)
(Intercept)   7.0064     0.9020   7.768  5.4e-05 ***
ad.cost       1.7166     0.2755   6.231 0.000251 ***
------
Signif. codes:  0 '***' 0.001 '**' 0.01 '*' 0.05 '.' 0.1 ' ' 1

Residual standard error: 1.464 on 8 degrees of freedom
Multiple R-squared:  0.8291,    Adjusted R-squared:  0.8078
F-statistic: 38.82 on 1 and 8 DF,  p-value: 0.0002509
```

• summary( ) 함수를 이용하면 회귀계수에 대한 t-검정을 포함한 여러 결과들을 출력할 수 있다.

- [R코드 11.6]의 confint( ) 함수와 summary( ) 함수를 이용한 회귀계수의 신뢰구간과 t-검정의 실행 결과는 [예제 11.6]의 결과와 동일함을 알 수 있다.

(3) 반응변수의 기댓값에 대한 추론

회귀분석의 주요 관심 중 하나는 특정한 설명변수 x^* 에 대한 반응변수의 기댓값인 $E(Y \mid x^*) = \beta_0 + \beta_1 x^*$ 에 대한 추론이다. 설명변수의 값이 x^* 로 주어졌을 때 $E(Y \mid x^*)$ 에 대한 추정량으로 $\hat{E}(Y \mid x^*) = \hat{\beta}_0 + \hat{\beta}_1 x^*$ 을 고려할 수 있으며, 이는

$$\hat{E}(Y \mid x^*) = \hat{\beta}_0 + \hat{\beta}_1 x^* = \overline{Y} + \hat{\beta}_1 (x^* - \overline{x}) = \frac{1}{n}\sum_{i=1}^{n} Y_i + \frac{\sum_{i=1}^{n}(x_i - \overline{x})Y_i}{\sum_{i=1}^{n}(x_i - \overline{x})^2}(x^* - \overline{x})$$

$$= \sum_{i=1}^{n}\left[\frac{1}{n} + \frac{(x_i - \overline{x})(x^* - \overline{x})}{\sum_{i=1}^{n}(x_i - \overline{x})^2}\right] Y_i$$

와 같이 서로 독립인 Y_i 들의 선형결합으로 표현되므로 정규분포를 따른다. 또한 평균반응의 추정량 $\hat{E}(Y \mid x^*)$ 의 기댓값과 분산은 각각

$$E\left(\hat{E}(Y \mid x^*)\right) = E\left(\hat{\beta}_0 + \hat{\beta}_1 x^*\right) = E\left(\hat{\beta}_0\right) + E\left(\hat{\beta}_1\right)x^* = \beta_0 + \beta_1 x^*$$

$$Var\left(\hat{E}(Y \mid x^*)\right) = Var\left(\hat{\beta}_0 + \hat{\beta}_1 x^*\right) = Var\left(\overline{Y} + \hat{\beta}_1 (x^* - \overline{x})\right)$$

$$= Var(\overline{Y}) + (x^* - \overline{x})^2 Var\left(\hat{\beta}_1\right) = \sigma^2\left(\frac{1}{n} + \frac{(x^* - \overline{x})^2}{S_{xx}}\right)$$

으로 구해진다. 따라서 $\hat{E}(Y \mid x^*)$ 을 표준화 하면

$$\frac{\hat{\beta}_0 + \hat{\beta}_1 x^* - (\beta_0 + \beta_1 x^*)}{\sqrt{\sigma^2\left(\frac{1}{n} + \frac{(x^* - \overline{x})^2}{S_{xx}}\right)}} \sim N(0,1)$$

이고, 6장의 [정의 6.5]와 [정리 11.3]의 결과로부터 확률변량 T 의 분포를

$$T = \frac{\dfrac{\hat{\beta}_0 + \hat{\beta}_1 x^* - (\beta_0 + \beta_1 x^*)}{\sqrt{\sigma^2\left(\frac{1}{n} + \frac{(x^* - \overline{x})^2}{S_{xx}}\right)}}}{\sqrt{\dfrac{SSE}{\sigma^2}/(n-2)}} = \frac{\hat{\beta}_0 + \hat{\beta}_1 x^* - (\beta_0 + \beta_1 x^*)}{\sqrt{MSE\left(\frac{1}{n} + \frac{(x^* - \overline{x})^2}{S_{xx}}\right)}} \sim t(n-2)$$

와 같이 구할 수 있다.

정리 11.7 $\hat{E}(Y \mid x^*)$**에 관한 확률변량** T**의 분포**

단순선형 회귀모형 $Y_i = \beta_0 + \beta_1 x_i + \epsilon_i$, $\epsilon_i \sim iid\ N(0, \sigma^2)$ $(i = 1, 2, \cdots, n)$에서

$$T = \frac{\hat{\beta}_0 + \hat{\beta}_1 x^* - (\beta_0 + \beta_1 x^*)}{\sqrt{MSE\left(\frac{1}{n} + \frac{(x^* - \bar{x})^2}{S_{xx}}\right)}} \sim t(n-2)$$

이 성립한다.

[정리 11.7]의 확률변량 T를 이용하면 평균반응 $E(Y \mid x^*)$에 관한 신뢰구간과 가설검정법을 각각 다음과 같이 구할 수 있다.

[$E(Y \mid x^*)$에 대한 신뢰구간]

단순선형 회귀모형 $Y_i = \beta_0 + \beta_1 x_i + \epsilon_i$, $\epsilon_i \sim iid\ N(0, \sigma^2)$ $(i = 1, 2, \cdots, n)$에서, 평균반응 $E(Y \mid x^*)$에 대한 $100(1-\alpha)\%$ 신뢰구간은 다음과 같다.

$$\left[\hat{\beta}_0 + \hat{\beta}_1 x^* - t_{\alpha/2}(n-2)\sqrt{MSE\left(\frac{1}{n} + \frac{(x^* - \bar{x})^2}{S_{xx}}\right)},\right.$$

$$\left.\hat{\beta}_0 + \hat{\beta}_1 x^* + t_{\alpha/2}(n-2)\sqrt{MSE\left(\frac{1}{n} + \frac{(x^* - \bar{x})^2}{S_{xx}}\right)}\ \right]$$

[$E(Y \mid x^*)$에 대한 가설검정]

단순선형 회귀모형 $Y_i = \beta_0 + \beta_1 x_i + \epsilon_i$, $\epsilon_i \sim iid\ N(0, \sigma^2)$ $(i = 1, 2, \cdots, n)$에서, 평균반응 $E(Y \mid x^*)$에 대한 아래의 가설검정에서 사용되는 검정통계량과 그 확률분포는

$$T_0 = \frac{\hat{\beta}_0 + \hat{\beta}_1 x^* - \mu_0}{\sqrt{MSE\left(\frac{1}{n} + \frac{(x^* - \bar{x})^2}{S_{xx}}\right)}} \sim t(n-2) \quad (\text{귀무가설 } H_0 \text{ 가 참일 때})$$

이며, 유의수준 α에서의 기각역과 검정통계량의 관측값 t_0^*에 대한 p-값은 다음과 같다.

	가설	기각역	p-값
우측검정	$H_0 : E(Y \mid x^*) = \mu_0,\ H_1 : E(Y \mid x^*) > \mu_0$	$t_0 > t_\alpha(n-2)$	$P(T_0 > t_0^*)$
좌측검정	$H_0 : E(Y \mid x^*) = \mu_0,\ H_1 : E(Y \mid x^*) < \mu_0$	$t_0 < -t_\alpha(n-2)$	$P(T_0 < t_0^*)$
양측검정	$H_0 : E(Y \mid x^*) = \mu_0,\ H_1 : E(Y \mid x^*) \neq \mu_0$	$\lvert t_0 \rvert > t_{\alpha/2}(n-2)$	$2P(T_0 > \lvert t_0^* \rvert)$

여기서 $E(Y \mid x^*)$ 에 대한 신뢰구간의 폭은 설명변수 x^* 의 함수로 표현되는 것을 알 수 있다. 즉, 신뢰구간의 폭은 $x^* = \overline{x}$ 일 때 최소가 되며 $|x^* - \overline{x}|$ 의 값이 커질수록 넓어지게 된다. 따라서 설명변수의 관측값들 중에서 평균 $\overline{x}$ 에서 멀어질수록 그 예측의 정확도는 감소하게 된다.

예제 11.7 [예제 11.5]의 단순선형 회귀모형에서 광고비가 $x^* = 2.5,\ 3.0,\ 3.5$ 일 때 평균 판매액의 95% 신뢰구간을 각각 구하여라.

풀이 새로운 광고비 $x^* = 2.5$ 에 대한 평균 판매액의 신뢰구간을 구하면

$$\hat{\beta}_0 + \hat{\beta}_1 x^* \pm t_{\alpha/2}(n-2)\sqrt{MSE\left(\frac{1}{n} + \frac{(x^* - \overline{x})^2}{S_{xx}}\right)}$$

$$= 7 + 1.72 \times 2.5 \pm 1.859\sqrt{2.143\left(\frac{1}{10} + \frac{(2.5-2.81)^2}{28.23}\right)}$$

$$= 11.3 \pm 2.31\sqrt{0.222} = 11.3 \pm 1.087$$

와 같다. 마찬가지 방법으로 $x^* = 3.0,\ 3.5$ 일 때의 신뢰구간을 구하면 각각

$$12.16 \pm 2.31\sqrt{0.217} = 12.16 \pm 1.076$$

$$13.02 \pm 2.31\sqrt{0.250} = 13.02 \pm 1.156$$

와 같이 계산된다. ■

R 실습 11.7 [예제 11.7]의 신뢰구간을 구하고 이를 그래프로 나타내어라.

[R코드 11.7] 평균반응에 대한 신뢰구간

```
# 평균반응에 대한 신뢰구간
new.cost=data.frame(ad.cost=c(2.5, 3.0, 3.5)) # 데이트프레임 형태로 자료저장
predict(fitted.model, newdata=new.cost, interval="conf", level=0.95)

# 평균반응에 대한 신뢰구간 그리기
all.cost=data.frame(ad.cost=seq(min(ad.cost), max(ad.cost), 0.01))
conf.result=predict(fitted.model, newdata=all.cost, interval="conf", level=0.95)
plot(ad.cost, sales, xlab="광고비", ylab="판매량")
 abline(fitted.model)  # 회귀직선 그리기
 lines(all.cost$ad.cost, conf.result[,2], lty=2, col="blue") # 자료를 선으로 연결
 lines(all.cost$ad.cost, conf.result[,3], lty=2, col="blue")
```

실행 결과 **평균반응에 대한 신뢰구간**

```
> # 평균반응에 대한 신뢰구간
> new.cost=data.frame(ad.cost=c(2.5, 3.0, 3.5)) # 데이이트프레임 형태로 자료저장
> predict(fitted.model, newdata=new.cost, interval="conf", level=0.95)
       fit      lwr      upr
1 11.29786 10.21242 12.38330
2 12.15615 11.08192 13.23037
3 13.01443 11.86050 14.16836
```

- 새로운 설명변수의 값(여기서는 광고비 $x^* = 2.5, 3.0, 3.5$)에 대한 평균반응의 추정값 또는 신뢰구간을 구하기 위하여 먼저 자료를 데이터 프레임의 형태로 **new.cost** 라는 변수명으로 저장하였다. 이때 해당 자료의 열(column)은 회귀분석에서 사용한 변수명과 동일하게 **ad.cost**라는 이름으로 지정한다.
- **lm( )** 함수를 이용한 회귀분석의 결과에서 신뢰구간을 출력하기 위해서는 R에서 제공하는 **predict( )** 함수를 사용할 수 있으며, 그 사용 형식은 **predict(object, newdata, interval, level)**이다. 여기서 매개변수 **object**에는 **lm( )** 함수를 이용한 회귀분석의 결과를 입력하고 **newdata**에는 새로운 설명변수의 값, **interval**에는 신뢰구간의 종류, **level**에는 신뢰수준을 각각 입력하면 된다. [R코드 11.7]의 실행 결과는 주어진 설명변수의 값에 대응하는 평균반응의 점추정값과 신뢰구간을 제공하고 있으며, 이러한 결과는 [예제 11.7]의 결과와 동일하다.

실행 결과 **평균반응에 대한 신뢰구간 그리기**

```
> # 평균반응에 대한 신뢰구간 그리기
> all.cost=data.frame(ad.cost=seq(min(ad.cost), max(ad.cost), 0.01))
> conf.result=predict(fitted.model, newdata=all.cost, interval="conf", level=0.95)
> plot(ad.cost, sales, xlab="광고비", ylab="판매량")
> abline(fitted.model) # 회귀직선 그리기
> lines(all.cost$ad.cost, conf.result[,2], lty=2, col="blue") # 자료를 선으로 연결
> lines(all.cost$ad.cost, conf.result[,3], lty=2, col="blue")
```

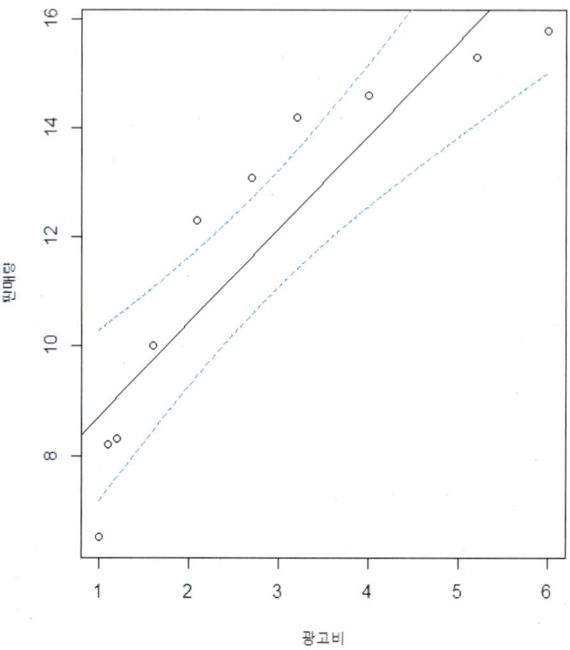

- plot( ) 함수를 이용한 산점도에 abline( ) 함수를 이용하여 회귀직선을 추가하였으며, 신뢰구간을 나타내기 위해 lines( ) 함수를 이용하였다. lines( ) 함수의 사용 형식은 lines(x, y, lty, col)와 같다. 여기서 매개변수 lty는 선의 종류를, col은 선의 색깔을 나타낸다.
- [R코드 11.7]의 실행 결과로 제공된 그림은 0.01 간격의 새로운 광고비 x^*, 즉 all.cost에 대한 평균반응의 신뢰구간 predict( ) 함수를 이용하여 구한 후, lines( ) 함수를 이용하여 나타낸 결과이다. 이로부터 설명변수의 값이 평균 $\overline{x}$ 에서 멀어질수록 그 신뢰구간의 폭이 넓어지는 것을 알 수 있다.

11.2.4 단순선형 회귀모형에서의 잔차분석

단순선형 회귀분석에서는 다음과 같은 가정이 성립한다는 조건하에서 회귀모형에 대한 분석이 이루어진다. 즉, 이러한 가정들에 대한 타당성이 인정될 때 11.2.3절의 통계적 추론이 의미가 있는 것이다.

- $E(\epsilon_i) = 0$, 즉 $E(Y_i|x_i) = \beta_0 + \beta_1 x_i$ (회귀모형의 선형성)
- $Var(\epsilon_i) = \sigma^2 \ (i = 1, 2, \cdots, n)$ (오차항의 등분산성)
- $\epsilon_i \ (i = 1, 2, \cdots, n)$는 서로 독립 (오차항의 독립성)
- $\epsilon_i \sim N(0, \sigma^2) \ (i = 1, 2, \cdots, n)$는 서로 독립 (오차항의 정규성)

가정의 타당성에 대한 검토는 오차 $\epsilon_i = Y_i - (\beta_0 + \beta_1 x_i)$를 이용하여야 하나 오차 ϵ_i는 관측할 수 없기 때문에 오차의 추정량인 잔차 e_i를 이용하여 분석이 이루어지며, 이를 잔차분석(analysis of residuals)이라 한다. 잔차는 관측값에서 예측값을 뺀

$$e_i = Y_i - \widehat{Y}_i = Y_i - (\hat{\beta}_0 + \hat{\beta}_1 x_i),\ i = 1,\ 2,\ \cdots,\ n$$

로 정의되며, 이때 e_i는

$$e_i \sim N\left(0, \sigma^2(1 - h_{ii})\right),\ i = 1,\ 2,\ \cdots,\ n$$

와 같이 평균과 분산이 각각 0과 $\sigma^2(1 - h_{ii})$인 정규분포를 따르게 되며,

$$h_{ii} = \frac{1}{n} + \frac{(x_i - \overline{x})^2}{\sum_{i=1}^{n}(x_i - \overline{x})^2},\ i = 1,\ 2,\ \cdots,\ n$$

이다. 여기서 우리가 알 수 있는 한 가지 중요한 사실은 오차 ϵ_i는 $N(0,\ \sigma^2)$을 따르는 반면에, 잔차 e_i는 $N\left(0, \sigma^2(1 - h_{ii})\right)$를 따른다는 것이다. 즉, 오차 ϵ_i는 i에 관계없이 모두 동일한 분산을 가지게 되지만 잔차 e_i는 i에 따라 서로 다른 분산을 가지게 된다. 따라서 ϵ_i 대신 e_i를 사용할 경우에는 좀 더 정확성을 기하기 위하여 잔차 e_i를 그 표준편차의 추정값으로 나누어 얻게 되는 표준화잔차(standardized residual)[7)]

$$s_i = \frac{e_i}{\sqrt{\hat{\sigma}^2(1 - h_{ii})}} = \frac{e_i}{\sqrt{MSE(1 - h_{ii})}},\ i = 1,\ 2,\ \cdots,\ n$$

를 이용하거나 표준화잔차에서 $\hat{\sigma}^2$ 대신 i번째 관측값 $(x_i,\ y_i)$를 제외한 $(n-1)$개의 관측값으로 회귀모형을 적합 시켰을 때의 추정값 $\hat{\sigma}^2_{(-i)}$를 사용하여 얻어지는 외표준화잔차(externally standardized residual)

$$r_i = \frac{e_i}{\sqrt{(\hat{\sigma}^2_{(-i)}(1 - h_{ii})}} = \frac{e_i}{\sqrt{MSE_{(-i)}(1 - h_{ii})}},\ i = 1,\ 2,\ \cdots,\ n$$

를 사용하기도 한다.

(1) 회귀모형의 선형성

분석하고자 하는 자료에 대하여 선형모형이 적합한지 또는 비선형모형이 적합한지에 대한 판단은 관측값에 대한 산점도를 그려보거나 설명변수 또는 반응변수에 대한 잔차의 산점도, 즉 잔차산

7) 내표준화잔차(internally standardized residual)라고 불리기도 한다.

점도(residual plot)를 그려보아 짐작할 수 있다.

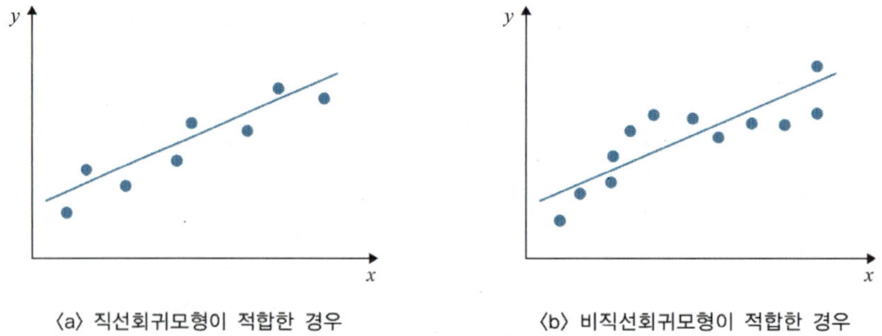

[그림 11.6] 관측값에 대한 산점도

[그림 11.6]에서 보는 바와 같이 설명변수를 x 축으로, 반응변수를 y 축으로 한 산점도에서 (a)에서처럼 관측값들이 회귀직선을 중심으로 직선형태를 보인다면 선형의 회귀모형은 타당하다고 할 수 있다. 그러나 (b)와 같이 관측값들이 회귀선을 중심으로 곡선형태를 보일 경우 선형의 회귀모형은 적합하지 않으며, 이러한 경우에는 비선형회귀모형이 더 적합하다고 할 수 있다.

[그림 11.7]은 설명변수를 x 축으로, 잔차를 y 축으로 한 잔차산점도이다. 이때 (a)와 같이 잔차값들이 0을 중심으로 랜덤하게 흩어져 나타나면 선형모형의 가정은 타당한 것으로 판단한다. 그러나 잔차값들이 (b)와 같이 나타나면 직선보다는 이차곡선모형이, (c)와 같이 나타나면 3차곡선모형이 적합하다고 판정한다.

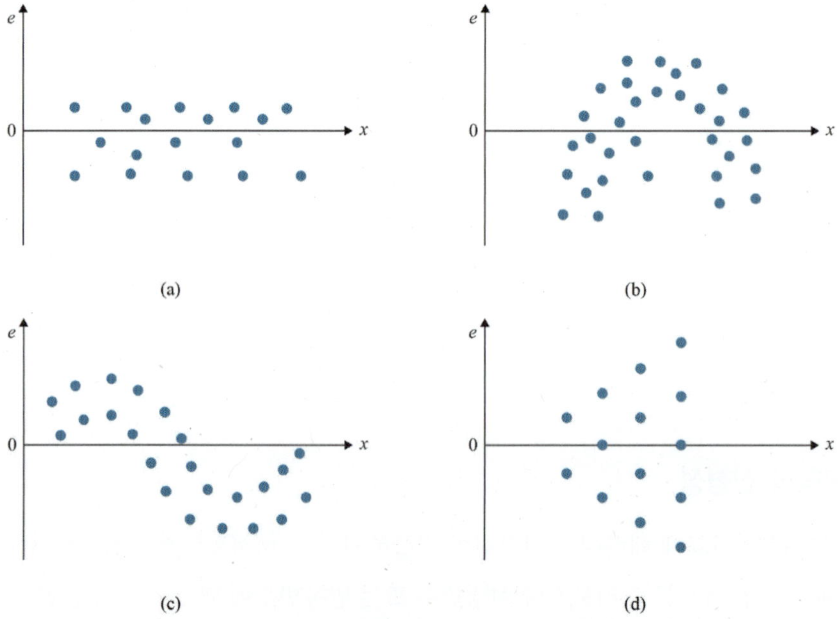

[그림 11.7] 설명변수에 대한 잔차산점도

(2) 오차항의 등분산성

선형 회귀모형이 타당하고 오차항의 등분산성이 성립된다면 설명변수 x 또는 반응변수의 적합값 $\hat{Y}$에 대한 잔차산점도는 0을 중심으로 랜덤하게 나타나고, 설명변수 또는 반응변수의 변화에 대하여 어떠한 경향도 나타나지 않아야 한다. [그림 11.7]의 잔차산점도에서 (a)와 같이 잔차값이 0을 중심으로 랜덤하게 나타나면 등분산의 가정은 모순이 없는 것으로 판단한다. 그러나 잔차값들이 (d)와 같이 나타날 경우에는 오차항의 분산이 설명변수의 값이 증가함에 따라 커지고 있다는 것을 나타내므로 오차항의 등분산성 가정이 위배된다고 할 수 있다.

(3) 오차항의 독립성

서로 다른 두 오차 ϵ_i, ϵ_j가 서로 독립인지에 대한 검토도 설명변수를 x 축으로, 잔차를 y 축으로 한 잔차산점도를 이용한다. 오차가 서로 독립일 경우 잔차값들은 0을 중심으로 랜덤하게 나타나게 되며, 서로 독립이 아닐 경우는 주로 설명변수가 시간을 나타내거나 관측값이 관측 순서에 영향을 받는 경우에서 발생하게 된다. 오차항이 서로 독립이 아니면서 상관관계를 가질 때 '오차들 간에는 자기상관(autocorrelation)이 존재한다'고 한다. 자기상관이 존재하는지의 여부는 더빈-왓슨(Durbin-Waston)의 검정통계량

$$D = \frac{\sum_{i=2}^{n}(e_i - e_{i-1})^2}{\sum_{i=1}^{n} e_i^2}$$

을 이용하면 된다. 이때 D의 값이 0에 가까우면 높은 양의 자기상관이, 4에 가까우면 높은 음의 자기상관이 존재한다고 판정한다. 그리고 D의 값이 2에 가까우면 자기상관이 존재하지 않는다고 판정한다.

(4) 오차항의 정규성

회귀분석의 추정과 검정에서 이용되는 t 분포, F 분포는 모두 정규분포로부터 정의되어지기 때문에 오차항 ϵ_i의 확률분포가 정규분포로부터 많이 벗어날 경우에는 분석 결과에 중대한 영향을 미친다. 오차항이 정규분포를 따르는지는 잔차에 대한 산점도, 히스토그램, 상자그림, 정규 Q-Q 그림(normal Q-Q plot) 등을 이용하여 검토할 수 있다. 즉, 산점도 또는 히스토그램에서 잔차값들이 정규분포와 비슷한 형태를 이루고 있을 경우나 상자그림에서 특이값들이 나타나지 않고 대칭성에서 크게 벗어나지 않는다면 정규성은 만족된다고 판단하면 된다.[8] 그리고 잔차들에 대한 정규 Q-Q 그

8) 특이값(outlier)이란 설명변수의 값 x에서의 실제 관측된 값 y가 기대값 $\beta_0 + \beta_1 x$로부터 많이 벗어나 있는 값

림을 그렸을 때 잔차값들이 45° 기울기의 직선으로부터 크게 벗어나지 않는다면 정규성은 만족된다고 판단하면 된다.

R 실습 11.8 화학 오염물질에 대한 특정 물고기의 민감성을 알아보기 위해 오염물질의 양에 대한 생존시간을 측정한 결과 다음과 같은 자료를 얻었다. 오염물질의 양을 설명변수로, 생존시간을 반응변수로 하는 단순선형 회귀모형의 적용이 가능한지를 판단하고자 한다. R 프로그램을 이용하여 잔차분석을 시행하여라.

오염물질의 양	생존시간	오염물질의 양	생존시간	오염물질의 양	생존시간
4.0	3.55	4.4	3.09	4.8	2.68
4.0	3.52	4.4	3.05	4.8	2.74
4.0	3.44	4.4	3.17	4.8	2.62
4.2	3.29	4.6	2.98	5.0	2.43
4.2	3.22	4.6	2.91	5.0	2.57
4.2	3.32	4.6	2.83	5.0	2.51

[R코드 11.8] 잔차분석

```
# 자료 입력 및 단순선형 회귀분석
pollution=c(rep(4.0,3),rep(4.2,3),rep(4.4,3),rep(4.6,3),rep(4.8,3),rep(5.0,3))
survival.time=c(3.55, 3.52, 3.44, 3.29, 3.22, 3.32, 3.09, 3.05, 3.17, 2.98,
                2.91, 2.83, 2.68, 2.74, 2.62, 2.43, 2.57, 2.51)
fitted.model=lm(survival.time~pollution)

# 잔차분석
par(mfrow=c(2,2)) # 한 페이지에 여러 개의 그림을 동시에 그리는 함수
# 1. 산점도
plot(pollution, survival.time, main="오염물질의 양과 생존시간의 산점도")
    abline(fitted.model)
# 2. 설명변수에 대한 잔차산점도
  e=residuals(fitted.model) # 회귀분석 결과에서 잔차를 출력하는 함수
plot(pollution, e, main="설명변수에 대한 잔차산점도: e 사용")
  r=rstudent(fitted.model) # 회귀분석 결과에서 외표준화잔차를 출력하는 함수
plot(pollution, r, main="설명변수에 대한 잔차산점도: r 사용")
# 3. 정규 Q-Q 그림
qqnorm(e) # 정규 Q-Q 그림을 그리는 함수
  qqline(e) # 정규 Q-Q 그림에서 직선을 그리는 함수
```

을 말한다. 잔차분석에서 표준화잔차의 절대값이 2보다 클 경우에는 특이값으로 간주할 수 있다.

실행 결과 잔차분석

```
> # 잔차분석
> par(mfrow=c(2,2)) # 한 페이지에 여러 개의 그림을 동시에 그리는 함수
> # 1. 산점도
> plot(pollution, survival.time, main="오염물질의 양과 생존시간의 산점도")
>  abline(fitted.model)
> # 2. 설명변수에 대한 잔차산점도
>  e=residuals(fitted.model) # 회귀분석 결과에서 잔차를 출력하는 함수
> plot(pollution, e, main="설명변수에 대한 잔차산점도: e 사용")
>  r=rstudent(fitted.model) # 회귀분석 결과에서 외표준화잔차를 출력하는 함수
> plot(pollution, r, main="설명변수에 대한 잔차산점도: r 사용")
> # 3. 정규 Q-Q 그림
> qqnorm(e) # 정규 Q-Q 그림을 그리는 함수
> qqline(e) # 정규 Q-Q 그림에서 직선을 그리는 함수
```

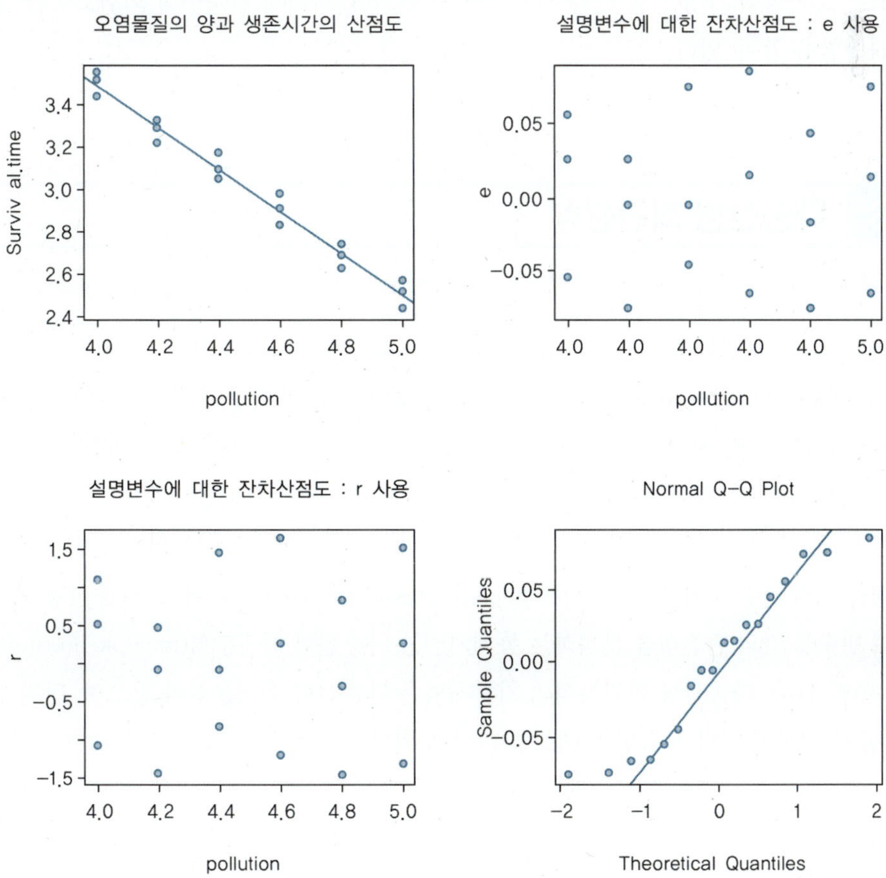

- par(mfrow=c(a,b)) 함수는 한 페이지에 여러 개의 그림을 동시에 그리고자 할 경우에 사용된다. 여기서 매개변수 mfrow는 행과 열을 어떻게 나눌 것인지를 지정하는 것으로 a는 행의 개수를, b는 열의 개수를 나타낸다. 예를 들어, c(2,2)는 두 개의 행에 두 개의 열 형태로 총 4개의 그림을 한 페이지에 그리라는 것을 의미한다.
- 산점도는 plot( ) 함수를 이용하여 그릴 수 있고, abline( ) 함수를 이용하여 추정된 회귀선을 추가할 수 있다.
- 잔차는 회귀분석의 결과가 저장되어 있는 fitted.model로부터 residuals( ) 함수를 이용하여 출력할 수 있으며, 외표준화잔차는 rstudent( ) 함수를 이용하여 출력할 수 있다. 또한 이러한 잔차의 잔차산점도는 plot( ) 함수를 이용하여 그릴 수 있다.
- 오차항의 정규성 검정에 사용되는 정규 Q-Q 그림은 qqnorm( ) 함수와 qqline( ) 함수를 이용하여 그릴 수 있다.
- [R코드 11.8]의 실행 결과는 산점도, 잔차산점도, 정규 Q-Q 그림을 각각 제공하고 있다. 이로부터 이 자료는 오차항의 가정을 잘 만족한다고 할 수 있으며, 따라서 단순선형 회귀모형을 적용한 분석이 타당함을 알 수 있다.

11.3 다중선형 회귀분석

지금까지는 설명변수가 하나인 단순선형 회귀분석에 대해서 공부하였다. 그러나 자연 또는 사회 현상을 설명하는데 있어서 반응변수의 변화는 한 개보다는 두 개 이상의 설명변수에 의하여 설명되는 경우가 대부분이다. 예를 들어, 어떤 공정에서 나오는 제품의 강도는 그 공정의 온도와 압력에 의해서 설명될 수 있을 것이며, 농작물의 수확량은 비료의 사용량, 강우량, 기온 등에 의해서 설명될 수 있을 것이다. 이처럼 반응변수의 변화를 설명하기 위하여 두 개 이상의 설명변수가 사용되는 회귀모형을 다중선형 회귀모형(multiple linear regression model)이라 하고, 다중선형 회귀모형을 이용하여 변수들 간의 관련성을 분석하는 통계기법을 다중선형 회귀분석(multiple linear regression analysis)이라 한다. 다중선형 회귀분석의 기본개념은 단순선형 회귀분석과 같으며, 단지 설명변수의 수가 많기 때문에 보다 복잡한 형태로 나타나게 된다.

11.3.1 다중선형 회귀모형

설명변수(explanatory variable)가 여러 개($p \geq 2$)면서 반응변수와의 관계를 선형으로 가정하는 다중선형 회귀모형(multiple linear regression model)은

$$Y = \beta_0 + \beta_1 x_1 + \cdots + \beta_p x_p + \epsilon$$

와 같은 형태로 표현된다. 여기서 β_0, β_1, $\cdots$, β_p는 회귀계수(regression coefficient)라 하며, 오차항 ϵ은 반응변수 Y를 측정할 때 발생되는 오차를 나타낸다.

이제 서로 독립인 n개의 표본 개체에 대하여 다중선형 회귀모형은

$$Y_i = \beta_0 + \beta_1 x_{i1} + \cdots + \beta_p x_{ip} + \epsilon_i, \; i = 1, 2, \cdots, n$$

로 표현할 수 있으며, 오차 ϵ_i는 단순선형 회귀모형에서와 마찬가지로 정규분포 $N(0, \sigma^2)$을 따르며, 서로 독립적으로 발생된다고 가정한다. 이러한 회귀모형은 행렬과 벡터를 사용하여

$$\begin{bmatrix} Y_1 \\ Y_2 \\ \vdots \\ Y_i \\ \vdots \\ Y_n \end{bmatrix} = \begin{bmatrix} 1 & x_{11} & x_{12} & \cdots & x_{1j} & \cdots & x_{1p} \\ 1 & x_{21} & x_{22} & \cdots & x_{2j} & \cdots & x_{2p} \\ \vdots & \vdots & \vdots & \ddots & \vdots & \ddots & \vdots \\ 1 & x_{i1} & x_{i2} & \cdots & x_{ij} & \cdots & x_{ip} \\ \vdots & \vdots & \vdots & \ddots & \vdots & \ddots & \vdots \\ 1 & x_{n1} & x_{n2} & \cdots & x_{nj} & \cdots & x_{np} \end{bmatrix} \begin{bmatrix} \beta_0 \\ \beta_1 \\ \beta_2 \\ \vdots \\ \beta_j \\ \vdots \\ \beta_p \end{bmatrix} + \begin{bmatrix} \epsilon_1 \\ \epsilon_2 \\ \vdots \\ \epsilon_i \\ \vdots \\ \epsilon_n \end{bmatrix} \Leftrightarrow \boldsymbol{Y} = \boldsymbol{X\beta} + \boldsymbol{\epsilon}$$

으로 나타낼 수 있다. 여기서 $\boldsymbol{Y}$와 $\boldsymbol{\epsilon}$은 $n \times 1$벡터이고, $\boldsymbol{\beta}$는 $(p+1) \times 1$벡터, $\boldsymbol{X}$는 $n \times (p+1)$ 행렬이다.

11.3.2 다중선형 회귀모형의 추정과 적합성 판단

(1) 회귀계수의 추정

설명변수가 p개인 다중선형 회귀모형의 경우 $(p+1)$개의 회귀계수를 포함하게 되며, 이러한 회귀계수들의 최소제곱추정량 $\hat{\boldsymbol{\beta}} = \left(\hat{\beta}_0, \hat{\beta}_1, \cdots, \hat{\beta}_p\right)^T$은 오차제곱합

$$S(\boldsymbol{\beta}) = \sum_{i=1}^{n} \epsilon_i^2 = \sum_{i=1}^{n} \left(Y_i - \beta_0 - \beta_1 x_{i1} - \cdots - \beta_p x_{ip}\right)^2$$

을 최소화하는 값으로 구해진다. 회귀계수의 최소제곱추정량을 구하기 위해 오차제곱합을 각각의 회귀계수에 대하여 편미분하여 얻은 식을 0으로 놓으면

$$\frac{\partial}{\partial \beta_0} S(\boldsymbol{\beta}) = -2\sum_{i=1}^{n}(Y_i - \beta_0 - \beta_1 x_{i1} - \cdots - \beta_p x_{ip}) = 0$$

$$\frac{\partial}{\partial \beta_j} S(\boldsymbol{\beta}) = -2\sum_{i=1}^{n}(Y_i - \beta_0 - \beta_1 x_{i1} - \cdots - \beta_p x_{ip})x_{ij} = 0, \ j = 1, 2, \cdots, p$$

와 같이 $(p+1)$ 개의 연립방정식으로 이루어진 정규방정식을 구할 수 있다. 정규방정식을 만족하는 값을 $\hat{\boldsymbol{\beta}}$ 으로 두고 이를 정리하면

$$\begin{bmatrix} n & \sum x_{i1} & \sum x_{i2} & \cdots & \sum x_{ip} \\ \sum x_{i1} & \sum x_{i1}^2 & \sum x_{i1}x_{i2} & \cdots & \sum x_{i1}x_{ip} \\ \vdots & \vdots & \vdots & \ddots & \vdots \\ \sum x_{ip} & \sum x_{ip}x_{i1} & \sum x_{ip}x_{i2} & \cdots & \sum x_{ip}^2 \end{bmatrix} \begin{bmatrix} \hat{\beta}_0 \\ \hat{\beta}_1 \\ \hat{\beta}_2 \\ \vdots \\ \hat{\beta}_p \end{bmatrix} = \begin{bmatrix} \sum Y_i \\ \sum x_{i1} Y_i \\ \vdots \\ \sum x_{ip} Y_i \end{bmatrix} \Leftrightarrow (\boldsymbol{X}^T\boldsymbol{X})\,\hat{\boldsymbol{\beta}} = \boldsymbol{X}^T\boldsymbol{Y}$$

와 같으며, 이때 $(\boldsymbol{X}^T\boldsymbol{X})$ 의 역행렬이 존재할 경우 회귀계수의 최소제곱추정량은

$$\hat{\boldsymbol{\beta}} = (\boldsymbol{X}^T\boldsymbol{X})^{-1}\boldsymbol{X}^T\boldsymbol{Y}$$

와 같이 구할 수 있다.

[최소제곱추정량]

다중선형 회귀모형 $\boldsymbol{Y} = \boldsymbol{X\beta} + \boldsymbol{\epsilon}$, $\epsilon_i \sim iid\ N(0, \sigma^2)$ $(i = 1, 2, \cdots, n)$에서 회귀계수벡터 $\boldsymbol{\beta} = (\beta_0, \beta_1, \cdots, \beta_p)^T$의 최소제곱추정량은

$$\hat{\boldsymbol{\beta}} = (\boldsymbol{X}^T\boldsymbol{X})^{-1}\boldsymbol{X}^T\boldsymbol{Y} \quad (\text{단, } (\boldsymbol{X}^T\boldsymbol{X}) \text{의 역행렬이 존재할 경우})$$

이고, 이때의 회귀직선은

$$\hat{Y} = \hat{E}(Y|\boldsymbol{x}) = \hat{\beta}_0 + \hat{\beta}_1 x_1 + \cdots + \hat{\beta}_p x_p = \boldsymbol{x}^T\hat{\boldsymbol{\beta}}$$

와 같이 추정된다. 여기서 $\boldsymbol{x} = (1, x_1, \cdots, x_p)^T$ 이다.

또한 단순선형 회귀모형에서와 마찬가지로 다중선형 회귀모형에서의 오차항의 분산 σ^2 은 오차제곱합 $SSE = \sum_{i=1}^{n}(Y_i - \hat{\beta}_0 - \hat{\beta}_1 x_{i1} - \cdots - \hat{\beta}_p x_{ip})^2$ 을 그 자유도 $n-(p+1)$으로 나눈 평균오차제곱합(MSE)을 이용하여

$$\hat{\sigma}^2 = MSE = \frac{SSE}{n-(p+1)} = \frac{\sum_{i=1}^{n}\left(Y_i - \hat{\beta}_0 - \hat{\beta}_1 x_{i1} - \cdots - \hat{\beta}_p x_{ip}\right)^2}{n-(p+1)}$$

와 같이 추정할 수 있다.

[오차항의 분산 σ^2의 추정량]

다중선형 회귀모형 $\boldsymbol{Y} = \boldsymbol{X}\boldsymbol{\beta} + \boldsymbol{\epsilon}$, $\epsilon_i \sim iid\ N(0, \sigma^2)$ $(i = 1, 2, \cdots, n)$에서 오차항의 분산 σ^2의 추정량은

$$\hat{\sigma}^2 = MSE = \frac{SSE}{n-(p+1)} = \frac{\sum_{i=1}^{n}\left(Y_i - \hat{\beta}_0 - \hat{\beta}_1 x_{i1} - \cdots - \hat{\beta}_p x_{ip}\right)^2}{n-(p+1)}$$

이다.

(2) 추정량의 성질

회귀계수의 최소제곱추정량 $\hat{\boldsymbol{\beta}} = (\boldsymbol{X}^T\boldsymbol{X})^{-1}\boldsymbol{X}^T\boldsymbol{Y}$ 의 기댓값은

$$\begin{aligned} E(\hat{\boldsymbol{\beta}}) &= \left(E(\hat{\beta}_0), E(\hat{\beta}_1), \cdots, E(\hat{\beta}_p)\right)^T \\ &= E\left((\boldsymbol{X}^T\boldsymbol{X})^{-1}\boldsymbol{X}^T\boldsymbol{Y}\right) = E\left((\boldsymbol{X}^T\boldsymbol{X})^{-1}\boldsymbol{X}^T[\boldsymbol{X}\boldsymbol{\beta} + \boldsymbol{\epsilon}]\right) \\ &= (\boldsymbol{X}^T\boldsymbol{X})^{-1}\boldsymbol{X}^T\boldsymbol{X}\boldsymbol{\beta} + (\boldsymbol{X}^T\boldsymbol{X})^{-1}\boldsymbol{X}^T E(\boldsymbol{\epsilon}) \\ &= \boldsymbol{\beta} + (\boldsymbol{X}^T\boldsymbol{X})^{-1}\boldsymbol{X}^T(0, 0, \cdots, 0)^T = \boldsymbol{\beta} \end{aligned}$$

이므로 불편추정량임을 알 수 있다. 또한 $\hat{\boldsymbol{\beta}}$ 의 공분산행렬(covariance matrix)은[9)]

$$Cov(\hat{\boldsymbol{\beta}}) = \begin{bmatrix} Var(\hat{\beta}_0) & Cov(\hat{\beta}_0, \hat{\beta}_1) & \cdots & Cov(\hat{\beta}_0, \hat{\beta}_p) \\ Cov(\hat{\beta}_1, \hat{\beta}_0) & Var(\hat{\beta}_1) & \cdots & Cov(\hat{\beta}_1, \hat{\beta}_p) \\ \vdots & \vdots & \ddots & \vdots \\ Cov(\hat{\beta}_p, \hat{\beta}_0) & Cov(\hat{\beta}_p, \hat{\beta}_1) & \cdots & Var(\hat{\beta}_p) \end{bmatrix} = \sigma^2(\boldsymbol{X}^T\boldsymbol{X})^{-1}$$

와 같이 구해진다. $\hat{\boldsymbol{\beta}} = (\boldsymbol{X}^T\boldsymbol{X})^{-1}\boldsymbol{X}^T\boldsymbol{Y}$ 에서 $\boldsymbol{H} = (\boldsymbol{X}^T\boldsymbol{X})^{-1}\boldsymbol{X}^T$ 로 두면 회귀계수의 최소제곱추정량은 정규확률변수 Y_i 들의 선형결합 형태인 $\hat{\boldsymbol{\beta}} = \boldsymbol{H}\boldsymbol{Y}$ 로 표현되므로 각각의 추정량 $\hat{\beta}_j$ 는 정규분포를 따르게 된다. 회귀계수의 최소제곱추정량 $\hat{\beta}_j$ $(j = 0, 1, 2, \cdots, p)$과 오차항의 분산의 추정량 $\hat{\sigma}^2$의 확률분포는 [정리 11.8]과 같다.

9) 공분산행렬의 계산과정은 이 책의 범위를 벗어나므로 생략하기로 한다.

정리 11.8 회귀계수와 오차항의 분산에 대한 추정량의 확률분포

다중선형 회귀모형 $\boldsymbol{Y} = \boldsymbol{X}\beta + \epsilon$, $\epsilon_i \sim iid\, N(0, \sigma^2)$ $(i = 1, 2, \cdots, n)$에서 회귀계수의 최소제곱추정량과 오차항의 분산에 대한 추정량의 확률분포는 다음과 같다.

① $\hat{\beta}_j \sim N(\beta_j, \sigma^2 c_{jj})$ $(j = 0, 1, 2, \cdots, p)$이다.

여기서 c_{jj}는 j번째 회귀계수에 해당하는 $(\boldsymbol{X}^T\boldsymbol{X})^{-1}$ 의 주대각선의 원소이다.

즉, c_{jj}는 $(\boldsymbol{X}^T\boldsymbol{X})^{-1}$ 의 $(j+1)$번째 주대각선의 원소를 나타낸다.

② $\dfrac{(n-(p+1))\widehat{\sigma^2}}{\sigma^2} = \dfrac{SSE}{\sigma^2} \sim \chi^2(n-(p+1))$이다.

(3) 회귀모형의 적합성 판단

다중선형 회귀분석에서 추정된 회귀식이 주어진 자료에 얼마나 잘 적합하고 있는 지의 측정은 단순선형 회귀분석의 경우와 마찬가지로 결정계수 R^2 을 이용할 수 있다. 관측값 Y_i가 추정된 회귀식의 값 $\widehat{Y}_i$과 일치한다면 $SSE = 0$이 되어 $R^2 = 1$이 된다. 그러나 실제로 $R^2 = 1$이 되는 경우는 거의 없다. 따라서 R^2 이 1에 가까우면 추정된 회귀식이 주어진 자료에 잘 적합하고 있다고 보면 된다. 하지만 다중선형 회귀분석에서는 R^2의 값이 크다고 해서 단순선형 회귀분석의 경우와 같이 가정된 회귀모형이 잘 적합하고 있다고 해석하면 안된다. 왜냐하면, 다중선형 회귀분석에서는 설명변수를 추가할 때마다 그 추가된 변수가 실제로 반응변수 Y에 커다란 영향을 주지 않더라도 결정계수 R^2의 값을 조금이라도 커지도록 만들기 때문이다. 따라서 다중선형 회귀분석에서 많은 변수들을 모형에 추가시켜 무조건 R^2을 크게 만들었다고 해서 그 모형이 바람직한 모형이라고 할 수는 없는 것이다. 이러한 경우에는 모형에 새롭게 추가된 설명변수가 반응변수를 예측하는데 있어 기여를 하는 경우에만 결정계수의 값이 증가하도록 하는 수정된 결정계수(adjusted R^2)를 이용한다든지 또는 각 회귀계수에 대한 부분 $t-$검정을 통해 특정한 독립변수를 포함할 것인지의 여부를 판단하여야 한다.

[수정된 결정계수]

$$R^2_{adj} = 1 - \frac{n-1}{n-(p+1)} \frac{SSE}{SST}$$

수정된 결정계수 R^2_{adj} 은 모형 속에 포함되는 설명변수의 수가 증가한다고 해서 반드시 그 값이 증가하는 것은 아니다. 수정된 결정계수의 값이 증가되기 위해서는 SSE 가 감소되어야 한다. 새로운 설명변수를 모형에 추가해도 SSE 가 감소되지 않는다면 수정된 결정계수의 값은 증가하지 않게 된다. 따라서 변수를 모형 속에 하나씩 추가함에도 불구하고 수정된 결정계수 R^2_{adj} 의 값이 오히려 감소하면 그 변수는 모형 속에 포함시키지 않는 것이 바람직하다.

11.3.3 다중선형 회귀모형에서의 통계적 추론

이제 단순선형 회귀모형에서와 마찬가지로 분산분석을 이용한 다중선형 회귀모형의 유의성 검정에 대하여 먼저 알아보고, 나아가 회귀계수 및 반응변수의 조건부 기댓값 등에 대한 통계적 추론에 대하여 살펴보기로 하자.

(1) 회귀모형의 유의성 검정

다중선형 회귀모형이 의미가 있는가를 검정하는 유의성 검정의 통계적 가설은

$$H_0 : Y = \beta_0 + \epsilon, \qquad H_1 : Y = \beta_0 + \beta_1 x + \cdots + \beta_p x_p + \epsilon$$

$$\text{또는 } H_0 : \beta_1 = \beta_2 = \cdots = \beta_p = 0, \quad H_1 : \text{적어도 하나의 } j\text{에 대하여 } \beta_j \neq 0$$

와 같이 설정할 수 있다. 다중선형 회귀분석에서의 유의성 검정도 단순선형 회귀분석에서와 마찬가지로 분산분석을 통해 쉽게 검정할 수 있으며, 이때의 분산분석표는 [표 11.5]와 같다.

[표 11.5] 단순선형 회귀분석에서의 분산분석표

요인	제곱합	자유도	평균제곱	F_0
회귀	SSR	p	$MSR = \dfrac{SSR}{p}$	$F_0 = \dfrac{MSR}{MSE}$
오차	SSE	$n-(p+1)$	$MSE = \dfrac{SSE}{n-(p+1)}$	
전체	SST	$n-1$		

총제곱합 SST와 오차제곱합 SSE를 행렬을 이용하여 표현하면

$$SST = \sum_{i=1}^{n}(Y_i - \overline{Y})^2 = \sum_{i=1}^{n} Y_i^2 - n(\overline{Y})^2 = \boldsymbol{Y}^T\boldsymbol{Y} - n(\overline{Y})^2$$

$$SSE = \sum_{i=1}^{n}(Y_i - \hat{Y}_i)^2 = (\boldsymbol{Y} - \hat{\boldsymbol{Y}})^T(\boldsymbol{Y} - \hat{\boldsymbol{Y}}) = (\boldsymbol{Y} - \boldsymbol{X}\hat{\beta})^T(\boldsymbol{Y} - \boldsymbol{X}\hat{\beta})$$

$$= \boldsymbol{Y}^T\boldsymbol{Y} - \boldsymbol{Y}^T\boldsymbol{X}\hat{\beta} - \hat{\beta}^T\boldsymbol{X}^T\boldsymbol{Y} + \hat{\beta}^T\boldsymbol{X}^T\boldsymbol{X}\hat{\beta} = \boldsymbol{Y}^T\boldsymbol{Y} - \hat{\beta}^T\boldsymbol{X}^T\boldsymbol{Y}$$

와 같이 표현되고, 회귀제곱합 SSR은 관계식 $SSR = SST - SSE$ 로부터

$$SSR = \hat{\boldsymbol{\beta}}^T \boldsymbol{X}^T \boldsymbol{Y} - n(\overline{Y})^2$$

와 같이 구할 수 있다.

분산분석표를 이용하여 다중선형 회귀모형의 유의성을 통계적으로 검정하기 위해서는 통계량 F_0의 확률분포를 알아야 한다. 먼저 [정리 11.8]로부터 오차제곱합에 관한 확률변량 SSE/σ^2 은 자유도가 $n-(p+1)$ 인 카이제곱분포를 따르는 것을 알 수 있으며, 이와는 서로 독립인 확률변량 SSR/σ^2 의 확률분포는 귀무가설 $H_0 : \beta_1 = \beta_2 = \cdots = \beta_p = 0$이 참일 때

$$\frac{SSR}{\sigma^2} \sim \chi^2(p)$$

임이 알려져 있다. 따라서 제9장의 [정의 9.1]에 의해 분산분석표의 검정통계량 F_0의 확률분포를 귀무가설이 참인 가정 하에서

$$F_0 = \frac{\frac{SSR}{\sigma^2}/p}{\frac{SSE}{\sigma^2}/(n-(p+1))} = \frac{MSR}{MSE} \sim F(p, n-(p+1))$$

와 같이 구할 수 있다.

정리 11.9 검정통계량 F_0의 분포

다중선형 회귀모형 $\boldsymbol{Y} = \boldsymbol{X\beta} + \boldsymbol{\epsilon}$, $\epsilon_i \sim iid\ N(0, \sigma^2)$ $(i = 1, 2, \cdots, n)$에서 귀무가설 $H_0 : \beta_1 = \beta_2 = \cdots = \beta_p = 0$이 참이면

$$F_0 = \frac{MSR}{MSE} \sim F(p, n-(p+1))$$

이 성립한다.

단순선형 회귀모형에서와 마찬가지로 F_0의 값이 크다는 것은 회귀제곱합 SSR이 오차제곱합 SSE에 비해 상대적으로 크다는 것을 의미하므로 모형이 유의하다는 것을 나타낸다. 따라서, 유의수준 α에서 검정통계량 F_0의 관측값 f_0^*가 $f_0^* \geq F_\alpha(p, n-(p+1))$이거나 $P(F_0 \geq f_0^*) < \alpha$이면 귀무가설 H_0를 기각하고, 그렇지 않으면 H_0를 채택하게 된다.

[다중선형 회귀모형의 유의성에 대한 가설검정]

다중선형 회귀모형 $\boldsymbol{Y} = \boldsymbol{X\beta} + \boldsymbol{\epsilon}$, $\epsilon_i \sim iid\ N(0, \sigma^2)$ $(i = 1, 2, \cdots, n)$의 유의성 검정을 위한 가설

$$H_0 : \beta_1 = \beta_2 = \cdots = \beta_p = 0,\ H_1 : \text{적어도 하나의 } j\text{에 대하여 } \beta_j \neq 0$$

에 대하여 검정통계량 $F_0 = \dfrac{MSR}{MSE}$ 를 이용한 기각역과 p-값은 다음과 같다.

- 유의수준 α에서의 기각역 : $f_0 \geq F_\alpha(p, n-(p+1))$
- 검정통계량 F_0의 관측값 f_0^* 에 대한 p-값 : $p-$값 $= P(F_0 \geq f_0^*)$
- 유의수준 α에서의 검정방법 : 표본으로부터 계산된 검정통계량의 관측값 f_0^*가

$$f_0^* \geq F_\alpha(p, n-(p+1)) \text{ 또는 } p\text{–값} = P(F_0 \geq f_0^*) < \alpha \text{ 이면 } H_0\text{를 기각}$$

$$f_0^* < F_\alpha(p, n-(p+1)) \text{ 또는 } p\text{–값} = P(F_0 \geq f_0^*) \geq \alpha \text{ 이면 } H_0\text{를 채택}$$

예제 11.8 어느 화장품의 기호도(Y)와 수분의 함유량 (X_1), 향료의 함유량 (X_2)의 관계를 분석하기 위하여 6명의 소비자를 랜덤으로 추출하여 다음과 같은 자료를 얻었다. 다음 물음에 답하여라.

	1	2	3	4	5	6
X_1	4	4	6	6	8	8
X_2	2	6	2	6	2	6
Y	64	81	72	91	83	96

(1) 주어진 자료에 적합한 다중선형 회귀식을 추정하여라.

(2) 추정된 회귀식에 대한 결정계수를 구하고 회귀모형의 적합성을 판단하여라.

(3) 다중선형 회귀모형의 유의성 여부를 유의수준 $\alpha = 0.05$ 로 검정하여라.

풀이 (1) 주어진 자료를 설명변수가 2개인 다중선형 회귀모형 $Y_i = \beta_0 + \beta_1 x_{i1} + \beta_2 x_{i2} + \epsilon_i$에 적합시켰을 때 행렬 $\boldsymbol{X}$와 반응변수 벡터 $\boldsymbol{Y}$는 각각

$$\boldsymbol{X} = \begin{bmatrix} 1 & 4 & 2 \\ 1 & 4 & 6 \\ 1 & 6 & 2 \\ 1 & 6 & 6 \\ 1 & 8 & 2 \\ 1 & 8 & 6 \end{bmatrix}, \quad \boldsymbol{Y} = \begin{bmatrix} 64 \\ 81 \\ 72 \\ 91 \\ 83 \\ 96 \end{bmatrix}$$

이고, 이들을 이용하여 회귀계수를 추정하면

$$\hat{\beta} = (\boldsymbol{X}^T\boldsymbol{X})^{-1}\boldsymbol{X}^T\boldsymbol{Y} = \begin{bmatrix} 39.333 \\ 4.250 \\ 4.083 \end{bmatrix}$$

가 된다. 여기서 $\hat{\beta}_0 = 39.333$, $\hat{\beta}_1 = 4.250$, $\hat{\beta}_2 = 4.083$이므로 회귀식은

$\hat{y} = 39.333 + 4.250\,x_1 + 4.083\,x_2$와 같이 추정된다.

(2) 결정계수 R^2을 계산하면 $R^2 = \dfrac{SSR}{SST} = \dfrac{689.1667}{698.833} = 0.9861$로 매우 높은 값으로 구해진다. 즉, 추정된 회귀식은 전체 변동량의 대부분인 약 98.6%를 설명하고 있다고 할 수 있다. 수정된 결정계수의 값 또한 $R^2_{adj} = 1 - \dfrac{n-1}{n-(p+1)}\dfrac{SSE}{SST} = 1 - \dfrac{5}{3}\dfrac{9.666}{698.833} = 0.9769$으로 높은 값을 나타내고 있다.

(3) 추정된 회귀식의 유의성 여부를 검정하기 위한 가설은

$$H_0 : \beta_1 = \beta_2 = 0,\ \ H_1 : \text{적어도 } \beta_1,\ \beta_2 \text{ 둘 중 어느 하나는 0이 아니다.}$$

와 같으며, 이를 검정하기 위한 분산분석표는

요인	제곱합	자유도	평균제곱	F_0	$P-$값
회귀	689.1667	2	344.5833	106.9397	0.0016
오차	9.6666	3	3.2222		
계	698.833	5			

와 같이 구해진다. 분산분석표로부터 검정통계량 F_0의 값은 106.9397이고, 이때의 p-값은 0.0016으로 유의수준 $\alpha = 0.05$ 보다 작기 때문에 귀무가설 H_0는 기각된다. 즉, "추정된 회귀식은 유의하다"고 할 수 있다. ■

R 실습 11.9 [예제 11.8]의 회귀식을 추정하고 회귀모형에 대한 결정계수와 유의성 검정의 결과를 구하여라.

[R코드 11.9] 다중선형 회귀모형의 추정 및 유의성 검정(분산분석표)

```
# 자료 입력 및 다중선형 회귀분석
x1=c(4, 4, 6, 6, 8, 8); x2=c(2, 6, 2, 6, 2, 6)
y=c(64, 81, 72, 91, 83, 96)
fitted.model=lm(y~x1+x2)
summary(fitted.model)

# 분산분석표
reduced.model=lm(y~1); full.model=lm(y~x1+x2)
anova(reduced.model, full.model)
```

실행 결과 다중선형 회귀분석

```
> # 자료 입력 및 다중선형 회귀분석
> x1=c(4, 4, 6, 6, 8, 8); x2=c(2, 6, 2, 6, 2, 6)
> y=c(64, 81, 72, 91, 83, 96)
> fitted.model=lm(y~x1+x2)
> summary(fitted.model)

Residuals:
      1        2        3        4        5        6
-0.5000  0.1667  -1.0000  1.6667  1.5000  -1.8333

Coefficients:
            Estimate Std. Error t value Pr(>|t|)
(Intercept)  39.3333    3.1520   12.48  0.00111 **
x1            4.2500    0.4488    9.47  0.00250 **
x2            4.0833    0.3664   11.14  0.00155 **
------
Signif. codes: 0 '***' 0.001 '**' 0.01 '*' 0.05 '.' 0.1 ' ' 1

Residual standard error: 1.795 on 3 degrees of freedom
Multiple R-squared: 0.9862,     Adjusted R-squared: 0.9769
F-statistic: 106.9 on 2 and 3 DF, p-value: 0.001627
```

실행 결과 분산분석표

```
> # 분산분석표
> reduced.model=lm(y~1); full.model=lm(y~x1+x2)
> anova(reduced.model, full.model)
Analysis of Variance Table

Model 1: y ~ 1
Model 2: y ~ x1 + x2
  Res.Df    RSS  Df Sum of Sq      F   Pr(>F)
1      5 698.83
2      3   9.67   2    689.17 106.94 0.001627 **
------
Signif. codes: 0 '***' 0.001 '**' 0.01 '*' 0.05 '.' 0.1 ' ' 1
```

- lm( ) 함수를 이용하여 다중선형 회귀분석의 결과를 fitted.model이라는 변수명에 저장하고 이를 summary( ) 함수를 이용하여 출력하면 [R코드 11.9]의 실행 결과를 얻을 수 있으며, 이로부터 회귀분석과 분산분석의 결과가 [예제 11.9]의 결과와 동일함을 알 수 있다.

(2) 회귀모형에 대한 추론

다중선형 회귀모형에서 어떤 특정한 설명변수 x_j를 포함시키거나 또는 제외시키는 것은 회귀분석의 결과에 중대한 영향을 미치므로 신중히 결정해야만 한다. 다중선형 회귀분석에서 개별 회귀계수 β_j에 대한 검정을 위해 [정리 11.8]의 결과를 이용하면 서로 독립인 두 확률변량의 분포가

$$\frac{\hat{\beta}_j - \beta_j}{\sqrt{\sigma^2 c_{jj}}} \sim N(0,1), \quad \frac{SSE}{\sigma^2} \sim \chi^2(n-(p+1))$$

임을 알 수 있고, 6장의 [정의 6.5]로부터 확률변량 T의 분포를

$$T = \frac{\dfrac{\hat{\beta}_j - \beta_j}{\sqrt{\sigma^2 c_{jj}}}}{\sqrt{\dfrac{SSE}{\sigma^2}/(n-(p+1))}} = \frac{\hat{\beta}_j - \beta_j}{\sqrt{MSE\ c_{jj}}} \sim t(n-(p+1))$$

와 같이 구할 수 있다.

정리 11.10 $\hat{\beta}_j$에 관한 확률변량 T의 분포

다중선형 회귀모형 $\boldsymbol{Y} = \boldsymbol{X\beta} + \boldsymbol{\epsilon}$, $\epsilon_i \sim iid\ N(0, \sigma^2)$ $(i = 1, 2, \cdots, n)$에서

$$T = \frac{\hat{\beta}_j - \beta_j}{\sqrt{MSE\ c_{jj}}} \sim t(n-(p+1))$$

이 성립한다.

[정리 11.10]의 확률변량 T를 이용하면 회귀계수 β_j에 관한 신뢰구간과 가설 검정법을 각각 다음과 같이 구할 수 있다. 이때 회귀계수 β_j에 대한 개별적인 가설검정은 모형에 다른 설명변수들이 포함되어 있다는 조건 하에서 특정한 설명변수 x_j의 적합 기여도에 대한 검정으로 부분 또는 주변 검정(partial or marginal test)이라고 할 수 있다.

[β_j에 대한 신뢰구간]

다중선형 회귀모형 $\boldsymbol{Y} = \boldsymbol{X\beta} + \boldsymbol{\epsilon}$, $\epsilon_i \sim iid\ N(0, \sigma^2)$ $(i=1, 2, \cdots, n)$에서, 회귀계수 β_j에 대한 $100(1-\alpha)\%$ 신뢰구간은 다음과 같다.

$$\left[\hat{\beta}_j - t_{\alpha/2}(n-(p+1))\sqrt{MSE\, c_{jj}},\ \ \hat{\beta}_j + t_{\alpha/2}(n-(p+1))\sqrt{MSE\, c_{jj}}\right]$$

[β_j에 대한 가설검정]

다중선형 회귀모형 $\boldsymbol{Y} = \boldsymbol{X\beta} + \boldsymbol{\epsilon}$, $\epsilon_i \sim iid\ N(0, \sigma^2)$ $(i=1, 2, \cdots, n)$에서, 회귀계수 β_j에 대한 아래의 가설검정에서 사용되는 검정통계량과 그 확률분포는

$$T_0 = \frac{\hat{\beta}_j - \beta_{j0}}{\sqrt{MSE\ c_{jj}}} \sim t(n-(p+1))\text{(귀무가설 } H_0 \text{가 참일 때)}$$

이며, 유의수준 α 에서의 기각역과 검정통계량의 관측값 t_0^*에 대한 p-값은 다음과 같다.

	가설	기각역	p-값
우측검정	$H_0 : \beta_j = \beta_{j0},\ H_1 : \beta_j > \beta_{j0}$	$t_0 > t_\alpha(n-(p+1))$	$P(T_0 > t_0^*)$
좌측검정	$H_0 : \beta_j = \beta_{j0},\ H_1 : \beta_j < \beta_{j0}$	$t_0 < -t_\alpha(n-(p+1))$	$P(T_0 < t_0^*)$
양측검정	$H_0 : \beta_j = \beta_{j0},\ H_1 : \beta_j \neq \beta_{j0}$	$\lvert t_0\rvert > t_{\alpha/2}(n-(p+1))$	$2P(T_0 > \lvert t_0^*\rvert)$

예제 11.9 철강의 강도(Y)와 온도(X_1), 그리고 압력(X_2)간의 관련성을 분석하기 위한 실험으로부터 다음과 같은 자료를 얻었다. 압력(X_2)이 회귀모형에 포함되어 있을 때 온도(X_1)을 회귀모형에 포함하는 것이 적절한지에 대한 여부를 유의수준 $\alpha = 0.05$ 로 검정하여라.

강도(kg/㎠)	온도(℃)	압력(psi)	강도(kg/㎠)	온도(℃)	압력(psi)
81.4	195	57	150.3	201	61
122.2	179	61	64.8	184	54
101.7	205	60	92.1	210	58
175.6	204	62	113.8	209	61

풀이 주어진 자료를 다중선형 회귀모형 $Y=\beta_0+\beta_1x_1+\beta_2x_2+\epsilon$에 적합시킬 때

$$\boldsymbol{X}=\begin{bmatrix}1 & 195 & 57\\1 & 179 & 61\\1 & 205 & 60\\1 & 204 & 62\\1 & 201 & 61\\1 & 184 & 54\\1 & 210 & 58\\1 & 209 & 61\end{bmatrix},\quad \boldsymbol{Y}=\begin{bmatrix}81.4\\122.2\\101.7\\175.6\\150.3\\64.8\\92.1\\113.8\end{bmatrix}$$

이고, 이들 행렬을 이용하여 회귀계수를 추정하면

$$\hat{\beta}=(\boldsymbol{X}^T\boldsymbol{X})^{-1}\boldsymbol{X}^T\boldsymbol{Y}=\begin{bmatrix}-554.311\\-0.179\\11.859\end{bmatrix}$$

가 되어 회귀식은 $\hat{y}=-554.311-0.179x_1+11.859x_2$와 같이 추정된다. 추정된 회귀식의 적합성 검정을 위한 귀무 및 대립가설은

$H_0:\beta_1=\beta_2=0$, H_1 : 적어도 β_1, β_2 둘 중 어느 하나는 0이 아니다.

와 같으며 회귀분석 결과로부터 작성된 분산분석표는 다음과 같다.

요인	제곱합	자유도	평균제곱	F_0	P-값
회귀	6940.195	2	3470.097	7.4119	0.0319
오차	2340.884	5	468.176		
계	9281.079	7			

분산분석표로부터 검정통계량 F_0의 값은 7.4119이고, 이때의 p-값은 0.0319로 유의수준 $\alpha=0.05$ 보다 작기 때문에 귀무가설 H_0는 기각된다. 즉, "추정된 회귀식은 유의하다"고 할 수 있다. 설명변수 X_2가 모형에 포함되어 있다는 조건 하에서 설명변수 X_1를 회귀모형에 포함하는 것이 적절한지를 검정하기 위한 귀무 및 대립가설은 다음과 같이 설정되며,

$$H_0:\beta_1=0,\qquad H_1:\beta_1\neq 0$$

이때 검정통계량으로는 $T_0=\dfrac{\hat{\beta}_1-0}{\sqrt{MSE\,c_{11}}}$가 사용된다. 여기서 c_{11}은 행렬

$$(\boldsymbol{X}^T\boldsymbol{X})^{-1}=\begin{bmatrix}82.874 & -0.1345 & -0.9459\\-0.1345 & 0.0012 & -0.0018\\-0.9459 & -0.0018 & 0.0222\end{bmatrix}$$

로부터 구할 수 있으며 즉, $c_{11}=0.0012$이고, 분산분석표로부터 $MSE=468.176$이므로 검정통계량 T_0의 값은 다음과 같이 계산된다.

$$t_0^*=\frac{\hat{\beta}_1-0}{\sqrt{MSE\,c_{11}}}=\frac{-0.179}{\sqrt{468.176\times 0.0012}}=-0.2356$$

p-값을 계산하면, $P(|T_0| \geq 0.2356) = 0.8230$으로 유의수준 $\alpha = 0.05$보다 크므로 귀무가설 H_0는 기각되지 않는다. 즉, "설명변수 X_1을 모형 속에 포함시키지 않는 것이 바람직하다"고 할 수 있다. ■

R 실습 11.10 [예제 11.9]의 회귀식을 추정하고 설명변수 X_2가 회귀모형에 포함되어 있을 때 설명변수 X_1를 회귀모형에 포함하는 것이 적절한지에 대하여 검정하여라.

[R코드 11.10] 개별 회귀계수에 대한 t-검정[10)]

```
# 개별 회귀계수에 대한 t-검정
x1 = c(195, 179, 205, 204, 201, 184, 210, 209)
x2 = c(57, 61, 60, 62, 61, 54, 58, 61)
y = c(81.4, 122.2, 101.7, 175.6, 150.3, 64.8, 92.1, 113.8)
fitted.model=lm(y~x1+x2)
summary(fitted.model)
```

실행 결과

```
> # 개별 회귀계수에 대한 t-검정
> x1 = c(195, 179, 205, 204, 201, 184, 210, 209)
> x2 = c(57, 61, 60, 62, 61, 54, 58, 61)
> y = c(81.4, 122.2, 101.7, 175.6, 150.3, 64.8, 92.1, 113.8)
> fitted.model=lm(y~x1+x2)
> summary(fitted.model)

Call:
lm(formula = y ~ x1 + x2)

Residuals:
     1       2       3      4      5      6      7       8
-5.259 -14.775 -18.742 31.259 17.279 11.744 -3.723 -17.783
```

10) 회귀계수의 부분집합에 대한 가설로 볼 수 있으므로 anova() 함수를 이용하여 다음과 같이 구할 수 도 있다.
reduced.model=lm(y~x2); full.model=lm(y~x1+x2); anova(reduced.model, full.model)

```
Coefficients:
              Estimate Std. Error t value Pr(>|t|)
(Intercept) -554.3112   196.9775  -2.814   0.0374 *
x1            -0.1797     0.7626  -0.236   0.8230
x2            11.8600     3.2301   3.672   0.0144 *
------
Signif. codes: 0 '***' 0.001 '**' 0.01 '*' 0.05 '.' 0.1 ' ' 1

Residual standard error: 21.64 on 5 degrees of freedom
Multiple R-squared: 0.7478,    Adjusted R-squared: 0.6469
F-statistic: 7.412 on 2 and 5 DF,  p-value: 0.03195
```

- **lm( )** 함수를 이용하여 다중선형 회귀분석의 결과를 **fitted.model** 이라는 변수명에 저장하고 이를 **summary( )** 함수를 이용하여 출력하면 [R코드 11.10]의 실행 결과를 얻을 수 있으며, 이로부터 t-검정의 결과가 [예제 11.9]의 결과와 동일함을 알 수 있다.

(3) 반응변수의 기댓값에 대한 추론

이제 설명변수의 값이 $\boldsymbol{x}^* = (1, x_1^*, x_2^*, \cdots, x_p^*)^T$로 주어졌을 때 반응변수의 기댓값인 평균반응 $E(Y|\boldsymbol{x}^*) = \boldsymbol{x}^{*T}\boldsymbol{\beta} = \beta_0 + \beta_1 x_1^* + \cdots + \beta_p x_p^*$ 의 추론에 대하여 살펴보자. 단순선형 회귀모형에서와 마찬가지로 $E(Y|\boldsymbol{x}^*)$에 대한 추정량으로 $\hat{E}(Y|\boldsymbol{x}^*) = \boldsymbol{x}^{*T}\hat{\boldsymbol{\beta}}$ 을 고려할 수 있으며, 그 확률분포를

$$\frac{\boldsymbol{x}^{*T}\hat{\boldsymbol{\beta}} - \boldsymbol{x}^{*T}\boldsymbol{\beta}}{\sqrt{\sigma^2\,\boldsymbol{x}^{*T}(\boldsymbol{X}^T\boldsymbol{X})^{-1}\boldsymbol{x}^*}} \sim N(0,1)$$

와 같이 구할 수 있다. [정의 6.5]와 [정리 11.8]의 결과로부터 확률변량 T의 분포를

$$T = \frac{\dfrac{\boldsymbol{x}^{*T}\hat{\boldsymbol{\beta}} - \boldsymbol{x}^{*T}\boldsymbol{\beta}}{\sqrt{\sigma^2\,\boldsymbol{x}^{*T}(\boldsymbol{X}^T\boldsymbol{X})^{-1}\boldsymbol{x}^*}}}{\sqrt{\dfrac{SSE}{\sigma^2}/(n-(p+1)}} = \frac{\boldsymbol{x}^{*T}\hat{\boldsymbol{\beta}} - \boldsymbol{x}^{*T}\boldsymbol{\beta}}{\sqrt{MSE\;\boldsymbol{x}^{*T}(\boldsymbol{X}^T\boldsymbol{X})^{-1}\boldsymbol{x}^*}} \sim t(n-(p+1))$$

와 같이 구할 수 있다.

정리 11.11 $\hat{E}(Y \mid \boldsymbol{x}^*)$에 관한 확률변량 T의 분포

다중선형 회귀모형 $\boldsymbol{Y} = \boldsymbol{X}\beta + \boldsymbol{\epsilon}$, $\epsilon_i \sim iid\, N(0, \sigma^2)$ $(i = 1, 2, \cdots, n)$에서

$$T = \frac{\boldsymbol{x}^{*T}\hat{\boldsymbol{\beta}} - \boldsymbol{x}^{*T}\boldsymbol{\beta}}{\sqrt{MSE\ \boldsymbol{x}^{*T}(\boldsymbol{X}^T\boldsymbol{X})^{-1}\boldsymbol{x}^*}} \sim t(n-(p+1))$$

이 성립한다.

[정리 11.11]의 확률변량 T를 이용하면 평균반응 $E(Y \mid \boldsymbol{x}^*)$에 관한 신뢰구간과 가설검정법을 각각 다음과 같이 구할 수 있다.

[$E(Y \mid \boldsymbol{x}^*)$에 대한 신뢰구간]

다중선형 회귀모형 $\boldsymbol{Y} = \boldsymbol{X}\beta + \boldsymbol{\epsilon}$, $\epsilon_i \sim iid\, N(0, \sigma^2)$ $(i = 1, 2, \cdots, n)$에서, 평균반응 $E(Y \mid \boldsymbol{x}^*)$에 대한 $100(1-\alpha)\%$ 신뢰구간은 다음과 같다.

$$\left[\boldsymbol{x}^{*T}\hat{\boldsymbol{\beta}} - t_{\alpha/2}(n-(p+1))\sqrt{MSE\ \boldsymbol{x}^{*T}(\boldsymbol{X}^T\boldsymbol{X})^{-1}\boldsymbol{x}^*},\ \boldsymbol{x}^{*T}\hat{\boldsymbol{\beta}} + t_{\alpha/2}(n-(p+1))\sqrt{MSE\ \boldsymbol{x}^{*T}(\boldsymbol{X}^T\boldsymbol{X})^{-1}\boldsymbol{x}^*}\right]$$

[$E(Y \mid \boldsymbol{x}^*)$에 대한 가설검정]

다중선형 회귀모형 $\boldsymbol{Y} = \boldsymbol{X}\beta + \boldsymbol{\epsilon}$, $\epsilon_i \sim iid\, N(0, \sigma^2)$ $(i = 1, 2, \cdots, n)$에서, 평균반응 $E(Y \mid \boldsymbol{x}^*)$에 대한 아래의 가설검정에서 사용되는 검정통계량과 그 확률분포는

$$T_0 = \frac{\boldsymbol{x}^{*T}\hat{\boldsymbol{\beta}} - \mu_0}{\sqrt{MSE\ \boldsymbol{x}^{*T}(\boldsymbol{X}^T\boldsymbol{X})^{-1}\boldsymbol{x}^*}} \sim t(n-(p+1)) \text{ (귀무가설 } H_0 \text{가 참일 때)}$$

이며, 유의수준 α에서의 기각역과 검정통계량의 관측값 t_0^*에 대한 p-값은 다음과 같다.

	가설	기각역	p-값
우측검정	$H_0 : E(Y \mid \boldsymbol{x}^*) = \mu_0,\ H_1 : E(Y \mid \boldsymbol{x}^*) > \mu_0$	$t_0 > t_\alpha(n-(p+1))$	$P(T_0 > t_0^*)$
좌측검정	$H_0 : E(Y \mid \boldsymbol{x}^*) = \mu_0,\ H_1 : E(Y \mid \boldsymbol{x}^*) < \mu_0$	$t_0 < -t_\alpha(n-(p+1))$	$P(T_0 < t_0^*)$
양측검정	$H_0 : E(Y \mid \boldsymbol{x}^*) = \mu_0,\ H_1 : E(Y \mid \boldsymbol{x}^*) \neq \mu_0$	$\lvert t_0 \rvert > t_{\alpha/2}(n-(p+1))$	$2P(T_0 > \lvert t_0^* \rvert)$

예제 11.10 [예제 11.8]의 다중선형 회귀모형에서 수분의 함유량이 $x_1^* = 4.5,\ 5.5,\ 6.5$ 이고 향료의 함류량이 $x_2^* = 3.0,\ 3.5,\ 4.0$ 일 때 평균 기호도의 95% 신뢰구간을 각각 구하여라.

풀이 $\boldsymbol{x}^* = [1, 4.5, 3.0]^T$ 일 때 평균 기호도의 신뢰구간은

$$\boldsymbol{x}^{*T}\hat{\beta} \pm t_{\alpha/2}(n-(p+1))\sqrt{MSE\,\boldsymbol{x}^{*T}(\boldsymbol{X}^T\boldsymbol{X})^{-1}\boldsymbol{x}^*}$$

$$= [1, 4.5, 3.0]\begin{bmatrix}39.33\\ 4.25\\ 4.08\end{bmatrix} \pm 3.182\sqrt{3.222\times 0.349} = 70.708 \pm 3.374$$

와 같이 구할 수 있다. 동일한 방법으로 나머지 관측개체 $\boldsymbol{x}^* = [1, 5.5, 3.5]^T$와 $\boldsymbol{x}^* = [1, 6.5, 4.0]^T$에 대한 신뢰구간은 각각 77.000 ± 2.507, 83.292 ± 2.439 으로 구할 수 있다. ■

R 실습 11.11 [예제 11.10]의 신뢰구간을 구하여라.

[R코드 11.11] 평균반응에 대한 신뢰구간

```
# 평균반응에 대한 신뢰구간
x1=c(4, 4, 6, 6, 8, 8); x2=c(2, 6, 2, 6, 2, 6); y=c(64, 81, 72, 91, 83, 96)
fitted.model=lm(y~x1+x2)
new.x=data.frame(x1=c(4.5, 5.5, 6.5), x2=c(3.0, 3.5, 4.0))
predict(fitted.model, newdata=new.x, interval="conf", level=0.95)
```

실행 결과

```
> # 개별 회귀계수에 대한 t-검정
> # 평균반응에 대한 신뢰구간
> x1=c(4, 4, 6, 6, 8, 8); x2=c(2, 6, 2, 6, 2, 6); y=c(64, 81, 72, 91, 83, 96)
> fitted.model=lm(y~x1+x2)
> new.x=data.frame(x1=c(4.5, 5.5, 6.5), x2=c(3.0, 3.5, 4.0))
> predict(fitted.model, newdata=new.x, interval="conf", level=0.95)
       fit      lwr      upr
1 70.70833 67.33371 74.08296
2 77.00000 74.49222 79.50778
3 83.29167 80.85261 85.73073
```

• 새로운 설명변수의 값을 먼저 데이터 프레임의 형태로 new.x라는 변수명으로 저장하였다. 이때 해당 자료의 열(column)은 회귀분석에서 사용한 변수명과 동일하게 x1과 x2라 이름으로 각각 지정하였다.

• 단순선형 회귀분석에서와 마찬가지로 predict( ) 함수를 사용하여 주어진 설명변수의 값에 대한 평균반응의 신뢰구간을 구하면 [R코드 11.11]의 실행 결과와 같은 점추정 값과 신뢰구간을 얻을 수 있으며, 이는 [예제 11.10]의 결과와 동일함을 알 수 있다.

11.4 회귀모형의 진단 및 보정

선형 회귀모형을 적합한 후에는 모형과 가정에 대한 점검이 필요하며, 이러한 과정을 회귀진단(regression diagnostics)이라고 한다. 여기서는 다중공선성의 진단, 잔차분석, 영향력 분석에 대하여 살펴보기로 한다.

11.4.1 다중공선성

설명변수가 두 개 이상인 다중선형 회귀분석에서 설명변수들 간에 어느 정도 관련성이 있을 것이라는 것은 누구나 쉽게 예상할 수 있다. 하지만 그 관련성의 정도가 클 경우 회귀분석 결과를 해석함에 있어서 심각한 문제를 야기한다. 통계학에서는 설명변수들 사이에 직선적인 관계가 존재할 경우 '다중공선성(multicollinearity)이 존재한다'고 말한다.

일반적으로 다중공선성이 존재할 때 변수를 추가한다던지 또는 제외시킬 경우 추정되는 회귀계수의 값이 크게 변하거나 부호가 상반되게 나타나는 현상이 발생하며, 심지어 모형의 적합성에 대한 $F-$검정에서 검정의 결과가 유의함에도 불구하고 추정된 회귀계수 각각에 대한 검정에서는 유의하지 않게 나타나는 경우가 발생하기도 한다.[11)] 따라서 다중공선성이 존재하게 되면 회귀분석 결과에 대한 정확한 해석이 불가능하게 될 뿐만 아니라 추정된 회귀식을 예측에 사용할 수 없게 된다.

다중공선성을 진단하는 가장 간단한 방법은 설명변수들간의 상관관계를 조사하는 것이다. 일반적으로 설명변수들간의 상관계수가 대략 0.8이상으로 높을 경우 다중공선성이 존재한다고 판단한다. 그러나 상관계수에 의해서 판단되지 않으면서도 심각한 다중공선성이 존재하는 경우도 있다. 이러한 경우에는 공차한계 또는 분산팽창인자를 계산하여 다중공선성을 진단한다.

11) 결정계수 R^2의 값이 큰 반면에 추정된 대부분의 회귀계수가 유의하지 않는 경우가 다중공선성 발생의 대표적인 경우가 된다.

(1) 공차한계

공차한계(tolerance : T 로 표기)는 다중공선성을 점검하기 위해 가장 많이 사용되는 지표로서 j 번째 설명변수의 공차한계는 $1-R_j^2$ 으로 정의된다. 여기서 R_j^2 은 j 번째 설명변수를 종속변수로 하고 나머지 설명변수들을 독립변수로 한 회귀분석을 실시하였을 경우의 결정계수를 의미한다. 따라서 공차한계는 한 설명변수가 다른 설명변수에 의해서 설명되지 않는 부분을 나타내게 되고, 결과적으로 R_j^2 의 값이 클수록 공차한계의 값은 작아진다. 공차한계의 값이 작다는 것은 j 번째 변수가 다른 설명변수에 의하여 설명되는 정도가 크다는 것을 의미하기 때문에 다중공선성이 높다고 이야기하게 되는 것이다. 공차한계의 최대값은 1이며, 일반적으로 0.10이하이면 다중공선성이 존재한다고 판단한다.

(2) 분산팽창인자

분산팽창인자(variance inflation factor : VIF 로 표기)는 공차한계의 역수로 정의되며 VIF 의 값이 클수록 설명변수들 간의 다중공선성이 높음을 의미한다. 분산팽창인자가 10이상이면 다중공선성이 존재한다고 판정한다.[12)]

[공차한계(T)와 분산팽창인자(VIF)]

R_j^2 을 j 번째 설명변수를 반응변수로, 나머지 변수들을 설명변수로 한 회귀분석에서 얻어지는 결정계수라 할 때 공차한계와 분산팽창인자는 각각

$$\text{공차한계} : T_j = 1 - R_j^2 \quad \text{분산팽창인자} : VIF_j = \frac{1}{1-R_j^2}$$

와 같다.

(3) 행렬 $\boldsymbol{X}^T\boldsymbol{X}$ 의 구조 분석

다중공선성의 정도는 행렬 $\boldsymbol{X}^T\boldsymbol{X}$ 의 고유값 $\lambda_1,\ \lambda_2,\ \cdots,\ \lambda_p$을 이용하여 진단할 수 있다.[13)] 즉, 행렬 $\boldsymbol{X}^T\boldsymbol{X}$ 의 고유값들 중 최대값을 각 고유값으로 나눈 후의 제곱근 $\sqrt{\lambda_{\max}/\lambda_j}$ 을 조건지수(condition number)라 하는데 이 값이 클수록 다중공선성의 정도가 크다는 것을 뜻한다. 명확한 기준은 없으나 조건지수의 최대값이 10을 넘으면 일단 다중공선성을 의심해 볼 필요가 있으며, 100을

12) 분산팽창인자는 설명변수들이 상관관계를 가지고 있지 않을 때에 비하여 추정된 회귀계수의 분산들이 얼마만큼 팽창되는가의 정도를 나타내는 측도이다.

13) $\lambda_1,\ \lambda_2,\ \cdots,\ \lambda_k$의 합은 항상 p가 되며, 다중공선성이 존재할 경우 고유값 중에는 0에 가까운 값이 적어도 하나 존재하게 된다.

넘어서면 심각한 다중공선성이 존재하는 증거로 받아들이게 된다.

설명변수들 간에 심각한 다중공선성이 존재하면 회귀분석 결과에 대한 올바른 해석이 불가능할 뿐만 아니라, 추정된 회귀식을 이용한 예측은 왜곡된 결과를 가져오게 한다. 다중공선성이 존재할 경우에는 상관관계가 높은 설명변수들 중에서 한 변수를 제거하고 다시 모형을 추정하거나 능형회귀(ridge regression) 또는 주성분회귀(principal components regression) 등의 방법을 사용하여 해결할 수 있다. 실질적으로 많이 사용되는 방법은 변수의 제거법이지만 이때 반응변수에 영향을 미치는 회귀변수가 제거되므로 모형의 예측에 좋지 않은 영향을 미칠 수도 있음에 유의하여야 한다.

예제 11.11 사람 몸의 지방량(fat) Y 와 삼두근의 두께(triceps) X_1, 허벅다리의 둘레(thigh) X_2, 그리고 팔목의 둘레(wrist) X_3 간의 관계를 분석하기 위해 25세에서 34세 사이의 건강한 여자 20명을 랜덤으로 추출하여 다음과 같은 자료를 얻었다. 이 자료에서 설명변수들 간에 다중공선성이 존재하는지를 검토하여라.

Y	X_1	X_2	X_3	Y	X_1	X_2	X_3
11.9	19.5	43.1	29.1	25.4	31.1	56.6	30.0
22.8	24.7	49.8	28.2	27.2	30.4	56.7	28.3
18.7	30.7	51.9	37.0	11.7	18.7	46.5	23.0
20.1	29.8	54.3	31.1	17.8	19.7	44.2	28.6
12.9	19.1	42.2	30.9	12.8	14.6	42.7	21.3
21.7	25.6	53.9	23.7	23.9	29.5	54.4	30.1
27.1	31.4	58.5	27.6	22.6	27.7	55.3	25.7
25.4	27.9	52.1	30.6	25.4	30.2	58.6	24.6
21.3	22.1	49.9	23.2	14.8	22.7	48.2	27.1
19.3	25.5	53.5	24.8	21.1	25.2	51.0	27.5

풀이 세 설명변수 X_1, X_2, X_3 간의 상관계수를 계산한 결과는 다음 표와 같다.

	X_1	X_2	X_3
X_1	1.0000	0.9238	0.4577
X_2		1.0000	0.0846
X_3			1.0000

X_1과 X_2간의 상관계수는 0.9238로 매우 높은 상관관계를, X_1과 X_3간의 상관계수는 0.4577로 높지는 않지만 어느 정도 상관관계가 존재하고 있음을, 그리고 X_2와 X_3간의 상관계수는 0.0846으로 상관관계가 거의 존재하지 않는 것으로 나타났다. 따라서 설명변수 X_1과 X_2간에는 다중공선성이 존재할 것으로 판단할 수 있다. 각 설명변수에 대한 공차한계와 분산팽창인자를 계산한 결과는 다음 표에 요약되어 있다.

	X_1	X_2	X_3
공차한계	0.0014	0.0017	0.0095
분산팽창인자	708.84	564.34	104.60

각 변수에 대한 공차한계값은 모두 0.10이하이고, 분산팽창인자값들도 10을 훨씬 크게 넘어 설명변수들 간에는 다중공선성이 존재하고 있다고 할 수 있다. ■

R 실습 11.12 [예제 11.11]의 다중공선성을 진단하여라.

[R코드 11.12(1)] 다중공선성의 진단 : 상관계수

```
# 자료 입력과 상관계수의 계산
fat=c(11.9, 22.8, 18.7, 20.1, 12.9, 21.7, 27.1, 25.4, 21.3, 19.3, 25.4, 27.2,
      11.7, 17.8, 12.8, 23.9, 22.6, 25.4, 14.8, 21.1)
triceps=c(19.5, 24.7, 30.7, 29.8, 19.1, 25.6, 31.4, 27.9, 22.1, 25.5, 31.1,
          30.4, 18.7, 19.7, 14.6, 29.5, 27.7, 30.2, 22.7, 25.2)
thigh=c(43.1, 49.8, 51.9, 54.3, 42.2, 53.9, 58.5, 52.1, 49.9, 53.5, 56.6, 56.7,
        46.5, 44.2, 42.7, 54.4, 55.3, 58.6, 48.2, 51.0)
wirst=c(29.1, 28.2, 37.0, 31.1, 30.9, 23.7, 27.6, 30.6, 23.2, 24.8, 30.0, 28.3,
        23.0, 28.6, 21.3, 30.1, 25.7, 24.6, 27.1, 27.5)
X=data.frame(triceps, thigh, wirst)
cor(X)  # 변수들 간의 상관계수를 출력하는 함수
```

실행 결과 **다중공선성의 진단 : 상관계수**

```
> X=data.frame(triceps, thigh, wirst)
> cor(X)  # 변수들 간의 상관계수를 출력하는 함수
          triceps     thigh     wirst
triceps 1.0000000 0.9238425 0.4577772
thigh   0.9238425 1.0000000 0.0846675
wirst   0.4577772 0.0846675 1.0000000
```

- 설명변수들 간의 상관계수를 계산하기 위하여 cor( ) 함수를 사용하였으며 그 결과는 [R코드 11.12(1)]의 실행 결과와 같다.

[R코드 11.12(2)] 다중공선성의 진단 : 분산팽창인자와 다중 산점도

```
# 분산팽창인자
library(usdm) #vif() 함수를 제공하는 패키지
vif(X)  # 분산팽창인자를 출력하는 함수

# 다중 산점도
pairs(X)  # 변수들 간의 산점도를 그리는 함수
```

실행 결과 **다중공선성의 진단 : 분산팽창인자**

```
> vif(X)  # 분산팽창인자를 출력하는 함수
  Variables      VIF
1   triceps  708.8429
2     thigh  564.3434
3     wirst  104.6060
```

• vif( ) 함수는 분산팽창인자를 계산해주는 함수로 usdm 패키지에 내장되어 있다. 따라서 vif( ) 함수를 사용하기 위해서는 library( ) 함수를 이용하여 usdm 패키지를 먼저 불러와야하며 그 사용 형식은 library(**패키지명**)과 같다. vif( ) 함수를 이용한 분산팽창인자의 계산 결과는 [R코드 11.12(2)]의 실행 결과에 주어져 있으며, [예제 11.11]의 결과와 동일함을 알 수 있다.

실행 결과 **다중공선성의 진단 : 다중 산점도**

```
> # 다중 산점도
> pairs(X)  # 변수들 간의
  산점도를 그리는 함수
```

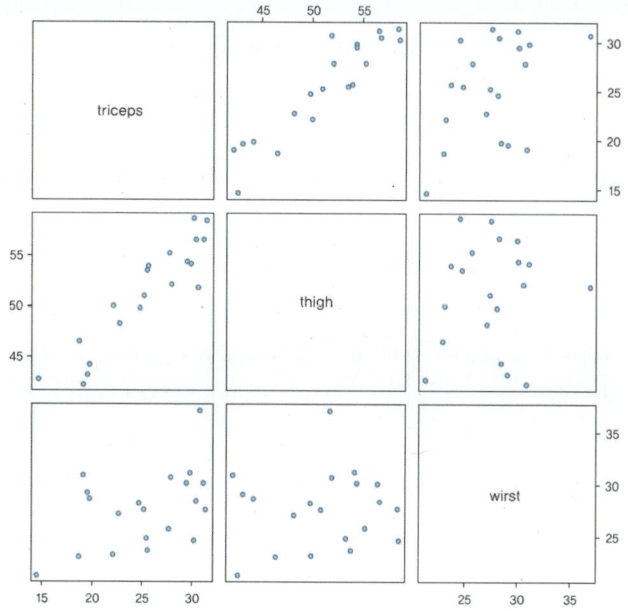

• 설명변수들 간의 다중 산점도를 동시에 그리기 위하여 pairs( ) 함수가 사용되었으며, 이들 산점도로부터 설명변수들 간의 관계를 개략적으로 파악할 수 있다.

[R코드 11.12(3)] 다중공선성의 진단 : 다중선형 회귀분석

```
# 다중선형 회귀분석
fit=lm(fat~triceps+thigh+wirst) # 모든 설명변수를 포함한 다중선형 회귀분석
summary(fit)
```

실행 결과 다중공선성의 진단 : 다중선형 회귀분석

```
> # 다중선형 회귀분석
> fit=lm(fat~triceps+thigh+wirst) # 모든 설명변수를 포함한 다중선형 회귀분석
> summary(fit)
Call:
lm(formula = fat ~ triceps + thigh + wirst)

Residuals:
    Min      1Q  Median      3Q     Max
-3.7263 -1.6111  0.3923  1.4656  4.1277

Coefficients:
            Estimate Std. Error t value Pr(>|t|)
(Intercept)  117.085     99.782   1.173    0.258
triceps        4.334      3.016   1.437    0.170
thigh         -2.857      2.582  -1.106    0.285
wirst         -2.186      1.595  -1.370    0.190

Residual standard error: 2.48 on 16 degrees of freedom
Multiple R-squared:  0.8014,    Adjusted R-squared:  0.7641
F-statistic: 21.52 on 3 and 16 DF,  p-value: 7.343e-06
```

• [R코드 11.12(3)]의 실행 결과는 모든 설명변수들을 포함한 선형 회귀분석의 결과를 제공한다. 검정통계량 F_0의 값은 21.52이고, 이때의 p-값은 7.343e-06으로 매우 작아 적합된 회귀모형은 유의한 것으로 나타났다. 하지만 각 회귀계수에 대한 $t-$검정의 결과는 모두 유의하지 않는 것으로

나타나고 있다. 이러한 현상은 바로 다중공선성 때문에 발생한다. 즉, 설명변수 triceps과 thigh의 상관관계($r_{12} = 0.9238$)가 너무 커서 다른 변수의 영향력을 제거하기 때문에 바로 이러한 현상이 나타나게 되는 것이다. 이러한 경우에는 상관관계가 높은 변수를 제거[14] 또는 분리하여 회귀분석을 실시하는 것이 바람직하다.

11.4.2 잔차분석

잔차는 회귀모형에 대한 여러 가정들이 타당한지를 판단하는 데 있어 유용한 정보를 제공한다. 따라서 다중선형 회귀분석에서도 단순선형 회귀분석의 경우와 마찬가지로 잔차분석을 통하여 적합된 회귀모형의 적절성, 오차항의 등분산성, 독립성, 정규성 등을 검토할 수 있다. 다중선형 회귀모형에서 잔차를 행렬로 나타내면

$$e = \boldsymbol{Y} - \hat{\boldsymbol{Y}} = \boldsymbol{Y} - \boldsymbol{X}\hat{\beta} = \boldsymbol{Y} - \boldsymbol{X}(\boldsymbol{X}^T\boldsymbol{X})^{-1}\boldsymbol{X}^T\boldsymbol{Y} = (\boldsymbol{I} - \boldsymbol{H})\boldsymbol{Y}$$

와 같고, 이때 행렬 $\boldsymbol{H} = (h_{ij}),\ i,\ j = 1,\ 2,\ \cdots,\ n$을 해트행렬(hat matrix)이라고 부른다.[15]

단순선형 회귀분석에서는 반응변수와 설명변수간의 산점도로부터 선형 회귀모형이 적절한지의 여부를 쉽게 검토할 수 있다. 하지만 다중선형 회귀분석의 경우 설명변수의 개수가 여러 개이므로 단순선형 회귀분석의 경우와는 달리 반응변수와 설명변수간의 관계를 하나의 산점도를 이용하여 나타낼 수 없다. 따라서 다중선형 회귀분석에서 반응변수와 설명변수간의 선형관계를 확인하기 위해서는 각각의 설명변수와 반응변수간의 산점도를 그려야 한다. 그러나 다중선형 회귀분석에서는 다중공선성의 존재 가능성으로 인하여 반응변수와 설명변수간의 산점도는 크게 도움이 되는 정보를 제공하지 못한다. 이러한 경우에는 다른 변수들과의 의존성이 배제된 반응변수와 설명변수간의 산점도인 편회귀 잔차도(partial regression residual plot)를 이용하여 선형회귀선 적합에 기여하는 설명변수를 식별할 수 있다. 즉, 회귀선 적합에 도움이 되는 설명변수의 경우 편회귀 잔차도는 대체로 직선 형태로 나타나게 되고, 잔차도가 곡선 형태를 띠게 된다면 이것은 해당 설명변수의 변환이 필요함을 의미하게 되는 것이다. 그리고 편회귀 잔차도를 이용하게 되면 다른 관측값들로부터 크게 벗어나는 특이값들도 식별할 수 있다.

등분산성의 가정은 예측값을 x축에, 표준화잔차(또는 외표준화잔차)를 y축으로 한 산점도를 이용하여 검토할 수 있으며, 독립성의 가정은 단순선형 회귀분석의 경우와 같이 더빈-와트슨 검정으로 검토되어질 수 있다. 정규성의 가정도 단순선형 회귀분석의 경우와 마찬가지로 잔차의 산점

14) 잡음변수를 회귀모형에서 제거하기 위해서는 단계적 변수선택법, 축소추정법 등을 활용할 수 있다.

15) 해트행렬이라 부르는 이유는 $\boldsymbol{Y}$의 앞에 $\boldsymbol{H}$를 곱하면 $\boldsymbol{HY}(=\hat{\boldsymbol{Y}})$가 되고, 이때 행렬 $\boldsymbol{H}$가 $\boldsymbol{Y}$를 $\hat{\boldsymbol{Y}}$로 만들어 주기 때문이다.

도 또는 정규 Q-Q 그림 등을 이용하여 검토할 수 있다.

11.4.3 영향력 분석

관측값들 중에서 다른 값에 비하여 매우 크거나 작으면서 멀리 떨어져 있는 값을 특이값(outlier)이라고 한다. 회귀분석을 할 때 관측값들 속에 특이값이 있다면, 회귀선을 추정하는데 큰 영향을 받을 수 있으므로 이러한 특이값을 분석에 포함할 것인지 또는 제외할 것인지를 결정하는 일은 매우 중요하다. [그림 11.8]에는 일반적으로 나타날 수 있는 특이값들의 유형이 주어져 있다. 여기서 관측값 ①은 x 에 대하여 특이값은 아니나 y 에 대하여 특이값이 된다. 그리고 관측값 ②와 ③은 x 에 대하여 특이값이나 y 에 대하여 추정된 회귀선의 연장선상에 있으므로 특이값이 아니다. 하지만 관측값 ②와 ③ 둘 중 어느 하나가 제거될 경우에는 회귀분석에 미치는 영향력이 작으나 두 관측값 모두 제거되었을 경우에는 회귀분석에 커다란 영향을 미치게 된다. 관측값 ④는 x 와 y 모두에 대하여 특이값이 된다.[16)]

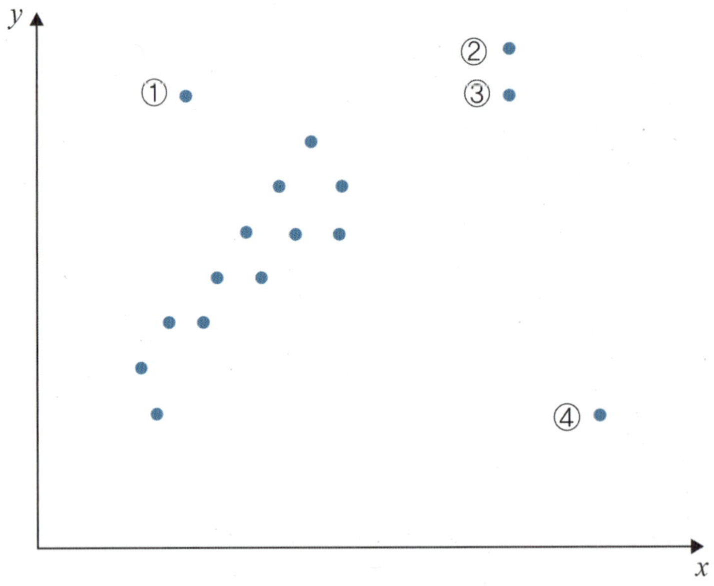

[그림 11.8] 특이값의 유형

설명변수가 하나인 단순선형 회귀모형에서는 산점도를 이용하여 특이값을 파악할 수 있다. 그러나 설명변수가 두 개 이상일 경우 산점도를 그리기 어려우므로 다른 측도를 이용하여 특이값을 식

---

16) 회귀분석에서 대개 설명변수 x 는 통제할 수 있는 변수이므로 x에 대한 특이값 보다는 y 에 대한 특이값에 대하여 주로 관심을 갖게 된다.

별하게 된다. 즉 y에 대한 특이값은 표준화잔차 또는 외표준화잔차를 이용하여 판별할 수 있으며, 이때 두 잔차값의 절대값이 2보다 클 경우 특이값으로 간주하여 회귀선을 추정하는데 영향을 준다고 판단한다. 그리고 y에 대한 특이값은 해트행렬의 대각원소 h_{ii}의 크기로 판별할 수 있으며, 구체적인 사항에 대해서는 아래에서 설명되는 레버리지를 참고하기 바란다.

관측값이 특이값으로 판별되면 그 값이 회귀선을 적합시키는데 영향을 미치는지의 여부를 검토하여야 한다. 일반적으로 어떤 관측값을 제외시켜 얻은 회귀분석 결과와 포함시켜 얻은 분석 결과가 커다란 차이를 보일 때, 이 관측값을 영향력이 큰 관측값이라 한다. 영향력을 식별하는 측도로 레버리지, Cook의 D, 코브 레이쇼(COV RATIO), 디핏츠(DFFITS), 디프베타즈(DFBETAS) 등을 사용되며, 여기서는 레버리지와 Cook의 D에 관해서 살펴보기로 한다.

(1) 레버리지

해트행렬에서 대각원소 h_{ii}는 레버리지(leverage)라고 불리우며, 단순선형 회귀분석의 경우에는 식 (4.32)에서 보는 바와 같이

$$h_{ii} = \frac{1}{n} + \frac{(x_i - \overline{x})^2}{\sum_{i=1}^{n}(x_i - \overline{x})^2}, \ i = 1,\ 2,\ \cdots,\ n$$

로 주어져 관측값 x_i가 중심 $\overline{x}$로부터 멀리 떨어져 있을수록 레버리지 h_{ii}의 값은 커지게 됨을 알 수 있다. h_{ii} 값의 범위는 $1/n \le h_{ii} \le 1$이며, h_{ii}의 값이 대체로 $2(p+1)/n$보다 큰 관측값은 영향이 큰 관측값이라고 한다. 하지만 h_{ii}의 값이 크다고 해서 그 값이 반드시 회귀모형의 적합에 부정적인 영향을 끼친다고 볼 수는 없다.

(2) 쿡의 거리

Cook은 관측값들의 영향력를 측정하기 위하여 i 번째 관측값을 제외한 나머지 자료로 추정된 회귀계수의 벡터 $\hat{\beta}_{(i)}$와 $\hat{\beta}$의 제곱거리(Cook's distance)

$$D_i = \frac{(\hat{\beta}_{(i)} - \hat{\beta})\boldsymbol{X}^T\boldsymbol{X}(\hat{\beta}_{(i)} - \hat{\beta})}{(p+1)MSE}$$

를 사용하였다. 쿡의 거리는 관측값 하나가 제외되었을 때 추정된 회귀계수 벡터의 변화를 표준화한 측도라고 할 수 있다. D값이 매우 큰 관측값들은 회귀계수의 추정에 영향을 크게 미친다고 간주하며, 보통 D값이 1이상이면 해당 관측값의 영향력이 크다고 본다.

R 실습 11.13 [예제 11.11]의 자료를 다중선형 회귀모형으로 적합할 때 영향력 분석을 위한 통계량의 값을 출력하여라.

[R코드 11.13] 영향력 분석

```
# 영향력 분석
fit=lm(fat~triceps+thigh+wirst)            # 모든 설명변수를 포함한 다중선형 회귀분석
leverage=influence(fit)$hat                # 레버리지를 출력하는 함수
cook.d=cooks.distance(fit)                 # 쿡의 거리를 출력하는 함수
round(cbind(leverage, cook.d),3)           # 소수점에서 반올림하는 함수
```

실행 결과 **영향력 분석**

```
> # 영향력 분석
> fit=lm(fat~triceps+thigh+wirst)          # 모든 설명변수를 포함한 다중선형 회귀분석
> leverage=influence(fit)$hat              # 레버리지를 출력하는 함수
> cook.d=cooks.distance(fit)               # 쿡의 거리를 출력하는 함수
> round(cbind(leverage, cook.d),3)         # 소수점에서 반올림하는 함수
   leverage  cook.d
1   0.341    0.279
2   0.157    0.060
3   0.440    0.299
4   0.112    0.053
5   0.361    0.047
     ⋮
17  0.125    0.001
18  0.228    0.030
19  0.132    0.099
20  0.066    0.001
```

- 회귀분석의 결과를 fit이라는 이름으로 저장한 후 레버리지와 쿡의 거리를 출력하기 위해서는 influence( )와 cooks.distance( ) 함수를 각각 사용하면 된다.
- 출력의 편의를 위해 round( ) 함수를 이용하여 소수점 넷째 자리에서 반올림 하여 셋째 자리까지 출력하도록 하였다.

• [R코드 11.13]의 실행 결과에서 모든 개체의 쿡 거리값이 1보다 작은 것을 확인할 수 있으며, 세 번째 관측개체의 레버리지 값이 $2(p+1)/n = 0.4$ 보다 크므로 이 개체의 영향력이 다소 크다고 할 수 있겠다.

• 레버리지 및 쿡의 거리 이외에도 다른 통계량의 값을 확인하기 위해서는 influence.measures( ) 함수를 사용하면 된다.

11.4.4 회귀진단 후 보정방법

회귀진단 결과 회귀모형에 대한 가정들이 성립하지 않을 경우 이에 대한 기본적인 해결책으로 자료에 대한 보정을 고려할 수 있다. 여기서는 변수변환 등을 통한 보정방법에 대하여 살펴보기로 한다.

(1) 선형모형이 적적하지 않을 경우

오차항의 정규성과 등분산성은 만족하면서 선형모형에 대한 가정만 성립하지 않을 경우에는 설명변수 x 를 변환시키면 된다. [그림 11.9]에는 관측값에 대한 산점도를 그렸을 때 나타나는 몇 가지 유형의 비선형 형태와 이들에 대한 적절한 변환방법이 주어져 있다.

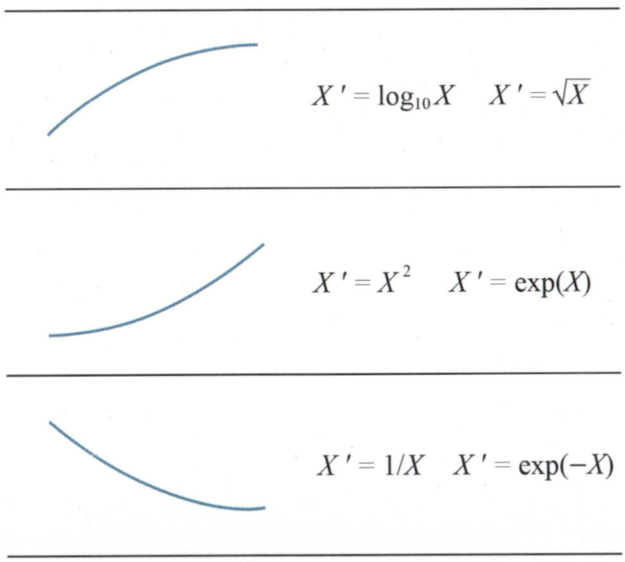

[그림 11.9] 비선형 형태일 경우 변수변환

(2) 정규성과 등분산의 가정이 동시에 만족되지 않을 경우

오차항에 대한 등분산성의 가정이 만족되지 않을 때 정규성의 가정도 동시에 만족되지 않을 경우가 많다. 이러한 경우에는 반응변수 Y에 대한 변환을 고려할 수 있다. [그림 11.10]에는 등분산성과 정규성의 가정이 성립하지 않을 때 산점도에서 나타나는 유형과 이에 대한 변환방법이 주어져 있다.

(a)	(b)	(c)

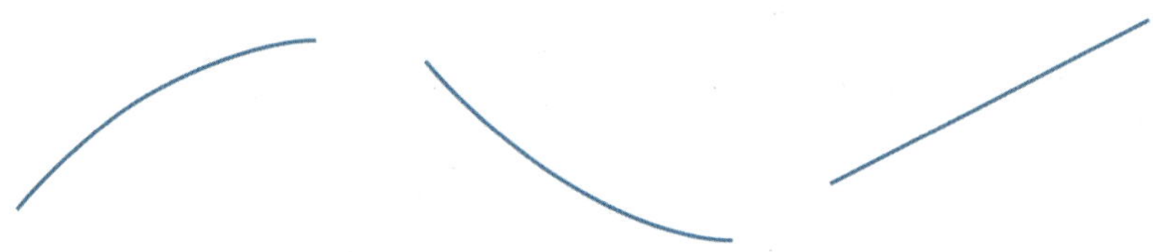

$Y = \sqrt{Y}$	$Y' = \log_{10} Y$	$Y' = 1\|Y$

[그림 11.10] 정규성과 등분산성의 가정이 성립하지 않을 경우의 변수변환

연습문제

1. 농작물 실험에서 생산량이 수확 시기에 따라 어떻게 변화하는지에 대한 연구에서 아래와 같은 결과를 얻었다고 한다. 이때 산점도를 그리고, 상관계수를 구하여라. 여기서 x 는 꽃이 피어 수확할 때까지의 기간(단위 : 일), y 는 수확량(단위 : 헥타르당 kg)을 각각 나타낸다.

x	y	x	y	x	y	x	y
16	2508	24	3057	32	3823	40	3517
18	2518	26	3190	34	3646	42	3214
20	3304	28	3500	36	3708	44	3103
22	3423	30	3883	38	3333	46	2776

2. 각성제의 사용량과 각성제를 투여 받은 실험자가 청각신호에 반응하는데 걸리는 시간 사이의 관계를 연구하는 실험에서 다음과 같은 자료를 얻었다. 각성제의 사용량과 반응시간 사이에 직선적인 관계가 있는지 없는지를 유의수준 $\alpha = 0.10$ 로 검정하여라.

사용량(㎎)	1	3	4	7	9	12	13	14
반응시간(초)	2.5	2.4	2.1	2.3	1.2	2.2	2.6	4.2

3. S대학교에서는 대학입학 성적(고교내신 + 수학능력시험 + 논술고사의 점수)이 입학 후의 성적과는 어떠한 관계를 가지고 있는지를 분석하기 위하여 4학년 학생 중에서 8명을 랜덤으로 추출하여 다음과 같은 자료를 얻었다(여기서 입학 후의 성적은 대학 3년 동안 학생들이 수강한 과목들의 GPA 평균을 나타낸다). 자료에 적합한 회귀직선식을 추정하고, 결정계수를 구하여라.

입학시의 성적	480	490	510	510	530	550	610	640
입학후의 성적	2.7	2.9	3.3	2.9	3.1	3.0	3.2	3.7

4. 어떤 회사에서는 광고비와 판매액 사이의 관계를 분석하기 위하여 5개 대리점으로부터 다음과 같은 결과를 얻었다(단위 : 만원). 광고비를 설명변수(X), 판매액을 반응변수(Y)로 하여 다음 물음에 답하여라.

광고비	600	400	800	200	500
판매액	5000	4000	7000	3000	6000

(1) 최소제곱법을 사용하여 적합된 회귀식을 추정하여라.

(2) 결정계수 R^2 을 구하고, 그 의미를 설명하여라.

(3) 광고비를 70만원으로 할 경우 예상되는 판매액은 얼마인가?

(4) 가설 $H_0 : \beta_1 = 0$, $H_1 : \beta_1 \neq 0$ 에 대한 검정을 유의수준 $\alpha = 0.05$ 에서 하여라.

5. S백화점의 영업부에서는 백화점을 방문하는 고객 수와 매출액 사이의 관계를 분석하기 위하여 10일 동안 조사한 결과 다음과 같은 자료를 얻었다. 고객 수를 설명변수(X), 매출액을 반응변수(Y)로 하여 다음 물음에 답하여라.

고객수(백명)	71	82	111	85	89	110	111	121	129	132
매출액(십만원)	250	280	301	325	328	390	410	420	450	475

(1) 적합된 직선회귀식을 추정하여라.

(2) 추정된 직선회귀식이 유의한지를 유의수준 $\alpha = 0.10$ 에서 검정하여라.

6. 어떤 공장에서 매달 물소비량(Y), 평균온도(X_1), 작업일수(X_2), 작업량(X_3)에 대하여 조사한 결과가 아래와 같다. 다음 물음에 답하여라.

물소비량(1,000톤)	평균온도(℃)	작일일수(일)	작업량(1,000톤)
2.8	10	27	64
3.9	24	26	72
3.9	25	28	80
4.4	28	26	88
3.1	15	30	81
3.1	18	24	45
3.5	22	27	46
3.6	22	25	69
3.0	12	27	54
3.3	15	25	39

(1) 회귀모형을 $Y = \beta_0 + \beta_1 x_1 + \beta_2 x_2 + \beta_3 x_3 + \epsilon$ 로 가정하여 적합된 회귀식을 추정하여라.

(2) 분산분석표를 작성하고, 이로부터 가정된 회귀모형이 적절한지의 여부를 유의수준 $\alpha = 0.05$ 에서 검정하여라.

(3) 결정계수 R^2 을 구하여라.

(4) 평균온도가 20℃ 이고 작업일수가 30일, 작업량이 70톤일 때 월 평균 물소비량이 얼마일지를 예측하여라.

7. 어느 의료센터에서는 마취제 투여량과 마취가 풀리는데 걸리는 시간 사이의 관계를 알아보기 위하여 남자와 여자 각 10명씩을 랜덤으로 추출하여 실험한 결과, 다음과 같은 자료를 얻었다. 마취제 투여량을 설명변수 X_1 으로, 성별을 X_2로, 그리고 마취가 풀리는 시간을 반응변수 Y로 하여 다음 물음에 답하여라.

남 자		여 자	
투여량(㎎)	시간(분)	투여량(㎎)	시간(분)
1.0	8.0	1.0	6.0
1.5	8.0	1.5	6.5
2.0	8.5	2.0	5.5

남 자		여 자	
투여량(mg)	시간(분)	투여량(mg)	시간(분)
2.5	8.0	2.5	7.0
3.0	8.0	3.0	6.5
3.5	10.5	3.5	8.0
4.0	10.0	4.0	8.5
4.5	12.5	4.5	8.5
5.0	15.5	5.0	10.0
5.5	16.0	5.5	10.5

(1) 중선형 회귀모형

$$Y = \beta_0 + \beta_1 x_1 + \beta_2 x_2 + \epsilon, \quad \text{여기서 } X_2 = \begin{cases} 0 & : \text{여자} \\ 1 & : \text{남자} \end{cases}$$

을 적합시켜 회귀식을 추정하여라.

(2) 남자 및 여자에 대한 회귀식을 각각 추정하여라.

(3) 중선형 회귀모형 $Y = \beta_0 + \beta_1 x_1 + \beta_2 x_2 + \beta_3 x_1 x_2 + \epsilon$ 을 적합시키고 교호작용 항$(x_1 x_2)$을 포함하는 것이 바람직한지의 여부를 유의수준 $\alpha = 0.05$ 에서 판단하여라.

8. 다음은 어느 자동차 회사에서 지역별로 자회사 대리점에 한달 동안 방문하는 고객 수, 경쟁 대리점의 수, 영업 직원 수에 따라 월간 매출액을 조사한 결과이다.

매출액(Y)	고객수(X_1)	대리점수(X_2)	직원수(X_3)
58	29	7	10
179	53	5	8
142	65	9	11
179	48	4	18
125	36	5	17
157	69	9	19
100	28	9	10
271	54	2	12
139	40	5	6
318	71	2	18
148	58	8	9
65	42	9	14
217	48	3	8
86	37	7	6
134	53	7	6

(1) 고객수, 대리점수, 직원수들 간의 상관계수를 구하여라.

(2) 중선형 회귀모형 $Y = \beta_0 + \beta_1 x_1 + \beta_2 x_2 + \beta_3 x_3 + \epsilon$ 을 적합시켜 회귀식을 추정하고, 모형의 적절성 여부에 대하여 유의수준 $\alpha = 0.05$ 로 검정하여라.

(3) 각 회귀계수에 대한 검정을 통하여 가장 적합한 중선형 회귀식을 추정하고, 이때의 결정계수값을 계산하여 축소되기 이전의 결정계수값과 비교하여 보아라.

9. R 프로그램의 HistData 패키지에 Galton이라는 이름으로 내장되어 있는 갈톤의 자료를 이용하여 부모의 키(X: parent)로부터 자식의 키(Y: child)를 예측하는 회귀직선을 추정하고, 적합된 회귀식의 의미를 설명하여라.

10. R 프로그램의 cats 자료는 집 고양이의 몸무게와 심장 무게를 측정한 것으로 R에서는 MASS 패키지에 cats 라는 이름으로 제공되고 있다. 설명변수를 고양이의 몸무게(X : Bwt)로, 반응변수를 심장의 무게(Y : Hwt)로 하여 다음 물음에 답하여라.

(1) 단순선형 회귀모형 $Y = \beta_0 + \beta_1 x + \epsilon$ 을 적합시켜 회귀식을 추정하고, 산점도 상에 회귀식을 그려라.

(2) 가설 $H_0 : \beta_1 = 0$, $H_1 : \beta_1 \neq 0$ 에 대한 검정을 유의수준 $\alpha = 0.05$ 에서 하여라.

(3) 잔차분석을 통하여 오차항에 대한 가정을 검토하여라.

11. Motor Trend Car Road Tests 자료는 1974년 미국의 자동차 잡지 Motor Trend에서 차량에 대한 정보를 수집한 것으로 R 프로그램에서는 mtcars 라는 이름으로 내장되어 있다. mtcars 자료의 11개의 변수 중에서 실린더 개수(X_1 : cyl), 배기량(X_2 : disp), 마력(X_3 : hp), 무게(X_4 : wt), 1/4mile을 주파하는 속도(X_5 : qsec)를 설명변수로 하고 연비(Y : mpg)를 반응변수로 하는 다중선형 회귀모형을 적합 시키고자 한다. 다음 물음에 답하여라.

(1) 다중선형 회귀모형 $Y = \beta_0 + \beta_1 x + \cdots + \beta_5 x_5 + \epsilon$ 을 적합시켜 회귀식을 추정하고, 모형의 유의성을 유의수준 $\alpha = 0.05$ 에서 검정 하여라.

(2) 가설 $H_0 : \beta_4 = 0$, $H_1 : \beta_4 \neq 0$ 에 대한 검정을 유의수준 $\alpha = 0.05$ 에서 하여라.

(3) 설명변수들 간의 상관계수와 분산팽창인자를 조사하여 다중공선성의 존재를 판단하여라.

부 록

A. R 프로그램 소개
B. 확률분포표
C. 연습문제 해답

A. R 프로그램 소개

A.1 R이란?

R은 R. Becker, J. Chamber, A. Wilks 등이 S언어를 확장하여 개발한 하나의 프로그래밍 언어이다. 하지만 R은 기존의 프로그래밍 언어와는 달리 SAS, SPSS, Minitab 등과 같은 통계 패키지의 기능을 함께 갖추고 있으면서 구입 및 유지비용이 전혀 들지 않는다는 커다란 장점이 있다. 그리고 기존의 통계 패키지가 철저하게 패키지화되어 있어 사용자가 필요에 따라 프로그램을 자유롭게 조절할 수 없는 단점을 가지고 있는 반면에, R은 많은 함수들을 내장하고 있으며 또한 이 함수들을 적절히 조합하여 사용자가 자신의 요구에 맞게끔 새로운 함수를 직접 만들어 사용할 수 있다는 장점도 가지고 있다. 이러한 이유로 많은 학자들은 R 언어를 이용하여 자료 분석을 위한 새로운 프로그램을 개발하고, 이를 패키지화하여 R에 포함시키고 있으므로 기존의 통계 패키지에서 사용할 수 없는 최신의 분석기법을 R에서 사용할 수 있다.

R의 특징과 장점

(1) 사용료를 지불하지 않는 공개용 무료 통계 패키지이며, 프로그래밍 언어이다.
(2) 사용자의 요구에 맞추어 새로운 함수를 쉽게 생성할 수 있다.
(3) 최신 통계 기법에 의한 자료의 처리와 분석이 쉽다.
(4) "Help" 기능이 잘 갖추어 있으며, 예제를 따라 하면서 쉽게 배울 수 있다.

A.1.1 R과 R Studio의 설치

R은 웹사이트 "http://www.r-project.org"에서 무료로 다운 받을 수 있다. [그림 A.1.1]과 같은 R의 시작을 알리는 화면이 나타나면 왼쪽 메뉴 가운데에 있는 "Download" 아래의 "CRAN"을 클릭한다. [그림 A.1.2]는 R을 어디서 다운로드 받을 것인지를 선택하는 화면으로, 나라별로 R 서버가 있는 위치를 알려준다. Korea 아래에 있는 사이트 중 한 곳을 클릭하여 다운받는다.

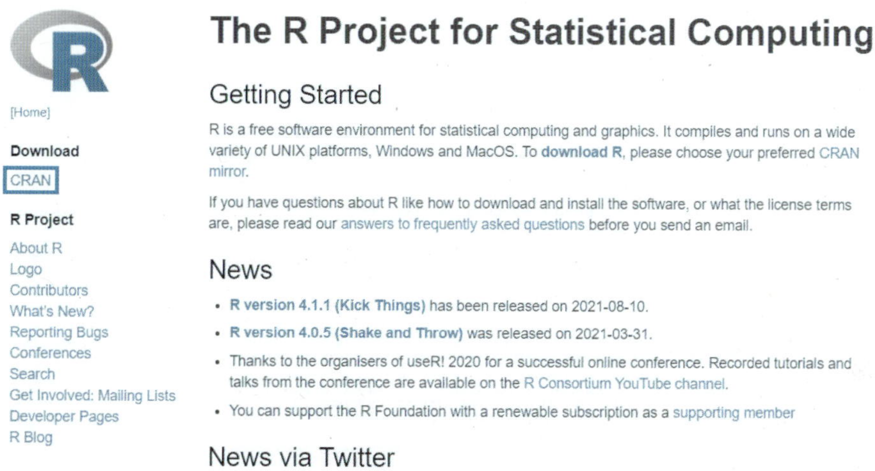

The R Project for Statistical Computing

[Home]

Download

CRAN

R Project

About R
Logo
Contributors
What's New?
Reporting Bugs
Conferences
Search
Get Involved: Mailing Lists
Developer Pages
R Blog

Getting Started

R is a free software environment for statistical computing and graphics. It compiles and runs on a wide variety of UNIX platforms, Windows and MacOS. To **download R**, please choose your preferred CRAN mirror.

If you have questions about R like how to download and install the software, or what the license terms are, please read our answers to frequently asked questions before you send an email.

News

- **R version 4.1.1 (Kick Things)** has been released on 2021-08-10.
- **R version 4.0.5 (Shake and Throw)** was released on 2021-03-31.
- Thanks to the organisers of useR! 2020 for a successful online conference. Recorded tutorials and talks from the conference are available on the R Consortium YouTube channel.
- You can support the R Foundation with a renewable subscription as a supporting member

News via Twitter

[그림 A.1.1] 인터넷 시작 화면

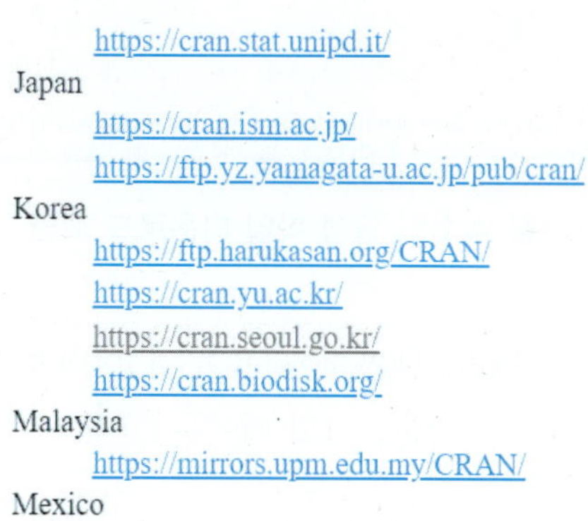

https://cran.stat.unipd.it/
Japan
https://cran.ism.ac.jp/
https://ftp.yz.yamagata-u.ac.jp/pub/cran/
Korea
https://ftp.harukasan.org/CRAN/
https://cran.yu.ac.kr/
https://cran.seoul.go.kr/
https://cran.biodisk.org/
Malaysia
https://mirrors.upm.edu.my/CRAN/
Mexico

[그림 A.1.2] 다운로드 사이트 선택 화면

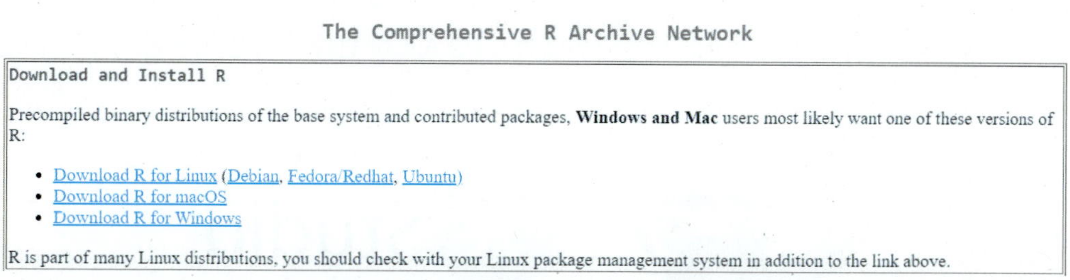

The Comprehensive R Archive Network

Download and Install R

Precompiled binary distributions of the base system and contributed packages, **Windows and Mac** users most likely want one of these versions of R:

- Download R for Linux (Debian, Fedora/Redhat, Ubuntu)
- Download R for macOS
- Download R for Windows

R is part of many Linux distributions, you should check with your Linux package management system in addition to the link above.

[그림 A.1.3] 운영시스템 선택 화면

[그림 A.1.3]과 같은 운영시스템 선택 화면이 나타나면 "Download R for Windows"를 선택하여 클릭한다(사용하는 운영시스템이 Windows가 아닐 경우, 해당하는 시스템을 선택하면 된다). [그림 A.1.4]와 같은 화면이 나타나면 "base"를 선택하여 클릭한다.

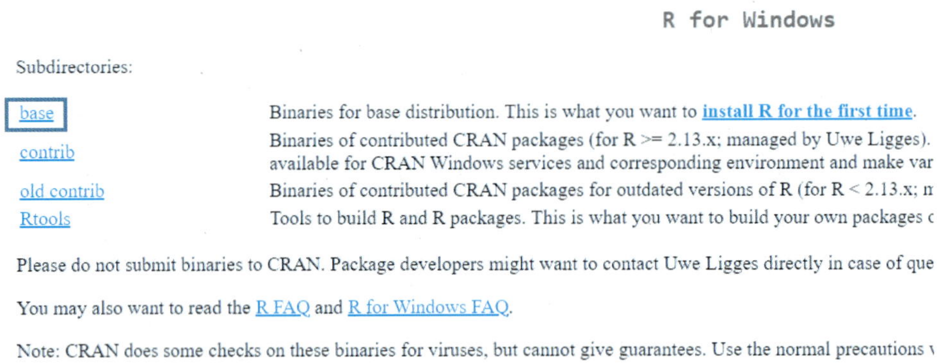

[그림 A.1.4] base 선택 화면

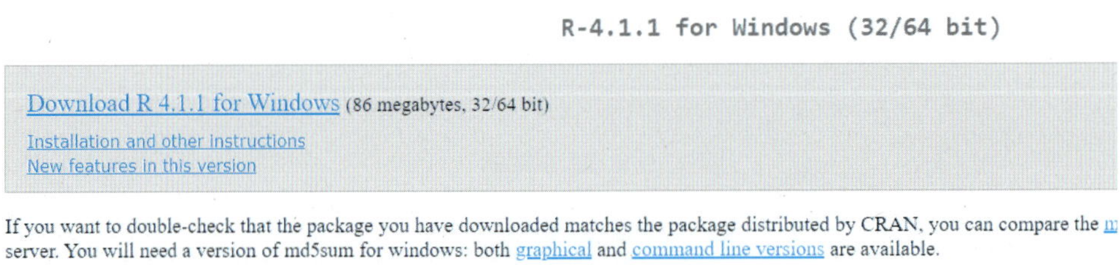

[그림 A.1.5] 실행 파일 다운로드 화면

[그림 A.1.5]와 같은 화면이 나타나면, "Download R 4.1.1 for Windows"를 클릭한다(R은 계속해서 업데이트되기 때문에 독자들이 R을 다운로드할 때에는 [그림 A.1.5]의 화면보다 더 최근 버전이 출시되었을 것이다).

R을 다운로드 받은 후(직접 인터넷상에서 실행을 시켜도 무방하다) 실행시키면, 언어 설정 화면이 나타나게 된다. 여기서 사용자가 원하는 언어 즉, "한국어"를 선택한 후에 "확인"을 클릭한다. 이어지는 지시에 따라 설치를 마무리하면 바탕화면에는 [그림 A.1.6] 왼쪽과 같은 아이콘 R이 생성된다.

[그림 A.1.6] R과 R studio 실행 파일 아이콘

R 설치가 완료되었으면 R을 편리하게 사용할 수 있도록 돕는 통합개발환경(IDE)소프트웨어 R Studio를 설치해보자. R 스튜디오 공식 웹사이트인 https://www.rstudio.com/에 접속하고, [Download R

Studio]를 클릭한다. [그림 A.1.7]. R 스튜디오의 버전 선택 페이지가 열리면 [RStudio Desktop Open Source License]의 [Download] 버튼을 클릭한다. [그림 A.1.8].

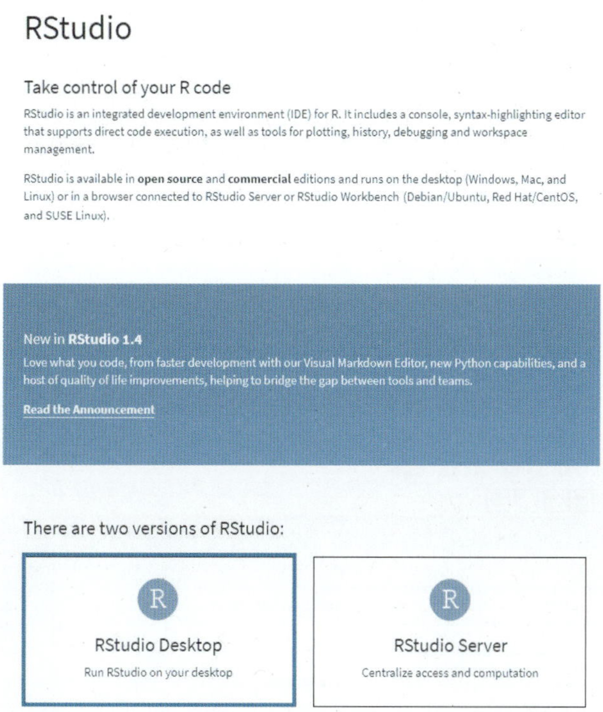

[그림 A.1.7] R Studio 다운로드 사이트 선택 화면

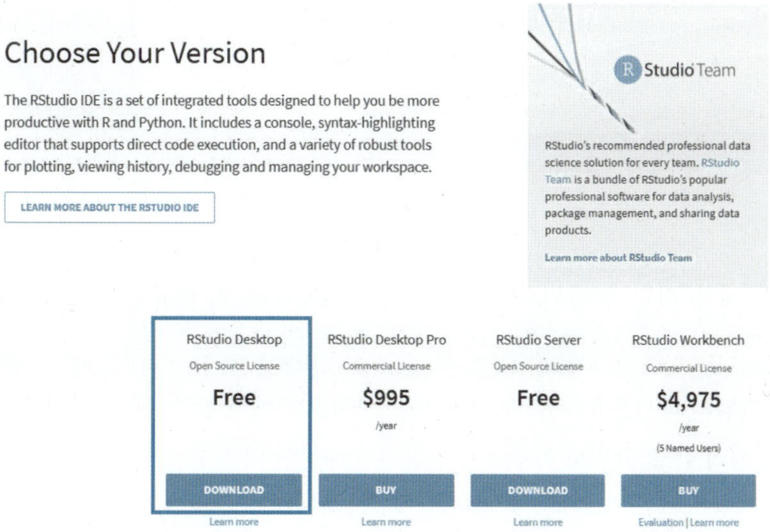

[그림 A.1.8] R Studio 다운로드 화면

운영체계별 설치 파일 다운로드 목록이 나타나면 사용자 환경에 맞는 링크를 클릭하여 설치 파일을 다운로드한다. 다운로드가 끝나면 설치 파일을 더블클릭하여 실행시키고 설치 간 주어지는 옵션을 사용자의 선호에 맞게 선택하면 R Studio 설치가 완료된다.

이어지는 내용에서는 R 기본 프로그램의 실행법과 기초적인 코드 작성법에 대해서 예제를 통하여 함께 알아보도록 하겠다. R Studio 환경에서의 코드 작성방법은 R 기본 프로그램과 동일하다. 다만 R Studio에서는 사용자의 편의성을 위해 더욱 향상된 GUI 환경을 제공한다. 따라서 이어지는 내용은 기본적으로 기본 R 프로그램을 기준으로 설명되어 있다.

A.1.2 R의 실행

바탕화면에서 R을 클릭하면 [그림 A.1.9]와 같은 초기화면이 나타난다. 이때 화면 속에는 작성된 R 프로그램(R 코드라 부르기도 함)이 실제 실행되는 "R Console" 창이 함께 나타나게 된다.

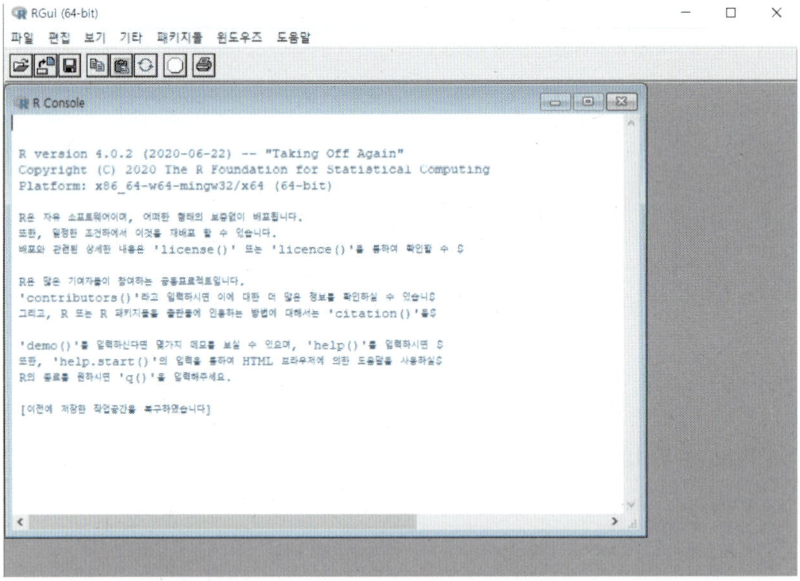

[그림 A.1.9] **실행 초기화면**

상단 메뉴 중에서 "파일"을 클릭하면 하위 메뉴가 나타나며, 각 메뉴의 기능은 [표 A.1.1]에 설명되어 있다.

R에서 프로그램의 작성은 R Console 창 또는 스크립트 창에서 할 수 있다. 하지만 R Console 창은 프로그램의 실행이 한 줄 단위로 이루어지는 창이기 때문에 여러 줄로 이루어진 프로그램일 경우 R Console 창을 이용하여 프로그램을 작성하는 것은 불편하다. 또한, R Console 창에서는 실행된 프로그램을 다시 불러들여 수정하는 것도 불편하게 되어 있다. 반면에 스크립트 창은 프로그램 편집

만을 위한 창이기 때문에 프로그램을 새로 작성하거나 작성된 프로그램을 수정하고 편집하는 것이 매우 쉽다. 이러한 이유로 프로그램 작성 시 R Console 창보다 스크립트 창을 이용하는 것이 일반적인 경향이다. R 프로그램의 실행은 일반적으로 [표 A.2]와 같은 단계를 거치게 된다.

[표 A.1] **파일 메뉴의 기능**

하위 메뉴	기능
R 코드의 소스...	확장자가 ".R"인 R 소스 파일을 프로그램상에서 바로 실행시키고자 할 때 사용한다.
새 스크립트	프로그램을 작성하고, 편집할 때 사용되는 창을 스크립트라고 부르며, 새로운 스크립트를 열고자 할 때 사용한다.[1)]
스크립트 열기...	이전 작업에서 사용한 후 저장되어 있는 스크립트를 불러들일 때 사용한다.
파일(를)을 표시···	선택된 파일의 위치를 나타내고자 할 때 사용한다.
작업공간 불러오기...	필요한 데이터가 이전 작업공간에 저장되어 있는 경우 해당 작업공간을 불러들일 때 사용한다.
작업공간 저장하기...	현재 사용 중인 작업공간을 저장하고자 할 때 사용한다.
작업기록 불러오기···	이력이란 R Console창에서 실행하기 위하여 입력하였던 R 프로그램을 줄 단위로 R이 기억하고 있는 것을 말하며, 화살표 "↑" 또는 "↓"를 이용하여 실행하였던 R 프로그램을 줄 단위로 불러들일 수 있다. 이력을 저장하지 않으면 작업이 종료됨과 동시에 자동으로 사라지게 된다. 저장된 이력을 불러들일 때 사용한다.
작업기록 저장하기···	이력을 저장하고자 할 때 사용한다.
작업 디렉토리 변경...	작업중인 디렉토리를 변경하거나 또는 새로운 폴더를 만들고자 할 때 사용한다.
인쇄하기...	R Console창의 내용을 인쇄하고자 할 때 사용한다.
파일에 저장...	R Console창의 내용을 텍스트 파일로 저장하고자 할 때 사용한다.

[표 A.2] **R 프로그램 실행 단계**

단계	내용
1단계	메뉴 "파일"에서 하위 메뉴 "새로운 스크립트"를 클릭한다. 이미 저장되어 있는 스크립트를 필요로 할 경우 "스크립트 열기"를 통하여 불러오면 된다.
2단계	스크립트창에서 R 프로그램을 작성 또는 수정한다.
3단계	작성된 R 프로그램을 복사하여 R Console창으로 옮겨 실행시킨다. ※ 스크립트창에서 작성된 프로그램의 실행법: 실행문을 복사하여 R Console창으로 옮겨도 되지만 보다 쉬운 방법은 실행문을 블록으로 지정한 후, "Ctrl+R" 키를 동시에 누르면 선택된 실행문은 자동적으로 R Console창에서 실행된다.
4단계	사용한 스크립트를 저장한다. ※ 저장 요령: 저장하고자 하는 스크립트가 활성화되어 있는 상태에서 메뉴의 "파일"에서 하위 메뉴 "저장"을 클릭하면 된다.

1) R Console창에서 프로그램의 실행은 한 줄 단위로만 이루어지지 때문에 프로그램을 작성하고 편집함에 있어서 불편하다. 따라서 필요한 프로그램을 스크립트 창에서 한꺼번에 작성한 후, 작성된 실행문 전체를 한꺼번에 R Console창에 복사하여 실행시키는 것이 편리하다.

A.1.3 R Studio의 실행

시작 메뉴에서 RStudio를 클릭하면 [그림 A.1.10]와 같은 초기화면이 나타난다. R 스튜디오는 데이터 분석 작업을 위해 매우 편리한 작업 환경을 제공하며, 일반적으로 좌측 상단에 '편집(Script) 창', 좌측 하단에 '콘솔(Console) 창', 우측 상단에 '환경(Environmnet) 창', 우측 하단에 '파일(File) 창'이 나타난다.

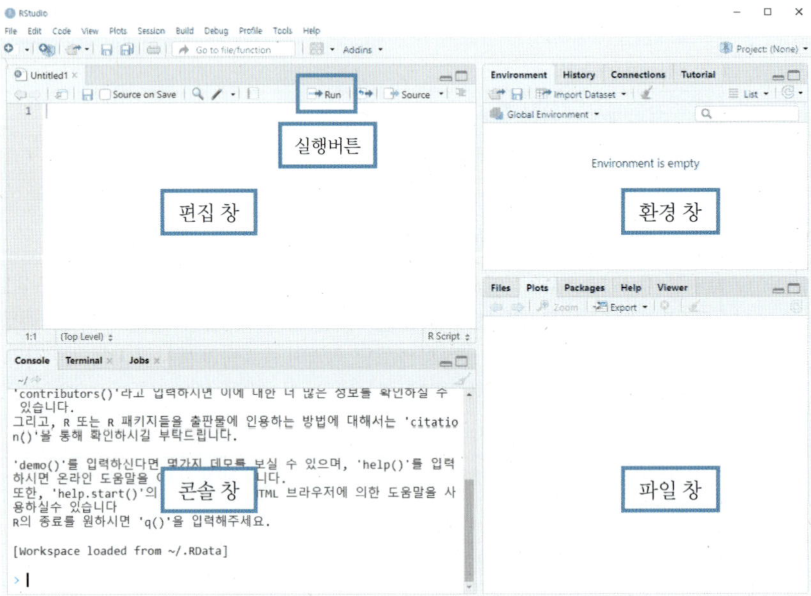

[그림 A.1.10] R Studio 초기화면

'편집 창'은 R 명령문들을 작성하고 실행하는 영역이다. 대부분의 코드 작성은 편집 창에서 이루어진다. '콘솔 창'은 편집 창에서 R 명령문을 작성 및 편집하고 실행 버튼을 클릭했을 때, 명령문의 실행 과정 및 결과를 표시하는 창이다. 직접 명령문을 작성하여 실행하는 것도 가능하다. '환경 창'은 명령문이 실행되는 동안 만들어지는 각종 변수나 자료구조의 내용을 보여주는 창이다. '파일 창'은 도움말, 패키지 설치 및 조회, 그래프 실행 내용 조회 등 유용한 기능을 제공하는 창이다.

R 스튜디오의 4개의 창은 사용자가 배치를 자유롭게 변경할 수 있다. 창의 위치를 변경하려면 메뉴에서 [View]-[Panes]에서 원하는 위치를 선택한다.

A.2 R 사용을 위한 기초지식

이 절에서는 자료의 입력과 저장, 그리고 저장된 자료를 읽어 들이는 요령과 R의 주요 기능 등에 대하여 알아보도록 할 것이다.

A.2.1 자료의 입력

R에서의 자료는 기본적으로 벡터 또는 행렬 형태로 입력되며, 이때 입력되는 자료는 반드시 숫자 또는 문자 중 어느 한 가지로 통일되어야 한다. 그러나 통계 분석을 위한 자료는 숫자와 문자가 혼합되어 있는 경우가 대부분이며, 이러한 경우에는 데이터 프레임(data frame)이라는 일종의 행렬 형태로 자료를 입력하게 된다.

(1) 벡터 형태

1) 자룟값이 숫자일 경우

자료를 벡터 형태로 만들어주기 위해서 R에서는 c() 함수를 사용한다. 예를 들어, x라는 변수가 5개의 값 1, 2, 3, 4, 5를 가진다고 할 경우 R Console창에서 아래와 같이 입력한 후 enter키를 누르면 된다.

그리고 입력된 값들을 화면에 나타나도록 하기 위해서는 x를 타이핑한 후 enter키를 누르면 된다. 출력결과에서 "[1]"은 x벡터의 첫 번째 값부터 화면에 표시되었다는 것을 의미한다.[2)]

변수 이름을 지정하지 않고 c() 함수만을 사용하여 자룟값들을 입력한 후 enter키를 누르게 되면 입력된 값들은 바로 화면에 나타나게 된다.

```
> x <- c(1, 2, 3, 4, 5)
> x
  [1] 1 2 3 4 5
> c(1, 2, 3, 4, 5)
  [1] 1 2 3 4 5
```

벡터 형태인 두 자료를 하나로 결합하기 위해서는 다음과 같이 하면 된다.

```
> x <- c(1, 2, 3, 4, 5)
> y <- c(6, 7, 8, 9, 10)
> z <- c(x, y)
> z
  [1] 1 2 3 4 5 6 7 8 9 10
```

연속해서 이어지는 수는 c() 함수보다 seq() 함수를 사용하는 것이 간편하다. 예를 들어 변수 x가 1부터 10까지의 정수값을 가질 경우 다음과 같이 하면 된다.

---

2) 만약 x가 특정한 하나의 값 예를 들어, 3을 나타낼 경우에는 c 함수를 사용하지 않고 x<-3과 같이 입력하면 된다.

```
> x <- seq(1, 10)
> x
 [1] 1 2 3 4 5 6 7 8 9 10
```

seq 함수 대신 x<-1:10과 같이 해도 동일한 결과를 얻을 수 있다.

```
> x <- 1:10
> x
 [1] 1 2 3 4 5 6 7 8 9 10
```

일정한 간격을 가진 숫자의 배열은 명령어 by를 이용하여 간단하게 나타낼 수 있다. 예를 들어, 1부터 10사이에서 2간격을 둔 값 1, 3, 5, 7, 9는 다음과 같이 하면 된다.

```
> x <- seq(1, 10, by=2)
> x
 [1] 1 3 5 7 9
```

동일한 수를 반복하고자 할 경우에는 rep() 함수를 사용한다. 예를 들어, 1을 5번 반복하고자 할 경우 rep(1, 5)와 같이 표현하면 된다. 그리고 여러 개의 값들이 반복될 경우에도 rep() 함수를 사용하여 간단하게 나타낼 수 있다. 즉, {1, 2, 3}이 3번 반복될 경우 rep(1:3, 3)와 같이 표현하면 된다.

```
> rep(1, 5)
 [1] 1 1 1 1 1
> rep(1:3, 3)
 [1] 1 2 3 1 2 3 1 2 3
```

예제 A.1 변수 z가 {3, 5, 2, 1, 4, 9, 9, 9, 9, 9}의 값을 가질 때 c()와 rep() 함수를 사용하여 z가 출력되도록 R 코드를 작성하여라.

풀이

```
> x <- c(3, 5, 2, 1, 4)
> y <- rep(9, 5)
> z <- c(x, y)
> z
 [1] 3 5 2 1 4 9 9 9 9 9
```

■

예제 A.2 자료값이 {1, 3, 5, 7, 9, 1, 3, 5, 7, 9}일 때 seq()와 rep() 함수를 사용하여 자료값이 출력되도록 R 코드를 작성하여라.

풀이

```
> rep(seq(1, 10, by=2), 2)
[1] 1 3 5 7 9 1 3 5 7 9
```

자료가 벡터 형태일 때 특정한 값 또는 특정한 조건을 만족하는 값을 선택할 수 있으며, 이러한 경우에는 변수 이름 다음에 대괄호[ ]를 사용한다. 예를 들어, 벡터 x의 첫 번째 값을 선택하고자 할 경우에는 x[1], 첫 번째부터 네 번째 사이의 값 모두를 선택하고자 할 경우에는 x[1:4], 벡터 x에서 첫 번째 값만을 제외하고자 할 경우에는 x[-1]과 같이 하면 된다. 그리고 x[x>0]은 0보다 큰 x값만을 선택하라는 것을 의미한다.

```
> x <- c(-2, -1, 0, 1, 2, 3)
> x[3]
 [1] 0
> x[2:4]
 [1] -1 0 1
> x[-1]
 [1] -1 0 1 2 3
> x[-c(1, 2, 6)]
 [1] 0 1 2
> x[x >0]
 [1] 1 2 3
```

예제 A.3 −3에서 3까지 0.5의 간격으로 배열된 값들 중에서 양수인 값만을 선택하기 위한 R 코드를 작성하여라.

풀이

```
> x <- seq(-3, 3, by=0.5)
> x[x>0]
 [1] 0.5 1 1.5 2 2.5 3
```

예제 A.4 R 코드

```
score <- c(74, 82, 77, 68, 90, 80, 65, 91, 56, 83)
```

에 대해서 아래 R 코드가 의미하는 바를 설명하여라.

(1) > score[1]; score[5]   (2) > score[1:4]   (3) > score[-1]

(4) > score[-c(1,3,5,7,9)]   (5) > score[score>85]

풀이 (1) R 코드의 실행은 한 줄 단위로 이루어진다. 만약 두 개 이상의 실행문을 한 줄에 표시하여 함께 실행시키고자 할 경우에는 실행문과 실행문 사이에 세미콜론(;)을 사용하면 된다. 따라서 score[1]; score[5]는 첫 번째 실행에서는 첫 번째의 값을 선택하고, 두 번째 실행에서는 5번째의 값을 선택하라는 의미가 된다.

```
> score[1]; score[5]
[1] 74
[1] 90
```

(2) score[1:4]는 첫 번째부터 네 번째 값까지 선택하라는 의미이다.

```
> score[1:4]
[1] 74 82 77 68
```

(3) score[-1]는 첫 번째 값을 제외한 나머지 값을 선택하라는 의미이다.

```
> score[-1]
[1] 82 77 68 90 80 65 91 56 83
```

(4) score[-c(1,3,5,7,9)]는 자료에서 1,3,5,7,9번째 값을 제외한 나머지 값을 선택하라는 의미이다.

```
> score[-c(1,3,5,7,9)]
[1] 82 68 80 91 83
```

(5) score[score > 85]는 85보다 큰 값만 선택하라는 의미이다.

```
> score[score>85]
[1] 90 91
```

R에서의 기본 연산은 연산자 +(덧셈), -(뺄셈), *(곱셈), /(나눗셈), ^(멱승) 등을 사용하여 이루어지며, 모든 연산은 벡터 연산 규칙에 따른다. 즉, 연산 순서에서 *은 +또는 -보다 우선하며, 덧셈과 뺄셈은 벡터의 크기가 동일할 경우에만 가능하다.

```
> x <- c(1, 2, 3)
> y <- c(4, 5, 6)
> z <- c(7, 8)
> w <- 2*x+y
  [1] 6 9 12
> v <- x-z
Warning message:
In x - z : longer object length is not a multiple of shorter object length
```

2) 자료값이 문자일 경우

자료값이 문자일 경우 " "의 사용을 기본으로 한다. 예를 들어 변수 x가 혈액형 A, B, AB, O을 나타낼 경우 "A", "B", "AB", "O"와 같이 입력하여야 한다.

```
> x <- c("A", "B", "AB", "O")
> x
 [1] "A", "B", "AB", "O"
> y <- c("RH+", "RH-")
 [1] "RH+", "RH-"
> z <- c(x, y)
> z
 [1] "A", "B", "AB", "O", "RH+", "RH-"
> rep(c("M", "F"), c(2, 1))
 [1] "M", "M", "F"
```

(2) 행렬(matrix) 형태

행렬 형태의 자료를 만들고자 할 경우에는 matrix() 함수를 사용한다. 예를 들어 4개의 값 95, 85, 90, 80을 이용하여 2x2 행렬로 만들고자 할 경우, matrix(c(95, 85, 90, 80), nrow=2, byrow=F)와 같이 입력하면 된다.[3] 여기서 nrow=2는 행이 2개인 행렬을 만들라는 의미이고, byrow=F는 열을 기준으로 채워나가라는 의미이다. 행을 기준으로 채워나가고 싶을 경우에는 byrow=T라고 하면 된다. byrow 문장을 생략하게 되면 byrow=F와 동일한 결과가 나타나게 된다.

```
> x <- matrix(c(95, 85, 90, 80), nrow=2, byrow=F)
> x
      [,1] [,2]
 [1,] 95   90
 [2,] 85   80
> y <- matrix(c(95,85,90,80), nrow=2, byrow=T)
> y
      [,1] [,2]
 [1,] 95   85
 [2,] 90   80
```

행과 열에 이름을 지정할 경우에는 rownames() 함수와 colnames() 함수를 사용한다. 예를 들어 1행을 국어, 2행을 수학으로 지정할 경우에는 rownames(x) <-c("국어", "수학"), 1열을 철수, 2열을 영희로 지정할 경우에는 colnames(x) <-c("철수", "영희")와 같이 입력하면 된다.

3) F는 FALSE를, T는 TRUE를 의미한다.

```
> rownames(x) <- c("국어", "수학")
> colnames(x) <- c("철수", "영희")
> x
     철수 영희
국어   95   90
수학   85   80
```

예제 A.5 다음과 같은 행렬 형태의 자료를 만들기 위한 R 코드를 작성하여라.

	x	y	z
a	1	2	3
b	4	5	6
c	7	8	9

풀이

```
> A <- matrix(1:9, nrow=3, byrow=T)
> rownames(A) <- c("a", "b", "c")
> colnames(A) <- c("x", "y", "z")
```

벡터 형태의 경우와 마찬가지로 행렬 형태에서도 특정한 행이나 열 또는 특정한 원소를 선택할 수 있다. 예를 들어 1행만을 선택하고자 할 경우에는 x[1,], 2열만을 선택하고자 할 경우에는 x[,2], 1행, 1열의 원소를 선택하고자 할 경우에는 x[1,1]과 같이 하면 된다. 그리고 행과 열의 크기를 구하기 위해서는 함수 dim()을 사용하는데 이때 출력되는 두 값 중 앞의 값은 행의 크기를 뒤의 값은 열의 크기를 각각 나타낸다. 행의 크기만을 출력하고자 할 경우에는 dim(x)[1], 열의 크기만을 출력하고자 할 경우에는 dim(x)[2]와 같이 입력하면 된다.

```
> x[1,]
[1] 95 90
> x[,2]
[1] 90 80
> dim(x)
[1] 2 2
> dim(x)[1]
[1] 2
```

행렬에 대한 연산은 일반적인 행렬 연산규칙을 따른다. 즉, 두 행렬의 합 또는 차를 계산할 경우 두 행렬의 크기는 같아야 하며, 두 행렬 A와 B를 곱할 경우 앞에서 곱해지는 행렬 A의 열의 크기와 뒤에서 곱해지는 행렬 B의 행의 크기는 같아야만 한다. 행렬의 곱셈은 일반 변수의 곱셈과 구별하기 위하여 연산자 %*%를 사용하며, 전치 행렬을 구하기 위해서는 t 함수를 사용한다.

```
> A <- matrix(1:4, nrow=2)
> B <- matrix(1:2, ncol=1)
> C <- matrix(5:8, nrow=2)
> A+C
     [,1] [,2]
[1,]    6   10
[2,]    8   12
> A%*%B
     [,1]
[1,]    7
[2,]   10
> t(A)
     [,1] [,2]
[1,]    1    2
[2,]    3    4
> B%*%A
  이하에 에러 y%*%x : 적절한 인수가 아닙니다.
```

예제 A.6 행렬 $A=\begin{bmatrix} 2 & -1 & 0 \\ 2 & 1 & 3 \end{bmatrix}$, $B=\begin{bmatrix} 2 & 3 & 1 \\ 1 & 2 & 3 \end{bmatrix}$, $C=\begin{bmatrix} 1 & -1 \\ 2 & 1 \end{bmatrix}$일 때 $A+B$, CA를 계산하기 위한 R 코드를 작성하여라.

풀이

```
> A<-matrix(c(2, -1, 0, 2, 1, 3), nrow=2, byrow=T)
> B<-matrix(c(2, 3, 1, 1, 2, 3), nrow=2, byrow=T)
> C<-matrix(c(1, -1, 2, 1), nrow=2, byrow=T)
> A+B
     [,1] [,2] [,3]
[1,]    4    2    1
[2,]    3    3    6
> C%*%A
     [,1] [,2] [,3]
[1,]    0   -2   -3
[2,]    6   -1    3
```

(3) 데이터 프레임 형태

통계 분석을 위한 자료는 숫자는 물론 문자도 함께 포함되어 있는 경우가 대부분이며, 또한 각 변수에 대한 이름도 주어져 있다. 하지만 문자와 숫자가 혼합된 경우에는 앞에서 배운 벡터 또는 행렬 형태로 자료를 입력할 수 없다. 이러한 경우 R에서는 데이터 프레임(data frame)이라는 또 다른 행렬 형태로 자료를 만들도록 요구하고 있다. 데이터 프레임 형태로 자료를 만들기 위해서는 data.frame() 함수를 사용하며, 그 요령은 다음과 같다.

```
> a <- c(10, 20, 30, 40)
> b <- c("A", "B", "C", "D")
> data0 <- data.frame(x=a, y=b)
> data0
   x  y
1 10  A
2 20  B
3 30  C
4 40  D
```

여기서 x와 y는 변수 이름을 각각 나타낸다. 데이터 프레임 data0에서 특정 변수의 값을 확인하고 싶을 경우에는 데이터 프레임 이름 data0 다음에 $ 기호, 변수 이름을 차례로 입력하면 된다. 예를 들어, 변수 x의 값을 알고 싶을 경우 data0$x라고 입력한 후 enter키를 누르면 된다.

```
> data0$x
[1] 10 20 30 40
> data0$y
[1] A B C D
> data0[1,]
   x  y
 1 10  A
> data0[,2]
 [1] A B C D
```

예제 A.7 다음과 같은 데이터 프레임(이름은 total)을 만들기 위한 R 코드를 작성하여라.

	score	credit
국어	78	C
영어	96	A
수학	77	C

풀이

```
> x <- c(78, 96, 77)
> y <- c("C", "A", "C")
> total <- data.frame(score=x, credit=y)
> rownames(total) <- c("국어", "영어", "수학")
> total
```

(4) 리스트 형태

R에서는 크기가 서로 다른 형태의 자료를 하나로 묶어 저장할 수 있으며, 이러한 경우에 사용되는 것이 list() 함수이다. 예를 들어 어떤 학생이 세 번의 국어시험에서 92, 86, 77점을, 두 번의 영어시험에서 85, 91점, 네 번의 수학시험에서 98, 88, 82, 75점을 받았다고 하자. 이때 list() 함수를 이용하면 세 과목의 시험점수를 하나로 묶어 저장할 수 있다.

```
>x <- c(92, 86, 77)
>y <- c(85, 91)
>z <- c(98, 88, 82, 75)
>score <- list(국어 = x, 영어 = y, 수학 = z)
>score
 $국어
 [1] 92 86 77
 $영어
 [1] 85 91
 $수학
 [1] 98 88 82 75
>score$국어
 [1] 92 86 77
```

데이터 프레임과 리스트의 차이점은 데이터 프레임이 사각형 형태로 자료를 저장하는 구조라면, 리스트는 자료를 일렬로 연결하여 저장하는 구조라고 할 수 있다.

A.2.2 자료 읽어 들이기와 저장

(1) 실행 디렉토리에 저장된 자료 읽어 들이기와 저장

R이 실행되고 있는 디렉토리에서 자료를 읽어 들이기 위해서는 파일이 .csv 또는 .txt 형식으로 저장되어 있어야만 한다. 예를 들어 R이 실행되고 있는 디렉토리에 data.csv란 이름으로 [그림 A.2.1]과 같은 자료가 저장되어 있다고 하자. 이때 파일 data.csv를 temp란 이름의 데이터 프레임으로 읽어 들이기 위해서 read.csv() 함수를 사용하면 된다.

	나이	혈압
1	36	128
2	28	130
3	30	110

[그림 A.2.1] 파일 data.csv

```
> temp <- read.csv("data.csv", header=T)
> temp
   나이 혈압
1  36  128
2  28  130
3  30  110
> temp$나이
[1] 36 28 30
```

여기서 header=T는 저장되어 있는 자료의 첫 번째 행이 변수 이름으로 되어있다는 의미이며, 만약 첫 번째 행이 변수 이름이 아니라 자룟값으로 되어 있다고 할 경우에는 header=F로 하면 된다. 확장자가 txt인 파일일 경우에는 read.table() 함수를 사용하여야 하고, 나머지 과정은 read.csv 함수의 경우와 동일하다.

예제 A.8 다음과 같은 자료가 파일이름 test.txt로 R이 실행되고 있는 디렉토리에 저장되어 있을 경우 자료값을 읽어 들이기 위한 R 코드를 작성하여라.

A	B	C
71	84	68
87	63	77
57	73	71

풀이

```
> temp <- read.table("test.txt", header=T)
> temp
```

R이 실행되고 있는 디렉토리(폴더)에 파일을 저장하기 위해서는 write.csv() 함수 또는 write.table() 함수를 사용한다. 이때 파일의 확장자는 반드시 csv 또는 txt이어야 한다. 예를 들어, 데이터 프레임의 이름이 temp이고, 저장하고자 하는 파일 이름을 newdata.csv로 할 경우 다음과 같이 하면 된다.

```
> write.csv(temp, "newdata.csv")
```

txt 파일로 저장할 경우에는 write.table() 함수를 사용한다는 차이 이외에 나머지는 csv 파일로 저장할 때와 동일하다.

(2) 외부로부터 자료 읽어 들이기

R이 실행되고 있는 디렉토리가 아닌 외부로부터에서 자료를 읽어 들이기 위해서는 파일이 있는

경로를 지정해주면 된다. 단, 이때 파일은 확장자가 csv 또는 txt인 형식으로 저장되어 있어야 한다. 예를 들어 USB에 [표 A.2]와 같은 자료가 파일 이름 data.txt로 저장되어 있고, 이 파일을 디스크 E로부터 읽어 들인다고 하자.

[표 A.2] **파일 data.txt**

sex	edu	age	income	sex	edu	age	income
남	고졸	21	85	남	대졸	35	170
남	대졸	33	150	여	대졸	26	120
남	중졸	28	120	여	대졸	32	150
여	고졸	30	100	남	고졸	35	180
여	대졸	38	150	남	중졸	40	150

이때 자료를 읽어 들이기 위해서 read.table() 함수가 사용되고, 읽어 들인 자료를 temp라는 이름으로 저장하기 위해서는 다음과 같이 입력하면 된다.

```
> temp <- read.table("E:data.txt", header=T)
```

여기서 header=T는 첫 번째 행이 변수 이름으로 되어 있기 때문에 사용되었다. 이렇게 읽어들인 자료는 temp라는 데이터 프레임의 이름으로 존재하게 된다.

예제 A.9 위의 자료 temp에서 (1) 변수 sex의 값, (2) 1행, (3) 표본의 크기와 변수의 개수를 출력하기 위한 R 코드를 작성하여라.

풀이

```
> temp$sex
 [1] 남 남 남 여 여 남 여 여 남 남
 Levels: 남 여
> temp[1,]
    sex  edu   age  income
 [1] 남  고졸   21     85
> dim(temp)
 [1] 10  4
```

디스크나 USB에 저장된 자료는 scan() 함수를 이용하여 읽어 들일 수도 있다. 예를 들어 "E:₩data.txt"에 다음과 같은 자료가 저장되어 있다고 하자.

71	84	68	75	91
87	63	77	81	98
57	73	74	85	50
62	66	78	65	75
89	94	93	86	61

이때 scan() 함수를 이용하여 자료를 읽어 들이기 위해서는 다음과 같이 하면 된다.

```
> x <- scan("E:data.txt")
 Read 25 items
> x
 [1] 71 84 68 75 91 87 63 77 81 98 57 73 74 85 50 62 66 78 65 75 89 94 93 86
 [25] 61
```

여기서 자료를 행렬 형태로 읽어 들이고자 할 경우에는 matrix() 함수를 사용하여 다음과 같이 명령하면 된다.

```
> y <- matrix(scan("E:data.txt"), nrows=5, byrow=T)
 Read 25 items
> y
      [,1] [,2] [,3] [,4] [,5]
 [1,]  71   84   68   75   91
 [2,]  87   63   77   81   98
 [3,]  57   73   74   85   50
 [4,]  62   66   78   65   75
 [5,]  89   94   93   86   61
```

예제 A.10 위에서 만들어진 행렬에서 행의 이름을 a, b, c, d, e, 열의 이름을 1, 2, 3, 4, 5로 부여하기 위한 R 코드를 작성하여라.

풀이

```
> rownames(y)<-c("a", "b", "c", "d", "e")
> colnames(y)<-c(1,2,3,4,5)
> y
   1  2  3  4  5
a 71 84 68 75 91
b 87 63 77 81 98
c 57 73 74 85 50
d 62 66 78 65 75
e 89 94 93 86 61
```

위에서와 같이 행렬 형태로 만들어진 자료 y를 디스크 E에 있는 USB에 다시 저장하려면 write() 함수를 사용하여 다음과 같이 명령하면 된다.

```
> write.table(y, "E:y.txt")
```

이때 USB에 저장된 파일 y.txt를 메모장을 이용하여 확인해 보면 행과 열의 순서가 바뀌어 있다는 것을 알 수 있을 것이다. 이를 해결하기 위해서는 저장 시 y 대신 y의 전치행렬 t(y)를 사용하여 write.table(t(y), "E:y.txt")와 같이 명령하면 된다.

A.2.3 자료의 편집

(1) 자료의 분할

R에서도 다른 통계 패키지처럼 지정된 변수값에 대하여 자료를 분할하여 새로운 자료를 만들 수 있다. 예를 들어 [표 A.2]의 자료에서 여자들만을 선택하여 female이라는 데이터 프레임으로 만들고자 할 경우에는 다음과 같이 하면 된다.

```
> female<-temp[temp$sex=="여",]
> female
  sex  edu  age  income
4  여  고졸  30   100
5  여  대졸  38   150
7  여  대졸  26   120
8  여  대졸  32   150
```

예제 A.11 temp에서 age가 30세 미만인 사람들만을 선택하여 young이라는 데이터 프레임으로 만들기를 위한 R 코드를 작성하여라.

풀이

```
> young<-temp[temp$age<30 ,]
> young
  sex  edu  age  income
1  남  고졸  21    85
3  남  중졸  28   120
7  여  대졸  26   120
```

(2) 자료의 덧붙이기

두개의 자료를 가로로 덧붙인다던지 또는 세로로 덧붙이고자 할 경우에는 rbind() 함수 또는

cbind() 함수를 사용한다.[4] 그리고 덧붙인 자료의 행과 열에 이름을 부여하기 위해서는 rownames() 함수와 colnames() 함수를 사용하면 된다.

```
> x <- c(80, 75, 90)
> y <- c(76, 92, 86)
> xy <- cbind(x, y)
> xy
      x  y
[1,] 80 76
[2,] 75 92
[3,] 90 86
> rownames(xy) <- c("국어", "영어", "수학")
> colnames(xy) <- c("x", "y")
> xy
      x  y
국어  80 76
영어  75 92
수학  90 86
```

예제 A.12 위의 예에서 x와 y의 과학 점수가 각각 95점, 92점이라고 할 때 이를 수학 점수 아래에 추가하기 위한 R 코드를 작성하여라.

풀이

```
> z <- c(95, 92)
> total <- rbind(xy, z)
> rownames(total)[4] <- c("과학")
> total
      x  y
국어  80 76
영어  75 92
수학  90 86
과학  95 92
```

예제 A.13 자료 A와 B가 다음과 같을 때 두 자료를 세로로 덧붙이기 위한 R 코드를 작성하여라.

풀이

```
> x <- c(85, 76, 92)
> y <- c(66, 85, 96)
> A <- rbind(x, y)
> w <- c(80, 96, 92)
```

4) cbind는 column binding을, rbind는 row binding을 의미한다.

```
> z <- c(76, 89, 85)
> B <- rbind(w, z)
> AB <- rbind(A, B)
> AB
   [,1] [,2] [,3]
x   80   76   92
y   66   85   96
w   80   96   92
z   76   89   85
```

A.2.4 사용자 함수 만들기

프로그램 작성 시 함수가 필요한 경우 R에서 제공하는 함수를 이용할 수도 있지만 사용자가 자신의 요구에 맞게끔 함수를 직접 만들어서 사용할 수도 있다. 이처럼 사용자에 의해서 만들어진 함수를 사용자 함수라고 부른다. 특정한 형태의 함수를 만들기 위한 프로그램 작성 시 그 실행을 부분적으로 통제하기 위하여 제어문이 많이 사용되고 있으며, 그 중 조건 제어문 if와 반복 제어문 for 또는 while 등이 많이 사용되고 있다. 여기서는 이러한 제어문에 대하여 먼저 알아본 뒤, 사용자 함수를 만드는 방법에 대해서 설명하도록 하겠다.

(1) 조건 제어문: if

조건이 참일 때와 거짓일 때에 따라 다르게 프로그램이 실행되도록 하고자 할 때 사용하는 제어문이 조건 제어문이다. 대표적인 조건문으로는 if문이 있으며 그 기본 형태는 [그림 A.2.2]에 주어져 있다.

if else 문

```
if(조건){
… 실행문
}else{
… 실행문
}
```

if else if else 문

```
if(조건1){
… 실행문
}else if(조건2){
… 실행문
}else{
… 실행문
}
```

[그림 A.2.2] if 문의 형태

[그림 A.2.2]의 "if else문"은 if문 다음에 주어진 괄호( )안의 조건에 맞으면 그 다음에 나오는 중괄호 { }에서 주어진 문장을 실행하고, 괄호( )안의 조건에 맞지 않으면 else 다음의 중괄호 { }에서 주어진 문장을 실행한다. 조건이 여러 개일 때는 "if else if else문" 형태로 문장을 실행한다. 조건 제어문을 이용하여 프로그램을 작성할 때 사용되는 연산자를 관계 연산자라고 하며, 그 종류는 [표 A.3]에 주어져 있다.

[표 A.3] 관계 연산자와 그 의미

관계 연산자	의미	관계 연산자	의미
A == B	A와 B가 같다	A >= B	A가 B보다 크거나 같다
A != B	A와 B가 같지 않다	A < B	A가 B보다 작다
! A	A가 아니다	A <= B	A가 B보다 작거나 같다
A > B	A가 B보다 크다		

예제 A.14 x의 값이 25보다 클 때 "x is greater than 25"가 출력되고, 25보다 작을 때에는 "x is less than 25"가 출력되도록 R 코드를 작성하여라. 참고적으로, print() 함수는 print() 함수에서 주어진 내용을 그대로 출력해주고자 할 때 사용된다.

풀이

```
> x=30
> if(x>25){
+ print("x is greater than 25")
+ } else {
+ print("x is less than 25")
+ }
[1] "x is greater than 25"
```

예제 A.15 [예제 A.14]에서 x의 값이 25보다 클 때 "x is greater than 25"가 출력되고, 15보다 작을 때 "x is less than 15", 그 이외에는 "x is between 25 and 15"가 출력되도록 R 코드를 작성하여라.

풀이

```
> x<-30
> if(x>25){
+ print("x is greater than 25")
+ } else if(x<15) {
+ print("x is less than 15")
+} else {
+ print("x is between 25 and 15")
+ }
[1] "x is greater than 25"
```

(2) 반복 제어문: for, while

반복 제어문은 동일한 내용을 반복적으로 수행할 때 또는 일정한 규칙이 있는 일이 여러 번 수행될 때 사용되는 제어문이다. 일반적으로 많이 사용되는 반복 제어문으로는 for문과 while문 등이 있다.

for 문	while 문

for(index in 반복 조건){
… 실행문
}
	while(조건){
	… 실행문
	}

[그림 A.2.3] **반복 제어문의 형태**

[그림 A.2.3]에서 for문 index로는 임의의 변수를 사용하면 된다. index가 반복 조건안에 있을 동안에 괄호{ } 안의 문장들을 실행하게 되며, while문에서는 조건이 참일 동안 괄호 { } 안의 문장들을 실행하게 된다.

예제 A.16 x<-{1, 5, 3, 4, 1, 3, 4, 3, 2, 3}일 때 x에 포함되어 있는 3의 개수를 출력하기 위한 R 코드를 작성하여라.

풀이

```
> x <- c(1, 5, 3, 4, 1, 3, 4, 3, 2, 3)
> count <- 0
> for(i in 1:length(x)){
+ if(x[i] == 3) count <- count + 1
+}
>print("x 안의 3의 개수는?")
[1] "x 안의 3의 개수는?"
>print(count)
[1] 4
```

■

for문에서는 index로 i를 사용했고, i는 1부터 x에 포함되어 있는 값의 개수만큼 x의 값을 읽어 들이되 만약 x의 값이 3이면 1씩 더해지도록 if문에서 명령하고 있다. 여기서 length() 함수는 벡터 x의 길이를 출력해 준다.

반복문을 쓰지 않고 다음과 같이 작성하여도 동일한 결과를 얻을 수 있다. 이때 x3 <- x[x==3]은 x의 값들 중에서 3인 값만을 x3에 포함시키라는 의미이다.

```
> x <- c(1, 5, 3, 4, 1, 3, 4, 3, 2, 3)
> x3 <- x[x == 3]
> length(x3)
[1] 4
```

■

예제 A.17 [예제 1.16]에서 while 문을 사용하여 R 코드를 작성하여라.

풀이

```
> x <- c(1, 5, 3, 4, 1, 3, 4, 3, 2, 3)
> count <- 0
> i <- 1
> while(i <= length(x)){
+       if(x[i] == 3){count = count + 1}
+       i <- i + 1
+}
>print("x에 포함된 3의 개수는?")
 [1] "x에 포함된 3의 개수는?"
>print(count)
 [1] 4
```

(3) 사용자 함수 만들기

사용자 함수를 만드는 형식은 아래와 같으며, 여기서 "함수명"은 만들고자 하는 함수의 이름을, "수행 과정"은 사용자의 요구 조건에 맞도록 입력값이 수행되기 위한 프로그램을, return() 함수는 수행 과정을 거친 결과가 출력되도록 명령할 때 사용된다. 그리고 수행 과정이 시작되기 전과 return() 함수 뒤에는 반드시 중괄호 { }로 묶어주어야 한다.

```
함수명 <- function(변수){
        수행 과정 ....
  return(값)
}
```

사용자 함수의 예로서 절댓값을 출력하는 함수를 만들어 보도록 하자. 먼저 절대값을 출력하는 함수명을 absolute로 할 경우, absolute<-function(x)와 같이 입력한 후 중괄호 { 로서 처리 과정이 시작됨을 알린다. 그런 후에 if 조건문을 사용하여 입력되는 값이 양수이면 그대로 출력하고, 그렇지 않으면 −를 곱하여 출력하도록 프로그램을 작성한다. 마지막으로 return 함수를 입력한 후 중괄호 }로서 사용자 함수의 작성이 끝났다는 것을 알리면 된다. 예를 들어, −10의 절댓값을 구하고자 할 경우 "absolute(−10)"과 같이 함수명을 쓰고 괄호 안에 값을 입력하면 된다.

```
> absolute <- function(x){
+ if(x >= 0) y <- x
+ else y <- -x
+ return(y)
+ }
> absolute(-10)
  [1] 10
```

예제 A.18 1에서 10까지의 정수를 모두 더하는 함수를 for문을 사용하여 작성하여라. (단, 함수명은 summation으로 할 것.)

풀이

```
> summation <- function(x)
+ {
+ result <- 0
+ for(i in 1:length(x)) result <- result + x[i]
+ return(result)
+ }
> y <- 1:10
> summation(y)
  [1] 55
```

■

예제 A.19 [예제 1.18]에서 만든 summation 함수와 동일한 기능을 수행하는 함수를while문을 사용하여 작성하여라. (단, 함수명은 newsum으로 할 것.)

풀이

```
> newsum <- function(x)
+ {
+ i <- 1
+ result <- 0
+ while(i <= length(x))
+ { result <- result + x[i]
+ i <- i+1 }
+ return(result)
+ }
> y <- 1:10
> newsum(y)
[1] 55
```

■

A.2.5 R의 추가적인 기능

(1) 계산기 기능

R은 일반적인 연산과 제곱근, 삼각함수 등의 값을 간편하게 계산할 수 있도록 해주는 기능을 가지고 있으며, 사용하는 요령은 [표 A.4]와 [표 A.5]를 참고하기 바란다.

[표 A.4] **연산 사용 예**

용도	함수명	예제	결과
덧셈	+	5+5	10
뺄셈	−	5−4	1
곱셈	*	5*3	15
나눗셈	/	4/2	2
자승	^	6^2	36

[표 A.5] 함수 사용 예

용도	함수명	예제	결과
제곱근 계산	sqrt	sqrt(2)	1.414214
삼각함수	cos, sin, tan	cos(0)	1
지수함수	exp	exp(1)	2.718282
자연로그함수	log	log(10)	2.302585
밑수지정 로그함수	log	log(10, base=10)	1
소수점 개수 결정함수	round	round(2.345, 2)	2.35

(2) 주석 및 help 기능

주석은 프로그램의 실행과는 전혀 상관없는 비실행문장으로서, 프로그램의 작성 목적이라든지 또는 작성한 코드에 대한 설명을 하고자할 때 사용한다. R에서는 부호 "#" 다음에 나오는 내용은 주석으로 간주하여 프로그램에서 실행되지 않는다.

```
> data[1,] # 첫 번째 행을 나타냄
  [1] 1 2 3
> x <- 1:10 # x<-c(1:10)과 동일한 결과를 출력함
  [1] 1 2 3 4 5 6 7 8 9 10
```

R에서 help 기능은 2가지 방법 즉, ? 또는 help 중 어느 한 가지를 택하여 이용하면 된다. 예를 들어 plot()에 대해서 알고자 할 경우 ?plot 또는 help(plot)와 같이 입력하면 plot에 대한 도움말이 새로운 화면에 출력된다.

```
> ?plot
> help(plot)
```

(3) 패키지를 이용하는 기능

R이 가지고 있는 커다란 장점중의 하나는 많은 연구자들이 개발한 알고리즘을 자유롭게 사용할 수 있다는 것이다. 실제로 많은 학자들이 R 언어를 이용하여 자료 분석을 위한 새로운 프로그램을 개발하고, 이를 패키지화하여 R에 포함시키고 있기 때문에 기존의 패키지에서 사용할 수 없는 최신의 기법을 R에서는 사용할 수 있다. 여기서는 R에서 제공되는 패키지의 사용 요령에 대해서 간단히 설명하도록 하겠다.

예를 들어 점도표를 그린다고 하자. 이때 점도표(도트플롯)는 dotplot() 함수를 이용하는데 이 함수는 R에서 기본적으로 제공하고 있는 함수가 아니라 "lattice"라는 패키지에 정의되어 있는 함수이다. 그러므로 dotplot() 함수를 사용하기 위해서는 먼저 "lattice"라는 패키지를 설치해야 한다. 패키지를 설치하는 요령은 다음과 같다. 먼저 [그림 A.2.4]에서와 같이 메뉴 "패키지들"에서 "패키지(를)

설치하기"를 선택한 후, [그림 A.2.5]와 같이 다운로드 할 서버를 선택하라는 화면에서 "Korea(Seoul 1)"을 선택하면 패키지 종류 화면이 [그림 A.2.6]과 같이 나타난다. 여기서 원하는 패키지 "lattice"를 선택하면 설치가 완료된다.

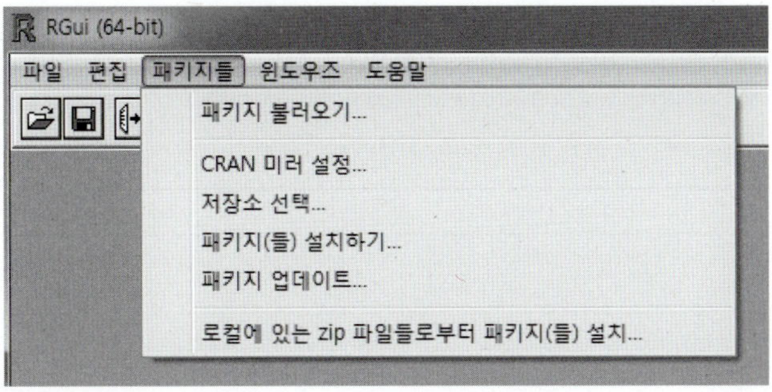

[그림 A.2.4] **패키지 설치1**

[그림 A.2.5] **패키지 설치2**

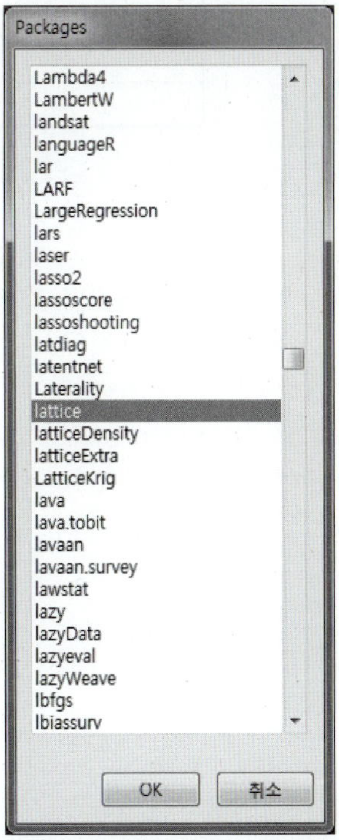

[그림 A.2.6] **패키지 설치3**

패키지를 설치하는 다른 방법으로 Console창에 직접 입력하는 방법이 있다. "lattice"패키지를 설치하려면 다음과 같이 입력하면 된다.

```
> install.packages("lattice")
```

패키지를 선택한 후에 다음과 같은 요령으로 R 코드를 작성하여 사용하면 된다. [그림 A.2.7]에는 R 코드로부터 출력된 점도표가 주어져 있다.

```
> dice <- c(1,2,4,3,4,6,5,6,4,5,3,4,3,2,1,6,4,6,2,4,5,1,1,6)
> library(lattice)
> dotplot(table(dice), xlab="빈도", ylab="주사위")
```

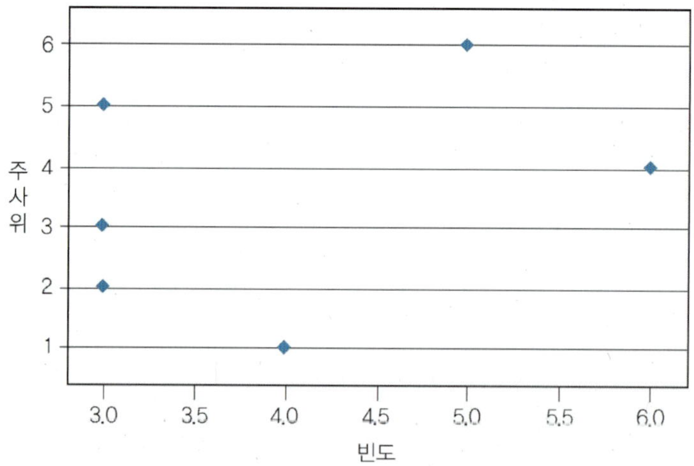

[그림 A.2.7] **점도표 예제**

B. 확률분포표

표 B.1 난수표

Line	01~05	06~10	11~15	16~20	21~25	26~30	31~35
101	13284	16834	74151	92027	24670	36665	00770
102	21224	00370	30420	03883	94648	89428	41583
103	99052	47887	81085	64933	66279	80432	65793
104	00199	50993	98603	38452	87890	94624	69721
105	60578	06483	28733	37867	07936	98710	98539
106	91240	18312	17441	01929	18163	69201	31211
107	97458	14229	12063	59611	32249	90466	33216
108	35249	38646	34475	72417	60514	69257	12489
109	38980	46600	11759	11900	46743	27860	77940
110	10750	52745	38749	87365	58959	53731	89295
111	36247	27850	73958	20673	37800	63835	71051
112	70994	66986	99744	72438	01174	42159	11392
113	99638	94702	11463	18148	81386	80431	90628
114	72055	15774	43857	99805	10419	76939	25993
115	24038	65541	85788	55835	38835	59399	13790
116	74976	14631	35908	28221	39470	91548	12854
117	35553	71628	70189	26436	63407	91178	90348
118	35676	12797	51434	82976	42010	26344	92920
119	74815	67523	72985	23183	02446	63594	98924
120	45246	88048	65173	50989	91060	89894	36036
121	76509	47069	86378	41797	11910	49672	88575
122	19689	90332	04315	21358	97248	11188	39062
123	42751	35318	97513	61537	54955	08159	00337
124	11946	22681	45045	13964	57517	59419	58045

(계속)

Line	01~05	06~10	11~15	16~20	21~25	26~30	31~35
125	96518	48688	20996	11090	48396	57177	83867
126	35726	58643	76869	84622	39098	36083	72505
127	39737	42750	48968	70536	84864	64952	38404
128	97025	66492	56177	04049	80312	48028	26408
129	62814	08075	09788	56350	76787	51591	54509
130	25578	22950	15227	83291	41737	59599	96191
131	68763	69576	88991	49662	46704	63362	56625
132	17900	00813	64361	60725	88974	61005	99709
133	71944	60227	63551	71109	05624	43836	58254
134	54684	93691	85132	64399	29182	44324	14491
135	25946	27623	11258	65204	52832	50880	22273
136	01353	39318	44961	44972	91766	90262	56073
137	99083	88191	27662	99113	57174	35571	99884
138	52021	45406	37945	75234	24327	86978	22644
139	78755	47744	43776	83098	03225	14281	83637
140	25282	69106	59180	16257	22810	43609	12224
141	11959	94202	02743	86847	79725	51811	12998
142	11644	13792	98190	01424	30078	28197	55583
143	06307	97912	68110	59812	95448	43244	31262
144	76285	75714	89585	99296	52640	46518	55486
145	55322	07598	39600	60866	63007	20007	66819
146	78017	90928	90220	92503	83375	26986	74399
147	44768	43342	20696	26331	43140	69744	82928
148	25100	19336	14605	86603	51680	97678	24261
149	83612	46623	62876	85197	07824	91392	58317
150	41347	81666	82961	60413	71020	83658	02415

표 B.2 이항분포 표 : 한 점 x에서의 확률값 $P(X=x)=\binom{n}{x}p^x(1-p)^{n-x}$ (계속)

n	x	$p=0.1$	$p=0.2$	$p=0.3$	$p=0.4$	$p=0.5$
2	0	0.8100	0.6400	0.4900	0.3600	0.2500
	1	0.1800	0.3200	0.4200	0.4800	0.5000
	2	0.0100	0.0400	0.0900	0.1600	0.2500
3	0	0.7290	0.5120	0.3430	0.2160	0.1250
	1	0.2430	0.3840	0.4410	0.4320	0.3750
	2	0.0270	0.0960	0.1890	0.2880	0.3750
	3	0.0010	0.0080	0.0270	0.0640	0.1250
4	0	0.6561	0.4096	0.2401	0.1296	0.0625
	1	0.2916	0.4096	0.4116	0.3456	0.2500
	2	0.0486	0.1536	0.2646	0.3456	0.3750
	3	0.0036	0.0256	0.0756	0.1536	0.2500
	4	0.0001	0.0016	0.0081	0.0256	0.0625
5	0	0.5905	0.3277	0.1681	0.0778	0.0313
	1	0.3281	0.4096	0.3602	0.2592	0.1563
	2	0.0729	0.2048	0.3087	0.3456	0.3125
	3	0.0081	0.0512	0.1323	0.2304	0.3125
	4	0.0005	0.0064	0.0284	0.0768	0.1563
	5	0.0000	0.0003	0.0024	0.0102	0.0313
6	0	0.5314	0.2621	0.1176	0.0467	0.0156
	1	0.3543	0.3932	0.3025	0.1866	0.0938
	2	0.0984	0.2458	0.3241	0.3110	0.2344
	3	0.0146	0.0819	0.1852	0.2765	0.3125
	4	0.0012	0.0154	0.0595	0.1382	0.2344
	5	0.0001	0.0015	0.0102	0.0369	0.0938
	6	0.0000	0.0001	0.0007	0.0041	0.0156

(계속)

n	x	$p=0.1$	$p=0.2$	$p=0.3$	$p=0.4$	$p=0.5$
7	0	0.4783	0.2097	0.0824	0.0280	0.0078
	1	0.3720	0.3670	0.2471	0.1306	0.0547
	2	0.1240	0.2753	0.3177	0.2613	0.1641
	3	0.0230	0.1147	0.2269	0.2903	0.2734
	4	0.0026	0.0287	0.0972	0.1935	0.2734
	5	0.0002	0.0043	0.0250	0.0774	0.1641
	6	0.0000	0.0004	0.0036	0.0172	0.0547
	7	0.0000	0.0000	0.0002	0.0016	0.0078
8	0	0.4305	0.1678	0.0576	0.0168	0.0039
	1	0.3826	0.3355	0.1977	0.0896	0.0313
	2	0.1488	0.2936	0.2965	0.2090	0.1094
	3	0.0331	0.1468	0.2541	0.2787	0.2188
	4	0.0046	0.0459	0.1361	0.2322	0.2734
	5	0.0004	0.0092	0.0467	0.1239	0.2188
	6	0.0000	0.0011	0.0100	0.0413	0.1094
	7	0.0000	0.0001	0.0012	0.0079	0.0313
	8	0.0000	0.0000	0.0001	0.0007	0.0039
9	0	0.3874	0.1342	0.0404	0.0101	0.0020
	1	0.3874	0.3020	0.1556	0.0605	0.0176
	2	0.1722	0.3020	0.2668	0.1612	0.0703
	3	0.0446	0.1762	0.2668	0.2508	0.1641
	4	0.0074	0.0661	0.1715	0.2508	0.2461
	5	0.0008	0.0165	0.0735	0.1672	0.2461
	6	0.0001	0.0028	0.0210	0.0743	0.1641
	7	0.0000	0.0003	0.0039	0.0212	0.0703
	8	0.0000	0.0000	0.0004	0.0035	0.0176
	9	0.0000	0.0000	0.0000	0.0003	0.0020

(계속)

n	x	$p=0.1$	$p=0.2$	$p=0.3$	$p=0.4$	$p=0.5$
10	0	0.3487	0.1074	0.0282	0.0060	0.0010
	1	0.3874	0.2684	0.1211	0.0403	0.0098
	2	0.1937	0.3020	0.2335	0.1209	0.0439
	3	0.0574	0.2013	0.2668	0.2150	0.1172
	4	0.0112	0.0881	0.2001	0.2508	0.2051
	5	0.0015	0.0264	0.1029	0.2007	0.2461
	6	0.0001	0.0055	0.0368	0.1115	0.2051
	7	0.0000	0.0008	0.0090	0.0425	0.1172
	8	0.0000	0.0001	0.0014	0.0106	0.0439
	9	0.0000	0.0000	0.0001	0.0016	0.0098
	10	0.0000	0.0000	0.0000	0.0001	0.0010
15	0	0.2059	0.0352	0.0047	0.0005	0.0000
	1	0.3432	0.1319	0.0305	0.0047	0.0005
	2	0.2669	0.2309	0.0916	0.0219	0.0032
	3	0.1285	0.2501	0.1700	0.0634	0.0139
	4	0.0428	0.1876	0.2186	0.1268	0.0417
	5	0.0105	0.1032	0.2061	0.1859	0.0916
	6	0.0019	0.0430	0.1472	0.2066	0.1527
	7	0.0003	0.0138	0.0811	0.1771	0.1964
	8	0.0000	0.0035	0.0348	0.1181	0.1964
	9	0.0000	0.0007	0.0116	0.0612	0.1527
	10	0.0000	0.0001	0.0030	0.0245	0.0916
	11	0.0000	0.0000	0.0006	0.0074	0.0417
	12	0.0000	0.0000	0.0001	0.0016	0.0139
	13	0.0000	0.0000	0.0000	0.0003	0.0032
	14	0.0000	0.0000	0.0000	0.0000	0.0005
	15	0.0000	0.0000	0.0000	0.0000	0.0000

(계속)

n	x	$p=0.1$	$p=0.2$	$p=0.3$	$p=0.4$	$p=0.5$
20	0	0.1216	0.0115	0.0008	0.0000	0.0000
	1	0.2702	0.0576	0.0068	0.0005	0.0000
	2	0.2852	0.1369	0.0278	0.0031	0.0002
	3	0.1901	0.2054	0.0716	0.0123	0.0011
	4	0.0898	0.2182	0.1304	0.0350	0.0046
	5	0.0319	0.1746	0.1789	0.0746	0.0148
	6	0.0089	0.1091	0.1916	0.1244	0.0370
	7	0.0020	0.0545	0.1643	0.1659	0.0739
	8	0.0004	0.0222	0.1144	0.1797	0.1201
	9	0.0001	0.0074	0.0654	0.1597	0.1602
	10	0.0000	0.0020	0.0308	0.1171	0.1762
	11	0.0000	0.0005	0.0120	0.0710	0.1602
	12	0.0000	0.0001	0.0039	0.0355	0.1201
	13	0.0000	0.0000	0.0010	0.0146	0.0739
	14	0.0000	0.0000	0.0002	0.0049	0.0370
	15	0.0000	0.0000	0.0000	0.0013	0.0148
	16	0.0000	0.0000	0.0000	0.0003	0.0046
	17	0.0000	0.0000	0.0000	0.0000	0.0011
	18	0.0000	0.0000	0.0000	0.0000	0.0002
	19	0.0000	0.0000	0.0000	0.0000	0.0000
	20	0.0000	0.0000	0.0000	0.0000	0.0000

표 B.3 푸아송분포표 : 한 점 x에서의 확률값 $P(X=x)=\dfrac{e^{-\lambda}\lambda^{x}}{x!}$

x	$\lambda=0.1$	.2	.3	.4	.5	.6	.7	.8	.9	1.0
0	.9048	.8187	.7408	.6703	.6065	.5488	.4966	.4493	.4066	.3679
1	.0905	.1637	.0000	.2681	.3033	.3293	.3476	.3595	.3659	.3679
2	.0045	.0164	.0333	.0536	.0758	.0988	.1217	.1438	.1647	.1839
3	.0002	.0011	.0033	.0072	.0126	.0198	.0284	.0383	.0494	.0613
4	.0000	.0001	.0003	.0007	.0016	.0030	.0050	.0077	.0111	.0153
5	.0000	.0000	.0000	.0001	.0002	.0004	.0007	.0012	.0020	.0031
6	.0000	.0000	.0000	.0000	.0000	.0000	.0001	.0002	.0003	.0005
7	.0000	.0000	.0000	.0000	.0000	.0000	.0000	.0000	.0000	.0001
8	.0000	.0000	.0000	.0000	.0000	.0000	.0000	.0000	.0000	.0000

x	$\lambda=1.5$	2	3	4	5	6	7	8	9	10
0	.2231	.1353	.0498	.0183	.0067	.0025	.0009	.0003	.0001	.0000
1	.3347	.2707	.1494	.0733	.0337	.0149	.0064	.0027	.0011	.0005
2	.2510	.2707	.2240	.1465	.0842	.0446	.0223	.0107	.0050	.0023
3	.1255	.1804	.2240	.1954	.1404	.0892	.0521	.0286	.0150	.0076
4	.0471	.0902	.1680	.1954	.1755	.1339	.0912	.0573	.0337	.0189
5	.0141	.0361	.1008	.1563	.1755	.1606	.1277	.0916	.0607	.0378
6	.0035	.0120	.0504	.1042	.1462	.1606	.1490	.1221	.0911	.0631
7	.0008	.0034	.0216	.0595	.1044	.1377	.1490	.1396	.1171	.0901
8	.0001	.0009	.0081	.0298	.0653	.1033	.1304	.1396	.1318	.1126
9	.0000	.0002	.0027	.0132	.0363	.0688	.1014	.1241	.1318	.1251
10	.0000	.0000	.0008	.0053	.0181	.0413	.0710	.0993	.1186	.1251
11	.0000	.0000	.0002	.0019	.0082	.0225	.0452	.0722	.0970	.1137
12	.0000	.0000	.0001	.0006	.0034	.0113	.0264	.0481	.0728	.0948
13	.0000	.0000	.0000	.0002	.0013	.0052	.0142	.0296	.0504	.0729
14	.0000	.0000	.0000	.0001	.0005	.0022	.0071	.0169	.0324	.0521

(계속)

x	$\lambda=1.5$	2	3	4	5	6	7	8	9	10
15	.0000	.0000	.0000	.0000	.0002	.0009	.0033	.0090	.0194	.0347
16	.0000	.0000	.0000	.0000	.0000	.0003	.0014	.0045	.0109	.0217
17	.0000	.0000	.0000	.0000	.0000	.0001	.0006	.0021	.0058	.0128
18	.0000	.0000	.0000	.0000	.0000	.0000	.0002	.0009	.0029	.0071
19	.0000	.0000	.0000	.0000	.0000	.0000	.0001	.0004	.0014	.0037
20	.0000	.0000	.0000	.0000	.0000	.0000	.0000	.0002	.0006	.0019
21	.0000	.0000	.0000	.0000	.0000	.0000	.0000	.0001	.0003	.0009
22	.0000	.0000	.0000	.0000	.0000	.0000	.0000	.0000	.0001	.0004
23	.0000	.0000	.0000	.0000	.0000	.0000	.0000	.0000	.0000	.0002
24	.0000	.0000	.0000	.0000	.0000	.0000	.0000	.0000	.0000	.0001
25	.0000	.0000	.0000	.0000	.0000	.0000	.0000	.0000	.0000	.0000

표 B.4 표준정규분포표 : 누적확률값 $P(Z \leq z) = \int_{-\infty}^{z} \frac{1}{\sqrt{2\pi}} \exp(-\frac{1}{2}t^2) dt$

z	0.00	0.01	0.02	0.03	0.04	0.05	0.06	0.07	0.08	0.09
0.0	0.5000	0.5040	0.5080	0.5120	0.5160	0.5199	0.5239	0.5279	0.5319	0.5359
0.1	0.5398	0.5438	0.5478	0.5517	0.5557	0.5596	0.5636	0.5675	0.5714	0.5754
0.2	0.5793	0.5832	0.5871	0.5910	0.5948	0.5987	0.6026	0.6064	0.6103	0.6141
0.3	0.6179	0.6217	0.6255	0.6293	0.6331	0.6368	0.6406	0.6443	0.6480	0.6517
0.4	0.6554	0.6591	0.6628	0.6664	0.6700	0.6736	0.6772	0.6808	0.6844	0.6879
0.5	0.6915	0.6950	0.6985	0.7019	0.7054	0.7088	0.7123	0.7157	0.7190	0.7224
0.6	0.7258	0.7291	0.7324	0.7357	0.7389	0.7422	0.7454	0.7486	0.7518	0.7549
0.7	0.7580	0.7612	0.7642	0.7673	0.7704	0.7734	0.7764	0.7794	0.7823	0.7852
0.8	0.7881	0.7910	0.7939	0.7967	0.7996	0.8023	0.8051	0.8079	0.8106	0.8133
0.9	0.8159	0.8186	0.8212	0.8238	0.8264	0.8289	0.8315	0.8340	0.8365	0.8389
1.0	0.8413	0.8438	0.8461	0.8485	0.8508	0.8531	0.8554	0.8577	0.8599	0.8621
1.1	0.8643	0.8665	0.8686	0.8708	0.8729	0.8749	0.8770	0.8790	0.8810	0.8830
1.2	0.8849	0.8869	0.8888	0.8907	0.8925	0.8944	0.8962	0.8980	0.8997	0.9015
1.3	0.9032	0.9049	0.9066	0.9082	0.9099	0.9115	0.9131	0.9147	0.9162	0.9177
1.4	0.9192	0.9207	0.9222	0.9236	0.9251	0.9265	0.9279	0.9292	0.9306	0.9319
1.5	0.9332	0.9345	0.9357	0.9370	0.9382	0.9394	0.9406	0.9418	0.9430	0.9441
1.6	0.9452	0.9463	0.9474	0.9485	0.9495	0.9505	0.9515	0.9525	0.9535	0.9545
1.7	0.9554	0.9564	0.9573	0.9582	0.9591	0.9599	0.9608	0.9616	0.9625	0.9633
1.8	0.9641	0.9649	0.9656	0.9664	0.9671	0.9678	0.9686	0.9693	0.9700	0.9706
1.9	0.9713	0.9719	0.9726	0.9732	0.9738	0.9744	0.9750	0.9756	0.9762	0.9767
2.0	0.9773	0.9778	0.9783	0.9788	0.9793	0.9798	0.9803	0.9808	0.9812	0.9817
2.1	0.9821	0.9826	0.9830	0.9834	0.9838	0.9842	0.9846	0.9850	0.9854	0.9857
2.2	0.9861	0.9865	0.9868	0.9871	0.9875	0.9878	0.9881	0.9884	0.9887	0.9890
2.3	0.9893	0.9896	0.9898	0.9901	0.9904	0.9906	0.9909	0.9911	0.9913	0.9916
2.4	0.9918	0.9920	0.9922	0.9925	0.9927	0.9929	0.9931	0.9932	0.9934	0.9936
2.5	0.9938	0.9940	0.9941	0.9943	0.9945	0.9946	0.9948	0.9949	0.9951	0.9952
2.6	0.9953	0.9955	0.9956	0.9957	0.9959	0.9960	0.9961	0.9962	0.9963	0.9964
2.7	0.9965	0.9966	0.9967	0.9968	0.9969	0.9970	0.9971	0.9972	0.9973	0.9974
2.8	0.9974	0.9975	0.9976	0.9977	0.9977	0.9978	0.9979	0.9980	0.9980	0.9981
2.9	0.9981	0.9982	0.9983	0.9983	0.9984	0.9984	0.9985	0.9985	0.9986	0.9986
3.0	0.9987	0.9987	0.9987	0.9988	0.9988	0.9989	0.9989	0.9989	0.9990	0.9990
3.1	0.9990	0.9991	0.9991	0.9991	0.9992	0.9992	0.9992	0.9992	0.9993	0.9993
3.2	0.9993	0.9993	0.9994	0.9994	0.9994	0.9994	0.9994	0.9995	0.9995	0.9995
3.3	0.9995	0.9995	0.9996	0.9996	0.9996	0.9996	0.9996	0.9996	0.9996	0.9997
3.4	0.9997	0.9997	0.9997	0.9997	0.9997	0.9997	0.9997	0.9997	0.9998	0.9998

표 B.5 t-분포표 : t 분포의 상위 100α% 백분위수 $t_\alpha(df)$

df	α							
	0.25	0.1	0.05	0.025	0.01	0.00833	0.00625	0.005
1	1.000	3.078	6.314	12.706	31.821	38.204	50.923	63.657
2	0.816	1.886	2.920	4.303	6.965	7.650	8.860	9.925
3	0.765	1.638	2.353	3.182	4.541	4.857	5.392	5.841
4	0.741	1.533	2.132	2.776	3.747	3.961	4.315	4.604
5	0.727	1.476	2.015	2.571	3.365	3.534	3.810	4.032
6	0.718	1.440	1.943	2.447	3.143	3.288	3.521	3.707
7	0.711	1.415	1.895	2.365	2.998	3.128	3.335	3.499
8	0.706	1.397	1.860	2.306	2.896	3.016	3.206	3.355
9	0.703	1.383	1.833	2.262	2.821	2.934	3.111	3.250
10	0.700	1.372	1.812	2.228	2.764	2.870	3.038	3.169
11	0.697	1.363	1.796	2.201	2.718	2.820	2.981	3.106
12	0.695	1.356	1.782	2.179	2.681	2.780	2.934	3.055
13	0.694	1.350	1.771	2.160	2.650	2.746	2.896	3.012
14	0.692	1.345	1.761	2.145	2.624	2.718	2.864	2.977
15	0.691	1.341	1.753	2.131	2.602	2.694	2.837	2.947
16	0.690	1.337	1.746	2.120	2.583	2.673	2.813	2.921
17	0.689	1.333	1.740	2.110	2.567	2.655	2.793	2.898
18	0.688	1.330	1.734	2.101	2.552	2.639	2.775	2.878
19	0.688	1.328	1.729	2.093	2.539	2.625	2.759	2.861
20	0.687	1.325	1.725	2.086	2.528	2.613	2.744	2.845
21	0.686	1.323	1.721	2.080	2.518	2.602	2.732	2.831
22	0.686	1.321	1.717	2.074	2.508	2.591	2.720	2.819
23	0.685	1.319	1.714	2.069	2.500	2.582	2.710	2.807
24	0.685	1.318	1.711	2.064	2.492	2.574	2.700	2.797
25	0.684	1.316	1.708	2.060	2.485	2.566	2.692	2.787
26	0.684	1.315	1.706	2.056	2.479	2.559	2.684	2.779
27	0.684	1.314	1.703	2.052	2.473	2.553	2.676	2.771
28	0.683	1.313	1.701	2.048	2.467	2.547	2.669	2.763
29	0.683	1.311	1.699	2.045	2.462	2.541	2.663	2.756
30	0.683	1.310	1.697	2.042	2.457	2.536	2.657	2.750
40	0.681	1.303	1.684	2.021	2.423	2.499	2.616	2.704
60	0.679	1.296	1.671	2.000	2.390	2.463	2.575	2.660
120	0.677	1.289	1.658	1.980	2.358	2.428	2.536	2.617
∞	0.675	1.282	1.645	1.960	2.327	2.395	2.498	2.576

표 B.6 카이제곱분포표 : 카이제곱분포의 상위 100α% 백분위수 $\chi^2_\alpha(df)$

df	α								
	0.99	0.975	0.95	0.9	0.5	0.1	0.05	0.025	0.01
1	0.0002	0.001	0.004	0.02	0.45	2.71	3.84	5.02	6.63
2	0.02	0.05	0.10	0.21	1.39	4.61	5.99	7.38	9.21
3	0.11	0.22	0.35	0.58	2.37	6.25	7.81	9.35	11.34
4	0.30	0.48	0.71	1.06	3.36	7.78	9.49	11.14	13.28
5	0.55	0.83	1.15	1.61	4.35	9.24	11.07	12.83	15.09
6	0.87	1.24	1.64	2.20	5.35	10.64	12.59	14.45	16.81
7	1.24	1.69	2.17	2.83	6.35	12.02	14.07	16.01	18.48
8	1.65	2.18	2.73	3.49	7.34	13.36	15.51	17.53	20.09
9	2.09	2.70	3.33	4.17	8.34	14.68	16.92	19.02	21.67
10	2.56	3.25	3.94	4.87	9.34	15.99	18.31	20.48	23.21
11	3.05	3.82	4.57	5.58	10.34	17.28	19.68	21.92	24.72
12	3.57	4.40	5.23	6.30	11.34	18.55	21.03	23.34	26.22
13	4.11	5.01	5.89	7.04	12.34	19.81	22.36	24.74	27.69
14	4.66	5.63	6.57	7.79	13.34	21.06	23.68	26.12	29.14
15	5.23	6.26	7.26	8.55	14.34	22.31	25.00	27.49	30.58
16	5.81	6.91	7.96	9.31	15.34	23.54	26.30	28.85	32.00
17	6.41	7.56	8.67	10.09	16.34	24.77	27.59	30.19	33.41
18	7.01	8.23	9.39	10.86	17.34	25.99	28.87	31.53	34.81
19	7.63	8.91	10.12	11.65	18.34	27.20	30.14	32.85	36.19
20	8.26	9.59	10.85	12.44	19.34	28.41	31.41	34.17	37.57
21	8.90	10.28	11.59	13.24	20.34	29.62	32.67	35.48	38.93
22	9.54	10.98	12.34	14.04	21.34	30.81	33.92	36.78	40.29
23	10.20	11.69	13.09	14.85	22.34	32.01	35.17	38.08	41.64
24	10.86	12.40	13.85	15.66	23.34	33.20	36.42	39.36	42.98
25	11.52	13.12	14.61	16.47	24.34	34.38	37.65	40.65	44.31
26	12.20	13.84	15.38	17.29	25.34	35.56	38.89	41.92	45.64
27	12.88	14.57	16.15	18.11	26.34	36.74	40.11	43.19	46.96
28	13.56	15.31	16.93	18.94	27.34	37.92	41.34	44.46	48.28
29	14.26	16.05	17.71	19.77	28.34	39.09	42.56	45.72	49.59
30	14.95	16.79	18.49	20.60	29.34	40.26	43.77	46.98	50.89
40	22.16	24.43	26.51	29.05	39.34	51.81	55.76	59.34	63.69
50	29.71	32.36	34.76	37.69	49.33	63.17	67.50	71.42	76.15
60	37.48	40.48	43.19	46.46	59.33	74.40	79.08	83.30	88.38
70	45.44	48.76	51.74	55.33	69.33	85.53	90.53	95.02	100.43
80	53.54	57.15	60.39	64.28	79.33	96.58	101.88	106.63	112.33
90	61.75	65.65	69.13	73.29	89.33	107.57	113.15	118.14	124.12
100	70.06	74.22	77.93	82.36	99.33	118.50	124.34	129.56	135.81

표 B.7 F-분포표 : F 분포의 상위 10% 백분위수 $F_{0.1}(i,\ k)$

k \ i	1	2	3	4	5	6	7	8	9	10
1	39.86	49.50	53.59	55.83	57.24	58.20	58.91	59.44	59.86	60.19
2	8.53	9.00	9.16	9.24	9.29	9.33	9.35	9.37	9.38	9.39
3	5.54	5.46	5.39	5.34	5.31	5.28	5.27	5.25	5.24	5.23
4	4.54	4.32	4.19	4.11	4.05	4.01	3.98	3.95	3.94	3.92
5	4.06	3.78	3.62	3.52	3.45	3.40	3.37	3.34	3.32	3.30
6	3.78	3.46	3.29	3.18	3.11	3.05	3.01	2.98	2.96	2.94
7	3.59	3.26	3.07	2.96	2.88	2.83	2.78	2.75	2.72	2.70
8	3.46	3.11	2.92	2.81	2.73	2.67	2.62	2.59	2.56	2.54
9	3.36	3.01	2.81	2.69	2.61	2.55	2.51	2.47	2.44	2.42
10	3.29	2.92	2.73	2.61	2.52	2.46	2.41	2.38	2.35	2.32
11	3.23	2.86	2.66	2.54	2.45	2.39	2.34	2.30	2.27	2.25
12	3.18	2.81	2.61	2.48	2.39	2.33	2.28	2.24	2.21	2.19
13	3.14	2.76	2.56	2.43	2.35	2.28	2.23	2.20	2.16	2.14
14	3.10	2.73	2.52	2.39	2.31	2.24	2.19	2.15	2.12	2.10
15	3.07	2.70	2.49	2.36	2.27	2.21	2.16	2.12	2.09	2.06
16	3.05	2.67	2.46	2.33	2.24	2.18	2.13	2.09	2.06	2.03
17	3.03	2.64	2.44	2.31	2.22	2.15	2.10	2.06	2.03	2.00
18	3.01	2.62	2.42	2.29	2.20	2.13	2.08	2.04	2.00	1.98
19	2.99	2.61	2.40	2.27	2.18	2.11	2.06	2.02	1.98	1.96
20	2.97	2.59	2.38	2.25	2.16	2.09	2.04	2.00	1.96	1.94
21	2.96	2.57	2.36	2.23	2.14	2.08	2.02	1.98	1.95	1.92
22	2.95	2.56	2.35	2.22	2.13	2.06	2.01	1.97	1.93	1.90
23	2.94	2.55	2.34	2.21	2.11	2.05	1.99	1.95	1.92	1.89
24	2.93	2.54	2.33	2.19	2.10	2.04	1.98	1.94	1.91	1.88
25	2.92	2.53	2.32	2.18	2.09	2.02	1.97	1.93	1.89	1.87
26	2.91	2.52	2.31	2.17	2.08	2.01	1.96	1.92	1.88	1.86
27	2.90	2.51	2.30	2.17	2.07	2.00	1.95	1.91	1.87	1.85
28	2.89	2.50	2.29	2.16	2.06	2.00	1.94	1.90	1.87	1.84
29	2.89	2.50	2.28	2.15	2.06	1.99	1.93	1.89	1.86	1.83
30	2.88	2.49	2.28	2.14	2.05	1.98	1.93	1.88	1.85	1.82
40	2.84	2.44	2.23	2.09	2.00	1.93	1.87	1.83	1.79	1.76
60	2.79	2.39	2.18	2.04	1.95	1.87	1.82	1.77	1.74	1.71
120	2.75	2.35	2.13	1.99	1.90	1.82	1.77	1.72	1.68	1.65
∞	2.71	2.30	2.08	1.94	1.85	1.77	1.72	1.67	1.63	1.60

(계속)

k \ i	12	15	20	24	30	40	60	120	∞
1	60.71	61.22	61.74	62.00	62.26	62.53	62.79	63.06	63.33
2	9.41	9.42	9.44	9.45	9.46	9.47	9.47	9.48	9.49
3	5.22	5.20	5.18	5.18	5.17	5.16	5.15	5.14	5.13
4	3.90	3.87	3.84	3.83	3.82	3.80	3.79	3.78	3.76
5	3.27	3.24	3.21	3.19	3.17	3.16	3.14	3.12	3.11
6	2.90	2.87	2.84	2.82	2.80	2.78	2.76	2.74	2.72
7	2.67	2.63	2.59	2.58	2.56	2.54	2.51	2.49	2.47
8	2.50	2.46	2.42	2.40	2.38	2.36	2.34	2.32	2.29
9	2.38	2.34	2.30	2.28	2.25	2.23	2.21	2.18	2.16
10	2.28	2.24	2.20	2.18	2.16	2.13	2.11	2.08	2.06
11	2.21	2.17	2.12	2.10	2.08	2.05	2.03	2.00	1.97
12	2.15	2.10	2.06	2.04	2.01	1.99	1.96	1.93	1.90
13	2.10	2.05	2.01	1.98	1.96	1.93	1.90	1.88	1.85
14	2.05	2.01	1.96	1.94	1.91	1.89	1.86	1.83	1.80
15	2.02	1.97	1.92	1.90	1.87	1.85	1.82	1.79	1.76
16	1.99	1.94	1.89	1.87	1.84	1.81	1.78	1.75	1.72
17	1.96	1.91	1.86	1.84	1.81	1.78	1.75	1.72	1.69
18	1.93	1.89	1.84	1.81	1.78	1.75	1.72	1.69	1.66
19	1.91	1.86	1.81	1.79	1.76	1.73	1.70	1.67	1.63
20	1.89	1.84	1.79	1.77	1.74	1.71	1.68	1.64	1.61
21	1.87	1.83	1.78	1.75	1.72	1.69	1.66	1.62	1.59
22	1.86	1.81	1.76	1.73	1.70	1.67	1.64	1.60	1.57
23	1.84	1.80	1.74	1.72	1.69	1.66	1.62	1.59	1.55
24	1.83	1.78	1.73	1.70	1.67	1.64	1.61	1.57	1.53
25	1.82	1.77	1.72	1.69	1.66	1.63	1.59	1.56	1.52
26	1.81	1.76	1.71	1.68	1.65	1.61	1.58	1.54	1.50
27	1.80	1.75	1.70	1.67	1.64	1.60	1.57	1.53	1.49
28	1.79	1.74	1.69	1.66	1.63	1.59	1.56	1.52	1.48
29	1.78	1.73	1.68	1.65	1.62	1.58	1.55	1.51	1.47
30	1.77	1.72	1.67	1.64	1.61	1.57	1.54	1.50	1.46
40	1.71	1.66	1.61	1.57	1.54	1.51	1.47	1.42	1.38
60	1.66	1.60	1.54	1.51	1.48	1.44	1.40	1.35	1.29
120	1.60	1.55	1.48	1.45	1.41	1.37	1.32	1.26	1.19
∞	1.55	1.49	1.42	1.38	1.34	1.30	1.24	1.17	1.00

F 분포의 상위 5% 백분위수 $F_{0.05}(i,\ k)$

k \ i	1	2	3	4	5	6	7	8	9	10
1	161.4	199.5	215.7	224.6	230.2	234.0	236.8	238.9	240.5	241.9
2	18.51	19.00	19.16	19.25	19.30	19.33	19.35	19.37	19.38	19.40
3	10.13	9.55	9.28	9.12	9.01	8.94	8.89	8.85	8.81	8.79
4	7.71	6.94	6.59	6.39	6.26	6.16	6.09	6.04	6.00	5.96
5	6.61	5.79	5.41	5.19	5.05	4.95	4.88	4.82	4.77	4.74
6	5.99	5.14	4.76	4.53	4.39	4.28	4.21	4.15	4.10	4.06
7	5.59	4.74	4.35	4.12	3.97	3.87	3.79	3.73	3.68	3.64
8	5.32	4.46	4.07	3.84	3.69	3.58	3.50	3.44	3.39	3.35
9	5.12	4.26	3.86	3.63	3.48	3.37	3.29	3.23	3.18	3.14
10	4.96	4.10	3.71	3.48	3.33	3.22	3.14	3.07	3.02	2.98
11	4.84	3.98	3.59	3.36	3.20	3.09	3.01	2.95	2.90	2.85
12	4.75	3.89	3.49	3.26	3.11	3.00	2.91	2.85	2.80	2.75
13	4.67	3.81	3.41	3.18	3.03	2.92	2.83	2.77	2.71	2.67
14	4.60	3.74	3.34	3.11	2.96	2.85	2.76	2.70	2.65	2.60
15	4.54	3.68	3.29	3.06	2.90	2.79	2.71	2.64	2.59	2.54
16	4.49	3.63	3.24	3.01	2.85	2.74	2.66	2.59	2.54	2.49
17	4.45	3.59	3.20	2.96	2.81	2.70	2.61	2.55	2.49	2.45
18	4.41	3.55	3.16	2.93	2.77	2.66	2.58	2.51	2.46	2.41
19	4.38	3.52	3.13	2.90	2.74	2.63	2.54	2.48	2.42	2.38
20	4.35	3.49	3.10	2.87	2.71	2.60	2.51	2.45	2.39	2.35
21	4.32	3.47	3.07	2.84	2.68	2.57	2.49	2.42	2.37	2.32
22	4.30	3.44	3.05	2.82	2.66	2.55	2.46	2.40	2.34	2.30
23	4.28	3.42	3.03	2.80	2.64	2.53	2.44	2.37	2.32	2.27
24	4.26	3.40	3.01	2.78	2.62	2.51	2.42	2.36	2.30	2.25
25	4.24	3.39	2.99	2.76	2.60	2.49	2.40	2.34	2.28	2.24
26	4.23	3.37	2.98	2.74	2.59	2.47	2.39	2.32	2.27	2.22
27	4.21	3.35	2.96	2.73	2.57	2.46	2.37	2.31	2.25	2.20
28	4.20	3.34	2.95	2.71	2.56	2.45	2.36	2.29	2.24	2.19
29	4.18	3.33	2.93	2.70	2.55	2.43	2.35	2.28	2.22	2.18
30	4.17	3.32	2.92	2.69	2.53	2.42	2.33	2.27	2.21	2.16
40	4.08	3.23	2.84	2.61	2.45	2.34	2.25	2.18	2.12	2.08
60	4.00	3.15	2.76	2.53	2.37	2.25	2.17	2.10	2.04	1.99
120	3.92	3.07	2.68	2.45	2.29	2.18	2.09	2.02	1.96	1.91
∞	3.84	3.00	2.60	2.37	2.21	2.10	2.01	1.94	1.88	1.83

(계속)

k \ i	12	15	20	24	30	40	60	120	∞
1	243.9	245.9	248.0	249.1	250.1	251.1	252.2	253.3	254.3
2	19.41	19.43	19.45	19.45	19.46	19.47	19.48	19.49	19.50
3	8.74	8.70	8.66	8.64	8.62	8.59	8.57	8.55	8.53
4	5.91	5.86	5.80	5.77	5.75	5.72	5.69	5.66	5.63
5	4.68	4.62	4.56	4.53	4.50	4.46	4.43	4.40	4.37
6	4.00	3.94	3.87	3.84	3.81	3.77	3.74	3.70	3.67
7	3.57	3.51	3.44	3.41	3.38	3.34	3.30	3.27	3.23
8	3.28	3.22	3.15	3.12	3.08	3.04	3.01	2.97	2.93
9	3.07	3.01	2.94	2.90	2.86	2.83	2.79	2.75	2.71
10	2.91	2.85	2.77	2.74	2.70	2.66	2.62	2.58	2.54
11	2.79	2.72	2.65	2.61	2.57	2.53	2.49	2.45	2.41
12	2.69	2.62	2.54	2.51	2.47	2.43	2.38	2.34	2.30
13	2.60	2.53	2.46	2.42	2.38	2.34	2.30	2.25	2.21
14	2.53	2.46	2.39	2.35	2.31	2.27	2.22	2.18	2.13
15	2.48	2.40	2.33	2.29	2.25	2.20	2.16	2.11	2.07
16	2.42	2.35	2.28	2.24	2.19	2.15	2.11	2.06	2.01
17	2.38	2.31	2.23	2.19	2.15	2.10	2.06	2.01	1.96
18	2.34	2.27	2.19	2.15	2.11	2.06	2.02	1.97	1.92
19	2.31	2.23	2.16	2.11	2.07	2.03	1.98	1.93	1.88
20	2.28	2.20	2.12	2.08	2.04	1.99	1.95	1.90	1.84
21	2.25	2.18	2.10	2.05	2.01	1.96	1.92	1.87	1.81
22	2.23	2.15	2.07	2.03	1.98	1.94	1.89	1.84	1.78
23	2.20	2.13	2.05	2.01	1.96	1.91	1.86	1.81	1.76
24	2.18	2.11	2.03	1.98	1.94	1.89	1.84	1.79	1.73
25	2.16	2.09	2.01	1.96	1.92	1.87	1.82	1.77	1.71
26	2.15	2.07	1.99	1.95	1.90	1.85	1.80	1.75	1.69
27	2.13	2.06	1.97	1.93	1.88	1.84	1.79	1.73	1.67
28	2.12	2.04	1.96	1.91	1.87	1.82	1.77	1.71	1.65
29	2.10	2.03	1.94	1.90	1.85	1.81	1.75	1.70	1.64
30	2.09	2.01	1.93	1.89	1.84	1.79	1.74	1.68	1.62
40	2.00	1.92	1.84	1.79	1.74	1.69	1.64	1.58	1.51
60	1.92	1.84	1.75	1.70	1.65	1.59	1.53	1.47	1.39
120	1.83	1.75	1.66	1.61	1.55	1.50	1.43	1.35	1.26
∞	1.75	1.67	1.57	1.52	1.46	1.39	1.32	1.22	1.00

F 분포의 상위 2.5% 백분위수 $F_{0.025}(i,\ k)$

k \ i	1	2	3	4	5	6	7	8	9	10
1	647.8	799.5	864.2	899.6	921.8	937.1	948.2	956.7	963.3	968.6
2	38.51	39.00	39.17	39.25	39.30	39.33	39.36	39.37	39.39	39.40
3	17.44	16.04	15.44	15.10	14.88	14.73	14.62	14.54	14.47	14.42
4	12.22	10.65	9.98	9.60	9.36	9.20	9.07	8.98	8.90	8.84
5	10.01	8.43	7.76	7.39	7.15	6.98	6.85	6.76	6.68	6.62
6	8.81	7.26	6.60	6.23	5.99	5.82	5.70	5.60	5.52	5.46
7	8.07	6.54	5.89	5.52	5.29	5.12	4.99	4.90	4.82	4.76
8	7.57	6.06	5.42	5.05	4.82	4.65	4.53	4.43	4.36	4.30
9	7.21	5.71	5.08	4.72	4.48	4.32	4.20	4.10	4.03	3.96
10	6.94	5.46	4.83	4.47	4.24	4.07	3.95	3.85	3.78	3.72
11	6.72	5.26	4.63	4.28	4.04	3.88	3.76	3.66	3.59	3.53
12	6.55	5.10	4.47	4.12	3.89	3.73	3.61	3.51	3.44	3.37
13	6.41	4.97	4.35	4.00	3.77	3.60	3.48	3.39	3.31	3.25
14	6.30	4.86	4.24	3.89	3.66	3.50	3.38	3.29	3.21	3.15
15	6.20	4.77	4.15	3.80	3.58	3.41	3.29	3.20	3.12	3.06
16	6.12	4.69	4.08	3.73	3.50	3.34	3.22	3.12	3.05	2.99
17	6.04	4.62	4.01	3.66	3.44	3.28	3.16	3.06	2.98	2.92
18	5.98	4.56	3.95	3.61	3.38	3.22	3.10	3.01	2.93	2.87
19	5.92	4.51	3.90	3.56	3.33	3.17	3.05	2.96	2.88	2.82
20	5.87	4.46	3.86	3.51	3.29	3.13	3.01	2.91	2.84	2.77
21	5.83	4.42	3.82	3.48	3.25	3.09	2.97	2.87	2.80	2.73
22	5.79	4.38	3.78	3.44	3.22	3.05	2.93	2.84	2.76	2.70
23	5.75	4.35	3.75	3.41	3.18	3.02	2.90	2.81	2.73	2.67
24	5.72	4.32	3.72	3.38	3.15	2.99	2.87	2.78	2.70	2.64
25	5.69	4.29	3.69	3.35	3.13	2.97	2.85	2.75	2.68	2.61
26	5.66	4.27	3.67	3.33	3.10	2.94	2.82	2.73	2.65	2.59
27	5.63	4.24	3.65	3.31	3.08	2.92	2.80	2.71	2.63	2.57
28	5.61	4.22	3.63	3.29	3.06	2.90	2.78	2.69	2.61	2.55
29	5.59	4.20	3.61	3.27	3.04	2.88	2.76	2.67	2.59	2.53
30	5.57	4.18	3.59	3.25	3.03	2.87	2.75	2.65	2.57	2.51
40	5.42	4.05	3.46	3.13	2.90	2.74	2.62	2.53	2.45	2.39
60	5.29	3.93	3.34	3.01	2.79	2.63	2.51	2.41	2.33	2.27
120	5.15	3.80	3.23	2.89	2.67	2.52	2.39	2.30	2.22	2.16
∞	5.02	3.69	3.12	2.79	2.57	2.41	2.29	2.19	2.11	2.05

(계속)

k \ i	12	15	20	24	30	40	60	120	∞
1	976.7	984.9	993.1	997.2	1001	1006	1010	1014	1018
2	39.41	39.43	39.45	39.46	39.46	39.47	39.48	39.49	39.50
3	14.34	14.25	14.17	14.12	14.08	14.04	13.99	13.95	13.90
4	8.75	8.66	8.56	8.51	8.46	8.41	8.36	8.31	8.26
5	6.52	6.43	6.33	6.28	6.23	6.18	6.12	6.07	6.02
6	5.37	5.27	5.17	5.12	5.07	5.01	4.96	4.90	4.85
7	4.67	4.57	4.47	4.41	4.36	4.31	4.25	4.20	4.14
8	4.20	4.10	4.00	3.95	3.89	3.84	3.78	3.73	3.67
9	3.87	3.77	3.67	3.61	3.56	3.51	3.45	3.39	3.33
10	3.62	3.52	3.42	3.37	3.31	3.26	3.20	3.14	3.08
11	3.43	3.33	3.23	3.17	3.12	3.06	3.00	2.94	2.88
12	3.28	3.18	3.07	3.02	2.96	2.91	2.85	2.79	2.73
13	3.15	3.05	2.95	2.89	2.84	2.78	2.72	2.66	2.60
14	3.05	2.95	2.84	2.79	2.73	2.67	2.61	2.55	2.49
15	2.96	2.86	2.76	2.70	2.64	2.59	2.52	2.46	2.40
16	2.89	2.79	2.68	2.63	2.57	2.51	2.45	2.38	2.32
17	2.82	2.72	2.62	2.56	2.50	2.44	2.38	2.32	2.25
18	2.77	2.67	2.56	2.50	2.44	2.38	2.32	2.26	2.19
19	2.72	2.62	2.51	2.45	2.39	2.33	2.27	2.20	2.13
20	2.68	2.57	2.46	2.41	2.35	2.29	2.22	2.16	2.09
21	2.64	2.53	2.42	2.37	2.31	2.25	2.18	2.11	2.04
22	2.60	2.50	2.39	2.33	2.27	2.21	2.14	2.08	2.00
23	2.57	2.47	2.36	2.30	2.24	2.18	2.11	2.04	1.97
24	2.54	2.44	2.33	2.27	2.21	2.15	2.08	2.01	1.94
25	2.51	2.41	2.30	2.24	2.18	2.12	2.05	1.98	1.91
26	2.49	2.39	2.28	2.22	2.16	2.09	2.03	1.95	1.88
27	2.47	2.36	2.25	2.19	2.13	2.07	2.00	1.93	1.85
28	2.45	2.34	2.23	2.17	2.11	2.05	1.98	1.91	1.83
29	2.43	2.32	2.21	2.15	2.09	2.03	1.96	1.89	1.81
30	2.41	2.31	2.20	2.14	2.07	2.01	1.94	1.87	1.79
40	2.29	2.18	2.07	2.01	1.94	1.88	1.80	1.72	1.64
60	2.17	2.06	1.94	1.88	1.82	1.74	1.67	1.58	1.48
120	2.05	1.94	1.82	1.76	1.69	1.61	1.53	1.43	1.31
∞	1.94	1.83	1.71	1.64	1.57	1.48	1.39	1.27	1.00

C. 연습문제 해답

1장. 통계학이란?

1. 모집단 : 전국 만 20세 이상의 성인 남녀
표본 : 조사를 실시한 성인남녀 500명

2. 모집단 : 전구회상에서 납품하는 전구
표본 : 추출된 36개의 전구
표본추출 방법 : 랜덤추출법

3. 1)

4. 1) 모수
2) 1000시간 : 모수
989시간 : 통계량의 관측값
3) 40.3% : 통계량의 관측값

5. 난수표로부터 난수를 읽어 들여 짝수일 때에는 H(앞), 홀수일 때에는 T(뒤)로 기록하면 동전을 던지는 결과와 동일하게 된다. 예를 들어, 난수표로부터 10개의 난수 9 4 7 8 8 1 4 9 2 7를 읽었다고 할 때 시뮬레이션을 통한 10개의 동전을 던진 결과는 다음과 같게 된다.

T H T H H T H T H T

6. 주사위의 각 면에는 1에서 6까지의 숫자가 기록되어 있으며, 각각이 일어날 확률은 1/6로 동일하다. 이러한 경우에는 난수표로부터 난수를 읽어 들인 후 0, 7, 8, 9 등 4개의 수를 무시하면 된다. 예를 들어 부록의 <표 1>에서 6번째 열을 선택하였을 경우, 위에서부터 아래로 하나씩 계속 읽어 내려가면 다음과 같다.

0 1 1 3 4 5 2 6 9 1 6 8 4 8 6 2 7 6

여기서 난수가 0, 7, 8, 9인 숫자를 버리면 시뮬레이션 결과는 다음과 같게 된다.

1 1 3 4 5 2 6 1 6 4 6 2 6

2장. 자료의 정리와 요약

1. 명목변수 : (2), (5)
서열변수 : (1)
간격변수 : (4)
비율변수 : (3), (6), (7)

2. 1) 이산형 변수
2) 연속형 변수
3) 이산형 변수
4) 연속형 변수

3. 도수분포표

고장횟수	도수	상대도수	고장횟수	도수	상대도수
0	9	0.30	4	2	0.07
1	10	0.33	5	0	0.00
2	5	0.17	6	1	0.03
3	3	0.10	계	30	1.00

4.

```
2 | 2 5
3 | 4 5
4 | 1 1 6 6 6 7 9
5 | 4 4 9
6 | 0
```

베이브 루스의 홈런기록은 개략적으로 40~49개에 가장 많이 몰려있고, 이를 중심으로 거의 좌우대칭인 형태로 분포한다.

5. 1)

계급	도수	상대도수	누적상대도수
150이상 ~ 180미만	3	0.1	0.1
180이상 ~ 210미만	5	0.17	0.27
210이상 ~ 240미만	8	0.27	0.54
240이상 ~ 270미만	6	0.2	0.74
270이상 ~ 300미만	6	0.2	0.94
300이상 ~ 330미만	2	0.06	1.00
계	30	1.00	

2) 콜레스테롤 수치가 210~240인 계급에서 가장 높은 도수를 가지며, 양 끝으로 갈수록 빈도가 줄어드는 분포를 보인다.

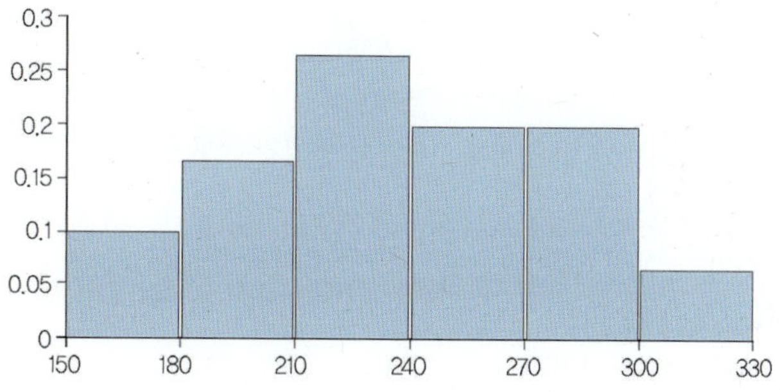

6. 1) 줄기-잎 그림

```
 4 | 4
 6 | 6
 8 | 5
10 | 551
12 | 069
14 | 01
16 | 1
18 |
20 | 9
22 |
24 | 43
26 | 013
28 | 04
```

2) 상자그림

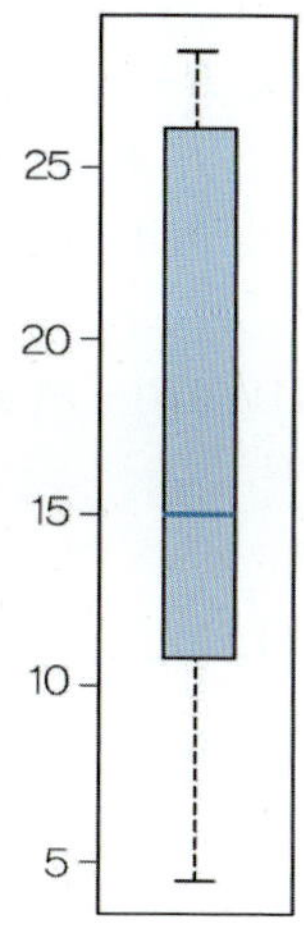

7. 1) 평균: 22.4, 중앙값: 19.5, 10% 절사평균: 18

2) 극단값 68을 제외한 나머지 9명의 월 교통비 지출액은 평균인 22.4보다 작으므로, 이 부서원의 월 교통비 지출액의 중심위치를 나타내는 통계량으로 평균은 적절하지 않다. 또한 10% 절사평균에 의해 제거되는 최솟값 12는 극단값이 아니므로 자료가 오염되었다고 보기 어렵다. 따라서 평균과 중앙값 그리고 10% 절사평균 가운데 중앙값이 이 회사 부서원의 월 교통비 지출액의 중심위치를 가장 잘 나타내고 있다고 할 수 있다.

8. 1) 결석률이 낮을수록 시험성적이 높은 경향이 있다.

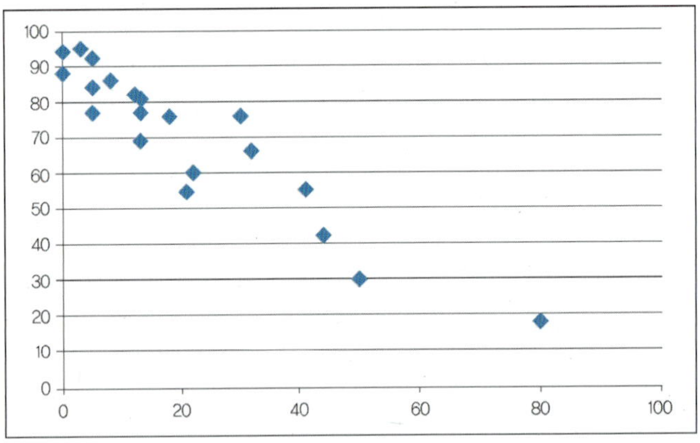

2) 결석률(x)

평균 : 20.75, 분산 : 414.6184, 표준편차 : 4.5531, 중앙값 : 13, 범위 : 80, IQR : 26

시험성적(y)

평균 : 70.15, 분산 : 21.2139, 표준편차 : 4.7435 중앙값 : 76.5, 범위 : 77, IQR : 27.5

3장. 확률

1. (a) $1 = P(S) = P(S \cup \varnothing)$ (공리2)

$P(S \cup \varnothing) = P(S) + P(\varnothing)$ (공리3)

$1 = P(S) = P(S) + P(\varnothing) = 1 + P(\varnothing)$

$\therefore P(\varnothing) = 0$

(b) $A \subset B$이면 $P(B) = P(A) + P(B-A)$ (A와 $B-A$는 배반사건이므로 공리3)

$P(A), P(B-A) \ge 0$(공리1) 이므로 $P(B) \ge P(A)$

(c) $P(A \cup B) = P((A-B) \cup (B-A) \cup (AB)) = P(A-B) + P(B-A) + P(AB)$ (공리3)

$= (P(A-B) + P(AB)) + (P(B-A) + P(AB)) - P(AB)$

$= P((A-B) \cup AB) + P((B-A) \cup AB) - P(AB)$ (공리3)

$= P(A) + P(B) - P(AB)$

(d) $i > n$일 때, $A_i = \varnothing$라고 정의하자. 그러면,

$P(A_1 \cup A_2 \cup \cdots) = P(A_1 \cup A_2 \cup \cdots \cup A_n \cup A_{n+1} \cup \cdots)$

$= P(A_1) + P(A_2) + \cdots + P(A_n) + P(A_{n+1}) + \cdots$ (공리(3)

$= P(A_1) + P(A_2) + \cdots + P(A_n) + 0 + \cdots$(계산규칙 (a))

$= P(A_1) + P(A_2) + \cdots + P(A_n)$

2. 표본공간은

$S = \{(TTT), (TTF), (TFT), (TFF), (FTT), (FTF), (FFT), (FFF),\}$

앞면의 수가 뒷면의 수보다 적게 나타나는 사건을 A라 할 때

$A = \{(TFF), (FTF), (FFT), (FFF)\}$

$P(A) = 0.5$

3. 표본공간은

$S = \{(1, 1), (1, 2), (1, 3), (1, 4), (1, 5), (1, 6)$

$\vdots$

$(6, 1), (6, 2), (6, 3), (6, 4), (6, 5), (6, 6)\}$

1) 사건 A와 B를 두 눈의 합이 각각 7과 11이 되는 사건이라 할 때

$A = \{(1, 6), (2, 5), (3, 4), (4, 3), (5, 2), (6, 1)\}$

$B = \{(5, 6), (6, 5)\}$

$A \cap B = \varnothing$ 이므로 두 눈의 합이 7 또는 11이 될 확률은

$$P(A \cup B) = P(A) + P(B) - P(A \cap B) = \frac{6}{36} + \frac{2}{36} - 0$$
$$= \frac{8}{36} = \frac{2}{9} = 0.222$$

2) 두 눈의 합이 2가 되는 사건을 C 라고 할 때 $C = \{(1, 1)\}$. 따라서 두 눈의 합이 3 이상이 될 확률은

$P(C^c) = 1 - P(C) = 1 - \frac{1}{36} = \frac{35}{36}$ 이 된다.

4. A를 $T<8$인 사건이고 B를 T가 홀수인 사건이라 할 때 AB는 T가 3, 5, 7인 사건이므로

$$P(AB) = \frac{2}{36} + \frac{4}{36} + \frac{6}{36} = \frac{12}{36} = \frac{1}{3} = 0.333$$

그리고 $P(B) = \frac{2}{36} + \frac{4}{36} + \frac{6}{36} + \frac{4}{36} + \frac{2}{36} = \frac{18}{36} = \frac{1}{2} = 0.5$

따라서 $P(A|B) = \frac{P(AB)}{P(B)} = \frac{2}{3} = 0.667$

5. $A \cup B$를 한 사건으로 생각하면 사건 $A \cup B \cup C$를 사건 $A \cup B$와 사건 C의 합사건으로 생각할 수 있다. 따라서 확률의 계산 규칙3에 의해서

$$P(A \cup B \cup C) = P(A \cup B) + P(C) - P((A \cup B) \cap C)$$
$$= P(A \cup B) + P(C) - P((A \cap C) \cup (B \cap C))$$

마지막 항에 다시 확률의 계산 규칙3을 적용하면

$$= P(A \cup B) + P(C) - (P(A \cap C) + P(B \cap C) - P(A \cap B \cap C))$$

위 식에 $P(A \cup B) = P(A) + P(B) - P(A \cap B)$를 대입하면

$$P(A \cup B \cup C) = P(A) + P(B) - P(A \cap B) + P(C) - (P(A \cap C) + P(B \cap C) - P(A \cap B \cap C))$$

정리하면

$$P(A \cup B \cup C) = P(A) + P(B) + P(C) - P(A \cap B) - P(B \cap C) - P(A \cap C) + P(A \cap B \cap C)$$

6. A_i : i학년 학생을 뽑을 사건

B : 리프팅을 50개 이상하는 사건

$$P(B) = P(B|A_1) \cdot P(A_1) + P(B|A_2) \cdot P(A_2) + P(B|A_3) \cdot P(A_3) + P(B|A_4) \cdot P(A_4)$$
$$= 0.25 \times 0.2 + 0.5 \times 0.25 + 0.8 \times 0.30 + 1 \times 0.25 = 0.665$$

7. A를 재수 경험이 없는 학생 일 사건, B를 재수 경험이 있는 학생 일 사건, 통계학 학점을 A 받을 사건을 C라 고 할 때, $P(A)=0.4$, $P(B)=0.6$, $P(C|A)=0.2$, $P(C|B)=0.3$

따라서

$$P(B|C)=\frac{P(B)\cdot P(C|B)}{P(C)}=\frac{P(B)\cdot P(C|B)}{P(B)\cdot P(C|B)+P(A)\cdot P(C|A)}$$

$$=\frac{0.6\cdot 0.3}{0.4\cdot 0.2+0.6\cdot 0.3}=0.69$$

8. $P(A)=0.5, P(B)=0.2, P(A\cap B)=0.1$이므로

두 가지 중에 적어도 하나에 해당되는 가구의 비율은 $P(A\cup B)$를 의미하므로

$P(A\cup B)=P(A)+P(B)-P(A\cap B)=0.5+0.2-0.1=0.6$

따라서 두 가지 중에 적어도 하나에 해당되는 가구의 비율은 60%이다.

9. 대중교통을 이용하는 사건을 A, 자가용을 이용하는 사건을 B, 지각을 하는 사건을 D라 할 때

$P(A)=0.7, P(B)=0.3, P(D|A)=0.1, P(D|B)=0.3$이므로

$$P(B|D)=\frac{P(B)\cdot P(D|B)}{P(D)}=\frac{P(B)\cdot P(D|B)}{P(A)\cdot P(D|A)+P(B)\cdot P(D|B)}$$

$$=\frac{0.3\cdot 0.3}{0.7\cdot 0.1+0.3\cdot 0.3}=0.56$$

10. 1) $\frac{1}{3}-0.333$

2) $\frac{5}{15}\cdot\frac{3}{14}\cdot\frac{2}{13}=\frac{1}{91}=0.011$

3) $2\cdot(\frac{5}{15}\cdot\frac{3}{15})=\frac{2}{15}=0.133$

11. 4개 모두 고장이 날 확률은 $(0.01)^4$이므로 구하고자 하는 확률은 $1-(0.01)^4$이다.

12. $P(A)P(B^c)=P(A)(1-P(B))=P(A)-P(A)P(B)=P(A)-P(AB)$ (A와 B는 독립)

$=P(AB^c)$

$P(A)P(B^c)=P(AB^c)$이므로 A와 B^c는 서로 독립이다.

13. $P(A)=0.5, P(B)=0.5, A\cap B=4, P(A\cap B)=0.167$

$P(A\cap B)\neq P(A)P(B)$이므로 사건 A와 B는 독립이 아니다.

14. $\frac{1}{5}\times\frac{1}{4}\times\frac{1}{3}\times\frac{1}{2}=\frac{1}{120}$

15. $\frac{1}{3}\times\frac{1}{3}\times 1\times\frac{1}{2}\times\frac{1}{2}=\frac{1}{36}$

16. A를 여학생이 뽑히는 사건, B를 서울 출신이 뽑히는 사건

$P(A)=\frac{1}{3},\quad P(B)=\frac{1}{2},\quad P(A\cap B)=\frac{1}{6}$

$P(A\cap B)=P(A)P(B)$이므로 사건 A와 B는 독립이다.

17. P(부품1) $=0.98$, P(부품2) $=0.95$

1) 기계의 신뢰도 =

P(부품1 ∩ 부품2) $=P$(부품1)P(부품2) $=0.98\cdot 0.95=0.931$

2) 기계의 신뢰도 =

$P(\text{부품}1 \cup \text{부품}2) = P(\text{부품}1) + P(\text{부품}2) - P(\text{부품}1 \cap \text{부품}2)$

$= 0.999$

18. 첫 번째 가방에서 빨간 공이 뽑힐 사건을 R_1, 흰 공이 뽑힐 사건을 W_1이라 하고, 두 번째 가방에서 빨간 공이 뽑힐 사건을 R_2라 할 때 구하고자 하는 확률은

$$P(R_1 \cap R_2) + P(W_1 \cap R_2) = P(R_1)P(R_2 \mid R_1) + P(W_1)P(R_2 \mid W_1)$$
$$= \left(\frac{4}{7}\right)\left(\frac{6}{10}\right) + \left(\frac{3}{7}\right)\left(\frac{5}{10}\right) = \left(\frac{39}{70}\right) = 0.557$$

19. 1) A: 앞면이 나오는 사건

B_1: 앞면만 있는 동전을 선택할 사건

B_2: 뒷면만 있는 동전을 선택할 사건

B_3: 앞면과 뒷면이 다 있는 동전을 선택할 사건

$$P(A) = P(B_1) \cdot P(A|B_1) + P(B_2) \cdot P(A|B_2) + P(B_3) \cdot P(A|B_3)$$
$$= \frac{1}{2} \times 1 + \frac{1}{3} \times 0 + \frac{1}{6} \times \frac{1}{2} = \frac{1}{2} + 0 + \frac{1}{12} = \frac{7}{12}$$

2) $$P(B_3|A) = \frac{P(B_3) \cdot P(A|B_3)}{P(A)} = \frac{\frac{1}{12}}{\frac{7}{12}} = \frac{1}{7}$$

20. 혈액검사에서 양성반응을 나타내는 사건을 +, 음성반응을 나타내는 사건을 −, 실제 유행성 출혈열에 걸려있는 사건을 H, 유행성 출혈열에 걸려있지 않은 사건을 H^c이라고 할 때

$P(H) = 0.00207$, $P(H^c) = 0.99793$, $P(+|H) = 0.937$, $P(+|H^c) = 0.03$

따라서 베이즈 정리를 이용하여 조건부확률 $P(H|+)$을 계산하면 다음과 같다.

$$P(H|+) = \frac{P(H)P(+|H)}{P(H)P(+|H) + P(H^c)P(+|H^c)}$$
$$= \frac{(0.00207)(0.937)}{(0.00207)(0.937) + (0.99793)(0.03)}$$
$$= \frac{0.0019}{0.0319} = 0.0596$$

즉, 양성반응을 보인 장병들 중 5.96%가 실제로 유행성 출혈열에 걸려있다고 할 수 있다.

4장. 확률변수와 확률분포

1. 1) 연속형, 2) 이산형, 3) 이산형, 4) 연속형

2. $\text{기대값} = \frac{12}{52} \cdot 5000 + \frac{4}{52} \cdot 10000 - \frac{36}{52} \cdot 1000 \approx 1230\text{원}$

3. $$E(X) = \sum_x xf(x) = 2 \cdot \frac{1}{8} + 3 \cdot \frac{5}{8} + 4 \cdot \frac{1}{8} + 9 \cdot \frac{1}{8} = 3.75$$

$$E(X^2) = \sum_x x^2 f(x) = 4 \cdot \frac{1}{8} + 9 \cdot \frac{5}{8} + 16 \cdot \frac{1}{8} + 81 \cdot \frac{1}{8} = 18.25$$

$$V(X) = E(X^2) - [E(X)]^2 = 18.25 - 3.75^2 \approx 4.19$$

4. 1)

X \ Y	100원	500원	행의 합
100원	$\frac{6}{52}$	$\frac{7}{52}$	$\frac{1}{4}$
300원	$\frac{6}{52}$	$\frac{7}{52}$	$\frac{1}{4}$
500원	$\frac{6}{52}$	$\frac{7}{52}$	$\frac{1}{4}$
1000원	$\frac{6}{52}$	$\frac{7}{52}$	$\frac{1}{4}$
열의 합	$\frac{24}{52}$	$\frac{28}{52}$	1

2) $Z = X + Y$

z	200원	400원	600원	800원	1000원	1100원	1500원	합계
$p(z)$	$\frac{6}{52}$	$\frac{6}{52}$	$\frac{13}{52}$	$\frac{7}{52}$	$\frac{7}{52}$	$\frac{6}{52}$	$\frac{7}{52}$	1

5. 1) $P(1/3 \le X \le 1/2) = \int_{1/3}^{1/2} x dx = 0.069$

2) $E(X) = \int_0^2 xf(x)dx = \int_0^1 x^2 dx + \int_1^2 x(2-x)dx = 1$

$E(X^2) = \int_0^2 x^2 f(x)dx = \int_0^1 x^3 dx + \int_1^2 x^2(2-x)dx = \frac{7}{6}$

$V(X) = E(X^2) - [E(X)]^2 = \frac{7}{6} - 1 = \frac{1}{6}$

6. 1) $F(x) = \int_1^x \frac{1}{4} x dx = \left[\frac{1}{8}x^2\right]_1^x = \frac{1}{8}(x^2-1),\ 1 \le x \le 3$

2) $P(1 < X < 2) = \frac{3}{8}$

7. $E[(X-a)^2] = E[X^2 - 2aX + a^2] = E(X^2) - 2aE(X) + a^2$이 된다.

$f(a) = a^2 - 2aE(X) + E(X^2)$이라고 하면

$f(a) = (a - E(X))^2 + E(X^2) - (E(X))^2$이 되어 $a = E(X)$에서 최소가 된다.

8. $E(X) = \int_{-2}^2 x \cdot \frac{3}{32}(4-x^2)dx = \int_{-2}^2 \frac{12}{32}x - \frac{3}{32}x^3 dx = 0$

$E(X^2) = \int_{-2}^2 \frac{3}{32}x^2(4-x^2)dx = \frac{6}{32}\int_0^2 4x^2 - x^4 dx = \frac{3}{16}\left[\frac{4}{3}x^3 - \frac{1}{5}x^5\right]_0^2 = \frac{4}{5}$

$V(X) = E(X^2) - (E(X))^2 = \frac{4}{5} - 0 = \frac{4}{5}$

9. 1) $f(x) = \int_0^\infty e^{-x-y}dy = e^{-x}$

$f(y) = \int_0^\infty e^{-x-y}dx = e^{-y}$

2) 독립이기 위한 필요충분조건은 $f(x,y)=f(x)f(y)$이다.

이를 확인해 보면 $f(x,y)=\int_0^\infty\int_0^\infty e^{-x-y}dy=\int_0^\infty e^{-x}dx\times\int_0^\infty e^{-y}dy=f(x)f(y)$

이므로 X와 Y는 독립이다.

10. 1)

Y \ X	1	2	3	4
0	0.20	0.15	0.10	0
1	0.10	0.20	0.07	0.03
2	0.04	0.05	0.04	0.02

2)

X	1	2	3	4
$f(x)$	0.34	0.4	0.21	0.05

Y	0	1	2
$f(y)$	0.45	0.4	0.15

3) $E(XY)=\sum_{y=0}^{2}\sum_{x=1}^{4}xyf(x,y)=0.1+0.08+0.4+0.2+0.21+0.24+0.12+0.16=1.51$

$E(X)=\sum_{x=1}^{4}x\cdot f(x)=0.34+0.8+0.63+0.2=1.97$

$E(Y)=\sum_{y=0}^{2}y\cdot f(y)=0+0.4+0.3=0.7$

4) $Cov(X,Y)=E(XY)-E(X)E(Y)=1.51-1.97\cdot 0.7=0.131$

11. 1) $P(X\geq Y)=\int_0^1\int_{x^2}^{x}\frac{21}{4}x^2ydydx=\int_0^1\frac{21}{4}x^2\left[\frac{1}{2}y^2\right]_{x^2}^{x}dx=\int_0^1\frac{21}{8}x^2[x^2-x^4]dx$

$=\frac{21}{8}\int_0^1 x^4-x^6dx=\frac{21}{8}\left[\frac{1}{5}x^5-\frac{1}{7}x^7\right]_0^1=\frac{21}{8}\left(\frac{1}{5}-\frac{1}{7}\right)=\frac{3}{20}$

2) $f_X(x)=\int_{x^2}^{1}\frac{21}{4}x^2ydy=\frac{21}{4}x^2\left[\frac{1}{2}y^2\right]_{x^2}^{1}=\frac{21}{8}(x^2-x^6)\ \therefore\ f_X(x)=\begin{cases}\frac{21}{8}(x^2-x^6), & -1<x<1\\ 0 & ,\text{ 기타}\end{cases}$

$f_Y(y)=\int_{-\sqrt{y}}^{\sqrt{y}}\frac{21}{4}x^2ydx=\frac{21}{2}y\int_0^{\sqrt{y}}x^2dx=\frac{21}{2}\cdot\frac{1}{3}y^{\frac{5}{2}}=\frac{7}{2}y^{\frac{5}{2}}\ \therefore\ f_Y(y)=\begin{cases}\frac{7}{2}y^{\frac{5}{2}}, & 0<y<1\\ 0 & ,\text{ 기타}\end{cases}$

3) $Cov(X,Y)=E(XY)-E(X)E(Y)$

$E(XY)=\int_{-1}^{1}\int_{x^2}^{1}\frac{21}{4}x^3y^2dydx=\frac{21}{4}\int_{-1}^{1}x^3\left[\frac{1}{3}y^3\right]_{x^2}^{1}dx=\frac{7}{4}\int_{-1}^{1}x^3(1-x^6)dx=0$

$E(X)=\int_{-1}^{1}\frac{21}{8}x(x^2-x^6)dx=0$

따라서 $Cov(X,Y)=0-0\cdot E(Y)=0$

12. 1) $P(2.5\leq X\leq 3.5)=\int_{2.5}^{3.5}\frac{1}{2}dx=\left[\frac{1}{2}x\right]_{2.5}^{3.5}=\frac{1}{2}$

2) $E(X) = \int_2^4 \frac{1}{2}x\,dx = \left[\frac{1}{4}x^2\right]_2^4 = 3$

$E(X^2) = \int_2^4 \frac{1}{2}x^2 dx = \left[\frac{1}{6}x^3\right]_2^4 = \frac{28}{3}$

$V(X) = E(X^2) - (E(X))^2 = \frac{28}{3} - 9 = \frac{1}{3}$

13. $F(x) = \int_1^\infty \frac{c}{x^2}dx = \left[-\frac{c}{x}\right]_1^\infty = \left(-\frac{c}{\infty} + \frac{c}{1}\right) = c = 1$

14. 1) $F(X) = \int_{-\infty}^\infty \frac{c}{1+x^2}dx = c\left[\tan^{-1}x\right]_{-\infty}^\infty = c\left(\frac{\pi}{2}+\frac{\pi}{2}\right) = 1 \Rightarrow c = \frac{1}{\pi}$

2) $E(X) = \frac{1}{\pi}\int_{-\infty}^\infty \frac{x}{1+x^2}dx = \frac{1}{2\pi}\left[\ln(1+x^2)\right]_{-\infty}^\infty = \infty$

존재하지 않음

15. $V(aX+bY+c) = E[aX+bY+c-(a\mu_X+b\mu_Y+c)]^2$

$= E[a(X-\mu_X)+b(Y-\mu_Y)]^2$

$= a^2E(X-\mu_X)^2 + b^2E(Y-\mu_Y)^2 + 2abE(X-\mu_X)(Y-\mu_Y)$

$= a^2V(X) + b^2V(Y) + 2abCov(X, Y)$

16. $Cov(X,Y) = E(XY) - E(X)E(Y)$이다. 확률변수 X와 Y가 독립이면 $E(XY) = E(X)E(Y)$가 성립해 $Cov(X,Y) = 0$이다.

하지만 $Cov(X,Y) = 0$, 즉 $E(XY) = E(X)E(Y)$임에도 불구하고, 독립이 아닌 경우가 존재한다. 예를 들어 다음 표와 같은 결합 확률질량함수가 있다.

Y \ X	-1	0	1
0	0	$\frac{1}{3}$	0
1	$\frac{1}{3}$	0	$\frac{1}{3}$

$f(x,y) \neq f(x)f(y)$ 이므로 확률변수 X와 Y는 독립이 아니다.

하지만 $E(XY) = 0, E(X) = 0, E(Y) = \frac{2}{3}$ 이므로 $Cov(X,Y) = 0$이다.

따라서 $Cov(X,Y) = 0$이면 확률변수 X와 Y가 독립이라고 말할 수 없다.

5장. 확률변수와 확률분포

1. X를 불량품의 개수라고 하면, X는 $n = 10$, $p = 0.01$인 이항분포를 따른다.

$P(X=2) = \binom{10}{2}(0.01)^2(0.99)^8 = 0.0041$

2. $P(X \geq 3) = 1 - P(X \leq 2) = 1 - \sum_{n=0}^{2}\binom{100}{n}(0.02)^n(0.98)^{100-n} = 1 - 0.6767 = 0.3233$

3. 연락이 두절되는 정보원 수를 X라고 할 때 X는 이항분포 $B(20,\ 0.2)$를 따른다.

따라서 $P(X \geq 4) = 1 - \sum_{x=0}^{3} \binom{20}{x} (0.2)^x (0.8)^{20-x}$

$= 1 - 0.4114 = 0.5886$

4. 불량 핸드폰의 개수를 X라고 하면

1) X는 이항분포 $B(10,\ 0.1)$를 따른다고 할 수 있다.

2) 평균 $\mu = (10)(0.1) = 1$개

3) $P(X=0) = \binom{10}{0}(0.1)^0(0.9)^{10} = (0.9)^{10}$

5. $P(X=1) = \dfrac{\binom{5}{1}\binom{95}{9}}{\binom{100}{10}} = 0.3393$

6. 월 지하철 고장 발생건수를 X라 하면 X는 $\lambda = 5$인 푸아송분포를 따른다고 할 수 있다.

따라서 $P(X=0) = \dfrac{e^{-5} \cdot 5^0}{0!} = e^{-5}$

7. 단위시간당 환자의 수는 푸아송 분포를 따르므로, 시간당 7명의 환자가 올 확률은

$P(X=7) = \dfrac{e^{-5}5^7}{7!} = 0.1044$

8. 1) $P(X \geq 10) = 1 - P(X < 10) = 1 - \sum_{x=0}^{9} \dfrac{e^{-3}3^x}{x!}$ =0.0011

2) $P(X=0) = \dfrac{e^{-3}3^0}{0!} = 0.0498$

9. 확률변수 X를 D씨가 처음으로 경품에 당첨되기까지 경품 구매 횟수라고 하면,

$X \sim GEO(0.01)$

따라서 $P(X=5) = 0.01(0.99)^4 = 0.009606$

10. X를 차량의 엔진 수명이라고 하면, X는 $N(124, 2.2^2)$을 따른다.

$P(X \leq 10) = P(\dfrac{X-12.4}{2.2} \leq \dfrac{10-12.4}{2.2}) = P(Z \leq -1.09) = 0.1378$

따라서 100대의 차량 중 10년 후 엔진의 수명이 다한 차량의 수는 모수가 $n = 100, p = 0.1378$인 이항분포를 따른다. 따라서 무상으로 엔진 서비스를 받아야 할 차량의수의 기댓값은 $100 \cdot 0.1378 = 13.78$대이다.

11. X를 통계학 기말시험 점수라고 하면, X는 $N(65, 5^2)$을 따른다.

1) $P(60 \leq X \leq 75) = P(-1 \leq Z \leq 2) = 0.8186$

2) $P(\dfrac{X-65}{5} \geq z_{0.15}) = 0.15,\ \dfrac{X-65}{5} = z_{0.15} = 1.04$

그러므로 $X = 65 + (5)(1.04) = 70.2$이므로, 71점 이상을 받아야 한다.

12. X를 출근하는데 걸리는 시간이라고 하면, X는 $N(30, 6^2)$을 따른다.

1) $P(X \leq 35) = P(Z \leq \dfrac{5}{6}) = 0.7967$

2) $P(\dfrac{X-30}{6} \leq z_{0.05}) = 0.95$

그러므로 $X = 30 + (6)(1.645) = 39.87$이므로, 늦어도 8시 20분에 출발하여야 한다.

13. 1) $\int_0^{\infty} ce^{-y/3}dy = 1$을 만족하는 c 값 : 1/3

2) $\int_0^{1} \frac{1}{3}e^{-y/3}dy = 0.283$

3) $\int_0^{5} \frac{1}{3}e^{-y/3}dy = 0.811$

14. 1) $P(X \le \frac{1}{6}) = \int_0^{1/6} 4e^{-4x}dx = 0.486$

2) $E(X) = \int_0^{\infty} 4xe^{-4x}dx = 0.25$

15. A회사 배터리의 수명이 300시간 이상 지속할 확률은

$P(X \ge 300) = \int_{300}^{\infty} \frac{1}{200}e^{-\frac{x}{200}}dx = e^{-1.5} = 0.2231$

B회사 배터리의 수명이 300시간 이상 지속할 확률은

$P(Y \ge 300) = \int_{300}^{600} \left(\frac{1}{300} - \frac{y}{180,000}\right)dy = 0.25$

이므로 B 회사 제품을 사용하는 것이 더 좋다.

16. $P(X < 1) = 1 - e^{-1/3}$

6장. 표본분포

1. 1) 모평균 $\mu = 9,895,271/25 = 395,808.7$명

2) 세 개의 표본평균을 구하여 보면 다음과 같다.

$\overline{x}_1 = 446,670.8$명, $\overline{x}_2 = 334,616.8$명, $\overline{x}_3 = 434,684.4$명

3) $\overline{X} = 405,324$명 으로 표본의 크기가 커질수록 모평균 $\mu = 395,808.7$명에 보다 가까운 값을 얻을 수 있음을 알 수 있다.

2. 1) $\mu = \sum_{x=0}^{3} xf(x) = 0 \cdot 0.3 + 1 \cdot 0.4 + 2 \cdot 0.2 + 3 \cdot 0.1 = 1.1$

$E(X^2) = \sum_{x=0}^{3} x^2 f(x) = 0^2 \cdot 0.3 + 1^2 \cdot 0.4 + 2^2 \cdot 0.2 + 3^2 \cdot 0.1 = 2.1$

$\sigma^2 = E(X^2) - \mu^2 = 2.1 - 1.1^2 = 0.89$

2)

$\overline{x}$	0	0.5	1	1.5	2	2.5	3
$f(\overline{x})$	0.09	0.24	0.28	0.22	0.12	0.04	0.01

$E(\overline{X}) = 0 \cdot 0.09 + 0.5 \cdot 0.24 + 1 \cdot 0.28 + 1.5 \cdot 0.22 + 2 \cdot 0.12 + 2.5 \cdot 0.04 + 3 \cdot 0.01 = 1.1$

$E(\overline{X}^2) = 0 \cdot 0.09 + 0.5^2 \cdot 0.24 + 1^2 \cdot 0.28 + 1.5^2 \cdot 0.22$
$\quad + 2^2 \cdot 0.12 + 2.5^2 \cdot 0.04 + 3^2 \cdot 0.01 = 1.655$

$V(\overline{X}) = E(\overline{X}^2) - E(\overline{X})^2 = 1.655 - 1.1^2 = 0.445 (= 0.89/2)$

3. X를 손전등의 수명이라고 할 때,

$$P(\overline{X} \le 1990) = P\left(\frac{\overline{X}-2000}{5} < \frac{1990-2000}{5}\right) \approx P(Z \le -2) = 0.0227$$

4. X를 뽑힌 학생의 언어영역 점수라고 할 때

1) $P(X \ge 70) = P\left(\frac{X-\mu}{\sigma} \ge \frac{70-65}{8}\right) = P(Z \ge 0.625) = 0.266$

2) $E(\overline{X}) = \mu = 65,\ V(\overline{X}) = \frac{\sigma^2}{n} = \frac{64}{50} = 1.28$

3) $P(\overline{X} \ge 70) = P\left(\frac{\overline{X}-\mu}{\sigma/\sqrt{n}} \ge \frac{70-65}{\sqrt{1.28}}\right) = P(Z \ge 4.419) = 5 \times 10^{-5}$

5. 1) $\overline{X} \sim N(1800,\ 100^2/3)$

2) $Y = X_1 + X_2 + X_3$라 할 때

$E(Y) = E(X_1) + E(X_2) + E(X_3) = 3 \times 1800 = 5400$

$V(Y) = V(X_1) + V(X_2) + V(X_3) = 3 \times 100^2$

따라서 $Y \sim N(5400,\ 3 \times 100^2)$

$P(Y \le 5760) = P\left(Z \le \frac{5760-5400}{\sqrt{3 \times 100^2}}\right) = \Phi(2.078) = 0.9817$

3) 여유분 1개를 추가적으로 지참하여 작전에 참가한다.

6. $P(|\overline{X}-\mu| \le 0.1) = P\left(\frac{|\overline{X}-\mu|}{2/\sqrt{n}} < \frac{0.1}{2/\sqrt{n}}\right) = P\left(|Z| \le \frac{0.1}{2/\sqrt{n}}\right) \ge 0.95$

$\frac{0.1}{2/\sqrt{n}} = z_{0.025} = 1.96 \quad \therefore n = 1537$

7. X를 학생들의 몸무게라고 하면, X는 $N(66, 4^2)$을 따른다.

$P(66 \le X \le 67) = P(0 \le Z < 1.25) = 0.3944$

8. X를 전구의 수명이라고 하면, X는 $N(\mu, 10^2)$, $V = \frac{10S^2}{100}$은 $\chi^2(10)$를 따른다.

$P(S^2 > 205) = P(V > 20.5) \approx 0.025$

9. $Z_1 + Z_2 \sim N(0,2)$, $Z_3 + Z_4 \sim N(0,2)$이므로, $\frac{Z_1+Z_2}{\sqrt{2}} \sim N(0,1)$, $\frac{Z_3+Z_4}{\sqrt{2}} \sim N(0,1)$이다.

따라서 $\left(\frac{Z_1+Z_2}{\sqrt{2}}\right)^2 + \left(\frac{Z_3+Z_4}{\sqrt{2}}\right)^2$는 서로 독립인 표준정규분포를 따르는 두 확률변수의 제곱합이므로 자유도가 2인 카이제곱분포를 따른다. 따라서 상수 $c = 1/2$이다.

10. 표본으로 추출된 시민 150명의 대중교통을 이용해 출퇴근을 하는 비율을 $\hat{p}$이라고 할 때,

$$P(\hat{p} > 0.52) = P\left(\frac{\hat{p}-0.6}{\sqrt{p(1-p)/n}} > \frac{0.52-0.6}{\sqrt{(0.6)(0.4)/150}}\right) \approx P(Z > -2)$$

$$= 0.9773$$

11. X가 $n = 64$, $p = 0.2$인 이항분포를 따르므로

$$P(X > 16) = P\left(\frac{X-np}{\sqrt{npq}} > \frac{16-12.8}{\sqrt{10.24}}\right) \approx P(Z > 1) = 0.1587$$

12. $X_1+X_2+X_3 \sim N(0,3)$이므로, $Z=\dfrac{X_1+X_2+X_3}{\sqrt{3}} \sim N(0,1)$이다. 또한

$V=X_4^2+X_5^2+X_6^2 \sim \chi^2(3)$ 이므로,

$$T=\frac{X_1+X_2+X_3}{\sqrt{X_4^2+X_5^2+X_6^2}}=\frac{(X_1+X_2+X_3)/\sqrt{3}}{\sqrt{(X_4^2+X_5^2+X_6^2)/3}}=\frac{Z}{\sqrt{V/3}} \sim t(3)\text{이다.}$$

7장. 추정

1. $f(x)=\dfrac{1}{\theta},\ \ 0<x<\theta$

$E(\overline{X})=\dfrac{\theta}{2}$, 따라서 $E(2\overline{X})=\theta$가 되므로 $2\overline{X}$가 θ의 불편추정량이 된다.

2. $E(\hat{\theta}^2)=Var(\hat{\theta})+E(\hat{\theta})^2=Var(\hat{\theta})+\theta^2$ 이고, $Var(\hat{\theta})\neq 0$이므로, $E(\hat{\theta}^2)>\theta^2$이다.
따라서 $\hat{\theta}^2$은 θ^2의 불편추정량이 아니다.

3. $E(T_1)=E(T_2)=E(T_3)=\mu$이므로, T_1, T_2, T_3는 θ의 불편추정량

$V(T_1)=\dfrac{1}{3}\sigma^2,\ \ V(T_2)=\dfrac{9}{25}\sigma^2,\ \ V(T_3)=\dfrac{11}{25}\sigma^2$이므로,

통계량 T_1이 가장 유효함.

4. S^2이 모분산 σ^2의 불편추정량이 되기 위해서 $E(S^2)=\sigma^2$을 만족해야한다.

$$\begin{aligned}E(S^2)&=\frac{1}{n-1}E\Big(\sum_{i=1}^{n}(X_i-\overline{X})^2\Big)=\frac{1}{n-1}E\Big(\sum_{i=1}^{n}(X_i-\mu+\mu-\overline{X})^2\Big)\\&=\frac{1}{n-1}E\left[\sum_{i=1}^{n}(X_i-\mu)^2+\sum_{i=1}^{n}(\overline{X}-\mu)^2-2\sum_{i=1}^{n}(X_i-\mu)(\overline{X}-\mu)\right]\\&=\frac{1}{n-1}E\left[\sum_{i=1}^{n}(X_i-\mu)^2-n(\overline{X}-\mu)^2\right]\\&=\frac{1}{n-1}\Big(n\sigma^2-n\times\frac{\sigma^2}{n}\Big)=\sigma^2\end{aligned}$$

5. $V=\dfrac{(n-1)S^2}{\sigma^2}$라고 하면, $V\sim\chi^2(n-1)$이고, $E(V)=n-1$, $Var(V)=2(n-1)$이다.

$E(S^2)=E\left(\dfrac{\sigma^2}{n-1}V\right)=\dfrac{\sigma^2}{n-1}(n-1)=\sigma^2$,

$Var(S^2)=Var\left(\dfrac{\sigma^2}{n-1}V\right)=\dfrac{\sigma^4}{(n-1)^2}2(n-1)=\dfrac{2\sigma^4}{n-1}$ 이므로,

$\lim\limits_{n\to\infty}E(S^2)=\sigma^2$, $\lim\limits_{n\to\infty}Var(S^2)=\lim\limits_{n\to\infty}\dfrac{2\sigma^4}{n-1}=0$.

$\therefore$ S^2은 σ^2의 일치추정량이다.

6. $124\pm z_{0.025}\dfrac{6}{\sqrt{25}}=(121.648,\ 126.352)$

7. $80\pm t_{0.025}(8)\dfrac{9}{\sqrt{9}}=(77.694,\ 82.306)$

8. $53.1 \pm t_{0.025}(9)\dfrac{8.279}{\sqrt{10}} = (47.178, 59.022)$

9. 1) $\bar{x} = \dfrac{1}{9}(1570 + 1840 + ... + 1260) = 1550,$

$s^2 = \dfrac{1}{8}[(1570-1550)^2 + ... + (1260-1550)^2] = 195^2$

2) $1550 \pm z_{0.025}\dfrac{180}{\sqrt{9}} = (1432.4,\ 1667.6)$

3) $1550 \pm t_{0.025}(8)\dfrac{195}{\sqrt{9}} = (1400.11,\ 1699.89)$

10. $n \geq 0.5 \times 0.5\left(\dfrac{1.96}{0.035}\right)^2 = 784$ ∴ 필요한 표본크기 $n = 784$명

11. $Z_{0.025} = 1.96$, $\hat{p} = 0.925$이므로 95% 신뢰구간은

$\left(0.925 - 1.96\sqrt{\dfrac{0.925 \times 0.075}{200}},\ 0.925 + 1.96\sqrt{\dfrac{0.925 \times 0.075}{200}}\right) = (0.888,\ 0.9615)$

12. 1) $\hat{p} = \dfrac{144}{225} = 0.64$

2) 표준오차의 추정값 $\sqrt{\dfrac{\hat{p}\hat{q}}{n}} = \sqrt{\dfrac{(0.64)(0.36)}{225}} = 0.032$

3) $\hat{p} \pm z_{0.05}\sqrt{\dfrac{\hat{p}\hat{q}}{n}} = 0.64 \pm (1.645)(0.032) = (0.5874,\ 0.6926)$

13. $n \geq 0.5 \times 0.5\left(\dfrac{1.96}{0.025}\right)^2 = 1536.64$ ∴ 표본크기 $n = 1537$명

8장. 통계적 검정

1. 1) 질병의 치료기간의 평균을 μ라고 하면,

$H_0 : \mu = 15 \qquad H_1 : \mu < 15$ 으로 가설을 설정할 수 있다.

기각역을 $R = [\bar{x} < c]$ 라고 하면,

$$\alpha = 0.05 = P(reject\ \ H_0 |\ H_0\ \ true) = P(\bar{X} < c \mid \mu = 15) = P\left(\frac{\bar{X} - 15}{3/\sqrt{9}} < \frac{c - 15}{3/\sqrt{9}}\right)$$

$$= P(Z_0 < -z_{0.05} = -1.645)$$

즉 $\dfrac{c-15}{3/\sqrt{9}} = -1.645$로부터 $c = -1.645 \times 1 + 15 = 13.355$를 얻을 수 있다.

따라서 기각역은 $\bar{x} < 13.355$가 된다.

2) $\bar{x}$=13일은 기각역에 포함되므로 귀무가설을 기각할 만한 충분한 증거가 있다고 볼 수 있다. 따라서 귀무가설 $H_0 : \mu = 15$를 기각한다.

2. 1) 음료수 캔 용량의 평균을 μ라고 하면,

$H_0\ :\ \mu = 300\ H_1\ :\ \mu < 300$로 가설을 설정할 수 있다.

기각역을 $R = [\bar{x} < c]$ 라고 하면,

$$\alpha = 0.05 = P(reject\ H_0 |\ H_0\ true) = P(\overline{X} < c \mid \mu = 300) = P\left(\frac{\overline{X}-300}{3/\sqrt{6}} < \frac{c-300}{3/\sqrt{6}}\right)$$
$$= P(Z_0 < -z_{0.05} = -1.645)$$

즉 $\frac{c-300}{3/\sqrt{6}} = -1.645$로부터 $c = -1.645 \times \frac{3}{\sqrt{6}} + 300 = 297.9853$를 얻을 수 있다.

따라서 기각역은 $\overline{x} < 297.9853$가 된다.

2) $\overline{x}$=299.03은 기각역에 포함되지 않으므로 귀무가설을 기각하지 못한다.

3. 1) $P(H_0\ 기각 \mid H_0\ 참) = P(\overline{X} > 0 \mid H_0\ 참) = P\left(\frac{\overline{X}-\mu}{\sigma/\sqrt{n}} > \frac{0-\mu}{1/\sqrt{16}}\right)$

$$= P(Z > 0) = 0.5$$

2) $P(H_0\ 채택 \mid H_1\ 참) = P(\overline{X} \le 0 \mid H_1\ 참) = P\left(\frac{\overline{X}-\mu}{\sigma/\sqrt{n}} \le \frac{0-0.2}{1/\sqrt{16}}\right)$

$$= P(Z \le -0.8) = 0.212$$

4. $Z = \frac{\overline{X}-300}{3/\sqrt{n}} < -1.645 \Rightarrow \overline{X} < 300 - 4.935\frac{1}{\sqrt{n}}$

1) $1-\beta = P(\overline{X} < 300 - 4.935\frac{1}{\sqrt{30}} \mid \mu = 298)$

$$= P\left(\frac{\overline{X}-298}{3/\sqrt{30}} < \frac{300-298}{3/\sqrt{30}} - 1.645\right)$$
$$\fallingdotseq P(Z < 2.01) = 0.9778$$

2) $1-\beta = P(\overline{X} < 300 - 4.935\frac{1}{\sqrt{120}} \mid \mu = 298)$

$$= P\left(\frac{\overline{X}-298}{3/\sqrt{120}} < \frac{300-298}{3/\sqrt{120}} - 1.645\right)$$
$$\fallingdotseq P(Z < 5.66) \fallingdotseq 1$$

5. 1) 모닝빵의 평균 무게를 μ라 하면, $H_0 : \mu = 200\ \ vs\ \ H_1 : \mu < 200$

기각역을 $R = [\overline{x} < c]$이라 하면,

유의 수준은 $0.05 = P(reject\ H_0 |\ H_0\ true) = P(\overline{X} < c \mid \mu = 200)$

$$= P\left(\frac{\overline{X}-200}{7/\sqrt{784}} < \frac{c-200}{7/\sqrt{784}}\right)$$ 이다.

표본의 개수 $n = 784$로 충분히 크므로 중심극한정리에 의해 $\frac{\overline{X}-200}{7/\sqrt{784}} \sim N(0,1)$을 얻는다.

즉, $\frac{c-200}{7/\sqrt{784}} \approx -z_{0.05} = -1.645$로부터 $c = 200 - 0.411 = 199.589$를 얻을 수 있다.

따라서 $\overline{x} < 199.589$일 때 기각한다.

2) $\overline{x} = 196(g)$는 기각역에 포함되므로 위 귀무가설을 기각할 만한 충분한 증거가 있다고 볼 수 있다. 따라서 귀무가설을 기각하고 모닝빵의 평균무게가 $200(g)$ 미만이라는 주장(대립가설)을 채택한다.

3) $1-\beta = P(reject\ H_0 |\ \mu = 199.105) = P(\overline{X} < 199.589 \mid \mu = 199.105)$

$$= P\left(\frac{\overline{X}-199.105}{1/4} < \frac{199.589-199.105}{1/4}\right) \approx P(Z < 1.936) = 0.974$$

6. 1) $H_0 : \mu = 40,\ H_1 : \mu > 40$ 으로 가설을 설정할 수 있고, 모집단의 분산이 알려져 있지 않기 때문에 검정통계량으로

$T_0 = \dfrac{\overline{X} - \mu_0}{S/\sqrt{n}} \sim t(n-1)$을 설정하고, $\mu_0 = 40,\ n = 9$이므로 $T_0 = \dfrac{\overline{X} - 40}{S/\sqrt{9}} \sim t(8)$이다.

2) 검정통계량의 관측값 $t_0^* = \dfrac{\overline{x} - \mu_0}{s/\sqrt{n}} = \dfrac{43-40}{3/\sqrt{9}} = 3$이다.

p-값$= P(T_0 > t_0^*) = P(T_0 > 3) \approx 0.009 < 0.05 = \alpha$이므로 귀무가설을 기각한다.

7. 1) $H_0 : \mu = 9.5\ H_1 : \mu \neq 9.5$ 으로 가설을 설정할 수 있고,

모분산이 알려져 있으므로, 귀무가설이 참이라고 할 때 검정통계량은

$Z_0 = \dfrac{\overline{X} - \mu_0}{\sigma/\sqrt{n}} \sim N(0,1)$로 설정할 수 있다.

2) $|z_0^*| = \left|\dfrac{\overline{x} - \mu}{\sigma/\sqrt{n}}\right| = \left|\dfrac{9.58 - 9.5}{0.4/\sqrt{180}}\right| = 2.683$

$p-$값 : $P(|Z| > 2.683) = P(Z > 2.683) + P(Z < -2.683)$

$= 2 \times 0.0036 = 0.0072$

유의수준 $\alpha = 0.01$에서 $p-$값이 더 작으므로 귀무가설을 기각한다. 즉, 국가대표 선수들의 칼슘량이 건강한 젊은 성인들의 칼슘량과 차이가 있다.

8. 1) 기각역 $z = \dfrac{\overline{x} - \mu}{\sigma/\sqrt{n}} = \dfrac{\overline{x}}{\sigma/\sqrt{n}} > z_{0.05}$ $\therefore$ 임계값 $z_{0.05} = 1.645$

2) $|z| = \left|\dfrac{\overline{x} - \mu}{\sigma/\sqrt{n}}\right| = \left|\dfrac{\overline{x}}{\sigma/\sqrt{n}}\right| > z_{0.025}$ $\therefore$ 임계값 $z_{0.025} = \pm 1.96$

3) 동일한 유의수준 내에서 단측검정($H_1 : \mu > 0$)과 양측검정($H_1 : \mu \neq 0$)의 차이

9. 1) $V_0 = \dfrac{(n-1)S^2}{\sigma_0^2} \sim \chi^2(n-1)$ 이고 $\sigma_0^2 = 1.25^2,\ n = 20$이므로, $V_0 = \dfrac{19S^2}{1.25^2} \sim \chi^2(19)$이다.

2) 기각역은 $v_0 > \chi^2_{0.05}(19) = 30.14$이고,

검정통계량의 관측값 $v_0^* = \dfrac{19s^2}{1.25^2} = \dfrac{19 \cdot 1.75^2}{1.25^2} = 37.24$는 기각역에 포함되므로 귀무가설

$H_0 : \sigma^2 = 1.25^2$를 기각한다.

3) $\sigma^2 = 1.75^2$일 때, $V = \dfrac{19S^2}{\sigma^2} = \dfrac{19S^2}{1.75^2} \sim \chi^2(19)$이다. 따라서,

$$1-\beta = P\left(\frac{19S^2}{1.25^2} > \chi^2_{0.05}(19)\,\middle|\,\sigma^2 = 1.75^2\right) = P\left(\frac{19S^2}{\sigma^2} > \frac{1.25^2}{\sigma^2} \cdot 30.14\,\middle|\,\sigma^2 = 1.75^2\right).$$
$$= P(V > 15.38) = 0.698$$

10. 1) $H_0 : p = 0.1\ H_1 : p > 0.1$ 로 가설을 설정할 수 있고,

표본의 크기 $n = 100$이 충분히 크므로, 귀무가설이 참일 때 검정통계량으로

$Z_0 = \dfrac{\hat{p} - p_0}{\sqrt{p_0(1-p_0)/100}} = \dfrac{\hat{p} - 0.1}{0.03} \dot{\sim} N(0,1)$로 설정할 수 있다.

따라서, 기각역은 $z_0 > z_{0.05} = 1.645$이다.

2) 검정통계량의 관측값 $z_0^* = \dfrac{0.15-0.1}{0.03} = 1.67$은 기각역에 포함되므로 귀무가설 $H_0 : p = 0.1$을 기각한다.

9장. 두 집단의 비교

1. 1) $H_0 : \mu_A = \mu_B$, $H_0 : \mu_A < \mu_B$.

$$Z_0 = \frac{\overline{X}_A - \overline{X}_B}{\sqrt{\frac{\sigma_A^2}{n_A} + \frac{\sigma_B^2}{n_B}}} = \frac{\overline{X}_A - \overline{X}_B}{\sqrt{\frac{64}{16} + \frac{80}{16}}} = \frac{\overline{X}_A - \overline{X}_B}{3} \sim N(0, 1^2).$$

좌측검정이므로 기각역은 $Z_0 = \dfrac{\overline{x}_A - \overline{x}_B}{3} < -z_\alpha = -1.645$이다.

2) $$z_0^* = \frac{\overline{x}_A - \overline{x}_B}{\sqrt{\frac{\sigma_A^2}{n_A} + \frac{\sigma_B^2}{n_B}}} = \frac{60-66}{\sqrt{\frac{64}{16} + \frac{80}{16}}} = -\frac{6}{3} = -2.$$

검정통계량의 관측값이 기각역에 속하므로 귀무가설을 기각한다.

3) $$1-\beta = P(reject\ H_0 \mid H_1\ true) = P\left(\frac{\overline{X}_A - \overline{X}_B}{3} < -1.645 \mid \mu_A - \mu_B = -6\right)$$

$$= P\left(\frac{(\overline{X}_A - \overline{X}_B) - (-6)}{3} < -1.645 - \frac{(-6)}{3}\right) = P(Z < 0.355) = 0.6387.$$

2. 1) $H_0 : \mu_A = \mu_B$, $H_1 : \mu_A > \mu_B$.

$$T_0 = \frac{\overline{X}_A - \overline{X}_B}{\sqrt{\frac{S_A^2}{n_A} + \frac{S_B^2}{n_B}}} = \frac{\overline{X}_A - \overline{X}_B}{\sqrt{\frac{S_A^2}{9} + \frac{S_B^2}{9}}} \dot{\sim} t(\psi).$$

여기서 $\psi = \dfrac{\left(\frac{s_A^2}{n_A} + \frac{s_B^2}{n_B}\right)^2}{\frac{1}{n_A-1}\left(\frac{s_A^2}{n_A}\right)^2 + \frac{1}{n_B-1}\left(\frac{s_B^2}{n_B}\right)^2}$이다.

2) $\overline{x}_A = 70$, $\overline{x}_B = 64$, $s_A^2 = 9$, $s_B^2 = 16$, $n_A = 9$, $n_B = 9$이므로,

$$t_0^* = \frac{\overline{x}_A - \overline{x}_B}{\sqrt{\frac{s_A^2}{n_A} + \frac{s_B^2}{n_B}}} = \frac{70-64}{\sqrt{\frac{9}{9} + \frac{16}{9}}} = \frac{18}{5} = 3.6$$이다.

$$\psi = \frac{\left(\frac{s_A^2}{n_A} + \frac{s_B^2}{n_B}\right)^2}{\frac{1}{n_A-1}\left(\frac{s_A^2}{n_A}\right)^2 + \frac{1}{n_B-1}\left(\frac{s_B^2}{n_B}\right)^2} = \frac{\left(\frac{9}{9} + \frac{16}{9}\right)^2}{\frac{1}{8}\left(\frac{9}{9}\right)^2 + \frac{1}{8}\left(\frac{16}{9}\right)^2} = \frac{5000}{337} \approx 14.8$$이므로,

T_0은 근사적으로 자유도가 14.8인 t분포를 따른다. 따라서,

$P(T_0 > t_0^*) = 0.0013 < 0.05 = \alpha$이므로 귀무가설을 기각한다.

3. 1) $\overline{X} \sim N\left(\mu_1, \dfrac{\sigma^2}{n_1}\right)$, $2\overline{Y} \sim N\left(2\mu_2, \dfrac{4\sigma^2}{n_2}\right)$이고, $\overline{X}$와 $2\overline{Y}$가 독립이므로 정규분포의 가법성에 의해,

$\overline{X}-2\overline{Y} \sim N\left(\mu_1-2\mu_2, \sigma^2\left(\dfrac{1}{n_1}+\dfrac{4}{n_2}\right)\right)$ 이다.

2) $T=\dfrac{\overline{X}-2\overline{Y}-(\mu_1-2\mu_2)}{S_p\sqrt{1/n_1+4/n_2}} \sim T(n_1+n_2-2)$이므로,

$$1-\alpha = P\left(-t_{\alpha/2}(n_1+n_2-2) \le \frac{\overline{X}-2\overline{Y}-(\mu_1-2\mu_2)}{S_p\sqrt{1/n_1+4/n_2}} \le t_{\alpha/2}(n_1+n_2-2)\right)$$

$$= P\left(\overline{X}-2\overline{Y}-t_{\alpha/2}(n_1+n_2-2)S_p\sqrt{\frac{1}{n_1}+\frac{4}{n_2}} \le \mu_1-2\mu_2 \le \overline{X}-2\overline{Y}+t_{\alpha/2}(n_1+n_2-2)S_p\sqrt{\frac{1}{n_1}+\frac{4}{n_2}}\right)\Bigg\}$$

따라서 $\mu_1-2\mu_2$의 $100(1-\alpha)\%$신뢰구간은

$\left(\overline{X}-2\overline{Y}-t_{\alpha/2}(n_1+n_2-2)S_p\sqrt{\dfrac{1}{n_1}+\dfrac{4}{n_2}}, \overline{X}-2\overline{Y}+t_{\alpha/2}(n_1+n_2-2)S_p\sqrt{\dfrac{1}{n_1}+\dfrac{4}{n_2}}\right)$이다.

4. 1) 문제 3-2)에 의해 $T=\dfrac{\overline{X}-2\overline{Y}-(\mu_1-2\mu_2)}{S_p\sqrt{\dfrac{1}{6}+\dfrac{2^2}{12}}}$는 자유도가 16인 t분포를 따른다. 따라서, 귀무가설

$H_0: \mu_1=2\mu_2$가 참일 때, 검정통계량 $T_0=\dfrac{\overline{X}-2\overline{Y}}{S_p/\sqrt{2}} \sim t(16)$ 이다.

2) s_1^2과 s_2^2을 각각 $x_1, x_2, \cdots, x_6$과 $y_1, y_2, \cdots, y_{12}$의 표본분산이라고 하면,

$s_p^2=\dfrac{5s_1^2+11s_2^2}{16}=\dfrac{1}{16}\left(\sum_{i=1}^{6}(x_i-\overline{x})^2+\sum_{i=1}^{12}(y_i-\overline{y})^2\right)=\dfrac{3125+17600}{16}=1295.312$이다.

따라서 검정통계량의 값 $t_0=\dfrac{\overline{x}-2\overline{y}}{\sqrt{s_p^2/2}}=\dfrac{496-2\cdot 275}{\sqrt{1295.312/2}}=-2.12$이다.

3) p-값$=P(T_0<t_0)=P(T_0<-2.12)=0.025<0.05=\alpha$이므로 귀무가설을 기각한다.

5. 1) $D_i=X_{Ai}-X_{Bi}(i=1,\cdots,9)$라고 하면,

검정통계량은 $T_0=\dfrac{\overline{D}}{S_D/\sqrt{n}} \sim t(n-1)=t(8)$이다.

2) 기각역은 $t_0 < -t_{0.05}(8)=-1.86$이다.

$\overline{d}=-0.5$, $s_D^2=1$, $s_D=1$, $n=9$이므로, 검정통계량의 관측값은

$t_0^*=\dfrac{\overline{d}}{s_D/\sqrt{n}}=\dfrac{-0.5}{1/\sqrt{9}}=-1.5$로 기각역에 속하지 않으므로 귀무가설을 기각할 수 없다.

3) $\mu_A-\mu_B$의 95% 신뢰구간은 $\left(\overline{D}-t_{\alpha/2}(n-1)\dfrac{S_D}{\sqrt{n}}, \overline{D}+t_{\alpha/2}(n-1)\dfrac{S_D}{\sqrt{n}}\right)$이다.

$\overline{d}=-0.5$, $t_{0.025}(8)=2.306$, $s_D=1$, $n=9$이므로

$$\left(\bar{d}-t_{\alpha/2}(n-1)\frac{s_D}{\sqrt{n}}, \bar{d}+t_{\alpha/2}(n-1)\frac{s_D}{\sqrt{n}}\right)$$
$$=\left(-0.5-2.306\cdot\frac{1}{3}, -0.5+2.306\cdot\frac{1}{3}\right)=(-1.269, 0.269)$$

6. 1) $H_0 : \sigma_A^2 = \sigma_B^2$, $H_1 : \sigma_A^2 < \sigma_B^2$

$\dfrac{S_A^2/\sigma_A^2}{S_B^2/\sigma_B^2} \sim F(18,19)$ 이므로, $H_0 : \sigma_A^2 = \sigma_B^2$ 이 참일 때, $F_0 = \dfrac{S_A^2}{S_B^2} \sim F(18,19)$ 이다.

좌측검정이므로 기각역은 $F_0 < F_{0.90}(18,19) = 0.542$ 이다.

2) 검정통계량의 관측값 $f_0^* = \dfrac{s_A^2}{s_B^2} = \dfrac{25}{64} \fallingdotseq 0.391$ 이 기각역에 포함되므로, 귀무가설을 기각한다.

3) $\dfrac{\sigma_A}{\sigma_B} = \dfrac{1}{2}$ 가 참일 때, $F_1 = \dfrac{S_A^2/\sigma_A^2}{S_B^2/\sigma_B^2} = 4\dfrac{S_A^2}{S_B^2}$ 라고 하면, $F_1 \sim F(18,19)$ 이다. 따라서,

검정력$=1-\beta = P(F_0 < F_{0.90}(18,19) \mid 2\sigma_A = \sigma_B)$

$$= P\left(\frac{S_A^2}{S_B^2} < 0.542 \,\middle|\, 2\sigma_A = \sigma_B\right) = P\left(\frac{\sigma_B^2 S_A^2}{\sigma_A^2 S_B^2} < \frac{\sigma_B^2}{\sigma_A^2}0.542 \,\middle|\, 2\sigma_A = \sigma_B\right)$$
$$= P(F_1 < 2.168) = 0.949$$

7. 1) $H_0 : p_A = p_B$, $H_1 : p_A \neq p_B$

귀무가설이 참이라는 가정하에 $\hat{p} = \dfrac{n_A\widehat{p_A} + n_B\widehat{p_B}}{n_A + n_B}$.

$$Z_0 = \frac{\widehat{p_A} - \widehat{p_B}}{\sqrt{\hat{p}(1-\hat{p})\left(\frac{1}{n_A}+\frac{1}{n_B}\right)}} = \frac{\widehat{p_A} - \widehat{p_B}}{\sqrt{\hat{p}(1-\hat{p})\left(\frac{1}{100}+\frac{1}{80}\right)}} \sim N(0, 1^2)$$

2) $\hat{p} = \dfrac{n_A\widehat{p_A} + n_B\widehat{p_B}}{n_A + n_B} = \dfrac{100\cdot 0.02 + 80\cdot 0.05}{100+80} = \dfrac{1}{30} \approx 0.033$.

$$z_0 = \frac{\widehat{p_A} - \widehat{p_B}}{\sqrt{\hat{p}(1-\hat{p})\left(\frac{1}{n_A}+\frac{1}{n_B}\right)}} = \frac{0.02-0.05}{\sqrt{\frac{1}{30}\cdot\frac{29}{30}\left(\frac{1}{100}+\frac{1}{80}\right)}} \approx -\frac{6}{\sqrt{29}} = -1.114.$$

$P(|Z_0| > |z|) = 2\cdot P(Z_0 > 1.114) \approx 0.265$.

p-값이 유의수준 $\alpha = 0.05$보다 크므로 귀무가설을 기각할 수 없다.

10장. 분산분석

1. 1) 각 공장의 평균 인장강도를 $\mu_1, \mu_2, \mu_3, \mu_4$라고하면, 귀무가설과 대립가설은 다음과 같다.

$H_0 : \mu_1 = \mu_2 = \mu_3 = \mu_4 = 0$ $\quad H_1$: 적어도 하나의 $\mu_i \neq 0$, $\quad i = 1,2,3,4$

관측된 자료로부터 제곱합을 계산해보면

$$SSTR = 5\times(53-50)^2 + 5\times(43.6-50)^2 + 5\times(48.8-50)^2 + 5\times(54.6-50)^2 = 362.8$$

$$TSS = (49-50)^2 + (55-50)^2 + \cdots + (52-50)^2 = 664$$

$SSE = SST - SSTR = 664 - 362.8 = 301.2$ 이므로 분산분석표는 아래와 같다.

요인	제곱합	자유도	평균제곱	F_0
공정	362.8	3	120.93	6.424
오차	301.2	16	18.82	
전체	664	19		

분산분석표에서 보는 바와 같이 가설을 검정하기 위한 검정통계량 F_0의 관측값은 $f_0^* = 6.424$이고, $f_0^* = 6.424 > F_{0.05}(3,16) = 3.238$이므로 유의수준 $\alpha = 0.05$에서 귀무가설 H_0를 기각할 수 있다. 즉, 공정에 따라 평균 인장강도의 차이가 있다고 할 수 있다.

2. 이원분류 분산분석의 모수모형 $Y_{ij} = \mu + \alpha_i + \beta_j + \epsilon_{ij} (i = 1,2,3,4,\ j = 1,2)$에서 설치장소와 시험유형 인자의 효과에 대한 유의성을 검정하기 위한 가설은 각각

$H_0 : \alpha_1 = \alpha_2 = \cdots = \alpha_4 = 0,\ H_1 :$ 적어도 하나의 α_i는 0이 아니다.

$H_0 : \beta_1 = \beta_2 = 0,\ H_1 :$ 적어도 하나의 β_j는 0이 아니다

로 설정할 수 있고, R을 통해 구한 분산분석표는 다음과 같다.

요인	제곱합	자유도	평균제곱	F_0
설치장소	37.00	3	12.33	107.3
시험유형	47.04	1	47.04	409.1
오차	0.35	3	0.12	
전체	84.39	7		

따라서 설치장소에 대한 가설검정을 위한 기각역은 $\alpha = 0.05$에서 $f_0 > F_{0.05}(3,3) = 9.276$이므로 관측된 검정통계량 $f_0^* = 107.3$이 기각역보다 크므로 귀무가설 $H_0 : \alpha_1 = \alpha_2 = \cdots = \alpha_4 = 0$을 기각할 수 있다. 즉 컴퓨터 설치장소에 따라 사용시간의 차이가 있다고 할 수 있다.

또한 시험유형에 대한 기각역은 $f_0 > F_{0.05}(1,3) = 10.128$이며, 관측된 검정통계량 $f_0^* = 409.1$이 기각역에 속하므로 귀무가설 $H_0 : \beta_1 = \beta_2 = 0$을 기각할 수 있다. 즉 시험유형에 따라 컴퓨터 사용시간의 차이가 있다고 할 수 있다.

3. 1) 이원분류 분산분석의 모수모형 $Y_{ij} = \mu + \alpha_i + \beta_j + \alpha\beta_{ij} + \epsilon_{ij} (i = 1,2,3,\ j = 1,2,3,4)$에서 학위($\alpha_i$)와 전공분야($\beta_j$) 그리고 교호작용효과($\alpha\beta_{ij}$)에 대한 유의성을 검정하기 위한 가설은 각각

$H_0 : \alpha_1 = \alpha_2 = \alpha_3 = 0,\ H_1 :$ 적어도 하나의 α_i는 0이 아니다.

$H_0 : \beta_1 = \beta_2 = \beta_3 = \beta_4 = 0,\ H_1 :$ 적어도 하나의 β_j는 0이 아니다

$H_0 :$ 모든 i, j에 대하여 $(\alpha\beta)_{ij} = 0$이다,

$H_1 :$ 적어도 하나의 $(\alpha\beta)_{ij}$는 0이 아니다.

와 같고 분산분석표는 R 프로그램을 통해 다음과 같이 구해진다.

요인	제곱합	자유도	평균제곱	F_0
학위	9.278	2	4.639	212.742
전공	7.341	3	2.447	112.217
교호효과	0.115	6	0.019	0.882
오차	0.785	36	0.022	
전체	17.519	47		

2) 분산분석표에서 교호작용에 대한 검정통계량의 관측값 $f_0^* = 0.882$에 대한 p-값은 $P(F_0 \geq 0.882) = 0.518$으로 유의수준 $\alpha = 0.05$보다 크므로 귀무가설 H_0는 채택된다. 즉, "학위유형과 전공의 월 급여에 대한 교효작용효과는 없다"고 할 수 있다.

3) 인자 학위 효과에 가설은

$$H_0 : \alpha_1 = \alpha_2 = \alpha_3 = 0,\ H_1 : \text{적어도 하나의 } \alpha_i \text{는 0이 아니다.}$$

이며, 분산분석표에서 p-값은 $P(F_0 \geq 212.742) < 2 \times 10^{-16}$으로 유의수준 $\alpha = 0.05$보다 작으므로 귀무가설 H_0는 기각된다. 즉, "월 급여는 학위유형에 따라 차이가 있다."고 할 수 있다.

또한, 인자 전공의 효과에 대한 가설은

$$H_0 : \beta_1 = \beta_2 = \beta_3 = \beta_4 = 0,\ H_1 : \text{적어도 하나의 } \beta_j \text{는 0이 아니다}$$

이며, 분산분석표에서 검정통계량의 관측값 $f_0^* = 112.217$에 대한 p-값은 $P(F_0 \geq 112.217) < 2 \times 10^{-16}$로 유의수준 $\alpha = 0.05$보다 작으므로 귀무가설 H_0는 기각된다. 즉, "월 급여는 전공에 따라 차이가 있다." 고 할 수 있다.

4. 1) R을 사용하여 구한 분산분석표는 아래와 같다.

요인	제곱합	자유도	평균제곱	F_0
성별	5.4	1	5.4	2.279
학원	316.7	2	158.36	66.291
교호작용	5.1	2	2.53	1.058
오차	71.7	30	2.39	
전체	398.9	35		

2) 교호작용효과에 가설은

$$H_0 : \text{모든 } i, j \text{에 대하여 } (\alpha\beta)_{ij} = 0\text{이다},\quad H_1 : H_0\text{가 아니다.}$$

이며, 분산분석표에서 관측된 검정통계량에 대한 p-값은 $P(F_0 \geq 1.058) = 0.360$으로 유의수준 $\alpha = 0.05$보다 크므로 귀무가설 H_0는 채택된다. 즉, "자동차 학원과 성별의 교효작용효과는 없다"고 할 수 있다. 또한 교호작용효과는 아래의 interaction plot에서도 존재하지 않는다는 것을 시각적으로 확인할 수 있다.

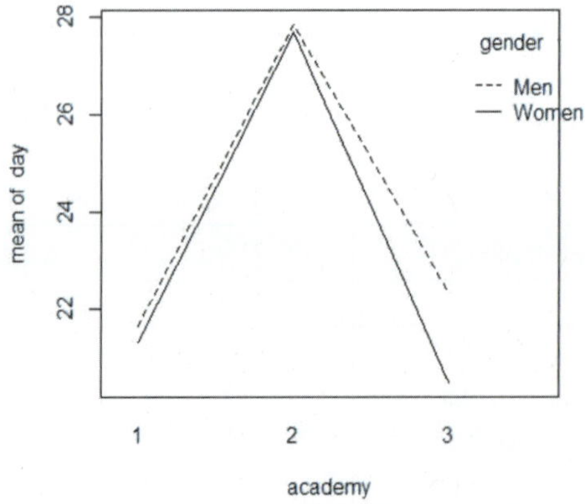

3) 성별 효과에 가설은

$$H_0 : \alpha_1 = \alpha_2 = 0,\ H_1 : \text{적어도 하나의 } \alpha_i \text{는 0이 아니다.}$$

이며, 분산분석표에서 p-값은 $P(F_0 \geq 2.279) = 0.142$으로 유의수준 $\alpha = 0.05$보다 크므로 귀무가설 H_0는 채택된다. 즉, "성별 인자의 효과는 없다."고 할 수 있다.

또한, 학원 효과에 대한 가설은

$$H_0 : \beta_1 = \beta_2 = \beta_3 = 0,\ H_1 : \text{적어도 하나의 } \beta_j \text{는 0이 아니다}$$

이며, 분산분석표에서 p-값은 $P(F_0 \geq 66.291) = 9.79 \times 10^{-12}$로 유의수준 $\alpha = 0.05$보다 작으므로 귀무가설 H_0는 기각된다. 즉, "수강생이 면허를 취득하는데 소요되는 일수에 학원의 효과는 존재한다." 고 할 수 있다.

5. 1) 일원분류 분산분석의 모수모형(II)는 $Y_{ij} = \mu + \alpha_i + \epsilon_{ij} (i = 1,2,\cdots,6)$, $\epsilon_{ij} iid \sim N(0, \sigma^2)$ 이다. 살충제 종류별 효과에 대한 유의성을 검정하기 위한 가설은 다음과 같다.

$$H_0 : \alpha_1 = \alpha_2 = \cdots = \alpha_6 = 0,\ H_1 : \text{적어도 하나의 } \alpha_i \text{는 0이 아니다.}$$

2) 살충제 종류별 상자그림

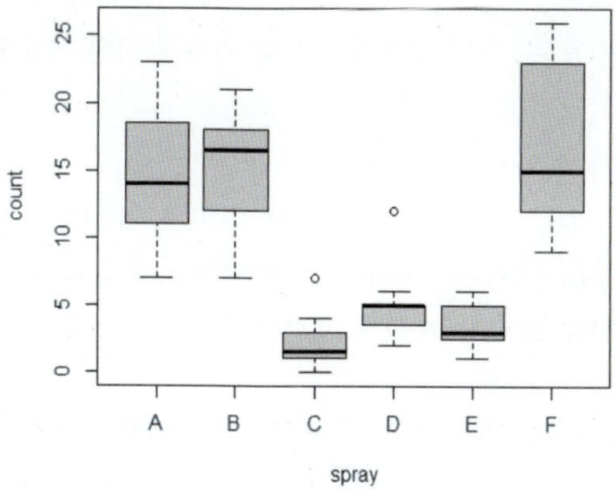

3) R을 사용하여 구한 분산분석표는 아래와 같다.

요인	제곱합	자유도	평균제곱	F_0
살충제	2669	5	533.8	34.7
오차	1015	66	15.4	
전체	3684	71		

4) 살충제 종류 효과에 가설은

$$H_0 : \alpha_1 = \alpha_2 = \cdots = \alpha_6 = 0,\ H_1 : \text{적어도 하나의 } \alpha_i \text{는 0이 아니다.}$$

이며, 분산분석표에서 p-값은 $P(F_0 \geq 34.7) < 2 \times 10^{-16}$으로 유의수준 $\alpha = 0.05$보다 작으므로 귀무가설 H_0는 기각된다. 즉, "살충제 종류에 따른 살아남은 평균 벌레의 수는 다르다. 즉 살충제 효과는 존재한다."고 할 수 있다.

6. 1) 이원분류 분산분석의 모수모형(II)은

$$Y_{ij} = \mu + \alpha_i + \beta_j + \alpha\beta_{ij} + \epsilon_{ij} (i = 1, 2,\ j = 1,2,3),\ \epsilon_{ij}\, iid \sim N(0, \sigma^2) \text{이다.}$$

제공수단(α_i)과 함유량(β_j) 그리고 교호작용효($\alpha\beta_{ij}$)에 대한 유의성을 검정하기 위한 가설은 각각

$H_0 : \alpha_1 = \alpha_2 = 0,\ H_1 :$ 적어도 하나의 α_i는 0이 아니다.

$H_0 : \beta_1 = \beta_2 = \beta_3 = 0,\ H_1 :$ 적어도 하나의 β_j는 0이 아니다

$H_0 :$ 모든 i, j에 대하여 $(\alpha\beta)_{ij} = 0$이다, $H_1 : H_0$가 아니다.

2) R을 사용하여 구한 분산분석표는 아래와 같다.

요인	제곱합	자유도	평균제곱	F_0
제공수단	205.4	1	205.4	15.572
함유량	2426.4	2	1213.2	92.000
교호작용	108.3	2	54.2	4.107
오차	712.1	54	13.2	
전체	3452.3	59		

3) 교호작용효과에 가설은

$H_0 :$ 모든 i, j에 대하여 $(\alpha\beta)_{ij} = 0$이다, $H_1 : H_0$가 아니다.

이며, 분산분석표에서 p-값은 $P(F_0 \geq 4.107) = 0.0219$으로 유의수준 $\alpha = 0.05$보다 작으므로 귀무가설 H_0는 기각된다. 즉, "제공수단과 함유량 인자 사이의 교효작용효과는 있다."고 할 수 있다.

4) 제공수단 효과에 검정에 대한 가설은

$H_0 : \alpha_1 = \alpha_2 = 0,\ H_1 :$ 적어도 하나의 α_i는 0이 아니다.

이며, 분산분석표에서 p-값은 $P(F_0 \geq 15.572) = 0.0002$으로 유의수준 $\alpha = 0.05$보다 작으므로 귀무가설 H_0는 기각된다. 즉, "제공수단의 효과는 있다."고 할 수 있다.

또한, 함유량의 효과에 대한 가설은

$H_0 : \beta_1 = \beta_2 = \beta_3 = 0,\ H_1 :$ 적어도 하나의 β_j는 0이 아니다

이며, 분산분석표에서 p-값은 $P(F_0 \geq 92.00) < 2 \times 10^{-16}$로 유의수준 $\alpha = 0.05$보다 작으므로 귀무가설 H_0는 기각된다. 즉, "비타민C 함유량의 평균 치아 성장 정도에 미치는 효과는 존재한다." 고 할 수 있다.

5) 치아 성장을 위한 최적의 수준조합을 알기 위해서는 선형회귀 모형을 적합시켜 각 수준별 치아 성장에 미치는 영향을 분석한다. 선형회귀모형의 모수 추정값은 아래와 같다.

```
                        Estimate Std. Error t value  Pr(>|t|)
(Intercept)              13.230     1.148   11.521  3.60e-16 ***
suppVC                   -5.250     1.624   -3.233  0.00209 **
as.factor(dose)1          9.470     1.624    5.831  3.18e-07 ***
as.factor(dose)2         12.830     1.624    7.900  1.43e-10 ***
suppVC:as.factor(dose)1  -0.680     2.297   -0.296  0.76831
suppVC:as.factor(dose)2   5.330     2.297    2.321  0.02411 *
```

따라서 제공수단은 OJ 그리고 함유량은 2.0mg일 때, 치아 성장이 가장 활발하며, 이 때 모평균의 추정값은 $\widehat{\mu_{23}} = \overline{Y_{23}} = 26.06$이다.

11장. 상관분석과 회귀분석

1. 1) 수확할 때까지의 기간과 수확량사이의 산점도는 아래 그림과 같으며, 표본상관계수(R)은 다음 공식에 따라 계산하면,

$$r = \frac{\sum(x_i - \overline{x})(y_i - \overline{y})}{\sqrt{\sum(x_i - \overline{x})^2 \sum(y_i - \overline{y})^2}} = 0.2740 \text{이다.}$$

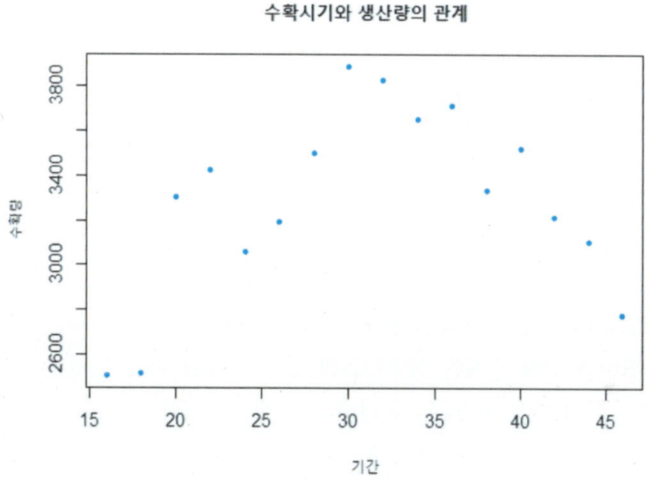

2. 표본상관계수 $r = \frac{\sum(x_i - \overline{x})(y_i - \overline{y})}{\sqrt{\sum(x_i - \overline{x})^2 \sum(y_i - \overline{y})^2}} = 0.3644$ 이며,

가설 $H_0 : \rho = 0, H_1 : \rho \neq 0$를 검정하기 위한 검정통계량의 값은

$$t_0^* = \frac{r\sqrt{n-2}}{\sqrt{1-r^2}} = \frac{0.3644\sqrt{8-2}}{\sqrt{1-0.3644^2}} = 0.9584$$

가 된다. 그리고 이때의 p-값은

$$p\text{-값} = P(|T_0^*| \geq 0.9584) = 0.3749 > \alpha = 0.1$$

이므로 귀무가설 $H_0 : \rho = 0$은 채택된다. 즉, '각성제의 사용량과 반응시간 사이에 직선적인 관계가 없다.'고 할 수 있다.

3. 1) $\hat{\beta}_1 = \frac{S_{xY}}{S_{xx}} = \frac{\sum_{i=1}^{n}(x_i - \overline{x})(Y_i - \overline{Y})}{\sum_{i=1}^{n}(x_i - \overline{x})^2} = 0.0043$

$$\hat{\beta}_0 = \frac{1}{n}\left(\sum_{i=1}^{n} Y_i - \hat{\beta}_1 - \sum_{i=1}^{n} x_i\right) = \overline{Y} - \hat{\beta}_1 \overline{x} = 0.7522$$

따라서, 추정된 회귀식은 $\hat{Y} = E\widehat{(Y|x)} = 0.7522 + 0.0043x$ 이다. 결정계수는

$$R^2 = \frac{SSR}{TSS} = 1 - \frac{SSE}{TSS} = 1 - \frac{0.2252}{0.6600} = 0.6588$$

4. 1) $\hat{\beta}_1 = \dfrac{S_{xY}}{S_{xx}} = \dfrac{\sum_{i=1}^{n}(x_i - \bar{x})(Y_i - \bar{Y})}{\sum_{i=1}^{n}(x_i - \bar{x})^2} = 6.5,\quad \hat{\beta}_0 = \bar{Y} - \hat{\beta}_1\bar{x} = 1750.00$

따라서, 추정된 회귀식은 $\hat{Y} = E\widehat{(Y|x)} = 1750 + 6.5x$ 이다.

2) 결정계수 $R^2 = 1 - \dfrac{SSE}{TSS} = 1 - \dfrac{1550000}{10000000} = 0.845$, 광고비는 판매액의 총 변동의 84.5%를 설명할 수 있다.

3) $\hat{Y} = E\widehat{(Y|x = 70)} = 1750 + 6.5 \times 70 = 2205$ (만원)

4)

요인	제곱합	자유도	제곱평균	F_0	$P-$값
회귀	8450000	1	8450000	16.355	0.02721
오차	1550000	3	516667		
전체	10000000	4			

분산분석표로부터 p-값은 유의수준 $\alpha = 0.05$보다 작으므로 귀무가설 $H_0 : \beta_1 = 0$은 기각되어 "광고비와 판매액 간의 관계를 설명하는데 있어 추정된 회귀식 $\hat{Y} = E\widehat{(Y|x)} = 1750 + 6.5x$는 유의하다"고 할 수 있다.

5. 1) $\hat{\beta}_1 = \dfrac{S_{xY}}{S_{xx}} = \dfrac{\sum_{i=1}^{n}(x_i - \bar{x})(Y_i - \bar{Y})}{\sum_{i=1}^{n}(x_i - \bar{x})^2} = 3.2923,\quad \hat{\beta}_0 = \bar{Y} - \hat{\beta}_1\bar{x} = 20.1752$

따라서, 추정된 회귀식은 $\hat{Y} = E\widehat{(Y|x)} = 20.1752 + 3.2923x$ 이다.

2)

요인	제곱합	자유도	제곱평균	F_0	$P-$값
회귀	43257	1	43257	37.56	0.0002805
오차	9214	8	1152		
전체	52471	9			

분산분석표로부터 p-값(0.0002805)은 유의수준 $\alpha = 0.05$보다 작으므로 귀무가설 $H_0 : \beta_1 = 0$은 기각된다. 즉, 위에서 구한 고객 수와 매출액 사이의 관계를 설명하는 회귀직선은 유의하다"고 할 수 있다.

6. 1) 주어진 자료를 다중선형 회귀모형 $Y = \beta_0 + \beta_1 x_1 + \beta_2 x_2 + \beta_3 x_3 + \epsilon$에 적합시킬 때

$$\boldsymbol{X} = \begin{bmatrix} 1 & 10 & 27 & 64 \\ 1 & 24 & 26 & 72 \\ 1 & 25 & 28 & 80 \\ 1 & 28 & 26 & 88 \\ 1 & 15 & 30 & 81 \\ 1 & 18 & 24 & 45 \\ 1 & 22 & 27 & 46 \\ 1 & 22 & 25 & 69 \\ 1 & 12 & 27 & 54 \\ 1 & 15 & 25 & 39 \end{bmatrix}, \quad \boldsymbol{Y} = \begin{bmatrix} 2.8 \\ 3.9 \\ 3.9 \\ 4.4 \\ 3.1 \\ 3.1 \\ 3.5 \\ 3.6 \\ 3.0 \\ 3.3 \end{bmatrix}$$

이고, 이들 행렬을 이용하여 회귀계수를 추정하면

$$\hat{\beta} = (\boldsymbol{X}^T\boldsymbol{X})^{-1}\boldsymbol{X}^T\boldsymbol{Y} = \begin{bmatrix} 2.4092 \\ 0.0700 \\ -0.0248 \\ 0.0059 \end{bmatrix}$$

가 되어 회귀식은 $\hat{y} = 2.4092 + 0.0700\,x_1 - 0.0248\,x_2 + 0.0059\,x_3$와 같이 추정된다.

2) 추정된 회귀식의 적합성 검정을 위한 귀무 및 대립가설은

$H_0 : \beta_1 = \beta_2 = \beta_3 = 0$, H_1 : 적어도 β_1, β_2, β_3 중 어느 하나는 0이 아니다.

와 같으며 회귀분석 결과로부터 작성된 분산분석표는 다음과 같다.

요인	제곱합	자유도	평균제곱	F_0	$P-$값
회귀	2.0465	3	0.6822	23.054	0.001079
오차	0.17753	6	0.0296		
계	2.22400	9			

분산분석표로부터 검정통계량 F_0의 값은 23.054이고, 이때의 p-값은 0.001079로 유의수준 $\alpha = 0.05$보다 작기 때문에 귀무가설 H_0는 기각된다. 즉, "추정된 회귀식은 유의하다"고 할 수 있다.

3) 결정계수 $R^2 = 1 - \dfrac{SSE}{TSS} = 1 - \dfrac{0.17753}{2.22400} = 0.9202$

4) $\hat{Y} = E(Y | x_1 = 20, \widehat{x_2 =} 30, x_3 = 70)$
$= 2.4092 + 0.07 \times 20 - 0.0248 \times 30 + 0.0059 \times 70 = 3.4782$(1000톤)

7. 1) 주어진 자료를 다중선형 회귀모형 $Y = \beta_0 + \beta_1 x_1 + \beta_2 x_2 + \epsilon$에 적합시킬 때

$$\boldsymbol{X} = \begin{bmatrix} 1 & 1.0 & 0 \\ 1 & 1.5 & 0 \\ & \vdots & \\ 1 & 5.0 & 1 \\ 1 & 5.5 & 1 \end{bmatrix}, \qquad \boldsymbol{Y} = \begin{bmatrix} 8.0 \\ 8.0 \\ \vdots \\ 10.0 \\ 10.5 \end{bmatrix}$$

이고, 이들 행렬을 이용하여 회귀계수를 추정하면

$$\hat{\beta} = (\boldsymbol{X}^T\boldsymbol{X})^{-1}\boldsymbol{X}^T\boldsymbol{Y} = \begin{bmatrix} 2.9924 \\ 1.4485 \\ 2.8000 \end{bmatrix}$$

가 되어 회귀식은 $\hat{y} = 2.9924 + 1.4485\,x_1 + 2.8000\,x_2$와 같이 추정된다.

2) 남자 및 여자에 대한 회귀식을 각각 추정하면,

남자 : $\widehat{y_{men}} = 4.4727 + 1.8545\,x_1$, 여자 : $\widehat{y_{women}} = 4.3121 + 1.0424\,x_1$

3) 투여량과 성별의 교호작용 항을 포함하면, 추정식은 다음과 같다.

$$\hat{y} = 4.3121 + 1.0424\,x_1 + 0.1606\,x_2 + 0.8121 x_1 x_2$$

교호작용이 모형에 포함되어 있다는 조건하에서 교호작용 설명변수 X_1X_2를 회귀모형에 포함하는 것이 적절한지를 검정하기 위한 귀무 및 대립가설은 다음과 같이 설정되며,

$H_0 : \beta_3 = 0, \qquad H_1 : \beta_3 \neq 0$

이때 검정통계량으로는 $T_0 = \dfrac{\hat{\beta}_3 - \beta_3}{\sqrt{MSE\, c_{33}}}$가 사용된다. 여기서 c_{33}은 행렬

$$(\boldsymbol{X}^T\boldsymbol{X})^{-1} = \begin{bmatrix} 0.6121 & -0.1575 & -0.6121 & 0.1575 \\ -0.1575 & 0.0484 & 0.1575 & -0.0484 \\ -0.6121 & 0.1575 & 1.2242 & -0.3151 \\ 0.1575 & -0.0484 & -0.3151 & 0.0969 \end{bmatrix}$$

로부터 구할 수 있으며 즉, $c_{33} = 0.0969$이고, 분산분석표로부터 $MSE = 1.297$이므로 검정통계량 T_0의 값은 다음과 같이 계산된다.

$$t_0^* = \frac{\widehat{\beta_3} - 0}{\sqrt{MSE\, c_{33}}} = \frac{0.8121}{\sqrt{1.297 \times 0.0969}} = 2.2907$$

p-값을 계산하면, $P(|T_0| \geq 2.2907) = 0.03594$으로 유의수준 $\alpha = 0.05$보다 작으므로 귀무가설 H_0는 기각된다. 즉, "교호작용변수 X_1X_2을 모형 속에 포함시키는것이 타당하다"고 할 수 있다.

8. 1) 각 변수 간의 표본상관계수는 $r_{12} = -0.1465$, $r_{13} = 0.3557$, $r_{23} = -0.1231$ 이다.

2) R을 통해 추정한 회귀식은 $\hat{y} = 127.5899 + 2.9008x_1 - 19.6103x_2 + 0.3965x_3$ 이며, 축소된 모형(Reduced model)과 모든 변수를 포함한 모형(Full model) 사이의 분산분석표는 다음과 같다.

요인	제곱합	자유도	평균제곱	F_0	$P-$값
회귀	65672	3	21890.67	37.274	4.678e-06
오차	6460	11	587.2727		
계	72132	14			

다중선형 회귀모형의 적절성 여부에 대한 검정을 위한 가설은 아래와 같다.

$$H_0 : Y = \beta_0 + \epsilon, \quad H_1 : Y = \beta_0 + \beta_1X_1 + \beta_2X_2 + \beta_3X_3 + \epsilon$$

분산분석표로부터 검정통계량 F_0의 값은 37.274이고, 이때의 p-값은 4.678e-06로 유의수준 $\alpha = 0.05$ 보다 작기 때문에 귀무가설 H_0는 기각된다. 즉, "추정된 회귀식은 유의하다"고 할 수 있다.

3) R 결과에 따르면 제시된 최초 모형 하에서 직원수(X_3)변수는 유의하지 않으며, 이 때 결정계수 $R^2 = 0.9104$이다. 직원수(employee, X_3)를 제외한 고객수(X_1)와 대리점수(X_2) 변수를 사용한 모형에서 모든 변수는 유의하며, 이 때, 결정계수 $R^2 = 0.9099$ 이다. 변수가 모형에 포함될수록 해당 변수의 유의함과는 별개로 MSE값이 줄어들게 되어 항상 R^2값은 증가하게 된다. 따라서 비교하는 모형사이의 설명변수의 갯수가 다를 때, 정확한 모형의 설명력 비교를 위해서는 수정된 결정계수 R^2_{adj} 를 사용하는 것이 바람직하다.

```
Full model 적합 결과
Coefficients:
              Estimate Std. Error t value  Pr(>|t|)
(Intercept)   127.5899   32.2408   3.957   0.002244 **
```

```
customer       2.9008    0.5154    5.629  0.000154 ***
shop         -19.6103    2.5767   -7.611  1.05e-05 ***
employee       0.3965    1.4923    0.266  0.795360
---
Signif. codes:  0 '***' 0.001 '**' 0.01 '*' 0.05 '.' 0.1 ' ' 1
Residual standard error: 24.23 on 11 degrees of freedom
Multiple R-squared:  0.9104,     Adjusted R-squared:  0.886
F-statistic: 37.27 on 3 and 11 DF,  p-value: 4.678e-06
```

축소된 모형(Reduced model) 적합 결과

```
Coefficients:
              Estimate Std. Error t value Pr(>|t|)
(Intercept)   130.1602    29.5407   4.406 0.000856 ***
customer        2.9479     0.4648   6.342 3.71e-05 ***
shop          -19.6629     2.4676  -7.969 3.91e-06 ***
---
Signif. codes:  0 '***' 0.001 '**' 0.01 '*' 0.05 '.' 0.1 ' ' 1
Residual standard error: 23.28 on 12 degrees of freedom
Multiple R-squared:  0.9099,     Adjusted R-squared:  0.8948
F-statistic: 60.57 on 2 and 12 DF,  p-value: 5.362e-07
```

9. R을 통해서 선형모형을 추정한 결과는 아래와 같다.

```
Residuals:
    Min      1Q  Median      3Q     Max
-7.8050 -1.3661  0.0487  1.6339  5.9264

Coefficients:
             Estimate Std. Error t value Pr(>|t|)
(Intercept)  23.94153    2.81088   8.517  <2e-16 ***
parent        0.64629    0.04114  15.711  <2e-16 ***
---
Signif. codes:  0 '***' 0.001 '**' 0.01 '*' 0.05 '.' 0.1 ' ' 1
Residual standard error: 2.239 on 926 degrees of freedom
Multiple R-squared:  0.2105,      Adjusted R-squared:  0.2096
F-statistic: 246.8 on 1 and 926 DF,  p-value: ¡ 2.2e-16
```

추정한 회귀식은 $\hat{Y} = \widehat{E(Y|x)} = 23.94153 + 0.64629x$ 이며, 모형의 적합성을 검정을 위한 검정 통계량의 관측값은 $F_0 = 246.8$, 이며 이 때, p-value는 $2.2e-16$ 보다 작다.

따라서 유의수준 $\alpha = 0.01$ 에서 위 선형모형의 유의하다. 추정된 회귀식의 의미는 부모의 키가 1 inch 늘어날 때 자식의 키는 평균적으로 0.65 inch 늘어난다고 할 수 있다. 하지만 이 모형의 $R^2 = 0.2105$ 이므로 부모의 키는 자식의 키의 변동을 충분히 설명하지는 못한다.

10. 1) R 프로그램을 통한 모수의 추정값은 아래와 같다.

```
Residuals:
    Min      1Q  Median      3Q     Max
-3.5694 -0.9634 -0.0921  1.0426  5.1238
Coefficients:
            Estimate Std. Error t value Pr(>|t|)
(Intercept)  -0.3567     0.6923  -0.515    0.607
Bwt           4.0341     0.2503  16.119   <2e-16 ***

Signif. codes:  0 '***' 0.001 '**' 0.01 '*' 0.05 '.' 0.1 ' ' 1
Residual standard error: 1.452 on 142 degrees of freedom
Multiple R-squared:  0.6466,     Adjusted R-squared:  0.6441
F-statistic: 259.8 on 1 and 142 DF,  p-value: < 2.2e-16
```

이를 통해 추정된 회귀식은 $\hat{Y} = E\widehat{(Y|x)} = -0.3567 + 4.0341x$ 이다.

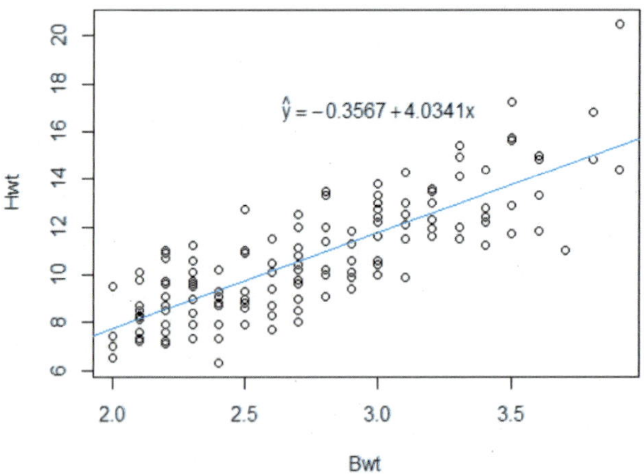

2) 단순선형 회귀모형 하에서 분산분석표는 아래와 같다.

요인	제곱합	자유도	평균제곱	F_0	P−값
회귀	548.09	1	548.09	259.83	2.2e-16
오차	299.53	14	2.11		
계	847.62	15			

단순선형 회귀모형에서 가설 $\beta_1 = 0$에 대한 검정은 모형의 적합성 검정과 동일하므로, 분산분석표로부터 검정통계량 F_0의 값은 259.83이고, 이때의 p-값은 $<2.2e\text{-}16$로 유의수준 $\alpha = 0.05$ 보다 작기 때문에 귀무가설 H_0는 기각된다. 즉, "$\beta_1 \neq 0$"이라고 할 수 있다.

3) 왼쪽 그림에서 잔차들이 랜덤하게 평균을 중심으로 흩어져 있으므로 오차의 독립성과 등분산성을 만족함을 알 수 있고, 우측의 Normal QQplot을 통해서 잔차들이 기준선(점선)위에 대체적으로 나타나는 것을 알 수 있다. 따라서 정규성 가정을 만족한다고 이야기 할 수 있다.

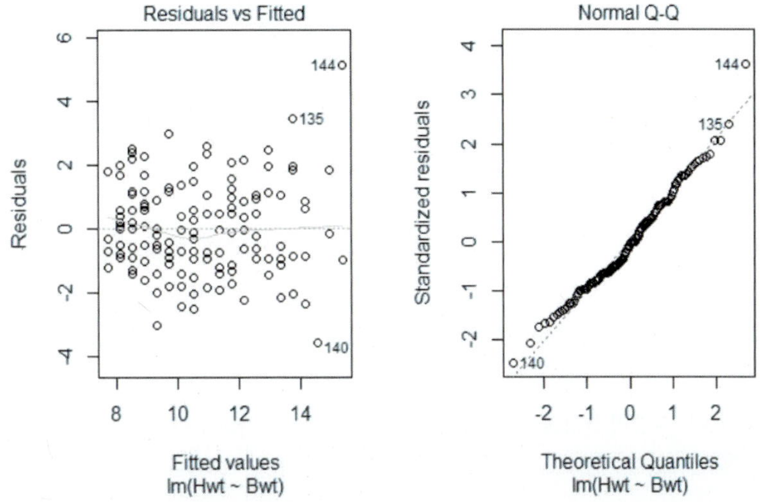

11. 1) R에서 다중선형 회귀모형을 적합한 결과는 아래와 같다.

Coefficients:

	Estimate	Std. Error	t value	Pr(>|t|)	
(Intercept)	35.87361	9.91809	3.617	0.00126	**
cyl	-1.15608	0.71525	-1.616	0.11809	
disp	0.01195	0.01191	1.004	0.32484	
hp	-0.01584	0.01527	-1.037	0.30908	
wt	-4.22527	1.25239	-3.374	0.00233	**
qsec	0.25382	0.48746	0.521	0.60699	

Signif. codes: 0 '***' 0.001 '**' 0.01 '*' 0.05 '.' 0.1 ' ' 1

Residual standard error: 2.547 on 26 degrees of freedom

Multiple R-squared: 0.8502, Adjusted R-squared: 0.8214

F-statistic: 29.51 on 5 and 26 DF, p-value: 6.182e-10

위 결과의 F-statistic 이 29.51이며, 이에 따른 p-value=6.182e-10 < 0.05 이므로 위 모형은 유의하며, 추정된 회귀식은 아래와 같다.

$$\hat{y} = 35.87361 - 1.15608x_1 + 0.01195x_2 - 0.01584x_3 - 4.22527x_4 + 0.25382x_5$$

2) $H_0 : \beta_4 = 0$, $H_1 = \beta_4 \neq 0$ 는 wt 변수에 대한 유의성 검정이며, 위 1) 회귀분석 결과에서 변수 wt의 t 검정통계량값 = -3.374이며, 이에 해당하는 p-value = 0.00233이다. 따라서 귀무가설을 기각하여, wt변수는 $\alpha = 0.05$수준에서 반응변수 mpg를 설명하는 데 유의한 변수이다.

3) 설명변수들 간의 표본상관계수는 아래의 표와 같다.

	mpg	cyl	disp	hp	wt	qsec
mpg	1.0000	-0.8521	-0.8475	-0.7761	-0.8676	0.4186
cyl	-0.8521	1.0000	0.9020	0.8324	0.7824	-0.5912
disp	-0.8475	0.9020	1.0000	0.7909	0.8879	-0.4336
hp	-0.7761	0.8324	0.7909	1.0000	0.6587	-0.7082
wt	-0.8676	0.7824	0.8879	0.6587	1.0000	-0.1747
qsec	0.4186	- 0.5912	-0.4336	-0.7082	-0.1747	1.000

표본상관계수들로부터 변수들 사이에 다중공선성이 의심되며, 분산팽창인자는 R 프로그램에서 VIF() 함수를 통해 계산 할 수 있다. 그 결과는 아래와 같으며,

cyl	disp	hp	wt	qsec
7.796396	10.406548	5.235473	7.174933	3.625423

VIF > 10 일 때, 다중공선성을 의심해 볼 수 있으며, 위 결과로부터 심각한 다중공선성은 존재하지 않는다고 할 수 있다.

찾아 보기

[국문]

ㅅ

ㅇ

ㅈ

ㅊ

ㅋ

ㅌ

ㅍ

강 종 경

- 고려대학교 수학과(이학사)
- 고려대학교 대학원 통계학과(통계학 석사)
- 고려대학교 대학원 통계학과(통계학 박사)
- 현재 서울대학교 통계학과 연수연구원

방 성 완

- 육군사관학교 기계공학과(공학사)
- 미국 공군대학원 운영분석학과(운영분석 석사)
- 고려대학교 대학원 통계학과(통계학 박사)
- 현재 육군사관학교 수학과 교수

신 정 민

- 육군사관학교 수학과(이학사)
- 미국 퍼듀대 통계학과(통계학 석사)
- 현재 육군사관학교 수학과 강사

이 용 균

- 한양대학교 수학과(이학사)
- 한양대학교 대학원 통계학과(통계학 석사)
- 한양대학교 대학원 통계학과(통계학 박사)
- 현재 공군사관학교 수학과 부교수

R과 함께하는 **통계학의 이해와 활용**

초판발행 2022년 1월 20일
초판 2쇄 발행 2024년 1월 15일

지은이 강종경 · 방성완 · 신정민· 이용균

펴낸이 오판근
펴낸곳 (주) 교우
주 소 서울시 동대문구 약령시로 8 교우빌딩 2층 (주)교우
전 화 02-925-2861 / **팩 스** 02-925-2860. **편집부** 02-925-2825
홈페이지&북스토어 www.kyowoo.co.kr / **이메일** kyowoo@kyowoo.co.kr

등 록 1994년 3월 24일 제1994-000013호
ISBN 979-11-251-0339-4 (93310)

Published by Kyowoo Co., Ltd. Printed in Korea

값 40,000원

교우미디어는 (주) 교우의 Imprint 사입니다.
수학정원·과학정원은 (주) 교우의 새로운 브랜드명입니다.